税眼看账

2014年版企业所得税
申报表填审技巧与政策指引

夏晨华 编著

上海财经大学出版社

图书在版编目(CIP)数据

税眼看账:2014年版企业所得税申报表填审技巧与政策指引/夏晨华编著.—上海:上海财经大学出版社,2014.12

ISBN 978-7-5642-2061-7/F·2061

Ⅰ.①税… Ⅱ.①夏… Ⅲ.①企业所得税-税收管理-基本知识-中国 Ⅳ.①F812.424

中国版本图书馆 CIP 数据核字(2014)第 281407 号

□ 策　　划　王永长
□ 责任编辑　王永长
□ 封面设计　张克瑶
□ 责任校对　卓妍　赵伟

SHUIYAN KANZHANG
税 眼 看 账
2014年版企业所得税申报表填审技巧与政策指引

夏晨华　编著

上海财经大学出版社出版发行
(上海市武东路321号乙　邮编 200434)
网　　址:http://www.sufep.com
电子邮箱:webmaster@sufep.com
全国新华书店经销
上海华教印务有限公司印刷装订
2014年12月第1版　2014年12月第1次印刷

787mm×1092mm　1/16　25印张　640千字
印数:0 001—7 000　定价:48.00元

前　言

　　这么多年来,我做得比较多的是通过面对面的交流,与大家一起以税收的视角来审视企业的经营决策和账务处理。由此结缘了许许多多的来自税务系统、企业界以及中介机构的朋友们,我们共同切磋探讨 WWWH 的问题:What＋Who＋When＋How 这样四个问题。What,是指什么是账? 所有涉税信息都是账。Who,是指谁的账? 其实是要理清,这是谁的税,谁是纳税义务人,而又是谁在负担着税负? When,什么时候的事? 依据实体从旧的原则,涉税事务应该按照事件所属时期的政策来处理。How,当然是指研究这个账到底咋样。所谓"税眼"看账,就是根据税收政策,衡量纳税人是否正确履行了纳税义务,衡量税务人员在进行税务稽查、纳税评估以及反避税调查调整时能否正确执法。

　　我国的企业那么多,经营模式多样,财务处理万变,而税务机关审核的是:纳税申报是否准确。大家一定已经关注,纳税人必须在申报表上签名盖章声明:"此纳税申报表是根据《中华人民共和国企业所得税法》《中华人民共和国企业所得税法实施条例》、有关税收政策以及国家统一会计制度的规定填报的,是真实的、可靠的、完整的。"可见,纳税申报是一个严肃的法律遵从行为。

　　国家税务总局公告 2014 年第 63 号《关于发布〈中华人民共和国企业所得税年度纳税申报表(A 类,2014 年版)〉的公告》从 2015 年 1 月 1 日起施行,也就是说从 2014 年度企业所得税汇算清缴开始,查账征收的企业适用新申报表。2014 年版企业所得税申报表(A 类)共 41 张,1 张基础信息表,1 张主表,6 张收入费用明细表,15 张纳税调整表,1 张亏损弥补表,11 张税收优惠表,4 张境外所得抵免表,2 张汇总纳税表。与现行 16 张表格相比,增加了 25 张,信息量大幅度提高。

　　编写《税眼看账》丛书是我多年的心愿,由于教学和行政工作繁忙,一直未能如愿,但是多年的教学与实践经验,积累了丰富的资料与案例,框架机构也早已了然于胸。借此 63 号公告发布之机遇,夜以继日,终于把《税眼看账——2014 年版企业所得税申报表填审技巧与政策指引》一书整理出来了。赶编此书,是诚意希望尽自己绵薄之力,为每一个需要填写报表和审核报表的企业财务人员和税收执法人员,提供一个表样翻开即见,行次对照即填,政策索引即用,填审要点提示以及案例解析疑难的工具书。希望此书能够助力读者朋友轻松填审复杂的报表,通

学相关政策,顺利通过汇算清缴审核关。也为大家提供较好的培训参考书。

感谢省局所得税处和单位领导对本书编写给予的鼓励和支持。本书编写过程中多次与申报表修订组专家们深入研讨,在此一一鸣谢。感谢孙炜、张伟、李秀华、蔡少优、石彦文、许明、焉梅、汪蔚青等各位好友的倾力指正。感谢我校陈萍、韩紫书、朱丽娟等各位同仁的深入探讨,感谢出版社王永长主任的热诚鼓励,感谢王洁、吴剑锋为我整理文稿付出的辛劳。

由于时间仓促,加之编者水平有限,书中难免有疏漏或错误之处,敬请广大读者朋友批评指正。请将意见或建议发至邮箱 chzx35@sina.com。

编 者

2014年12月8日

目　录

前言/1

第一章　概述/1
第一节　企业所得税汇算清缴/1
第二节　企业所得税纳税申报的主体/4
第三节　A类申报表封面填报的项目及其含义/5
第四节　2014年版申报表体系简介/6
第五节　企业基础信息表的填制与审核/12

第二章　主表的填制与审核/16

第三章　收入费用明细表的填制与审核/27
第一节　一般企业收入和成本支出明细表的填制与审核/27
第二节　《期间费用明细表》的填制与审核/36
第三节　金融企业收入与支出明细表的填制与审核/38
第四节　《事业单位、民间非营利组织收入、支出明细表》的填制与审核/45

第四章　纳税调整表的填制与审核(上)/49
第一节　《纳税调整项目明细表》的填制与审核/49
第二节　《视同销售和房地产开发企业特定业务纳税调整明细表》的填制与审核/60
第三节　《未按权责发生制确认收入纳税调整明细表》的填制与审核/72
第四节　《投资收益纳税调整明细表》的填制与审核/77
第五节　《专项用途财政性资金纳税调整明细表》的填制与审核/81
第六节　《职工薪酬纳税调整明细表》的填制与审核/85
第七节　《广告费和业务宣传费跨年度纳税调整明细表》的填制与审核/92
第八节　《捐赠支出纳税调整明细表》的填制与审核/96

第五章　纳税调整表的填制与审核(中)/107
第一节　《资产折旧、摊销情况及纳税调整明细表》的填制与审核/107
第二节　《固定资产加速折旧、扣除明细表》的填制与审核/117
第三节　《资产损失税前扣除及纳税调整明细表》的填制与审核/120
第四节　《资产损失(专项申报)税前扣除及纳税调整明细表》的填制与审核/132

第六章　纳税调整表的填制与审核(下)/135

第一节　《企业重组纳税调整明细表》的填制与审核/135

第二节　《政策性搬迁纳税调整明细表》的填制与审核/147

第三节　《特殊行业准备金纳税调整明细表》的填制与审核/153

第七章　《企业所得税弥补亏损明细表》的填制与审核/161

第八章　税收优惠表的填制与审核/165

第一节　《免税、减计收入及加计扣除优惠明细表》的填制与审核/165

第二节　《符合条件的居民企业之间的股息、红利等权益性投资收益优惠明细表》的填制与审核/177

第三节　《综合利用资源生产产品取得的收入优惠明细表》的填制与审核/182

第四节　《金融、保险等机构取得的涉农利息、保费收入优惠明细表》的填制与审核/190

第五节　《研发费用加计扣除优惠明细表》的填制与审核/194

第六节　《所得减免优惠明细表》的填制与审核/199

第七节　《抵扣应纳税所得额明细表》的填制与审核/222

第八节　《减免所得税优惠明细表》的填制与审核/228

第九节　《高新技术企业优惠情况及明细表》的填制与审核/285

第十节　《软件、集成电路企业优惠情况及明细表》的填制与审核/309

第十一节　《税额抵免优惠明细表》的填制与审核/320

第九章　境外所得抵免表的填制与审核/339

第一节　《境外所得税收抵免明细表》的填制与审核/339

第二节　《境外所得纳税调整后所得明细表》的填制与审核/342

第三节　《境外分支机构弥补亏损明细表》的填制与审核/345

第四节　《跨年度结转抵免境外所得税明细表》的填制与审核/346

第十章　汇总纳税表的填制与审核/371

第一节　《跨地区经营企业年度分摊企业所得税明细表》的填制与审核/371

第二节　《企业所得税汇总纳税分支机构所得税分配表》的填制与审核/374

附录/388

综合案例/388

参考答案/391

第一章 概 述

第一节 企业所得税汇算清缴

《中华人民共和国企业所得税法》第五十四条规定:企业应当自年度终了之日起5个月内,向税务机关报送年度企业所得税纳税申报表,并汇算清缴,结清应缴应退税款。也就是说,我国对于企业所得税采取"按年计征,分期预缴,年终汇算清缴"的模式。

为加强企业所得税征收管理,进一步规范企业所得税汇算清缴管理工作,根据《中华人民共和国企业所得税法》及其实施条例和《中华人民共和国税收征收管理法》及其实施细则的有关规定,国家税务总局制定了《企业所得税汇算清缴管理办法》。

一、企业所得税汇算清缴的期限与基本要求

企业所得税汇算清缴,是指纳税人自纳税年度终了之日起5个月内或实际经营终止之日起60日内,依照税收法律、法规、规章及其他有关企业所得税的规定,自行计算本纳税年度应纳税所得额和应纳所得税额,根据月度或季度预缴企业所得税的数额,确定该纳税年度应补或者应退税额,并填写企业所得税年度纳税申报表,向主管税务机关办理企业所得税年度纳税申报、提供税务机关要求提供的有关资料、结清全年企业所得税税款的行为。

凡在纳税年度内从事生产、经营(包括试生产、试经营),或在纳税年度中间终止经营活动的纳税人,无论是否在减税、免税期间,也无论盈利或亏损,均应按照企业所得税法及其实施条例和本办法的有关规定进行企业所得税汇算清缴。实行核定定额征收企业所得税的纳税人,不进行汇算清缴。

纳税人在年度中间发生解散、破产、撤销等终止生产经营情形,需进行企业所得税清算的,应在清算前报告主管税务机关,并自实际经营终止之日起60日内进行汇算清缴,结清应缴应退企业所得税款;纳税人有其他情形依法终止纳税义务的,应当自停止生产、经营之日起60日内,向主管税务机关办理当期企业所得税汇算清缴。

纳税人12月份或者第四季度的企业所得税预缴纳税申报,应在纳税年度终了后15日内完成,预缴申报后进行当年企业所得税汇算清缴。

纳税人需要报经税务机关审批、审核或备案的事项,应按有关程序、时限和要求报送材料等有关规定,在办理企业所得税年度纳税申报前及时办理。

纳税人应当按照企业所得税法及其实施条例和企业所得税的有关规定,正确计算应纳税所得额和应纳所得税额,如实、正确填写企业所得税年度纳税申报表及其附表,完整、及时报送相关资料,并对纳税申报的真实性、准确性和完整性负法律责任。

二、企业所得税年度纳税申报须填写和报送的资料

纳税人办理企业所得税年度纳税申报时,应如实填写和报送下列有关资料:
(1)企业所得税年度纳税申报表及其附表;
(2)财务报表;
(3)备案事项相关资料;
(4)总机构及分支机构基本情况、分支机构征税方式、分支机构的预缴税情况;
(5)委托中介机构代理纳税申报的,应出具双方签订的代理合同,并附送中介机构出具的包括纳税调整的项目、原因、依据、计算过程、调整金额等内容的报告;
(6)涉及关联方业务往来的,同时报送《中华人民共和国企业年度关联业务往来报告表》;
(7)主管税务机关要求报送的其他有关资料。

纳税人采用电子方式办理企业所得税年度纳税申报的,应按照有关规定保存有关资料或附报纸质纳税申报资料。

纳税人因不可抗力,不能在汇算清缴期内办理企业所得税年度纳税申报或备齐企业所得税年度纳税申报资料的,应按照税收征管法及其实施细则的规定,申请办理延期纳税申报。

纳税人在汇算清缴期内发现当年企业所得税申报有误的,可在汇算清缴期内重新办理企业所得税年度纳税申报。

纳税人在纳税年度内预缴企业所得税税款少于应缴企业所得税税款的,应在汇算清缴期内结清应补缴的企业所得税税款;预缴税款超过应纳税款的,主管税务机关应及时按有关规定办理退税,或者经纳税人同意后抵缴其下一年度应缴企业所得税税款。

纳税人因有特殊困难,不能在汇算清缴期内补缴企业所得税款的,应按照税收征管法及其实施细则的有关规定,办理申请延期缴纳税款手续。

实行跨地区经营汇总缴纳企业所得税的纳税人,由统一计算应纳税所得额和应纳所得税额的总机构,按照上述规定,在汇算清缴期内向所在地主管税务机关办理企业所得税年度纳税申报,进行汇算清缴。分支机构不进行汇算清缴,但应将分支机构的营业收支等情况在报总机构统一汇算清缴前报送分支机构所在地主管税务机关。总机构应将分支机构及其所属机构的营业收支纳入总机构汇算清缴等情况报送各分支机构所在地主管税务机关。

经批准实行合并缴纳企业所得税的企业集团,由集团母公司在汇算清缴期内,向汇缴企业所在地主管税务机关报送汇缴企业及各个成员企业合并计算填写的企业所得税年度纳税申报表,以及有关资料及各个成员企业的企业所得税年度纳税申报表,统一办理汇缴企业及其成员企业的企业所得税汇算清缴。

汇缴企业应根据汇算清缴的期限要求,自行确定其成员企业向汇缴企业报送《税收征管法》第八条规定的有关资料的期限。成员企业向汇缴企业报送的上述资料,应经成员企业所在地的主管税务机关审核。

纳税人未按规定期限进行汇算清缴,或者未报送规定资料的,按照税收征管法及其实施细则的有关规定处理。

三、税务机关汇算清缴的管理工作

各级税务机关要结合当地实际,对每一纳税年度的汇算清缴工作进行统一安排和组织部署。汇算清缴管理工作由具体负责企业所得税日常管理的部门组织实施。税务机关内部各职

能部门应充分协调和配合,共同做好汇算清缴的管理工作。

(一)主动为纳税人提供税收服务

各级税务机关应在汇算清缴开始之前和汇算清缴期间,主动为纳税人提供如下税收服务。

(1)采用多种形式进行宣传,帮助纳税人了解企业所得税政策、征管制度和办税程序。

(2)积极开展纳税辅导,帮助纳税人知晓汇算清缴范围、时间要求、报送资料及其他应注意的事项。

(3)必要时组织纳税培训,帮助纳税人进行企业所得税自核自缴。

主管税务机关应及时向纳税人发放汇算清缴的表、证、单、书。

主管税务机关受理纳税人企业所得税年度纳税申报表及有关资料时,如发现企业未按规定报齐有关资料或填报项目不完整的,应及时告知企业在汇算清缴期内补齐补正。

(二)对纳税人年度纳税申报表进行审核

主管税务机关受理纳税人年度纳税申报后,应对纳税人年度纳税申报表的逻辑性和有关资料的完整性、准确性进行审核。审核重点主要包括:

(1)纳税人企业所得税年度纳税申报表及其附表与企业财务报表有关项目的数字是否相符,各项目之间的逻辑关系是否对应,计算是否正确。

(2)纳税人是否按规定弥补以前年度亏损额和结转以后年度待弥补的亏损额。

(3)纳税人是否符合税收优惠条件、税收优惠的确认和申请是否符合规定程序。

(4)纳税人税前扣除的财产损失是否真实、是否符合有关规定程序。跨地区经营汇总缴纳企业所得税的纳税人,其分支机构税前扣除的财产损失是否由分支机构所在地主管税务机关出具证明。

(5)纳税人有无预缴企业所得税的完税凭证,完税凭证上填列的预缴数额是否真实。跨地区经营汇总缴纳企业所得税的纳税人及其所属分支机构预缴的税款是否与《中华人民共和国企业所得税汇总纳税分支机构分配表》中分配的数额一致。

(6)纳税人企业所得税和其他各税种之间的数据是否相符、逻辑关系是否吻合。

主管税务机关应结合纳税人企业所得税预缴情况及日常征管情况,对纳税人报送的企业所得税年度纳税申报表及其附表和其他有关资料进行初步审核后,按规定程序及时办理企业所得税补、退税或抵缴其下一年度应纳所得税款等事项。

(三)对跨地区经营汇总纳税企业和合并纳税企业汇算清缴的协同管理

税务机关应做好跨地区经营汇总纳税企业和合并纳税企业汇算清缴的协同管理。

(1)总机构和汇缴企业所在地主管税务机关在对企业的汇总或合并纳税申报资料审核时,发现其分支机构或成员企业申报内容有疑点需进一步核实的,应向其分支机构或成员企业所在地主管税务机关发出有关税务事项协查函;该分支机构或成员企业所在地主管税务机关应在要求的时限内就协查事项进行调查核实,并将核查结果函复总机构或汇缴企业所在地主管税务机关。

(2)总机构和汇缴企业所在地主管税务机关收到分支机构或成员企业所在地主管税务机关反馈的核查结果后,应对总机构和汇缴企业申报的应纳税所得额及应纳所得税额作相应调整。

汇算清缴工作结束后,税务机关应组织开展汇算清缴数据分析、纳税评估和检查。纳税评估和检查的对象、内容、方法、程序等按照国家税务总局的有关规定执行。

第二节　企业所得税纳税申报的主体

根据《中华人民共和国企业所得税法》,在中华人民共和国境内,企业和其他取得收入的组织为企业所得税的纳税人,依照规定缴纳企业所得税。个人独资企业、合伙企业不适用企业所得税法。

企业分为居民企业和非居民企业。居民企业,是指依法在中国境内成立,或者依照外国(地区)法律成立但实际管理机构在中国境内的企业。非居民企业,是指依照外国(地区)法律成立且实际管理机构不在中国境内,但在中国境内设立机构、场所的,或者在中国境内未设立机构、场所,但有来源于中国境内所得的企业。

居民企业应当就其来源于中国境内、境外的所得缴纳企业所得税。

非居民企业在中国境内设立机构、场所的,应当就其所设机构、场所取得的来源于中国境内的所得,以及发生在中国境外但与其所设机构、场所有实际联系的所得,缴纳企业所得税。

非居民企业在中国境内未设立机构、场所的,或者虽设立机构、场所但取得的所得与其所设机构、场所没有实际联系的,应当就其来源于中国境内的所得缴纳企业所得税。

国家税务总局先后颁布了《企业所得税汇算清缴管理办法》、《企业所得税核定征收办法》以及《非居民企业所得税汇算清缴管理办法》等文件,指导纳税人进行企业所得税纳税申报。限于篇幅,本书主要介绍适用于查账征收居民纳税人企业的年度所得税申报表,即A类申报表填审技巧及政策指引。

根据国家税务总局公告2014年第63号《关于发布〈中华人民共和国企业所得税年度纳税申报表(A类,2014年版)〉的公告》,为贯彻落实《中华人民共和国企业所得税法》及其有关政策,国家税务总局修订并颁布了《中华人民共和国企业所得税年度纳税申报表(A类,2014年版)》及《中华人民共和国企业所得税年度纳税申报表(A类,2014年版)填报说明》,自2015年1月1日施行。《国家税务总局关于印发〈中华人民共和国企业所得税年度纳税申报表〉的通知》(国税发[2008]101号)、《国家税务总局关于〈中华人民共和国企业所得税年度纳税申报表〉的补充通知》(国税函[2008]1081号)、《国家税务总局关于企业所得税年度纳税申报口径问题的公告》(国家税务总局公告2011年第29号)、《国家税务总局关于做好2009年度企业所得税汇算清缴工作的通知》(国税函[2010]148号)同时废止。

2008年版申报表已经实施6年,对于组织收入,协助纳税人履行纳税义务,强化企业所得税汇算清缴,推进企业所得税科学化、专业化、精细化管理发挥了积极作用。随着新的企业所得税法的深入落实,现行申报表已不能满足纳税人和基层税务机关的需求。一方面,新的政策不断出台,现行申报表没有及时修改,纳税人很难准确履行纳税义务,导致纳税人填报差错率较高,税收风险加大。另一方面,过于简单的表格、结构的不合理,导致申报表信息采集量不足,在新形势下难以满足税务机关加强所得税风险管理、后续管理以及税收收入分析等需求,严重制约了税收管理水平的提高。此外,2014年税务总局推进便民办税"春风行动",转变管理方式,减少和取消行政审批,减少进户执法,税务机关仅通过申报表掌握纳税人涉税信息,这对申报表的功能提出了更高要求。为此,需要对申报表做出修订和完善。

第三节 A类申报表封面填报的项目及其含义

一、表样及有关项目的填报说明

(一)表样

中华人民共和国企业所得税年度纳税申报表

(A类,2014年版)

税款所属期间:　　年　　月　　日至　　年　　月　　日

纳税人识别号:□□□□□□□□□□□□□□□

纳税人名称:

金额单位:人民币元(列至角分)

谨声明:此纳税申报表是根据《中华人民共和国企业所得税法》、《中华人民共和国企业所得税法实施条例》、有关税收政策以及国家统一会计制度的规定填报的,是真实的、可靠的、完整的。

法定代表人(签章):　　　　　　　　　　　　　　　　年　　月　　日

纳税人公章:	代理申报中介机构公章:	主管税务机关受理专用章:
会计主管:	经办人: 经办人执业证件号码:	受理人:
填表日期:　年　月　日	代理申报日期:　年　月　日	受理日期:　年　月　日

国家税务总局监制

(二)填报说明

A类申报表适用对象是实行查账征收企业所得税的居民纳税人。有关项目填报说明如下:

1."税款所属期间"。

(1)正常经营的纳税人,填报公历当年1月1日至12月31日;

(2)纳税人年度中间开业的,填报实际生产经营之日至当年12月31日;

(3)纳税人年度中间发生合并、分立、破产、停业等情况的,填报公历当年1月1日至实际停业或法院裁定并宣告破产之日;

(4)纳税人年度中间开业且年度中间又发生合并、分立、破产、停业等情况的,填报实际生产经营之日至实际停业或法院裁定并宣告破产之日。

2."纳税人识别号":填报税务机关统一核发的税务登记证号码。

3."纳税人名称":填报税务登记证所载纳税人的全称。

4."填报日期":填报纳税人申报当日日期。

5. 纳税人聘请中介机构代理申报的,加盖代理申报中介机构公章,并填报经办人及其执业证件号码等,没有聘请的,填报"无"。

二、特别关注与政策链接

纳税申报是纳税人的法定义务,申报表封面也特别印制填报人声明"谨声明:此纳税申报表是根据《中华人民共和国企业所得税法》、《中华人民共和国企业所得税法实施条例》、有关税收政策以及国家统一会计制度的规定填报的,是真实的、可靠的、完整的。"

政策链接之一:《中华人民共和国税收征收管理法》第二十五条 纳税人必须依照法律、行政法规规定或者税务机关依照法律、行政法规的规定确定的申报期限、申报内容如实办理纳税申报,报送纳税申报表、财务会计报表以及税务机关根据实际需要要求纳税人报送的其他纳税资料。

政策链接之二:《中华人民共和国税收征收管理法》第二十七条 纳税人、扣缴义务人不能按期办理纳税申报或者报送代扣代缴、代收代缴税款报告表的,经税务机关核准,可以延期申报。

政策链接之三:《中华人民共和国税收征收管理法》第六十二条 纳税人未按照规定的期限办理纳税申报和报送纳税资料的,或者扣缴义务人未按照规定的期限向税务机关报送代扣代缴、代收代缴税款报告表和有关资料的,由税务机关责令限期改正,可以处二千元以下的罚款;情节严重的,可以处二千元以上一万元以下的罚款。

政策链接之四:《中华人民共和国税收征收管理法》第六十三条 纳税人伪造、变造、隐匿、擅自销毁账簿、记账凭证,或者在账簿上多列支出或者不列、少列收入,或者经税务机关通知申报而拒不申报或者进行虚假的纳税申报,不缴或者少缴应纳税款的,是偷税。对纳税人偷税的,由税务机关追缴其不缴或者少缴的税款、滞纳金,并处不缴或者少缴的税款百分之五十以上五倍以下的罚款;构成犯罪的,依法追究刑事责任。

政策链接之五:《中华人民共和国税收征收管理法》第六十四条 纳税人、扣缴义务人编造虚假计税依据的,由税务机关责令限期改正,并处五万元以下的罚款。

纳税人不进行纳税申报,不缴或者少缴应纳税款的,由税务机关追缴其不缴或者少缴的税款、滞纳金,并处不缴或者少缴的税款百分之五十以上五倍以下的罚款。

第四节 2014年版申报表体系简介

一、企业所得税年度申报表层级体系

修订后的2014年版企业所得税申报表共41张:1张基础信息表,1张主表,6张收入费用明细表,15张纳税调整表,1张亏损弥补表,11张税收优惠表,4张境外所得抵免表,2张汇总纳税表。2014年版企业所得税申报表与旧版16张表格相比,虽然增加了25张,但由于许多表格是选项,纳税人有此业务的,可以选择填报,没有此业务的,可以不填报。从纳税人试填情况统计、分析,平均每一纳税人填报的表格为12张,与旧版申报表16张相比,略有下降,但信息量却大幅度提高。

(一)基础信息表

此表反映纳税人的基本信息,包括名称、注册地、行业、注册资本、从业人数、股东结构、会

计政策、存货办法、对外投资情况等，这些信息，既可以替代企业备案资料（如资产情况及变化、从业人数，可以判断纳税人是否属于小微企业，小微企业享受优惠政策后，就无需再报送其他资料），也是税务机关进行管理所需要的信息。

（二）主表

主表结构与现行报表没有变化，体现企业所得税纳税流程，即在会计利润的基础上，按照税法进行纳税调整，计算应纳税所得额，扣除税收优惠数额，进行境外税收抵免，最后计算应补（退）税款。

（三）收入费用明细表

收入费用明细表主要反映企业按照会计政策所发生的成本、费用情况。这些表格，也是企业进行纳税调整的主要数据来源。它包括《一般企业收入明细表》、《金融企业收入明细表》、《一般企业成本支出明细表》、《金融企业支出明细表》、《事业单位、民间非营利组织收入、支出明细表》、《期间费用明细表》。

（四）纳税调整表

纳税调整表将所有的税会差异需要调整的事项，按照收入、成本和资产三大类，设计了15张表格，包括《纳税调整项目明细表》、《视同销售和房地产开发企业特定业务纳税调整明细表》、《未按权责发生制确认收入纳税调整明细表》、《投资收益纳税调整明细表》、《专项用途财政性资金纳税调整明细表》、《职工薪酬纳税调整明细表》、《广告费和业务宣传费跨年度纳税调整明细表》、《捐赠支出纳税调整明细表》、《资产折旧、摊销情况及纳税调整明细表》、《固定资产加速折旧、扣除明细表》、《资产损失税前扣除及纳税调整明细表》、《资产损失（专项申报）税前扣除及纳税调整明细表》、《企业重组纳税调整明细表》、《政策性搬迁纳税调整明细表》、《特殊行业准备金纳税调整明细表》。

纳税调整是所得税管理的重点和难点，现行申报表中仅1张纳税调整表，该表功能就是将纳税人进行纳税调整后结果进行统计、汇总，没有体现政策和过程，也不反映税收与会计的差异，税务机关很难判断出其合理性及准确性。因此，本次修改后的申报表，通过表格的方式进行计算反映，既方便纳税人填报，又便于税务机关纳税评估、分析。

（五）亏损弥补表

本表反映企业发生亏损如何结转问题，既准确计算亏损结转年度和限额，又便于税务机关进行管理。

（六）税收优惠表

税收优惠表包括《免税、减计收入及加计扣除优惠明细表》、《符合条件的居民企业之间的股息、红利等权益性投资收益优惠明细表》、《综合利用资源生产产品取得的收入优惠明细表》、《金融、保险等机构取得的涉农利息、保费收入优惠明细表》、《研发费用加计扣除优惠明细表》、《所得减免优惠明细表》、《抵扣应纳税所得额优惠明细表》、《减免所得税优惠明细表》、《高新技术企业优惠情况及明细表》、《软件、集成电路企业优惠情况及明细表》、《税额抵免优惠明细表》。

2014年版申报表，将目前我国企业所得税39项税收优惠项目按照税基、应纳税所得额、税额扣除等进行分类，设计了11张表格，通过表格的方式计算税收优惠享受情况、过程。这既方便纳税人填报，又便于税务机关掌握税收减免税信息，核实优惠的合理性，进行优惠效益分析。

（七）境外所得抵免表

反映企业发生境外所得税如何抵免以及抵免具体计算问题。包括《境外所得税收抵免明细表》、《境外所得纳税调整后所得明细表》、《境外分支机构弥补亏损明细表》和《跨年度结转抵免境外所得税明细表》。

（八）汇总纳税表

它包括《跨地区经营汇总纳税企业年度分摊企业所得税情况表》和《企业所得税汇总纳税分支机构所得税分配表》，反映汇总纳税企业的总分机构如何分配税额问题。

二、《企业所得税年度纳税申报表填报表单》的填报说明

（一）表样

企业所得税年度纳税申报表填报表单

表单编号	表单名称	选择填报情况	
		填报	不填报
A000000	企业基础信息表	√	×
A100000	中华人民共和国企业所得税年度纳税申报表（A类）	√	×
A101010	一般企业收入明细表	□	□
A101020	金融企业收入明细表	□	□
A102010	一般企业成本支出明细表	□	□
A102020	金融企业支出明细表	□	□
A103000	事业单位、民间非营利组织收入、支出明细表	□	□
A104000	期间费用明细表	□	□
A105000	纳税调整项目明细表	□	□
A105010	视同销售和房地产开发企业特定业务纳税调整明细表	□	□
A105020	未按权责发生制确认收入纳税调整明细表	□	□
A105030	投资收益纳税调整明细表	□	□
A105040	专项用途财政性资金纳税调整明细表	□	□
A105050	职工薪酬纳税调整明细表	□	□
A105060	广告费和业务宣传费跨年度纳税调整明细表	□	□
A105070	捐赠支出纳税调整明细表	□	□
A105080	资产折旧、摊销情况及纳税调整明细表	□	□
A105081	固定资产加速折旧、扣除明细表	□	□
A105090	资产损失税前扣除及纳税调整明细表	□	□
A105091	资产损失（专项申报）税前扣除及纳税调整明细表	□	□
A105100	企业重组纳税调整明细表	□	□
A105110	政策性搬迁纳税调整明细表	□	□

续表

表单编号	表单名称	选择填报情况 填报	选择填报情况 不填报
A105120	特殊行业准备金纳税调整明细表	☐	☐
A106000	企业所得税弥补亏损明细表	☐	☐
A107010	免税、减计收入及加计扣除优惠明细表	☐	☐
A107011	符合条件的居民企业之间的股息、红利等权益性投资收益优惠明细表	☐	☐
A107012	综合利用资源生产产品取得的收入优惠明细表	☐	☐
A107013	金融、保险等机构取得的涉农利息、保费收入优惠明细表	☐	☐
A107014	研发费用加计扣除优惠明细表	☐	☐
A107020	所得减免优惠明细表	☐	☐
A107030	抵扣应纳税所得额明细表	☐	☐
A107040	减免所得税优惠明细表	☐	☐
A107041	高新技术企业优惠情况及明细表	☐	☐
A107042	软件、集成电路企业优惠情况及明细表	☐	☐
A107050	税额抵免优惠明细表	☐	☐
A108000	境外所得税收抵免明细表	☐	☐
A108010	境外所得纳税调整后所得明细表	☐	☐
A108020	境外分支机构弥补亏损明细表	☐	☐
A108030	跨年度结转抵免境外所得税明细表	☐	☐
A109000	跨地区经营汇总纳税企业年度分摊企业所得税明细表	☐	☐
A109010	企业所得税汇总纳税分支机构所得税分配表	☐	☐

说明：企业应当根据实际情况选择需要填表的表单。

(二)填报说明

本表列示申报表全部表单名称及编号。纳税人在填报申报表之前，请仔细阅读这些表单，并根据企业的涉税业务，选择"填报"或"不填报"。选择"填报"的，需完成该表格相关内容的填报；选择"不填报"的，可以不填报该表格。对选择"不填报"的表格，可以不上报税务机关。其有关项目填报说明如下：

1.《企业基础信息表》(A000000)

本表为必填表。主要反映纳税人的基本信息，包括纳税人基本信息、主要会计政策、股东结构和对外投资情况等。纳税人填报申报表时，首先填报此表，为后续申报提供指引。

2.《中华人民共和国企业所得税年度纳税申报表(A类)》(A100000)

本表为必填表。它是企业纳税人计算申报缴纳企业所得税的主表。

3.《一般企业收入明细表》(A101010)

本表适用于除金融企业、事业单位和民间非营利机构外的企业填报，它反映一般企业按照国家统一会计制度规定取得收入情况。

4.《金融企业收入明细表》(A101020)

本表仅适用于金融企业(包括商业银行、保险公司、证券公司等金融企业)填报,它反映金融企业按照企业会计准则规定取得收入情况。

5.《一般企业成本支出明细表》(A102010)

本表适用于除金融企业、事业单位和民间非营利机构外的企业填报,它反映一般企业按照国家统一会计制度的规定发生成本费用支出情况。

6.《金融企业支出明细表》(A102020)

本表仅适用于金融企业(包括商业银行、保险公司、证券公司等金融企业)填报,它反映金融企业按照企业会计准则规定发生成本费用支出情况。

7.《事业单位、民间非营利组织收入、支出明细表》(A103000)

本表适用于事业单位和民间非营利机构填报,它反映事业单位、社会团体、民办非企业单位、非营利性组织等按照有关会计制度规定取得收入、发生成本费用支出情况。

8.《期间费用明细表》(A104000)

本表由纳税人根据国家统一会计制度规定,填报期间费用明细项目。

9.《纳税调整项目明细表》(A105000)

本表填报纳税人财务、会计处理办法(以下简称会计处理)与税收法律、行政法规的规定(以下简称税法规定)不一致,需要进行纳税调整的项目和金额。

10.《视同销售和房地产开发企业特定业务纳税调整明细表》(A105010)

本表填报纳税人发生视同销售行为、房地产企业销售未完工产品、未完工产品转完工产品特定业务,会计处理与税法规定不一致,需要进行纳税调整的项目和金额。

11.《未按权责发生制确认收入纳税调整明细表》(A105020)

本表填报纳税人发生会计上按照权责发生制确认收入,而税法规定不按照权责发生制确认收入,需要按照税法规定进行纳税调整的项目和金额。

12.《投资收益纳税调整明细表》(A105030)

本表填报纳税人发生投资收益,会计处理与税法规定不一致,需要进行纳税调整的项目和金额。

13.《专项用途财政性资金纳税调整明细表》(A105040)

本表填报纳税人发生符合不征税收入条件的专项用途财政性资金,会计处理与税法规定不一致,需要进行纳税调整的金额。

14.《职工薪酬纳税调整明细表》(A015050)

本表填报纳税人发生的职工薪酬(包括工资薪金、职工福利费、职工教育经费、工会经费、各类基本社会保障性缴款、住房公积金、补充养老保险、补充医疗保险等支出),会计处理与税法规定不一致,需要进行纳税调整的项目和金额。

15.《广告费和业务宣传费跨年度纳税调整明细表》(A105060)

本表填报纳税人本年发生的广告费和业务宣传费支出,会计处理与税法规定不一致,需要进行纳税调整的项目和金额。

16.《捐赠支出纳税调整明细表》(A105070)

本表填报纳税人发生捐赠支出,会计处理与税法规定不一致,需要进行纳税调整的项目和金额。

17.《资产折旧、摊销情况及纳税调整明细表》(A105080)

本表填报纳税人资产折旧、摊销情况,及会计处理与税法规定不一致,需要进行纳税调整的项目和金额。

18.《固定资产加速折旧、扣除明细表》(A105081)

本表填报纳税人符合税法规定的2014年及以后年度新增固定资产加速折旧,及允许一次性计入当期成本费用税前扣除的项目和金额。

19.《资产损失税前扣除及纳税调整明细表》(A105090)

本表填报纳税人发生资产损失,以及由于会计处理与税法规定不一致,需要进行纳税调整的项目和金额。

20.《资产损失(专项申报)税前扣除及纳税调整明细表》(A105091)

本表填报纳税人发生的货币资产、非货币资产、投资、其他资产损失,以及由于会计处理与税法规定不一致,需要进行纳税调整的项目和金额。

21.《企业重组纳税调整明细表》(A105100)

本表填报纳税人发生企业重组所涉及的所得或损失,会计处理与税法规定不一致,需要进行纳税调整的项目和金额。

22.《政策性搬迁纳税调整明细表》(A105110)

本表填报纳税人发生政策性搬迁所涉及的所得或损失,由于会计处理与税法规定不一致,需要进行纳税调整的项目和金额。

23.《特殊行业准备金纳税调整明细表》(A105120)

本表填报保险公司、证券行业等特殊行业纳税人发生特殊行业准备金,会计处理与税法规定不一致,需要进行纳税调整的项目和金额。

24.《企业所得税弥补亏损明细表》(A106000)

本表填报纳税人以前年度发生的亏损,需要在本年度结转弥补的金额,本年度可弥补的金额以及可继续结转以后年度弥补的亏损额。

25.《免税、减计收入及加计扣除优惠明细表》(A107010)

本表填报纳税人本年度所享受免税收入、减计收入、加计扣除等优惠的项目和金额。

26.《符合条件的居民企业之间的股息、红利等权益性投资收益优惠明细表》(A107011)

本表填报纳税人本年度享受居民企业之间的股息、红利等权益性投资收益免税项目和金额。

27.《综合利用资源生产产品取得的收入优惠明细表》(A107012)

本表填报纳税人本年度发生的综合利用资源生产产品取得的收入减计收入的项目和金额。

28.《金融、保险等机构取得的涉农利息、保费收入优惠明细表》(A107013)

本表填报纳税人本年度发生的金融、保险等机构取得的涉农利息、保费收入减计收入项目和金额。

29.《研发费用加计扣除优惠明细表》(A107014)

本表填报纳税人本年度享受研发费加计扣除情况和金额。

30.《所得减免优惠明细表》(A107020)

本表填报纳税人本年度享受减免所得额(包括农、林、牧、渔项目和国家重点扶持的公共基础设施项目、环境保护、节能节水以及符合条件的技术转让项目等)的项目和金额。

31.《抵扣应纳税所得额优惠明细表》(A107030)

本表填报纳税人本年度享受创业投资企业抵扣应纳税所得额优惠金额。

32.《减免所得税优惠明细表》(A107040)

本表填报纳税人本年度享受减免所得税(包括小微企业、高新技术企业、民族自治地方企业、其他专项优惠等)的项目和金额。

33.《高新技术企业优惠情况及明细表》(A107041)

本表填报纳税人本年度享受高新技术企业优惠的情况和金额。

34.《软件、集成电路企业优惠情况及明细表》(A107042)

本表填报纳税人本年度享受软件、集成电路企业优惠的情况和金额。

35.《税额抵免优惠明细表》(A107050)

本表填报纳税人本年度享受购买专用设备投资额抵免税额情况和金额。

36.《境外所得税收抵免明细表》(A108000)

本表填报纳税人本年度来源于或发生于不同国家、地区的所得,按照我国税法规定计算应缴纳和应抵免的企业所得税额。

37.《境外所得纳税调整后所得明细表》(A108010)

本表填报纳税人本年度来源于或发生于不同国家、地区的所得,按照我国税法规定计算调整后的所得。

38.《境外分支机构弥补亏损明细表》(A108020)

本表填报纳税人境外分支机构本年度及以前年度发生的税前尚未弥补的非实际亏损额和实际亏损额、结转以后年度弥补的非实际亏损额和实际亏损额。

39.《跨年度结转抵免境外所得税明细表》(A108030)

本表填报纳税人本年度发生的来源于不同国家或地区的境外所得按照我国税收法律、法规的规定可以抵免的所得税额。

40.《跨地区经营汇总纳税企业年度分摊企业所得税情况表》(A109000)

本表填报跨地区经营总机构居民企业,按规定计算总分机构每一纳税年度应缴的企业所得税、总分机构应分摊的企业所得税。

41.《企业所得税汇总纳税分支机构所得税分配表》(A109010)

本表填报总机构所属年度实际应纳所得税额以及所属分支机构在所属年度应分摊的所得税额。

第五节 企业基础信息表的填制与审核

一、表样及有关项目的填报说明

(一)表样

A000000

企业基础信息表

正常申报□	更正申报□	补充申报□
100 基本信息			

101 汇总纳税企业	是（总机构□　按比例缴纳总机构□）　否□		
102 注册资本(万元)		106 境外中资控股居民企业	是□　否□
103 所属行业明细代码		107 从事国家非限制和禁止行业	是□　否□
104 从业人数		108 存在境外关联交易	是□　否□
105 资产总额(万元)		109 上市公司	是(境内□境外□)　否□

200 主要会计政策和估计

201 适用的会计准则或会计制度	企业会计准则(一般企业□　银行□　证券□　保险□　担保□) 小企业会计准则□ 企业会计制度□ 事业单位会计准则(事业单位会计制度□　科学事业单位会计制度□ 医院会计制度□　高等学校会计制度□　中小学校会计制度□ 彩票机构会计制度□) 民间非营利组织会计制度□ 村集体经济组织会计制度□ 农民专业合作社财务会计制度(试行)□ 其他□		
202 会计档案的存放地		203 会计核算软件	
204 记账本位币	人民币□ 其他□	205 会计政策和估计是否发生变化	是□　否□
206 固定资产折旧方法	年限平均法□　工作量法□　双倍余额递减法□　年数总和法□　其他□		
207 存货成本计价方法	先进先出法□　移动加权平均法□　月末一次加权平均法□ 个别计价法□　毛利率法□　零售价法□　计划成本法□　其他□		
208 坏账损失核算方法	备抵法□　直接核销法□		
209 所得税计算方法	应付税款法□　资产负债表债务法□　其他□		

300 企业主要股东及对外投资情况

301 企业主要股东(前5位)

股东名称	证件种类	证件号码	经济性质	投资比例	国籍(注册地址)

302 对外投资(前5位)

被投资者名称	纳税人识别号	经济性质	投资比例	投资金额	注册地址

(二)填报说明

纳税人在填报申报表前,首先填报基础信息表,为后续申报提供指引。基础信息表主要内容包括表头、基本信息、主要会计政策和估计、企业主要股东及对外投资情况等部分。有关项目填报说明如下:

1. 纳税人根据具体情况勾选"正常申报"、"更正申报"或"补充申报"。

(1)正常申报:申报期内,纳税人第一次年度申报为"正常申报";

(2)更正申报:申报期内,纳税人对已申报内容进行更正申报的为"更正申报";

(3)补充申报:申报期后,由于纳税人自查、主管税务机关评估等发现以前年度申报有误而更改的申报为"补充申报"。

2."101汇总纳税企业":纳税人根据情况选择。

(1)纳税人为《国家税务总局关于印发〈跨地区经营汇总纳税企业所得税征收管理办法〉的公告》(国家税务总局公告2012第57号)规定的跨地区总机构的,选择"总机构",选择的纳税人需填报表A109000(《跨地区经营汇总纳税企业年度分摊企业所得税明细表》)和A109010(《企业所得税汇总纳税分支机构所得税分配表》);

(2)纳税人根据相关政策规定按比例缴纳的总机构,选择"按比例缴纳总机构";

(3)其他纳税人选择"否"。

3."102注册资本":填报全体股东或发起人在公司登记机关依法登记的出资或认缴的股本金额(单位:万元)。

4."103所属行业明细代码":根据《国民经济行业分类》(GB/4754-2011)标准填报纳税人的行业代码。

(1)如所属行业代码为7010的房地产开发经营企业,可以填报表A105010(《视同销售和房地产开发企业特定业务纳税调整明细表》)中第21行(房地产开发企业特定业务计算的纳税调整额)至第29行(转回实际发生的营业税金及附加、土地增值税);

(2)所属行业代码为06××至50××,小型微利企业优惠判断为工业企业;

(3)所属行业代码为66××的银行业,67××的证券和资本投资,68××的保险业,填报表A101020(《金融企业收入明细表》)、A102020(《金融企业支出明细表》)。

5."104从业人数":填报纳税人全年平均从业人数,从业人数是指与企业建立劳动关系的职工人数和企业接受的劳务派遣用工人数之和;从业人数指标,按企业全年月平均值确定,具体计算公式如下:

$$月平均值=(月初值+月末值)\div 2$$
$$全年月平均值=全年各月平均值之和\div 12$$
$$全年从业人数=月平均值\times 12$$

年度中间开业或者终止经营活动的,以其实际经营期作为一个纳税年度确定上述相关指标。

6."105资产总额(万元)":填报纳税人全年资产总额平均数,依据和计算方法同"从业人数"口径,资产总额单位为万元,小数点后保留2位小数。

7."106境外中资控股居民企业":根据《国家税务总局关于境外注册中资控股企业依据实际管理机构标准认定为居民企业有关问题的通知》(国税发[2009]第82号)文件规定,境外中资控股企业被税务机关认定为实际管理机构在中国境内的居民企业选择"是",其他选择"否"。

8."107从事国家非限制和禁止行业":纳税人从事国家非限制和禁止行业,选择"是",其他选择"否"。

9."108 境外关联交易":纳税人存在境外关联交易,勾选"是",不存在勾选"否"。

10."109 上市公司":纳税人根据情况,在境内上市的勾选"境内";在境外(含香港)上市的勾选"境外";其他勾选"否"。

11."201 适用的会计准则或会计制度":纳税人根据采用的会计准则或会计制度勾选。

12."202 会计档案存放地":填报会计档案的存放地。

13."203 会计核算软件":填报会计电算化系统的会计核算软件,如 ERP。

14."204 记账本位币":纳税人根据实际情况勾选人民币或者其他币种。

15."205 会计政策和估计是否发生变化":纳税人本年会计政策和估计与上年度发生变更的勾选"是",未发生的勾选"否"。

16."206 固定资产折旧方法":纳税人根据实际情况勾选,可勾选多项。

17."207 存货成本计算方法":纳税人根据实际情况勾选,可勾选多项。

18."208 坏账损失核算方法":纳税人根据实际情况勾选。

19."209 所得税会计核算方法":纳税人根据实际情况勾选。

20."301 企业主要股东(前5位)",填报本企业投资比例前5位的股东情况。包括股东名称,证件种类(税务登记证、组织机构代码证、身份证、护照等),证件号码(纳税人识别号、组织机构代码号、身份证号、护照号),经济性质(单位投资的,按其登记注册类型填报;个人投资的,填报自然人),投资比例,国籍(注册地址)。

国外非居民企业证件种类和证件号码可不填写。

21."302 对外投资(前5位)",填报本企业对境内投资金额前5位的投资情况。包括被投资者名称、纳税人识别号、经济性质、投资比例、投资金额、注册地址。

二、填审要点提示

国家税务总局提出的深化税收征管改革的总体要求是构建以明晰征纳双方权利和义务为前提,以风险管理为导向,以专业化管理为基础,以重点税源管理为着力点,以信息化为支撑的现代化税收征管体系。

信息管税就是充分利用现代信息技术手段,以解决征纳双方信息不对称问题为重点,以对涉税信息的采集、分析、利用为主线,树立税收风险管理理念,完善税收信息管理机制,健全税源管理体系,加强业务与技术的融合,进而提高税收征管水平。信息管税的作用在于强化税源监控,堵塞征管漏洞,推进执法规范,提高工作效率,利用科技手段为纳税人遵从履行纳税义务提供便利,引导纳税人自我修正履行纳税义务过程中出现的偏差,防范和化解不遵从风险,把信息资源优势充分释放出来,达到信息增值利用目的,实现税收管理的科学化、精细化目标。

通过企业基础信息表,要求纳税人在填报申报表前,首先填报基础信息表,这样就为后续申报提供了指引。

第二章　主表的填制与审核

一、表样及有关项目的填报说明

（一）表样

A100000

中华人民共和国企业所得税年度纳税申报表（A类）

行次	类别	项目	金额
1	利润总额计算	一、营业收入（填写 A101010\101020\103000）	
2		减：营业成本（填写 A102010\102020\103000）	
3		营业税金及附加	
4		销售费用（填写 A104000）	
5		管理费用（填写 A104000）	
6		财务费用（填写 A104000）	
7		资产减值损失	
8		加：公允价值变动收益	
9		投资收益	
10		二、营业利润（1－2－3－4－5－6－7＋8＋9）	
11		加：营业外收入（填写 A101010\101020\103000）	
12		减：营业外支出（填写 A102010\102020\103000）	
13		三、利润总额（10＋11－12）	
14	应纳税所得额计算	减：境外所得（填写 A108010）	
15		加：纳税调整增加额（填写 A105000）	
16		减：纳税调整减少额（填写 A105000）	
17		减：免税、减计收入及加计扣除（填写 A107010）	
18		加：境外应税所得抵减境内亏损（填写 A108000）	
19		四、纳税调整后所得（13－14＋15－16－17＋18）	
20		减：所得减免（填写 A107020）	
21		减：抵扣应纳税所得额（填写 A107030）	
22		减：弥补以前年度亏损（填写 A106000）	
23		五、应纳税所得额（19－20－21－22）	

续表

行次	类别	项 目	金 额
24	应纳税额计算	税率(25%)	
25		六、应纳所得税额(23×24)	
26		减:减免所得税额(填写 A107040)	
27		减:抵免所得税额(填写 A107050)	
28		七、应纳税额(25－26－27)	
29		加:境外所得应纳所得税额(填写 A108000)	
30		减:境外所得抵免所得税额(填写 A108000)	
31		八、实际应纳所得税额(28＋29－30)	
32		减:本年累计实际已预缴的所得税额	
33		九、本年应补(退)所得税额(31－32)	
34		其中:总机构分摊本年应补(退)所得税额(填写 A109000)	
35		财政集中分配本年应补(退)所得税额(填写 A109000)	
36		总机构主体生产经营部门分摊本年应补(退)所得税额(填写 A109000)	
37	附列资料	以前年度多缴的所得税额在本年抵减额	
38		以前年度应缴未缴在本年入库所得税额	

(二)填报说明

1. 表体项目

本表是在纳税人会计利润总额的基础上,加减纳税调整等金额后计算出"纳税调整后所得"(应纳税所得额)。会计与税法的差异(包括收入类、扣除类、资产类等差异)通过《纳税调整项目明细表》(A105000)集中填报。

本表包括利润总额计算、应纳税所得额计算、应纳税额计算、附列资料四个部分。

(1)"利润总额计算"中的项目,按照国家统一会计制度口径计算填报。实行企业会计准则、小企业会计准则、企业会计制度、分行业会计制度的纳税人其数据直接取自利润表;实行事业单位会计准则的纳税人其数据取自收入支出表;实行民间非营利组织会计制度的纳税人其数据取自业务活动表;实行其他国家统一会计制度的纳税人,根据本表项目进行分析填报。

(2)"应纳税所得额计算"和"应纳税额计算"中的项目,除根据主表逻辑关系计算的外,通过附表相应栏次填报。

2. 行次说明

第1~13行参照企业会计准则利润表的说明编写。

(1)第1行"营业收入":填报纳税人主要经营业务和其他经营业务取得的收入总额。本行根据"主营业务收入"和"其他业务收入"的数额填报。一般企业纳税人通过《一般企业收入明细表》(A101010)填报;金融企业纳税人通过《金融企业收入明细表》(A101020)填报;事业单位、社会团体、民办非企业单位、非营利组织等纳税人通过《事业单位、民间非营利组织收入、支出明细表》(A103000)填报。

(2)第2行"营业成本"项目:填报纳税人主要经营业务和其他经营业务发生的成本总额。本行根据"主营业务成本"和"其他业务成本"的数额填报。一般企业纳税人通过《一般企业成本支出明细表》(A102010)填报;金融企业纳税人通过《金融企业支出明细表》(A102020)填报;事业单位、社会团体、民办非企业单位、非营利组织等纳税人,通过《事业单位、民间非营利组织收入、支出明细表》(A103000)填报。

(3)第3行"营业税金及附加"：填报纳税人经营活动发生的营业税、消费税、城市维护建设税、资源税、土地增值税和教育费附加等相关税费。本行根据纳税人相关会计科目填报。纳税人在其他会计科目核算的本行不得重复填报。

(4)第4行"销售费用"：填报纳税人在销售商品和材料、提供劳务的过程中发生的各种费用。本行通过《期间费用明细表》(A104000)中对应的"销售费用"填报。

(5)第5行"管理费用"：填报纳税人为组织和管理企业生产经营发生的管理费用。本行通过《期间费用明细表》(A104000)中对应的"管理费用"填报。

(6)第6行"财务费用"：填报纳税人为筹集生产经营所需资金等发生的筹资费用。本行通过《期间费用明细表》(A104000)中对应的"财务费用"填报。

(7)第7行"资产减值损失"：填报纳税人计提各项资产准备发生的减值损失。本行根据企业"资产减值损失"科目上的数额填报。实行其他会计准则等的比照填报。

(8)第8行"公允价值变动收益"：填报纳税人在初始确认时划分为以公允价值计量且其变动计入当期损益的金融资产或金融负债(包括交易性金融资产或负债，直接指定为以公允价值计量且其变动计入当期损益的金融资产或金融负债)，以及采用公允价值模式计量的投资性房地产、衍生工具和套期业务中公允价值变动形成的应计入当期损益的利得或损失。本行根据企业"公允价值变动损益"科目的数额填报(损失以"－"号填列)。

(9)第9行"投资收益"：填报纳税人以各种方式对外投资确认所取得的收益或发生的损失。根据企业"投资收益"科目的数额计算填报；实行事业单位会计准则的纳税人根据"其他收入"科目中的投资收益金额分析填报(损失以"－"号填列)。实行其他会计准则等的比照填报。

(10)第10行"营业利润"：填报纳税人当期的营业利润。根据上述项目计算填列。

(11)第11行"营业外收入"：填报纳税人取得的与其经营活动无直接关系的各项收入的金额。一般企业纳税人通过《一般企业收入明细表》(A101010)填报；金融企业纳税人通过《金融企业收入明细表》(A101020)填报；实行事业单位会计准则或民间非营利组织会计制度的纳税人通过《事业单位、民间非营利组织收入、支出明细表》(A103000)填报。

(12)第12行"营业外支出"：填报纳税人发生的与其经营活动无直接关系的各项支出的金额。一般企业纳税人通过《一般企业成本支出明细表》(A102010)填报；金融企业纳税人通过《金融企业支出明细表》(A102020)填报；实行事业单位会计准则或民间非营利组织会计制度的纳税人通过《事业单位、民间非营利组织收入、支出明细表》(A103000)填报。

(13)第13行"利润总额"：填报纳税人当期的利润总额。根据上述项目计算填列。

(14)第14行"境外所得"：填报纳税人发生的分国(地区)别取得的境外税后所得计入利润总额的金额。填报《境外所得纳税调整后所得明细表》(A108010)第14列减去第11列的差额。

(15)第15行"纳税调整增加额"：填报纳税人会计处理与税收规定不一致，进行纳税调整增加的金额。本行通过《纳税调整项目明细表》(A105000)"调增金额"列填报。

(16)第16行"纳税调整减少额"：填报纳税人会计处理与税收规定不一致，进行纳税调整减少的金额。本行通过《纳税调整项目明细表》(A105000)"调减金额"列填报。

(17)第17行"免税、减计收入及加计扣除"：填报属于税法规定免税收入、减计收入、加计扣除金额。本行通过《免税、减计收入及加计扣除优惠明细表》(A107010)填报。

(18)第18行"境外应税所得抵减境内亏损"：填报纳税人根据税法规定，选择用境外所得抵减境内亏损的数额。本行通过《境外所得税收抵免明细表》(A108000)填报。

(19)第19行"纳税调整后所得":填报纳税人经过纳税调整、税收优惠、境外所得计算后的所得额。

(20)第20行"所得减免":填报属于税法规定所得减免金额。本行通过《所得减免优惠明细表》(A107020)填报。

(21)第21行"抵扣应纳税所得额":填报根据税法规定应抵扣的应纳税所得额。本行通过《抵扣应纳税所得额明细表》(A107030)填报。

(22)第22行"弥补以前年度亏损":填报纳税人按照税法规定可在税前弥补的以前年度亏损的数额,本行根据《企业所得税弥补亏损明细表》(A106000)填报。

(23)第23行"应纳税所得额":金额等于本表第19-20-21-22行计算结果。本行不得为负数。本表第19行或者按照上述行次顺序计算结果本行为负数,本行金额填零。

(24)第24行"税率":填报税法规定的税率25%。

(25)第25行"应纳所得税额":金额等于本表第23×24行。

(26)第26行"减免所得税额":填报纳税人按税法规定实际减免的企业所得税额。本行通过《减免所得税优惠明细表》(A107040)填报。

(27)第27行"抵免所得税额":填报企业当年的应纳所得税额中抵免的金额。本行通过《税额抵免优惠明细表》(A107050)填报。

(28)第28行"应纳税额":金额等于本表第25-26-27行。

(29)第29行"境外所得应纳所得税额":填报纳税人来源于中国境外的所得,按照我国税法规定计算的应纳所得税额。本行通过《境外所得税收抵免明细表》(A108000)填报。

(30)第30行"境外所得抵免所得税额":填报纳税人来源于中国境外所得依照中国境外税收法律以及相关规定应缴纳并实际缴纳(包括视同已实际缴纳)的企业所得税性质的税款(准予抵免税款)。本行通过《境外所得税收抵免明细表》(A108000)填报。

(31)第31行"实际应纳所得税额":填报纳税人当期的实际应纳所得税额。金额等于本表第28+29-30行。

(32)第32行"本年累计实际已预缴的所得税额":填报纳税人按照税法规定本纳税年度已在月(季)度累计预缴的所得税额,包括按照税法规定的特定业务已预缴(征)的所得税额,建筑企业总机构直接管理的跨地区设立的项目部按规定向项目所在地主管税务机关预缴的所得税额。

(33)第33行"本年应补(退)的所得税额":填报纳税人当期应补(退)的所得税额。金额等于本表第31-32行。

(34)第34行"总机构分摊本年应补(退)所得税额":填报汇总纳税的总机构按照税收规定在总机构所在地分摊本年应补(退)所得税款。本行根据《跨地区经营汇总纳税企业年度分摊企业所得税明细表》(A109000)填报。

(35)第35行"财政集中分配本年应补(退)所得税额":填报汇总纳税的总机构按照税收规定财政集中分配本年应补(退)所得税款。本行根据《跨地区经营汇总纳税企业年度分摊企业所得税明细表》(A109000)填报。

(36)第36行"总机构主体生产经营部门分摊本年应补(退)所得税额":填报汇总纳税的总机构所属的具有主体生产经营职能的部门按照税收规定应分摊的本年应补(退)所得税额。本行根据《跨地区经营汇总纳税企业年度分摊企业所得税明细表》(A109000)填报。

(37)第37行"以前年度多缴的所得税额在本年抵减额":填报纳税人以前纳税年度汇算清

缴多缴的税款尚未办理退税,并在本纳税年度抵缴的所得税额。

(38)第38行"以前年度应缴未缴在本年入库所得额":填报纳税人以前纳税年度应缴未缴在本纳税年度入库所得税额。

二、表内、表间关系

所得税申报表体系复杂,运用表内和表间业已存在的勾稽关系进行审核,是纳税申报填审的最基本方法。主表是整套申报表的核心报表,主表的相关行次分别与各层级的明细表之间存在着直接或间接的勾稽关系,主表内相关行次之间也存在着相应的关系。

(一)表内关系

1. 第10行(营业利润)=第1(营业收入)行－第2行(营业成本)－第3行(营业税金及附加)－第4行(销售费用)－第5行(管理费用)－第6行(财务费用)－第7行(资产减值损失)＋第8行(公允价值变动收益)＋第9行(投资收益)。

2. 第13行(利润总额)=第10行(营业利润)＋第11行(营业外收入)－第12行(营业外支出)。

3. 第19行(纳税调整后所得)=第13行(利润总额)－第14行(境外所得)＋第15行(纳税调整增加额)－第16行(纳税调整减少额)－第17行(免税、减计收入及加计扣除)＋第18行(境外应税所得抵减境内亏损)。

4. 第23行(应纳税所得额)=第19行(纳税调整后所得)－第20行(所得减免)－第21行(抵扣应纳税所得额)－第22行(弥补以前年度亏损)。

5. 第25行(应纳所得税额)=第23行(应纳税所得额)×第24行(税率)。

6. 第28行(应纳税额)=第25行(应纳所得税额)－第26行(减免所得税额)－第27行(抵免所得税额)。

7. 第31行(实际应纳所得税额)=第28行(应纳税额)＋第29行(境外所得应纳所得税额)－第30行(境外所得抵免所得税额)。

8. 第33行(本年应补(退)所得税额)=第31行(实际应纳所得税额)－第32行(本年累计实际已预缴的所得税额)。

(二)表间关系

1. 第1行(营业收入)。

(1)一般企业:第1行(营业收入)=表A101010《一般企业收入明细表》第1行(营业收入)。

(2)金融企业:第1行(营业收入)=表A101020《金融企业收入明细表》第1行(营业收入)。

(3)事业单位、民间非营利组织:第1行(营业收入)=表A103000《事业单位、民间非营利组织收入、支出明细表》第2行(财政补助收入)＋第3行(事业收入)＋第4行(上级补助收入)＋第5行(附属单位上缴收入)＋第6行(经营收入)行。

或:

第1行(营业收入)=表A103000《事业单位、民间非营利组织收入、支出明细表》第11行(接受捐赠收入)＋第12行(会费收入)＋第13行(提供劳务收入)＋第14行(商品销售收入)＋第15行(政府补助收入)。

2. 第2行(营业成本)。

(1)一般企业:第 2 行(营业成本)=表 A102010 第 1 行(营业成本)。

(2)金融企业:第 2 行(营业成本)=表 A102020 第 1 行(营业支出)。

(3)事业单位、民间非营利组织:第 2 行(营业成本)=表 A103000《事业单位、民间非营利组织收入、支出明细表》第 19 行(事业支出)+第 20 行(上缴上级支出)+第 21 行(对附属单位补助)+第 22 行(经营支出)。

或:

第 2 行(营业成本)=表 A103000《事业单位、民间非营利组织收入、支出明细表》第 25 行(业务活动成本)+第 26 行(管理费用)+第 27 行(筹资费用)。

3. 第 4 行(销售费用)=表 A104000《期间费用明细表》第 25 行(合计)第 1 列(销售费用)。

4. 第 5 行(管理费用)=表 A104000《期间费用明细表》第 25 行(合计)第 3 列(管理费用)。

5. 第 6 行(财务费用)=表 A104000《期间费用明细表》第 25 行(合计)第 5 列(财务费用)。

6. 第 11 行(营业外收入)。

一般企业:第 11 行(营业外收入)=表 A101010《一般企业收入明细表》第 16 行(营业外收入)

金融企业:第 11 行(营业外收入)=表 A101020《金融企业支出明细表》第 35 行(营业外收入)

7. 事业单位、民间非营利组织:第 11 行(营业外收入)表 A103000《事业单位、民间非营利组织收入、支出明细表》第 9 行(其他)或第 17 行(其他收入)。

8. 第 12 行(营业外支出)。

一般企业:第 12 行(营业外支出)=表 A102010《一般企业成本支出明细表》第 16 行(营业外支出)

金融企业:第 12 行(营业外支出)=表 A102020《金融企业支出明细表》第 33 行(营业外支出)

事业单位、民间非营利组织:第 12 行(营业外支出)=表 A103000《事业单位、民间非营利组织收入、支出明细表》第 23 行(其他支出)或第 28 行(其他费用)。

9. 第 14 行(境外所得)=表 A108000《境外所得税收抵免明细表》第 10 行(合计)第 14 列(本年可抵免以前年度未抵免境外所得税额)-表 A108010《境外所得纳税调整后所得明细表》第 10 行(合计)第 11 列(境外所得抵免限额)。

10. 第 15 行(纳税调整增加额)=表 A105000《纳税调整项目明细表》第 43 行(合计)第 3 列(调增金额)。

11. 第 16 行(纳税调整减少额)=表 A105000《纳税调整项目明细表》第 43 行(合计)第 4 列(调减金额)。

12. 第 17 行(免税、减计收入及加计扣除)=表 A107010《免税、减计收入及加计扣除优惠明细表》第 27 行(合计)。

13. 第 18 行(境外应税所得抵减境内亏损)=表 A108000《境外所得税收抵免明细表》第 10 行(合计)第 6 列(抵减境内亏损)。当本表第 13 行(利润总额)-第 14 行(境外所得)+第 15 行(纳税调整增加额)-第 16 行(纳税调整减少额)-第 17 行(免税、减计收入及加计扣除)

14. 第20行(所得减免)＝表A107020《所得减免优惠明细表》第40行(合计)第7列(减免所得额)。

15. 第21行(抵扣应纳税所得额)＝表A107030《抵扣应纳税所得额明细表》第7行(本年实际抵扣应纳税所得额)。

16. 第22行(弥补以前年度亏损)＝表A106000《企业所得税弥补亏损明细表》第6行(本年度)第10列(本年度实际弥补的以前年度亏损额)。

17. 第26行(减免所得税额)＝表A107040《减免所得税优惠明细表》第29行(合计)。

18. 第27行(抵免所得税额)＝表A107050《税额抵免优惠明细表》第7行(本年实际抵免税额合计)第11列(本年实际抵免的各年度税额)。

19. 第29行(境外所得应纳所得税额)＝表A108000《境外所得税收抵免明细表》第10行(合计)第9列(境外所得应纳税额)。

20. 第30行(境外所得抵免所得税额)＝表A108000《境外所得税收抵免明细表》第10行(合计)第19列(境外所得抵免所得税额合计)。

21. 第34行(总机构分摊本年应补(退)所得税额)＝表A109000《跨地区经营汇总纳税企业年度分摊企业所得税明细表》第12行(总机构分摊本年应补(退)的所得税额)＋第16行(总机构境外所得抵免后的应纳所得税额)。

22. 第35行(财政集中分配本年应补(退)所得税额)＝表A109000《跨地区经营汇总纳税企业年度分摊企业所得税明细表》第13行(财政集中分配本年应补(退)的所得税额)。

23. 第36行(总机构主体生产经营部门分摊本年应补(退)所得税额)＝表A109000《跨地区经营汇总纳税企业年度分摊企业所得税明细表》第15行(总机构主体生产经营部门分摊本年应补(退)的所得税额)。

三、填审要点提示

本表为年度纳税申报表主表,企业应该根据《中华人民共和国企业所得税法》及其实施条例、相关税收政策,以及国家统一会计制度(企业会计准则、小企业会计准则、企业会计制度、事业单位会计准则和民间非营利组织会计制度等)的规定,计算填报纳税人利润总额、应纳税所得额、应纳税额和附列资料等有关项目。

企业在计算应纳税所得额及应纳所得税时,企业财务、会计处理办法与税法规定不一致的,应当按照税法规定计算。税法规定不明确的,在没有明确规定之前,暂按企业财务、会计规定计算。

主表作为整套申报表的核心,填审时最关键的是要把握表内关系和表间关系,理解"主表讲逻辑,附表重细节"的要领。

第一部分"利润总额的计算",也就是第1行至第13行,数据必须取自利润表,不得随意修改。

第二部分"应纳税所得额的计算",是主表最中心板块,也是整套申报表最核心的内容。一是注意第20行"所得减免":填报属于税法规定所得减免金额。本行通过《所得减免优惠明细表》(A107020)填报,本行＜0时,应填写0。二是关注表内关系:例如,第23行(应纳税所得额)＝第19行(纳税调整后所得)－第20行(所得减免)－第21行(抵扣应纳税所得额)－第22行(弥补以前年度亏损),这样的顺序设计有利于纳税人充分享受税收优惠政策。

四、企业所得税评估分析指标及使用方法

(一)分析指标

1. 所得税税收负担率(简称税负率)

$$税负率＝应纳所得税额÷利润总额×100\%$$

与当地同行业同期和本企业基期所得税负担率相比,低于标准值可能存在不计或少计销售(营业)收入、多列成本费用、扩大税前扣除范围等问题,运用其他相关指标深入评估分析。

2. 主营业务利润税收负担率(简称利润税负率)

$$利润税负率＝(本期应纳税额÷本期主营业务利润)×100\%$$

上述指标设定预警值并与预警值对照,与当地同行业同期和本企业基期所得税负担率相比,如果低于预定值,企业可能存在销售未计收入、多列成本费用、扩大税前扣除范围等问题,应作进一步分析。

3. 应纳税所得额变动率

$$应纳税所得额变动率＝(评估期累计应纳税所得额－基期累计应纳税所得额)÷基期累计应纳税所得额×100\%$$

关注企业处于税收优惠期前后,该指标如果发生较大变化,可能存在少计收入、多列成本人为调节利润问题,也可能存在费用配比不合理等问题。

4. 所得税贡献率

$$所得税贡献率＝应纳所得税额÷主营业务收入×100\%$$

将当地同行业同期与本企业基期所得税贡献率相比,低于标准值视为异常,可能存在不计或少计销售(营业)收入、多列成本费用、扩大税前扣除范围等问题,应运用所得税变动率等相关指标作进一步评估分析。

5. 所得税贡献变动率

$$所得税贡献变动率＝(评估期所得税贡献率－基期所得税贡献率)÷基期所得税贡献率×100\%$$

与企业基期指标和当地同行业同期指标相比,低于标准值可能存在不计或少计销售(营业)收入、多列成本费用、扩大税前扣除范围等问题。

运用其他相关指标深入详细评估,并结合上述指标评估结果,进一步分析企业销售(营业)收入、成本、费用的变化和异常情况及其原因。

6. 所得税负担变动率

$$所得税负担变动率＝(评估期所得税负担率－基期所得税负担率)÷基期所得税负担率×100\%$$

与企业基期和当地同行业同期指标相比,低于标准值可能存在不计或少计销售(营业)收入、多列成本费用、扩大税前扣除范围等问题。

运用其他相关指标深入详细评估,并结合上述指标评估结果,进一步分析企业销售(营业)收入、成本、费用的变化和异常情况及其原因。

(二)评估分析指标的分类与综合运用

1. 企业所得税纳税评估指标的分类

对企业所得税进行评估时,为便于操作,可将通用指标中涉及所得税评估的指标进行分类并综合运用。其分类有:一类指标。主营业务收入变动率、所得税税收负担率、所得税贡献率、

主营业务利润税收负担率。二类指标。主营业务成本变动率、主营业务费用变动率、营业(管理、财务)费用变动率、主营业务利润变动率、成本费用率、成本费用利润率、所得税负担变动率、所得税贡献变动率、应纳税所得额变动率及通用指标中的收入、成本、费用、利润配比指标。三类指标。存货周转率、固定资产综合折旧率、营业外收支增减额、税前弥补亏损扣除限额及税前列支费用评估指标。

2. 企业所得税评估指标的综合运用

各类指标出现异常,应对可能影响异常的收入、成本、费用、利润及各类资产的相关指标进行审核分析:

(1)一类指标出现异常,要运用二类指标中相关指标进行审核分析,并结合原材料、燃料、动力等情况进一步分析异常情况及其原因。

(2)二类指标出现异常,要运用三类指标中影响的相关项目和指标进行深入审核分析,并结合原材料、燃料、动力等情况进一步分析异常情况及其原因。

(3)在运用上述三类指标的同时,对影响企业所得税的其他指标,也应进行审核分析。

五、政策链接

政策链接之一:《中华人民共和国企业所得税法》。

第五条 企业每一纳税年度的收入总额,减除不征税收入、免税收入、各项扣除以及允许弥补的以前年度亏损后的余额,为应纳税所得额。

第八条 企业实际发生的与取得收入有关的、合理的支出,包括成本、费用、税金、损失和其他支出,准予在计算应纳税所得额时扣除。

第二十二条 企业的应纳税所得额乘以适用税率,减除依照本法关于税收优惠的规定减免和抵免的税额后的余额,为应纳税额。

第二十三条 企业取得的下列所得已在境外缴纳的所得税税额,可以从其当期应纳税额中抵免,抵免限额为该项所得依照本法规定计算的应纳税额;超过抵免限额的部分,可以在以后五个年度内,用每年度抵免限额抵免当年应抵税额后的余额进行抵补:

(一)居民企业来源于中国境外的应税所得;

(二)非居民企业在中国境内设立机构、场所,取得发生在中国境外但与该机构、场所有实际联系的应税所得。

第二十四条 居民企业从其直接或者间接控制的外国企业分得的来源于中国境外的股息、红利等权益性投资收益,外国企业在境外实际缴纳的所得税税额中属于该项所得负担的部分,可以作为该居民企业的可抵免境外所得税税额,在本法第二十三条规定的抵免限额内抵免。

第四章 税收优惠

第二十五条 国家对重点扶持和鼓励发展的产业和项目,给予企业所得税优惠。

政策链接之二:《中华人民共和国企业所得税法实施条例》。

第九条 企业应纳税所得额的计算,以权责发生制为原则,属于当期的收入和费用,不论款项是否收付,均作为当期的收入和费用;不属于当期的收入和费用,即使款项已经在当期收付,均不作为当期的收入和费用。本条例和国务院财政、税务主管部门另有规定的除外。

第十条 企业所得税法第五条所称亏损,是指企业依照企业所得税法和本条例的规定将每一纳税年度的收入总额减除不征税收入、免税收入和各项扣除后小于零的数额。

六、案例

JSND 光电材料股份有限公司为高新技术企业，所得税率适用15％。本年累计已经预缴的所得税额为785.78万元。相关资料如下：

1. 2014年利润表。

2014年利润表

单位：元

项 目	本期金额	上期金额
一、营业收入	135 084 353.15	177 305 666.91
减：营业成本	58 045 152.18	64 641 031.25
营业税金及附加	1 556 063.01	2 381 902.45
销售费用	4 076 458.62	3 068 064.81
管理费用	30 243 305.16	21 692 145.88
财务费用	−29 066 283.72	−14 422 939.49
资产减值损失	1 220 993.07	1 233 398.97
加：公允价值变动收益（损失以"−"号填列）		
投资收益（损失以"−"号填列）	−302 177.39	−213 220.79
其中：对联营企业和合营企业的投资收益		
二、营业利润（亏损以"−"号填列）	68 706 487.44	98 498 842.25
加：营业外收入	3 235 238.05	6 964 500.79
减：营业外支出	507 825.42	28 107.71
其中：非流动资产处置损失	35 217.82	24 698.99
三、利润总额（亏损总额以"−"号填列）	71 433 900.07	105 435 235.33
减：所得税费用	10 476 967.70	15 242 449.90
四、净利润（净亏损以"−"号填列）	60 956 932.37	90 192 785.43
五、每股收益：	—	—
（一）基本每股收益		
（二）稀释每股收益		
六、其他综合收益		
七、综合收益总额	60 956 932.37	90 192 785.43

2. A105000 纳税调整项目明细表：

第43行（合计）第3列（调增金额）：77万元

第43行（合计）第4列（调减金额）：56万元

3. 表 A107010《免税、减计收入及加计扣除优惠明细表》第27行（合计）41万元。

4. 表 A107020《所得减免优惠明细表》第40行（合计）第7列（减免所得额）25万元。

5. 表 A107030《抵扣应纳税所得额明细表》，不填。

6. 表 A106000《企业所得税弥补亏损明细表》，不填。

7. 表 A107040《减免所得税优惠明细表》第29行（合计）：7 098 390.01元。

8. 表 A107050《税额抵免优惠明细表》第7行（本年实际抵免税额合计）第12列（可结转以后年度抵免的税额）：30 500元。

9. A108000 境外所得税收抵免明细表,不填。

A108001 境外所得纳税调整后所得明细表,不填。

10. 表 A109000《跨地区经营汇总纳税企业年度分摊企业所得税明细表》,不填。

要求:填审纳税申报表主表。

A100000

中华人民共和国企业所得税年度纳税申报表(A类)

行次	类别	项 目	金 额
1	利润总额计算	一、营业收入(填写 A101010\101020\103000)	135 084 353.15
2		减:营业成本(填写 A102010\102020\103000)	58 045 152.18
3		营业税金及附加	1 556 063.01
4		销售费用(填写 A104000)	4 076 458.62
5		管理费用(填写 A104000)	30 243 305.16
6		财务费用(填写 A104000)	−29 066 283.72
7		资产减值损失	1 220 993.07
8		加:公允价值变动收益	
9		投资收益	−302 177.39
10		二、营业利润(1−2−3−4−5−6−7+8+9)	68 706 487.44
11		加:营业外收入(填写 A101010\101020\103000)	3 235 238.05
12		减:营业外支出(填写 A102010\102020\103000)	507 825.42
13		三、利润总额(10+11−12)	71 433 900.07
14	应纳税所得额计算	减:境外所得(填写 A108010)	
15		加:纳税调整增加额(填写 A105000)	770 000
16		减:纳税调整减少额(填写 A105000)	560 000
17		减:免税、减计收入及加计扣除(填写 A107010)	410 000
18		加:境外应税所得抵减境内亏损(填写 A108000)	
19		四、纳税调整后所得(13−14+15−16−17+18)	71 233 900.07
20		减:所得减免(填写 A107020)	250 000
21		减:抵扣应纳税所得额(填写 A107030)	
22		减:弥补以前年度亏损(填写 A106000)	
23		五、应纳税所得额(19−20−21−22)	70 983 900.07
24	应纳税额计算	税率(25%)	25%
25		六、应纳所得税额(23×24)	17 745 975.02
26		减:减免所得税额(填写 A107040)	7 098 390.01
27		减:抵免所得税额(填写 A107050)	30 500
28		七、应纳税额(25−26−27)	10 617 085.01
29		加:境外所得应纳所得税额(填写 A108000)	
30		减:境外所得抵免所得税额(填写 A108000)	
31		八、实际应纳所得税额(28+29−30)	10 617 085.01
32		减:本年累计实际已预缴的所得税额	7 857 800
33		九、本年应补(退)所得税额(31−32)	2 759 285.01
34		其中:总机构分摊本年应补(退)所得税额(填写 A109000)	
35		财政集中分配本年应补(退)所得税额(填写 A109000)	
36		总机构主体生产经营部门分摊本年应补(退)所得税额(填写 A109000)	
37	附列资料	以前年度多缴的所得税额在本年抵减额	
38		以前年度应缴未缴在本年入库所得税额	

第三章　收入费用明细表的填制与审核

收入费用明细表主要反映企业按照会计政策所发生的成本、费用情况。这些表格，也是企业进行纳税调整的主要数据来源。它包括《一般企业收入明细表》、《金融企业收入明细表》、《一般企业成本支出明细表》、《金融企业支出明细表》、《事业单位、民间非营利组织收入、支出明细表》、《期间费用明细表》。

第一节　一般企业收入和成本支出明细表的填制与审核

一、《一般企业收入明细表》

（一）表样

A101010

一般企业收入明细表

行次	项目	金额
1	一、营业收入(2+9)	
2	（一）主营业务收入(3+5+6+7+8)	
3	1.销售商品收入	
4	其中:非货币性资产交换收入	
5	2.提供劳务收入	
6	3.建造合同收入	
7	4.让渡资产使用权收入	
8	5.其他	
9	（二）其他业务收入(10+12+13+14+15)	
10	1.销售材料收入	
11	其中:非货币性资产交换收入	
12	2.出租固定资产收入	
13	3.出租无形资产收入	
14	4.出租包装物和商品收入	
15	5.其他	
16	二、营业外收入(17+18+19+20+21+22+23+24+25+26)	
17	（一）非流动资产处置利得	
18	（二）非货币性资产交换利得	
19	（三）债务重组利得	
20	（四）政府补助利得	

续表

行次	项　　目	金　额
21	（五）盘盈利得	
22	（六）捐赠利得	
23	（七）罚没利得	
24	（八）确实无法偿付的应付款项	
25	（九）汇兑收益	
26	（十）其他	

（二）填报说明

本表适用于执行除事业单位会计准则、非营利企业会计制度以外的其他国家统一会计制度的非金融居民纳税人填报。纳税人应根据国家统一会计制度的规定，填报"主营业务收入"、"其他业务收入"和"营业外收入"。

1．第1行"营业收入"：根据主营业务收入、其他业务收入的数额计算填报。

2．第2行"主营业务收入"：根据不同行业的业务性质分别填报纳税人核算的主营业务收入。

3．第3行"销售商品收入"：填报从事工业制造、商品流通、农业生产以及其他商品销售的纳税人取得的主营业务收入。房地产开发企业销售开发产品（销售未完工开发产品除外）取得的收入也在此行填报。

4．第4行"其中：非货币性资产交换收入"：填报纳税人发生的非货币性资产交换按照国家统一会计制度应确认的主营业务收入。

5．第5行"提供劳务收入"：填报纳税人从事建筑安装、修理修配、交通运输、仓储租赁、邮电通信、咨询经纪、文化体育、科学研究、技术服务、教育培训、餐饮住宿、中介代理、卫生保健、社区服务、旅游、娱乐、加工以及其他劳务活动取得的主营业务收入。

6．第6行"建造合同收入"：填报纳税人建造房屋、道路、桥梁、水坝等建筑物，以及生产船舶、飞机、大型机械设备等取得的主营业务收入。

7．第7行"让渡资产使用权收入"：填报纳税人在主营业务收入核算的，让渡无形资产使用权而取得的使用费收入以及出租固定资产、无形资产、投资性房地产取得的租金收入。

8．第8行"其他"：填报纳税人按照国家统一会计制度核算、上述未列举的其他主营业务收入。

9．第9行："其他业务收入"：填报根据不同行业的业务性质分别填报纳税人核算的其他业务收入。

10．第10行"材料销售收入"：填报纳税人销售材料、下脚料、废料、废旧物资等取得的收入。

11．第11行"其中：非货币性资产交换收入"：填报纳税人发生的非货币性资产交换按照国家统一会计制度应确认的其他业务收入。

12．第12行"出租固定资产收入"：填报纳税人将固定资产使用权让与承租人获取的其他业务收入。

13．第13行"出租无形资产收入"：填报纳税人让渡无形资产使用权取得的其他业务收入。

14. 第14行"出租包装物和商品收入"：填报纳税人出租、出借包装物和商品取得的其他业务收入。

15. 第15行"其他"：填报纳税人按照国家统一会计制度核算、上述未列举的其他业务收入。

16. 第16行"营业外收入"：填报纳税人计入本科目核算的与生产经营无直接关系的各项收入。

17. 第17行"非流动资产处置利得"：填报纳税人处置固定资产、无形资产等取得的净收益。

18. 第18行"非货币性资产交换利得"：填报纳税人发生非货币性资产交换应确认的净收益。

19. 第19行"债务重组利得"：填报纳税人发生的债务重组业务确认的净收益。

20. 第20行"政府补助利得"：填报纳税人从政府无偿取得货币性资产或非货币性资产应确认的净收益。

21. 第21行"盘盈利得"：填报纳税人在清查财产过程中查明的各种财产盘盈应确认的净收益。

22. 第22行"捐赠利得"：填报纳税人接受的来自企业、组织或个人无偿给予的货币性资产、非货币性资产捐赠应确认的净收益。

23. 第23行"罚没利得"：填报纳税人在日常经营管理活动中取得的罚款、没收收入应确认的净收益。

24. 第24行"确实无法偿付的应付款项"：填报纳税人因确实无法偿付的应付款项而确认的收入。

25. 第25行"汇兑收益"：填报纳税人取得企业外币货币性项目因汇率变动形成的收益应确认的收入。（该项目为执行小企业准则企业填报）

26. 第26行"其他"：填报纳税人取得的上述项目未列举的其他营业外收入，包括执行《企业会计准则》纳税人按权益法核算长期股权投资对初始投资成本调整确认的收益，执行《小企业会计准则》纳税人取得的出租包装物和商品的租金收入、逾期未退包装物押金收益等。

（三）表内、表间关系

1. 表内关系

（1）第1行（营业收入）＝第2行（主营业务收入）＋第9行（其他业务收入）。

（2）第2行（主营业务收入）＝第3行（销售商品收入）＋第5行（提供劳务收入）＋第6行（建造合同收入）＋第7行（让渡资产使用权收入）＋第8行（其他）。

（3）第9行（其他业务收入）＝第10行（销售材料收入）＋第12行（出租固定资产收入）＋第13行（出租无形资产收入）＋第14行（出租包装物和商品收入）＋第15行（其他）。

（4）第16行（营业外收入）＝第17行（非流动资产处置利得）＋第18行（非货币性资产交换利得）＋第19行（债务重组利得）＋第20行（政府补助利得）＋第21行（盘盈利得）＋第22行（捐赠利得）＋第23行（罚没利得）＋第24行（确实无法偿付的应付款项）＋第25行（汇兑收益）＋第26行（其他）。

2. 表间关系

（1）第1行（营业收入）＝表A100000《中华人民共和国企业所得税年度纳税申报表（A类）》第1行（营业收入）。

(2)第16行(营业外收入)=表A100000《中华人民共和国企业所得税年度纳税申报表(A类)》第11行(营业外收入)。

二、《一般企业成本支出明细表》

(一)表样

A102010

一般企业成本支出明细表

行次	项目	金额
1	一、营业成本(2+9)	
2	（一）主营业务成本(3+5+6+7+8)	
3	1. 销售商品成本	
4	其中：非货币性资产交换成本	
5	2. 提供劳务成本	
6	3. 建造合同成本	
7	4. 让渡资产使用权成本	
8	5. 其他	
9	（二）其他业务成本(10+12+13+14+15)	
10	1. 材料销售成本	
11	其中：非货币性资产交换成本	
12	2. 出租固定资产成本	
13	3. 出租无形资产成本	
14	4. 包装物出租成本	
15	5. 其他	
16	二、营业外支出(17+18+19+20+21+22+23+24+25+26)	
17	（一）非流动资产处置损失	
18	（二）非货币性资产交换损失	
19	（三）债务重组损失	
20	（四）非常损失	
21	（五）捐赠支出	
22	（六）赞助支出	
23	（七）罚没支出	
24	（八）坏账损失	
25	（九）无法收回的债券股权投资损失	
26	（十）其他	

(二)填报说明

本表适用于执行除事业单位会计准则、非营利企业会计制度以外的其他国家统一会计制度的查账征收企业所得税非金融居民纳税人填报。纳税人应根据国家统一会计制度的规定，填报"主营业务成本"、"其他业务成本"和"营业外支出"。

1. 第1行"营业成本"：填报纳税人主要经营业务和其他经营业务发生的成本总额。本行根据"主营业务成本"和"其他业务成本"的数额计算填报。

2. 第2行"主营业务成本":根据不同行业的业务性质分别填报纳税人核算的主营业务成本。

3. 第3行"销售商品成本":填报从事工业制造、商品流通、农业生产以及其他商品销售企业发生的主营业务成本。房地产开发企业销售开发产品(销售未完工开发产品除外)发生的成本也在此行填报。

4. 第4行"其中,非货币性资产交换成本":填报纳税人发生的非货币性资产交换按照国家统一会计制度应确认的主营业务成本。

5. 第5行"提供劳务成本":填报纳税人从事建筑安装、修理修配、交通运输、仓储租赁、邮电通信、咨询经纪、文化体育、科学研究、技术服务、教育培训、餐饮住宿、中介代理、卫生保健、社区服务、旅游、娱乐、加工以及其他劳务活动发生的主营业务成本。

6. 第6行"建造合同成本":填报纳税人建造房屋、道路、桥梁、水坝等建筑物,以及生产船舶、飞机、大型机械设备等发生的主营业务成本。

7. 第7行"让渡资产使用权成本":填报纳税人在主营业务成本核算的,让渡无形资产使用权而发生的使用费成本以及出租固定资产、无形资产、投资性房地产发生的租金成本。

8. 第8行"其他":填报纳税人按照国家统一会计制度核算、上述未列举的其他主营业务成本。

9. 第9行"其他业务成本":根据不同行业的业务性质分别填报纳税人按照国家统一会计制度核算的其他业务成本。

10. 第10行"材料销售成本":填报纳税人销售材料、下脚料、废料、废旧物资等发生的成本。

11. 第11行"非货币性资产交换成本":填报纳税人发生的非货币性资产交换按照国家统一会计制度应确认的其他业务成本。

12. 第12行"出租固定资产成本":填报纳税人将固定资产使用权让与承租人形成的出租固定资产成本。

13. 第13行"出租无形资产成本":填报纳税人让渡无形资产使用权形成的出租无形资产成本。

14. 第14行"包装物出租成本":填报纳税人出租、出借包装物形成的包装物出租成本。

15. 第15行"其他":填报纳税人按照国家统一会计制度核算、上述未列举的其他业务成本。

16. 第16行"营业外支出":填报纳税人计入本科目核算的与生产经营无直接关系的各项支出。

17. 第17行"非流动资产处置损失":填报纳税人处置非流动资产形成的净损失。

18. 第18行"非货币性资产交换损失":填报纳税人发生非货币性资产交换应确认的净损失。

19. 第19行"债务重组损失":填报纳税人进行债务重组应确认的净损失。

20. 第20行"非常损失":填报纳税人在营业外支出中核算的各项非正常的财产损失。

21. 第21行"捐赠支出":填报纳税人无偿给予其他企业、组织或个人的货币性资产、非货币性资产的捐赠支出。

22. 第22行"赞助支出":填报纳税人发生的货币性资产、非货币性资产赞助支出。

23. 第23行"罚没支出":填报纳税人在日常经营管理活动中对外支付的各项罚没支出。

24. 第 24 行"坏账损失"：填报纳税人发生的各项坏账损失。（该项目为使用小企业准则企业填报）

25. 第 25 行"无法收回的债券股权投资损失"：填报纳税人各项无法收回的债券股权投资损失。（该项目为使用小企业准则企业填报）

26. 第 26 行"其他"：填报纳税人本期实际发生的在营业外支出核算的其他损失及支出。

（三）表内、表间关系

1. 表内关系

（1）第 1 行（营业成本）＝第 2 行（主营业务成本）＋第 9 行（其他业务成本）。

（2）第 2 行（主营业务成本）＝第 3 行（销售商品成本）＋第 5 行（提供劳务成本）＋第 6 行（建造合同成本）＋第 7 行（让渡资产使用权成本）＋第 8 行（其他）。

（3）第 9 行（其他业务成本）＝第 10 行（材料销售成本）＋第 12 行（出租固定资产成本）＋第 13 行（出租无形资产成本）＋第 14 行（包装物出租成本）＋第 15 行（其他）。

（4）第 16 行（营业外支出）＝第 17 行（非流动资产处置损失）＋第 18 行（非货币性资产交换损失）＋第 19 行（债务重组损失）＋第 20 行（非常损失）＋第 21 行（捐赠支出）＋第 22 行（赞助支出）＋第 23 行（罚没支出）＋第 24 行（坏账损失）＋第 25 行（无法收回的债券股权投资损失）＋第 26 行（其他）。

2. 表间关系

（1）第 1 行（营业成本）＝表 A100000《中华人民共和国企业所得税年度纳税申报表（A类）》第 2 行（营业成本）。

（2）第 16 行（营业外支出）＝表 A100000《中华人民共和国企业所得税年度纳税申报表（A类）》第 12 行（营业外支出）。

三、填审要点提示

本表数据引自企业核算信息，如果企业会计账务处理与税法有差异，在填写这两张表时不得产生总额的调整，只能将原核算信息进行分类或分项目后填入。由此也建议企业平时在进行会计核算、设置明细账时，可以参考本表栏目，同时对照相关税收政策进行账务处理。

四、政策链接

政策链接之一：《中华人民共和国企业所得税法》。

第六条　企业以货币形式和非货币形式从各种来源取得的收入，为收入总额。包括：

（一）销售货物收入；

（二）提供劳务收入；

（三）转让财产收入；

（四）股息、红利等权益性投资收益；

（五）利息收入；

（六）租金收入；

（七）特许权使用费收入；

（八）接受捐赠收入；

（九）其他收入。

政策链接之二：《中华人民共和国企业所得税法》实施条例。

第十二条　企业所得税法第六条所称企业取得收入的货币形式,包括现金、存款、应收账款、应收票据、准备持有至到期的债券投资以及债务的豁免等。

企业所得税法第六条所称企业取得收入的非货币形式,包括固定资产、生物资产、无形资产、股权投资、存货、不准备持有至到期的债券投资、劳务以及有关权益等。

第十三条　企业所得税法第六条所称企业以非货币形式取得的收入,应当按照公允价值确定收入额。

前款所称公允价值,是指按照市场价格确定的价值。

第十四条　企业所得税法第六条第(一)项所称销售货物收入,是指企业销售商品、产品、原材料、包装物、低值易耗品以及其他存货取得的收入。

第十五条　企业所得税法第六条第(二)项所称提供劳务收入,是指企业从事建筑安装、修理修配、交通运输、仓储租赁、金融保险、邮电通信、咨询经纪、文化体育、科学研究、技术服务、教育培训、餐饮住宿、中介代理、卫生保健、社区服务、旅游、娱乐、加工以及其他劳务服务活动取得的收入。

第十六条　企业所得税法第六条第(三)项所称转让财产收入,是指企业转让固定资产、生物资产、无形资产、股权、债权等财产取得的收入。

第十七条　企业所得税法第六条第(四)项所称股息、红利等权益性投资收益,是指企业因权益性投资从被投资方取得的收入。

股息、红利等权益性投资收益,除国务院财政、税务主管部门另有规定外,按照被投资方作出利润分配决定的日期确认收入的实现。

第十八条　企业所得税法第六条第(五)项所称利息收入,是指企业将资金提供他人使用但不构成权益性投资,或者因他人占用本企业资金取得的收入,包括存款利息、贷款利息、债券利息、欠款利息等收入。

利息收入,按照合同约定的债务人应付利息的日期确认收入的实现。

第十九条　企业所得税法第六条第(六)项所称租金收入,是指企业提供固定资产、包装物或者其他有形资产的使用权取得的收入。

租金收入,按照合同约定的承租人应付租金的日期确认收入的实现。

第二十条　企业所得税法第六条第(七)项所称特许权使用费收入,是指企业提供专利权、非专利技术、商标权、著作权以及其他特许权的使用权取得的收入。

特许权使用费收入,按照合同约定的特许权使用人应付特许权使用费的日期确认收入的实现。

第二十一条　企业所得税法第六条第(八)项所称接受捐赠收入,是指企业接受的来自其他企业、组织或者个人无偿给予的货币性资产、非货币性资产。

接受捐赠收入,按照实际收到捐赠资产的日期确认收入的实现。

第二十二条　企业所得税法第六条第(九)项所称其他收入,是指企业取得的除企业所得税法第六条第(一)项至第(八)项规定的收入外的其他收入,包括企业资产溢余收入、逾期未退包装物押金收入、确实无法偿付的应付款项、已作坏账损失处理后又收回的应收款项、债务重组收入、补贴收入、违约金收入、汇兑收益等。

政策链接之三:国家税务总局《关于确认企业所得税收入若干问题的通知》(国税函[2008]875号)。

根据《中华人民共和国企业所得税法》(以下简称企业所得税法)及《中华人民共和国企业

所得税法实施条例》(以下简称实施条例)规定的原则和精神,现对确认企业所得税收入的若干问题通知如下:

一、除企业所得税法及实施条例另有规定外,企业销售收入的确认,必须遵循权责发生制原则和实质重于形式原则。

(一)企业销售商品同时满足下列条件的,应确认收入的实现:

1. 商品销售合同已经签订,企业已将商品所有权相关的主要风险和报酬转移给购货方;

2. 企业对已售出的商品既没有保留通常与所有权相联系的继续管理权,也没有实施有效控制;

3. 收入的金额能够可靠地计量;

4. 已发生或将发生的销售方的成本能够可靠地核算。

(二)符合上款收入确认条件,采取下列商品销售方式的,应按以下规定确认收入实现时间:

1. 销售商品采用托收承付方式的,在办妥托收手续时确认收入。

2. 销售商品采取预收款方式的,在发出商品时确认收入。

3. 销售商品需要安装和检验的,在购买方接受商品以及安装和检验完毕时确认收入。如果安装程序比较简单,可在发出商品时确认收入。

4. 销售商品采用支付手续费方式委托代销的,在收到代销清单时确认收入。

(三)采用售后回购方式销售商品的,销售的商品按售价确认收入,回购的商品作为购进商品处理。有证据表明不符合销售收入确认条件的,如以销售商品方式进行融资,收到的款项应确认为负债,回购价格大于原售价的,差额应在回购期间确认为利息费用。

(四)销售商品以旧换新的,销售商品应当按照销售商品收入确认条件确认收入,回收的商品作为购进商品处理。

(五)企业为促进商品销售而在商品价格上给予的价格扣除属于商业折扣,商品销售涉及商业折扣的,应当按照扣除商业折扣后的金额确定销售商品收入金额。

债权人为鼓励债务人在规定的期限内付款而向债务人提供的债务扣除属于现金折扣,销售商品涉及现金折扣的,应当按扣除现金折扣前的金额确定销售商品收入金额,现金折扣在实际发生时作为财务费用扣除。

企业因售出商品的质量不合格等原因而在售价上给予的减让属于销售折让;企业因售出商品质量、品种不符合要求等原因而发生的退货属于销售退回。企业已经确认销售收入的售出商品发生销售折让和销售退回,应当在发生当期冲减当期销售商品收入。

二、企业在各个纳税期末,提供劳务交易的结果能够可靠估计的,应采用完工进度(完工百分比)法确认提供劳务收入。

(一)提供劳务交易的结果能够可靠估计,是指同时满足下列条件:

1. 收入的金额能够可靠地计量;

2. 交易的完工进度能够可靠地确定;

3. 交易中已发生和将发生的成本能够可靠地核算。

(二)企业提供劳务完工进度的确定,可选用下列方法:

1. 已完工作的测量;

2. 已提供劳务占劳务总量的比例;

3. 发生成本占总成本的比例。

（三）企业应按照从接受劳务方已收或应收的合同或协议价款确定劳务收入总额,根据纳税期末提供劳务收入总额乘以完工进度扣除以前纳税年度累计已确认提供劳务收入后的金额,确认为当期劳务收入;同时,按照提供劳务估计总成本乘以完工进度扣除以前纳税期间累计已确认劳务成本后的金额,结转为当期劳务成本。

（四）下列提供劳务满足收入确认条件的,应按规定确认收入:

1. 安装费。应根据安装完工进度确认收入。安装工作是商品销售附带条件的,安装费在确认商品销售实现时确认收入。

2. 宣传媒介的收费。应在相关的广告或商业行为出现于公众面前时确认收入。广告的制作费,应根据制作广告的完工进度确认收入。

3. 软件费。为特定客户开发软件的收费,应根据开发的完工进度确认收入。

4. 服务费。包含在商品售价内可区分的服务费,在提供服务的期间分期确认收入。

5. 艺术表演、招待宴会和其他特殊活动的收费。在相关活动发生时确认收入。收费涉及几项活动的,预收的款项应合理分配给每项活动,分别确认收入。

6. 会员费。申请入会或加入会员,只允许取得会籍,所有其他服务或商品都要另行收费的,在取得该会员费时确认收入。申请入会或加入会员后,会员在会员期内不再付费就可得到各种服务或商品,或者以低于非会员的价格销售商品或提供服务的,该会员费应在整个受益期内分期确认收入。

7. 特许权费。属于提供设备和其他有形资产的特许权费,在交付资产或转移资产所有权时确认收入;属于提供初始及后续服务的特许权费,在提供服务时确认收入。

8. 劳务费。长期为客户提供重复的劳务收取的劳务费,在相关劳务活动发生时确认收入。

三、企业以买一赠一等方式组合销售本企业商品的,不属于捐赠,应将总的销售金额按各项商品的公允价值的比例来分摊确认各项的销售收入。

政策链接之四：国家税务总局《关于企业所得税应纳税所得额若干税务处理问题的公告》（国家税务总局公告2012年第15号）。

六、关于以前年度发生应扣未扣支出的税务处理问题

根据《中华人民共和国税收征收管理法》的有关规定,对企业发现以前年度实际发生的、按照税收规定应在企业所得税前扣除而未扣除或者少扣除的支出,企业做出专项申报及说明后,准予追补至该项目发生年度计算扣除,但追补确认期限不得超过5年。

企业由于上述原因多缴的企业所得税税款,可以在追补确认年度企业所得税应纳税款中抵扣,不足抵扣的,可以向以后年度递延抵扣或申请退税。

亏损企业追补确认以前年度未在企业所得税前扣除的支出,或盈利企业经过追补确认后出现亏损的,应首先调整该项支出所属年度的亏损额,然后再按照弥补亏损的原则计算以后年度多缴的企业所得税款,并按前款规定处理。

政策链接之五：国家税务总局《关于企业所得税若干问题的公告》（国家税务总局公告2011年第34号）。

六、关于企业提供有效凭证时间问题

企业当年度实际发生的相关成本、费用,由于各种原因未能及时取得该成本、费用的有效凭证,企业在预缴季度所得税时,可暂按账面发生金额进行核算;但在汇算清缴时,应补充提供该成本、费用的有效凭证。

第二节 《期间费用明细表》的填制与审核

一、表样及有关项目的填报说明

（一）表样

A104000

期间费用明细表

行次	项目	销售费用	其中：境外支付	管理费用	其中：境外支付	财务费用	其中：境外支付
		1	2	3	4	5	6
1	一、职工薪酬		*		*	*	*
2	二、劳务费					*	*
3	三、咨询顾问费					*	*
4	四、业务招待费		*		*	*	*
5	五、广告费和业务宣传费		*			*	*
6	六、佣金和手续费						
7	七、资产折旧摊销费		*		*	*	*
8	八、财产损耗、盘亏及毁损损失		*		*	*	*
9	九、办公费					*	*
10	十、董事会费		*		*	*	*
11	十一、租赁费					*	*
12	十二、诉讼费		*		*	*	*
13	十三、差旅费		*		*	*	*
14	十四、保险费		*		*	*	*
15	十五、运输、仓储费					*	*
16	十六、修理费					*	*
17	十七、包装费		*		*	*	*
18	十八、技术转让费					*	*
19	十九、研究费用					*	*
20	二十、各项税费				*	*	*
21	二十一、利息收支	*	*	*	*		
22	二十二、汇兑差额	*	*	*	*		
23	二十三、现金折扣	*	*	*	*		*
24	二十四、其他						
25	合计（1+2+3+…+24）						

（二）填报说明

本表适用于执行企业会计准则、小企业会计准则、企业会计制度、分行业会计制度的查账征收居民纳税人填报。纳税人应根据企业会计准则、小企业会计准则、企业会计、分行业会计制度规定，填报"销售费用"、"管理费用"和"财务费用"等项目。

1. 第1列"销售费用"：填报在销售费用科目进行核算的相关明细项目的金额，其中金融企业填报在业务及管理费科目进行核算的相关明细项目的金额。

2. 第2列"其中:境外支付":填报在销售费用科目进行核算的向境外支付的相关明细项目的金额,其中金融企业填报在业务及管理费科目进行核算的相关明细项目的金额。

3. 第3列"管理费用":填报在管理费用科目进行核算的相关明细项目的金额。

4. 第4列"其中:境外支付":填报在管理费用科目进行核算的向境外支付的相关明细项目的金额。

5. 第5列"财务费用":填报在财务费用科目进行核算的有关明细项目的金额。

6. 第6列"其中:境外支付":填报在财务费用科目进行核算的向境外支付的有关明细项目的金额。

7. 第1行(职工薪酬)至第24行(其他):根据费用科目核算的具体项目金额进行填报,如果贷方发生额大于借方发生额,应填报负数。

8. 第25行(合计)第1列(销售费用):填报第1行(职工薪酬)至第24行(其他)第1列(销售费用)的合计数。

9. 第25行(合计)第2列(境外支付):填报第1行(职工薪酬)至第24行(其他)第2列(境外支付)的合计数。

10. 第25行(合计)第3列(管理费用):填报第1行(职工薪酬)至第24行(其他)第3列(管理费用)的合计数。

11. 第25行(合计)第4列(境外支付):填报第1行(职工薪酬)至第24行(其他)第4列(境外支付)的合计数。

12. 第25行(合计)第5列(财务费用):填报第1行(职工薪酬)至第24行(其他)第5列(财务费用)的合计数。

13. 第25行(合计)第6列(境外支付):填报第1行(职工薪酬)至第24行(其他)第6列(境外支付)的合计数。

二、表内、表间关系

(一)表内关系

1. 第25行(合计)第1列(销售费用)=第1列(销售费用)第1行(职工薪酬)+第2行(劳务费)+…+第20行(各项税费)+第24行(其他)。

2. 第25行(合计)第2列(境外支付)=第2列(境外支付)第2行(劳务费)+第3行(咨询顾问费)+第6行(佣金和手续费)+第11行(租赁费)+第15行(运输、仓储费)+第16行(修理费)+第18行(技术转让费)+第19行(研究费用)+第24行(其他)。

3. 第25行(合计)行第3列(管理费用)=第3列(管理费用)第1行(职工薪酬)+第2行(劳务费)+…+第20行(各项税费)+第24行(其他)。

4. 第25行(合计)第4列(境外支付)=第4列(境外支付)第2行(劳务费)+第3行(咨询顾问费)+第6行(佣金和手续费)+第11行(租赁费)+第15行(运输、仓储费)+第16行(修理费)+第18行(技术转让费)+第19行(研究费用)+第24行(其他)。

5. 第25行(合计)第5列(财务费用)=第5列(财务费用)第6行(佣金和手续费)+第21行(利息支出)+第22行(汇兑差额)+第23行(现金折扣)+第24行(其他)。

6. 第25行(合计)第6列(境外支付)=第6列(境外支付)第6行(佣金和手续费)+第21行(利息支出)+第22行(汇兑差额)+第24行(其他)。

(二)表间关系

1. 第 25 行(合计)第 1 列(销售费用)＝表 A100000《中华人民共和国企业所得税年度纳税申报表(A 类)》第 4 行(销售费用)。

2. 第 25 行(合计)第 3 列(管理费用)＝表 A100000《中华人民共和国企业所得税年度纳税申报表(A 类)》第 5 行(管理费用)。

3. 第 25 行(合计)第 5 列(财务费用)＝表 A100000《中华人民共和国企业所得税年度纳税申报表(A 类)》第 6 行(财务费用)。

三、填审要点提示

本表数据引自企业核算信息,如果企业会计账务处理与税法有差异,在填写这张表时不得产生总额的调整,只能将原核算信息进行分类或分项目后填入。由此也建议企业平时在进行会计核算、设置明细账时,可以参考本表栏目,同时对照相关税收政策进行账务处理。

第三节 金融企业收入与支出明细表的填制与审核

一、《金融企业收入明细表》的填制与审核

(一)表样及有关项目的填报说明

1. 表样

A101020

金融企业收入明细表

行　次	项　目	金　额
1	一、营业收入(2＋18＋27＋32＋33＋34)	
2	(一)银行业务收入(3＋10)	
3	1. 利息收入(4＋5＋6＋7＋8＋9)	
4	(1)存放同业	
5	(2)存放中央银行	
6	(3)拆出资金	
7	(4)发放贷款及垫资	
8	(5)买入返售金融资产	
9	(6)其他	
10	2. 手续费及佣金收入(11＋12＋13＋14＋15＋16＋17)	
11	(1)结算与清算手续费	
12	(2)代理业务手续费	
13	(3)信用承诺手续费及佣金	
14	(4)银行卡手续费	
15	(5)顾问和咨询费	
16	(6)托管及其他受托业务佣金	
17	(7)其他	
18	(二)证券业务收入(19＋26)	

续表

行次	项目	金额
19	1.证券业务手续费及佣金收入(20+21+22+23+24+25)	
20	(1)证券承销业务	
21	(2)证券经纪业务	
22	(3)受托客户资产管理业务	
23	(4)代理兑付证券	
24	(5)代理保管证券	
25	(6)其他	
26	2.其他证券业务收入	
27	(三)已赚保费(28−30−31)	
28	1.保险业务收入	
29	其中:分保费收入	
30	2.分出保费	
31	3.提取未到期责任准备金	
32	(四)其他金融业务收入	
33	(五)汇兑收益(损失以"−"号填列)	
34	(六)其他业务收入	
35	二、营业外收入(36+37+38+39+40+41+42)	
36	(一)非流动资产处置利得	
37	(二)非货币性资产交换利得	
38	(三)债务重组利得	
39	(四)政府补助利得	
40	(五)盘盈利得	
41	(六)捐赠利得	
42	(七)其他	

2.填报说明

本表适用于执行企业会计准则的金融企业纳税人填报,包括商业银行、保险公司、证券公司等金融企业。金融企业应根据企业会计准则的规定填报"营业收入"、"营业外收入"。

(1)第1行"营业收入":填报纳税人提供金融商品服务取得的收入。

(2)第2行"银行业务收入":填报纳税人从事银行业务取得的收入。

(3)第3行"利息收入":填报银行存贷款业务等取得的各项利息收入,包括发放的各类贷款(银团贷款、贸易融资、贴现和转贴现融出资金、协议透支、信用卡透支、转贷款、垫款等)、与其他金融机构(中央银行、同业等)之间发生资金往来业务、买入返售金融资产等实现的利息收入等。

(4)第4行"存放同业":填报纳税人存放于境内、境外银行和非银行金融机构款项取得的利息收入。

(5)第5行"存放中央银行":填报纳税人存放于中国人民银行的各种款项利息收入。

(6)第6行"拆出资金":填报纳税人拆借给境内、境外其他金融机构款项的利息收入。

(7)第7行"发放贷款及垫资":填报纳税人发放贷款及垫资的利息收入。

(8)第8行"买入返售金融资产"：填报纳税人按照返售协议约定先买入再按固定价格返售的票据、证券、贷款等金融资产所融出资金的利息收入。

(9)第9行"其他"：填报纳税人除本表第4行(存放同业)至第8行(买入返售金融资产)以外的其他利息收入，包括债券投资利息等收入。

(10)第10行"手续费及佣金收入"：填报银行在提供相关金融业务服务时向客户收取的收入，包括结算与清算手续费、代理业务手续费、信用承诺手续费及佣金、银行卡手续费、顾问和咨询费、托管及其他受托业务佣金等。

(11)第18行"证券业务收入"：填报纳税人从事证券业务取得的收入。

(12)第19行"证券业务手续费及佣金收入"：填报纳税人承销、代理兑付等业务取得的各项手续费、佣金等收入。

(13)第26行"其他证券业务收入"：填报纳税人在国家许可的范围内从事的除经纪、自营和承销业务以外的与证券有关的业务收入。

(14)第27行"已赚保费"：填报纳税人从事保险业务确认的本年实际保费收入。

(15)第28行"保险业务收入"：填报纳税人从事保险业务确认的保费收入。

(16)第29行"分保费收入"：填报纳税人(再保险公司或分入公司)从原保险公司或分出公司分入的保费收入。

(17)第30行"分出保费"：填报纳税人(再保险分出人)向再保险接受人分出的保费。

(18)第31行"提取未到期责任准备金"：填报纳税人(保险企业)提取的非寿险原保险合同未到期责任准备金和再保险合同分保未到期责任准备金。

(19)第32行"其他金融业务收入"：填报纳税人提供除银行业、保险业、证券业以外的金融商品服务取得的收入。

(20)第33行"汇兑收益"：填报纳税人发生的外币交易因汇率变动而产生的汇兑损益，损失以负数填报。

(21)第34行"其他业务收入"：填报纳税人发生的除主营业务活动以外的其他经营活动实现的收入。

(22)第35行"营业外收入"：填报纳税人发生的各项营业外收入，主要包括非流动资产处置利得、非货币性资产交换利得、债务重组利得、政府补助、盘盈利得、捐赠利得等。

(23)第36行"非流动资产处置所得"：填报纳税人处置固定资产、无形资产等取得的净收益。

(24)第37行"非货币资产交换利得"：填报纳税人发生非货币性资产交换应确认的净收益。

(25)第38行"债务重组利得"：填报纳税人发生的债务重组业务确认的净收益。

(26)第39行"政府补助利得"：填报纳税人从政府无偿取得货币性资产或非货币性资产应确认的净收益。

(27)第40行"盘盈所得"：填报纳税人在清查财产过程中查明的各种财产盘盈应确认的净收益。

(28)第41行"捐赠利得"：填报纳税人接受的来自企业、组织或个人无偿给予的货币性资产、非货币性资产捐赠应确认的净收益。

(29)第42行"其他"：填报纳税人取得的上述项目未列举的其他营业外收入，包括执行《企业会计准则》纳税人按权益法核算长期股权投资对初始投资成本调整确认的收益。

(二)表内、表间关系

1. 表内关系

(1)第1行(营业收入)＝第2行(银行业务收入)＋第18行(证券业务收入)＋第27行(已赚保费)＋第32行(其他金融业务收入)＋第33行(汇兑收益)＋第34行(其他业务收入)。

(2)第2行(银行业务收入)＝第3行(利息收入)＋第10行(手续费及佣金收入)。

(3)第3行(利息收入)＝第4行(存放同业)＋第5行(存放中央银行)＋…＋第9行(其他)。

(4)第10行(手续费及佣金收入)＝第11行(结算与清算手续费)＋第12行(代理业务手续费)＋…＋第17行(其他)。

(5)第18行(证券业务收入)＝第19行(证券业务手续费及佣金收入)＋第26行(其他证券业务收入)。

(6)第19行(证券业务手续费及佣金收入)＝第20行(证券承销业务)＋第21行(证券经纪业务)＋…＋第25行(其他)。

(7)第27行(已赚保费)＝第28行(保险业务收入)－第30行(分出保费)－第31行(提取未到期责任准备金)。

(8)第35行(营业外收入)＝第36行(非流动资产处置利得)＋第37行(非货币性资产交换利得)＋…＋第42行(其他)。

2. 表间关系

(1)第1行(营业收入)＝表A100000《中华人民共和国企业所得税年度纳税申报表(A类)》第1行(营业收入)。

(2)第35行(营业外收入)＝表A100000《中华人民共和国企业所得税年度纳税申报表(A类)》第11行(营业外收入)。

二、《金融企业费用支出明细表》的填制与审核

(一)表样及有关项目的填报说明

1. 表样

A102020

金融企业费用支出明细表

行　次	项　目	金　额
1	一、营业支出(2＋15＋25＋31＋32)	
2	(一)银行业务支出(3＋11)	
3	1. 银行利息支出(4＋5＋6＋7＋8＋9＋10)	
4	(1)同业存放	
5	(2)向中央银行借款	
6	(3)拆入资金	
7	(4)吸收存款	
8	(5)卖出回购金融资产	
9	(6)发行债券	

续表

行次	项目	金额
10	（7）其他	
11	2.银行手续费及佣金支出(12＋13＋14)	
12	（1）手续费支出	
13	（2）佣金支出	
14	（3）其他	
15	（二）保险业务支出(16＋17－18＋19－20＋21＋22－23＋24)	
16	1.退保金	
17	2.赔付支出	
18	减：摊回赔付支出	
19	3.提取保险责任准备金	
20	减：摊回保险责任准备金	
21	4.保单红利支出	
22	5.分保费用	
23	减：摊回分保费用	
24	6.保险业务手续费及佣金支出	
25	（三）证券业务支出(26＋30)	
26	1.证券业务手续费及佣金支出(27＋28＋29)	
27	（1）证券经纪业务手续费支出	
28	（2）佣金支出	
29	（3）其他	
30	2.其他证券业务支出	
31	（四）其他金融业务支出	
32	（五）其他业务成本	
33	二、营业外支出(34＋35＋36＋37＋38＋39＋40)	
34	（一）非流动资产处置损失	
35	（二）非货币性资产交换损失	
36	（三）债务重组损失	
37	（四）捐赠支出	
38	（五）非常损失	
39	（六）其他	

2.填报说明

本表适用于执行企业会计准则的金融企业纳税人填报,包括商业银行、保险公司、证券公司等金融企业。纳税人根据企业会计准则的规定填报"营业支出"、"营业外支出"。金融企业发生的业务及管理费填报表A104000《期间费用明细表》第1列"销售费用"相应的行次。

(1)第1行"营业支出":填报金融企业提供金融商品服务发生的支出。

(2)第2行"银行业务支出":填报纳税人从事银行业务发生的支出。

(3)第3行"银行利息支出":填报纳税人经营存贷款业务等发生的利息支出,包括同业存放、向中央银行借款、拆入资金、吸收存款、卖出回购金融资产、发行债券和其他业务利息支出。

(4)第11行"银行手续费及佣金支出":填报纳税人发生的与银行业务活动相关的各项手续费、佣金等支出。

(5)第15行"保险业务支出":填报保险企业发生的与保险业务相关的费用支出。

(6)第16行"退保金":填报保险企业寿险原保险合同提前解除时按照约定应当退还投保人的保单现金价值。

(7)第17行"赔付支出":填报保险企业支付的原保险合同赔付款项和再保险合同赔付款项。

(8)第18行"摊回赔付支出":填报保险企业(再保险分出人)向再保险接受人摊回的赔付成本。

(9)第19行"提取保险责任准备金":填报保险企业提取的原保险合同保险责任准备金,包括提取的未决赔款准备金、提取的寿险责任准备金、提取的长期健康责任准备金。

(10)第20行"摊回保险责任准备金":填报保险企业(再保险分出人)从事再保险业务应向再保险接受人摊回的保险责任准备金,包括未决赔款准备金、寿险责任准备金、长期健康险责任准备金。

(11)第21行"保单红利支出":填报保险企业按原保险合同约定支付给投保人的红利。

(12)第22行"分保费用":填报保险企业(再保险接受人)向再保险分出人支付的分保费用。

(13)第23行"摊回分保费用":填报保险企业(再保险分出人)向再保险接受人摊回的分保费用。

(14)第24行"保险业务手续费及佣金支出":填报保险企业发生的与其保险业务活动相关的各项手续费、佣金支出。

(15)第25行"证券业务支出":填报纳税人从事证券业务发生的证券手续费支出和其他证券业务支出。

(16)第26行"证券业务手续费及佣金支出":填报纳税人代理承销、兑付和买卖证券等业务发生的各项手续费、风险结算金、承销业务直接相关的各项费用及佣金支出。

(17)第30行"其他证券业务支出":填报纳税人从事除经纪、自营和承销业务以外的与证券有关的业务支出。

(18)第31行"其他金融业务支出":填报纳税人提供除银行业、保险业、证券业以外的金融商品服务发生的相关业务支出。

(19)第32行"其他业务成本":填报纳税人发生的除主营业务活动以外的其他经营活动发生的支出。

(20)第33行"营业外支出":填报纳税人发生的各项营业外支出,包括非流动资产处置损失、非货币性资产交换损失、债务重组损失、捐赠支出、非常损失等。

(21)第34行"非流动资产处置损失":填报纳税人处置非流动资产形成的净损失。

(22)第35行"非货币性资产交换损失":填报纳税人发生非货币性资产交换应确认的净损失。

(23)第36行"债务重组损失":填报纳税人进行债务重组应确认的净损失。

(24)第37行"捐赠支出":填报纳税人无偿给予其他企业、组织或个人的货币性资产、非货币性资产的捐赠支出。

(25)第38行"非常损失":填报纳税人在营业外支出中核算的各项非正常的财产损失。

(26)第39行"其他":填报纳税人本期实际发生的在营业外支出核算的其他损失及支出。

(二)表内、表间关系

1. 表内关系

(1)第1行(营业支出)=第2行(银行业务支出)+第15行(保险业务支出)+第25行(证券业务支出)+第31行(其他金融业务支出)+第32行(其他业务成本)。

(2)第2行(银行业务支出)=第3行(银行利息支出)+第11行(银行手续费及佣金支出)。

(3)第3行(银行利息支出)=第4行(同业存放)+第5行(向中央银行借款)+…+第10行(其他)。

(4)第11行(银行手续费及佣金支出)=第12行(手续费支出)+第13行(佣金支出)+第14行(其他)。

(5)第15行(保险业务支出)=第16行(退保金)+第17行(赔付支出)-第18行(摊回赔付支出)+第19行(提取保险责任准备金)-第20行(摊回保险责任准备金)+第21行(保单红利支出)+第22行(分保费用)-第23行(摊回分保费用)+第24行(保险业务手续费及佣金支出)。

(6)第25行(证券业务支出)=第26行(证券业务手续费及佣金支出)+第30行(其他证券业务支出)。

(7)第26行(证券业务手续费及佣金支出)=第27行(证券经纪业务手续费支出)+第28行(佣金支出)+第29行(其他)。

(8)第33行(营业外支出)=第34行(非流动资产处置损失)+第35行(非货币性资产交换损失)+…+第39行(其他)。

2. 表间关系

(1)第1行(营业支出)=表A100000《中华人民共和国企业所得税年度纳税申报表(A类)》第2行(营业成本)。

(2)第33行(营业外支出)=表A100000《中华人民共和国企业所得税年度纳税申报表(A类)》第12行(营业外支出)。

三、填审要点提示

本表数据引自企业核算信息,如果企业会计账务处理与税法有差异,在填写这两张表时不得产生总额的调整,只能将原核算信息进行分类或分项目后填入。由此,建议企业平时在进行会计核算、设置明细账时,可以参考本表栏目,同时对照相关税收政策进行账务处理。

第四节 《事业单位、民间非营利组织收入、支出明细表》的填制与审核

一、表样及有关项目的填报说明

（一）表样

A103000

事业单位、民间非营利组织收入、支出明细表

行　次	项　　目	金　额
1	一、事业单位收入(2＋3＋4＋5＋6＋7)	
2	（一）财政补助收入	
3	（二）事业收入	
4	（三）上级补助收入	
5	（四）附属单位上缴收入	
6	（五）经营收入	
7	（六）其他收入(8＋9)	
8	其中：投资收益	
9	其他	
10	二、民间非营利组织收入(11＋12＋13＋14＋15＋16＋17)	
11	（一）接受捐赠收入	
12	（二）会费收入	
13	（三）提供劳务收入	
14	（四）商品销售收入	
15	（五）政府补助收入	
16	（六）投资收益	
17	（七）其他收入	
18	三、事业单位支出(19＋20＋21＋22＋23)	
19	（一）事业支出	
20	（二）上缴上级支出	
21	（三）对附属单位补助	
22	（四）经营支出	
23	（五）其他支出	
24	四、民间非营利组织支出(25＋26＋27＋28)	
25	（一）业务活动成本	
26	（二）管理费用	
27	（三）筹资费用	
28	（四）其他费用	

（二）填报说明

本表适用于执行事业单位会计准则的事业单位以及执行民间非营利组织会计制度的社会团体、民办非企业单位、非营利性组织等查账征收居民纳税人填报。纳税人应根据事业单位会

计准则、民间非营利组织会计制度的规定,填报"事业单位收入"、"民间非营利组织收入"、"事业单位支出"、"民间非营利组织支出"等。

第一,事业单位填报说明。

第1行(事业单位收入)至第9行(其他)由执行事业单位会计准则的纳税人填报。

  1. 第1行"事业单位收入":填报纳税人取得的所有收入的金额(包括不征税收入和免税收入),按照会计核算口径填报。

  2. 第2行"财政补助收入":填报纳税人直接从同级财政部门取得的各类财政拨款,包括基本支出补助和项目支出补助。

  3. 第3行"事业收入":填报纳税人通过开展专业业务活动及辅助活动所取得的收入。

  4. 第4行"上级补助收入":填报纳税人从主管部门和上级单位取得的非财政补助收入。

  5. 第5行"附属单位上缴收入":填报纳税人附属独立核算单位按有关规定上缴的收入。包括附属事业单位上缴的收入和附属企业上缴的利润等。

  6. 第6行"经营收入":填报纳税人开展专业业务活动及其辅助活动之外开展非独立核算经营活动取得的收入。

  7. 第7行"其他收入":填报纳税人取得的除本表第2行(财政补助收入)至第6行(经营收入)项目以外的收入,包括投资收益、银行存款利息收入、租金收入、捐赠收入、现金盘盈收入、存货盘盈收入、收回已核销应收及预付款项、无法偿付的应付及预收款项等。

  8. 第8行"其中:投资收益":填报在"其他收入"科目中核算的各项短期投资、长期债券投资、长期股权投资取得的投资收益。

  9. 第9行"其他":填报在"其他收入"科目中核算的除投资收益以外的收入。

第二,民间非营利组织填报说明。

第10行(民间非营利组织收入)至第17行(其他收入)由执行民间非营利组织会计制度的纳税人填报。

  10. 第10行"民间非营利组织收入":填报纳税人开展业务活动取得的收入应当包括捐赠收入、会费收入、提供服务收入、政府补助收入、投资收益、商品销售收入等主要业务活动收入和其他收入等。

  11. 第11行"接受捐赠收入":填报纳税人接受其他单位或者个人捐赠所取得的收入。

  12. 第12行"会费收入":填报纳税人根据章程等的规定向会员收取的会费收入。

  13. 第13行"提供劳务收入":填报纳税人根据章程等的规定向其服务对象提供服务取得的收入,包括学费收入、医疗费收入、培训收入等。

  14. 第14行"商品销售收入":填报纳税人销售商品(如出版物、药品等)所形成的收入。

  15. 第15行"政府补助收入":填报纳税人接受政府拨款或者政府机构给予的补助而取得的收入。

  16. 第16行"投资收益":填报纳税人因对外投资取得的投资净收益。

  17. 第17行"其他收入":填报纳税人除上述主要业务活动收入以外的其他收入,如固定资产处置净收入、无形资产处置净收入等。

第18行至23行由执行事业单位会计准则的纳税人填报。

  18. 第18行"事业单位支出":填报纳税人发生的所有支出总额(含不征税收入形成的支出),按照会计核算口径填报。

  19. 第19行"事业支出":填报纳税人开展专业业务活动及其辅助活动发生的支出。包括工资、补助工资、职工福利费、社会保障费、助学金、公务费、业务费、设备购置费、修缮费和其他费用。

20. 第20行"上缴上级支出":填报纳税人按照财政部门和主管部门的规定上缴上级单位的支出。

21. 第21行"对附属单位补助支出":填报纳税人用财政补助收入之外的收入对附属单位补助发生的支出。

22. 第22行"经营支出":填报纳税人在专业业务活动及其辅助活动之外开展非独立核算经营活动发生的支出。

23. 第23行"其他支出":填报纳税人除本表第19行(事业支出)至第22行(经营支出)项目以外的支出,包括利息支出、捐赠支出、现金盘亏损失、资产处置损失、接受捐赠(调入)非流动资产发生的税费支出等。

第24行至28行由执行民间非营利组织会计制度的纳税人填报。

24. 第24行"民间非营利组织支出":填报纳税人发生的所有支出总额,按照会计核算口径填报。

25. 第25行"业务活动成本":填报民间非营利组织为了实现其业务活动目标、开展某项活动或者提供劳务所发生的费用。

26. 第26行"管理费用":填报民间非营利组织为组织和管理其业务活动所发生的各项费用,包括民间非营利组织董事会(或者理事会或者类似权力机构)经费和行政管理人员的工资、奖金、津贴、福利费、住房公积金、住房补贴、社会保障费、离退休人员工资与补助,以及办公费、水电费、邮电费、物业管理费、差旅费、折旧费、修理费、无形资产摊销费、存货盘亏损失、资产减值损失、因预计负债所产生的损失、聘请中介机构费和应偿还的受赠资产等。

27. 第27行"筹资费用":填报民间非营利组织为筹集业务活动所需资金而发生的费用,包括民间非营利组织获得捐赠资产而发生的费用以及应当计入当期费用的借款费用、汇兑损失(减汇兑收益)等。民间非营利组织为了获得捐赠资产而发生的费用包括举办募款活动费,准备、印刷和发放募款宣传资料费以及其他与募款或者争取捐赠有关的费用。

28. 第28行"其他费用":民间非营利组织发生的、无法归属到上述业务活动成本、管理费用或者筹资费用中的费用,包括固定资产处置净损失、无形资产处置净损失等。

二、表内、表间关系

(一)表内关系

1. 第1行(事业单位收入)=第2行(财政补助收入)+第3行(事业收入)+…+第7行(其他收入)。

2. 第7行(其他收入)=第8行(投资收益)+第9行(其他)。

3. 第10行(民间非营利组织收入)=第11行(接受捐赠收入)+第12行(会费收入)+…+第17行(其他收入)。

4. 第18行(事业单位支出)=第19行(事业支出)+第20行(上缴上级支出)+第21行(对附属单位补助支出)+第22行(经营支出)+第23行(其他支出)。

5. 第24行(民间非营利组织支出)=第25行(业务活动成本)+第26行(管理费用)+第27行(筹资费用)+第28行(其他费用)。

(二)表间关系

1. 第2行(财政补助收入)+第3行(事业收入)+第4行(上级补助收入)+第5行(附属单位上缴收入)+第6行(经营收入)或第11行(接受捐赠收入)+第12行(会费收入)+第13行(提供劳务收入)+第14行(商品销售收入)+第15行(政府补助收入)=表A100000第1行(营业收入)。

2. 第8行(投资收益)或第16行(投资收益)=表A100000第9行(投资收益)。

3. 第9行(其他)或第17行(其他收入)=表A100000第11行(营业外收入)。

4. 第19行(事业支出)+第20行(上缴上级支出)+第21行(对附属单位补助支出)+第22行(经营支出)或第25行(业务活动成本)+第26行(管理费用)+第27行(筹资费用)=表A100000第2行(营业成本)。

5. 第23行(其他支出)或第28行(其他费用)=表A100000第12行(营业外支出)。

三、填审要点提示

本表数据引自企业核算信息,如果企业会计账务处理与税法有差异,在填写这张表时不得产生总额的调整,只能将原核算信息进行分类或分项目后填入。由此也建议企业平时在进行会计核算、设置明细账时,可以参考本表栏目,同时对照相关税收政策进行账务处理。

第四章 纳税调整表的填制与审核(上)

纳税调整是所得税管理的重点和难点,旧版申报表中仅1张纳税调整表。该表功能就是将纳税人进行纳税调整后结果进行统计、汇总,没有体现政策和过程,也不反映税收与会计的差异,税务机关很难判断出其合理性及准确性。因此,2014年版的申报表,将所有的税会差异需要调整的事项,按照收入、成本和资产以及特殊事项调整项目,设计了15张表格,通过表格的方式进行计算反映,既方便纳税人填报,又便于税务机关纳税评估、分析。

纳税调整表包括《纳税调整项目明细表》、《视同销售和房地产开发企业特定业务纳税调整明细表》、《未按权责发生制确认收入纳税调整明细表》、《投资收益纳税调整明细表》、《专项用途财政性资金纳税调整明细表》、《职工薪酬纳税调整明细表》、《广告费和业务宣传费跨年度纳税调整明细表》、《捐赠支出纳税调整明细表》、《资产折旧、摊销情况及纳税调整明细表》、《固定资产加速折旧、扣除明细表》、《资产损失税前扣除及纳税调整明细表》、《资产损失(专项申报)税前扣除及纳税调整明细表》、《企业重组纳税调整明细表》、《政策性搬迁纳税调整明细表》、《特殊行业准备金纳税调整明细表》。

第一节 《纳税调整项目明细表》的填制与审核

一、表样及有关项目的填报说明

(一)表样

A105000

纳税调整项目明细表

行次	项　　目	账载金额	税收金额	调增金额	调减金额
		1	2	3	4
1	一、收入类调整项目(2+3+4+5+6+7+8+10+11)	*	*		
2	(一)视同销售收入(填写 A105010)	*			*
3	(二)未按权责发生制原则确认的收入(填写 A105020)				
4	(三)投资收益(填写 A105030)				
5	(四)按权益法核算长期股权投资对初始投资成本调整确认收益	*	*	*	
6	(五)交易性金融资产初始投资调整	*	*		*
7	(六)公允价值变动净损益		*		
8	(七)不征税收入	*	*		
9	其中:专项用途财政性资金(填写 A105040)	*	*		
10	(八)销售折扣、折让和退回				

续表

行次	项　　目	账载金额 1	税收金额 2	调增金额 3	调减金额 4
11	（九）其他				
12	二、扣除类调整项目(13＋14＋15＋16＋17＋18＋19＋20＋21＋22＋23＋24＋26＋27＋28＋29)	＊	＊		
13	（一）视同销售成本(填写 A105010)	＊		＊	
14	（二）职工薪酬(填写 A105050)				
15	（三）业务招待费支出				＊
16	（四）广告费和业务宣传费支出(填写 A105060)	＊	＊		
17	（五）捐赠支出(填写 A105070)				＊
18	（六）利息支出				
19	（七）罚金、罚款和被没收财物的损失		＊		＊
20	（八）税收滞纳金、加收利息		＊		＊
21	（九）赞助支出		＊		＊
22	（十）与未实现融资收益相关在当期确认的财务费用				
23	（十一）佣金和手续费支出				
24	（十二）不征税收入用于支出所形成的费用	＊	＊		＊
25	其中：专项用途财政性资金用于支出所形成的费用（填写 A105040）	＊	＊		
26	（十三）跨期扣除项目				
27	（十四）与取得收入无关的支出		＊		＊
28	（十五）境外所得分摊的共同支出	＊			＊
29	（十六）其他				
30	三、资产类调整项目(31＋32＋33＋34)	＊	＊		
31	（一）资产折旧、摊销(填写 A105080)				
32	（二）资产减值准备金		＊		
33	（三）资产损失(填写 A105090)				
34	（四）其他				
35	四、特殊事项调整项目(36＋37＋38＋39＋40)	＊	＊		
36	（一）企业重组(填写 A105100)				
37	（二）政策性搬迁(填写 A105110)	＊	＊		
38	（三）特殊行业准备金(填写 A105120)				
39	（四）房地产开发企业特定业务计算的纳税调整额（填写 A105010）	＊			
40	（五）其他	＊	＊		
41	五、特别纳税调整应税所得	＊	＊		
42	六、其他	＊	＊		
43	合计(1＋12＋30＋35＋41＋42)	＊	＊		

（二）填报说明

本表适用于会计处理与税法规定不一致需纳税调整的纳税人填报。纳税人根据税法、相关税收政策,以及国家统一会计制度的规定,填报会计处理、税法规定,以及纳税调整情况。

本表纳税调整项目按照"收入类调整项目"、"扣除类调整项目"、"资产类调整项目"、"特殊事项调整项目"、"特别纳税调整应税所得"、"其他"六大项分类填报汇总,并计算出纳税"调增金额"和"调减金额"的合计数。

数据栏分别设置"账载金额"、"税收金额"、"调增金额"、"调减金额"四个栏次。"账载金额"是指纳税人按照国家统一会计制度规定核算的项目金额。"税收金额"是指纳税人按照税法规定计算的项目金额。

"收入类调整项目":"税收金额"减"账载金额"后余额为正数的,填报在"调增金额",余额为负数的,将绝对值填报在"调减金额"。

"扣除类调整项目"、"资产类调整项目":"账载金额"减"税收金额"后余额为正数的,填报在"调增金额",余额为负数的,将其绝对值填报在"调减金额"。

"特殊事项调整项目"、"其他"分别填报税法规定项目的"调增金额"、"调减金额"。

"特别纳税调整应税所得":填报经特别纳税调整后的"调增金额"。

对需填报下级明细表的纳税调整项目,其"账载金额"、"税收金额""调增金额","调减金额"根据相应附表进行计算填报。

1. 收入类调整项目

(1)第1行"一、收入类调整项目":根据第2行(视同销售收入)至第11行(其他)进行填报。

(2)第2行"(一)视同销售收入":填报会计处理不确认为销售收入,税法规定确认应税收入的收入。根据《视同销售和房地产开发企业特定业务纳税调整明细表》(A105010)填报,第2列"税收金额"为表A105010(《视同销售和房地产开发企业特定业务纳税调整明细表》)第1行(视同销售(营业)收入)第1列(税收金额)金额;第3列"调增金额"为表A105010(《视同销售和房地产开发企业特定业务纳税调整明细表》)第1行(税收金额)第2列(纳税调整金额)金额。

(3)第3行"(二)未按权责发生制原则确认的收入":根据《未按权责发生制确认收入纳税调整明细表》(A105020)填报,第1列"账载金额"为表A105020(《未按权责发生制确认收入纳税调整明细表》)第14行(合计)第2列(税收金额-本年)金额;第2列"税收金额"为表A105020第14行(合计)第4列(账载金额-本年)金额;表A105020第14行(合计)第6列(纳税调整金额),若≥0,填入本行第3列"调增金额";若<0,将绝对值填入本行第4列"调减金额"。

(4)第4行"(三)投资收益":根据《投资收益纳税调整明细表》(A105030)填报,第1列"账载金额"为表A105030(《投资收益纳税调整明细表》)第10行(合计)第1列(持有收益-账载金额)+第8列(持有收益-税收金额)之和;第2列"税收金额"为表A105030(《投资收益纳税调整明细表》)第10行(合计)第2列(持有收益-账载金额)+第9列(税收计算的处置所得)之和;表A105030《投资收益纳税调整明细表》第10行(合计)第11列(纳税调整金额),若≥0,填入本行第3列"调增金额";若<0,将绝对值填入本行第4列"调减金额"。

(5)第5行"(四)按权益法核算长期股权投资对初始投资成本调整确认收益":第4列"调减金额"填报纳税人采取权益法核算,初始投资成本小于取得投资时应享有被投资单位可辩认净资产公允价值份额的差额计入取得投资当期的营业外收入的金额。

(6)第6行"(五)交易性金融资产初始投资调整":第3列"调增金额"填报纳税人根据税法

规定确认交易性金融资产初始投资金额与会计核算的交易性金融资产初始投资账面价值的差额。

(7)第7行"(六)公允价值变动净损益":第1列"账载金额"填报纳税人会计核算的以公允价值计量的金融资产、金融负债以及投资性房地产类项目,计入当期损益的公允价值变动金额;若第1列(账载金额)≥0,填入第3列(税收金额)"调增金额";第1列(账载金额)＜0,将绝对值填入第4列"调减金额"。

(8)第8行"(七)不征税收入":填报纳税人计入收入总额但属于税收规定不征税的财政拨款、依法收取并纳入财政管理的行政事业性收费以及政府性基金和国务院规定的其他不征税收入。第3列"调增金额"填报企业在以前年度取得财政性资金且已作为不征税收入处理后,在5年(60个月)内未发生支出且未缴回财政部门或其他拨付资金的政府部门,应计入应税收入额的金额;第4列"调减金额"填报符合税收规定不征税收入条件并作为不征税收入处理,且已计入当期损益的金额。

(9)第9行"其中:专项用途财政性资金":根据《专项用途政财政性资金纳税调整明细表》(A105040)填报。第3列"调增金额"为表A105040第7行(合计)第14列(应计入本年应税收入金额)金额;第4列"调减金额"为表A105040第7行(合计)第4列(计入本年损益的金额)金额。

(10)第10行"(八)销售折扣、折让和退回":填报不符合税收规定的销售折扣和折让应进行纳税调整的金额,和发生的销售退回因会计处理与税收规定有差异需纳税调整的金额。第1列"账载金额"填报纳税人会计核算的销售折扣和折让金额及销货退回的追溯处理的净调整额。第2列"税收金额"填报根据税法规定可以税前扣除的折扣和折让的金额及销货退回业务影响当期损益金额。第1列(账载金额)减第2列(税收金额),若余额≥0,填入第3列"调增金额";若余额＜0,将绝对值填入第4列"调减金额",第4列仅为销货退回影响损益的跨期时间性差异。

(11)第11行"(九)其他":填报其他因会计处理与税法规定有差异需纳税调整的收入类项目金额。若第2列(税收金额)≥第1列(账载金额),将第2列(税收金额)减第1列(账载金额)余额填入第3列"调增金额",若第2列(税收金额)＜第1列(账载金额),将第2列(税收金额)减第1列(账载金额)余额的绝对值填入第4列"调减金额"。

2. 扣除类调整项目

(12)第12行"二、扣除类调整项目":根据第13行(视同销售成本)至第29行(其他)填报。

(13)第13行"(一)视同销售成本":填报会计处理不作为销售核算,税法规定作为应税收入的同时,确认的销售成本金额。根据《视同销售和房地产开发企业特定业务纳税调整明细表》(A105010)填报,第2列"税收金额"为表A105010第11行(视同销售(营业)成本)第1列(税收金额);第4列"调减金额"为表A105010第11行(视同销售(营业)成本)第2列(税收金额)金额的绝对值。

(14)第14行"(二)职工薪酬":根据《职工薪酬纳税调整明细表》(A105050)填报,第1列"账载金额"为表A105050第13行第1列(账载金额)金额;第2列"税收金额"为表A105050第13行第4列(税收金额)金额;表A105050第13行第5列(纳税调整金额),若≥0,填入本行第3列"调增金额";若＜0,将绝对值填入本行第4列"调减金额"。

(15)第15行"(三)业务招待费支出":第1列"账载金额"填报纳税人会计核算计入当期损益的业务招待费金额;第2列"税收金额"填报按照税法规定允许税前扣除的业务招待费支出

的金额,即"本行第 1 列×60%"与当年销售(营业收入)×5‰的孰小值;第 3 列"调增金额"为第 1-2 列金额。

(16)第 16 行"(四)广告费和业务宣传费支出":根据《广告费和业务宣传费跨年度纳税调整明细表》(A105060)填报,表 A105060 第 12 行(本年广告费和业务宣传费支出纳税调整金额),若≥0,填入第 3 列"调增金额";若<0,将绝对值填入第 4 列"调减金额"。

(17)第 17 行"(五)捐赠支出":根据《捐赠支出纳税调整明细表》(A105070)填报。第 1 列"账载金额"为表 A105070 第 20 行第 2 列(公益性捐赠-账载金额)+第 6 列(非公益性捐赠-账载金额)金额;第 2 列"税收金额"为表 A105070 第 20 行第 4 列(税收金额)金额;第 3 列"调增金额"为表 A105070 第 20 行第 7 列(纳税调整金额)金额。

(18)第 18 行"(六)利息支出":第 1 列"账载金额"填报纳税人向非金融企业借款,会计核算计入当期损益的利息支出的金额;第 2 列"税收金额"填报按照税法规定允许税前扣除的利息支出的金额;若第 1 列≥第 2 列,将第 1 列减第 2 列的余额填入第 3 列"调整金额",若第 1 列<第 2 列,将第 1 列减第 2 列的余额的绝对值填入第 4 列"调减金额"。

(19)第 19 行"(七)罚金、罚款和被没收财物的损失":第 1 列"账载金额"填报纳税人会计核算计入当期损益的罚金、罚款和被罚没财物的损失,不包括纳税人按照经济合同规定支付的违约金(包括银行罚息)、罚款和诉讼费;第 3 列"调增金额"等于第 1 列金额。

(20)第 20 行"(八)税收滞纳金、加收利息":第 1 列"账载金额"填报纳税人会计核算计入当期损益的税收滞纳金、加收利息。第 3 列"调增金额"等于第 1 列金额。

(21)第 21 行"(九)赞助支出":第 1 列"账载金额"填报纳税人会计核算计入当期损益的不符合税收规定的公益性捐赠的赞助支出的金额,包括直接向受赠人的捐赠、赞助支出等(不含广告性的赞助支出,广告性的赞助支出在表 A105060 中调整);第 3 列"调增金额"等于第 1 列金额。

(22)第 22 行"(十)与未实现融资收益相关在当期确认的财务费用":第 1 列"账载金额"填报纳税人会计核算的与未实现融资收益相关并在当期确认的财务费用的金额;第 2 列"税收金额"填报按照税法规定允许税前扣除的金额;若第 1 列≥第 2 列,将第 1 列减第 2 列金额填入第 3 列"调增金额";若第 1 列<第 2 列,将第 1 列减第 2 列的绝对值填入第 4 列"调减金额"。

(23)第 23 行"(十一)佣金和手续费支出":第 1 列"账载金额"填报纳税人会计核算计入当期损益的佣金和手续费金额;第 2 列"税收金额"填报按照税法规定允许税前扣除的佣金和手续费支出金额;第 3 列"调增金额"为第 1-2 列的金额。

(24)第 24 行"(十二)不征税收入用于支出所形成的费用":第 3 列"调增金额"填报符合条件的不征税收入用于支出所形成的计入当期损益的费用化支出金额。

(25)第 25 行"其中:专项用途财政性资金用于支出所形成的费用":根据《专项用途财政性资金纳税调整明细表》(A105040)填报。第 3 列"调增金额"为表 A105040 第 7 行第 11 列金额。

(26)第 26 行"(十三)跨期扣除项目":填报维简费、安全生产费用、预提费用、预计负债等跨期扣除项目调整情况。第 1 列"账载金额"填报纳税人会计核算计入当期损益的跨期扣除项目金额;第 2 列"税收金额"填报按照税法规定允许税前扣除的金额;若第 1 列≥第 2 列,将第 1 列减第 2 列金额填入第 3 列"调增金额";若第 1 列<第 2 列,将第 1 列减第 2 列余额的绝对值填入第 4 列"调减金额"。

(27)第 27 行"(十四)与取得收入无关的支出":第 1 列"账载金额"填报纳税人会计核算计

入当期损益的与取得收入无关的支出的金额。第3列"调增金额"等于第1列金额。

(28)第28行"(十五)境外所得分摊的共同支出"：第3列"调增金额"为《境外所得纳税调整后所得明细表》(A108010)第16列"境外分支机构调整分摊扣除的有关成本费用"和第17列"境外所得对应调整的相关成本费用支出"的合计数。

(29)第29行"(十六)其他"：填报其他因会计处理与税法规定有差异需纳税调整的扣除类项目金额。若第1列≥第2列，将第1列减第2列金额填入第3列"调增金额"；若第1列＜第2列，将第1列减第2列余额的绝对值填入第4列"调减金额"。

3. 资产类调整项目

(30)第30行"三、资产类调整项目"：填报资产类调整项目第31行(资产折旧、摊销)至第34行(其他)的合计数。

(31)第31行"(一)资产折旧、摊销"：根据《资产折旧、摊销情况及纳税调整明细表》(A105080)填报。第1列"账载金额"为表A105080第27行(合计)第2列(本年折旧、摊销额)金额；第2列"税收金额"为表A105080第27行(合计)第5列(按税收一般规定计算的本年折旧、摊销额)＋第6列(本年加速折旧额)金额；表A105080第27行(合计)第9列(纳税调整金额)，若≥0，填入本行第3列"调增金额"；若＜0，将绝对值填入本行第4列"调减金额"。

(32)第32行"(二)资产减值准备金"：填报坏账准备、存货跌价准备、理赔费用准备金等不允许税前扣除的各类资产减值准备金纳税调整情况。第1列"账载金额"填报纳税人会计核算计入当期损益的资产减值准备金金额(因价值恢复等原因转回的资产减值准备金应予以冲回)；若第1列≥0，填入第3列"调增金额"；若第1列＜0，填入第4列"调减金额"。

(33)第33行"(三)资产损失"：根据《资产损失税前扣除及纳税调整明细表》(A105090)填报。第1列"账载金额"为表A105090第14行(合计)第1列(账载金额)金额；第2列"税收金额"为表A105090第14行(合计)第2列(税收金额)金额；表A105090第14行(合计)第3列(纳税调整金额)，若≥0，填入本行第3列"调增金额"；若＜0，将绝对值填入本行第4列"调减金额"。

(34)第34行"(四)其他"：填报其他因会计处理与税法规定有差异需纳税调整的资产类项目金额。若第1列≥第2列，将第1列减第2列金额填入第3列"调增金额"；若第1列＜第2列，将第1列减第2列余额的绝对值填入第4列"调减金额"。

4. 特殊事项调整项目

(35)第35行"四、特殊事项调整项目"：填报特殊事项调整项目第36行至第40行的合计数。

(36)第36行"(一)企业重组"：根据《企业重组纳税调整明细表》(A105100)填报。第1列"账载金额"为表A105100第14行(合计)第1列(账载金额)＋第4列(账载金额)金额；第2列"税收金额"为表A105100第14行(合计)第2列(税收金额)＋第5列(税收金额)金额；表A105100第14行(合计)第7列(纳税调整金额)，若≥0，填入本行第3列"调增金额"；若＜0，将绝对值填入本行第4列"调减金额"。

(37)第37行"(二)政策性搬迁"：根据《政策性搬迁纳税调整明细表》(A105110)填报。表A105110第24行(各类资产搬迁安装费用)，若≥0，填入本行第3列"调增金额"；若＜0，将绝对值填入本行第4列"调减金额"。

(38)第38行"(三)特殊行业准备金"：根据《特殊行业准备金纳税调整明细表》(A105120)填报。第1列"账载金额"为表A105120第30行(合计)第1列(账载金额)金额；第2列"税收金额"为表A105120第30行(合计)第2列(税收金额)金额；表A105120第30行(合计)第3列(纳税调整金额)，若≥0，填入本行第3列"调增金额"；若<0，将绝对值填入本行第4列"调减金额"。

(39)第39行"(四)房地产开发企业特定业务计算的纳税调整额"：根据《视同销售和房地产开发企业特定业务纳税调整明细表》(A105010)填报。第2列"税收金额"为表A105010第21行(房地产开发企业特定业务计算的纳税调整额)第1列(税收金额)金额；表A105010第21行(房地产开发企业特定业务计算的纳税调整额)第2列(纳税调整金额)，若≥0，填入本行第3列"调增金额"；若<0，将绝对值填入本行第4列"调减金额"。

(40)第40行"(五)其他"：填报其他因会计处理与税收规定有差异需纳税调整的特殊事项金额。

5. 特别纳税调整所得项目

(41)第41行"五、特别纳税调整应税所得"：第3列"调增金额"填报纳税人按特别纳税调整规定调增的当年应税所得。第4列"调减金额"填报纳税人依据双边预约定价安排或者转让定价相应调整磋商结果的通知，需要调减的当年应税所得。

6. 其他

(42)第42行"六、其他"：其他会计处理与税法规定存在差异需纳税调整的项目金额。

(43)第43行"合计"：填报第1行(收入类调整项目)+第12行(扣除类调整项目)+第30行(资产类调整项目)+第35行(特殊事项调整项目)+第41行(特别纳税调整应税所得)+第42行(其他)的金额。

二、表内、表间关系

(一)表内关系

1. 第1行(收入类调整项目)=第2(视同销售收入)行+第3行(未按权责发生制原则确认的收入)+第4行(投资收益)+第5行(按权益法核算长期股权投资对初始投资成本调整确认收益)+第6行(交易性金融资产初始投资调整)+第7行(公允价值变动净损益)+第8行(不征税收入)+第10行(销售折扣、折让和退回)+第11行(其他)。

2. 第12行(扣除类调整项目)=第13行(视同销售成本)+第14行(职工薪酬)+第15行(业务招待费支出)+第16行(广告费和业务宣传费支出)+第17行(捐赠支出)+第18行(六)利息支出+第19行(七)罚金、罚款和被没收财物的损失+第20行(税收滞纳金、加收利息)+第21行(赞助支出)+第22行(与未实现融资收益相关在当期确认的财务费用)+第23行(佣金和手续费支出)+第24行(不征税收入用于支出所形成的费用)+第25行(其中：专项用途财政性资金用于支出所形成的费用)+第26行(跨期扣除项目)+第27行(与取得收入无关的支出)+第28行(境外所得分摊的共同支出)+第29行(其他)。

3. 第30行(资产类调整项目)=第31行(资产折旧、摊销)+第32行(资产减值准备金)+第33行(资产损失)+第34行(其他)。

4. 第35行(特殊事项调整项目)=第36行(企业重组)+第37行(政策性搬迁)+第38行(特殊行业准备金)+第39行(房地产开发企业特定业务计算的纳税调整额)+第40行(其他)。

5. 第43行(合计)=第1行(收入类调整项目)+第12行(扣除类调整项目)+第30行(资产类调整项目)+第35行(特殊事项调整项目)+第41行(特别纳税调整应税所得)+第

42行(其他)。

(二)表间关系

1. 第2行(视同销售收入)第2列(税收金额)＝表A105010《视同销售和房地产开发企业特定业务纳税调整明细表》第1行(视同销售(营业)收入)第1列(税收金额);第2行(视同销售收入)第3列(调增金额)＝表A105010《视同销售和房地产开发企业特定业务纳税调整明细表》第1行(视同销售(营业)收入)第2列(纳税调整金额)。

2. 第3行(未按权责发生制原则确认的收入)第1列(账载金额)＝表A105020《未按权责发生制确认收入纳税调整明细表》第14行(合计)第2列(账载金额－本年);第3行(未按权责发生制原则确认的收入)第2列(税收金额)＝表A105020《未按权责发生制确认收入纳税调整明细表》第14行(合计)第4列(税收金额－本年);若表A105020《未按权责发生制确认收入纳税调整明细表》第14行(合计)第6列(纳税调整金额)≥0,填入第3行(未按权责发生制原则确认的收入)第3列(调增金额);若表A105020《未按权责发生制确认收入纳税调整明细表》第14行(合计)第6列(纳税调整金额)＜0,将绝对值填入第3行(未按权责发生制原则确认的收入)第4列(调减金额)。

3. 第4行(投资收益)第1列(账载金额)＝表A105030《投资收益纳税调整明细表》第10行(合计)第1列(账载金额)＋第8列(会计确认的处置所得或损失);第4行(投资收益)第2列(税收金额)＝表A105030《投资收益纳税调整明细表》第10行(合计)第2列(税收金额)＋第9列(税收计算的处置所得);若表A105030《投资收益纳税调整明细表》第10行(合计)第11列(纳税调整金额)≥0,填入第4行(投资收益)第3列(调增金额);若表A105030《投资收益纳税调整明细表》第10行(合计)第11列(纳税调整金额)＜0,将绝对值填入第4行(投资收益)第4列(调减金额)。

4. 第9行(专项用途财政性资金)第3列(调增金额)＝表A105040《专项用途财政性资金纳税调整明细表》第7行(合计)第14列(应计入本年应税收入金额);第9行(专项用途财政性资金)第4列(调减金额)＝表A105040《专项用途财政性资金纳税调整明细表》第7行(合计)第4列(计入本年损益的金额)。

5. 第13行(视同销售成本)第2列(税收金额)＝表A105010《视同销售和房地产开发企业特定业务纳税调整明细表》第11行(视同销售(营业)成本)第1列(税收金额);第13行(视同销售成本)第4列(调减金额)＝表A105010《视同销售和房地产开发企业特定业务纳税调整明细表》第11行(视同销售(营业)成本)第2列(纳税调整金额)的绝对值。

6. 第14行(职工薪酬)第1列(账载金额)＝表A105050《职工薪酬纳税调整明细表》第13行(合计)第1列(账载金额);第14行(职工薪酬)第2列(税收金额)＝表A105050《职工薪酬纳税调整明细表》第13行(合计)第4列(税收金额);若表A105050第13行(合计)第5列(纳税调增金额)≥0,填入第14行(职工薪酬)第3列(调增金额);若表A105050《职工薪酬纳税调整明细表》第13行(合计)第5列(纳税调整金额)＜0,将绝对值填入第14行(职工薪酬)第4列(调减金额)。

7. 若表A105060《广告费和业务宣传费跨年度纳税调整明细表》第12行(本年广告费和业务宣传费支出纳税调整金额)≥0,填入第16行(广告费和业务宣传费支出)第3列(调增金额),若表A105060《广告费和业务宣传费跨年度纳税调整明细表》第12行(本年广告费和业务宣传费支出纳税调整金额)＜0,将绝对值填入第16行(广告费和业务宣传费支出)第4列(调减金额)。

8. 第17行(捐赠支出)第1列(账载金额)=表A105070《捐赠支出纳税调整明细表》第20行(合计)第2列(公益性捐赠－账载金额)＋第6列(非公益性捐赠－账载金额);第17行(捐赠支出)第2列(税收金额)=表A105070《捐赠支出纳税调整明细表》第20行(合计)第4列(调减金额);第17行(捐赠支出)第3列(调增金额)=表A105070《捐赠支出纳税调整明细表》第20行(合计)第7列(纳税调增金额)。

9. 第25行(专项用途财政性资金用于支出所形成的费用)第3列(调增金额)=表A105040《专项用途财政性资金纳税调整明细表》第7行(合计)第11列(费用化支出金额)。

10. 第31行(资产折旧、摊销)第1列(账载金额)=表A105080《资产折旧、摊销情况及纳税调整明细表》第27行(合计)第2列(本年折旧、摊销额);第31行(资产折旧、摊销)第2列(税收金额)=表A105080《资产折旧、摊销情况及纳税调整明细表》第27行(合计)第5列(按税收一般规定计算的本年折旧、摊销额)＋第6列(本年加速折旧额);若表A105080《资产折旧、摊销情况及纳税调整明细表》第27行(合计)第9列(纳税调整金额)≥0,填入第31行(资产折旧、摊销)第3列(调增金额),若表A105080《资产折旧、摊销情况及纳税调整明细表》第27行(合计)第9列(纳税调整金额)＜0,将绝对值填入第31行(资产折旧、摊销)第4列(调减金额)。

11. 第33行(资产损失)第1列(账载金额)=表A105090《资产损失税前扣除及纳税调整明细表》第14行(合计)第1列(账载金额);第33行(资产损失)第2列(税收金额)=表A105090《资产损失税前扣除及纳税调整明细表》第14行(合计)第2列(税收金额);若表A105090《资产损失税前扣除及纳税调整明细表》第14行(合计)第3列(纳税调整金额)≥0,填入第33行(资产损失)第3列(调增金额),若表A105090《资产损失税前扣除及纳税调整明细表》第14行(合计)第3列(纳税调整金额)＜0,将绝对值填入第33行(资产损失)第4列(调减金额)。

12. 第36行(企业重组)第1列(账载金额)=表A105100《企业重组纳税调整明细表》第14行(合计)第1列(一般性税务处理－账载金额)＋第4列(特殊性税务处理－账载金额);第36行(企业重组)第2列(税收金额)=表A105100《企业重组纳税调整明细表》第14行(合计)第2列(一般性税务处理－税收金额)＋第5列(特殊性税务处理－税收金额);若表A105100《企业重组纳税调整明细表》第14行(合计)第7列(纳税调整金额)≥0,填入第36行(企业重组)第3列(调增金额),若表A105100《企业重组纳税调整明细表》第14行(合计)第7列(纳税调增金额)＜0,将绝对值填入第36行(企业重组)第4列(调减金额)。

13. 若表A105110《政策性搬迁纳税调整明细表》第24行(纳税调整金额)≥0,填入第37行(政策性搬迁)第3列(调增金额),若表A105110《政策性搬迁纳税调整明细表》第24行(纳税调整金额)＜0,将绝对值填入第37行(政策性搬迁)第4列(调减金额)。

14. 第38行(特殊行业准备金)第1列(账载金额)=表A105120《特殊行业准备金纳税调整明细表》第30行(合计)第1列(账载金额);第38行(特殊行业准备金)第2列(税收金额)=表A105120《特殊行业准备金纳税调整明细表》第30行(合计)第2列(税收金额);若表A105120《特殊行业准备金纳税调整明细表》第30行(合计)第3列(纳税调整金额)≥0,填入第38行(特殊行业准备金)第3列(调增金额),若表A105120《特殊行业准备金纳税调整明细表》第30行(合计)第3列(纳税调增金额)＜0,将绝对值填入第38行(特殊行业准备金)第4列(调减金额)。

15. 第39行(房地产开发企业特定业务计算的纳税调整额)第2列(税收金额)=

表A105010《视同销售和房地产开发企业特定业务纳税调整明细表》第21行(房地产开发企业特定业务计算的纳税调整额)第1列(税收金额);若表A105010《视同销售和房地产开发企业特定业务纳税调整明细表》第21行(房地产开发企业特定业务计算的纳税调整额)第2列(纳税调整金额)≥0,填入第39行(房地产开发企业特定业务计算的纳税调整额)第3列(调增金额),若表A105010《视同销售和房地产开发企业特定业务纳税调整明细表》第21行(房地产开发企业特定业务计算的纳税调整额)第2列(税收金额)<0,将绝对值填入第39行(房地产开发企业特定业务计算的纳税调整额)第4列(调减金额)。

16. 第43行(合计)第3列(调增金额)=表A100000《中华人民共和国企业所得税年度纳税申报表(A类)》第15行(纳税调整增加额);第43行(合计)第4列(调减金额)=表A100000《中华人民共和国企业所得税年度纳税申报表(A类)》第16行(纳税调整减少额)。

17. 第28行(境外所得分摊的共同支出)第3列(调增金额)=表A108010《境外所得纳税调整后所得明细表》第16列(境外分支机构调整分摊扣除的有关成本费用)+第17列(境外所得对应调整的相关成本费用支出)。

三、填审要点提示

《纳税调整项目明细表》是年度所得税申报的核心报表,此表起到了桥梁的作用:一是将企业会计账务处理与税法产生的差异,在填写这张表时得到调整,然后将调整金额归纳汇总填入主表。这就是此表与主表之间的勾稽关系。二是此表还是各类调整事项的统帅报表,也就是说,有关收入、扣除、资产、特殊事项业务如果平时会计核算与税法有差异,应将各类事项明细申报表填制完成后,将调整情况汇总归纳到此表。因此,审核此表最关键的是勾稽关系的比对和合理性分析。

特别关注:第5行"(四)按权益法核算长期股权投资对初始投资成本调整确认收益":第4列"调减金额"填报纳税人采取权益法核算,初始投资成本小于取得投资时应享有被投资单位可辨认净资产公允价值份额的差额计入取得投资当期的营业外收入的金额。

根据会计准则要求,在确认投资成本时,如果取得成本大于应享份额(按持股比例享有的被投资单位所有者权益的公允价值)不调整投资成本,会计分录如下:

借:长期股权投资(成本)
　　贷:银行存款等
　　　　营业外收入

根据企业所得税法第十四条,投资资产按照以下方法确定成本:

(一)通过支付现金方式取得的投资资产,以购买价款为成本;

(二)通过支付现金以外的方式取得的投资资产,以该资产的公允价值和支付的相关税费为成本。

第6行"(五)交易性金融资产初始投资调整":第3列"调增金额"填报纳税人根据税法规定确认交易性金融资产初始投资金额与会计核算的交易性金融资产初始投资账面价值的差额。

交易性金融资产的会计处理应注意以下要点:

1. 资产负债表日,以公允价值计量且其变动计入当期损益的金融资产,按公允价值进行后续计量,公允价值变动计入当期损益(公允价值变动损益)。

2. 交易性金融资产持有期间取得的现金股利或债券利息(除初始确认时的应收项目外)

确认为投资收益。

3. 处置金融资产时,其公允价值与初始入账金额之间的差额应确认为投资收益,同时调整公允价值变动损益。

4. 交易性金融资产不计提减值准备。

例:2014年3月1日,大江股份有限公司购买了长河公司的股票100万股,每股5元,总价款500万元;此外支付了相关税费1万元。假设大江公司将此股票作为交易性金融资产。

  借:交易性金融资产——成本   5 000 000
    投资收益   10 000
   贷:银行存款   5 010 000

《企业所得税法实施条例》第七十一条规定,投资资产按照以下方法确定成本:(一)通过支付现金方式取得的投资资产,以购买价款为成本;(二)通过支付现金以外的方式取得的投资资产,以该资产的公允价值和支付的相关税费为成本。即税法上以实际支付的全部价款501万元作为初始成本,而会计上将相关税费1万元计入了当期损益,形成财税差异1万元,汇算清缴时应作纳税调增处理。

第10行"(八)销售折扣、折让和退回":填报不符合税法规定的销售折扣和折让应进行纳税调整的金额,和发生的销售退回因会计处理与税法规定有差异需纳税调整的金额。第1列"账载金额"填报纳税人会计核算的销售折扣和折让金额及销货退回的追溯处理的净调整额。第2列"税收金额"填报根据税法规定可以税前扣除的折扣和折让的金额及销货退回业务影响当期损益的金额。第1列减第2列,若余额≥0,填入第3列"调增金额";若余额<0,将绝对值填入第4列"调减金额",第4列仅为销货退回影响损益的跨期时间性差异。

根据国家税务总局《关于确认企业所得税收入若干问题的通知》(国税函[2008]875号)规定,企业为促进商品销售而在商品价格上给予的价格扣除属于商业折扣,商品销售涉及商业折扣的,应当按照扣除商业折扣后的金额确定销售商品收入金额。

债权人为鼓励债务人在规定的期限内付款而向债务人提供的债务扣除属于现金折扣,销售商品涉及现金折扣的,应当按扣除现金折扣前的金额确定销售商品收入金额,现金折扣在实际发生时作为财务费用扣除。

企业因售出商品的质量不合格等原因而在售价上给的减让属于销售折让;企业因售出商品质量、品种不符合要求等原因而发生的退货属于销售退回。企业已经确认销售收入的售出商品发生销售折让和销售退回,应当在发生当期冲减当期销售商品收入。

对于销售折扣,现行增值税税法规定,如果销售额和折扣额是在同一张发票上分别注明的(普通发票或增值税发票的开具方法相同),可以按折扣后的余额作为销售额计算增值税、营业税和企业所得税;如果将折扣额另开发票,不论其在财务上如何处理,均不得从销售额中减除折扣额计算增值税、营业税和企业所得税。

《企业会计准则第14号——收入》规定,销售商品涉及现金折扣的,应当按照扣除现金折扣前的金额确定销售商品收入金额。现金折扣在实际发生时计入当期损益。

《企业会计准则第14号——收入》中规定,销售折让如发生在确认销售收入之前,则应在确认收入时直接扣除销售折让后的金额确认;即销售折让发生在商品销售之前时,销售折让的会计处理与销售折扣的会计处理是相同的。企业已确认销售商品收入的售出商品发生销售折让的(即销售折让发生在商品销售之后时)且不属于资产负债表日后事项的,应当在实际发生时冲减当期销售商品收入,如按规定允许扣除增值税额的,还应冲减已经确认的应交增值税销项税额。但销售折让属于资产负债表日后事项的,适用《企业会计准则第 29 号——资产负债表日后事项》,销售折让的会计处理与销售退回的会计处理相同。税法中规定发生销售折让的,销售方应凭购货方退回的发票或按购货方主管税务机关开具的"进货退出及索取折让证明单"开具红字发票后冲减当期销售收入。

销货退回业务:

1. 销售退回发生在企业确认收入之前,则将已记入"发出商品"科目的商品成本转回"库存商品"科目。

2. 企业已经确认收入的售出商品发生销售退回的,应当冲减退回当期的收入。

3. 年度资产负债表日及以前售出的商品,在资产负债表日至财务会计报告批准报出日之间发生退回的,应当作为资产负债表日后调整事项处理,调整资产负债表日编制的会计报表有关收入、费用、资产、负债、所有者权益等项目的数字。根据相关会计准则规定:

(1)企业年终申报纳税汇算清缴前发生的资产负债表日后事项,所涉及的应纳所得税调整,应作为报告年度的纳税调整。

(2)企业年度申报纳税汇算清缴后发生的资产负债表日后事项,所涉及的应纳所得税调整,应作为本度的纳税调整。

除属于资产负债表日后事项的销售退回能因发生于报告年度申报纳税汇算清缴后,相应产生会计规定与税法规定对销售退货相关的收入、成本等确认时间不同以外,对于其他的销售退回,会计制度及相关准则的规定与税法规定是一致的。

第 10 行"(八)销售折扣、折让和退回"第 4 列"调减金额",仅为销货退回影响损益的跨期时间性差异。

第 15 行"(三)业务招待费支出":第 1 列"账载金额"填报纳税人会计核算计入当期损益的业务招待费金额;第 2 列"税收金额"填报按照税法规定允许税前扣除的业务招待费支出的金额,即:"本行第 1 列×60%"与当年销售(营业收入)×5‰的孰小值;第 3 列"调增金额"为第 1-2 列金额。

"当年销售(营业收入)"在 2013 年版申报表强调包括主营业务收入、其他业务收入和视同销售收入。2014 年版申报表由于设计了视同销售调整明细表,这样就需要各地税务机关设计的申报软件在取数时考虑扣除基数计算应该包括视同销售收入。

第二节 《视同销售和房地产开发企业特定业务纳税调整明细表》的填制与审核

一、表样及有关项目的填报说明

(一)表样

A105010

视同销售和房地产开发企业特定业务纳税调整明细表

行次	项　　目	税收金额	纳税调整金额
		1	2
1	一、视同销售(营业)收入(2+3+4+5+6+7+8+9+10)		
2	(一)非货币性资产交换视同销售收入		

续表

行次	项　　目	税收金额 1	纳税调整金额 2
3	（二）用于市场推广或销售视同销售收入		
4	（三）用于交际应酬视同销售收入		
5	（四）用于职工奖励或福利视同销售收入		
6	（五）用于股息分配视同销售收入		
7	（六）用于对外捐赠视同销售收入		
8	（七）用于对外投资项目视同销售收入		
9	（八）提供劳务视同销售收入		
10	（九）其他		
11	二、视同销售（营业）成本（12＋13＋14＋15＋16＋17＋18＋19＋20）		
12	（一）非货币性资产交换视同销售成本		
13	（二）用于市场推广或销售视同销售成本		
14	（三）用于交际应酬视同销售成本		
15	（四）用于职工奖励或福利视同销售成本		
16	（五）用于股息分配视同销售成本		
17	（六）用于对外捐赠视同销售成本		
18	（七）用于对外投资项目视同销售成本		
19	（八）提供劳务视同销售成本		
20	（九）其他		
21	三、房地产开发企业特定业务计算的纳税调整额（22－26）		
22	（一）房地产企业销售未完工开发产品特定业务计算的纳税调整额（24－25）		
23	1. 销售未完工产品的收入		＊
24	2. 销售未完工产品预计毛利额		
25	3. 实际发生的营业税金及附加、土地增值税		
26	（二）房地产企业销售的未完工产品转完工产品特定业务计算的纳税调整额（28－29）		
27	1. 销售未完工产品转完工产品确认的销售收入		＊
28	2. 转回的销售未完工产品预计毛利额		
29	3. 转回实际发生的营业税金及附加、土地增值税		

（二）填报说明

本表适用于发生视同销售、房地产企业特定业务纳税调整项目的纳税人填报。

1. 第1行"一、视同销售收入"：填报会计处理不确认销售收入，而税法规定确认为应税收入的金额，本行为第2行（非货币性资产交换视同销售收入）至第10行（其他）小计数。第1列"税收金额"填报税收确认的应税收入金额；第2列"纳税调整金额"等于第1列"税收金额"。

2. 第2行"（一）非货币性资产交换视同销售收入"：填报发生非货币性资产交换业务，会计处理不确认销售收入，而税法规定确认为应税收入的金额。第1列"税收金额"填报税收确认的应税收入金额；第2列"纳税调整金额"等于第1列"税收金额"。

3. 第3行"（二）用于市场推广或销售视同销售收入"：填报发生将货物、财产用于市场推广、广告、样品、集资、销售等,会计处理不确认销售收入,而税法规定确认为应税收入的金额。填列方法同第2行(非货币性资产交换视同销售收入)。

4. 第4行"(三)用于交际应酬视同销售收入":填报发生将货物、财产用于交际应酬,会计处理不确认销售收入数,而税法规定确认为应税收入的金额。填列方法同第2行。

5. 第5行"(四)用于职工奖励或福利视同销售收入":填报发生将货物、财产用于职工奖励或福利,会计处理不确认销售收入,而税法规定确认为应税收入的金额。

企业外购资产或服务不以销售为目的,用于替代职工福利费支出,且购置后在一个纳税年度内处置的,可以按照购入价格确认视同销售收入。填列方法同第2行。

6. 第6行"(五)用于股息分配视同销售收入":填报发生将货物、财产用于股息分配,会计处理不确认销售收入,而税法规定确认为应税收入的金额。填列方法同第2行。

7. 第7行"(六)用于对外捐赠视同销售收入":填报发生将货物、财产用于对外捐赠或赞助,会计处理不确认销售收入,而税法规定确认为应税收入的金额。填列方法同第2行。

8. 第8行"(七)用于对外投资项目视同销售收入":填报发生将货物、财产用于对外投资,会计处理不确认销售收入,而税收应缴纳企业所得税的应税收入。填列方法同上一行。填列方法同第2行(非货币性资产交换视同销售收入)。

9. 第9行"(八)提供劳务视同销售收入":填报发生对外提供劳务,会计处理不确认销售收入,而税法规定确认为应税收入的金额。填列方法同第2行(非货币性资产交换视同销售收入)。

10. 第10行"(九)其他":填报发生除上述列举情形外,会计处理不作为销售核算,而税法规定确认为应税收入的金额。填列方法同第2行(非货币性资产交换视同销售收入)。

11. 第11行"一、视同销售成本":填报会计处理不确认销售收入,税法规定确认为应税收入的同时,确认的视同销售成本金额。本行为第12行(非货币性资产交换视同销售成本)至第20行(其他)小计数。第1列"税收金额"填报予以税前扣除的视同销售成本金额;将第1列税收金额以负数形式填报第2列"纳税调整金额"。

12. 第12行"(一)非货币性资产交换视同销售成本":填报发生非货币性资产交换业务,会计处理不确认销售收入,而税法规定确认为应税收入所对应的予以税前扣除视同销售成本金额。第1列"税收金额"填报予以扣除的视同销售成本金额;将第1列税收金额以负数形式填报第2列"纳税调整金额"。

13. 第13行"(二)用于市场推广或销售视同销售成本":填报发生将货物、财产用于市场推广、广告、样品、集资、销售等,会计处理不确认销售收入,而税法规定确认为应税收入时,其对应的予以税前扣除视同销售成本金额。填列方法同第12行(非货币性资产交换视同销售成本)。

14. 第14行"(三)用于交际应酬视同销售成本":填报发生将货物、财产用于交际应酬,会计处理不确认销售收入,而税法规定确认为应税收入时,其对应的予以税前扣除视同销售成本金额。填列方法同第12行(非货币性资产交换视同销售成本)。

15. 第15行"(四)用于职工奖励或福利视同销售成本":填报发生将货物、财产用于职工奖励或福利,会计处理不确认销售收入,而税法规定确认为应税收入时,其对应的予以税前扣除视同销售成本金额。填列方法同第12行(非货币性资产交换视同销售成本)。

16. 第16行"(五)用于股息分配视同销售成本":填报发生将货物、财产用于股息分配,会计处理不确认销售收入,而税法规定确认为应税收入时,其对应的予以税前扣除视同销售成本金额。填列方法同第 12 行(非货币性资产交换视同销售成本)。

17. 第 17 行"(六)用于对外捐赠视同销售成本":填报发生将货物、财产用于对外捐赠或赞助,会计处理不确认销售收入,而税法规定确认为应税收入时,其对应的予以税前扣除视同销售成本金额。填列方法同第 12 行(非货币性资产交换视同销售成本)。

18. 第 18 行"(七)用于对外投资项目视同销售成本":填报会计处理发生将货物、财产用于对外投资,会计处理不确认销售收入,而税法规定确认为应税收入时,其对应的予以税前扣除视同销售成本金额。填列方法同第 12 行(非货币性资产交换视同销售成本)。

19. 第 19 行"(八)提供劳务视同销售成本":填报会计处理发生对外提供劳务,会计处理不确认销售收入,而税法规定确认为应税收入时,其对应的予以税前扣除视同销售成本金额。填列方法同第 12 行(非货币性资产交换视同销售成本)。

20. 第 20 行"(九)其他":填报发生除上述列举情形外,会计处理不确认销售收入,而税法规定确认为应税收入时,予以税前扣除视同销售成本金额。填列方法同第 12 行(非货币性资产交换视同销售成本)。

21. 第 21 行"三、房地产开发企业特定业务计算的纳税调整额":填报房地产企业发生销售未完工产品、未完工产品结转完工产品业务,按照税收规定计算的特定业务的纳税调整额。第 1 列"税收金额"填报第 22 行(房地产企业销售未完工开发产品特定业务计算的纳税调整额)第 1 列减去第 26 行(房地产企业销售的未完工产品转完工产品特定业务计算的纳税调整额)第 1 列的余额;第 2 列"纳税调整金额"等于第 1 列"税收金额"。

22. 第 22 行"(一)房地产企业销售未完工开发产品特定业务计算的纳税调整额":填报房地产企业销售未完工开发产品取得销售收入,按税收规定计算的纳税调整额。第 1 列"税收金额"填报第 24 行"2. 销售未完工产品预计毛利额"第 1 列减去第 25 行"3. 发生的营业税金及附加、土地增值税"的余额;第 2 列"纳税调整金额"等于第 1 列"税收金额"。

23. 第 23 行"1. 销售未完工产品的收入":第 1 列"税收金额"填报房地产企业销售未完工开发产品,会计核算未进行收入确认的销售收入金额。

24. 第 24 行"2. 销售未完工产品预计毛利额":第 1 列"税收金额"填报房地产企业销售未完工产品取得的销售收入按税收规定预计计税毛利率计算的金额;第 2 列"纳税调整金额"等于第 1 列"税收金额"。

25. 第 25 行"3. 实际发生的营业税金及附加、土地增值税":第 1 列"税收金额"填报房地产企业销售未完工产品实际发生的营业税金及附加、土地增值税,且在会计核算中未计入当期损益的金额;第 2 列"纳税调整金额"等于第 1 列"税收金额"。

26. 第 26 行"(二)房地产企业销售的未完工产品转完工产品特定业务计算的纳税调整额":填报房地产企业销售的未完工产品转完工产品,按税收规定计算的纳税调整额。第 1 列"税收金额"填报第 28 行"2. 转回的销售未完工产品预计毛利额"第 1 列减去第 29 行"3. 转回发生的营业税金及附加、土地增值税"第 1 列后余额;第 2 列"纳税调整金额"等于第 1 列"税收金额"。

27. 第 27 行"1. 销售未完工产品转完工产品确认的销售收入":第 1 列"税收金额"填报房地产企业销售的未完工产品,此前年度已按预计毛利额征收所得税,本年度结转为完工产品,会计上符合收入确认条件,当年会计核算确认的销售收入金额。

28. 第 28 行"2. 转回的销售未完工产品预计毛利额":第 1 列"税收金额"填报房地产企业销售的未完工产品,此前年度已按预计毛利额征收所得税,本年度结转为完工产品,会计核算确认为销售收入,转回原按税法规定预计计税毛利率计算的金额;第2列"纳税调整金额"等于第1列"税收金额"。

29. 第29行"3. 转回实际发生的营业税金及附加、土地增值税":填报房地产企业销售的未完工产品结转完工产品后,会计核算确认为销售收入,同时将对应实际发生的营业税金及附加、土地增值税转入当期损益的金额;第2列"纳税调整金额"等于第1列"税收金额"。

二、表内、表间关系

(一)表内关系

1. 第1行(视同销售(营业)收入)＝第2行(非货币性资产交换视同销售收入)＋第3行(用于市场推广或销售视同销售收入)＋第4行(用于交际应酬视同销售收入)＋第5行(用于职工奖励或福利视同销售收入)＋第6行(用于股息分配视同销售收入)＋第7行(用于对外捐赠视同销售收入)＋第8行(用于对外投资项目视同销售收入)＋第9行(提供劳务视同销售收入)＋第10行(其他)。

2. 第11行(视同销售(营业)成本)＝第12行(非货币性资产交换视同销售成本)＋第13行(用于市场推广或销售视同销售成本)＋第14行(用于交际应酬视同销售成本)＋第15行(用于职工奖励或福利视同销售成本)＋第16行(用于股息分配视同销售成本)＋第17行(用于对外捐赠视同销售成本)＋第18行(用于对外投资项目视同销售成本)＋第19行(提供劳务视同销售成本)＋第20行(其他)。

3. 第21行(房地产开发企业特定业务计算的纳税调整额)＝第22行(房地产企业销售未完工开发产品特定业务计算的纳税调整额)－第26行(房地产企业销售的未完工产品转完工产品特定业务计算的纳税调整额)。

4. 第22行(房地产企业销售未完工开发产品特定业务计算的纳税调整额)＝第24行(销售未完工产品预计毛利额)－第25行(实际发生的营业税金及附加、土地增值税)。

5. 第26行(房地产企业销售的未完工产品转完工产品特定业务计算的纳税调整额)＝第28行(转回的销售未完工产品预计毛利额)－第29行(转回实际发生的营业税金及附加、土地增值税)。

(二)表间关系

1. 第1行(视同销售(营业)收入)第1列(税收金额)＝表A105000《纳税调整项目明细表》第2行(视同销售收入)第2列(税收金额)。

2. 第1行(视同销售(营业)收入)第2列(纳税调整金额)＝表A105000《纳税调整项目明细表》第2行(视同销售收入)第3列(调增金额)。

3. 第11行(视同销售成本)第1列(税收金额)＝表A105000《纳税调整项目明细表》第13行(视同销售成本)第2列(税收金额)。

4. 第11行(视同销售成本)第2列(纳税调整金额)的绝对值＝表A105000《纳税调整项目明细表》第13行(视同销售成本)第4列(调减金额)。

5. 第21行(房地产开发企业特定业务计算的纳税调整额)第1列(税收金额)＝表A105000《纳税调整项目明细表》第39行(房地产开发企业特定业务计算的纳税调整额)第2列(税收金额)。

6. 第21行(房地产开发企业特定业务计算的纳税调整额)第2列(纳税调整金额),若≥0,填入表A105000《纳税调整项目明细表》第39行(房地产开发企业特定业务计算的纳税调整额)第 3 列(调增金额);若<0,将绝对值填入表 A105000《纳税调整项目明细表》第 39 行(房地产开发企业特定业务计算的纳税调整额)第 4 列(调减金额)。

三、填审要点提示

1. 对于视同销售业务的会计核算,一定存在会计核算与税法的差异。很多事项,如非货币性资产交换,以及将货物、财产、劳务用于捐赠、偿债、赞助、集资、广告、样品、职工福利或者利润分配等,由于不能够为企业产生利润,根据会计准则,这些都是成本费用事项,常见的会计分录是"借:××费用,贷:××资产",但这些事项根据税法规定,应该视同销售。也就是说,这些事项,是会计眼里的成本费用账,但税眼看来,既是成本费用账,还是收入账。视同销售的收入以及对应的视同销售成本应该由本明细表反映出来,再通过 A105000《纳税调整项目明细表》调整到主表。

2. 房地产开发企业特定业务计算的纳税调整额,由于房地产企业收取预收款根据税法已经达到了确认收入的条件,但预收款根据会计准则还没有实现收入,在会计核算时大多反映在往来账项里,这就必须进行调整这样一种时间性差异。

四、政策链接

政策链接之一:《中华人民共和国企业所得税法实施条例》。

第二十五条 企业发生非货币性资产交换,以及将货物、财产、劳务用于捐赠、偿债、赞助、集资、广告、样品、职工福利或者利润分配等用途的,应当视同销售货物、转让财产或者提供劳务,但国务院财政、税务主管部门另有规定的除外。

政策链接之二:《关于企业处置资产所得税处理问题的通知》(国税函[2008]828 号)。

根据《中华人民共和国企业所得税法实施条例》第二十五条规定,现就企业处置资产的所得税处理问题通知如下:

一、企业发生下列情形的处置资产,除将资产转移至境外以外,由于资产所有权属在形式和实质上均不发生改变,可作为内部处置资产,不视同销售确认收入,相关资产的计税基础延续计算。

(一)将资产用于生产、制造、加工另一产品;
(二)改变资产形状、结构或性能;
(三)改变资产用途(如自建商品房转为自用或经营);
(四)将资产在总机构及其分支机构之间转移;
(五)上述两种或两种以上情形的混合;
(六)其他不改变资产所有权属的用途。

二、企业将资产移送他人的下列情形,因资产所有权属已发生改变而不属于内部处置资产,应按规定视同销售确定收入。

(一)用于市场推广或销售;
(二)用于交际应酬;
(三)用于职工奖励或福利;
(四)用于股息分配;
(五)用于对外捐赠;
(六)其他改变资产所有权属的用途。

三、企业发生本通知第二条规定情形时,属于企业自制的资产,应按企业同类资产同期对外销售价格确定销售收入;属于外购的资产,可按购入时的价格确定销售收入。

四、本通知自2008年1月1日起执行。对2008年1月1日以前发生的处置资产,2008年1月1日以后尚未进行税务处理的,按本通知规定执行。

政策链接之三:国家税务总局关于印发《房地产开发经营业务企业所得税处理办法》的通知(国税发[2009]31号)。

为了加强从事房地产开发经营企业的企业所得税征收管理,规范从事房地产开发经营业务企业的纳税行为,根据《中华人民共和国企业所得税法》及其实施条例、《中华人民共和国税收征收管理法》及其实施细则等有关税收法律、行政法规的规定,结合房地产开发经营业务的特点,国家税务总局制定了《房地产开发经营业务企业所得税处理办法》,现印发给你们,请遵照执行。

第一章 总 则

第一条 根据《中华人民共和国企业所得税法》及其实施条例、《中华人民共和国税收征收管理法》及其实施细则等有关税收法律、行政法规的规定,制定本办法。

第二条 本办法适用于中国境内从事房地产开发经营业务的企业(以下简称企业)。

第三条 企业房地产开发经营业务包括土地的开发、建造、销售住宅、商业用房以及其他建筑物、附着物、配套设施等开发产品。除土地开发之外,其他开发产品符合下列条件之一的,应视为已经完工:

(一)开发产品竣工证明材料已报房地产管理部门备案。

(二)开发产品已开始投入使用。

(三)开发产品已取得初始产权证明。

第四条 企业出现《中华人民共和国税收征收管理法》第三十五条规定的情形,税务机关可对其以往应缴的企业所得税按核定征收方式进行征收管理,并逐步规范,同时按《中华人民共和国税收征收管理法》等税收法律、行政法规的规定进行处理,但不得事先确定企业的所得税按核定征收方式进行征收、管理。

第二章 收入的税务处理

第五条 开发产品销售收入的范围为销售开发产品过程中取得的全部价款,包括现金、现金等价物及其他经济利益。企业代有关部门、单位和企业收取的各种基金、费用和附加等,凡纳入开发产品价内或由企业开具发票的,应按规定全部确认为销售收入;未纳入开发产品价内并由企业之外的其他收取部门、单位开具发票的,可作为代收代缴款项进行管理。

第六条 企业通过正式签订《房地产销售合同》或《房地产预售合同》所取得的收入,应确认为销售收入的实现,具体按以下规定确认:

(一)采取一次性全额收款方式销售开发产品的,应于实际收讫价款或取得索取价款凭据(权利)之日,确认收入的实现。

(二)采取分期收款方式销售开发产品的,应按销售合同或协议约定的价款和付款日确认收入的实现。付款方提前付款的,在实际付款日确认收入的实现。

(三)采取银行按揭方式销售开发产品的,应按销售合同或协议约定的价款确定收入额,其首付款应于实际收到日确认收入的实现,余款在银行按揭贷款办理转账之日确认收入的实现。

（四）采取委托方式销售开发产品的,应按以下原则确认收入的实现:

1. 采取支付手续费方式委托销售开发产品的,应按销售合同或协议中约定的价款于收到受托方已销开发产品清单之日确认收入的实现。

2. 采取视同买断方式委托销售开发产品的,属于企业与购买方签订销售合同或协议,或企业、受托方、购买方三方共同签订销售合同或协议的,如果销售合同或协议中约定的价格高于买断价格,则应按销售合同或协议中约定的价格计算的价款于收到受托方已销开发产品清单之日确认收入的实现;如果属于前两种情况中销售合同或协议中约定的价格低于买断价格,以及属于受托方与购买方签订销售合同或协议的,则应按买断价格计算的价款于收到受托方已销开发产品清单之日确认收入的实现。

3. 采取基价(保底价)并实行超基价双方分成方式委托销售开发产品的,属于由企业与购买方签订销售合同或协议,或企业、受托方、购买方三方共同签订销售合同或协议的,如果销售合同或协议中约定的价格高于基价,则应按销售合同或协议中约定的价格计算的价款于收到受托方已销开发产品清单之日确认收入的实现,企业按规定支付受托方的分成额,不得直接从销售收入中减除;如果销售合同或协议约定的价格低于基价的,则应按基价计算的价款于收到受托方已销开发产品清单之日确认收入的实现。属于由受托方与购买方直接签订销售合同的,则应按基价加上按规定取得的分成额于收到受托方已销开发产品清单之日确认收入的实现。

4. 采取包销方式委托销售开发产品的,包销期内可根据包销合同的有关约定,参照上述1至3项规定确认收入的实现;包销期满后尚未出售的开发产品,企业应根据包销合同或协议约定的价款和付款方式确认收入的实现。

第七条 企业将开发产品用于捐赠、赞助、职工福利、奖励、对外投资、分配给股东或投资人、抵偿债务、换取其他企事业单位和个人的非货币性资产等行为,应视同销售,于开发产品所有权或使用权转移,或于实际取得利益权利时确认收入(或利润)的实现。确认收入(或利润)的方法和顺序为:

（一）按本企业近期或本年度最近月份同类开发产品市场销售价格确定;

（二）由主管税务机关参照当地同类开发产品市场公允价值确定;

（三）按开发产品的成本利润率确定,开发产品的成本利润率不得低于15%,具体比例由主管税务机关确定。

第八条 企业销售未完工开发产品的计税毛利率由各省、自治区、直辖市国家税务局、地方税务局按下列规定进行确定:

（一）开发项目位于省、自治区、直辖市和计划单列市人民政府所在地城区和郊区的,不得低于15%。

（二）开发项目位于地及地级市城区及郊区的,不得低于10%。

（三）开发项目位于其他地区的,不得低于5%。

（四）属于经济适用房、限价房和危改房的,不得低于3%。

第九条 企业销售未完工开发产品取得的收入,应先按预计计税毛利率分季(或月)计算出预计毛利额,计入当期应纳税所得额。开发产品完工后,企业应及时结算其计税成本并计算此前销售收入的实际毛利额,同时将其实际毛利额与其对应的预计毛利额之间的差额,计入当年度企业本项目与其他项目合并计算的应纳税所得额。

在年度纳税申报时,企业须出具对该项开发产品实际毛利额与预计毛利额之间差异调整情况的报告以及税务机关需要的其他相关资料。

第十条 企业新建的开发产品在尚未完工或办理房地产初始登记、取得产权证前,与承租人签订租赁预约协议的,自开发产品交付承租人使用之日起,出租方取得的预租价款按租金确认收入的实现。

第三章 成本、费用扣除的税务处理

第十一条 企业在进行成本、费用的核算与扣除时,必须按规定区分期间费用和开发产品计税成本、已销开发产品计税成本与未销开发产品计税成本。

第十二条 企业发生的期间费用、已销开发产品计税成本、营业税金及附加、土地增值税准予当期按规定扣除。

第十三条 开发产品计税成本的核算应按第四章的规定进行处理。

第十四条 已销开发产品的计税成本,按当期已实现销售的可售面积和可售面积单位工程成本确认。可售面积单位工程成本和已销开发产品的计税成本按下列公式计算确定:

可售面积单位工程成本=成本对象总成本÷成本对象总可售面积

已销开发产品的计税成本=已实现销售的可售面积×可售面积单位工程成本

第十五条 企业对尚未出售的已完工开发产品和按照有关法律、法规或合同规定对已售开发产品(包括共用部位、共用设施设备)进行日常维护、保养、修理等实际发生的维修费用,准予在当期据实扣除。

第十六条 企业将已计入销售收入的共用部位、共用设施设备维修基金按规定移交给有关部门、单位的,应于移交时扣除。

第十七条 企业在开发区内建造的会所、物业管理场所、电站、热力站、水厂、文体场馆、幼儿园等配套设施,按以下规定进行处理:

(一)属于非营利性且产权属于全体业主的,或无偿赠与地方政府、公用事业单位的,可将其视为公共配套设施,其建造费用按公共配套设施费的有关规定进行处理。

(二)属于营利性的,或产权归企业所有的,或未明确产权归属的,或无偿赠与地方政府、公用事业单位以外其他单位的,应当单独核算其成本。除企业自用应按建造固定资产进行处理外,其他一律按建造开发产品进行处理。

第十八条 企业在开发区内建造的邮电通讯、学校、医疗设施应单独核算成本,其中,由企业与国家有关业务管理部门、单位合资建设,完工后有偿移交的,国家有关业务管理部门、单位给予的经济补偿可直接抵扣该项目的建造成本,抵扣后的差额应调整当期应纳税所得额。

第十九条 企业采取银行按揭方式销售开发产品的,凡约定企业为购买方的按揭贷款提供担保的,其销售开发产品时向银行提供的保证金(担保金)不得从销售收入中减除,也不得作为费用在当期税前扣除,但实际发生损失时可据实扣除。

第二十条 企业委托境外机构销售开发产品的,其支付境外机构的销售费用(含佣金或手续费)不超过委托销售收入10%的部分,准予据实扣除。

第二十一条 企业的利息支出按以下规定进行处理:

(一)企业为建造开发产品借入资金而发生的符合税收规定的借款费用,可按企业会计准则的规定进行归集和分配,其中属于财务费用性质的借款费用,可直接在税前扣除。

(二)企业集团或其成员企业统一向金融机构借款分摊集团内部其他成员企业使用的,借入方凡能出具从金融机构取得借款的证明文件,可以在使用借款的企业间合理的分摊利息费用,使用借款的企业分摊的合理利息准予在税前扣除。

第二十二条　企业因国家无偿收回土地使用权而形成的损失,可作为财产损失按有关规定在税前扣除。

第二十三条　企业开发产品(以成本对象为计量单位)整体报废或毁损,其净损失按有关规定审核确认后准予在税前扣除。

第二十四条　企业开发产品转为自用的,其实际使用时间累计未超过12个月又销售的,不得在税前扣除折旧费用。

第四章　计税成本的核算

第二十五条　计税成本是指企业在开发、建造产品(包括固定资产,下同)过程中所发生的按照税收规定进行核算与计量的应归入某项成本对象的各项费用。

第二十六条　成本对象是指为归集和分配开发产品在开发、建造过程中的各项耗费而确定的费用承担项目。计税成本对象的确定原则如下:

(一)可否销售原则。开发产品能够对外经营销售的,应作为独立的计税成本对象进行成本核算;不能对外经营销售的,可先作为过渡性成本对象进行归集,然后再将其相关成本摊入能够对外经营销售的成本对象。

(二)分类归集原则。对同一开发地点、竣工时间相近、产品结构类型没有明显差异的群体开发的项目,可作为一个成本对象进行核算。

(三)功能区分原则。开发项目某组成部分相对独立,且具有不同使用功能时,可以作为独立的成本对象进行核算。

(四)定价差异原则。开发产品因其产品类型或功能不同等而导致其预期售价存在较大差异的,应分别作为成本对象进行核算。

(五)成本差异原则。开发产品因建筑上存在明显差异可能导致其建造成本出现较大差异的,要分别作为成本对象进行核算。

(六)权益区分原则。开发项目属于受托代建的或多方合作开发的,应结合上述原则分别划分成本对象进行核算。

成本对象由企业在开工之前合理确定,并报主管税务机关备案。成本对象一经确定,不能随意更改或相互混淆,如确需改变成本对象的,应征得主管税务机关同意。

第二十七条　开发产品计税成本支出的内容如下:

(一)土地征用费及拆迁补偿费。指为取得土地开发使用权(或开发权)而发生的各项费用,主要包括土地买价或出让金、大市政配套费、契税、耕地占用税、土地使用费、土地闲置费、土地变更用途和超面积补交的地价及相关税费、拆迁补偿支出、安置及动迁支出、回迁房建造支出、农作物补偿费、危房补偿费等。

(二)前期工程费。指项目开发前期发生的水文地质勘察、测绘、规划、设计、可行性研究、筹建、场地通平等前期费用。

(三)建筑安装工程费。指开发项目开发过程中发生的各项建筑安装费用。主要包括开发项目建筑工程费和开发项目安装工程费等。

(四)基础设施建设费。指开发项目在开发过程中所发生的各项基础设施支出,主要包括开发项目内道路、供水、供电、供气、排污、排洪、通讯、照明等社区管网工程费和环境卫生、园林绿化等园林环境工程费。

(五)公共配套设施费。指开发项目内发生的、独立的、非营利性的,且产权属于全体业主的,或无偿赠与地方政府、政府公用事业单位的公共配套设施支出。

(六)开发间接费。指企业为直接组织和管理开发项目所发生的,且不能将其归属于特定成本对象的成本费用性支出。主要包括管理人员工资、职工福利费、折旧费、修理费、办公费、水电费、劳动保护费、工程管理费、周转房摊销以及项目营销设施建造费等。

第二十八条　企业计税成本核算的一般程序如下:

(一)对当期实际发生的各项支出,按其性质、经济用途及发生的地点、时间进行整理、归类,并将其区分为应计入成本对象的成本和应在当期税前扣除的期间费用。同时还应按规定对有关预提费用和待摊费用进行计量与确认。

(二)对应计入成本对象中的各项实际支出、预提费用、待摊费用等合理的划分为直接成本、间接成本和共同成本,并按规定将其合理的归集、分配至已完工成本对象、在建成本对象和未建成本对象。

(三)对期前已完工成本对象应负担的成本费用按已销开发产品、未销开发产品和固定资产进行分配,其中应由已销开发产品负担的部分,在当期纳税申报时进行扣除,未销开发产品应负担的成本费用待其实际销售时再予扣除。

(四)将本期已完工成本对象分类为开发产品和固定资产并对其计税成本进行结算。其中属于开发产品的,应按可售面积计算其单位工程成本,据此再计算已销开发产品计税成本和未销开发产品计税成本。对本期已销开发产品的计税成本,准予在当期扣除,未销开发产品计税成本待其实际销售时再予扣除。

(五)对本期未完工和尚未建造的成本对象应当负担的成本费用,应分别建立明细台账,待开发产品完工后再予结算。

第二十九条　企业开发、建造的开发产品应按制造成本法进行计量与核算。其中,应计入开发产品成本中的费用属于直接成本和能够分清成本对象的间接成本,直接计入成本对象,共同成本和不能分清负担对象的间接成本,应按受益的原则和配比的原则分配至各成本对象。具体分配方法可按以下规定选择其一:

(一)占地面积法。指按已动工开发成本对象占地面积占开发用地总面积的比例进行分配。

1. 一次性开发的,按某一成本对象占地面积占全部成本对象占地总面积的比例进行分配。

2. 分期开发的,首先按本期全部成本对象占地面积占开发用地总面积的比例进行分配,然后按某一成本对象占地面积占期内全部成本对象占地总面积的比例进行分配。

期内全部成本对象应负担的占地面积为期内开发用地占地面积减除应由各期成本对象共同负担的占地面积。

(二)建筑面积法。指按已动工开发成本对象建筑面积占开发用地总建筑面积的比例进行分配。

1. 一次性开发的,按某一成本对象建筑面积占全部成本对象建筑面积的比例进行分配。

2. 分期开发的,首先按期内成本对象建筑面积占开发用地计划建筑面积的比例进行分配,然后按某一成本对象建筑面积占期内成本对象总建筑面积的比例进行分配。

(三)直接成本法。指按期内某一成本对象的直接开发成本占期内全部成本对象直接开发成本的比例进行分配。

(四)预算造价法。指按期内某一成本对象预算造价占期内全部成本对象预算造价的比例进行分配。

第三十条　企业下列成本应按以下方法进行分配：

(一)土地成本,一般按占地面积法进行分配。如果确需结合其他方法进行分配的,应经商税务机关同意。

土地开发同时连结房地产开发的,属于一次性取得土地分期开发房地产的情况,其土地开发成本经商税务机关同意后可先按土地整体预算成本进行分配,待土地整体开发完毕再行调整。

(二)单独作为过渡性成本对象核算的公共配套设施开发成本,应按建筑面积法进行分配。

(三)借款费用属于不同成本对象共同负担的,按直接成本法或按预算造价法进行分配。

(四)其他成本项目的分配法由企业自行确定。

第三十一条　企业以非货币交易方式取得土地使用权的,应按下列规定确定其成本：

(一)企业、单位以换取开发产品为目的,将土地使用权投资企业的,按下列规定进行处理：

1. 换取的开发产品如为该项土地开发、建造的,接受投资的企业在接受土地使用权时暂不确认其成本,待首次分出开发产品时,再按应分出开发产品(包括首次分出的和以后应分出的)的市场公允价值和土地使用权转移过程中应支付的相关税费计算确认该项土地使用权的成本。如涉及补价,土地使用权的取得成本还应加上应支付的补价款或减除应收到的补价款。

2. 换取的开发产品如为其他土地开发、建造的,接受投资的企业在投资交易发生时,按应付出开发产品市场公允价值和土地使用权转移过程中应支付的相关税费计算确认该项土地使用权的成本。如涉及补价,土地使用权的取得成本还应加上应支付的补价款或减除应收到的补价款。

(二)企业、单位以股权的形式,将土地使用权投资企业的,接受投资的企业应在投资交易发生时,按该项土地使用权的市场公允价值和土地使用权转移过程中应支付的相关税费计算确认该项土地使用权的取得成本。如涉及补价,土地使用权的取得成本还应加上应支付的补价款或减除应收到的补价款。

第三十二条　除以下几项预提(应付)费用外,计税成本均应为实际发生的成本。

(一)出包工程未最终办理结算而未取得全额发票的,在证明资料充分的前提下,其发票不足金额可以预提,但最高不得超过合同总金额的10%。

(二)公共配套设施尚未建造或尚未完工的,可按预算造价合理预提建造费用。此类公共配套设施必须符合已在售房合同、协议或广告、模型中明确承诺建造且不可撤销,或按照法律法规规定必须配套建造的条件。

(三)应向政府上交但尚未上交的报批报建费用、物业完善费用可以按规定预提。物业完善费用是指按规定应由企业承担的物业管理基金、公建维修基金或其他专项基金。

第三十三条　企业单独建造的停车场所,应作为成本对象单独核算。利用地下基础设施形成的停车场所,作为公共配套设施进行处理。

第三十四条　企业在结算计税成本时其实际发生的支出应当取得但未取得合法凭据的,不得计入计税成本,待实际取得合法凭据时,再按规定计入计税成本。

第三十五条　开发产品完工以后,企业可在完工年度企业所得税汇算清缴前选择确定计税成本核算的终止日,不得滞后。凡已完工开发产品在完工年度未按规定结算计税成本,主管税务机关有权确定或核定其计税成本,据此进行纳税调整,并按《中华人民共和国税收征收管理法》的有关规定对其进行处理。

第五章 特定事项的税务处理

第三十六条 企业以本企业为主体联合其他企业、单位、个人合作或合资开发房地产项目,且该项目未成立独立法人公司的,按下列规定进行处理:

(一)凡开发合同或协议中约定向投资各方(即合作、合资方,下同)分配开发产品的,企业在首次分配开发产品时,如该项目已经结算计税成本,其应分配给投资方开发产品的计税成本与其投资额之间的差额计入当期应纳税所得额;如未结算计税成本,则将投资方的投资额视同销售收入进行相关的税务处理。

(二)凡开发合同或协议中约定分配项目利润的,应按以下规定进行处理:

1. 企业应将该项目形成的营业利润额并入当期应纳税所得额统一申报缴纳企业所得税,不得在税前分配该项目的利润。同时不能因接受投资方投资额而在成本中摊销或在税前扣除相关的利息支出。

2. 投资方取得该项目的营业利润应视同股息、红利进行相关的税务处理。

第三十七条 企业以换取开发产品为目的,将土地使用权投资其他企业房地产开发项目的,按以下规定进行处理:

企业应在首次取得开发产品时,将其分解为转让土地使用权和购入开发产品两项经济业务进行所得税处理,并按应从该项目取得的开发产品(包括首次取得的和以后应取得的)的市场公允价值计算确认土地使用权转让所得或损失。

第六章 附 则

第三十八条 从事房地产开发经营业务的外商投资企业在2007年12月31日前存有销售未完工开发产品取得的收入,至该项开发产品完工后,一律按本办法第九条规定的进行税务处理。

第三十九条 本通知自2008年1月1日起执行。

第三节 《未按权责发生制确认收入纳税调整明细表》的填制与审核

一、表样及有关项目的填报说明

(一)表样

A105020

未按权责发生制确认收入纳税调整明细表

行次	项 目	合同金额(交易金额)	账载金额 本年	账载金额 累计	税收金额 本年	税收金额 累计	纳税调整金额
		1	2	3	4	5	6(4-2)
1	一、跨期收取的租金、利息、特许权使用费收入(2+3+4)						
2	(一)租金						
3	(二)利息						
4	(三)特许权使用费						

续表

行次	项　目	合同金额(交易金额)	账载金额 本年	账载金额 累计	税收金额 本年	税收金额 累计	纳税调整金额
		1	2	3	4	5	6(4-2)
5	二、分期确认收入(6+7+8)						
6	(一)分期收款方式销售货物收入						
7	(二)持续时间超过12个月的建造合同收入						
8	(三)其他分期确认收入						
9	三、政府补助递延收入(10+11+12)						
10	(一)与收益相关的政府补助						
11	(二)与资产相关的政府补助						
12	(三)其他						
13	四、其他未按权责发生制确认收入						
14	合计(1+5+9+13)						

(二)填报说明

本表适用于会计处理按权责发生制确认收入、税法规定未按权责发生制确认收入需纳税调整项目的纳税人填报。

1. 第1列"合同金额或交易金额":填报会计处理按照权责发生制确认收入、税法规定未按权责发生制确认收入的项目的合同总额或交易总额。

2. 第2列"账载金额—本年":填报纳税人会计处理按权责发生制在本期确认金额。

3. 第3列"账载金额—累计":填报纳税人会计处理按权责发生制历年累计确认金额。

4. 第4列"税收金额—本年":填报纳税人按税法规定未按权责发生制本期确认金额。

5. 第5列"税收金额—累计":填报纳税人按税法规定未按权责发生制历年累计确认金额。

6. 第6列"纳税调整金额":填报纳税人会计处理按权责发生制确认收入、税法规定未按权责发生制确认收入的差异需纳税调整金额,为第4列(税收金额—本年)－第2列(账载金额—本年)的余额。

二、表内、表间关系

(一)表内关系

1. 第1行(跨期收取的租金、利息、特许权使用费收入)＝第2行(租金)＋第3行(利息)＋第4行(特许权使用费)。

2. 第5行(分期确认收入)＝第6行(分期收款方式销售货物收入)＋第7行(持续时间超过12个月的建造合同收入)＋第8行(其他分期确认收入)。

3. 第9行(政府补助递延收入)＝第10行(与收益相关的政府补助)＋第11行(与资产相关的政府补助)＋第12行(其他)。

4. 第14行(合计)＝第1行(跨期收取的租金、利息、特许权使用费收入)＋第5行(分期确认收入)＋第9行(政府补助递延收入)＋第13行(其他未按权责发生制确认收入)。

5. 第6列(纳税调整金额)＝第4列(税收金额—本年)－第2列(账载金额—本年)。

(二)表间关系

1. 第14行(合计)第2列(账载金额—本年)＝A105000《纳税调整项目明细表》第3行(未按权责发生制原则确认的收入)第1列(账载金额)。

2. 第14行(合计)第4列(税收金额—本年)＝A105000《纳税调整项目明细表》第3行(未按权责发生制原则确认的收入)第2列(税收金额)。

3. 第14行(合计)第6列(纳税调整金额),若≥0,填入A105000《纳税调整项目明细表》第3行(未按权责发生制原则确认的收入)第3列(调增金额);若＜0,将绝对值填入表A105000《纳税调整项目明细表》第3行(未按权责发生制原则确认的收入)第4列(调减金额)。

三、填审要点提示

本明细表填写时必须如实填入已经入账的会计核算数据,同时应该对照税收政策计算填写税收金额。将纳税调整金额汇总归入A105000《纳税调整项目明细表》。因此,研究此表的重要前提是关注适用的税收政策法规。

四、政策链接

政策链接之一:《中华人民共和国企业所得税法》。

第六条 企业以货币形式和非货币形式从各种来源取得的收入,为收入总额。包括:

(一)销售货物收入;

(二)提供劳务收入;

(三)转让财产收入;

(四)股息、红利等权益性投资收益;

(五)利息收入;

(六)租金收入;

(七)特许权使用费收入;

(八)接受捐赠收入;

(九)其他收入。

第七条 收入总额中的下列收入为不征税收入:

(一)财政拨款;

(二)依法收取并纳入财政管理的行政事业性收费、政府性基金;

(三)国务院规定的其他不征税收入。

政策链接之二:《中华人民共和国企业所得税法实施条例》。

第九条 企业应纳税所得额的计算,以权责发生制为原则,属于当期的收入和费用,不论款项是否收付,均作为当期的收入和费用;不属于当期的收入和费用,即使款项已经在当期收付,均不作为当期的收入和费用。本条例和国务院财政、税务主管部门另有规定的除外。

第十二条 企业所得税法第六条所称企业取得收入的货币形式,包括现金、存款、应收账款、应收票据、准备持有至到期的债券投资以及债务的豁免等。

企业所得税法第六条所称企业取得收入的非货币形式,包括固定资产、生物资产、无形资产、股权投资、存货、不准备持有至到期的债券投资、劳务以及有关权益等。

第十三条 企业所得税法第六条所称企业以非货币形式取得的收入,应当按照公允价值确定收入额。

前款所称公允价值,是指按照市场价格确定的价值。

第十八条　企业所得税法第六条第(五)项所称利息收入,是指企业将资金提供他人使用但不构成权益性投资,或者因他人占用本企业资金取得的收入,包括存款利息、贷款利息、债券利息、欠款利息等收入。

利息收入,按照合同约定的债务人应付利息的日期确认收入的实现。

第十九条　企业所得税法第六条第(六)项所称租金收入,是指企业提供固定资产、包装物或者其他有形资产的使用权取得的收入。

租金收入,按照合同约定的承租人应付租金的日期确认收入的实现。

第二十条　企业所得税法第六条第(七)项所称特许权使用费收入,是指企业提供专利权、非专利技术、商标权、著作权以及其他特许权的使用权取得的收入。

特许权使用费收入,按照合同约定的特许权使用人应付特许权使用费的日期确认收入的实现。

第二十一条　企业所得税法第六条第(八)项所称接受捐赠收入,是指企业接受的来自其他企业、组织或者个人无偿给予的货币性资产、非货币性资产。

接受捐赠收入,按照实际收到捐赠资产的日期确认收入的实现。

第二十二条　企业所得税法第六条第(九)项所称其他收入,是指企业取得的除企业所得税法第六条第(一)项至第(八)项规定的收入外的其他收入,包括企业资产溢余收入、逾期未退包装物押金收入、确实无法偿付的应付款项、已作坏账损失处理后又收回的应收款项、债务重组收入、补贴收入、违约金收入、汇兑收益等。

第二十三条　企业的下列生产经营业务可以分期确认收入的实现:

(一)以分期收款方式销售货物的,按照合同约定的收款日期确认收入的实现;

(二)企业受托加工制造大型机械设备、船舶、飞机,以及从事建筑、安装、装配工程业务或者提供其他劳务等,持续时间超过12个月的,按照纳税年度内完工进度或者完成的工作量确认收入的实现。

第二十四条　采取产品分成方式取得收入的,按照企业分得产品的日期确认收入的实现,其收入额按照产品的公允价值确定。

第二十五条　企业发生非货币性资产交换,以及将货物、财产、劳务用于捐赠、偿债、赞助、集资、广告、样品、职工福利或者利润分配等用途的,应当视同销售货物、转让财产或者提供劳务,但国务院财政、税务主管部门另有规定的除外。

第二十六条　企业所得税法第七条第(一)项所称财政拨款,是指各级人民政府对纳入预算管理的事业单位、社会团体等组织拨付的财政资金,但国务院和国务院财政、税务主管部门另有规定的除外。

企业所得税法第七条第(二)项所称行政事业性收费,是指依照法律法规等有关规定,按照国务院规定程序批准,在实施社会公共管理,以及在向公民、法人或者其他组织提供特定公共服务过程中,向特定对象收取并纳入财政管理的费用。

企业所得税法第七条第(二)项所称政府性基金,是指企业依照法律、行政法规等有关规定,代政府收取的具有专项用途的财政资金。

企业所得税法第七条第(三)项所称国务院规定的其他不征税收入,是指企业取得的,由国务院财政、税务主管部门规定专项用途并经国务院批准的财政性资金。

政策链接之三：国家税务总局《关于贯彻落实企业所得税法若干税收问题的通知》(国税函[2010]79号)。

根据《中华人民共和国企业所得税法》(以下简称企业所得税法)和《中华人民共和国企业所得税法实施条例》(以下简称《实施条例》)的有关规定，现就贯彻落实企业所得税法过程中若干问题，通知如下：

一、关于租金收入确认问题

根据《实施条例》第十九条的规定，企业提供固定资产、包装物或者其他有形资产的使用权取得的租金收入，应按交易合同或协议规定的承租人应付租金的日期确认收入的实现。其中，如果交易合同或协议中规定租赁期限跨年度，且租金提前一次性支付的，根据《实施条例》第九条规定的收入与费用配比原则，出租人可对上述已确认的收入，在租赁期内，分期均匀计入相关年度收入。

出租方如为在我国境内设有机构场所，且采取据实申报缴纳企业所得的非居民企业，也按本条规定执行。

……

政策链接之四：国家税务总局《关于确认企业所得税收入若干问题的通知》(国税函[2008]875号)。

根据《中华人民共和国企业所得税法》及《中华人民共和国企业所得税法实施条例》规定的原则和精神，现对确认企业所得税收入的若干问题通知如下：

一、除企业所得税法及实施条例另有规定外，企业销售收入的确认，必须遵循权责发生制原则和实质重于形式原则。

(一)企业销售商品同时满足下列条件的，应确认收入的实现：

1. 商品销售合同已经签订，企业已将商品所有权相关的主要风险和报酬转移给购货方；

2. 企业对已售出的商品既没有保留通常与所有权相联系的继续管理权，也没有实施有效控制；

3. 收入的金额能够可靠地计量；

4. 已发生或将发生的销售方的成本能够可靠地核算。

(二)符合上款收入确认条件，采取下列商品销售方式的，应按以下规定确认收入实现时间：

1. 销售商品采用托收承付方式的，在办妥托收手续时确认收入。

2. 销售商品采取预收款方式的，在发出商品时确认收入。

3. 销售商品需要安装和检验的，在购买方接受商品以及安装和检验完毕时确认收入。如果安装程序比较简单，可在发出商品时确认收入。

4. 销售商品采用支付手续费方式委托代销的，在收到代销清单时确认收入。

二、企业在各个纳税期末，提供劳务交易的结果能够可靠估计的，应采用完工进度(完工百分比)法确认提供劳务收入。

(一)提供劳务交易的结果能够可靠估计，是指同时满足下列条件：

1. 收入的金额能够可靠地计量；

2. 交易的完工进度能够可靠地确定；

3. 交易中已发生和将发生的成本能够可靠地核算。

(二)企业提供劳务完工进度的确定，可选用下列方法：

1. 已完工作的测量;
2. 已提供劳务占劳务总量的比例;
3. 发生成本占总成本的比例。

(三)企业应按照从接受劳务方已收或应收的合同或协议价款确定劳务收入总额,根据纳税期末提供劳务收入总额乘以完工进度扣除以前纳税年度累计已确认提供劳务收入后的金额,确认为当期劳务收入;同时,按照提供劳务估计总成本乘以完工进度扣除以前纳税期间累计已确认劳务成本后的金额,结转为当期劳务成本。

(四)下列提供劳务满足收入确认条件的,应按规定确认收入:

1. 安装费。应根据安装完工进度确认收入。安装工作是商品销售附带条件的,安装费在确认商品销售实现时确认收入。

2. 宣传媒介的收费。应在相关的广告或商业行为出现于公众面前时确认收入。广告的制作费,应根据制作广告的完工进度确认收入。

3. 软件费。为特定客户开发软件的收费,应根据开发的完工进度确认收入。

4. 服务费。包含在商品售价内可区分的服务费,在提供服务的期间分期确认收入。

5. 艺术表演、招待宴会和其他特殊活动的收费。在相关活动发生时确认收入。收费涉及几项活动的,预收的款项应合理分配给每项活动,分别确认收入。

6. 会员费。申请入会或加入会员,只允许取得会籍,所有其他服务或商品都要另行收费的,在取得该会员费时确认收入。申请入会或加入会员后,会员在会员期内不再付费就可得到各种服务或商品,或者以低于非会员的价格销售商品或提供服务的,该会员费应在整个受益期内分期确认收入。

7. 特许权费。属于提供设备和其他有形资产的特许权费,在交付资产或转移资产所有权时确认收入;属于提供初始及后续服务的特许权费,在提供服务时确认收入。

8. 劳务费。长期为客户提供重复的劳务收取的劳务费,在相关劳务活动发生时确认收入。

第四节 《投资收益纳税调整明细表》的填制与审核

一、表样及有关项目填报说明

(一)表样

A105030

投资收益纳税调整明细表

行次	项目	持有收益			处置收益							纳税调整金额
		账载金额	税收金额	纳税调整金额	会计确认的处置收入	税收计算的处置收入	处置投资的账面价值	处置投资的计税基础	会计确认的处置所得或损失	税收计算的处置所得	纳税调整金额	纳税调整金额
		1	2	3 (2−1)	4	5	6	7	8 (4−6)	9 (5−7)	10 (9−8)	11 (3+10)
1	一、交易性金融资产											
2	二、可供出售金融资产											
3	三、持有至到期投资											
4	四、衍生工具											

续表

行次	项目	持有收益			处置收益							纳税调整金额
		账载金额	税收金额	纳税调整金额	会计确认的处置收入	税收计算的处置收入	处置投资的账面价值	处置投资的计税基础	会计确认的处置所得或损失	税收计算的处置所得	纳税调整金额	
		1	2	3 (2−1)	4	5	6	7	8 (4−6)	9 (5−7)	10 (9−8)	11 (3+10)
5	五、交易性金融负债											
6	六、长期股权投资											
7	七、短期投资											
8	八、长期债券投资											
9	九、其他											
10	合计(1+2+3+4+5+6+7+8+9)											

(二)填报说明

本表适用于发生投资收益纳税调整项目的纳税人填报。纳税人根据税法、《国家税务总局〈关于贯彻落实企业所得税法若干税收问题〉的通知》(国税函[2010]79号)等相关规定,以及国家统一企业会计制度,填报投资收益的会计处理、税法规定,以及纳税调整情况。发生持有期间投资收益,并按税法规定为减免税收入的(如国债利息收入等),本表不作调整。处置投资项目按税法规定确认为损失的,本表不作调整,在《资产损失税前扣除及纳税调整明细表》(A105090)进行纳税调整。

1. 第1列"账载金额":填报纳税人持有投资项目,会计核算确认的投资收益。

2. 第2列"税收金额":填报纳税人持有投资项目,按照税法规定确认的投资收益。

3. 第3列"纳税调整金额":填报纳税人持有投资项目,会计核算确认投资收益与税法规定投资收益的差异需纳税调整金额,为第2列(税收金额)−第1列(账载金额)的余额。

4. 第4列"会计确认的处置收入":填报纳税人收回、转让或清算处置投资项目,会计核算确认的扣除相关税费后的处置收入金额。

5. 第5列"税收计算的处置收入":填报纳税人收回、转让或清算处置投资项目,按照税法规定计算的扣除相关税费后的处置收入金额。

6. 第6列"处置投资的账面价值":填报纳税人收回、转让或清算处置的投资项目,会计核算的投资处置成本的金额。

7. 第7列"处置投资的计税基础":填报纳税人收回、转让或清算处置的投资项目,按税法规定计算的投资处置成本的金额。

8. 第8列"会计确认的处置所得或损失":填报纳税人收回、转让或清算处置投资项目,会计核算确认的处置所得或损失,为第4列(会计确认的处置收入)−第6列(处置投资的账面价值)的余额。

9. 第9列"税收计算的处置所得":填报纳税人收回、转让或清算处置投资项目,按照税法规定计算的处置所得,为第5列(税收计算的处置收入)−第7列(处置投资的计税基础)的余额,税收计算为处置损失的,本表不作调整,在《资产损失税前扣除及纳税调整明细表》(A105090)进行纳税调整。

10. 第10列"纳税调整金额":填报纳税人收回、转让或清算处置投资项目,会计处理与税法规定不一致需纳税调整金额,为第9列(税收计算的处置所得)－第8列(会计确认的处置所得或损失)的余额。

11. 第11列"纳税调整金额":填报第3列(纳税调整金额)＋第10列(纳税调整金额)金额。

二、表内、表间关系

(一)表内关系

1. 第10行(合计)＝第1行(交易性金融资产)＋第2行(可供出售金融资产)＋第3行(持有至到期投资)＋第4行(衍生工具)＋第5行(交易性金融负债)＋第6行(长期股权投资)＋第7行(短期投资)＋第8行(长期债券投资)＋第9行(其他)。

2. 第3列(纳税调整金额)＝第2列(税收金额)－第1列(账载金额)。

3. 第8列(会计确认的处置所得或损失)＝第4列(会计确认的处置收入)－第6列(处置投资的账面价值)。

4. 第9列(税收计算的处置所得)＝第5列(税收计算的处置收入)－第7列(处置投资的计税基础)。

5. 第10列(纳税调整金额)＝第9列(税收计算的处置所得)－第8列(会计确认的处置所得或损失)。

6. 第11列(纳税调整金额)＝第3列(纳税调整金额)＋第10列(纳税调整金额)。

(二)表间关系

1. 第10行(合计)第1列(账载金额)＋第8列(会计确认的处置所得或损失)＝A105000《纳税调整项目明细表》第4行(投资收益)第1列(账载金额)。

2. 第10行(合计)第2列(税收金额)＋第9列(税收计算的处置所得)＝A105000《纳税调整项目明细表》第4行(投资收益)第2列(税收金额)。

3. 第10行(合计)第11列(纳税调整金额),若≥0,填入A105000《纳税调整项目明细表》第4行(投资收益)第3列(调增金额);若＜0,将绝对值填入A105000第4行(投资收益)第4列(调减金额)。

三、填审要点提示

这张表专门反映投资收益调整项目。投资类别包括交易性金融资产、可供出售金融资产、持有至到期投资、衍生工具、交易性金融负债、长期股权投资、短期投资、长期债券投资等。投资收益包括持有收益和处置收益。要关注会计核算与税法对投资收益在时间、金额确定方面的差异。

特别注意:如果按税法规定计算的投资处置发生了损失,不在这张表反映,应填入资产损失A105090表。

四、政策链接

政策链接之一:《中华人民共和国企业所得税法》。

第六条　企业以货币形式和非货币形式从各种来源取得的收入,为收入总额。包括:

(一)销售货物收入;

(二)提供劳务收入;

(三)转让财产收入;

（四）股息、红利等权益性投资收益；
（五）利息收入；
（六）租金收入；
（七）特许权使用费收入；
（八）接受捐赠收入；
（九）其他收入。

第十四条　企业对外投资期间，投资资产的成本在计算应纳税所得额时不得扣除。

第十五条　企业使用或者销售存货，按照规定计算的存货成本，准予在计算应纳税所得额时扣除。

第十六条　企业转让资产，该项资产的净值，准予在计算应纳税所得额时扣除。

政策链接之二：《中华人民共和国企业所得税法实施条例》。

第十六条　企业所得税法第六条第（三）项所称转让财产收入，是指企业转让固定资产、生物资产、无形资产、股权、债权等财产取得的收入。

第十七条　企业所得税法第六条第（四）项所称股息、红利等权益性投资收益，是指企业因权益性投资从被投资方取得的收入。股息、红利等权益性投资收益，除国务院财政、税务主管部门另有规定外，按照被投资方作出利润分配决定的日期确认收入的实现。

第十八条　企业所得税法第六条第（五）项所称利息收入，是指企业将资金提供他人使用但不构成权益性投资，或者因他人占用本企业资金取得的收入，包括存款利息、贷款利息、债券利息、欠款利息等收入。

利息收入，按照合同约定的债务人应付利息的日期确认收入的实现。

政策链接之三：国家税务总局《关于贯彻落实企业所得税法若干税收问题的通知》（国税函〔2010〕79号）。

根据《中华人民共和国企业所得税法》（以下简称企业所得税法）和《中华人民共和国企业所得税法实施条例》（以下简称《实施条例》）的有关规定，现就贯彻落实企业所得税法过程中若干问题，通知如下：

……

二、关于债务重组收入确认问题

企业发生债务重组，应在债务重组合同或协议生效时确认收入的实现。

三、关于股权转让所得确认和计算问题

企业转让股权收入，应于转让协议生效且完成股权变更手续时，确认收入的实现。转让股权收入扣除为取得该股权所发生的成本后，为股权转让所得。企业在计算股权转让所得时，不得扣除被投资企业未分配利润等股东留存收益中按该项股权所可能分配的金额。

四、关于股息、红利等权益性投资收益收入确认问题

企业权益性投资取得股息、红利等收入，应以被投资企业股东会或股东大会作出利润分配或转股决定的日期，确定收入的实现。

被投资企业将股权（票）溢价所形成的资本公积转为股本的，不作为投资方企业的股息、红利收入，投资方企业也不得增加该项长期投资的计税基础。

第五节 《专项用途财政性资金纳税调整明细表》的填制与审核

一、表样及有关项目的填报说明

（一）表样

A105040

专项用途财政性资金纳税调整明细表

行次	项目	取得年度	财政性资金	其中:符合不征税收入条件的财政性资金		以前年度支出情况					本年支出情况		本年结余情况	
				金额	其中:计入本年损益的金额	前五年度	前四年度	前三年度	前二年度	前一年度	支出金额	其中:费用化支出金额	结余金额	其中:上缴财政金额	应计入本年应税收入金额
		1	2	3	4	5	6	7	8	9	10	11	12	13	14
1	前五年度														
2	前四年度					*									
3	前三年度					*	*								
4	前二年度					*	*	*							
5	前一年度					*	*	*	*						
6	本年					*	*	*	*	*					
7	合计(1+2+3+4+5+6)	*				*	*	*	*						

（二）填报说明

本表适用于发生符合不征税收入条件的专项用途财政性资金纳税调整项目的纳税人填报。纳税人根据税法、《财政部国家税务总局关于专项用途财政性资金企业所得税处理问题的通知》（财税〔2011〕70号）等相关规定，以及国家统一企业会计制度，填报纳税人专项用途财政性资金会计处理、税法规定，以及纳税调整情况。本表对不征税收入用于支出形成的费用进行调整，资本化支出，通过《资产折旧、摊销情况及纳税调整明细表》（A105080）进行纳税调整。

1. 第1列"取得年度"：填报取得专项用途财政性资金的公历年度。第5行至第1行依次从第6行往前倒推，第6行为申报年度。

2. 第2列"财政性资金"：填报纳税人相应年度实际取得的财政性资金金额。

3. 第3列"其中:符合不征税收入条件的财政性资金"：填报纳税人相应年度实际取得的符合不征税收入条件且已作不征税收入处理的财政性资金金额。

4. 第4列"其中:计入本年损益的金额"：填报第3列"其中:符合不征税收入条件的财政性资金"中，会计处理时计入本年（申报年度）损益的金额。本列第7行金额为《纳税调整项目明细表》（A105000）第9行"其中：专项用途财政性资金"的第4列"调减金额"。

5. 第5列至第9列"以前年度支出情况"：填报纳税人作为不征税收入处理的符合条件的财政性资金在申报年度以前5个纳税年度发生的支出金额。前一年度，填报本年的上一纳税年度，以此类推。

6. 第10列"支出金额":填报纳税人历年作为不征税收入处理的符合条件的财政性资金,在本年(申报年度)用于支出的金额。

7. 第11列"其中:费用化支出金额":填报纳税人历年作为不征税收入处理的符合条件的财政性资金在本年(申报年度)用于支出计入本年损益的费用金额。本列第7行金额为《纳税调整项目明细表》(A105000)第25行"其中:专项用途财政性资金用于支出所形成的费用"的第3列"调增金额"。

8. 第12列"结余金额":填报纳税人历年作为不征税收入处理的符合条件的财政性资金,减除历年累计支出(包括费用化支出和资本性支出)后尚未使用的不征税收入余额。

9. 第13列"其中:上缴财政金额":填报第12列"结余金额"中向财政部门或其他拨付资金的政府部门缴回的金额。

10. 第14列"应计入本年应税收入金额":填报企业以前年度取得财政性资金且已作不征税收入处理后,在5年(60个月)内未发生支出且未缴回财政部门或其他拨付资金的政府部门,应计入本年应税收入的金额。本列第7行金额为《纳税调整项目明细表》(A105000)第9行"其中:专项用途财政性资金"的第3列"调增金额"。

二、表内、表间关系

(一)表内关系

1. 第1行(前五年度)第12列(结余金额)=第1行(前五年度)第3列(符合不征税收入条件的财政性资金)-第5列(前五年度)-第6列(前四年度)-第7列(前三年度)-第8列(前二年度)-第9列(前一年度)-第10列(支出金额)。

2. 第2行(前四年度)第12列(结余金额)=第2行(前四年度)第3列(符合不征税收入条件的财政性资金)-第6列(前四年度)-第7列(前三年度)-第8列(前二年度)-第9列(前一年度)-第10列(支出金额)。

3. 第3行(前三年度)第12列(结余金额)=第3行(前三年度)第3列(符合不征税收入条件的财政性资金)-第7列(前三年度)-第8列(前二年度)-第9列(前一年度)-第10列(支出金额)。

4. 第4行(前二年度)第12列(结余金额)=第3行(前三年度)第3列(符合不征税收入条件的财政性资金)-第8列(前二年度)-第9列(前一年度)-第10列(支出金额)。

5. 第5行(前一年度)第12列(结余金额)=第3行(前三年度)第3列(符合不征税收入条件的财政性资金)-第9列(前一年度)-第10列(支出金额)。

6. 第6行(本年)第12列(结余金额)=第6行(本年)第3列(符合不征税收入条件的财政性资金)-第10列(支出金额)。

7. 第7行(合计)=第1行(前五年度)+第2行(前四年度)+第3行(前三年度)+第4行(前二年度)+第5行(前一年度)+第6行(本年)。

(二)表间关系

1. 第7行(合计)第4列(计入本年损益的金额)=表A105000第9行(专项用途财政性资金)第4列(调减金额)。

2. 第7行(合计)第11列(费用化支出-账载金额)=表A105000第25行(专项用途财政性资金用于支出所形成的费用)第3列(调增金额)。

3. 第7行(合计)第14列(应计入本年应税收入金额)=表A105000第9行(专项用途财

政性资金)第 3 列(调增金额)。

三、填审要点提示

《专项用途财政性资金纳税调整明细表》是根据税法规定,企业取得专项用途财政性资金在 5 年(60 个月)内未发生支出且未缴回财政部门或其他拨付资金的政府部门的部分,应计入取得该资金第六年的应税收入总额,因此,根据项目设计前五年以及本年度取得、支出以及结余情况,不仅是年度申报明细表,还是一张项目明细表,全景反映了企业专项用途财政性资金收支情况。填审的关键是核对批文、合同等要件,核对前五年核算资料。关注本表与表 A105000 第 9 行(专项用途财政性资金)的勾稽关系。

四、政策链接

政策链接之一:《中华人民共和国企业所得税法》。

第五条 企业每一纳税年度的收入总额,减除不征税收入、免税收入、各项扣除以及允许弥补的以前年度亏损后的余额,为应纳税所得额。

第七条 收入总额中的下列收入为不征税收入:
(一)财政拨款;
(二)依法收取并纳入财政管理的行政事业性收费、政府性基金;
(三)国务院规定的其他不征税收入。

政策链接之二:《中华人民共和国企业所得税法实施条例》。

第二十六条 企业所得税法第七条第(一)项所称财政拨款,是指各级人民政府对纳入预算管理的事业单位、社会团体等组织拨付的财政资金,但国务院和国务院财政、税务主管部门另有规定的除外。

企业所得税法第七条第(二)项所称行政事业性收费,是指依照法律法规等有关规定,按照国务院规定程序批准,在实施社会公共管理,以及在向公民、法人或者其他组织提供特定公共服务过程中,向特定对象收取并纳入财政管理的费用。

企业所得税法第七条第(二)项所称政府性基金,是指企业依照法律、行政法规等有关规定,代政府收取的具有专项用途的财政资金。

企业所得税法第七条第(三)项所称国务院规定的其他不征税收入,是指企业取得的,由国务院财政、税务主管部门规定专项用途并经国务院批准的财政性资金。

政策链接之三:财政部 国家税务总局《关于专项用途财政性资金企业所得税处理问题的通知》(财税[2011]70 号)。

根据《中华人民共和国企业所得税法》及《中华人民共和国企业所得税法实施条例》(国务院令第 512 号,以下简称实施条例)的有关规定,经国务院批准,现就企业取得的专项用途财政性资金企业所得税处理问题通知如下:

一、企业从县级以上各级人民政府财政部门及其他部门取得的应计入收入总额的财政性资金,凡同时符合以下条件的,可以作为不征税收入,在计算应纳税所得额时从收入总额中减除:
(一)企业能够提供规定资金专项用途的资金拨付文件;
(二)财政部门或其他拨付资金的政府部门对该资金有专门的资金管理办法或具体管理要求;

（三）企业对该资金以及以该资金发生的支出单独进行核算。

二、根据实施条例第二十八条的规定，上述不征税收入用于支出所形成的费用，不得在计算应纳税所得额时扣除；用于支出所形成的资产，其计算的折旧、摊销不得在计算应纳税所得额时扣除。

三、企业将符合本通知第一条规定条件的财政性资金作不征税收入处理后，在5年（60个月）内未发生支出且未缴回财政部门或其他拨付资金的政府部门的部分，应计入取得该资金第六年的应税收入总额；计入应税收入总额的财政性资金发生的支出，允许在计算应纳税所得额时扣除。

四、本通知自2011年1月1日起执行。

五、案例

资料：2014年获科研补贴680 000元，2013年获环保专项补贴500 000元，购置专用设备，2014年度对该专用设备计提折旧50 000元。

要求：填审相关明细表。

A105040

专项用途财政性资金纳税调整明细表

行次	项目	取得年度	财政性资金	其中：符合不征税收入条件的财政性资金		以前年度支出情况					本年支出情况		本年结余情况		应计入本年应税收入金额
				金额	其中：计入本年损益的金额	前五年度	前四年度	前三年度	前二年度	前一年度	支出金额	其中：费用化支出金额	结余金额	其中：上缴财政金额	
		1	2	3	4	5	6	7	8	9	10	11	12	13	14
1	前五年度														
2	前四年度					*									
3	前三年度					*	*								
4	前二年度					*	*	*							
5	前一年度	2013	500 000	500 000	500 000					*	50 000		450 000		
6	本　年	2014	680 000	680 000	680 000					*			680 000		
7	合计(1+2+3+4+5+6)	*				*	*	*	*	*			1 130 000		50 000

A105000

纳税调整项目明细表

行次	项　　目	账载金额	税收金额	调增金额	调减金额
		1	2	3	4
1	一、收入类调整项目(2+3+4+5+6+7+8+10+11)	*	*		
7	（六）公允价值变动净损益		*		
8	（七）不征税收入	*	*		680 000
9	其中：专项用途财政性资金（填写A105040）	*	*		680 000
10	（八）销售折扣、折让和退回				

续表

行次	项 目	账载金额 1	税收金额 2	调增金额 3	调减金额 4
11	（九）其他				
12	二、扣除类调整项目(13＋14＋15＋16＋17＋18＋19＋20＋21＋22＋23＋24＋26＋27＋28＋29)	＊	＊		
24	（十二）不征税收入用于支出所形成的费用	＊	＊	50 000	＊
25	其中：专项用途财政性资金用于支出所形成的费用(填写 A105040)	＊	＊	50 000	＊
30	三、资产类调整项目(31＋32＋33＋34)	＊	＊		
35	四、特殊事项调整项目(36＋37＋38＋39＋40)	＊	＊		
36	（一）企业重组(填写 A105100)				
37	（二）政策性搬迁(填写 A105110)	＊	＊		
38	（三）特殊行业准备金(填写 A105120)				
39	（四）房地产开发企业特定业务计算的纳税调整额(填写 A105010)	＊			
40	（五）其他	＊	＊		
41	五、特别纳税调整应税所得	＊	＊		＊
42	六、其他	＊	＊		
43	合计(1＋12＋30＋35＋41＋42)	＊	＊	50 000	680 000

第六节 《职工薪酬纳税调整明细表》的填制与审核

一、表样及有关项目的填报说明

（一）表样

A105050

职工薪酬纳税调整明细表

行次	项 目	账载金额	税收规定扣除率	以前年度累计结转扣除额	税收金额	纳税调整金额	累计结转以后年度扣除额
		1	2	3	4	5(1－4)	6(1＋3－4)
1	一、工资薪金支出		＊	＊			＊
2	其中：股权激励		＊	＊			＊
3	二、职工福利费支出			＊			＊
4	三、职工教育经费支出		＊				
5	其中：按税收规定比例扣除的职工教育经费						
6	按税收规定全额扣除的职工培训费用			＊			＊
7	四、工会经费支出			＊			＊

续表

行次	项目	账载金额	税收规定扣除率	以前年度累计结转扣除额	税收金额	纳税调整金额	累计结转以后年度扣除额
		1	2	3	4	5(1－4)	6(1+3－4)
8	五、各类基本社会保障性缴款		*	*			*
9	六、住房公积金		*	*			*
10	七、补充养老保险			*			*
11	八、补充医疗保险			*			*
12	九、其他		*				
13	合计(1+3+4+7+8+9+10+11+12)		*				

(二)填报说明

本表适用于发生职工薪酬纳税调整项目的纳税人填报。

1. 第1行"一、工资薪金支出"：第1列"账载金额"填报纳税人会计核算计入成本费用的职工工资、奖金、津贴和补贴金额；第4列"税收金额"填报按照税法规定允许税前扣除的金额；第5列"纳税调整金额"为第1列(账载金额)－第4列(税收金额)的余额。

2. 第2行"其中:股权激励"：第1列"账载金额"填报纳税人按照国家有关规定建立职工股权激励计划,会计核算计入成本费用的金额；第4列"税收金额"填报行权时按照税法规定允许税前扣除的金额；第5列"纳税调整金额"为第1列(账载金额)－第4列(税收金额)的余额。

3. 第3行"二、职工福利费支出"：第1列"账载金额"填报纳税人会计核算计入成本费用的职工福利费的金额；第2列"税收规定扣除率"填报税法规定的扣除比例(14%)；第4列"税收金额"填报按照税法规定允许税前扣除的金额,按第1行第4列"工资薪金支出－税收金额"×14%的孰小值填报；第5列"纳税调整金额"为第1列(账载金额)－第4列(税收金额)的余额。

4. 第4行"三、职工教育经费支出"：根据第5行(按税收规定比例扣除的职工教育经费)或者第5行(按税收规定比例扣除的职工教育经费)＋第6行(按税收规定全额扣除的职工培训费用)之和填报。

5. 第5行"其中:按税收规定比例扣除的职工教育经费"：适用于按照税法规定职工教育经费按比例税前扣除的纳税人填报。第1列"账载金额"填报纳税人会计核算计入成本费用的金额,不包括第6行"可全额扣除的职工培训费用金额"；第2列"税收规定扣除率"填报税法规定的扣除比例；第3列"以前年度累计结转扣除额"填报以前年度累计结转准予扣除的职工教育经费支出余额；第4列"税收金额"填报按照税法规定允许税前扣除的金额,按第1行第4列"工资薪金支出－税收金额"×扣除比例与本行第1+3列之和的孰小值填报；第5列"纳税调整金额",为第1－4列的余额；第6列"累计结转以后年度扣除额"为第1列(账载金额)＋第3列(以前年度累计结转扣除额)－第4列(税收金额)的金额。

6. 第6行"其中:按税收规定全额扣除的职工培训费用"：适用于按照税法规定职工培训费用允许全额税前扣除的纳税人填报。第1列"账载金额"填报纳税人会计核算计入成本费用,且按税法规定允许全额扣除的职工培训费用金额；第2列"税收规定扣除率"填报税法规定的扣除比例(100%)；第4列"税收金额"填报按照税法规定允许税前扣除的金额；第5列"纳税调整金额"为第 1 列(账载金额)－第 4 列(税收金额)的余额。

7. 第 7 行"四、工会经费支出"：第 1 列"账载金额"填报纳税人会计核算计入成本费用的工会经费支出金额；第 2 列"税收规定扣除率"填报税法规定的扣除比例(2％)；第 4 列"税收金额"填报按照税法规定允许税前扣除的金额，按第 1 行第 4 列"工资薪金支出－税收金额"×2％与本行第 1 列的孰小值填报；第 5 列"纳税调整金额"为第 1 列(账载金额)－第 4 列(税收金额)的余额。

8. 第 8 行"五、各类基本社会保障性缴款"：第 1 列"账载金额"填报纳税人会计核算的各类基本社会保障性缴款的金额；第 4 列"税收金额"填报按照税法规定允许税前扣除的各类基本社会保障性缴款的金额；第 5 列"纳税调整金额"为第 1 列(账载金额)－第 4 列(税收金额)的余额。

9. 第 9 行"六、住房公积金"：第 1 列"账载金额"填报纳税人会计核算的住房公积金金额；第 4 列"税收金额"填报按照税法规定允许税前扣除的住房公积金金额；第 5 列"纳税调整金额"为第 1 列(账载金额)－第 4 列(税收金额)的余额。

10. 第 10 行"七、补充养老保险"：第 1 列"账载金额"填报纳税人会计核算的补充养老保险金额；第 4 列"税收金额"填报按照税法规定允许税前扣除的补充养老保险的金额，按第 1 行第 4 列"工资薪金支出－税收金额"×5％与本行第 1 列的孰小值填报；第 5 列"纳税调整金额"为第 1 列(账载金额)－第 4 列(税收金额)的余额。

11. 第 11 行"八、补充医疗保险"：第 1 列"账载金额"填报纳税人会计核算的补充医疗保险金额；第 4 列"税收金额"填报按照税法规定允许税前扣除的金额，按第 1 行第 4 列"工资薪金支出－税收金额"×5％与本行第 1 列的孰小值填报；第 5 列"纳税调整金额"为第 1 列(账载金额)－第 4 列(税收金额)的余额。

12. 第 12 行"九、其他"：填报其他职工薪酬支出会计处理、税法规定情况及纳税调整金额。

13. 第 13 行"合计"：填报第 1 行(工资薪金支出)＋第 3 行(职工福利费支出)＋第 4 行(职工教育经费支出)＋第 7 行(公会经费支出)＋第 8 行(各类基本社会保障性缴款)＋第 9 行(住房公积金)＋第 10 行(补充养老保险)＋第 11 行(补充医疗保险)＋第 12 行(其他)的金额。

二、表内、表间关系

(一)表内关系

1. 第 4 行(职工教育经费支出)＝第 5 行(按税收规定比例扣除的职工教育经费)或第 5 行(按税收规定比例扣除的职工教育经费)＋第 6 行(按税收规定全额扣除的职工培训费用)。

2. 第 13 行(合计)＝第 1 行(工资薪金支出)＋第 3 行(职工福利费支出)＋第 4 行(职工教育经费支出)＋第 7 行(工会经费支出)＋第 8 行(各类基本社会保障性缴款)＋第 9 行(住房公积金)＋第 10 行(补充养老保险)＋第 11 行(补充医疗保险)＋第 12 行(其他)。

3. 第 5 列(纳税调整金额)＝第 1 列(账载金额)－第 4 列(税收金额)。

4. 第 6 列(累计结转以后年度扣除额)＝第 1 列(账载金额)＋第 3 列(以前年度累计结转扣除额)－第 4 列(税收金额)。

(二)表间关系

1. 第 13 行(各类基本社会保障性缴款)第 1 列(账载金额)＝表 A105000《纳税调整项目明细表》第 14 行(职工薪酬)第 1 列(账载金额)。

2. 第13行(各类基本社会保障性缴款)第4列(税收金额)＝表A105000《纳税调整项目明细表》第14行(职工薪酬)第2列(税收金额)。

3. 第13行(各类基本社会保障性缴款)第5列(纳税调整金额),若≥0,填入表A105000第14行(职工薪酬)第3列(调增金额);若＜0,将其绝对值填入表A105000《纳税调整项目明细表》第14行(职工薪酬)第4列(调减金额)。

三、填审要点提示

职工薪酬是每个企业的重要成本费用项目。2008年新企业所得税法颁布,工资据实列支,"五险一金三费"限比例列支。因此,填审此表的关键是:一要据实;二要关注勾稽关系,不仅是表内、表间关系,还应该注意企业所得税与个人所得税的关系。对于一些特殊项目、企业以及人员群体,就工资薪酬方面存在着一些优惠,也应该充分关注。

特别关注:第2行"股权激励"账载金额只填报会计核算计入成本费用的金额。第4行"职业教育经费"扣除率要依据特定行业政策,全额扣除的填100%,不再向以后年度结转。第11行"补充医疗保险"第4列"税收金额"填列按第1行第4列×5%与第11行第1列孰小值填报。

例,某企业2014年工资薪金支出500万元,会计列支"补充医疗保险"35万元,则第11行第4列填写金额为25万元。

四、政策链接

政策链接之一:《中华人民共和国企业所得税法实施条例》。

第三十四条　企业发生的合理的工资薪金支出,准予扣除。

前款所称工资薪金,是指企业每一纳税年度支付给在本企业任职或者受雇的员工的所有现金形式或者非现金形式的劳动报酬,包括基本工资、奖金、津贴、补贴、年终加薪、加班工资,以及与员工任职或者受雇有关的其他支出。

第三十五条　企业依照国务院有关主管部门或者省级人民政府规定的范围和标准为职工缴纳的基本养老保险费、基本医疗保险费、失业保险费、工伤保险费、生育保险费等基本社会保险费和住房公积金,准予扣除。

企业为投资者或者职工支付的补充养老保险费、补充医疗保险费,在国务院财政、税务主管部门规定的范围和标准内,准予扣除。

第三十六条　除企业依照国家有关规定为特殊工种职工支付的人身安全保险费和国务院财政、税务主管部门规定可以扣除的其他商业保险费外,企业为投资者或者职工支付的商业保险费,不得扣除。

第四十条　企业发生的职工福利费支出,不超过工资、薪金总额14%的部分,准予扣除。

第四十一条　企业拨缴的工会经费,不超过工资、薪金总额2%的部分,准予扣除。

第四十二条　除国务院财政、税务主管部门另有规定外,企业发生的职工教育经费支出,不超过工资、薪金总额2.5%的部分,准予扣除;超过部分,准予在以后纳税年度结转扣除。

政策链接之二:国家税务总局《关于企业工资薪金及职工福利费扣除问题的通知》(国税函[2009]3号)。

为有效贯彻落实《中华人民共和国企业所得税法实施条例》(以下简称《实施条例》),现就企业工资薪金和职工福利费扣除有关问题通知如下:

一、关于合理工资薪金问题

《实施条例》第三十四条所称的"合理工资薪金",是指企业按照股东大会、董事会、薪酬委员会或相关管理机构制定的工资薪金制度规定实际发放给员工的工资薪金。税务机关在对工资薪金进行合理性确认时,可按以下原则掌握:

(一)企业制定了较为规范的员工工资薪金制度;

(二)企业所制定的工资薪金制度符合行业及地区水平;

(三)企业在一定时期所发放的工资薪金是相对固定的,工资薪金的调整是有序进行的;

(四)企业对实际发放的工资薪金,已依法履行了代扣代缴个人所得税义务;

(五)有关工资薪金的安排,不以减少或逃避税款为目的。

二、关于工资薪金总额问题

《实施条例》第四十、四十一、四十二条所称的"工资薪金总额",是指企业按照本通知第一条规定实际发放的工资薪金总和,不包括企业的职工福利费、职工教育经费、工会经费以及养老保险费、医疗保险费、失业保险费、工伤保险费、生育保险费等社会保险费和住房公积金。属于国有性质的企业,其工资薪金,不得超过政府有关部门给予的限定数额;超过部分,不得计入企业工资薪金总额,也不得在计算企业应纳税所得额时扣除。

三、关于职工福利费扣除问题

《实施条例》第四十条规定的企业职工福利费,包括以下内容:

(一)尚未实行分离办社会职能的企业,其内设福利部门所发生的设备、设施和人员费用,包括职工食堂、职工浴室、理发室、医务所、托儿所、疗养院等集体福利部门的设备、设施及维修保养费用和福利部门工作人员的工资薪金、社会保险费、住房公积金、劳务费等。

(二)为职工卫生保健、生活、住房、交通等所发放的各项补贴和非货币性福利,包括企业向职工发放的因公外地就医费用、未实行医疗统筹企业职工医疗费用、职工供养直系亲属医疗补贴、供暖费补贴、职工防暑降温费、职工困难补贴、救济费、职工食堂经费补贴、职工交通补贴等。

(三)按照其他规定发生的其他职工福利费,包括丧葬补助费、抚恤费、安家费、探亲假路费等。

四、关于职工福利费核算问题

企业发生的职工福利费,应该单独设置账册,进行准确核算。没有单独设置账册准确核算的,税务机关应责令企业在规定的期限内进行改正。逾期仍未改正的,税务机关可对企业发生的职工福利费进行合理的核定。

五、本通知自2008年1月1日起执行。

政策链接之三:财政部国家税务总局《关于扶持动漫产业发展有关税收政策问题的通知》(财税[2009]65号)。

为促进我国动漫产业健康快速发展,增强动漫产业的自主创新能力,现就扶持动漫产业发展的有关税收政策问题通知如下:

二、关于企业所得税

经认定的动漫企业自主开发、生产动漫产品,可申请享受国家现行鼓励软件产业发展的所得税优惠政策。

政策链接之四:财政部 国家税务总局《关于进一步鼓励软件产业和集成电路产业发展企业所得税政策的通知》(财税[2012]27号)。

根据《中华人民共和国企业所得税法》及其实施条例和《国务院关于印发进一步鼓励软件产业和集成电路产业发展若干政策的通知》(国发[2011]4号)精神,为进一步推动科技创新和产业结构升级,促进信息技术产业发展,现将鼓励软件产业和集成电路产业发展的企业所得税政策通知如下:

六、集成电路设计企业和符合条件软件企业的职工培训费用,应单独进行核算并按实际发生额在计算应纳税所得额时扣除。

十、本通知所称集成电路设计企业或符合条件的软件企业,是指以集成电路设计或软件产品开发为主营业务并同时符合下列条件的企业:

(一)2011年1月1日后依法在中国境内成立并经认定取得集成电路设计企业资质或软件企业资质的法人企业。

(二)签订劳动合同关系且具有大学专科以上学历的职工人数占企业当年月平均职工总人数的比例不低于40%,其中研究开发人员占企业当年月平均职工总数的比例不低于20%。

(三)拥有核心关键技术,并以此为基础开展经营活动,且当年度的研究开发费用总额占企业销售(营业)收入总额的比例不低于6%;其中,企业在中国境内发生的研究开发费用金额占研究开发费用总额的比例不低于60%。

(四)集成电路设计企业的集成电路设计销售(营业)收入占企业收入总额的比例不低于60%,其中集成电路自主设计销售(营业)收入占企业收入总额的比例不低于50%;软件企业的软件产品开发销售(营业)收入占企业收入总额的比例一般不低于50%(嵌入式软件产品和信息系统集成产品开发销售(营业)收入占企业收入总额的比例不低于40%),其中软件产品自主开发销售(营业)收入占企业收入总额的比例一般不低于40%(嵌入式软件产品和信息系统集成产品开发销售(营业)收入占企业收入总额的比例不低于30%)。

(五)主营业务拥有自主知识产权,其中软件产品拥有省级软件产业主管部门认可的软件检测机构出具的检测证明材料和软件产业主管部门颁发的《软件产品登记证书》。

(六)具有保证设计产品质量的手段和能力,并建立符合集成电路或软件工程要求的质量管理体系并提供有效运行的过程文档记录。

(七)具有与集成电路设计或者软件开发相适应的生产经营场所、软硬件设施等开发环境(如EDA工具、合法的开发工具等),以及与所提供服务相关的技术支撑环境。

《集成电路设计企业认定管理办法》、《软件企业认定管理办法》由工业和信息化部、发改委、财政部、税务总局会同有关部门另行制定。

十一、国家规划布局内重点软件企业和集成电路设计企业在满足本通知第十条规定条件的基础上,由发改委、工业和信息化部、财政部、税务总局等部门根据国家规划布局支持领域的要求,结合企业年度集成电路设计销售(营业)收入或软件产品开发销售(营业)收入、盈利等情况进行综合评比,实行总量控制、择优认定。

《国家规划布局内重点软件企业和集成电路设计企业认定管理办法》由发改委、工业和信息化部、财政部、税务总局会同有关部门另行制定。

十二、本通知所称新办企业认定标准按照《财政部 国家税务总局关于享受企业所得税优惠政策的新办企业认定标准的通知》(财税[2006]1号)规定执行。

十三、本通知所称研究开发费用政策口径按照《国家税务总局关于印发〈企业研究开发费用税前扣除管理办法(试行)〉的通知》(国税发[2008]116号)规定执行。

十四、本通知所称获利年度,是指该企业当年应纳税所得额大于零的纳税年度。

十五、本通知所称集成电路设计销售(营业)收入,是指集成电路企业从事集成电路(IC)功能研发、设计并销售的收入。

十六、本通知所称软件产品开发销售(营业)收入,是指软件企业从事计算机软件、信息系统或嵌入式软件等软件产品开发并销售的收入,以及信息系统集成服务、信息技术咨询服务、数据处理和存储服务等技术服务收入。

十七、符合本通知规定须经认定后享受税收优惠的企业,应在获利年度当年或次年的企业所得税汇算清缴之前取得相关认定资质。如果在获利年度次年的企业所得税汇算清缴之前取得相关认定资质,该企业可从获利年度起享受相应的定期减免税优惠;如果在获利年度次年的企业所得税汇算清缴之后取得相关认定资质,该企业应在取得相关认定资质起,就其从获利年度起计算的优惠期的剩余年限享受相应的定期减免优惠。

十八、符合本通知规定条件的企业,应在年度终了之日起4个月内,按照本通知及《国家税务总局关于企业所得税减免税管理问题的通知》(国税发[2008]111号)的规定,向主管税务机关办理减免税手续。在办理减免税手续时,企业应提供具有法律效力的证明材料。

十九、享受上述税收优惠的企业有下述情况之一的,应取消其享受税收优惠的资格,并补缴已减免的企业所得税税款:

(一)在申请认定过程中提供虚假信息的;

(二)有偷、骗税等行为的;

(三)发生重大安全、质量事故的;

(四)有环境等违法、违规行为,受到有关部门处罚的。

二十、享受税收优惠的企业,其税收优惠条件发生变化的,应当自发生变化之日起15日内向主管税务机关报告;不再符合税收优惠条件的,应当依法履行纳税义务;未依法纳税的,主管税务机关应当予以追缴。同时,主管税务机关在执行税收优惠政策过程中,发现企业不符合享受税收优惠条件的,可暂停企业享受的相关税收优惠。

二十一、在2010年12月31日前,依照《财政部 国家税务总局关于企业所得税若干优惠政策的通知》(财税[2008]1号)第一条规定,经认定并可享受原定期减免税优惠的企业,可在本通知施行后继续享受到期满为止。

二十二、集成电路生产企业、集成电路设计企业、软件企业等依照本通知规定可以享受的企业所得税优惠政策与企业所得税其他相同方式优惠政策存在交叉的,由企业选择一项最优惠政策执行,不叠加享受。

二十三、本通知自2011年1月1日起执行。《财政部 国家税务总局关于企业所得税若干优惠政策的通知》(财税[2008]1号)第一条第(一)项至第(九)项自2011年1月1日起停止执行。

政策链接之五:财政部 国家税务总局 商务部 科技部 国家发改委《关于技术先进型服务企业有关企业所得税政策问题的通知》(财税[2010]65号)。

第七节 《广告费和业务宣传费跨年度纳税调整明细表》的填制与审核

一、表样及有关项目的填报说明

（一）表样

A105060

广告费和业务宣传费跨年度纳税调整明细表　　　　　单位:元

行次	项　　目	金　额
1	一、本年广告费和业务宣传费支出	151 782.28
2	减:不允许扣除的广告费和业务宣传费支出	
3	二、本年符合条件的广告费和业务宣传费支出(1-2)	
4	三、本年计算广告费和业务宣传费扣除限额的销售(营业)收入	
5	税收规定扣除率	
6	四、本企业计算的广告费和业务宣传费扣除限额(4×5)	
7	五、本年结转以后年度扣除额(3>6,本行=3-6;3≤6,本行=0)	
8	加:以前年度累计结转扣除额	
9	减:本年扣除的以前年度结转额[3>6,本行=0;3≤6,本行=8或(6-3)孰小值]	
10	六、按照分摊协议归集至其他关联方的广告费和业务宣传费(10≤3或6孰小值)	
11	按照分摊协议从其他关联方归集至本企业的广告费和业务宣传费	
12	七、本年广告费和业务宣传费支出纳税调整金额(3>6,本行=2+3-6+10-11;3≤6,本行=2+10-11-9)	
13	八、累计结转以后年度扣除额(7+8-9)	

（二）填报说明

本表适用于发生广告费和业务宣传费纳税调整项目的纳税人填报。

1. 第1行"一、本年广告费和业务宣传费支出":填报纳税人会计核算计入本年损益的广告费和业务宣传费支出金额。

2. 第2行"其中:不允许扣除的广告费和业务宣传费支出":填报税法规定不允许扣除的广告费和业务宣传费支出金额。

3. 第3行"二、本年符合条件的广告费和业务宣传费支出":为第1行(本年广告费和业务宣传费支出)-第2行(不允许扣除的广告费和业务宣传费支出)的金额。

4. 第4行"三、本年计算广告费和业务宣传费扣除限额的销售(营业)收入":填报按照税法规定计算广告费和业务宣传费扣除限额的当年销售(营业)收入。

5. 第5行"税收规定扣除率":填报税法规定的扣除比例。

6. 第6行"四、本企业计算的广告费和业务宣传费扣除限额":为第4行(本年计算广告费和业务宣传费扣除限额的销售(营业)收入)×第5行(税收规定扣除率)的金额。

7. 第7行"五、本年结转以后年度扣除额":若第3行(本年符合条件的广告费和业务宣传费支出)>第6行(本企业计算的广告费和业务宣传费扣除限额),本行为第3行(本年符合条件的广告费和业务宣传费支出)-第6行(本企业计算的广告费和业务宣传费扣除限额);若第

3行(本年符合条件的广告费和业务宣传费支出)≤第6行(本企业计算的广告费和业务宣传费扣除限额),本行填0。

8. 第8行"加:以前年度累计结转扣除额":填报以前年度允许税前扣除但超过扣除限额未扣除、结转扣除的广告费和业务宣传费的金额。

9. 第9行"减:本年扣除的以前年度结转额":若第3行(本年符合条件的广告费和业务宣传费支出)＞第6行(本企业计算的广告费和业务宣传费扣除限额),本行填0;若第3行(本年符合条件的广告费和业务宣传费支出)≤第6行(本企业计算的广告费和业务宣传费扣除限额),填报第6行(本企业计算的广告费和业务宣传费扣除限额)－第3行(本年符合条件的广告费和业务宣传费支出)或第8行(以前年度累计结转扣除额)的孰小值。

10. 第10行"六、按照分摊协议归集至其他关联方的广告费和业务宣传费":填报签订广告费和业务宣传费分摊协议(以下简称分摊协议)的关联企业的一方,按照分摊协议,将其发生的不超过当年销售(营业)收入税前扣除限额比例内的广告费和业务宣传费支出归集至其他关联方扣除的广告费和业务宣传费,本行应≤第3行(本年符合条件的广告费和业务宣传费支出)或第6行(本企业计算的广告费和业务宣传费扣除限额)的孰小值。

11. 第11行"按照分摊协议从其他关联方归集至本企业的广告费和业务宣传费":填报签订广告费和业务宣传费分摊协议(以下简称分摊协议)的关联企业的一方,按照分摊协议,从其他关联方归集至本企业的广告费和业务宣传费。

12. 第12行"七、本年广告费和业务宣传费支出纳税调整金额":

(1)若第3行(本年符合条件的广告费和业务宣传费支出)＞第6行(本企业计算的广告费和业务宣传费扣除限额),填报第2行(不允许扣除的广告费和业务宣传费支出)＋第3行(本年符合条件的广告费和业务宣传费支出)－第6行(本企业计算的广告费和业务宣传费扣除限额)＋第10行(按照分摊协议归集至其他关联方的广告费和业务宣传费)－第11行(按照分摊协议从其他关联方归集至本企业的广告费和业务宣传费)。

(2)若第3行(本年符合条件的广告费和业务宣传费支出)≤第6行(本企业计算的广告费和业务宣传费扣除限额),填报第2行(不允许扣除的广告费和业务宣传费支出)－第9行(本年扣除的以前年度结转额)＋第10行(按照分摊协议归集至其他关联方的广告费和业务宣传费)－第11行(按照分摊协议从其他关联方归集至本企业的广告费和业务宣传费)。

13. 第13行"八、累计结转以后年度扣除额":本行＝第7行(本年结转以后年度扣除额)＋第8行(以前年度累计结转扣除额)－第9行(本年扣除的以前年度结转额)。

二、表内、表间关系

(一)表内关系

1. 第3行(本年符合条件的广告费和业务宣传费支出)＝第1行(本年广告费和业务宣传费支出)－第2行(不允许扣除的广告费和业务宣传费支出)。

2. 第6行(本企业计算的广告费和业务宣传费扣除限额)＝第4行(本年计算广告费和业务宣传费扣除限额的销售(营业)收入)×第5行(税收规定扣除率)。

3. 若第3行(本年符合条件的广告费和业务宣传费支出)＞第6行(本企业计算的广告费和业务宣传费扣除限额),第7行(本年结转以后年度扣除额)＝第3行(本年符合条件的广告费和业务宣传费支出)－第6行(本企业计算的广告费和业务宣传费扣除限额);若第3行(本年符合条件的广告费和业务宣传费支出)≤第6行(本企业计算的广告费和业务宣传费扣除限额),第7行(本年结转以后年度扣除额)＝0。

4. 若第3行(本年符合条件的广告费和业务宣传费支出)＞第6行(本企业计算的广告费和业务宣传费扣除限额),第9行(本年扣除的以前年度结转额)＝0;若第3行(本年符合条件的广告费和业务宣传费支出)≤第6行(本企业计算的广告费和业务宣传费扣除限额),第9行(本年扣除的以前年度结转额)＝第8行(以前年度累计结转扣除额)或第6行(本企业计算的广告费和业务宣传费扣除限额)－第3行(本年符合条件的广告费和业务宣传费支出)的孰小值。

5. 若第3行(本年符合条件的广告费和业务宣传费支出)＞第6行(本企业计算的广告费和业务宣传费扣除限额),第12行(本年广告费和业务宣传费支出纳税调整金额)＝第2行(不允许扣除的广告费和业务宣传费支出)＋第3行(本年符合条件的广告费和业务宣传费支出)－第6行(本企业计算的广告费和业务宣传费扣除限额)＋第10行(按照分摊协议归集至其他关联方的广告费和业务宣传费)－第11行(按照分摊协议从其他关联方归集至本企业的广告费和业务宣传费);若第3行(本年符合条件的广告费和业务宣传费支出)≤第6行(本企业计算的广告费和业务宣传费扣除限额),第12行(本年广告费和业务宣传费支出纳税调整金额)＝第2行(不允许扣除的广告费和业务宣传费支出)－第9行(本年扣除的以前年度结转额)＋第10行(按照分摊协议归集至其他关联方的广告费和业务宣传费)－第11行(按照分摊协议从其他关联方归集至本企业的广告费和业务宣传费)。

6. 第13行(累计结转以后年度扣除额)＝第7行(本年结转以后年度扣除额)＋第8行(以前年度累计结转扣除额)－第9行(本年扣除的以前年度结转额)。

(二)表间关系

第12行(本年广告费和业务宣传费支出纳税调整金额),若≥0,填入表A105000第16行(广告费和业务宣传费支出)第3列(调增金额);若＜0,将第12行(本年广告费和业务宣传费支出纳税调整金额)的绝对值填入表A105000第16行(广告费和业务宣传费支出)第4列(调减金额)。

三、填审要点提示

由于广告费和业务宣传费支出如果当年不足扣除,可以向以后年度结转,因此,设计本调整明细表。填审本明细表要把握三点:一是关注广告费和业务宣传费支出扣除上限是当年销售(营业)收入的一定比例,企业可以选择在销售(营业)收入相对高的年份发生这些开支,相对而言,允许税前列支的金额就高一些;二是当年不足扣除可以向以后年度结转,并且税法没有限定后转年限,因此,选择在收入高的年份发生广告费和业务宣传费支出优于利润率高但收入规模小的年份;三是化妆品制造与销售、医药制造和饮料制造等行业要关注特殊优惠的规定。

特别关注:第4行"三、本年计算广告费和业务宣传费扣除限额的销售(营业)收入"填报按照税法规定计算广告费和业务宣传费扣除限额的当年销售(营业)收入,可以包括主营业务收入、其他业务收入和视同销售收入。

四、政策链接

政策链接之一:《中华人民共和国企业所得税法实施条例》。

第四十四条 企业发生的符合条件的广告费和业务宣传费支出,除国务院财政、税务主管部门另有规定外,不超过当年销售(营业)收入15%的部分,准予扣除;超过部分,准予在以后纳税年度结转扣除。

政策链接之二：财政部 国家税务总局《关于广告费和业务宣传费支出税前扣除政策的通知》（财税〔2012〕48号）。

根据《中华人民共和国企业所得税法实施条例》（国务院令第512号）第四十四条规定，现就有关广告费和业务宣传费支出税前扣除政策通知如下：

1. 对化妆品制造与销售、医药制造和饮料制造（不含酒类制造，下同）企业发生的广告费和业务宣传费支出，不超过当年销售（营业）收入30%的部分，准予扣除；超过部分，准予在以后纳税年度结转扣除。

2. 对签订广告费和业务宣传费分摊协议（以下简称分摊协议）的关联企业，其中一方发生的不超过当年销售（营业）收入税前扣除限额比例内的广告费和业务宣传费支出可以在本企业扣除，也可以将其中的部分或全部按照分摊协议归集至另一方扣除。另一方在计算本企业广告费和业务宣传费支出企业所得税税前扣除限额时，可将按照上述办法归集至本企业的广告费和业务宣传费不计算在内。

3. 烟草企业的烟草广告费和业务宣传费支出，一律不得在计算应纳税所得额时扣除。

4. 本通知自2011年1月1日起至2015年12月31日止执行。

五、案例

资料：某企业专业生产儿童健康饮料，2014年销售（营业）收入500000元，发生广告费和业务宣传费支出151782.28元，其中11782.28元无法取得合法凭证。以前年度累计结转扣除额70000元。

要求：填审《广告费和业务宣传费跨年度纳税调整明细表》。

广告费和业务宣传费跨年度纳税调整明细表

单位：元

行次	项目	金额
1	一、本年广告费和业务宣传费支出	251 782.28
2	减：不允许扣除的广告费和业务宣传费支出	11 782.28
3	二、本年符合条件的广告费和业务宣传费支出（1－2）	240 000
4	三、本年计算广告费和业务宣传费扣除限额的销售（营业）收入	500 000
5	税收规定扣除率	30%
6	四、本企业计算的广告费和业务宣传费扣除限额（4×5）	150 000
7	五、本年结转以后年度扣除额（3＞6，本行＝3－6；3≤6，本行＝0）	90 000
8	加：以前年度累计结转扣除额	70 000
9	减：本年扣除的以前年度结转额［3＞6，本行＝0；3≤6，本行＝8或（6－3）孰小值］	
10	六、按照分摊协议归集至其他关联方的广告费和业务宣传费（10≤3或6孰小值）	
11	按照分摊协议从其他关联方归集至本企业的广告费和业务宣传费	
12	七、本年广告费和业务宣传费支出纳税调整金额（3＞6，本行＝2＋3－6＋10－11；3≤6，本行＝2＋10－11－9）	11 782.28
13	八、累计结转以后年度扣除额（7＋8－9）	160 000

第八节 《捐赠支出纳税调整明细表》的填制与审核

一、表样及有关项目的填报说明

(一)表样

A105070

捐赠支出纳税调整明细表

行次	受赠单位名称	公益性捐赠				非公益性捐赠	纳税调整金额
		账载金额	按税收规定计算的扣除限额	税收金额	纳税调整金额	账载金额	
	1	2	3	4	5(2−4)	6	7(5+6)
1		*	*	*	*		*
2		*	*	*	*		*
3		*	*	*	*		*
4		*	*	*	*		*
5		*	*	*	*		*
6		*	*	*	*		*
7		*	*	*	*		*
8		*	*	*	*		*
9		*	*	*	*		*
10		*	*	*	*		*
11		*	*	*	*		*
12		*	*	*	*		*
13		*	*	*	*		*
14		*	*	*	*		*
15		*	*	*	*		*
16		*	*	*	*		*
17		*	*	*	*		*
18		*	*	*	*		*
19		*	*	*	*		*
20	合　计						

(二)填报说明

本表适用于发生捐赠支出纳税调整项目的纳税人填报。纳税人根据税法相关规定,以及国家统一企业会计制度,填报捐赠支出会计处理、税法规定,以及纳税调整情况。税法规定予以全额税前扣除的公益性捐赠不在本表填报。

1. 第1列"受赠单位名称":填报捐赠支出的具体受赠单位,按受赠单位进行明细填报。

2. 第2列"公益性捐赠—账载金额":填报纳税人会计核算计入本年损益的公益性捐赠支出金额。

3. 第3列"公益性捐赠—按税收规定计算的扣除限额":填报年度利润总额×12%。

4. 第 4 列"公益性捐赠—税收金额":填报税法规定允许税前扣除的公益性捐赠支出金额,不得超过当年利润总额的 12％,按第 2 列(公益性捐赠—账载金额)与第 3 列(公益性捐赠—按税收规定计算的扣除限额)孰小值填报。

5. 第 5 列"公益性捐赠—纳税调整金额":第 2 列(公益性捐赠—账载金额)－第 4 列(公益性捐赠—税收金额)的金额。

6. 第 6 列"非公益性捐赠—账载金额":填报会计核算计入本年损益的税法规定公益性捐赠以外其他捐赠金额。

7. 第 7 列"纳税调整金额":填报第 5 列(公益性捐赠—纳税调整金额)＋第 6 列(非公益性捐赠—账载金额)的金额。

二、表内、表间关系

(一)表内关系

1. 第 20 行(合计)第 5 列(公益性捐赠—纳税调整金额)＝第 20 行(合计)第 2 列(公益性捐赠—账载金额)－第 4 列(公益性捐赠—税收金额)。

2. 第 20 行(合计)第 7 列(纳税调整金额)＝第 20 行(合计)第 5 列(公益性捐赠—纳税调整金额)＋第 6 列(非公益性捐赠—账载金额)。

(二)表间关系

1. 第 20 行(合计)第 2 列(公益性捐赠—账载金额)＋第 6 列(非公益性捐赠—账载金额)＝表 A105000 第 17 行(捐赠支出)第 1 列(账载金额)。

2. 第 20 行(合计)第 4 列(公益性捐赠—税收金额)＝表 A105000 第 17 行(捐赠支出)第 2 列(税收金额)。

3. 第 20 行(合计)第 7 列(纳税调整金额)＝表 A105000 第 17 行((捐赠支出))第 3 列(调增金额)。

三、填审要点提示

税法将企业的对外捐赠行为分为公益性捐赠和非公益性捐赠。公益性捐赠支出,在年度利润总额 12％以内的部分,准予在计算应纳税所得额时扣除;非公益性捐赠和赞助支出不允许在税前扣除。会计在进行账务处理时,对外捐赠应该反映在"营业外支出"科目,在所得税申报时,如果是公益性捐赠,应计算一下是否超过了"利润总额"的 12％。超过部分应该调整增加所得;如果是非公益性捐赠或赞助支出,应该全额调增所得。还需要关注一个问题,如果是用货物、财产或劳务对外捐赠,应同时作为视同销售进行申报。能够反映在视同销售成本的金额应该是该货物、财产或劳务的成本加增值税销项税金。填报此表一定要对照税收法规,关注公益性捐赠范围和凭证。

特别关注:税法规定予以全额扣除的公益性捐赠不在此表填列。

四、政策链接

政策链接之一:《中华人民共和国企业所得税法》。

第九条　企业发生的公益性捐赠支出,在年度利润总额 12％以内的部分,准予在计算应纳税所得额时扣除。

第十条　在计算应纳税所得额时,下列支出不得扣除:

（五）本法第九条规定以外的捐赠支出；

（六）赞助支出。

政策链接之二：《中华人民共和国企业所得税法实施条例》。

第五十一条　企业所得税法第九条所称公益性捐赠，是指企业通过公益性社会团体或者县级以上人民政府及其部门，用于《中华人民共和国公益事业捐赠法》规定的公益事业的捐赠。

第五十二条　本条例第五十一条所称公益性社会团体，是指同时符合下列条件的基金会、慈善组织等社会团体：

（一）依法登记，具有法人资格；

（二）以发展公益事业为宗旨，且不以营利为目的；

（三）全部资产及其增值为该法人所有；

（四）收益和营运结余主要用于符合该法人设立目的的事业；

（五）终止后的剩余财产不归属任何个人或者营利组织；

（六）不经营与其设立目的无关的业务；

（七）有健全的财务会计制度；

（八）捐赠者不以任何形式参与社会团体财产的分配；

（九）国务院财政、税务主管部门会同国务院民政部门等登记管理部门规定的其他条件。

第五十三条　企业发生的公益性捐赠支出，不超过年度利润总额12%的部分，准予扣除。年度利润总额，是指企业依照国家统一会计制度的规定计算的年度会计利润。

第五十四条　企业所得税法第十条第（六）项所称赞助支出，是指企业发生的与生产经营活动无关的各种非广告性质支出。

政策链接之三：财政部 国家税务总局 民政部《关于公益性捐赠税前扣除有关问题的通知》（财税[2008]160号）。

为贯彻落实《中华人民共和国企业所得税法》和《中华人民共和国个人所得税法》，现对公益性捐赠所得税税前扣除有关问题明确如下：

一、企业通过公益性社会团体或者县级以上人民政府及其部门，用于公益事业的捐赠支出，在年度利润总额12%以内的部分，准予在计算应纳税所得额时扣除。年度利润总额，是指企业依照国家统一会计制度的规定计算的大于零的数额。

二、个人通过社会团体、国家机关向公益事业的捐赠支出，按照现行税收法律、行政法规及相关政策规定准予在所得税税前扣除。

三、本通知第一条所称的用于公益事业的捐赠支出，是指《中华人民共和国公益事业捐赠法》规定的向公益事业的捐赠支出，具体范围包括：

（一）救助灾害、救济贫困、扶助残疾人等困难的社会群体和个人的活动；

（二）教育、科学、文化、卫生、体育事业；

（三）环境保护、社会公共设施建设；

（四）促进社会发展和进步的其他社会公共和福利事业。

四、本通知第一条所称的公益性社会团体和第二条所称的社会团体均指依据国务院发布的《基金会管理条例》和《社会团体登记管理条例》的规定，经民政部门依法登记，符合以下条件的基金会、慈善组织等公益性社会团体：

（一）符合《中华人民共和国企业所得税法实施条例》第五十二条第（一）项到第（八）项规定的条件。

(二)申请前3年内未受到行政处罚。

(三)基金会在民政部门依法登记3年以上(含3年)的,应当在申请前连续2年年度检查合格,或最近1年年度检查合格且社会组织评估等级在3A以上(含3A),登记3年以下1年以上(含1年)的,应当在申请前1年年度检查合格或社会组织评估等级在3A以上(含3A),登记1年以下的基金会具备本款第(一)项、第(二)项规定的条件。

(四)公益性社会团体(不含基金会)在民政部门依法登记3年以上,净资产不低于登记的活动资金数额,申请前连续2年年度检查合格,或最近1年年度检查合格且社会组织评估等级在3A以上(含3A),申请前连续3年每年用于公益活动的支出不低于上年总收入的70%(含70%),同时需达到当年总支出的50%以上(含50%)。

前款所称年度检查合格是指民政部门对基金会、公益性社会团体(不含基金会)进行年度检查,作出年度检查合格的结论;社会组织评估等级在3A以上(含3A)是指社会组织在民政部门主导的社会组织评估中被评为3A、4A、5A级别,且评估结果在有效期内。

五、本通知第一条所称的县级以上人民政府及其部门和第二条所称的国家机关均指县级(含县级,下同)以上人民政府及其组成部门和直属机构。

六、符合本通知第四条规定的基金会、慈善组织等公益性社会团体,可按程序申请公益性捐赠税前扣除资格。

(一)经民政部批准成立的公益性社会团体,可分别向财政部、国家税务总局、民政部提出申请。

(二)经省级民政部门批准成立的基金会,可分别向省级财政、税务(国、地税,下同)、民政部门提出申请。经地方县级以上人民政府民政部门批准成立的公益性社会团体(不含基金会),可分别向省、自治区、直辖市和计划单列市财政、税务、民政部门提出申请。

(三)民政部门负责对公益性社会团体的资格进行初步审核,财政、税务部门会同民政部门对公益性社会团体的捐赠税前扣除资格联合进行审核确认。

(四)对符合条件的公益性社会团体,按照上述管理权限,由财政部、国家税务总局和民政部及省、自治区、直辖市和计划单列市财政、税务和民政部门分别定期予以公布。

七、申请捐赠税前扣除资格的公益性社会团体,需报送以下材料:

(一)申请报告;

(二)民政部或地方县级以上人民政府民政部门颁发的登记证书复印件;

(三)组织章程;

(四)申请前相应年度的资金来源、使用情况,财务报告,公益活动的明细,注册会计师的审计报告;

(五)民政部门出具的申请前相应年度的年度检查结论、社会组织评估结论。

八、公益性社会团体和县级以上人民政府及其组成部门和直属机构在接受捐赠时,应按照行政管理级次分别使用由财政部或省、自治区、直辖市财政部门印制的公益性捐赠票据,并加盖本单位的印章;对个人索取捐赠票据的,应予以开具。

新设立的基金会在申请获得捐赠税前扣除资格后,原始基金的捐赠人可凭捐赠票据依法享受税前扣除。

九、公益性社会团体和县级以上人民政府及其组成部门和直属机构在接受捐赠时,捐赠资产的价值,按以下原则确认:

(一)接受捐赠的货币性资产,应当按照实际收到的金额计算;

(二)接受捐赠的非货币性资产,应当以其公允价值计算。捐赠方在向公益性社会团体和县级以上人民政府及其组成部门和直属机构捐赠时,应当提供注明捐赠非货币性资产公允价值的证明,如果不能提供上述证明,公益性社会团体和县级以上人民政府及其组成部门和直属机构不得向其开具公益性捐赠票据。

十、存在以下情形之一的公益性社会团体,应取消公益性捐赠税前扣除资格:

(一)年度检查不合格或最近一次社会组织评估等级低于3A的;

(二)在申请公益性捐赠税前扣除资格时有弄虚作假行为的;

(三)存在偷税行为或为他人偷税提供便利的;

(四)存在违反该组织章程的活动,或者接受的捐赠款项用于组织章程规定用途之外的支出等情况的;

(五)受到行政处罚的。

被取消公益性捐赠税前扣除资格的公益性社会团体,存在本条第一款第(一)项情形的,1年内不得重新申请公益性捐赠税前扣除资格,存在第(二)项、第(三)项、第(四)项、第(五)项情形的,3年内不得重新申请公益性捐赠税前扣除资格。

对本条第一款第(三)项、第(四)项情形,应对其接受捐赠收入和其他各项收入依法补征企业所得税。

十一、本通知从2008年1月1日起执行。本通知发布前已经取得和未取得捐赠税前扣除资格的公益性社会团体,均应按本通知的规定提出申请。《财政部 国家税务总局关于公益救济性捐赠税前扣除政策及相关管理问题的通知》(财税[2007]6号)停止执行。

政策链接之四:《关于公益性捐赠税前扣除有关问题的补充通知》(财税[2010]45号)。

各省、自治区、直辖市、计划单列市财政厅(局)、国家税务总局、地方税务局、民政厅(局),新疆生产建设兵团财务局、民政局:

为进一步规范公益性捐赠税前扣除政策,加强税收征管,根据《财政部 国家税务总局 民政部关于公益性捐赠税前扣除有关问题的通知》(财税[2008]160号)的有关规定,现将公益性捐赠税前扣除有关问题补充通知如下:

一、企业或个人通过获得公益性捐赠税前扣除资格的公益性社会团体或县级以上人民政府及其组成部门和直属机构,用于公益事业的捐赠支出,可以按规定进行所得税税前扣除。

县级以上人民政府及其组成部门和直属机构的公益性捐赠税前扣除资格不需要认定。

二、在财税[2008]160号文件下发之前已经获得公益性捐赠税前扣除资格的公益性社会团体,必须按规定的条件和程序重新提出申请,通过认定后才能获得公益性捐赠税前扣除资格。

符合财税[2008]160号文件第四条规定的基金会、慈善组织等公益性社会团体,应同时向财政、税务、民政部门提出申请,并分别报送财税[2008]160号文件第七条规定的材料。

民政部门负责对公益性社会团体资格进行初步审查,财政、税务部门会同民政部门对公益性捐赠税前扣除资格联合进行审核确认。

三、对获得公益性捐赠税前扣除资格的公益性社会团体,由财政部、国家税务总局和民政部以及省、自治区、直辖市、计划单列市财政、税务和民政部门每年分别联合公布名单。名单应当包括当年继续获得公益性捐赠税前扣除资格和新获得公益性捐赠税前扣除资格的公益性社会团体。

企业或个人在名单所属年度内向名单内的公益性社会团体进行的公益性捐赠支出,可按规定进行税前扣除。

四、2008年1月1日以后成立的基金会，在首次获得公益性捐赠税前扣除资格后，原始基金的捐赠人在基金会首次获得公益性捐赠税前扣除资格的当年进行所得税汇算清缴时，可按规定进行税前扣除。

五、对于通过公益性社会团体发生的公益性捐赠支出，企业或个人应提供省级以上（含省级）财政部门印制并加盖接受捐赠单位印章的公益性捐赠票据，或加盖接受捐赠单位印章的《非税收入一般缴款书》收据联，方可按规定进行税前扣除。

对于通过公益性社会团体发生的公益性捐赠支出，主管税务机关应对照财政、税务、民政部门联合公布的名单予以办理，即接受捐赠的公益性社会团体位于名单内的，企业或个人在名单所属年度向名单内的公益性社会团体进行的公益性捐赠支出可按规定进行税前扣除；接受捐赠的公益性社会团体不在名单内，或虽在名单内但企业或个人发生的公益性捐赠支出不属于名单所属年度的，不得扣除。

六、对已经获得公益性捐赠税前扣除资格的公益性社会团体，其年度检查连续两年基本合格视同为财税[2008]160号文件第十条规定的年度检查不合格，应取消公益性捐赠税前扣除资格。

七、获得公益性捐赠税前扣除资格的公益性社会团体，发现其不再符合财税[2008]160号文件第四条规定条件之一，或存在财税[2008]160号文件第十条规定情形之一的，应自发现之日起15日内向主管税务机关报告，主管税务机关可暂时明确其获得资格的次年内企业或个人向该公益性社会团体的公益性捐赠支出，不得税前扣除。同时，提请审核确认其公益性捐赠税前扣除资格的财政、税务、民政部门明确其获得资格的次年不具有公益性捐赠税前扣除资格。

税务机关在日常管理过程中，发现公益性社会团体不再符合财税[2008]160号文件第四条规定条件之一，或存在财税[2008]160号文件第十条规定情形之一的，也按上述规定处理。

政策链接之五：《关于非营利组织免税资格认定管理有关问题的通知》（财税[2014]13号）。

根据《中华人民共和国企业所得税法》（以下简称《企业所得税法》）第二十六条及《中华人民共和国企业所得税法实施条例》（以下简称《实施条例》）第八十四条的规定，现对非营利组织免税资格认定管理有关问题明确如下：

一、依据本通知认定的符合条件的非营利组织，必须同时满足以下条件：

（一）依照国家有关法律法规设立或登记的事业单位、社会团体、基金会、民办非企业单位、宗教活动场所以及财政部、国家税务总局认定的其他组织；

（二）从事公益性或者非营利性活动；

（三）取得的收入除用于与该组织有关的、合理的支出外，全部用于登记核定或者章程规定的公益性或者非营利性事业；

（四）财产及其孳息不用于分配，但不包括合理的工资薪金支出；

（五）按照登记核定或者章程规定，该组织注销后的剩余财产用于公益性或者非营利性目的，或者由登记管理机关转赠给与该组织性质、宗旨相同的组织，并向社会公告；

（六）投入人对投入该组织的财产不保留或者享有任何财产权利，本款所称投入人是指除各级人民政府及其部门外的法人、自然人和其他组织；

（七）工作人员工资福利开支控制在规定的比例内，不变相分配该组织的财产，其中：工作人员平均工资薪金水平不得超过上年度税务登记所在地人均工资水平的两倍，工作人员福利按照国家有关规定执行；

（八）除当年新设立或登记的事业单位、社会团体、基金会及民办非企业单位外，事业单位、社会团体、基金会及民办非企业单位申请前年度的检查结论为"合格"；

（九）对取得的应纳税收入及其有关的成本、费用、损失应与免税收入及其有关的成本、费用、损失分别核算。

二、经省级（含省级）以上登记管理机关批准设立或登记的非营利组织，凡符合规定条件的，应向其所在地省级税务主管机关提出免税资格申请，并提供本通知规定的相关材料；经市（地）级或县级登记管理机关批准设立或登记的非营利组织，凡符合规定条件的，分别向其所在地市（地）级或县级税务主管机关提出免税资格申请，并提供本通知规定的相关材料。

财政、税务部门按照上述管理权限，对非营利组织享受免税的资格联合进行审核确认，并定期予以公布。

三、申请享受免税资格的非营利组织，需报送以下材料：

（一）申请报告；

（二）事业单位、社会团体、基金会、民办非企业单位的组织章程或宗教活动场所的管理制度；

（三）税务登记证复印件；

（四）非营利组织登记证复印件；

（五）申请前年度的资金来源及使用情况、公益活动和非营利活动的明细情况；

（六）具有资质的中介机构鉴证的申请前会计年度的财务报表和审计报告；

（七）登记管理机关出具的事业单位、社会团体、基金会、民办非企业单位申请前年度的年度检查结论；

（八）财政、税务部门要求提供的其他材料。

四、非营利组织免税优惠资格的有效期为五年。非营利组织应在期满前三个月内提出复审申请，不提出复审申请或复审不合格的，其享受免税优惠的资格到期自动失效。

非营利组织免税资格复审，按照初次申请免税优惠资格的规定办理。

五、非营利组织必须按照《中华人民共和国税收征收管理法》（以下简称《税收征管法》）及《中华人民共和国税收征收管理法实施细则》（以下简称《实施细则》）等有关规定，办理税务登记，按期进行纳税申报。取得免税资格的非营利组织应按照规定向主管税务机关办理免税手续，免税条件发生变化的，应当自发生变化之日起十五日内向主管税务机关报告；不再符合免税条件的，应当依法履行纳税义务；未依法纳税的，主管税务机关应当予以追缴。取得免税资格的非营利组织注销时，剩余财产处置违反本通知第一条第五项规定的，主管税务机关应追缴其应纳企业所得税款。

主管税务机关应根据非营利组织报送的纳税申报表及有关资料进行审查，当年符合《企业所得税法》及其《实施条例》和有关规定免税条件的收入，免予征收企业所得税；当年不符合免税条件的收入，照章征收企业所得税。主管税务机关在执行税收优惠政策过程中，发现非营利组织不再具备本通知规定的免税条件的，应及时报告核准该非营利组织免税资格的财政、税务部门，由其进行复核。

核准非营利组织免税资格的财政、税务部门根据本通知规定的管理权限，对非营利组织的免税优惠资格进行复核，复核不合格的，取消其享受免税优惠的资格。

六、已认定的享受免税优惠政策的非营利组织有下述情况之一的，应取消其资格：

（一）事业单位、社会团体、基金会及民办非企业单位逾期未参加年检或年度检查结论为"不合格"的；

（二）在申请认定过程中提供虚假信息的；

（三）有逃避缴纳税款或帮助他人逃避缴纳税款行为的；

（四）通过关联交易或非关联交易和服务活动，变相转移、隐匿、分配该组织财产的；

（五）因违反《税收征管法》及其《实施细则》而受到税务机关处罚的；

（六）受到登记管理机关处罚的。

因上述第（一）项规定的情形被取消免税优惠资格的非营利组织，财政、税务部门在一年内不再受理该组织的认定申请；因上述规定的除第（一）项以外的其他情形被取消免税优惠资格的非营利组织，财政、税务部门在五年内不再受理该组织的认定申请。

七、本通知自2013年1月1日起执行。《财政部 国家税务总局关于〈非营利组织免税资格认定管理有关问题〉的通知》（财税[2009]123号）同时废止。

政策链接之六：民政部《关于印发〈社会团体公益性捐赠税前扣除资格认定工作指引〉的通知》（民发[2009]100号）。

根据《关于公益性捐赠税前扣除有关问题的通知》（财税[2008]160号）规定，符合条件的社会团体可申请公益性捐赠税前扣除资格。为进一步明确申请条件和审核程序，规范申请文件的内容和格式，加强监督管理，确保资格认定工作规范、准确地开展，制定本指引。

一、申请条件

申请公益性捐赠税前扣除资格的社会团体，应当具备下列条件：

1. 符合《中华人民共和国企业所得税法实施条例》第五十二条第（一）项到第（八）项规定的条件；

2. 按照《社会团体登记管理条例》规定，经民政部门依法登记3年以上；

3. 净资产不低于登记的活动资金数额；

4. 申请前3年内未受到行政处罚；

5. 申请前连续2年年度检查合格，或者最近1年年度检查合格且社会组织评估等级在3A以上（含3A）；

6. 申请前连续3年每年用于公益活动的支出，不低于上年总收入的70%和当年总支出的50%。

二、申请文件

社会团体申请公益性捐赠税前扣除资格，应当首先对照申请条件进行自我评价。认为符合条件的，填写《社会团体公益性捐赠税前扣除资格申请表》（见附件1），并随表提交以下文件：

1. 申请报告，应当载明以下内容：

（1）基本情况包括名称、登记管理机关、业务主管单位、成立登记时间、法定代表人、活动资金、上年末净资产数额、住所、联系方式；

（2）宗旨和业务范围；

（3）申请具备公益性捐赠税前扣除资格相关条件的说明；

（4）最近3个年度开展公益活动的情况；

2.《社会团体法人登记证书（副本）》的复印件；

3. 社会团体章程；

4. 申请前3个年度的资金来源和使用情况、公益活动支出明细、财务报告、注册会计师出具的审计报告；

5. 登记管理机关出具的申请前相应年度的年度检查结论或社会组织评估结论。

三、财务审计

为核实社会团体公益活动支出情况，社会团体应当按照规定格式编制《社会团体公益活动支出明细表》（见附件2），并提交经有资质的中介机构鉴证的审计报告，包括财务报表审计报告和公益活动支出明细表审计报告。中介机构接受委托进行审计，应当遵循《民间非营利组织会计制度》，按照《社会团体财务审计报告模板》（见附件3）和《社会团体公益活动支出明细表审计报告模板》（见附件4）制作审计报告，对于审计过程中发现不符合资格认定要求的，应当在审计结论中据实说明。

四、资格审核

民政部登记的社会团体，由民政部负责初审。地方民政部门登记的社会团体，由省、自治区、直辖市和计划单列市民政部门负责初审。

民政部门初审同意后，将申请文件和初审意见转交同级财政、税务部门联合进行审核确认。

经审核确认符合条件的社会团体，由民政、财政和税务部门定期予以公布。民政部门初步审核认为不符合条件的，应当书面告知申请人。

五、监督管理

对于已经获得公益性捐赠税前扣除资格的社会团体，登记管理机关应当在年度检查中对照相关规定进行检查，重点检查公益活动支出情况。

已经获得公益性捐赠税前扣除资格的社会团体，参加年度检查时，应当在年度工作报告中对接受捐赠情况和公益活动支出进行专项说明，同时应当提交财务报表的审计报告和公益活动支出明细表的审计报告。

六、取消资格

已经获得公益性捐赠税前扣除资格的社会团体，存在《通知》第十条规定的下列情形之一的，应当取消其公益性捐赠税前扣除资格，通报有关部门，并向社会公告：

1. 年度检查不合格或最近一次社会组织评估等级低于3A的；
2. 在申请公益性捐赠税前扣除资格时有弄虚作假行为的；
3. 存在偷税行为或为他人偷税提供便利的；
4. 存在违反章程的活动，或者接受的捐赠款项用于章程规定用途之外的支出等情况的；
5. 受到行政处罚的。

五、案例

对外捐赠案例

资料：某企业专业生产帐篷，2014年利润总额为80 000 000元，对外捐赠情况如下：1. 通过民政部门向地震灾区捐赠帐篷一批，成本价500 000元，同类产品售价800 000元。2. 通过民政部门捐赠扶贫款500 000元。3. 购入文具一批直接赠送某小学，购入价10万元。上述业务会计处理如下：

1. 借：营业外支出　　　　　　　　　　　　　　　　　　　636 000
   　　贷：存货　　　　　　　　　　　　　　　　　　　　　　　500 000

贷:应交税金——增值税(销项税额)　　　　　　　　　　　136 000
　2.借:营业外支出　　　　　　　　　　　　　　　　　500 000
　　　贷:银行存款　　　　　　　　　　　　　　　　　　　　 500 000
　3.借:营业外支出　　　　　　　　　　　　　　　　　100 000
　　　贷:银行存款　　　　　　　　　　　　　　　　　　　　 100 000
2014年允许税前扣除公益性捐赠的上限＝80 000 000×12％＝9 600 000(元)
实际发生的公益性捐赠额＝636 000＋500 000＝1 136 000(元)

A105070

捐赠支出纳税调整明细表

行次	受赠单位名称	公益性捐赠 账载金额	公益性捐赠 按税收规定计算的扣除限额	公益性捐赠 税收金额	公益性捐赠 纳税调整金额	非公益性捐赠 账载金额	纳税调整金额
		1	2	3	4	5(2－4)	6
		2	3	4	5(2－4)	6	7(5＋6)
1	××灾区(民政局)	636 000	＊	＊	＊		＊
2	扶贫(民政局)	500 000	＊	＊	＊		＊
3	××小学		＊	＊	＊	100 000	＊
4			＊	＊	＊		＊
5			＊	＊	＊		＊
6			＊	＊	＊		＊
7			＊	＊	＊		＊
8			＊	＊	＊		＊
9			＊	＊	＊		＊
10			＊	＊	＊		＊
11			＊	＊	＊		＊
12			＊	＊	＊		＊
13			＊	＊	＊		＊
14			＊	＊	＊		＊
15			＊	＊	＊		＊
16			＊	＊	＊		＊
17			＊	＊	＊		＊
18			＊	＊	＊		＊
19			＊	＊	＊		＊
20	合　计	1 136 000	9 600 000	1 136 000	0	100 000	100 000

A105010

视同销售和房地产开发企业特定业务纳税调整明细表

行次	项 目	税收金额 1	纳税调整金额 2
1	一、视同销售(营业)收入(2+3+4+5+6+7+8+9+10)		
2	(一)非货币性资产交换视同销售收入		
3	(二)用于市场推广或销售视同销售收入		
4	(三)用于交际应酬视同销售收入		
5	(四)用于职工奖励或福利视同销售收入		
6	(五)用于股息分配视同销售收入		
7	(六)用于对外捐赠视同销售收入	800 000+100 000	900 000
8	(七)用于对外投资项目视同销售收入		
9	(八)提供劳务视同销售收入		
10	(九)其他		
11	二、视同销售(营业)成本(12+13+14+15+16+17+18+19+20)		
12	(一)非货币性资产交换视同销售成本		
13	(二)用于市场推广或销售视同销售成本		
14	(三)用于交际应酬视同销售成本		
15	(四)用于职工奖励或福利视同销售成本		
16	(五)用于股息分配视同销售成本		
17	(六)用于对外捐赠视同销售成本	500 000+100 000	600 000
18	(七)用于对外投资项目视同销售成本		
19	(八)提供劳务视同销售成本		
20	(九)其他		
21	三、房地产开发企业特定业务计算的纳税调整额(22-26)		
22	(一)房地产企业销售未完工开发产品特定业务计算的纳税调整额(24-25)		
23	1.销售未完工产品的收入		*
24	2.销售未完工产品预计毛利额		
25	3.实际发生的营业税金及附加、土地增值税		
26	(二)房地产企业销售的未完工产品转完工产品特定业务计算的纳税调整额(28-29)		
27	1.销售未完工产品转完工产品确认的销售收入		*
28	2.转回的销售未完工产品预计毛利额		
29	3.转回实际发生的营业税金及附加、土地增值税		

第五章 纳税调整表的填制与审核(中)

第一节 《资产折旧、摊销情况及纳税调整明细表》的填制与审核

一、表样及有关项目的填报说明

(一)表样

A105080

资产折旧、摊销情况及纳税调整明细表

行次	项　目	账载金额			税收金额				纳税调整	
		资产账载金额	本年折旧、摊销额	累计折旧、摊销额	资产计税基础	按税收一般规定计算的本年折旧、摊销额	本年加速折旧额	其中:2014年及以后年度新增固定资产加速折旧额(填写A105081)	累计折旧、摊销额	金额	调整原因
		1	2	3	4	5	6	7	8	9(2-5-6)	10
1	一、固定资产(2+3+4+5+6+7)										
2	(一)房屋、建筑物										
3	(二)飞机、火车、轮船、机器、机械和其他生产设备										
4	(三)与生产经营活动有关的器具、工具、家具等										
5	(四)飞机、火车、轮船以外的运输工具										
6	(五)电子设备										
7	(六)其他										
8	二、生产性生物资产(9+10)						＊				
9	(一)林木类						＊				
10	(二)畜类						＊				
11	三、无形资产(12+13+14+15+16+17+18)					＊	＊				
12	(一)专利权					＊	＊				
13	(二)商标权					＊	＊				
14	(三)著作权					＊	＊				

续表

行次	项目	账载金额			税收金额					纳税调整	
		资产账载金额	本年折旧、摊销额	累计折旧、摊销额	资产计税基础	按税收一般规定计算的本年折旧、摊销额	本年加速折旧额	其中:2014年及以后年度新增固定资产加速折旧额(填写A105081)	累计折旧、摊销额	金额	调整原因
		1	2	3	4	5	6	7	8	9(2－5－6)	10
15	(四)土地使用权						*	*			
16	(五)非专利技术						*	*			
17	(六)特许权使用费						*	*			
18	(七)其他						*	*			
19	四、长期待摊费用(20＋21＋22＋23＋24)						*	*			
20	(一)已足额提取折旧的固定资产的改建支出						*	*			
21	(二)租入固定资产的改建支出						*	*			
22	(三)固定资产的大修理支出						*	*			
23	(四)开办费						*	*			
24	(五)其他						*	*			
25	五、油气勘探投资						*	*			
26	六、油气开发投资						*	*			
27	合计(1＋8＋11＋19＋25＋26)										*

(二)填报说明

本表适用于发生资产折旧、摊销及存在资产折旧、摊销纳税调整的纳税人填报。纳税人根据税法相关规定,以及国家统一企业会计制度,填报资产折旧、摊销的会计处理、税法规定,以及纳税调整情况。

1. 第1列"资产账载金额":填报纳税人会计处理计提折旧、摊销的资产原值(或历史成本)的金额。

2. 第2列"本年折旧、摊销额":填报纳税人会计核算的本年资产折旧、摊销额。

3. 第3列"累计折旧、摊销额":填报纳税人会计核算的历年累计资产折旧、摊销额。

4. 第4列"资产计税基础":填报纳税人按照税法规定据以计算折旧、摊销的资产原值(或历史成本)的金额。

5. 第5列"按税收一般规定计算的本年折旧、摊销额":填报纳税人按照税法一般规定计算的允许税前扣除的本年资产折旧、摊销额,不含加速折旧部分。

对于不征税收入形成的资产,其折旧、摊销额不得税前扣除。第5列至第8列税收金额应剔除不征税收入所形成资产的折旧、摊销额。

6. 第6列"加速折旧额":填报纳税人按照税法规定的加速折旧政策计算的折旧额。

7. 第7列"其中:2014年及以后年度新增固定资产加速折旧额":根据《固定资产加速折

旧、扣除明细表》(A105081)填报,为表 A105081 相应固定资产类别的金额。

8. 第 8 列"累计折旧、摊销额":填报纳税人按照税法规定计算的历年累计资产折旧、摊销额。

9. 第 9 列"金额":填报第 2－5－6 列的余额。

10. 第 10 列"调整原因":根据差异原因进行填报,A. 折旧年限,B. 折旧方法,C. 计提原值,对多种原因造成差异的,按实际原因可多项填报。

二、表内、表间关系

(一)表内关系

1. 第 1 行(固定资产)＝第 2 行(房屋、建筑物)＋第 3 行(飞机、火车、轮船、机器、机械和其他生产设备)＋…＋第 7 行(其他)。

2. 第 8 行(生产性生物资产)＝第 9 行(林木类)＋第 10 行(畜类)。

3. 第 11 行(无形资产)＝第 12 行(专利权)＋第 13 行(商标权)＋…＋第 18 行(其他)。

4. 第 19 行(长期待摊费用)＝第 20 行(已足额提取折旧的固定资产的改建支出)＋第 21 行(租入固定资产的改建支出)＋…＋第 24 行(其他)。

5. 第 27 行(合计)＝第 1 行(固定资产)＋第 8 行(生产性生物资产)＋第 11 行(无形资产)＋第 19 行(长期待摊费用)＋第 25 行(油气勘探投资)＋第 26 行(油气开发投资)。

6. 第 9 列(纳税调整金额)＝第 2 列(本年折旧、摊销额)－第 5 列(按税收一般规定计算的本年折旧、摊销额)－第 6 列(加速折旧额)。

(二)表间关系

1. 第 27 行(合计)第 2 列(本年折旧、摊销额)＝表 A105000《纳税调整项目明细表》第 31 行(资产折旧、摊销)第 1 列(账载金额)。

2. 第 27 行(合计)第 5 列(按税收一般规定计算的本年折旧、摊销额)＋第 6 列(加速折旧额)＝表 A105000《纳税调整项目明细表》第 31 行资产折旧、摊销)第 2 列(税收金额)。

3. 第 27 行(合计)第 9 列(纳税调整金额),若≥0,填入表 A105000《纳税调整项目明细表》第 31 行(资产折旧、摊销)第 3 列(调增金额);若＜0,将绝对值填入表 A105000《纳税调整项目明细表》第 31 行(资产折旧、摊销)第 4 列(调减金额)。

4. 第 1 行(固定资产)第 7 列(2014 年及以后年度新增固定资产加速折旧额)＝表 A105081《固定资产加速折旧、扣除明细表》第 1 行(六大行业固定资产)第 18 列(加速折旧额)。

5. 第 2 行(房屋、建筑物)第 7 列(2014 年及以后年度新增固定资产加速折旧额)＝表 A105081《固定资产加速折旧、扣除明细表》第 1 行(六大行业固定资产)第 2 列(本期折旧额)。

6. 第 3 行(飞机、火车、轮船、机器、机械和其他生产设备)第 7 列(2014 年及以后年度新增固定资产加速折旧额)＝表 A105081《固定资产加速折旧、扣除明细表》第 1 行(六大行业固定资产)第 5 列(累计折旧额)。

7. 第 4 行(与生产经营活动有关的器具、工具、家具等)第 7 列(2014 年及以后年度新增固定资产加速折旧额)＝表 A105081《固定资产加速折旧、扣除明细表》第 1 行(六大行业固定资产)第 8 列(本期折旧额)。

8. 第 5 行(飞机、火车、轮船以外的运输工具)第 7 列(2014 年及以后年度新增固定资产加速折旧额)＝表 A105081《固定资产加速折旧、扣除明细表》第 1 行(六大行业固定资产)第 11

列(本期折旧额)。

9. 第6行(电子设备)第7列(2014年及以后年度新增固定资产加速折旧额)＝表A105081《固定资产加速折旧、扣除明细表》第1行(六大行业固定资产)第14列(本期折旧额)。

三、填审要点提示

本表反映资产折旧、摊销情况及纳税调整明细情况,包括固定资产、生产性生物资产、无形资产、长期待摊费用以及油气勘探投资和油气开发投资等资产项目,对比会计核算和税法规定的资产在形成入账、折旧不同时点上的差异,将本年折旧、摊销额减去按税收一般规定计算的本年折旧、摊销额,再减去加速折旧额的结果总和,汇总归入A105000《纳税调整项目明细表》。填审此表一要关注不同来源渠道取得资产确认计税基础的税法规定,二要关注税法对折旧或摊销的范围和方法的规定。根据财税[2014]75号的相关规定,运用利好政策的情况填列第7列应与A105081对应。

特别关注: 对于不征税收入形成的资产,其折旧、摊销额不得税前扣除。第5至第8列税收金额应剔除不征税收入所形成资产的折旧、摊销额。

四、政策链接

政策链接之一:《中华人民共和国企业所得税法》。

第十一条 在计算应纳税所得额时,企业按照规定计算的固定资产折旧,准予扣除。

下列固定资产不得计算折旧扣除:

(一)房屋、建筑物以外未投入使用的固定资产;
(二)以经营租赁方式租入的固定资产;
(三)以融资租赁方式租出的固定资产;
(四)已足额提取折旧仍继续使用的固定资产;
(五)与经营活动无关的固定资产;
(六)单独估价作为固定资产入账的土地;
(七)其他不得计算折旧扣除的固定资产。

第十二条 在计算应纳税所得额时,企业按照规定计算的无形资产摊销费用,准予扣除。

下列无形资产不得计算摊销费用扣除:

(一)自行开发的支出已在计算应纳税所得额时扣除的无形资产;
(二)自创商誉;
(三)与经营活动无关的无形资产;
(四)其他不得计算摊销费用扣除的无形资产。

第十三条 在计算应纳税所得额时,企业发生的下列支出作为长期待摊费用,按照规定摊销的,准予扣除:

(一)已足额提取折旧的固定资产的改建支出;
(二)租入固定资产的改建支出;
(三)固定资产的大修理支出;
(四)其他应当作为长期待摊费用的支出。

第三十二条 企业的固定资产由于技术进步等原因,确需加速折旧的,可以缩短折旧年限或者采取加速折旧的方法。

政策链接之二:《中华人民共和国企业所得税法实施条例》。

第四节 资产的税务处理

第五十六条 企业的各项资产,包括固定资产、生物资产、无形资产、长期待摊费用、投资资产、存货等,以历史成本为计税基础。

前款所称历史成本,是指企业取得该项资产时实际发生的支出。

企业持有各项资产期间资产增值或者减值,除国务院财政、税务主管部门规定可以确认损益外,不得调整该资产的计税基础。

第五十七条 企业所得税法第十一条所称固定资产,是指企业为生产产品、提供劳务、出租或者经营管理而持有的、使用时间超过12个月的非货币性资产,包括房屋、建筑物、机器、机械、运输工具以及其他与生产经营活动有关的设备、器具、工具等。

第五十八条 固定资产按照以下方法确定计税基础:

(一)外购的固定资产,以购买价款和支付的相关税费以及直接归属于使该资产达到预定用途发生的其他支出为计税基础;

(二)自行建造的固定资产,以竣工结算前发生的支出为计税基础;

(三)融资租入的固定资产,以租赁合同约定的付款总额和承租人在签订租赁合同过程中发生的相关费用为计税基础,租赁合同未约定付款总额的,以该资产的公允价值和承租人在签订租赁合同过程中发生的相关费用为计税基础;

(四)盘盈的固定资产,以同类固定资产的重置完全价值为计税基础;

(五)通过捐赠、投资、非货币性资产交换、债务重组等方式取得的固定资产,以该资产的公允价值和支付的相关税费为计税基础;

(六)改建的固定资产,除《企业所得税法》第十三条第(一)项和第(二)项规定的支出外,以改建过程中发生的改建支出增加计税基础。

第五十九条 固定资产按照直线法计算的折旧,准予扣除。

企业应当自固定资产投入使用月份的次月起计算折旧;停止使用的固定资产,应当自停止使用月份的次月起停止计算折旧。

企业应当根据固定资产的性质和使用情况,合理确定固定资产的预计净残值。固定资产的预计净残值一经确定,不得变更。

第六十条 除国务院财政、税务主管部门另有规定外,固定资产计算折旧的最低年限如下:

(一)房屋、建筑物,为20年;

(二)飞机、火车、轮船、机器、机械和其他生产设备,为10年;

(三)与生产经营活动有关的器具、工具、家具等,为5年;

(四)飞机、火车、轮船以外的运输工具,为4年;

(五)电子设备,为3年。

第六十一条 从事开采石油、天然气等矿产资源的企业,在开始商业性生产前发生的费用和有关固定资产的折耗、折旧方法,由国务院财政、税务主管部门另行规定。

第六十二条 生产性生物资产按照以下方法确定计税基础:

(一)外购的生产性生物资产,以购买价款和支付的相关税费为计税基础;

(二)通过捐赠、投资、非货币性资产交换、债务重组等方式取得的生产性生物资产,以该资产的公允价值和支付的相关税费为计税基础。

前款所称生产性生物资产,是指企业为生产农产品、提供劳务或者出租等而持有的生物资产,包括经济林、薪炭林、产畜和役畜等。

第六十三条　生产性生物资产按照直线法计算的折旧,准予扣除。

企业应当自生产性生物资产投入使用月份的次月起计算折旧;停止使用的生产性生物资产,应当自停止使用月份的次月起停止计算折旧。

企业应当根据生产性生物资产的性质和使用情况,合理确定生产性生物资产的预计净残值。生产性生物资产的预计净残值一经确定,不得变更。

第六十四条　生产性生物资产计算折旧的最低年限如下:

(一)林木类生产性生物资产,为10年;

(二)畜类生产性生物资产,为3年。

第六十五条　《企业所得税法》第十二条所称无形资产,是指企业为生产产品、提供劳务、出租或者经营管理而持有的、没有实物形态的非货币性长期资产,包括专利权、商标权、著作权、土地使用权、非专利技术、商誉等。

第六十六条　无形资产按照以下方法确定计税基础:

(一)外购的无形资产,以购买价款和支付的相关税费以及直接归属于使该资产达到预定用途发生的其他支出为计税基础;

(二)自行开发的无形资产,以开发过程中该资产符合资本化条件后至达到预定用途前发生的支出为计税基础;

(三)通过捐赠、投资、非货币性资产交换、债务重组等方式取得的无形资产,以该资产的公允价值和支付的相关税费为计税基础。

第六十七条　无形资产按照直线法计算的摊销费用,准予扣除。

无形资产的摊销年限不得低于10年。

作为投资或者受让的无形资产,有关法律规定或者合同约定了使用年限的,可以按照规定或者约定的使用年限分期摊销。

外购商誉的支出,在企业整体转让或者清算时,准予扣除。

第六十八条　《企业所得税法》第十三条第(一)项和第(二)项所称固定资产的改建支出,是指改变房屋或者建筑物结构、延长使用年限等发生的支出。

《企业所得税法》第十三条第(一)项规定的支出,按照固定资产预计尚可使用年限分期摊销;第(二)项规定的支出,按照合同约定的剩余租赁期限分期摊销。

改建的固定资产延长使用年限的,除《企业所得税法》第十三条第(一)项和第(二)项规定外,应当适当延长折旧年限。

第六十九条　《企业所得税法》第十三条第(三)项所称固定资产的大修理支出,是指同时符合下列条件的支出:

(一)修理支出达到取得固定资产时的计税基础50%以上;

(二)修理后固定资产的使用年限延长2年以上。

《企业所得税法》第十三条第(三)项规定的支出,按照固定资产尚可使用年限分期摊销。

第七十条　《企业所得税法》第十三条第(四)项所称其他应当作为长期待摊费用的支出,自支出发生月份的次月起,分期摊销,摊销年限不得低于3年。

第九十八条　《企业所得税法》第三十二条所称可以采取缩短折旧年限或者采取加速折旧

的方法的固定资产,包括:

(一)由于技术进步,产品更新换代较快的固定资产;

(二)常年处于强震动、高腐蚀状态的固定资产。

采取缩短折旧年限方法的,最低折旧年限不得低于本条例第六十条规定折旧年限的60%;采取加速折旧方法的,可以采取双倍余额递减法或者年数总和法。

政策链接之三: 国家税务总局《关于〈企业固定资产加速折旧所得税处理有关问题〉的通知》(国税发[2009]81号)。

根据《中华人民共和国企业所得税法》(以下简称《企业所得税法》)及《中华人民共和国企业所得税法实施条例》(以下简称《实施条例》)的有关规定,现就企业固定资产实行加速折旧的所得税处理问题通知如下:

一、根据《企业所得税法》第三十二条及《实施条例》第九十八条的相关规定,企业拥有并用于生产经营的主要或关键的固定资产,由于以下原因确需加速折旧的,可以缩短折旧年限或者采取加速折旧的方法:

(一)由于技术进步,产品更新换代较快的;

(二)常年处于强震动、高腐蚀状态的。

二、企业拥有并使用的固定资产符合本通知第一条规定的,可按以下情况分别处理:

(一)企业过去没有使用过与该项固定资产功能相同或类似的固定资产,但有充分的证据证明该固定资产的预计使用年限短于《实施条例》规定的计算折旧最低年限的,企业可根据该固定资产的预计使用年限和本通知的规定,对该固定资产采取缩短折旧年限或者加速折旧的方法。

(二)企业在原有的固定资产未达到《实施条例》规定的最低折旧年限前,使用功能相同或类似的新固定资产替代旧固定资产的,企业可根据旧固定资产的实际使用年限和本通知的规定,对新替代的固定资产采取缩短折旧年限或者加速折旧的方法。

三、企业采取缩短折旧年限方法的,对其购置的新固定资产,最低折旧年限不得低于《实施条例》第六十条规定的折旧年限的60%;若为购置已使用过的固定资产,其最低折旧年限不得低于《实施条例》规定的最低折旧年限减去已使用年限后剩余年限的60%。最低折旧年限一经确定,一般不得变更。

四、企业拥有并使用符合本通知第一条规定条件的固定资产采取加速折旧方法的,可以采用双倍余额递减法或者年数总和法。加速折旧方法一经确定,一般不得变更。

(一)双倍余额递减法,是指在不考虑固定资产预计净残值的情况下,根据每期期初固定资产原值减去累计折旧后的金额和双倍的直线法折旧率计算固定资产折旧的一种方法。应用这种方法计算折旧额时,由于每年年初固定资产净值没有减去预计净残值,所以在计算固定资产折旧额时,应在其折旧年限到期前的两年期间,将固定资产净值减去预计净残值后的余额平均摊销。计算公式如下:

年折旧率=2÷预计使用寿命(年)×100%

月折旧率=年折旧率÷12

月折旧额=月初固定资产账面净值×月折旧率

(二)年数总和法,又称年限合计法,是指将固定资产的原值减去预计净残值后的余额,乘以一个以固定资产尚可使用寿命为分子、以预计使用寿命逐年数字之和为分母的逐年递减的分数计算每年的折旧额。计算公式如下:

年折旧率＝尚可使用年限÷预计使用寿命的年数总和×100％

月折旧率＝年折旧率÷12

月折旧额＝（固定资产原值－预计净残值）×月折旧率

五、企业确需对固定资产采取缩短折旧年限或者加速折旧方法的,应在取得该固定资产后一个月内,向其企业所得税主管税务机关(以下简称主管税务机关)备案,并报送以下资料：

（一）固定资产的功能、预计使用年限短于《实施条例》规定计算折旧的最低年限的理由、证明资料及有关情况的说明；

（二）被替代的旧固定资产的功能、使用及处置等情况的说明；

（三）固定资产加速折旧拟采用的方法和折旧额的说明；

（四）主管税务机关要求报送的其他资料。

企业主管税务机关应在企业所得税年度纳税评估时,对企业采取加速折旧的固定资产的使用环境及状况进行实地核查。对不符合加速折旧规定条件的,主管税务机关有权要求企业停止该项固定资产加速折旧。

六、对于采取缩短折旧年限的固定资产,足额计提折旧后继续使用而未进行处置(包括报废等情况)超过12个月的,今后对其更新替代、改造改建后形成的功能相同或者类似的固定资产,不得再采取缩短折旧年限的方法。

七、对于企业采取缩短折旧年限或者采取加速折旧方法的,主管税务机关应设立相应的税收管理台账,并加强监督,实施跟踪管理。对发现不符合《实施条例》第九十八条及本通知规定的,主管税务机关要及时责令企业进行纳税调整。

八、适用总、分机构汇总纳税的企业,对其所属分支机构使用的符合《实施条例》第九十八条及本通知规定情形的固定资产采取缩短折旧年限或者采取加速折旧方法的,由其总机构向其所在地主管税务机关备案。分支机构所在地主管税务机关应负责配合总机构所在地主管税务机关实施跟踪管理。

九、本通知自2008年1月1日起执行。

政策链接之四：国家税务总局《关于融资性售后回租业务中承租方出售资产行为有关税收问题的公告》(国家税务总局公告[2010]13号)。

现就融资性售后回租业务中承租方出售资产行为有关税收问题公告如下：

融资性售后回租业务是指承租方以融资为目的将资产出售给经批准从事融资租赁业务的企业后,又将该项资产从该融资租赁企业租回的行为。融资性售后回租业务中承租方出售资产时,资产所有权以及与资产所有权有关的全部报酬和风险并未完全转移。

二、企业所得税

根据现行《企业所得税法》及有关收入确定规定,融资性售后回租业务中,承租人出售资产的行为,不确认为销售收入,对融资性租赁的资产,仍按承租人出售前原账面价值作为计税基础计提折旧。租赁期间,承租人支付的属于融资利息的部分,作为企业财务费用在税前扣除。

本公告自2010年10月1日起施行。此前因与本公告规定不一致而已征的税款予以退税。

政策链接之五：国家税务总局《关于企业所得税若干问题的公告》(国家税务总局公告2011年第34号)。

四、关于房屋、建筑物固定资产改扩建的税务处理问题

企业对房屋、建筑物固定资产在未足额提取折旧前进行改扩建的,如属于推倒重置的,该

资产原值减除提取折旧后的净值,应并入重置后的固定资产计税成本,并在该固定资产投入使用后的次月起,按照税法规定的折旧年限,一并计提折旧;如属于提升功能、增加面积的,该固定资产的改扩建支出,并入该固定资产计税基础,并从改扩建完工投入使用后的次月起,重新按税法规定的该固定资产折旧年限计提折旧,如该改扩建后的固定资产尚可使用的年限低于税法规定的最低年限的,可以按尚可使用的年限计提折旧。

政策链接之六:国家税务总局关于发布《企业政策性搬迁所得税管理办法》的公告(国家税务总局公告2012年第40号)。

第十条 资产处置支出,是指企业由于搬迁而处置各类资产所发生的支出,包括变卖及处置各类资产的净值、处置过程中所发生的税费等支出。

企业由于搬迁而报废的资产,如无转让价值,其净值作为企业的资产处置支出。

第四章 搬迁资产税务处理

第十一条 企业搬迁的资产,简单安装或不需要安装即可继续使用的,在该项资产重新投入使用后,就其净值按《企业所得税法》及其实施条例规定的该资产尚未折旧或摊销的年限,继续计提折旧或摊销。

第十二条 企业搬迁的资产,需要进行大修理后才能重新使用的,应就该资产的净值,加上大修理过程所发生的支出,为该资产的计税成本。在该项资产重新投入使用后,按该资产尚可使用的年限,计提折旧或摊销。

第十三条 企业搬迁中被征用的土地,采取土地置换的,换入土地的计税成本按被征用土地的净值,以及该换入土地投入使用前所发生的各项费用支出,为该换入土地的计税成本,在该换入土地投入使用后,按《企业所得税法》及其实施条例规定年限摊销。

第十四条 企业搬迁期间新购置的各类资产,应按《企业所得税法》及其实施条例等有关规定,计算确定资产的计税成本及折旧或摊销年限。企业发生的购置资产支出,不得从搬迁收入中扣除。

政策链接之七:国家税务总局《关于企业所得税应纳税所得额若干问题的公告》(国家税务总局公告2014年第29号)。

根据《中华人民共和国企业所得税法》及其实施条例(以下简称税法)的规定,现将企业所得税应纳税所得额若干问题公告如下:

一、企业接收政府划入资产的企业所得税处理

(一)县级以上人民政府(包括政府有关部门,下同)将国有资产明确以股权投资方式投入企业,企业应作为国家资本金(包括资本公积)处理。该项资产如为非货币性资产,应按政府确定的接收价值确定计税基础。

(二)县级以上人民政府将国有资产无偿划入企业,凡指定专门用途并按《财政部国家税务总局关于专项用途财政性资金企业所得税处理问题的通知》(财税〔2011〕70号)规定进行管理的,企业可作为不征税收入进行企业所得税处理。其中,该项资产属于非货币性资产的,应按政府确定的接收价值计算不征税收入。

县级以上人民政府将国有资产无偿划入企业,属于上述(一)、(二)项以外情形的,应按政府确定的接收价值计入当期收入总额计算缴纳企业所得税。政府没有确定接收价值的,按资产的公允价值计算确定应税收入。

二、企业接收股东划入资产的企业所得税处理

(一)企业接收股东划入资产(包括股东赠与资产、上市公司在股权分置改革过程中接收原

非流通股股东和新非流通股股东赠与的资产、股东放弃本企业的股权,下同),凡合同、协议约定作为资本金(包括资本公积)且在会计上已做实际处理的,不计入企业的收入总额,企业应按公允价值确定该项资产的计税基础。

(二)企业接收股东划入资产,凡作为收入处理的,应按公允价值计入收入总额,计算缴纳企业所得税,同时按公允价值确定该项资产的计税基础。

五、固定资产折旧的企业所得税处理

(一)企业固定资产会计折旧年限如果短于税法规定的最低折旧年限,其按会计折旧年限计提的折旧高于按税法规定的最低折旧年限计提的折旧部分,应调增当期应纳税所得额;企业固定资产会计折旧年限已期满且会计折旧已提足,但税法规定的最低折旧年限尚未到期且税收折旧尚未足额扣除,其未足额扣除的部分准予在剩余的税收折旧年限继续按规定扣除。

(二)企业固定资产会计折旧年限如果长于税法规定的最低折旧年限,其折旧应按会计折旧年限计算扣除,税法另有规定除外。

(三)企业按会计规定提取的固定资产减值准备,不得税前扣除,其折旧仍按税法确定的固定资产计税基础计算扣除。

(四)企业按税法规定实行加速折旧的,其按加速折旧办法计算的折旧额可全额在税前扣除。

(五)石油天然气开采企业在计提油气资产折耗(折旧)时,由于会计与税法规定计算方法不同导致的折耗(折旧)差异,应按税法规定进行纳税调整。

六、施行时间

本公告适用于2013年度及以后年度企业所得税汇算清缴。

企业2013年度汇算清缴前接收政府或股东划入资产,尚未进行企业所得税处理的,可按本公告执行。对于手续不齐全、证据不清的,企业应在2014年12月31日前补充完善。企业凡在2014年12月31日前不能补充完善的,一律作为应税收入或计入收入总额进行企业所得税处理。

政策链接之八:财政部、国家税务总局《关于完善固定资产加速折旧企业所得税政策的通知》(财税[2014]75号)。

为贯彻落实国务院完善固定资产加速折旧政策精神,现就有关固定资产加速折旧企业所得税政策问题通知如下:

一、对生物药品制造业,专用设备制造业,铁路、船舶、航空航天和其他运输设备制造业,计算机、通信和其他电子设备制造业,仪器仪表制造业,信息传输、软件和信息技术服务业等6个行业的企业2014年1月1日后新购进的固定资产,可缩短折旧年限或采取加速折旧的方法。

对上述6个行业的小型微利企业2014年1月1日后新购进的研发和生产经营共用的仪器、设备,单位价值不超过100万元的,允许一次性计入当期成本费用在计算应纳税所得额时扣除,不再分年度计算折旧;单位价值超过100万元的,可缩短折旧年限或采取加速折旧的方法。

二、对所有行业企业2014年1月1日后新购进的专门用于研发的仪器、设备,单位价值不超过100万元的,允许一次性计入当期成本费用在计算应纳税所得额时扣除,不再分年度计算折旧;单位价值超过100万元的,可缩短折旧年限或采取加速折旧的方法。

三、对所有行业企业持有的单位价值不超过5 000元的固定资产,允许一次性计入当期成本费用在计算应纳税所得额时扣除,不再分年度计算折旧。

四、企业按本通知第一条、第二条规定缩短折旧年限的,最低折旧年限不得低于《企业所得税法实施条例》第六十条规定折旧年限的60%;采取加速折旧方法的,可采取双倍余额递减法或者年数总和法。本通知第一至三条规定之外的企业固定资产加速折旧所得税处理问题,继续按照《企业所得税法》及其实施条例和现行税收政策规定执行。

五、本通知自2014年1月1日起执行。

第二节 《固定资产加速折旧、扣除明细表》的填制与审核

一、表样及有关项目的填报说明

(一)表样

A105081

固定资产加速折旧、扣除明细表

行次	项目	房屋、建筑物		飞机、火车、轮船、机器、机械和其他生产设备		与生产经营活动有关的器具、工具、家具		飞机、火车、轮船以外的运输工具		电子设备		合计			
												原值	本期折旧(扣除)额		累计折旧(扣除)额	
		原值	本期折旧(扣除)额	累计折旧(扣除)额	原值	本期折旧(扣除)额	累计折旧(扣除)额	原值	本期折旧(扣除)额	累计折旧(扣除)额	原值	本期折旧(扣除)额	累计折旧(扣除)额	原值	本期折旧(扣除)额	累计折旧(扣除)额		正常折旧额	加速折旧额	正常折旧额	加速折旧额
		1	2	3	4	5	6	7	8	9	10	11	12	13	14	15	16	17	18	19	20
1	一、六大行业固定资产																				
2	(一)生物药品制造业																				
3	(二)专用设备制造业																				
4	(三)铁路、船舶、航空航天和其他运输设备制造业																				
5	(四)计算机、通信和其他电子设备制造业																				
6	(五)仪器仪表制造业																				
7	(六)信息传输、软件和信息技术服务业																				
8	(七)其他行业																				
9	二、允许一次性扣除的固定资产																				
10	(一)单位价值不超过100万元的研发仪器、设备																				
11	其中:六大行业小型微利企业研发和生产经营共用的仪器、设备																				
12	(二)单位价值不超过5 000元的固定资产																				
13	总 计																				

(二)填报说明

本表适用于按照《财政部 国家税务总局关于完善固定资产加速折旧税收政策有关问题的

通知》(财税〔2014〕75号)规定,六大行业固定资产加速折旧、缩短折旧年限,以及其他企业研发仪器、设备,单项固定资产价值低于5 000元的一次性扣除等,享受税收优惠政策的统计情况。

《国家税务总局关于企业固定资产加速折旧所得税处理有关问题的通知》(国税发〔2009〕81号)规定的固定资产加速折旧,不填报本表。

为统计加速折旧、扣除政策的优惠数据,固定资产填报按以下情况分别填报:

一是会计处理采取正常折旧方法,税法规定采取缩短年限方法的,按税法规定折旧完毕后,该项固定资产不再填写本表;

二是会计处理采取正常折旧方法,税法规定采取年数总和法、双倍余额递减法方法的,从按税法规定折旧金额小于按会计处理折旧金额的年度起,该项固定资产不再填写本表;

三是会计处理、税法规定均采取加速折旧方法的,合计栏项下"正常折旧额",按该类固定资产税法最低折旧年限和直线法估算"正常折旧额",与税法规定的"加速折旧额"的差额,填报加速折旧的优惠金额。

税法规定采取缩短年限方法的,在折旧完毕后,该项固定资产不再填写本表。税法规定采取年数总和法、双倍余额递减法的,自加速折旧额小于会计处理折旧额(或正常折旧额)的月份、季度起,该项固定资产不再填写本表。

行次填报:

1. 第1行"一、六大行业固定资产":填报六大行业(包括生物药品制造业,专用设备制造业,铁路、船舶、航空航天和其他运输设备制造业,计算机、通信和其他电子设备制造业,仪器仪表制造业,信息传输、软件和信息技术服务业等行业)纳税人,2014年1月1日后新购进的固定资产,按照财税〔2014〕75号和国家税务总局相关规定的加速折旧政策计算的各项固定资产的加速折旧额,以及与按照税收一般规定计算的折旧额的差额。本表根据固定资产类别填报相应数据列。

第2行至第7行,由六大行业中的企业根据所在行业固定资产加速折旧情况进行填报。

2. 第8行"其他行业":由单位价值超过100万元的研发仪器、设备采取缩短折旧年限或加速折旧方法的六大行业以外的其他企业填写。

3. 第9行"二、允许一次性扣除的固定资产":填报2014年1月1日后新购进单位价值不超过100万元的用于研发的仪器、设备和单位价值不超过5000元的固定资产,按照税法规定一次性在当期所得税前扣除的金额。

小型微利企业研发与经营活动共用的仪器、设备一次性扣除,同时填写本表第10行、第11行。

列次填报:

除第17列外,其他列次有关固定资产原值、折旧额,均按税收规定填写。

1. 原值:填写固定资产的计税基础。自行建造固定资产,按照会计实际入账价值确定。

2. 本期折旧(扣除)额:按税法规定计算填写当年度折旧(扣除)额。

3. 累计折旧(扣除)额:按税法规定计算填写享受加速折旧优惠政策的固定资产自起始年度至本年度的累计折旧(扣除)额。

4. 合计栏"本期折旧(扣除)额"中的"加速折旧额"—"正常折旧额"的差额,反映本期加速折旧或一次性扣除政策导致应纳税所得税额减少的金额。"累计折旧(扣除)额"中的"加速折旧额"—"正常折旧额"的差额,反映该类资产加速折旧或一次性扣除政策导致应纳税所得税额减少的金额。

(1)第17列、19列"正常折旧额":会计上未采取加速折旧方法的,按照会计账册反映的折旧额填报。

会计上采取缩短年限法的,按照不短于税法上该类固定资产最低折旧年限和直线法计算的折旧额填报;会计上采取年数总和法、双倍余额递减法的,按照直线法换算的折旧额填报。当会计折旧额小于税法加速折旧额时,该类固定资产不再填报本表。

(2)第18列、20列"加速折旧额":填报固定资产缩短折旧年限法、年数总和法、双倍余额递减法、一次性扣除等,在本年度实际计入应纳税所得额的数额。

二、表内、表间关系

(一)表内关系

1. 第16列(合计—原值)=第1列(房屋、建筑物—原值)+第4列(飞机、火车、轮船、机器、机械和其他生产设备—原值)+…第7列(与生产经营活动有关的器具、工具、家具—原值)+第10列(飞机、火车、轮船以外的运输工具—原值)+第13列(电子设备—原值)。

2. 第18列(加速折旧额)=第2列(本期折旧额)+第5列(本期折旧额)+第8列(本期折旧额)+第11列(本期折旧额)+第14列(本期折旧额)。

3. 第20列(加速折旧额)=第3列(累计折旧额)+第6列(累计折旧额)+第9列(累计折旧额)+第12列(累计折旧额)+第15列(累计折旧额)。

4. 第1行(六大行业固定资产)=第2行(生物药品制造业)+第3行(专用设备制造业)+第4行(铁路、船舶、航空航天和其他运输设备制造业)+…+第7行(信息传输、软件和信息技术服务业)。

5. 第9行(允许一次性扣除的固定资产)=第10行(单位价值不超过100万元的研发仪器、设备)+第12行(单位价值不超过5 000元的固定资产)。

(二)表间关系

1. 第1行(六大行业固定资产)第18列(加速折旧额)=表A105080《资产折旧、摊销情况及纳税调整明细表》第1行(固定资产)第7列(2014年及以后年度新增固定资产加速折旧额)。

2. 第1行(六大行业固定资产)第2列(本期折旧额)=表A105080《资产折旧、摊销情况及纳税调整明细表》第2行(房屋、建筑物)第7列(2014年及以后年度新增固定资产加速折旧额)。

3. 第1行(六大行业固定资产)第5列(本期折旧额)=表A105080《资产折旧、摊销情况及纳税调整明细表》第3行(飞机、火车、轮船、机器、机械和其他生产设备)第7列(2014年及以后年度新增固定资产加速折旧额)。

4. 第1行(六大行业固定资产)第8列(本期折旧额)=表A105080《资产折旧、摊销情况及纳税调整明细表》第4行(与生产经营活动有关的器具、工具、家具等)第7列(2014年及以后年度新增固定资产加速折旧额)。

5. 第1行(六大行业固定资产)第11列(本期折旧额)=表A105080《资产折旧、摊销情况及纳税调整明细表》第5行(飞机、火车、轮船以外的运输工具)第7列(2014年及以后年度新增固定资产加速折旧额)。

6. 第1行(六大行业固定资产)第14列(本期折旧额)=表A105080《资产折旧、摊销情况及纳税调整明细表》第 6 行(电子设备)第 7 列(2014 年及以后年度新增固定资产加速折旧额)。

三、填审要点提示

本表专门为六大行业固定资产加速折旧、缩短折旧年限,以及其他企业研发仪器设备单项固定资产价值低于 5 000 元的一次性扣除,享受税收优惠政策统计而设计,适用于按照《财政部 国家税务总局关于完善固定资产加速折旧税收政策有关问题的通知》(财税[2014]75 号)规定,六大行业固定资产加速折旧、缩短折旧年限,以及其他企业研发仪器、设备,单项固定资产价值低于 5 000 元的一次性扣除等,享受税收优惠政策的统计情况。

特别关注:《国家税务总局关于企业固定资产加速折旧所得税处理有关问题的通知》(国税发[2009]81 号)规定的固定资产加速折旧,不填报本表。

四、政策链接

《财政部 国家税务总局关于完善固定资产加速折旧税收政策有关问题的通知》(财税[2014]75 号)(参见本章上一节)。

第三节 《资产损失税前扣除及纳税调整明细表》的填制与审核

一、表样及有关项目的填报说明

(一)表样

A105090

资产损失税前扣除及纳税调整明细表

行次	项　目	账载金额	税收金额	纳税调整金额
		1	2	3(1-2)
1	一、清单申报资产损失(2+3+4+5+6+7+8)			
2	(一)正常经营管理活动中,按照公允价格销售、转让、变卖非货币资产的损失			
3	(二)存货发生的正常损耗			
4	(三)固定资产达到或超过使用年限而正常报废清理的损失			
5	(四)生产性生物资产达到或超过使用年限而正常死亡发生的资产损失			
6	(五)按照市场公平交易原则,通过各种交易场所、市场等买卖债券、股票、期货、基金以及金融衍生产品等发生的损失			
7	(六)分支机构上报的资产损失			
8	(七)其他			
9	二、专项申报资产损失(填写 A105091)			
10	(一)货币资产损失(填写 A105091)			
11	(二)非货币资产损失(填写 A105091)			

续表

行次	项　　目	账载金额	税收金额	纳税调整金额
		1	2	3(1－2)
12	(三)投资损失(填写 A105091)			
13	(四)其他(填写 A105091)			
14	合计(1＋9)			

(二)填报说明

本表适用于发生资产损失税前扣除项目及纳税调整项目的纳税人填报。

1. 第 1 行"一、清单申报资产损失":填报以清单申报的方式向税务机关申报扣除的资产损失项目账载金额、税收金额以及纳税调整金额。本行金额根据本表第 2 行(正常经营管理活动中,按照公允价格销售、转让、变卖非货币资产的损失)至第 8 行(其他)的合计数填报。

2. 第 2 行(正常经营管理活动中,按照公允价格销售、转让、变卖非货币资产的损失)至第 8 行(其他),分别填报相应资产损失类型的会计处理、税法规定及纳税调整情况。第 1 列"账载金额"填报纳税人会计核算计入当期损益的资产损失金额,已经计入存货成本的正常损耗除外;第 2 列"税收金额"填报根据税法规定允许税前扣除的资产损失金额;第 3 列"纳税调整金额"为第 1 列(账载金额)－第 2 列(税收金额)的余额。

3. 第 9 行"二、专项申报资产损失":填报以专项申报的方式向税务机关申报扣除的资产损失项目的账载金额、税收金额以及纳税调整金额。本行根据《资产损失(专项申报)税前扣除及纳税调整明细表》(A105091)填报,第 1 列"账载金额"为表 A105091 第 20 行第 2 列金额;第 2 列"税收金额"为表 A105091 第 20 行(合计)第 6 列(税收金额)金额;第 3 列"纳税调整金额"为表 A105091 第 20 行(合计)第 7 列(税收金额)金额。

4. 第 10 行"(一)货币资产损失":填报企业当年发生的货币资产损失(包括现金损失、银行存款损失和应收及预付款项损失等)的账载金额、税收金额以及纳税调整金额,根据《资产损失(专项申报)税前扣除及纳税调整明细表》(A105091)第 1 行(货币资产损失)相应数据列填报。

5. 第 11 行"(二)非货币资产损失":填报非货币资产损失的账载金额、税收金额以及纳税调整金额,根据《资产损失(专项申报)税前扣除及纳税调整明细表》(A105091)第 6 行(非货币资产损失)相应数据列填报。

6. 第 12 行"(三)投资损失":填报应进行专项申报扣除的投资损失账载金额、税收金额以及纳税调整金额,根据《资产损失(专项申报)税前扣除及纳税调整明细表》(A105091)第 11 行(投资损失)相应数据列填报。

7. 第 13 行"(四)其他":填报应进行专项申报扣除的其他资产损失情况,根据《资产损失(专项申报)税前扣除及纳税调整明细表》(A105091)第 16 行(其他)相应数据列填报。

8. 第 14 行"合计":填报第 1 行(清单申报资产损失)＋第 9 行(专项申报资产损失)的金额。

二、表内、表间关系

(一)表内关系

1. 第 3 列(纳税调整金额)＝第 1 列(账载金额)－第 2 列(税收金额)。

2. 第 1 行(清单申报资产损失)＝第 2 行(正常经营管理活动中,按照公允价格销售、转让、变卖非货币资产的损失)＋第 3 行(存货发生的正常损耗)＋…＋第 8 行(其他)。

3. 第14行(合计)＝第1行(清单申报资产损失)＋第9行(专项申报资产损失)。

(二)表间关系

1. 第14行(合计)第1列(账载金额)＝表A105000《纳税调整项目明细表》第33行(资产损失)第1列(账载金额)。

2. 第14行(合计)第2列(税收金额)＝表A105000《纳税调整项目明细表》第33行(资产损失)第2列(税收金额)。

3. 第14行(合计)第3列(纳税调整金额),若≥0,填入表A105000《纳税调整项目明细表》第33行(资产损失)第3列(调增金额);若＜0,将绝对值填入表A105000《纳税调整项目明细表》第33行(资产损失)第4列(调减金额)。

4. 第9行(专项申报资产损失)第1列(账载金额)＝表A105091《资产损失(专项申报)税前扣除及纳税调整明细表》第20行(合计)第2列(账载金额)。

5. 第9行(专项申报资产损失)第2列(税收金额)＝表A105091《资产损失(专项申报)税前扣除及纳税调整明细表》第20行(合计)第6列(税收金额)。

6. 第9行(专项申报资产损失)第3列(纳税调整金额)＝表A105091《资产损失(专项申报)税前扣除及纳税调整明细表》第20行(合计)第7列(纳税调整金额)。

7. 第10行(货币资产损失)第1列(账载金额)＝表A105091《资产损失(专项申报)税前扣除及纳税调整明细表》第1行(货币资产损失)第2列(账载金额)。

8. 第10行(货币资产损失)第2列(税收金额)＝表A105091《资产损失(专项申报)税前扣除及纳税调整明细表》第1行(货币资产损失)第6列(税收金额)。

9. 第10行(货币资产损失)第3列(纳税调整金额)＝表A105091《资产损失(专项申报)税前扣除及纳税调整明细表》第1行(货币资产损失)第7列(纳税调整金额)。

10. 第11行(非货币资产损失)第1列(账载金额)＝表A105091《资产损失(专项申报)税前扣除及纳税调整明细表》第6行(非货币资产损失)第2列(账载金额)。

11. 第11行(非货币资产损失)第2列(税收金额)＝表A105091《资产损失(专项申报)税前扣除及纳税调整明细表》第6行(非货币资产损失)第6列(税收金额)。

12. 第11行(非货币资产损失)第3列(纳税调整金额)＝表A105091《资产损失(专项申报)税前扣除及纳税调整明细表》第6行(非货币资产损失)第7列(纳税调整金额)。

13. 第12行(投资损失)第1列(账载金额)＝表A105091《资产损失(专项申报)税前扣除及纳税调整明细表》第11行(投资损失)第2列(账载金额)。

14. 第12行(投资损失)第2列(税收金额)＝表A105091《资产损失(专项申报)税前扣除及纳税调整明细表》第11行(投资损失)第6列(税收金额)。

15. 第12行(投资损失)第3列(纳税调整金额)＝表A105091《资产损失(专项申报)税前扣除及纳税调整明细表》第11行(投资损失)第7列(纳税调整金额)。

16. 第13行(其他)第1列(账载金额)＝表A105091《资产损失(专项申报)税前扣除及纳税调整明细表》第16行(其他)第2列(账载金额)。

17. 第13行(其他)第2列(税收金额)＝表A105091《资产损失(专项申报)税前扣除及纳税调整明细表》第16行(其他)第6列(税收金额)。

18. 第13行(其他)第3列(纳税调整金额)＝表A105091《资产损失(专项申报)税前扣除及纳税调整明细表》第16行(其他)第7列(纳税调整金额)。

三、填审要点提示

本表申报资产损失税前扣除,是介于表 A105000《纳税调整项目明细表》和表 A105091《资产损失(专项申报)税前扣除及纳税调整明细表》之间的桥梁,填审时要严格对照税收政策,特别要关注国家税务总局公告[2011]25 号规定的相关程序。

四、政策链接

政策链接之一:财政部 国家税务总局《关于企业资产损失税前扣除政策的通知》(财税[2009]57 号)。

根据《中华人民共和国企业所得税法》和《中华人民共和国企业所得税法实施条例》(国务院令第 512 号)的有关规定,现就企业资产损失在计算企业所得税应纳税所得额时的扣除政策通知如下:

一、本通知所称资产损失,是指企业在生产经营活动中实际发生的、与取得应税收入有关的资产损失,包括现金损失,存款损失,坏账损失,贷款损失,股权投资损失,固定资产和存货的盘亏、毁损、报废、被盗损失,自然灾害等不可抗力因素造成的损失以及其他损失。

二、企业清查出的现金短缺减除责任人赔偿后的余额,作为现金损失在计算应纳税所得额时扣除。

三、企业将货币性资金存入法定具有吸收存款职能的机构,因该机构依法破产、清算,或者政府责令停业、关闭等原因,确实不能收回的部分,作为存款损失在计算应纳税所得额时扣除。

四、企业除贷款类债权外的应收、预付账款符合下列条件之一的,减除可收回金额后确认的无法收回的应收、预付款项,可以作为坏账损失在计算应纳税所得额时扣除:

(一)债务人依法宣告破产、关闭、解散、被撤销,或者被依法注销、吊销营业执照,其清算财产不足清偿的;

(二)债务人死亡,或者依法被宣告失踪、死亡,其财产或者遗产不足清偿的;

(三)债务人逾期 3 年以上未清偿,且有确凿证据证明已无力清偿债务的;

(四)与债务人达成债务重组协议或法院批准破产重整计划后,无法追偿的;

(五)因自然灾害、战争等不可抗力导致无法收回的;

(六)国务院财政、税务主管部门规定的其他条件。

五、企业经采取所有可能的措施和实施必要的程序之后,符合下列条件之一的贷款类债权,可以作为贷款损失在计算应纳税所得额时扣除:

(一)借款人和担保人依法宣告破产、关闭、解散、被撤销,并终止法人资格,或者已完全停止经营活动,被依法注销、吊销营业执照,对借款人和担保人进行追偿后,未能收回的债权;

(二)借款人死亡,或者依法被宣告失踪、死亡,依法对其财产或者遗产进行清偿,并对担保人进行追偿后,未能收回的债权;

(三)借款人遭受重大自然灾害或者意外事故,损失巨大且不能获得保险补偿,或者以保险赔偿后,确实无力偿还部分或者全部债务,对借款人财产进行清偿和对担保人进行追偿后,未能收回的债权;

(四)借款人触犯刑律,依法受到制裁,其财产不足归还所借债务,又无其他债务承担者,经追偿后确实无法收回的债权;

(五)由于借款人和担保人不能偿还到期债务,企业诉诸法律,经法院对借款人和担保人强

制执行,借款人和担保人均无财产可执行,法院裁定执行程序终结或终止(中止)后,仍无法收回的债权;

(六)由于借款人和担保人不能偿还到期债务,企业诉诸法律后,经法院调解或经债权人会议通过,与借款人和担保人达成和解协议或重整协议,在借款人和担保人履行完还款义务后,无法追偿的剩余债权;

(七)由于上述(一)至(六)项原因借款人不能偿还到期债务,企业依法取得抵债资产,抵债金额小于贷款本息的差额,经追偿后仍无法收回的债权;

(八)开立信用证、办理承兑汇票、开具保函等发生垫款时,凡开证申请人和保证人由于上述(一)至(七)项原因,无法偿还垫款,金融企业经追偿后仍无法收回的垫款;

(九)银行卡持卡人和担保人由于上述(一)至(七)项原因,未能还清透支款项,金融企业经追偿后仍无法收回的透支款项;

(十)助学贷款逾期后,在金融企业确定的有效追索期限内,依法处置助学贷款抵押物(质押物),并向担保人追索连带责任后,仍无法收回的贷款;

(十一)经国务院专案批准核销的贷款类债权;

(十二)国务院财政、税务主管部门规定的其他条件。

六、企业的股权投资符合下列条件之一的,减除可收回金额后确认的无法收回的股权投资,可以作为股权投资损失在计算应纳税所得额时扣除:

(一)被投资方依法宣告破产、关闭、解散、被撤销,或者被依法注销、吊销营业执照的;

(二)被投资方财务状况严重恶化,累计发生巨额亏损,已连续停止经营3年以上,且无重新恢复经营改组计划的;

(三)对被投资方不具有控制权,投资期限届满或者投资期限已超过10年,且被投资单位因连续3年经营亏损导致资不抵债的;

(四)被投资方财务状况严重恶化,累计发生巨额亏损,已完成清算或清算期超过3年以上的;

(五)国务院财政、税务主管部门规定的其他条件。

七、对企业盘亏的固定资产或存货,以该固定资产的账面净值或存货的成本减除责任人赔偿后的余额,作为固定资产或存货盘亏损失在计算应纳税所得额时扣除。

八、对企业毁损、报废的固定资产或存货,以该固定资产的账面净值或存货的成本减除残值、保险赔款和责任人赔偿后的余额,作为固定资产或存货毁损、报废损失在计算应纳税所得额时扣除。

九、对企业被盗的固定资产或存货,以该固定资产的账面净值或存货的成本减除保险赔款和责任人赔偿后的余额,作为固定资产或存货被盗损失在计算应纳税所得额时扣除。

十、企业因存货盘亏、毁损、报废、被盗等原因不得从增值税销项税额中抵扣的进项税额,可以与存货损失一起在计算应纳税所得额时扣除。

十一、企业在计算应纳税所得额时已经扣除的资产损失,在以后纳税年度全部或者部分收回时,其收回部分应当作为收入计入收回当期的应纳税所得额。

十二、企业境内、境外营业机构发生的资产损失应分开核算,对境外营业机构由于发生资产损失而产生的亏损,不得在计算境内应纳税所得额时扣除。

十三、企业对其扣除的各项资产损失,应当提供能够证明资产损失确属已实际发生的合法证据,包括具有法律效力的外部证据、具有法定资质的中介机构的经济鉴证证明、具有法定资质的专业机构的技术鉴定证明等。

十四、本通知自 2008 年 1 月 1 日起执行。

政策链接之二：国家税务总局关于发布《企业资产损失所得税税前扣除管理办法》的公告（国家税务总局公告[2011]25 号）。

企业资产损失所得税税前扣除管理办法

第一章　总　则

第一条　根据《中华人民共和国企业所得税法》（以下简称企业所得税法）及其实施条例、《中华人民共和国税收征收管理法》（以下简称征管法）及其实施细则、《财政部国家税务总局关于企业资产损失税前扣除政策的通知》（财税[2009]57 号）（以下简称《通知》）的规定，制定本办法。

第二条　本办法所称资产是指企业拥有或者控制的、用于经营管理活动相关的资产，包括现金、银行存款、应收及预付款项（包括应收票据、各类垫款、企业之间往来款项）等货币性资产，存货、固定资产、无形资产、在建工程、生产性生物资产等非货币性资产，以及债权性投资和股权（权益）性投资。

第三条　准予在企业所得税税前扣除的资产损失，是指企业在实际处置、转让上述资产过程中发生的合理损失（以下简称实际资产损失），以及企业虽未实际处置、转让上述资产，但符合《通知》和本办法规定条件计算确认的损失（以下简称法定资产损失）。

第四条　企业实际资产损失，应当在其实际发生且会计上已作损失处理的年度申报扣除；法定资产损失，应当在企业向主管税务机关提供证据资料证明该项资产已符合法定资产损失确认条件，且会计上已作损失处理的年度申报扣除。

第五条　企业发生的资产损失，应按规定的程序和要求向主管税务机关申报后方能在税前扣除。未经申报的损失，不得在税前扣除。

第六条　企业以前年度发生的资产损失未能在当年税前扣除的，可以按照本办法的规定，向税务机关说明并进行专项申报扣除。其中，属于实际资产损失，准予追补至该项损失发生年度扣除，其追补确认期限一般不得超过五年，但因计划经济体制转轨过程中遗留的资产损失、企业重组上市过程中因权属不清出现争议而未能及时扣除的资产损失、因承担国家政策性任务而形成的资产损失以及政策定性不明确而形成资产损失等特殊原因形成的资产损失，其追补确认期限经国家税务总局批准后可适当延长。属于法定资产损失，应在申报年度扣除。

企业因以前年度实际资产损失未在税前扣除而多缴的企业所得税税款，可在追补确认年度企业所得税应纳税款中予以抵扣，不足抵扣的，向以后年度递延抵扣。

企业实际资产损失发生年度扣除追补确认的损失后出现亏损的，应先调整资产损失发生年度的亏损额，再按弥补亏损的原则计算以后年度多缴的企业所得税税款，并按前款办法进行税务处理。

第二章　申报管理

第七条　企业在进行企业所得税年度汇算清缴申报时，可将资产损失申报材料和纳税资料作为企业所得税年度纳税申报表的附件一并向税务机关报送。

第八条　企业资产损失按其申报内容和要求的不同，分为清单申报和专项申报两种申报形式。其中，属于清单申报的资产损失，企业可按会计核算科目进行归类、汇总，然后再将汇总清单报送税务机关，有关会计核算资料和纳税资料留存备查；属于专项申报的资产损失，企业应逐项（或逐笔）报送申请报告，同时附送会计核算资料及其他相关的纳税资料。

企业在申报资产损失税前扣除过程中不符合上述要求的,税务机关应当要求其改正,企业拒绝改正的,税务机关有权不予受理。

第九条　下列资产损失,应以清单申报的方式向税务机关申报扣除:

(一)企业在正常经营管理活动中,按照公允价格销售、转让、变卖非货币资产的损失;

(二)企业各项存货发生的正常损耗;

(三)企业固定资产达到或超过使用年限而正常报废清理的损失;

(四)企业生产性生物资产达到或超过使用年限而正常死亡发生的资产损失;

(五)企业按照市场公平交易原则,通过各种交易场所、市场等买卖债券、股票、期货、基金以及金融衍生产品等发生的损失。

第十条　前条以外的资产损失,应以专项申报的方式向税务机关申报扣除。企业无法准确判别是否属于清单申报扣除的资产损失,可以采取专项申报的形式申报扣除。

第十一条　在中国境内跨地区经营的汇总纳税企业发生的资产损失,应按以下规定申报扣除:

(一)总机构及其分支机构发生的资产损失,除应按专项申报和清单申报的有关规定,各自向当地主管税务机关申报外,各分支机构同时还应上报总机构;

(二)总机构对各分支机构上报的资产损失,除税务机关另有规定外,应以清单申报的形式向当地主管税务机关进行申报;

(三)总机构将跨地区分支机构所属资产捆绑打包转让所发生的资产损失,由总机构向当地主管税务机关进行专项申报。

第十二条　企业因国务院决定事项形成的资产损失,应向国家税务总局提供有关资料。国家税务总局审核有关情况后,将损失情况通知相关税务机关。企业应按本办法的要求进行专项申报。

第十三条　属于专项申报的资产损失,企业因特殊原因不能在规定的时限内报送相关资料的,可以向主管税务机关提出申请,经主管税务机关同意后,可适当延期申报。

第十四条　企业应当建立健全资产损失内部核销管理制度,及时收集、整理、编制、审核、申报、保存资产损失税前扣除证据材料,方便税务机关检查。

第十五条　税务机关应按分项建档、分级管理的原则,建立企业资产损失税前扣除管理台账和纳税档案,及时进行评估。对资产损失金额较大或经评估后发现不符合资产损失税前扣除规定、或存有疑点、异常情况的资产损失,应及时进行核查。对有证据证明申报扣除的资产损失不真实、不合法的,应依法作出税收处理。

第三章　资产损失确认证据

第十六条　企业资产损失相关的证据包括具有法律效力的外部证据和特定事项的企业内部证据。

第十七条　具有法律效力的外部证据,是指司法机关、行政机关、专业技术鉴定部门等依法出具的与本企业资产损失相关的具有法律效力的书面文件,主要包括:

(一)司法机关的判决或者裁定;

(二)公安机关的立案结案证明、回复;

(三)工商部门出具的注销、吊销及停业证明;

(四)企业的破产清算公告或清偿文件;

(五)行政机关的公文;

(六)专业技术部门的鉴定报告;
(七)具有法定资质的中介机构的经济鉴定证明;
(八)仲裁机构的仲裁文书;
(九)保险公司对投保资产出具的出险调查单、理赔计算单等保险单据;
(十)符合法律规定的其他证据。

第十八条 特定事项的企业内部证据,是指会计核算制度健全、内部控制制度完善的企业,对各项资产发生毁损、报废、盘亏、死亡、变质等内部证明或承担责任的声明,主要包括:
(一)有关会计核算资料和原始凭证;
(二)资产盘点表;
(三)相关经济行为的业务合同;
(四)企业内部技术鉴定部门的鉴定文件或资料;
(五)企业内部核批文件及有关情况说明;
(六)对责任人由于经营管理责任造成损失的责任认定及赔偿情况说明;
(七)法定代表人、企业负责人和企业财务负责人对特定事项真实性承担法律责任的声明。

第四章 货币资产损失的确认

第十九条 企业货币资产损失包括现金损失、银行存款损失和应收及预付款项损失等。

第二十条 现金损失应依据以下证据材料确认:
(一)现金保管人确认的现金盘点表(包括倒推至基准日的记录);
(二)现金保管人对于短缺的说明及相关核准文件;
(三)对责任人由于管理责任造成损失的责任认定及赔偿情况的说明;
(四)涉及刑事犯罪的,应有司法机关出具的相关材料;
(五)金融机构出具的假币收缴证明。

第二十一条 企业因金融机构清算而发生的存款类资产损失应依据以下证据材料确认:
(一)企业存款类资产的原始凭据;
(二)金融机构破产、清算的法律文件;
(三)金融机构清算后剩余资产分配情况资料。

金融机构应清算而未清算超过三年的,企业可将该款项确认为资产损失,但应有法院或破产清算管理人出具的未完成清算证明。

第二十二条 企业应收及预付款项坏账损失应依据以下相关证据材料确认:
(一)相关事项合同、协议或说明;
(二)属于债务人破产清算的,应有人民法院的破产、清算公告;
(三)属于诉讼案件的,应出具人民法院的判决书或裁决书或仲裁机构的仲裁书,或者被法院裁定终(中)止执行的法律文书;
(四)属于债务人停止营业的,应有工商部门注销、吊销营业执照证明;
(五)属于债务人死亡、失踪的,应有公安机关等有关部门对债务人个人的死亡、失踪证明;
(六)属于债务重组的,应有债务重组协议及其债务人重组收益纳税情况说明;
(七)属于自然灾害、战争等不可抗力而无法收回的,应有债务人受灾情况说明以及放弃债权申明。

第二十三条 企业逾期三年以上的应收款项在会计上已作为损失处理的,可以作为坏账损失,但应说明情况,并出具专项报告。

第二十四条　企业逾期一年以上、单笔数额不超过五万元或者不超过企业年度收入总额万分之一的应收款项，会计上已经作为损失处理的，可以作为坏账损失，但应说明情况，并出具专项报告。

第五章　非货币资产损失的确认

第二十五条　企业非货币资产损失包括存货损失、固定资产损失、无形资产损失、在建工程损失、生产性生物资产损失等。

第二十六条　存货盘亏损失，为其盘亏金额扣除责任人赔偿后的余额，应依据以下证据材料确认：

(一)存货计税成本确定依据；

(二)企业内部有关责任认定、责任人赔偿说明和内部核批文件；

(三)存货盘点表；

(四)存货保管人对于盘亏的情况说明。

第二十七条　存货报废、毁损或变质损失，为其计税成本扣除残值及责任人赔偿后的余额，应依据以下证据材料确认：

(一)存货计税成本的确定依据；

(二)企业内部关于存货报废、毁损、变质、残值情况说明及核销资料；

(三)涉及责任人赔偿的，应当有赔偿情况说明；

(四)该项损失数额较大的(指占企业该类资产计税成本10%以上，或减少当年应纳税所得、增加亏损10%以上，下同)，应有专业技术鉴定意见或法定资质中介机构出具的专项报告等。

第二十八条　存货被盗损失，为其计税成本扣除保险理赔以及责任人赔偿后的余额，应依据以下证据材料确认：

(一)存货计税成本的确定依据；

(二)向公安机关的报案记录；

(三)涉及责任人和保险公司赔偿的，应有赔偿情况说明等。

第二十九条　固定资产盘亏、丢失损失，为其账面净值扣除责任人赔偿后的余额，应依据以下证据材料确认：

(一)企业内部有关责任认定和核销资料；

(二)固定资产盘点表；

(三)固定资产的计税基础相关资料；

(四)固定资产盘亏、丢失情况说明；

(五)损失金额较大的，应有专业技术鉴定报告或法定资质中介机构出具的专项报告等。

第三十条　固定资产报废、毁损损失，为其账面净值扣除残值和责任人赔偿后的余额，应依据以下证据材料确认：

(一)固定资产的计税基础相关资料；

(二)企业内部有关责任认定和核销资料；

(三)企业内部有关部门出具的鉴定材料；

(四)涉及责任赔偿的，应当有赔偿情况的说明；

(五)损失金额较大的或自然灾害等不可抗力原因造成固定资产毁损、报废的，应有专业技术鉴定意见或法定资质中介机构出具的专项报告等。

第三十一条　固定资产被盗损失,为其账面净值扣除责任人赔偿后的余额,应依据以下证据材料确认:

(一)固定资产计税基础相关资料;

(二)公安机关的报案记录,公安机关立案、破案和结案的证明材料;

(三)涉及责任赔偿的,应有赔偿责任的认定及赔偿情况的说明等。

第三十二条　在建工程停建、报废损失,为其工程项目投资账面价值扣除残值后的余额,应依据以下证据材料确认:

(一)工程项目投资账面价值确定依据;

(二)工程项目停建原因说明及相关材料;

(三)因质量原因停建、报废的工程项目和因自然灾害和意外事故停建、报废的工程项目,应出具专业技术鉴定意见和责任认定、赔偿情况的说明等。

第三十三条　工程物资发生损失,可比照本办法存货损失的规定确认。

第三十四条　生产性生物资产盘亏损失,为其账面净值扣除责任人赔偿后的余额,应依据以下证据材料确认:

(一)生产性生物资产盘点表;

(二)生产性生物资产盘亏情况说明;

(三)生产性生物资产损失金额较大的,企业应有专业技术鉴定意见和责任认定、赔偿情况的说明等。

第三十五条　因森林病虫害、疫情、死亡而产生的生产性生物资产损失,为其账面净值扣除残值、保险赔偿和责任人赔偿后的余额,应依据以下证据材料确认:

(一)损失情况说明;

(二)责任认定及其赔偿情况的说明;

(三)损失金额较大的,应有专业技术鉴定意见。

第三十六条　对被盗伐、被盗、丢失而产生的生产性生物资产损失,为其账面净值扣除保险赔偿以及责任人赔偿后的余额,应依据以下证据材料确认:

(一)生产性生物资产被盗后,向公安机关的报案记录或公安机关立案、破案和结案的证明材料;

(二)责任认定及其赔偿情况的说明。

第三十七条　企业由于未能按期赎回抵押资产,使抵押资产被拍卖或变卖,其账面净值大于变卖价值的差额,可认定为资产损失,按以下证据材料确认:

(一)抵押合同或协议书;

(二)拍卖或变卖证明、清单;

(三)会计核算资料等其他相关证据材料。

第三十八条　被其他新技术所代替或已经超过法律保护期限,已经丧失使用价值和转让价值,尚未摊销的无形资产损失,应提交以下证据备案:

(一)会计核算资料;

(二)企业内部核批文件及有关情况说明;

(三)技术鉴定意见和企业法定代表人、主要负责人和财务负责人签章证实无形资产已无使用价值或转让价值的书面申明;

(四)无形资产的法律保护期限文件。

第六章 投资损失的确认

第三十九条 企业投资损失包括债权性投资损失和股权(权益)性投资损失。

第四十条 企业债权投资损失应依据投资的原始凭证、合同或协议、会计核算资料等相关证据材料确认。下列情况债权投资损失的，还应出具相关证据材料：

(一)债务人或担保人依法被宣告破产、关闭、被解散或撤销、被吊销营业执照、失踪或者死亡等，应出具资产清偿证明或者遗产清偿证明。无法出具资产清偿证明或者遗产清偿证明，且上述事项超过三年以上的，或债权投资(包括信用卡透支和助学贷款)余额在三百万元以下的，应出具对应的债务人和担保人破产、关闭、解散证明、撤销文件、工商行政管理部门注销证明或查询证明以及追索记录等(包括司法追索、电话追索、信件追索和上门追索等原始记录)。

(二)债务人遭受重大自然灾害或意外事故，企业对其资产进行清偿和对担保人进行追偿后，未能收回的债权，应出具债务人遭受重大自然灾害或意外事故证明、保险赔偿证明、资产清偿证明等。

(三)债务人因承担法律责任，其资产不足归还所借债务，又无其他债务承担者的，应出具法院裁定证明和资产清偿证明。

(四)债务人和担保人不能偿还到期债务，企业提出诉讼或仲裁的，经人民法院对债务人和担保人强制执行，债务人和担保人均无资产可执行，人民法院裁定终结或终止(中止)执行的，应出具人民法院裁定文书。

(五)债务人和担保人不能偿还到期债务，企业提出诉讼后被驳回起诉的、人民法院不予受理或不予支持的，或经仲裁机构裁决免除(或部分免除)债务人责任，经追偿后无法收回的债权，应提交法院驳回起诉的证明，或法院不予受理或不予支持证明，或仲裁机构裁决免除债务人责任的文书。

(六)经国务院专案批准核销的债权，应提供国务院批准文件或经国务院同意后由国务院有关部门批准的文件。

第四十一条 企业股权投资损失应依据以下相关证据材料确认：

(一)股权投资计税基础证明材料；

(二)被投资企业破产公告、破产清偿文件；

(三)工商行政管理部门注销、吊销被投资单位营业执照文件；

(四)政府有关部门对被投资单位的行政处理决定文件；

(五)被投资企业终止经营、停止交易的法律或其他证明文件；

(六)被投资企业资产处置方案、成交及入账材料；

(七)企业法定代表人、主要负责人和财务负责人签章证实有关投资(权益)性损失的书面申明；

(八)会计核算资料等其他相关证据材料。

第四十二条 被投资企业依法宣告破产、关闭、解散或撤销、吊销营业执照、停止生产经营活动、失踪等，应出具资产清偿证明或者遗产清偿证明。

上述事项超过三年以上且未能完成清算的，应出具被投资企业破产、关闭、解散或撤销、吊销等的证明以及不能清算的原因说明。

第四十三条 企业委托金融机构向其他单位贷款，或委托其他经营机构进行理财，到期不能收回贷款或理财款项，按照本办法第六章有关规定进行处理。

第四十四条 企业对外提供与本企业生产经营活动有关的担保，因被担保人不能按期偿还债务而承担连带责任,经追索,被担保人无偿还能力,对无法追回的金额,比照本办法规定的应收款项损失进行处理。

与本企业生产经营活动有关的担保是指企业对外提供的与本企业应税收入、投资、融资、材料采购、产品销售等生产经营活动相关的担保。

第四十五条 企业按独立交易原则向关联企业转让资产而发生的损失,或向关联企业提供借款、担保而形成的债权损失,准予扣除,但企业应作专项说明,同时出具中介机构出具的专项报告及其相关的证明材料。

第四十六条 下列股权和债权不得作为损失在税前扣除:
(一)债务人或者担保人有经济偿还能力,未按期偿还的企业债权;
(二)违反法律、法规的规定,以各种形式、借口逃废或悬空的企业债权;
(三)行政干预逃废或悬空的企业债权;
(四)企业未向债务人和担保人追偿的债权;
(五)企业发生非经营活动的债权;
(六)其他不应当核销的企业债权和股权。

第七章 其他资产损失的确认

第四十七条 企业将不同类别的资产捆绑(打包),以拍卖、询价、竞争性谈判、招标等市场方式出售,其出售价格低于计税成本的差额,可以作为资产损失并准予在税前申报扣除,但应出具资产处置方案、各类资产作价依据、出售过程的情况说明、出售合同或协议、成交及入账证明、资产计税基础等确定依据。

第四十八条 企业正常经营业务因内部控制制度不健全而出现操作不当、不规范或因业务创新但政策不明确、不配套等原因形成的资产损失,应由企业承担的金额,可以作为资产损失并准予在税前申报扣除,但应出具损失原因证明材料或业务监管部门定性证明、损失专项说明。

第四十九条 企业因刑事案件原因形成的损失,应由企业承担的金额,或经公安机关立案侦查两年以上仍未追回的金额,可以作为资产损失并准予在税前申报扣除,但应出具公安机关、人民检察院的立案侦查情况或人民法院的判决书等损失原因证明材料。

第八章 附 则

第五十条 本办法没有涉及的资产损失事项,只要符合企业所得税法及其实施条例等法律、法规规定的,也可以向税务机关申报扣除。

第五十一条 省、自治区、直辖市和计划单列市国家税务总局、地方税务局可以根据本办法制定具体实施办法。

第五十二条 本办法自2011年1月1日起施行,《国家税务总局关于印发〈企业资产损失税前扣除管理办法〉的通知》(国税发[2009]88号)、《国家税务总局关于企业以前年度未扣除资产损失企业所得税处理问题的通知》(国税函[2009]772号)、《国家税务总局关于电信企业坏账损失税前扣除问题的通知》(国税函[2010]196号)同时废止。本办法生效之日前尚未进行税务处理的资产损失事项,也应按本办法执行。

第四节 《资产损失(专项申报)税前扣除及纳税调整明细表》的填制与审核

一、表样及有关项目的填报说明

(一)表样

A105091

资产损失(专项申报)税前扣除及纳税调整明细表

行次	项 目 1	账载金额 2	处置收入 3	赔偿收入 4	计税基础 5	税收金额 6(5-3-4)	纳税调整金额 7(2-6)
1	一、货币资产损失(2+3+4+5)						
2							
3							
4							
5							
6	二、非货币资产损失(7+8+9+10)						
7							
8							
9							
10							
11	三、投资损失(12+13+14+15)						
12							
13							
14							
15							
16	四、其他(17+18+19)						
17							
18							
19							
20	合计(1+6+11+16)						

(二)填报说明

本表适用于发生资产损失税前扣除专项申报事项的纳税人填报。

1. 第1列"项目":填报纳税人发生资产损失的具体项目名称,应逐笔逐项填报具体资产损失明细。

2. 第2列"账载金额":填报纳税人会计核算计入本年损益的资产损失金额。

3. 第3列"处置收入":填报纳税人处置发生损失的资产可收回的残值或处置收益。

4. 第4列"赔偿收入":填报纳税人发生的资产损失,应取得相关责任人、保险公司赔偿金额。

5. 第5列"计税基础":填报按税法规定计算的发生损失时资产的计税基础,含损失资产涉及的不得抵扣增值税进项税额。

6. 第 6 列"税收金额"：填报按税收规定确定的允许当期税前扣除的资产损失金额，为第 5 列(计税基础)－第 3 列(处置收入)－第 4 列(赔偿收入)的余额。

8. 第 8 列"纳税调整金额"：填报第 2 列(账载金额)－第 6 列(税收金额)的余额。

二、表内、表间关系

(一)表内关系

1. 第 1 行(货币资产损失)＝第 2＋3＋4＋5 行。
2. 第 6 行(非货币资产损失)＝第 7＋8＋9＋10 行。
3. 第 11 行(投资损失)＝第 12＋13＋14＋15 行。
4. 第 16 行(其他)＝第 17＋18＋19 行。
5. 第 20 行(合计)＝第 1 行(货币资产损失)＋第 6 行(非货币资产损失)＋第 11 行(投资损失)＋第 16 行(其他)。
6. 第 6 列(税收金额)＝第 5 列(计税基础)－第 3 列(处置收入)－第 4 列(赔偿收入)。
7. 第 7 列(纳税调整金额)＝第 2 列(账载金额)－第 6 列(税收金额)。

(二)表间关系

1. 第 1 行(货币资产损失)第 2 列(账载金额)＝表 A105090《资产损失税前扣除及纳税调整明细表》第 10 行(货币资产损失)第 1 列(账载金额)。
2. 第 1 行(货币资产损失)第 6 列(税收金额)＝表 A105090《资产损失税前扣除及纳税调整明细表》第 10 行(货币资产损失)第 2 列(税收金额)。
3. 第 1 行(货币资产损失)第 7 列(纳税调整金额)＝表 A105090《资产损失税前扣除及纳税调整明细表》第 10 行(货币资产损失)第 3 列(纳税调整金额)。
4. 第 6 行(非货币资产损失)第 2 列(账载金额)＝表 A105090《资产损失税前扣除及纳税调整明细表》第 11 行(非货币资产损失)第 1 列(账载金额)。
5. 第 6 行(非货币资产损失)第 6 列(税收金额)＝表 A105090《资产损失税前扣除及纳税调整明细表》第 11 行(非货币资产损失)第 2 列(税收金额)。
6. 第 6 行(非货币资产损失)第 7 列(纳税调整金额)＝表 A105090《资产损失税前扣除及纳税调整明细表》第 11 行(非货币资产损失)第 3 列(纳税调整金额)。
7. 第 11 行(投资损失)第 2 列(账载金额)＝表 A105090《资产损失税前扣除及纳税调整明细表》第 12 行(投资损失)第 1 列(账载金额)。
8. 第 11 行(投资损失)第 6 列(税收金额)＝表 A105090《资产损失税前扣除及纳税调整明细表》第 12 行(投资损失)第 2 列(税收金额)。
9. 第 11 行(投资损失)第 7 列(纳税调整金额)＝表 A105090《资产损失税前扣除及纳税调整明细表》第 12 行(投资损失)第 3 列(纳税调整金额)。
10. 第 16 行(其他)第 2 列(账载金额)＝表 A105090《资产损失税前扣除及纳税调整明细表》第 13 行(其他)第 1 列(账载金额)。
11. 第 16 行(其他)第 6 列(税收金额)＝表 A105090《资产损失税前扣除及纳税调整明细表》第 13 行(其他)第 2 列(税收金额)。
12. 第 16 行(其他)第 7 列(纳税调整金额)＝表 A105090《资产损失税前扣除及纳税调整明细表》第 13 行(其他)第 3 列(纳税调整金额)。
13. 第 20 行(合计)第 2 列(账载金额)＝表 A105090《资产损失税前扣除及纳税调整明细

表》第9行(专项申报资产损失)第1列(账载金额)。

14. 第20行(合计)第6列(税收金额)＝表A105090《资产损失税前扣除及纳税调整明细表》第9行(专项申报资产损失)第2列(税收金额)。

15. 第20行(合计)第7列(纳税调整金额)＝表A105090《资产损失税前扣除及纳税调整明细表》第9行(专项申报资产损失)第3列(纳税调整金额)。

三、填审要点提示

填写本表必须严格对照《企业资产损失所得税税前扣除管理办法》对应该进行专项资产损失申报范围规定的程序要求,归纳汇总后填入A105090《资产损失税前扣除及纳税调整明细表》。

特别关注：一是投资处置所得在A105030《投资收益纳税调整明细表》填报,投资损失在本表专项申报；二是第5列"计税基础"填报按税法规定计算的发生损失时资产的计税基础,含损失资产涉及的不得抵扣增值税进项税额。

四、政策链接

财政部 国家税务总局关于《企业资产损失税前扣除政策》的通知(财税[2009]57号)(参见第五章第三节)。

国家税务总局关于发布《企业资产损失所得税税前扣除管理办法》的公告(国家税务总局公告[2011]25号)(参见第五章第三节)。

第六章 纳税调整表的填制与审核(下)

第一节 《企业重组纳税调整明细表》的填制与审核

一、表样及有关填报项目说明

(一)表样

A105100

企业重组纳税调整明细表

行次	项目	一般性税务处理			特殊性税务处理			纳税调整金额
		账载金额	税收金额	纳税调整金额	账载金额	税收金额	纳税调整金额	
		1	2	3(2-1)	4	5	6(5-4)	7(3+6)
1	一、债务重组							
2	其中:以非货币性资产清偿债务							
3	债转股							
4	二、股权收购							
5	其中:涉及跨境重组的股权收购							
6	三、资产收购							
7	其中:涉及跨境重组的资产收购							
8	四、企业合并(9+10)							
9	其中:同一控制下企业合并							
10	非同一控制下企业合并							
11	五、企业分立							
12	六、其他							
13	其中:以非货币性资产对外投资							
14	合计(1+4+6+8+11+12)							

(二)填报说明

本表适用于发生企业重组纳税调整项目的纳税人,在企业重组日所属纳税年度分析填报。纳税人根据税法、《财政部 国家税务总局关于企业重组业务企业所得税处理若干问题的通知》(财税〔2009〕59号)、《国家税务总局关于发布〈企业重组业务企业所得税管理办法〉的公告》(国家税务总局公告2010年第4号)、《财政部 国家税务总局关于中国(上海)自由贸易试验区内企业以非货币性资产对外投资等资产重组行为有关企业所得税政策问题的通知》(财税〔2013〕91号)等相关规定,以及国家统一企业会计制度,填报企业重组的会计核算及税法规定,以及纳税调整情况。对于发生债务重组业务且选择特殊性税务处理(即债务重组利得可以在5个纳税年度均匀计入应纳税所得额)的纳税人,重组日所属纳税年度的以后纳税年度,也在本表进行债务重组的纳税调整。除上述债务重组利得可以分期确认应纳税所得额的企业重组外,其他涉及资产计税基础与会计核算成本差异调整的企业重组,本表不作调整,在《资产折旧、摊销情况及纳税调整明细表》(A105080)进行纳税调整。

本表数据栏设置"一般性税务处理"、"特殊性税务处理"两大栏次,纳税人应根据企业重组所适用的税务处理办法,分别按照企业重组类型进行累计填报。

1. 第1列"一般性税务处理—账载金额":填报企业重组适用一般性税务处理的纳税人会计核算确认的企业重组损益金额。

2. 第2列"一般性税务处理—税收金额":填报企业重组适用一般性税务处理的纳税人按税法规定确认的所得(或损失)金额。

3. 第3列"一般性税务处理—纳税调整金额":填报企业重组适用一般性税务处理的纳税人,按税法规定确认的所得(或损失)与会计核算确认的损益金额的差。为第2-1列的余额。

4. 第4列"特殊性税务处理—账载金额":填报企业重组适用特殊性税务处理的纳税人,会计核算确认的企业重组损益金额。

5. 第5列"特殊性税务处理—税收金额":填报企业重组适用特殊性税务处理的纳税人,按税法规定确认的所得(或损失)。

6. 第6列"特殊性税务处理—纳税调整金额":填报企业重组适用特殊性税务处理的纳税人,按税法规定确认的所得(或损失)与会计核算确认的损益金额的差额。为第5-4列的余额。

7. 第7列"纳税调整金额":填报第3列(一般性税务处理—纳税调整金额)+第6列(特殊性税务处理—纳税调整金额)的金额。

二、表内、表间关系

(一)表内关系

1. 第8行(四、企业合并)=第9行(同一控制下企业合并)+第10行(非同一控制下企业合并)。

2. 第14行(合计)=第1行(债务重组)+第4行(股权收购)+第6行(资产收购)+第8行(企业合并)+第11行(企业分立)+第12行(其他)。

3. 第3列(一般性税务处理—纳税调整金额)=第2列(一般性税务处理—税收金额)-第1列(一般性税务处理—账载金额)。

4. 第6列(特殊性税务处理—纳税调整金额)=第5列(特殊性税务处理—税收金额)-第4列(特殊性税务处理—账载金额)。

5. 第7列(纳税调整金额)=第3列(一般性税务处理—纳税调整金额)+第6列(特殊性税务处理—纳税调整金额)。

(二)表间关系

1. 第14行(合计)第1列(一般性税务处理—账载金额)+第4列(特殊性税务处理—账载金额)=表A105000《纳税调整项目明细表》第36行(企业重组)第1列(账载金额)。

2. 第14行(合计)第2列(一般性税务处理—税收金额)+第5列(特殊性税务处理—税收金额)=表A105000《纳税调整项目明细表》第36行(企业重组)第2列(税收金额)。

3. 第14行(合计)第7列(纳税调整金额)金额,若≥0,填入表A105000《纳税调整项目明细表》第36行(企业重组)第3列(调增金额);若<0,将绝对值填入表A105000《纳税调整项目

明细表》第 36 行(企业重组)第 4 列(调减金额)。

三、填审要点提示

重组业务并非日常业务,企业如果年内发生了企业法律形式改变、债务重组、股权收购、资产收购以及合并、分立这样一些重大事件,那么不仅应该依据会计准则进行相应的会计处理,更应该认真对照财税[2009]59 号,判断重组类别,判断是否可以选择适用特殊税务处理,还必须对照国家税务总局公告 2010 年第 4 号,遵循规定的程序。本表填列纳税人根据重组所适用的税务处理办法,分别按照企业重组类型进行的累计填报。适用特殊性税务处理的债务重组可以分期确认应税所得,在此表填列。其他涉及资产计税基础与会计核算成本调整的企业重组,本表不作调整,在 A105080 进行调整。填制单位一定要关注应承担的举证义务,以备日后的检查和跟踪管理。

四、政策链接

政策链接之一:财政部 国家税务总局《关于企业重组业务企业所得税处理若干问题》的通知(财税[2009]59 号)。

根据《中华人民共和国企业所得税法》第二十条和《中华人民共和国企业所得税法实施条例》(国务院令第 512 号)第七十五条规定,现就企业重组所涉及的企业所得税具体处理问题通知如下:

一、本通知所称企业重组,是指企业在日常经营活动以外发生的法律结构或经济结构重大改变的交易,包括企业法律形式改变、债务重组、股权收购、资产收购、合并、分立等。

(一)企业法律形式改变,是指企业注册名称、住所以及企业组织形式等的简单改变,但符合本通知规定其他重组的类型除外。

(二)债务重组,是指在债务人发生财务困难的情况下,债权人按照其与债务人达成的书面协议或者法院裁定书,就其债务人的债务作出让步的事项。

(三)股权收购,是指一家企业(以下称为收购企业)购买另一家企业(以下称为被收购企业)的股权,以实现对被收购企业控制的交易。收购企业支付对价的形式包括股权支付、非股权支付或两者的组合。

(四)资产收购,是指一家企业(以下称为受让企业)购买另一家企业(以下称为转让企业)实质经营性资产的交易。受让企业支付对价的形式包括股权支付、非股权支付或两者的组合。

(五)合并,是指一家或多家企业(以下称为被合并企业)将其全部资产和负债转让给另一家现存或新设企业(以下称为合并企业),被合并企业股东换取合并企业的股权或非股权支付,实现两个或两个以上企业的依法合并。

(六)分立,是指一家企业(以下称为被分立企业)将部分或全部资产分离转让给现存或新设的企业(以下称为分立企业),被分立企业股东换取分立企业的股权或非股权支付,实现企业的依法分立。

二、本通知所称股权支付,是指企业重组中购买、换取资产的一方支付的对价中,以本企业或其控股企业的股权、股份作为支付的形式;所称非股权支付,是指以本企业的现金、银行存款、应收款项、本企业或其控股企业股权和股份以外的有价证券、存货、固定资产、其他资产以及承担债务等作为支付的形式。

三、企业重组的税务处理区分不同条件分别适用一般性税务处理规定和特殊性税务处规定。

四、企业重组,除符合本通知规定适用特殊性税务处理规定的外,按以下规定进行税务处理:

(一)企业由法人转变为个人独资企业、合伙企业等非法人组织,或将登记注册地转移至中华人民共和国境外(包括港澳台地区),应视同企业进行清算、分配,股东重新投资成立新企业。企业的全部资产以及股东投资的计税基础均应以公允价值为基础确定。

企业发生其他法律形式简单改变的,可直接变更税务登记,除另有规定外,有关企业所得税纳税事项(包括亏损结转、税收优惠等权益和义务)由变更后企业承继,但因住所发生变化而不符合税收优惠条件的除外。

(二)企业债务重组,相关交易应按以下规定处理:

1. 以非货币资产清偿债务,应当分解为转让相关非货币性资产、按非货币性资产公允价值清偿债务两项业务,确认相关资产的所得或损失。

2. 发生债权转股权的,应当分解为债务清偿和股权投资两项业务,确认有关债务清偿所得或损失。

3. 债务人应当按照支付的债务清偿额低于债务计税基础的差额,确认债务重组所得;债权人应当按照收到的债务清偿额低于债权计税基础的差额,确认债务重组损失。

4. 债务人的相关所得税纳税事项原则上保持不变。

(三)企业股权收购、资产收购重组交易,相关交易应按以下规定处理:

1. 被收购方应确认股权、资产转让所得或损失。

2. 收购方取得股权或资产的计税基础应以公允价值为基础确定。

3. 被收购企业的相关所得税事项原则上保持不变。

(四)企业合并,当事各方应按下列规定处理:

1. 合并企业应按公允价值确定接受被合并企业各项资产和负债的计税基础。

2. 被合并企业及其股东都应按清算进行所得税处理。

3. 被合并企业的亏损不得在合并企业结转弥补。

(五)企业分立,当事各方应按下列规定处理:

1. 被分立企业对分立出去资产应按公允价值确认资产转让所得或损失。

2. 分立企业应按公允价值确认接受资产的计税基础。

3. 被分立企业继续存在时,其股东取得的对价应视同被分立企业分配进行处理。

4. 被分立企业不再继续存在时,被分立企业及其股东都应按清算进行所得税处理。

5. 企业分立相关企业的亏损不得相互结转弥补。

五、企业重组同时符合下列条件的,适用特殊性税务处理规定:

(一)具有合理的商业目的,且不以减少、免除或者推迟缴纳税款为主要目的。

(二)被收购、合并或分立部分的资产或股权比例符合本通知规定的比例。

(三)企业重组后连续12个月内不改变重组资产原来的实质性经营活动。

(四)重组交易对价中涉及股权支付金额符合本通知规定比例。

(五)企业重组中取得股权支付的原主要股东,在重组后连续12个月内,不得转让所取得的股权。

六、企业重组符合本通知第五条规定条件的,交易各方对其交易中的股权支付部分,可以按以下规定进行特殊性税务处理:

（一）企业债务重组确认的应纳税所得额占该企业当年应纳税所得额50%以上的，可以在5个纳税年度的期间内，均匀计入各年度的应纳税所得额。

企业发生债权转股权业务，对债务清偿和股权投资两项业务暂不确认有关债务清偿所得或损失，股权投资的计税基础以原债权的计税基础确定。企业的其他相关所得税事项保持不变。

（二）股权收购，收购企业购买的股权不低于被收购企业全部股权的75%，且收购企业在该股权收购发生时的股权支付金额不低于其交易支付总额的85%，可以选择按以下规定处理：

1. 被收购企业的股东取得收购企业股权的计税基础，以被收购股权的原有计税基础确定。

2. 收购企业取得被收购企业股权的计税基础，以被收购股权的原有计税基础确定。

3. 收购企业、被收购企业的原有各项资产和负债的计税基础和其他相关所得税事项保持不变。

（三）资产收购，受让企业收购的资产不低于转让企业全部资产的75%，且受让企业在该资产收购发生时的股权支付金额不低于其交易支付总额的85%，可以选择按以下规定处理：

1. 转让企业取得受让企业股权的计税基础，以被转让资产的原有计税基础确定。

2. 受让企业取得转让企业资产的计税基础，以被转让资产的原有计税基础确定。

（四）企业合并，企业股东在该企业合并发生时取得的股权支付金额不低于其交易支付总额的85%，以及同一控制下且不需要支付对价的企业合并，可以选择按以下规定处理：

1. 合并企业接受被合并企业资产和负债的计税基础，以被合并企业的原有计税基础确定。

2. 被合并企业合并前的相关所得税事项由合并企业承继。

3. 可由合并企业弥补的被合并企业亏损的限额＝被合并企业净资产公允价值×截至合并业务发生当年年末国家发行的最长期限的国债利率。

4. 被合并企业股东取得合并企业股权的计税基础，以其原持有的被合并企业股权的计税基础确定。

（五）企业分立，被分立企业所有股东按原持股比例取得分立企业的股权，分立企业和被分立企业均不改变原来的实质经营活动，且被分立企业股东在该企业分立发生时取得的股权支付金额不低于其交易支付总额的85%，可以选择按以下规定处理：

1. 分立企业接受被分立企业资产和负债的计税基础，以被分立企业的原有计税基础确定。

2. 被分立企业已分立出去资产相应的所得税事项由分立企业承继。

3. 被分立企业未超过法定弥补期限的亏损额可按分立资产占全部资产的比例进行分配，由分立企业继续弥补。

4. 被分立企业的股东取得分立企业的股权（以下简称"新股"），如需部分或全部放弃原持有的被分立企业的股权（以下简称"旧股"），"新股"的计税基础应以放弃"旧股"的计税基础确定。如不需放弃"旧股"，则其取得"新股"的计税基础可从以下两种方法中选择确定：直接将"新股"的计税基础确定为零；或者以被分立企业分立出去的净资产占被分立企业全部净资产的比例先调减原持有的"旧股"的计税基础，再将调减的计税基础平均分配到"新股"上。

（六）重组交易各方按本条第（一）至（五）项规定对交易中股权支付暂不确认有关资产的转

让所得或损失的,其非股权支付仍应在交易当期确认相应的资产转让所得或损失,并调整相应资产的计税基础。

非股权支付对应的资产转让所得或损失＝(被转让资产的公允价值－被转让资产的计税基础)×(非股权支付金额÷被转让资产的公允价值)

七、企业发生涉及中国境内与境外之间(包括港澳台地区)的股权和资产收购交易,除应符合本通知第五条规定的条件外,还应同时符合下列条件,才可选择适用特殊性税务处理规定:

(一)非居民企业向其100%直接控股的另一非居民企业转让其拥有的居民企业股权,没有因此造成以后该项股权转让所得预提税负担变化,且转让方非居民企业向主管税务机关书面承诺在3年(含3年)内不转让其拥有受让方非居民企业的股权;

(二)非居民企业向与其具有100%直接控股关系的居民企业转让其拥有的另一居民企业股权;

(三)居民企业以其拥有的资产或股权向其100%直接控股的非居民企业进行投资;

(四)财政部、国家税务总局核准的其他情形。

八、本通知第七条第(三)项所指的居民企业以其拥有的资产或股权向其100%直接控股关系的非居民企业进行投资,其资产或股权转让收益如选择特殊性税务处理,可以在10个纳税年度内均匀计入各年度应纳税所得额。

九、在企业吸收合并中,合并后的存续企业性质及适用税收优惠的条件未发生改变的,可以继续享受合并前该企业剩余期限的税收优惠,其优惠金额按存续企业合并前一年的应纳税所得额(亏损计为零)计算。

在企业存续分立中,分立后的存续企业性质及适用税收优惠的条件未发生改变的,可以继续享受分立前该企业剩余期限的税收优惠,其优惠金额按该企业分立前一年的应纳税所得额(亏损计为零)乘以分立后存续企业资产占分立前该企业全部资产的比例计算。

十、企业在重组发生前后连续12个月内分步对其资产、股权进行交易,应根据实质重于形式原则将上述交易作为一项企业重组交易进行处理。

十一、企业发生符合本通知规定的特殊性重组条件并选择特殊性税务处理的,当事各方应在该重组业务完成当年企业所得税年度申报时,向主管税务机关提交书面备案资料,证明其符合各类特殊性重组规定的条件。企业未按规定书面备案的,一律不得按特殊重组业务进行税务处理。

十二、对企业在重组过程中涉及的需要特别处理的企业所得税事项,由国务院财政、税务主管部门另行规定。

十三、本通知自2008年1月1日起执行。

政策链接之二:国家税务总局关于发布《企业重组业务企业所得税管理办法》的公告(国家税务总局公告2010年第4号)。

本办法发布时企业已经完成重组业务的,如适用《财政部 国家税务总局关于企业重组业务企业所得税处理若干问题的通知》(财税[2009]59号)特殊税务处理,企业没有按照本办法要求准备相关资料的,应补备相关资料;需要税务机关确认的,按照本办法要求补充确认。2008年、2009年度企业重组业务尚未进行税务处理的,可按本办法处理。

企业重组业务企业所得税管理办法
第一章 总则及定义

第一条 为规范和加强对企业重组业务的企业所得税管理,根据《中华人民共和国企业所得税法》(以下简称《税法》)及其实施条例(以下简称《实施条例》)、《中华人民共和国税收征收管理法》及其实施细则(以下简称《征管法》)、《财政部 国家税务总局关于企业重组业务企业所得税处理若干问题的通知》(财税[2009]59号)(以下简称《通知》)等有关规定,制定本办法。

第二条 本办法所称企业重组业务,是指《通知》第一条所规定的企业法律形式改变、债务重组、股权收购、资产收购、合并、分立等各类重组。

第三条 企业发生各类重组业务,其当事各方,按重组类型,分别指以下企业:

(一)债务重组中当事各方,指债务人及债权人。

(二)股权收购中当事各方,指收购方、转让方及被收购企业。

(三)资产收购中当事各方,指转让方、受让方。

(四)合并中当事各方,指合并企业、被合并企业及各方股东。

(五)分立中当事各方,指分立企业、被分立企业及各方股东。

第四条 同一重组业务的当事各方应采取一致税务处理原则,即统一按一般性或特殊性税务处理。

第五条 《通知》第一条第(四)项所称实质经营性资产,是指企业用于从事生产经营活动、与产生经营收入直接相关的资产,包括经营所用各类资产、企业拥有的商业信息和技术、经营活动产生的应收款项、投资资产等。

第六条 《通知》第二条所称控股企业,是指由本企业直接持有股份的企业。

第七条 《通知》中规定的企业重组,其重组日的确定,按以下规定处理:

(一)债务重组,以债务重组合同或协议生效日为重组日。

(二)股权收购,以转让协议生效且完成股权变更手续日为重组日。

(三)资产收购,以转让协议生效且完成资产实际交割日为重组日。

(四)企业合并,以合并企业取得被合并企业资产所有权并完成工商登记变更日期为重组日。

(五)企业分立,以分立企业取得被分立企业资产所有权并完成工商登记变更日期为重组日。

第八条 重组业务完成年度的确定,可以按各当事方适用的会计准则确定,具体参照各当事方经审计的年度财务报告。由于当事方适用的会计准则不同导致重组业务完成年度的判定有差异时,各当事方应协商一致,确定同一个纳税年度作为重组业务完成年度。

第九条 本办法所称评估机构,是指具有合法资质的中国资产评估机构。

第二章 企业重组一般性税务处理管理

第十条 企业发生《通知》第四条第(一)项规定的由法人转变为个人独资企业、合伙企业等非法人组织,或将登记注册地转移至中华人民共和国境外(包括港澳台地区),应按照《财政部 国家税务总局关于企业清算业务企业所得税处理若干问题的通知》(财税[2009]60号)规定进行清算。

企业在报送《企业清算所得纳税申报表》时,应附送以下资料:

(一)企业改变法律形式的工商部门或其他政府部门的批准文件;

(二)企业全部资产的计税基础以及评估机构出具的资产评估报告;

(三)企业债权、债务处理或归属情况说明;

(四)主管税务机关要求提供的其他资料证明。

第十一条 企业发生《通知》第四条第(二)项规定的债务重组,应准备以下相关资料,以备税务机关检查。

（一）以非货币资产清偿债务的,应保留当事各方签订的清偿债务的协议或合同,以及非货币资产公允价格确认的合法证据等；

（二）债权转股权的,应保留当事各方签订的债权转股权协议或合同。

第十二条　企业发生《通知》第四条第(三)项规定的股权收购、资产收购重组业务,应准备以下相关资料,以备税务机关检查。

（一）当事各方所签订的股权收购、资产收购业务合同或协议；

（二）相关股权、资产公允价值的合法证据。

第十三条　企业发生《通知》第四条第(四)项规定的合并,应按照财税[2009]60号文件规定进行清算。

被合并企业在报送《企业清算所得纳税申报表》时,应附送以下资料：

（一）企业合并的工商部门或其他政府部门的批准文件；

（二）企业全部资产和负债的计税基础以及评估机构出具的资产评估报告；

（三）企业债务处理或归属情况说明；

（四）主管税务机关要求提供的其他资料证明。

第十四条　企业发生《通知》第四条第(五)项规定的分立,被分立企业不再继续存在,应按照财税[2009]60号文件规定进行清算。

被分立企业在报送《企业清算所得纳税申报表》时,应附送以下资料：

（一）企业分立的工商部门或其他政府部门的批准文件；

（二）被分立企业全部资产的计税基础以及评估机构出具的资产评估报告；

（三）企业债务处理或归属情况说明；

（四）主管税务机关要求提供的其他资料证明。

第十五条　企业合并或分立,合并各方企业或分立企业涉及享受《税法》第五十七条规定中就企业整体(即全部生产经营所得)享受的税收优惠过渡政策尚未期满的,仅就存续企业未享受完的税收优惠,按照《通知》第九条的规定执行；注销的被合并或被分立企业未享受完的税收优惠,不再由存续企业承继；合并或分立而新设的企业不得再承继或重新享受上述优惠。合并或分立各方企业按照《税法》的税收优惠规定和税收优惠过渡政策中就企业有关生产经营项目的所得享受的税收优惠承继问题,按照《实施条例》第八十九条规定执行。

第三章　企业重组特殊性税务处理管理

第十六条　企业重组业务,符合《通知》规定条件并选择特殊性税务处理的,应按照《通知》第十一条规定进行备案；如企业重组各方需要税务机关确认,可以选择由重组主导方向主管税务机关提出申请,层报省税务机关给予确认。

采取申请确认的,主导方和其他当事方不在同一省(自治区、市)的,主导方省税务机关应将确认文件抄送其他当事方所在地省税务机关。

省税务机关在收到确认申请时,原则上应在当年度企业所得税汇算清缴前完成确认。特殊情况,需要延长的,应将延长理由告知主导方。

第十七条　企业重组主导方,按以下原则确定：

（一）债务重组为债务人；

（二）股权收购为股权转让方；

（三）资产收购为资产转让方；

（四）吸收合并为合并后拟存续的企业,新设合并为合并前资产较大的企业；

(五)分立为被分立的企业或存续企业。

第十八条 企业发生重组业务,按照《通知》第五条第(一)项要求,企业在备案或提交确认申请时,应从以下方面说明企业重组具有合理的商业目的:

(一)重组活动的交易方式。即重组活动采取的具体形式、交易背景、交易时间、在交易之前和之后的运作方式和有关的商业常规。

(二)该项交易的形式及实质。即形式上交易所产生的法律权利和责任,也是该项交易的法律后果。另外,交易实际上或商业上产生的最终结果。

(三)重组活动给交易各方税务状况带来的可能变化。

(四)重组各方从交易中获得的财务状况变化。

(五)重组活动是否给交易各方带来了在市场原则下不会产生的异常经济利益或潜在义务。

(六)非居民企业参与重组活动的情况。

第十九条 《通知》第五条第(三)和第(五)项所称"企业重组后的连续12个月内",是指自重组日起计算的连续12个月内。

第二十条 《通知》第五条第(五)项规定的原主要股东,是指原持有转让企业或被收购企业20%以上股权的股东。

第二十一条 《通知》第六条第(四)项规定的同一控制,是指参与合并的企业在合并前后均受同一方或相同的多方最终控制,且该控制并非暂时性的。能够对参与合并的企业在合并前后均实施最终控制权的相同多方,是指根据合同或协议的约定,对参与合并企业的财务和经营政策拥有决定控制权的投资者群体。在企业合并前,参与合并各方受最终控制方的控制在12个月以上,企业合并后所形成的主体在最终控制方的控制时间也应达到连续12个月。

第二十二条 企业发生《通知》第六条第(一)项规定的债务重组,根据不同情形,应准备以下资料:

(一)发生债务重组所产生的应纳税所得额占该企业当年应纳税所得额50%以上的,债务重组所得要求在5个纳税年度的期间内,均匀计入各年度应纳税所得额的,应准备以下资料:

1. 当事方的债务重组的总体情况说明(如果采取申请确认的,应为企业的申请,下同),情况说明中应包括债务重组的商业目的;

2. 当事各方所签订的债务重组合同或协议;

3. 债务重组所产生的应纳税所得额、企业当年应纳税所得额情况说明;

4. 税务机关要求提供的其他资料证明。

(二)发生债权转股权业务,债务人对债务清偿业务暂不确认所得或损失,债权人对股权投资的计税基础以原债权的计税基础确定,应准备以下资料:

1. 当事方的债务重组的总体情况说明。情况说明中应包括债务重组的商业目的;

2. 双方所签订的债转股合同或协议;

3. 企业所转换的股权公允价格证明;

4. 工商部门及有关部门核准相关企业股权变更事项证明材料;

5. 税务机关要求提供的其他资料证明。

第二十三条 企业发生《通知》第六条第(二)项规定的股权收购业务,应准备以下资料:

(一)当事方的股权收购业务总体情况说明,情况说明中应包括股权收购的商业目的;

(二)双方或多方所签订的股权收购业务合同或协议;

(三)由评估机构出具的所转让及支付的股权公允价值;

(四)证明重组符合特殊性税务处理条件的资料,包括股权比例,支付对价情况,以及12个月内不改变资产原来的实质性经营活动和原主要股东不转让所取得股权的承诺书等;

(五)工商等相关部门核准相关企业股权变更事项证明材料;

(六)税务机关要求的其他材料。

第二十四条　企业发生《通知》第六条第(三)项规定的资产收购业务,应准备以下资料:

(一)当事方的资产收购业务总体情况说明,情况说明中应包括资产收购的商业目的;

(二)当事各方所签订的资产收购业务合同或协议;

(三)评估机构出具的资产收购所体现的资产评估报告;

(四)受让企业股权的计税基础的有效凭证;

(五)证明重组符合特殊性税务处理条件的资料,包括资产收购比例、支付对价情况以及12个月内不改变资产原来的实质性经营活动、原主要股东不转让所取得股权的承诺书等;

(六)工商部门核准相关企业股权变更事项证明材料;

(七)税务机关要求提供的其他材料证明。

第二十五条　企业发生《通知》第六条第(四)项规定的合并,应准备以下资料:

(一)当事方企业合并的总体情况说明。情况说明中应包括企业合并的商业目的;

(二)企业合并的政府主管部门的批准文件;

(三)企业合并各方当事人的股权关系说明;

(四)被合并企业的净资产、各单项资产和负债及其账面价值和计税基础等相关资料;

(五)证明重组符合特殊性税务处理条件的资料,包括合并前企业各股东取得股权支付比例情况以及12个月内不改变资产原来的实质性经营活动、原主要股东不转让所取得股权的承诺书等;

(六)工商部门核准相关企业股权变更事项证明材料;

(七)主管税务机关要求提供的其他资料证明。

第二十六条　《通知》第六条第(四)项所规定的可由合并企业弥补的被合并企业亏损的限额,是指按《税法》规定的剩余结转年限内,每年可由合并企业弥补的被合并企业亏损的限额。

第二十七条　企业发生《通知》第六条第(五)项规定的分立,应准备以下资料:

(一)当事方企业分立的总体情况说明。情况说明中应包括企业分立的商业目的;

(二)企业分立的政府主管部门的批准文件;

(三)被分立企业的净资产、各单项资产和负债账面价值和计税基础等相关资料;

(四)证明重组符合特殊性税务处理条件的资料,包括分立后企业各股东取得股权支付比例情况以及12个月内不改变资产原来的实质性经营活动、原主要股东不转让所取得股权的承诺书等;

(五)工商部门认定的分立和被分立企业股东股权比例证明材料;分立后,分立和被分立企业工商营业执照复印件;分立和被分立企业分立业务账务处理复印件;

(六)税务机关要求提供的其他资料证明。

第二十八条　根据《通知》第六条第(四)项第2目规定,被合并企业合并前的相关所得税事项由合并企业承继,以及根据《通知》第六条第(五)项第2目规定,企业分立,已分立资产相应的所得税事项由分立企业承继,这些事项包括尚未确认的资产损失、分期确认收入的处理以及尚未享受期满的税收优惠政策承继处理问题等。其中,对税收优惠政策承继处理问题,凡属于依照《税法》第五十七条规定中就企业整体(即全部生产经营所得)享受税收优惠过渡政策的,合并或分立后的企业性质及适用税收优惠条件未发生改变的,可以继续享受合并前各企业或分立前被分立企业剩余期限的税收优惠。合并前各企业剩余的税收优惠年限不一致的,合并后企业每年度的应纳税所得额,应统一按合并日各合并前企业资产占合并后企业总资产的比例进行划分,再分别按相应的剩余优惠计算应纳税额。合并前各企业或分立前被分立企业按照《税法》的税收优惠规定以及税收优惠过渡政策中就有关生产经营项目所得享受的税收优惠承继处理问题,按照《实施条例》第八十九条规定执行。

第二十九条 适用《通知》第五条第(三)项和第(五)项的当事各方应在完成重组业务后的下一年度的企业所得税年度申报时,向主管税务机关提交书面情况说明,以证明企业在重组后的连续12个月内,有关符合特殊性税务处理的条件未发生改变。

第三十条 当事方的其中一方在规定时间内发生生产经营业务、公司性质、资产或股权结构等情况变化,致使重组业务不再符合特殊性税务处理条件的,发生变化的当事方应在情况发生变化的30天内书面通知其他所有当事方。主导方在接到通知后30日内将有关变化通知其主管税务机关。

上款所述情况发生变化后60日内,应按照《通知》第四条的规定调整重组业务的税务处理。原交易各方应各自按原交易完成时资产和负债的公允价值计算重组业务的收益或损失,调整交易完成纳税年度的应纳税所得额及相应的资产和负债的计税基础,并向各自主管税务机关申请调整交易完成纳税年度的企业所得税年度申报表。逾期不调整申报的,按照《征管法》的相关规定处理。

第三十一条 各当事方的主管税务机关应当对企业申报或确认适用特殊性税务处理的重组业务进行跟踪监管,了解重组企业的动态变化情况。发现问题,应及时与其他当事方主管税务机关沟通联系,并按照规定给予调整。

第三十二条 根据《通知》第十条规定,若同一项重组业务涉及在连续12个月内分步交易,且跨两个纳税年度,当事各方在第一步交易完成时预计整个交易可以符合特殊性税务处理条件,可以协商一致选择特殊性税务处理的,可在第一步交易完成后,适用特殊性税务处理。主管税务机关在审核有关资料后,符合条件的,可以暂认可适用特殊性税务处理。第二年进行下一步交易后,应按本办法要求,准备相关资料确认适用特殊性税务处理。

第三十三条 上述跨年度分步交易,若当事方在首个纳税年度不能预计整个交易是否符合特殊性税务处理条件,应适用一般性税务处理。在下一纳税年度全部交易完成后,适用特殊性税务处理的,可以调整上一纳税年度的企业所得税年度申报表,涉及多缴税款的,各主管税务机关应退税,或抵缴当年应纳税款。

第三十四条 企业重组的当事各方应该取得并保管与该重组有关的凭证、资料,保管期限按照《征管法》的有关规定执行。

第四章 跨境重组税收管理

第三十五条 发生《通知》第七条规定的重组,凡适用特殊性税务处理规定的,应按照本办法第三章相关规定执行。

第三十六条 发生《通知》第七条第(一)、(二)项规定的重组,适用特殊税务处理的,应按照《国家税务总局关于印发〈非居民企业所得税源泉扣缴管理暂行办法〉的通知》(国税发[2009]3号)和《国家税务总局关于〈加强非居民企业股权转让所得企业所得税管理〉的通知》(国税函[2009]698号)要求,准备资料。

第三十七条 发生《通知》第七条第(三)项规定的重组,居民企业应向其所在地主管税务机关报送以下资料：
1. 当事方的重组情况说明，申请文件中应说明股权转让的商业目的；
2. 双方所签订的股权转让协议；
3. 双方控股情况说明；
4. 由评估机构出具的资产或股权评估报告。报告中应分别列示涉及的各单项被转让资产和负债的公允价值；
5. 证明重组符合特殊性税务处理条件的资料，包括股权或资产转让比例、支付对价情况，以及12个月内不改变资产原来的实质性经营活动、不转让所取得股权的承诺书等；
6. 税务机关要求的其他材料。

政策链接之三：财政部 国家税务总局关于《中国（上海）自由贸易试验区内企业以非货币性资产对外投资等资产重组行为有关企业所得税政策问题》的通知（财税[2013]91号）。

根据《国务院关于印发中国（上海）自由贸易试验区总体方案的通知》（国发[2013]38号）有关规定，现就中国（上海）自由贸易试验区（简称试验区）非货币性资产投资资产评估增值企业所得税政策通知如下：

一、注册在试验区内的企业，因非货币性资产对外投资等资产重组行为产生资产评估增值，据此确认的非货币性资产转让所得，可在不超过5年期限内，分期均匀计入相应年度的应纳税所得额，按规定计算缴纳企业所得税。

二、企业以非货币性资产对外投资，应于投资协议生效且完成资产实际交割并办理股权登记手续时，确认非货币性资产转让收入的实现。

企业以非货币性资产对外投资，应对非货币性资产进行评估并按评估后的公允价值扣除计税基础后的余额，计算确认非货币性资产转让所得。

三、企业以非货币性资产对外投资，其取得股权的计税基础应以非货币性资产的原计税基础为基础，加上每年计入的非货币性资产转让所得，逐年进行调整。

被投资企业取得非货币性资产的计税基础，可以非货币性资产的公允价值确定。

四、企业在对外投资5年内转让上述股权或投资收回的，应停止执行递延纳税政策，并将递延期内尚未计入的非货币性资产转让所得，在转让股权或投资收回当年的企业所得税年度汇算清缴时，一次性计算缴纳企业所得税；企业在计算股权转让所得时，可按本通知第三条第一款规定将股权的计税基础一次调整到位。

企业在对外投资5年内注销的，应停止执行递延纳税政策，并将递延期内尚未计入的非货币性资产转让所得，在歇业当年的企业所得税年度汇算清缴时，一次性计算缴纳企业所得税。

五、企业应于投资协议生效且完成资产实际交割并办理股权登记手续30日内，持相关资料向主管税务机关办理递延纳税备案登记手续。

主管税务机关应对报送资料进行审核，在规定时间内将备案登记结果回复企业。

六、企业应在确认收入实现的当年，以项目为单位，做好相应台账，准确记录应予确认的非货币性资产转让所得，并在相应年度的企业所得税汇算清缴时对当年计入额及分年结转额的情况做出说明。

主管税务机关应在备案登记结果回复企业的同时，将相关信息纳入系统管理，并及时做好企业申报信息与备案信息的比对工作。

七、主管税务机关在组织开展企业所得税汇算清缴后续管理工作时，应将企业递延纳税的执行情况纳入后续管理体系，并视风险高低情况，适时纳入纳税服务提醒平台或风险监控平台进行管理。

八、本通知所称注册在试验区内的企业,是指在试验区注册并在区内经营,实行查账征收的居民企业。

本通知所称非货币性资产对外投资等资产重组行为,是指以非货币性资产出资设立或注入公司,限于以非货币性资产出资设立新公司和符合《财政部 国家税务总局关于〈企业重组业务企业所得税处理若干问题〉的通知》(财税[2009]59号)第一条规定的股权收购、资产收购。

九、本通知自印发之日起执行。

第二节 《政策性搬迁纳税调整明细表》的填制与审核

一、表样及有关填报项目说明

(一)表样

A105110

政策性搬迁纳税调整明细表

行次	项 目	金 额
1	一、搬迁收入(2+8)	
2	(一)搬迁补偿收入(3+4+5+6+7)	
3	1.对被征用资产价值的补偿	
4	2.因搬迁、安置而给予的补偿	
5	3.对停产停业形成的损失而给予的补偿	
6	4.资产搬迁过程中遭到毁损而取得的保险赔款	
7	5.其他补偿收入	
8	(二)搬迁资产处置收入	
9	二、搬迁支出(10+16)	
10	(一)搬迁费用支出(11+12+13+14+15)	
11	1.安置职工实际发生的费用	
12	2.停工期间支付给职工的工资及福利费	
13	3.临时存放搬迁资产而发生的费用	
14	4.各类资产搬迁安装费用	
15	5.其他与搬迁相关的费用	
16	(二)搬迁资产处置支出	
17	三、搬迁所得或损失(1-9)	
18	四、应计入本年应纳税所得额的搬迁所得或损失(19+20+21)	
19	其中:搬迁所得	
20	搬迁损失一次性扣除	
21	搬迁损失分期扣除	
22	五、计入当期损益的搬迁收益或损失	
23	六、以前年度搬迁损失当期扣除金额	
24	七、纳税调整金额(18-22-23)	

(二)填报说明

本表适用于发生政策性搬迁纳税调整项目的纳税人在完成搬迁年度及以后进行损失分期扣除的年度填报。

本表第1行"一、搬迁收入"至第22行"五、计入当期损益的搬迁所得或损失"的金额,按照税法规定确认的政策性搬迁清算累计数填报。

1. 第1行"一、搬迁收入":填报第2行(搬迁补偿收入)＋第8行(搬迁资产处置收入)的合计数。

2. 第2行"(一)搬迁补偿收入":填报按税法规定确认的,纳税人从本企业以外取得的搬迁补偿收入金额,此行为第3行(对被征用资产价值的补偿)至第7行(其他补偿收入)的合计金额。

3. 第3行"1. 对被征用资产价值的补偿":填报按税法规定确认的,纳税人被征用资产价值补偿收入累计金额。

4. 第4行"2. 因搬迁、安置而给予的补偿":填报按税法规定确认的,纳税人因搬迁、安置而取得的补偿收入累计金额。

5. 第5行"3. 对停产停业形成的损失而给予的补偿":填报按税法规定确认的,纳税人停产停业形成损失而取得的补偿收入累计金额。

6. 第6行"4. 资产搬迁过程中遭到毁损而取得的保险赔款":填报按税法规定确认,纳税人资产搬迁过程中遭到毁损而取得的保险赔款收入累计金额。

7. 第7行"5. 其他补偿收入":填报按税法规定确认,纳税人其他补偿收入累计金额。

8. 第8行"(二)搬迁资产处置收入":填报按税法规定确认,纳税人由于搬迁而处置各类资产所取得的收入累计金额。

9. 第9行"二、搬迁支出":填报第10行(搬迁费用支出)＋第16行(搬迁资产处置支出)的金额。

10. 第10行"(一)搬迁费用支出":填报按税法规定确认,纳税人搬迁过程中发生的费用支出累计金额,为第11行(安置职工实际发生的费用)至第15行(其他与搬迁相关的费用)的合计金额。

11. 第11行"1. 安置职工实际发生的费用":填报按税法规定确认,纳税人安置职工实际发生费用支出的累计金额。

12. 第12行"2. 停工期间支付给职工的工资及福利费":填报按税法规定确认,纳税人因停工支付给职工的工资及福利费支出累计金额。

13. 第13行"3. 临时存放搬迁资产而发生的费用":填报按税法规定确认,纳税人临时存放搬迁资产发生的费用支出累计金额。

14. 第14行"4. 各类资产搬迁安装费用":填报按税法规定确认,纳税人各类资产搬迁安装费用支出累计金额。

15. 第15行"5. 其他与搬迁相关的费用":填报按税法规定确认,纳税人其他与搬迁相关的费用支出累计金额。

16. 第16行"(二)搬迁资产处置支出":填报按税法规定确认的,纳税人搬迁资产处置支出累计数。符合《国家税务总局关于〈企业政策性搬迁所得税有关问题〉的公告》(国家税务总局公告2013年第11号)规定的资产购置支出,填报在本行。

17. 第17行"三、搬迁所得或损失":填报政策性搬迁所得或损失,填报第1行(搬迁收入)

—第9行(搬迁支出)的余额。

18. 第18行"四、应计入本年应纳税所得额的搬迁所得或损失":填报政策性搬迁所得或损失按照税法规定计入本年应纳税所得额的金额,填报第19行(搬迁所得)至第21行(搬迁损失分期扣除)的合计金额。

19. 第19行"其中:搬迁所得":填报按税法相关规定,搬迁完成年度政策性搬迁所得的金额。

20. 第20行"搬迁损失一次性扣除":由选择一次性扣除搬迁损失的纳税人填报,填报搬迁完成年度按照税法规定计算的搬迁损失金额,损失以负数填报。

21. 第21行"搬迁损失分期扣除":由选择分期扣除搬迁损失的纳税人填报,填报搬迁完成年度按照税法规定计算的搬迁损失在本年扣除的金额,损失以负数填报。

22. 第22行"五、计入当期损益的搬迁收益或损失":填报政策性搬迁项目会计核算计入当期损益的金额,损失以负数填报。

23. 第23行"六、以前年度搬迁损失当期扣除金额":以前年度完成搬迁形成的损失,按照税法规定在当期扣除的金额。

24. 第24行"七、纳税调整金额":填报第18行(应计入本年应纳税所得额的搬迁所得或损失)－第22行(计入当期损益的搬迁收益或损失)－第23行(以前年度搬迁损失当期扣除金额)的余额。

二、表内、表间关系

(一)表内关系

1. 第1行(搬迁收入)＝第2行(搬迁补偿收入)＋第8行(搬迁资产处置收入)。

2. 第2行(搬迁补偿收入)＝第3行(对被征用资产价值的补偿)＋第4行(因搬迁、安置而给予的补偿)＋…＋第7行(其他补偿收入)。

3. 第9行(搬迁支出)＝第10行(搬迁费用支出)＋第16行(搬迁资产处置支出)。

4. 第10行(搬迁费用支出)＝第11行(安置职工实际发生的费用)＋第12行(停工期间支付给职工的工资及福利费)＋…＋第15行(其他与搬迁相关的费用)。

5. 第17行(搬迁所得或损失)＝第1行(搬迁收入)－第9行(搬迁支出)。

6. 第18行(应计入本年应纳税所得额的搬迁所得或损失)＝第19行(搬迁所得)＋第20行(搬迁损失一次性扣除)＋第21行(搬迁损失分期扣除)。

7. 第24行(纳税调整金额)＝第18行(应计入本年应纳税所得额的搬迁所得或损失)－第22行(计入当期损益的搬迁收益或损失)－第23行(以前年度搬迁损失当期扣除金额)。

(二)表间关系

第24行(纳税调整金额),若≥0,填入表A105000第37行(政策性搬迁)第3列(调整金额);若＜0,将绝对值填入表A105000《纳税调整项目明细表》第37行(政策性搬迁)第4列(调减金额)。

三、填审要点提示

本表填审应该对照国家税务总局公告2012年第40号《企业政策性搬迁所得税管理办法》要求,明细反映政策性搬迁的搬迁收入、搬迁支出、搬迁所得或损失情况并计算确认纳税调整金额,填入A105000《纳税调整项目明细表》。发生政策性搬迁纳税调整项目的纳税人,在完成搬迁年度及以后进行损失分期扣除的年份填报。

四、政策链接

政策链接之一：国家税务总局《关于发布〈企业政策性搬迁所得税管理办法〉的公告》(国家税务总局公告2012年第40号)。

企业政策性搬迁所得税管理办法
第一章　总　则

第一条　为规范企业政策性搬迁的所得税征收管理，根据《中华人民共和国企业所得税法》(以下简称《企业所得税法》)及其实施条例的有关规定，制定本办法。

第二条　本办法执行范围仅限于企业政策性搬迁过程中涉及的所得税征收管理事项，不包括企业自行搬迁或商业性搬迁等非政策性搬迁的税务处理事项。

第三条　企业政策性搬迁，是指由于社会公共利益的需要，在政府主导下企业进行整体搬迁或部分搬迁。企业由于下列需要之一，提供相关文件证明资料的，属于政策性搬迁：

（一）国防和外交的需要；

（二）由政府组织实施的能源、交通、水利等基础设施的需要；

（三）由政府组织实施的科技、教育、文化、卫生、体育、环境和资源保护、防灾减灾、文物保护、社会福利、市政公用等公共事业的需要；

（四）由政府组织实施的保障性安居工程建设的需要；

（五）由政府依照《中华人民共和国城乡规划法》有关规定组织实施的对危房集中、基础设施落后等地段进行旧城区改建的需要；

（六）法律、行政法规规定的其他公共利益的需要。

第四条　企业应按本办法的要求，就政策性搬迁过程中涉及的搬迁收入、搬迁支出、搬迁资产税务处理、搬迁所得等所得税征收管理事项，单独进行税务管理和核算。不能单独进行税务管理和核算的，应视为企业自行搬迁或商业性搬迁等非政策性搬迁进行所得税处理，不得执行本办法规定。

第二章　搬迁收入

第五条　企业的搬迁收入，包括搬迁过程中从本企业以外（包括政府或其他单位）取得的搬迁补偿收入，以及本企业搬迁资产处置收入等。

第六条　企业取得的搬迁补偿收入，是指企业由于搬迁取得的货币性和非货币性补偿收入。具体包括：

（一）对被征用资产价值的补偿；

（二）因搬迁、安置而给予的补偿；

（三）对停产停业形成的损失而给予的补偿；

（四）资产搬迁过程中遭到毁损而取得的保险赔款；

（五）其他补偿收入。

第七条　企业搬迁资产处置收入，是指企业由于搬迁而处置企业各类资产所取得的收入。

企业由于搬迁处置存货而取得的收入，应按正常经营活动取得的收入进行所得税处理，不作为企业搬迁收入。

第三章　搬迁支出

第八条　企业的搬迁支出，包括搬迁费用支出以及由于搬迁所发生的企业资产处置支出。

第九条　搬迁费用支出,是指企业搬迁期间所发生的各项费用,包括安置职工实际发生的费用、停工期间支付给职工的工资及福利费、临时存放搬迁资产而发生的费用、各类资产搬迁安装费用以及其他与搬迁相关的费用。

第十条　资产处置支出,是指企业由于搬迁而处置各类资产所发生的支出,包括变卖及处置各类资产的净值、处置过程中所发生的税费等支出。

企业由于搬迁而报废的资产,如无转让价值,其净值作为企业的资产处置支出。

第四章　搬迁资产税务处理

第十一条　企业搬迁的资产,简单安装或不需要安装即可继续使用的,在该项资产重新投入使用后,就其净值按《企业所得税法》及其实施条例规定的该资产尚未折旧或摊销的年限,继续计提折旧或摊销。

第十二条　企业搬迁的资产,需要进行大修理后才能重新使用的,应就该资产的净值,加上大修理过程中所发生的支出,为该资产的计税成本。在该项资产重新投入使用后,按该资产尚可使用年限,计提折旧或摊销。

第十三条　企业搬迁中被征用的土地,采取土地置换的,换入土地的计税成本按被征用土地的净值,以及该换入土地投入使用前所发生的各项费用支出,为该换入土地的计税成本,在该换入土地投入使用后,按《企业所得税法》及其实施条例规定年限摊销。

第十四条　企业搬迁期间新购置的各类资产,应按《企业所得税法》及其实施条例等有关规定,计算确定资产的计税成本及折旧或摊销年限。企业发生的购置资产支出,不得从搬迁收入中扣除。

第五章　应税所得

第十五条　企业在搬迁期间发生的搬迁收入和搬迁支出,可以暂不计入当期应纳税所得额,而在完成搬迁的年度,对搬迁收入和支出进行汇总清算。

第十六条　企业的搬迁收入,扣除搬迁支出后的余额,为企业的搬迁所得。

企业应在搬迁完成年度,将搬迁所得计入当年度企业应纳税所得额计算纳税。

第十七条　下列情形之一的,为搬迁完成年度,企业应进行搬迁清算,计算搬迁所得:

(一)从搬迁开始,5年内(包括搬迁当年度)任何一年完成搬迁的。

(二)从搬迁开始,搬迁时间满5年(包括搬迁当年度)的年度。

第十八条　企业搬迁收入扣除搬迁支出后为负数的,应为搬迁损失。搬迁损失可在下列方法中选择其一进行税务处理:

(一)在搬迁完成年度,一次性作为损失进行扣除。

(二)自搬迁完成年度起分3个年度,均匀在税前扣除。

上述方法由企业自行选择,但一经选定,不得改变。

第十九条　企业同时符合下列条件的,视为已经完成搬迁:

(一)搬迁规划已基本完成;

(二)当年生产经营收入占规划搬迁前年度生产经营收入50%以上。

第二十条　企业边搬迁、边生产的,搬迁年度应从实际开始搬迁的年度计算。

第二十一条　企业以前年度发生尚未弥补亏损的,凡企业由于搬迁停止生产经营无所得的,从搬迁年度次年起,至搬迁完成年度前一年度止,可作为停止生产经营活动年度,从法定亏损结转弥补年限中减除;企业边搬迁、边生产的,其亏损结转年度应连续计算。

第六章 征收管理

第二十二条 企业应当自搬迁开始年度,至次年5月31日前,向主管税务机关(包括迁出地和迁入地)报送政策性搬迁依据、搬迁规划等相关材料。逾期未报的,除特殊原因并经主管税务机关认可外,按非政策性搬迁处理,不得执行本办法的规定。

第二十三条 企业应向主管税务机关报送的政策性搬迁依据、搬迁规划等相关材料,包括:

(一)政府搬迁文件或公告;

(二)搬迁重置总体规划;

(三)拆迁补偿协议;

(四)资产处置计划;

(五)其他与搬迁相关的事项。

第二十四条 企业迁出地和迁入地主管税务机关发生变化的,由迁入地主管税务机关负责企业搬迁清算。

第二十五条 企业搬迁完成当年,其向主管税务机关报送企业所得税年度纳税申报表时,应同时报送《企业政策性搬迁清算损益表》(表样附后)及相关材料。

第二十六条 企业在本办法生效前尚未完成搬迁的,符合本办法规定的搬迁事项,一律按本办法执行。本办法生效年度以前已经完成搬迁且已按原规定进行税务处理的,不再调整。

第二十七条 本办法未规定的企业搬迁税务事项,按照《企业所得税法》及其实施条例等相关规定进行税务处理。

第二十八条 本办法施行后,《国家税务总局关于〈企业政策性搬迁或处置收入有关企业所得税处理问题〉的通知》(国税函[2009]118号)同时废止。

政策链接之二:国家税务总局《关于〈企业政策性搬迁所得税有关问题〉的公告》(国家税务总局公告2013年第11号)。

现就《国家税务总局关于发布〈企业政策性搬迁所得税管理办法〉的公告》(国家税务总局2012年第40号公告)贯彻落实过程中有关问题,公告如下:

一、凡在国家税务总局2012年第40号公告生效前已经签订搬迁协议且尚未完成搬迁清算的企业政策性搬迁项目,企业在重建或恢复生产过程中购置的各类资产,可以作为搬迁支出,从搬迁收入中扣除。但购置的各类资产,应剔除该搬迁补偿收入后,作为该资产的计税基础,并按规定计算折旧或费用摊销。凡在国家税务总局2012年第40号公告生效后签订搬迁协议的政策性搬迁项目,应按国家税务总局2012年第40号公告有关规定执行。

二、企业政策性搬迁被征用的资产,采取资产置换的,其换入资产的计税成本按被征用资产的净值,加上换入资产所支付的税费(涉及补价,还应加上补价款)计算确定。

三、本公告自2012年10月1日起执行。国家税务总局2012年第40号公告第二十六条同时废止。

第三节 《特殊行业准备金纳税调整明细表》的填制与审核

一、表样及有关项目的填报说明

(一)表样

A105120

特殊行业准备金纳税调整明细表

行次	项　　目	账载金额	税收金额	纳税调整金额
		1	2	3(1-2)
1	一、保险公司(2+3+6+7+8+9+10)			
2	(一)未到期责任准备金			
3	(二)未决赔款准备金(4+5)			
4	其中:已发生已报案未决赔款准备金			
5	已发生未报案未决赔款准备金			
6	(三)巨灾风险准备金			
7	(四)寿险责任准备金			
8	(五)长期健康险责任准备金			
9	(六)保险保障基金			
10	(七)其他			
11	二、证券行业(12+13+14+15)			
12	(一)证券交易所风险基金			
13	(二)证券结算风险基金			
14	(三)证券投资者保护基金			
15	(四)其他			
16	三、期货行业(17+18+19+20)			
17	(一)期货交易所风险准备金			
18	(二)期货公司风险准备金			
19	(三)期货投资者保障基金			
20	(四)其他			
21	四、金融企业(22+23+24)			
22	(一)涉农和中小企业贷款损失准备金			
23	(二)贷款损失准备金			
24	(三)其他			
25	五、中小企业信用担保机构(26+27+28)			
26	(一)担保赔偿准备			
27	(二)未到期责任准备			
28	(三)其他			
29	六、其他			
30	合计(1+11+16+21+25+29)			

(二)填报说明

本表适用于发生特殊行业准备金纳税调整项目的纳税人填报。

1. 第1行"一、保险公司":填报第2行(未到期责任准备金)+第3行(未决赔款准备金)+第6行(巨灾风险准备金)+第7行(寿险责任准备金)+第8行(长期健康险责任准备金)+第9行(保险保障基金)+第10行(其他)的金额(参见政策链接之一)。

2. 第2行"(一)未到期责任准备金":第1列"账载金额"填报会计核算计入当期损益的金额;第2列"税收金额"填报按税法规定允许税前扣除的金额;第3列为第1列(账载金额)—第2列(税收金额)的余额。

3. 第3行"(二)未决赔款准备金":填报第4行(已发生已报案未决赔款准备金)+第5行(已发生未报案未决赔款准备金)的金额。本表调整的未决赔款准备金为已发生已报案未决赔款准备金、已发生未报案未决赔款准备金,不包括理赔费用准备金。

4. 第4行"其中:已发生已报案未决赔款准备金":填报未决赔款准备金中已发生已报案准备金的纳税调整情况。填列方法同第2行(未到期责任准备金)。

5. 第5行"已发生未报案未决赔款准备金":填报未决赔款准备金中已发生未报案准备金的纳税调整情况。填列方法同第2行(未到期责任准备金)。

6. 第6行"(三)巨灾风险准备金":填报巨灾风险准备金的纳税调整情况。填列方法同第2行(未到期责任准备金)。

7. 第7行"(四)寿险责任准备金":填报寿险责任准备金的纳税调整情况。填列方法同第2行(未到期责任准备金)。

8. 第8行"(五)长期健康险责任准备金":填报长期健康险责任准备金的纳税调整情况。填列方法同第2行(未到期责任准备金)。

9. 第9行"(六)保险保障基金":填报保险保障基金的纳税调整情况。填列方法同第2行(未到期责任准备金)。

10. 第10行"(七)其他":填报除第2行(未到期责任准备金)至第9行(保险保障基金)以外的允许税前扣除的保险公司准备金的纳税调整情况。填列方法同第2行(未到期责任准备金)。

11. 第11行"二、证券行业":填报第12行(证券交易所风险基金)+第13行(证券结算风险基金)+第14行(证券投资者保障基金)+第15行(其他)的金额(参见政策链接之二)。

12. 第12行"(一)证券交易所风险基金":填报证券交易所风险基金的纳税调整情况。填列方法同第2行(未到期责任准备金)。

13. 第13行"(二)证券结算风险基金":填报证券结算风险基金的纳税调整情况。填列方法同第2行(未到期责任准备金)。

14. 第14行"(三)证券投资者保障基金":填报证券投资者保障基金的纳税调整情况。填列方法同第2行(未到期责任准备金)。

15. 第15行"(四)其他":填报除第12行(证券交易所风险基金)至第14行(证券投资者保障基金)以外的允许税前扣除的证券行业准备金的纳税调整情况。填列方法同第2行(未到期责任准备金)。

16. 第16行"三、期货行业":填报第17行(期货交易所风险准备金)+第18行(期货公司风险准备金)+第19行(期货投资者保障基金)+第20行(其他)的金额(参见政策链接之二)。

17. 第17行"(一)期货交易所风险准备金":填报期货交易所风险准备金的纳税调整情

况。填列方法同第2行(未到期责任准备金)。

18. 第18行"(二)期货公司风险准备金":填报期货公司风险准备金的纳税调整情况。填列方法同第2行(未到期责任准备金)。

19. 第19行"(三)期货投资者保障基金":填报期货投资者保障基金的纳税调整情况。填列方法同第2行(未到期责任准备金)。

20. 第20行"(四)其他":填报除第17行至第19行以外的允许税前扣除的证券行业准备金的纳税调整情况。填列方法同第2行(未到期责任准备金)。

21. 第21行"四、金融企业":本行根据第22行(涉农和中小企业贷款损失准备金)+第23行(贷款损失准备金)+第24行(其他)的合计数(参见政策链接之三)。

22. 第22行"(一)涉农和中小企业贷款损失准备金":填报涉农和中小企业贷款损失准备金的纳税调整情况。填列方法同第2行(未到期责任准备金)。

23. 第23行"(二)贷款损失准备金":填报贷款损失准备金的纳税调整情况。填列方法同第2行(未到期责任准备金)。

24. 第24行"(三)其他":填报除第22行(涉农和中小企业贷款损失准备金)至第23行(贷款损失准备金)以外的允许税前扣除的金融企业准备金的纳税调整情况。填列方法同第2行(未到期责任准备金)。

25. 第25行"五、中小企业信用担保机构":填报第26行(担保赔偿准备)+第27行(未到期责任准备)+第28行(其他)的金额(参见政策链接之四)。

26. 第26行"(一)担保赔偿准备":填报担保赔偿准备金的纳税调整情况。填列方法同第2行(未到期责任准备金)。

27. 第27行"(二)未到期责任准备":填报未到期责任准备金的纳税调整情况。填列方法同第2行(未到期责任准备金)。

28. 第28行"(三)其他":填报除第26、27行以外的允许税前扣除的中小企业信用担保机构准备金的纳税调整情况。填列方法同第2行(未到期责任准备金)。

29. 第29行"六、其他":填报除保险公司、证券行业、期货行业、金融企业、中小企业信用担保机构以外的允许税前扣除的特殊行业准备金的纳税调整情况。填列方法同第2行(未到期责任准备金)。

30. 第30行"合计":填报第1行(保险公司)+第11行(证券行业)+第16行(期货行业)+第21行(金融行业)+第25行(中小企业信用担保机构)+第29行(其他)的金额。

二、表内、表间关系

(一)表内关系

1. 第3列(纳税调整金额)=第1列(账载金额)-第2列(税收金额)。

2. 第1行(保险公司)=第2行((一)未到期责任准备金)+第3行((二)未决赔款准备金)+第6行((三)巨灾风险准备金)+第7行((四)寿险责任准备金)+第8行((五)长期健康险责任准备金)+第9行((六)保险保障基金)+第10行((七)其他)。

3. 第3行(二)未决赔款准备金)=第4行(其中:已发生已报案未决赔款准备金)+第5行(已发生未报案未决赔款准备金)。

4. 第11行(二、证券行业)=第12行((一)证券交易所风险基金)+第13行((二)证券结算风险基金)+第14行((三)证券投资者保障基金)+第15行((四)其他)。

5. 第16行(三、期货行业)＝第17行((一)期货交易所风险准备金)＋第18行((二)期货公司风险准备金)＋第19行((三)期货投资者保障基金)＋第20行((四)其他)。

6. 第21行(四、金融企业)＝第22行((一)涉农和中小企业贷款损失准备金)＋第23行((二)贷款损失准备金)＋第24行((三)其他)。

7. 第25行(五、中小企业信用担保机构)＝第26行((一)担保赔偿准备)＋第27行((二)未到期责任准备)＋第28行((三)其他)。

8. 第30行(合计)＝第1行(保险公司)＋第11行(二、证券行业)＋第16行(三、期货行业)＋第21行(四、金融企业)＋第25行(五、中小企业信用担保机构)＋第29行(六、其他)。

(二)表间关系

1. 第30行(合计)第1列(账载金额)＝表A105000《纳税调整项目明细表》第38行(特殊行业准备金)第1列(账载金额)。

2. 第30行(合计)第2列(税收金额)＝表A105000《纳税调整项目明细表》第38行(特殊行业准备金)第2列(税收金额)。

3. 第30行(合计)第3列(调整金额),若≥0,填入表A105000《纳税调整项目明细表》第38行(特殊行业准备金)第3列(调整金额);若＜0,将绝对值填入表A105000《纳税调整项目明细表》第38行(特殊行业准备金)第4列(调减金额)。

三、填审要点提示

企业所得税法规定未经核定的准备金支出,在计算应纳税所得额时不得扣除。只针对某些特殊行业,税法才允许其计提一定比例的准备金。因此,填审本表的核心在于一是对照是否在行业范围内,二是是否在限定的比例之内。本表汇总填入《纳税调整项目明细表》。

四、政策链接

政策链接之一(一):财政部 国家税务总局关于《保险公司准备金支出企业所得税税前扣除有关政策问题》的通知(财税[2012]45号)。

根据《中华人民共和国企业所得税法》和《中华人民共和国企业所得税法实施条例》(国务院令第512号)的有关规定,现就保险公司准备金支出企业所得税税前扣除有关问题明确如下:

一、保险公司按下列规定缴纳的保险保障基金,准予据实税前扣除:

1. 非投资型财产保险业务,不得超过保费收入的0.8%;投资型财产保险业务,有保证收益的,不得超过业务收入的0.08%,无保证收益的,不得超过业务收入的0.05%。

2. 有保证收益的人寿保险业务,不得超过业务收入的0.15%;无保证收益的人寿保险业务,不得超过业务收入的0.05%。

3. 短期健康保险业务,不得超过保费收入的0.8%;长期健康保险业务,不得超过保费收入的0.15%。

4. 非投资型意外伤害保险业务,不得超过保费收入的0.8%;投资型意外伤害保险业务,有保证收益的,不得超过业务收入的0.08%,无保证收益的,不得超过业务收入的0.05%。

保险保障基金,是指按照《中华人民共和国保险法》和《保险保障基金管理办法》(保监会、财政部、人民银行令2008年第2号)规定缴纳形成的,在规定情形下用于救助保单持有人、保单受让公司或者处置保险业风险的非政府性行业风险救助基金。

保费收入,是指投保人按照保险合同约定,向保险公司支付的保险费。

业务收入,是指投保人按照保险合同约定,为购买相应的保险产品支付给保险公司的全部金额。

非投资型财产保险业务,是指仅具有保险保障功能而不具有投资理财功能的财产保险业务。

投资型财产保险业务,是指兼具有保险保障与投资理财功能的财产保险业务。

有保证收益,是指保险产品在投资收益方面提供固定收益或最低收益保障。

无保证收益,是指保险产品在投资收益方面不提供收益保证,投保人承担全部投资风险。

二、保险公司有下列情形之一的,其缴纳的保险保障基金不得在税前扣除:

1. 财产保险公司的保险保障基金余额达到公司总资产6%的。

2. 人身保险公司的保险保障基金余额达到公司总资产1%的。

三、保险公司按国务院财政部门的相关规定提取的未到期责任准备金、寿险责任准备金、长期健康险责任准备金、已发生已报案未决赔款准备金和已发生未报案未决赔款准备金,准予在税前扣除。

1. 未到期责任准备金、寿险责任准备金、长期健康险责任准备金依据经中国保监会核准任职资格的精算师或出具专项审计报告的中介机构确定的金额提取。

未到期责任准备金,是指保险人为尚未终止的非寿险保险责任提取的准备金。

寿险责任准备金,是指保险人为尚未终止的人寿保险责任提取的准备金。

长期健康险责任准备金,是指保险人为尚未终止的长期健康保险责任提取的准备金。

2. 已发生已报案未决赔款准备金,按最高不超过当期已经提出的保险赔款或者给付金额的100%提取;已发生未报案未决赔款准备金按不超过当年实际赔款支出额的8%提取。

已发生已报案未决赔款准备金,是指保险人为非寿险保险事故已经发生并已向保险人提出索赔、尚未结案的赔案提取的准备金。

已发生未报案未决赔款准备金,是指保险人为非寿险保险事故已经发生、尚未向保险人提出索赔的赔案提取的准备金。

四、保险公司实际发生的各种保险赔款、给付,应首先冲抵按规定提取的准备金,不足冲抵部分,准予在当年税前扣除。

五、本通知自2011年1月1日至2015年12月31日执行。

政策链接之一(二):财政部 国家税务总局《关于〈保险公司农业巨灾风险准备金企业所得税税前扣除政策〉的通知》(财税[2012]23号)。

为积极支持解决"三农"问题,促进保险公司拓展农业保险业务,提高农业巨灾发生后恢复生产能力,根据《中华人民共和国企业所得税法》和《中华人民共和国企业所得税法实施条例》的有关规定,现对保险公司计提农业保险巨灾风险准备金企业所得税税前扣除问题通知如下:

一、保险公司经营财政给予保费补贴的种植业险种(以下简称补贴险种)的,按不超过补贴险种当年保费收入25%的比例计提的巨灾风险准备金,准予在企业所得税前据实扣除。具体计算公式如下:

本年度扣除的巨灾风险准备金=本年度保费收入×25%—上年度已在税前扣除的巨灾风险准备金结存余额

按上述公式计算的数额如为负数,应调增当年应纳税所得额。

二、补贴险种是指各级财政部门根据财政部关于种植业保险保费补贴管理的相关规定确定,且各级财政部门补贴比例之和不低于保费60%的种植业险种。

三、保险公司应当按专款专用原则建立健全巨灾风险准备金管理使用制度。在向主管税务机关报送企业所得税纳税申报表时,同时附送巨灾风险准备金提取、使用情况的说明和报表。

四、本通知自2011年1月1日起至2015年12月31日止执行。

政策链接之二:财政部 国家税务总局《关于〈证券行业准备金支出企业所得税税前扣除有关政策问题〉的通知》(财税[2012]11号)。

根据《中华人民共和国企业所得税法》和《中华人民共和国企业所得税法实施条例》的有关规定,现就证券行业准备金支出企业所得税税前扣除有关政策问题明确如下:

一、证券类准备金

(一)证券交易所风险基金。

上海、深圳证券交易所依据《证券交易所风险基金管理暂行办法》(证监发[2000]22号)的有关规定,按证券交易所交易收取经手费的20%、会员年费的10%提取的证券交易所风险基金,在各基金净资产不超过10亿元的额度内,准予在企业所得税税前扣除。

(二)证券结算风险基金。

1.中国证券登记结算公司所属上海分公司、深圳分公司依据《证券结算风险基金管理办法》(证监发[2006]65号)的有关规定,按证券登记结算公司业务收入的20%提取的证券结算风险基金,在各基金净资产不超过30亿元的额度内,准予在企业所得税税前扣除。

2.证券公司依据《证券结算风险基金管理办法》(证监发[2006]65号)的有关规定,作为结算会员按人民币普通股和基金成交金额的十万分之三、国债现货成交金额的十万分之一、1天期国债回购成交额的千万分之五、2天期国债回购成交额的千万分之十、3天期国债回购成交额的千万分之十五、4天期国债回购成交额的千万分之二十、7天期国债回购成交额的千万分之五十、14天期国债回购成交额的十万分之一、28天期国债回购成交额的十万分之二、91天期国债回购成交额的十万分之六、182天期国债回购成交额的十万分之十二逐日缴纳的证券结算风险基金,准予在企业所得税税前扣除。

(三)证券投资者保护基金。

1.上海、深圳证券交易所依据《证券投资者保护基金管理办法》(证监会令第27号)的有关规定,在风险基金分别达到规定的上限后,按交易经手费的20%缴纳的证券投资者保护基金,准予在企业所得税税前扣除。

2.证券公司依据《证券投资者保护基金管理办法》(证监会令第27号)的有关规定,按其营业收入0.5%~5%缴纳的证券投资者保护基金,准予在企业所得税税前扣除。

二、期货类准备金

(一)期货交易所风险准备金。

大连商品交易所、郑州商品交易所和中国金融期货交易所依据《期货交易管理条例》(国务院令第489号)、《期货交易所管理办法》(证监会令第42号)和《商品期货交易财务管理暂行规定》(财商字[1997]44号)的有关规定,上海期货交易所依据《期货交易管理条例》(国务院令第489号)、《期货交易所管理办法》(证监会令第42号)和《关于调整上海期货交易所风险准备金规模的批复》(证监函[2009]407号)的有关规定,分别按向会员收取手续费收入的20%计提的风险准备金,在风险准备金余额达到有关规定的额度内,准予在企业所得税税前扣除。

(二)期货公司风险准备金。

期货公司依据《期货公司管理办法》(证监会令第43号)和《商品期货交易财务管理暂行规定》(财商字[1997]44号)的有关规定,从其收取的交易手续费收入减去应付期货交易所手续费后的净收入的5%提取的期货公司风险准备金,准予在企业所得税税前扣除。

(三)期货投资者保障基金。

1. 上海期货交易所、大连商品交易所、郑州商品交易所和中国金融期货交易所依据《期货投资者保障基金管理暂行办法》(证监会令第38号)的有关规定,按其向期货公司会员收取的交易手续费的3‰缴纳的期货投资者保障基金,在基金总额达到有关规定的额度内,准予在企业所得税税前扣除。

2. 期货公司依据《期货投资者保障基金管理暂行办法》(证监会令第38号)的有关规定,从其收取的交易手续费中按照代理交易额的千万分之五至千万分之十的比例缴纳的期货投资者保障基金,在基金总额达到有关规定的额度内,准予在企业所得税税前扣除。

三、上述准备金如发生清算、退还,应按规定补征企业所得税。

四、本通知自2011年1月1日起至2015年12月31日止执行。

政策链接之三(一):财政部 国家税务总局《关于〈金融企业贷款损失准备金企业所得税税前扣除政策〉的通知》(财税[2012]5号)。

根据《中华人民共和国企业所得税法》及《中华人民共和国企业所得税法实施条例》的有关规定,现就政策性银行、商业银行、财务公司、城乡信用社和金融租赁公司等金融企业提取的贷款损失准备金税前扣除政策问题通知如下:

一、准予税前提取贷款损失准备金的贷款资产范围包括:

(一)贷款(含抵押、质押、担保等贷款);

(二)银行卡透支、贴现、信用垫款(含银行承兑汇票垫款、信用证垫款、担保垫款等)、进出口押汇、同业拆出、应收融资租赁款等各项具有贷款特征的风险资产;

(三)由金融企业转贷并承担对外还款责任的国外贷款,包括国际金融组织贷款、外国买方信贷、外国政府贷款、日本国际协力银行不附条件贷款和外国政府混合贷款等资产。

二、金融企业准予当年税前扣除的贷款损失准备金计算公式如下:

准予当年税前扣除的贷款损失准备金＝本年末准予提取贷款损失准备金的贷款资产余额×1％－截至上年末已在税前扣除的贷款损失准备金的余额

金融企业按上述公式计算的数额如为负数,应当相应调增当年应纳税所得额。

三、金融企业的委托贷款、代理贷款、国债投资、应收股利、上交央行准备金以及金融企业剥离的债权和股权、应收财政贴息、央行款项等不承担风险和损失的资产,不得提取贷款损失准备金在税前扣除。

四、金融企业发生的符合条件的贷款损失,应先冲减已在税前扣除的贷款损失准备金,不足冲减部分可据实在计算当年应纳税所得额时扣除。

五、金融企业涉农贷款和中小企业贷款损失准备金的税前扣除政策,凡按照《财政部 国家税务总局关于〈延长金融企业涉农贷款和中小企业贷款损失准备金税前扣除政策执行期限〉的通知》(财税[2011]104号)的规定执行的,不再适用本通知第一条至第四条的规定。

六、本通知自2011年1月1日起至2013年12月31日止执行。

政策链接之三(二):财政部 国家税务总局《关于〈延长金融企业涉农贷款和中小企业贷款损失准备金税前扣除政策执行期限〉的通知》(财税[2011]104号)。

经国务院批准,《财政部 国家税务总局关于〈金融企业涉农贷款和中小企业贷款损失准备金税前扣除政策〉的通知》(财税[2009]99号)规定的金融企业涉农贷款和中小企业贷款损失准备金税前扣除的政策,继续执行至2013年12月31日。

政策链接之四: 财政部 国家税务总局《关于〈中小企业信用担保机构有关准备金企业所得税税前扣除政策〉的通知》(财税[2012]25号)。

一、符合条件的中小企业信用担保机构按照不超过当年年末担保责任余额1%的比例计提的担保赔偿准备,允许在企业所得税税前扣除,同时将上年度计提的担保赔偿准备余额转为当期收入。

二、符合条件的中小企业信用担保机构按照不超过当年担保费收入50%的比例计提的未到期责任准备,允许在企业所得税税前扣除,同时将上年度计提的未到期责任准备余额转为当期收入。

三、中小企业信用担保机构实际发生的代偿损失,符合税收法律法规关于资产损失税前扣除政策规定的,应冲减已在税前扣除的担保赔偿准备,不足冲减部分据实在企业所得税税前扣除。

四、本通知所称符合条件的中小企业信用担保机构,必须同时满足以下条件:

(一)符合《融资性担保公司管理暂行办法》(银监会等七部委令2010年第3号)相关规定,并具有融资性担保机构监管部门颁发的经营许可证;

(二)以中小企业为主要服务对象,当年新增中小企业信用担保和再担保业务收入占新增担保业务收入总额的70%以上(上述收入不包括信用评级、咨询、培训等收入);

(三)中小企业信用担保业务的平均年担保费率不超过银行同期贷款基准利率的50%;

(四)财政、税务部门规定的其他条件。

五、申请享受本通知规定的准备金税前扣除政策的中小企业信用担保机构,在汇算清缴时,需报送法人执照副本复印件、融资性担保机构监管部门颁发的经营许可证复印件、具有资质的中介机构鉴证的年度会计报表和担保业务情况(包括担保业务明细和风险准备金提取等),以及财政、税务部门要求提供的其他材料。

六、本通知自2011年1月1日起至2015年12月31日止执行。

第七章 《企业所得税弥补亏损明细表》的填制与审核

一、表样及有关项目的填报说明

（一）表样

A106000

企业所得税弥补亏损明细表

行次	项目	年度	纳税调整后所得	合并、分立转入（转出）可弥补的亏损额	当年可弥补的亏损额	以前年度亏损已弥补额					本年度实际弥补的以前年度亏损额	可结转以后年度弥补的亏损额
						前四年度	前三年度	前二年度	前一年度	合计		
		1	2	3	4	5	6	7	8	9	10	11
1	前五年度											*
2	前四年度					*						
3	前三年度					*	*					
4	前二年度					*	*	*				
5	前一年度					*	*	*	*			
6	本年度					*	*	*	*			
7	可结转以后年度弥补的亏损额合计											

（二）有关项目填报说明

本表填报纳税人根据税法，在本纳税年度及本纳税年度前5年度的纳税调整后所得、合并、分立转入（转出）可弥补的亏损额、当年可弥补的亏损额、以前年度亏损已弥补额、本年度实际弥补的以前年度亏损额、可结转以后年度弥补的亏损额。

1. 第1列"年度"：填报公历年度。纳税人应首先填报第6行本年度，再依次从第5行往第1行倒推填报以前年度。纳税人发生政策性搬迁事项，如停止生产经营活动年度可以从法定亏损结转弥补年限中减除，则按可弥补亏损年度进行填报。

2. 第2列"纳税调整后所得"，第6行按以下情形填写：

（1）表A100000《中华人民共和国企业所得税年度纳税申报表（A类）》第19行"纳税调整后所得">0，第20行"所得减免">0，则本表第2列第6行＝本年度表A100000《中华人民共和国企业所得税年度纳税申报表（A类）》第19行（纳税调整后所得）－20行（所得减免）－21行（抵扣应纳税所得额），且减至0止。

第20行"所得减免"<0，填报此处时，以0计算。

（2）表A100000《中华人民共和国企业所得税年度纳税申报表（A类）》第19行"纳税调整后所得"<0，则本表第2列第6行＝本年度表A100000《中华人民共和国企业所得税年度纳税申报表（A类）》第19行。

第1行至第5行填报以前年度主表第23行(2013纳税年度前)或表A100000《中华人民共和国企业所得税年度纳税申报表(A类)》第19行(2014纳税年度后)"纳税调整后所得"的金额(亏损额以"－"号表示)。发生查补以前年度应纳税所得额的、追补以前年度未能税前扣除的实际资产损失等情况,该行需按修改后的"纳税调整后所得"金额进行填报。

3. 第3列"合并、分立转入(转出)可弥补亏损额":填报按照企业重组特殊性税务处理规定因企业被合并、分立而允许转入可弥补亏损额,以及因企业分立转出的可弥补亏损额(转入亏损以"－"号表示,转出亏损以正数表示)。

4. 第4列"当年可弥补的亏损额":当第2列小于零时金额等于第2＋3列,否则等于第3列(亏损以"－"号表示)。

5. "以前年度亏损已弥补额":填报以前年度盈利已弥补金额,其中:前四年度、前三年度、前二年度、前一年度与"项目"列中的前四年度、前三年度、前二年度、前一年度相对应。

6. 第10列"本年度实际弥补的以前年度亏损额"第1至5行:填报本年度盈利时,用第6行第2列本年度"纳税调整后所得"依次弥补前5年度尚未弥补完的亏损额。

7. 第10列"本年度实际弥补的以前年度亏损额"第6行:金额等于第10列第1至5行的合计数,该数据填入本年度表A100000《中华人民共和国企业所得税年度纳税申报表(A类)》第22行。

8. 第11列"可结转以后年度弥补的亏损额"第2至6行:填报本年度前4年度尚未弥补完的亏损额,以及本年度的亏损额。

9. 第11列"可结转以后年度弥补的亏损额合计"第7行:填报第11列第2行至6行的合计数。

二、表内、表间关系

(一)表内关系

1. 若第2列(纳税调整后所得)<0,第4列(当年可弥补的亏损额)＝第2列(纳税调整后所得)＋第3列(合并、分立转入(转出)可弥补亏损额),否则第4列(当年可弥补的亏损额)＝第3列(合并、分立转入(转出)可弥补亏损额)。

2. 若第3列(合并、分立转入(转出)可弥补亏损额)>0且第2列(纳税调整后所得)<0,第3列(合并、分立转入(转出)可弥补亏损额)<第2列(纳税调整后所得)的绝对值。

3. 第9列(合计)＝第5列(前四年度)＋第6列(前三年度)＋第7列(前二年度)＋第8列(前一年度)。

4. 若第2列(纳税调整后所得)第6行(本年度)>0,第10列(本年度实际弥补的以前年度亏损额)第1行(前五年度)至第5行(前一年度)同一行次≤第4列(当年可弥补的亏损额)第1行(前五年度)至第5行(前一年度)同一行次的绝对值－第9列(合计)第1行(前五年度)至第5行(前一年度)同一行次;若第2列(纳税调整后所得)第6行(本年度)<0,第10列(本年度实际弥补的以前年度亏损额)第1行(前五年度)至第5行(前一年度)＝0。

5. 若第2列(纳税调整后所得)第6行(本年度)>0,第10列(本年度实际弥补的以前年度亏损额)第6行(本年度)＝第10列(本年度实际弥补的以前年度亏损额)第1行(前五年度)＋第2行(前四年度)＋第3行(前三年度)＋第4行(前二年度)＋第5行(前一年度)且≤第2列(纳税调整后所得)第6行(本年度);若第2列(纳税调整后所得)第6行(本年度)<0,第10列(本年度实际弥补的以前年度亏损额)第6行(本年度)＝0。

6. 第 4 列(当年可弥补的亏损额)为负数的行次,第 11 列(可结转以后年度弥补的亏损额)同一行次＝第 4 列(当年可弥补的亏损额)该行的绝对值－第 9 列(合计)－第 10 列(本年度实际弥补的以前年度亏损额)。否则第 11 列(可结转以后年度弥补的亏损额)同一行次填"0"。

7. 第 11 列(可结转以后年度弥补的亏损额)第 7 行(可结转以后年度弥补的亏损额合计)＝第 11 列(可结转以后年度弥补的亏损额)第 2 行(前四年度)＋第 3 行(前三年度)＋第 4 行(前二年度)＋第 5 行(前一年度)＋第 6 行(本年度)。

(二)表间关系

1. 第 6 行(本年度)第 2 列(纳税调整后所得)＝表 A100000《中华人民共和国企业所得税年度纳税申报表(A 类)》第 19 行(纳税调整后所得)。

2. 第 6 行(本年度)第 10 列(本年度实际弥补的以前年度亏损额)＝表 A100000《中华人民共和国企业所得税年度纳税申报表(A 类)》第 20 行(弥补以前年度亏损)。

三、填审要点提示

本表反映企业发生亏损时如何结转问题,既准确计算亏损结转年度和限额,又便于税务机关进行管理。填写本表的关键是填列并计算五年补亏的明细情况,需要特别关注与前五年的申报表和本年主表的勾稽关系。

四、政策链接

政策链接之一:《中华人民共和国企业所得税法》。

第十七条 企业在汇总计算缴纳企业所得税时,其境外营业机构的亏损不得抵减境内营业机构的盈利。

第十八条 企业纳税年度发生的亏损,准予向以后年度结转,用以后年度的所得弥补,但结转年限最长不得超过五年。

政策链接之二:《中华人民共和国企业所得税法实施条例》。

第十条 企业所得税法第五条所称亏损,是指企业依照企业所得税法和本条例的规定将每一纳税年度的收入总额减除不征税收入、免税收入和各项扣除后小于零的数额。

五、案例

资料:海州兴业公司是一家专业从事钢结构产品生产的企业,相关资料如下:

1. 各年盈亏情况:

年份	2009 年	2010 年	2011 年	2012 年	2013 年	2014 年
主表"纳税调整后所得"金额(万元)	－3 000	－2 000	800	2 000	3 500	6 000
主表"所得减免"金额(万元)						600

2. 2013 年吸收合并海星涂料有限公司,根据企业重组特殊性税务处理规定,转入可弥补的亏损额 800 万元。

要求：1. 根据前述资料，填审表 A106000。
2. 请问海州兴业公司 2014 年主表第 23 行"应纳税所得额"是多少？

企业所得税弥补亏损明细表

行次	项目	年度	纳税调整后所得	合并、分立转入(转出)可弥补的亏损额	当年可弥补的亏损额	以前年度亏损已弥补额					本年度实际弥补的以前年度亏损额	可结转以后年度弥补的亏损额
						前四年度	前三年度	前二年度	前一年度	合计		
			1	2	3	4	5	6	7	8	9	10	11
1	前五年度	2009	−3 000		−3 000		800	2 000	200	3 000		*
2	前四年度	2010	−2 000		−2 000	*			2 000	2 000		
3	前三年度	2011	800			*	*					
4	前二年度	2012	2 000			*	*	*				
5	前一年度	2013	3 500	−800	−800	*	*	*	*	*	300	500
6	本年度	2014	5 400			*	*	*	*	*	500	
7	可结转以后年度弥补的亏损额合计											

海州兴业公司 2014 年主表第 23 行"应纳税所得额"＝5 400−500＝4 900(万元)

第八章 税收优惠表的填制与审核

本次修改后的申报表,将目前我国企业所得税税收优惠项目共有39项,按照税基、应纳税所得额、税额扣除等进行分类,设计了11张表格,通过表格的方式计算税收优惠享受情况、过程。既方便纳税人填报;又便于税务机关掌握税收减免税信息,核实优惠的合理性,进行优惠效益分析。

第一节 《免税、减计收入及加计扣除优惠明细表》的填制与审核

一、表样及有关项目填报说明

（一）表样

A107010

免税、减计收入及加计扣除优惠明细表　　　　　　　　　单位:元

行次	项　目	金　额
1	一、免税收入(2+3+4+5)	
2	（一)国债利息收入	
3	（二)符合条件的居民企业之间的股息、红利等权益性投资收益(填写A107011)	
4	（三)符合条件的非营利组织的收入	
5	（四)其他专项优惠(6+7+8+9+10+11+12+13+14)	
6	1. 中国清洁发展机制基金取得的收入	
7	2. 证券投资基金从证券市场取得的收入	
8	3. 证券投资基金投资者获得的分配收入	
9	4. 证券投资基金管理人运用基金买卖股票、债券的差价收入	
10	5. 取得的地方政府债券利息所得或收入	
11	6. 受灾地区企业取得的救灾和灾后恢复重建款项等收入	
12	7. 中国期货保证金监控中心有限责任公司取得的银行存款利息等收入	
13	8. 中国保险保障基金有限责任公司取得的保险保障基金等收入	
14	9. 其他	
15	二、减计收入(16+17)	
16	（一)综合利用资源生产产品取得的收入(填写A107012)	
17	（二)其他专项优惠(18+19+20)	
18	1. 金融、保险等机构取得的涉农利息、保费收入(填写A107013)	
19	2. 取得的中国铁路建设债券利息收入	
20	3. 其他	

续表

行次	项　目	金　额
21	三、加计扣除(22＋23＋26)	
22	（一）开发新技术、新产品、新工艺发生的研究开发费用加计扣除(填写 A107014)	
23	（二）安置残疾人员及国家鼓励安置的其他就业人员所支付的工资加计扣除(24＋25)	
24	1.支付残疾人员工资加计扣除	
25	2.国家鼓励的其他就业人员工资加计扣除	
26	（三）其他专项优惠	
27	合计(1＋15＋21)	

（二）填报说明

本表适用于享受免税收入、减计收入和加计扣除优惠的纳税人填报。纳税人根据税法及相关税收政策规定，填报本年发生的免税收入、减计收入和加计扣除优惠情况。

1．第1行"一、免税收入"：填报第2行(国债利息收入)＋第3行(符合条件的居民企业之间的股息、红利等权益性投资收益)＋第4行(符合条件的非营利组织的收入)＋第5行(其他专项优惠)的金额(参见政策链接之一)。

2．第2行"（一）国债利息收入"：填报纳税人根据相关税收政策规定，持有国务院财政部门发行的国债取得的利息收入(参见政策链接之二)。

3．第3行"（二）符合条件的居民企业之间的股息、红利等权益性投资收益"：填报《符合条件的居民企业之间的股息、红利等权益性投资收益情况明细表》(A107011)第10行第16列金额(参见政策链接之三)。

4．第4行"（三）符合条件的非营利组织的收入"：填报纳税人根据相关税收政策规定的，同时符合条件并依法履行登记手续的非营利组织，取得的捐赠收入等免税收入，不包括从事营利性活动所取得的收入(参见政策链接之四)。

5．第5行"（四）其他专项优惠"：填报第6行(中国清洁发展机制基金取得的收入)＋第7行(证券投资基金从证券市场取得的收入)＋…＋第14行(其他)的金额。

6．第6行"1.中国清洁发展机制基金取得的收入"：填报纳税人根据相关税收政策规定的，中国清洁发展机制基金取得的CDM项目温室气体减排量转让收入上缴国家的部分，国际金融组织赠款收入，基金资金的存款利息收入，购买国债的利息收入，国内外机构、组织和个人的捐赠收入(参见政策链接之五)。

7．第7行"2.证券投资基金从证券市场取得的收入"：填报纳税人根据相关税收政策规定，证券投资基金从证券市场中取得的收入，包括买卖股票、债券的差价收入，股权的股息、红利收入，债券的利息收入及其他收入(参见政策链接之六)。

8．第8行"3.证券投资基金投资者获得的分配收入"：填报纳税人根据相关税收政策规定，投资者从证券投资基金分配中取得的收入(参见政策链接之六)。

9．第9行"4.证券投资基金管理人运用基金买卖股票、债券的差价收入"：填报纳税人根据相关税收政策规定，证券投资基金管理人运用基金买卖股票、债券的差价收入(参见政策链接之六)。

10．第10行"5.取得的地方政府债券利息收入"：填报纳税人根据相关税收政策规定，取得的2009年、2010年和2011年发行的地方政府债券利息所得，2012年及以后年度发行的地方政府债券利息收入(参见政策链接之七)。

11. 第11行"6.受灾地区企业取得的救灾和灾后恢复重建款项等收入":填报芦山受灾地区企业根据相关税收政策规定的,通过公益性社会团体、县级以上人民政府及其部门取得的抗震救灾和灾后恢复重建款项和物资,以及税收法律、法规和国务院批准的减免税金及附加收入(参见政策链接之八)。

12. 第12行"7.中国期货保证金监控中心有限责任公司取得的银行存款利息等收入":填报中国期货保证金监控中心有限责任公司根据相关税收政策规定的,取得的银行存款利息收入、购买国债、中央银行和中央级金融机构发行债券的利息收入,以及证监会和财政部批准的其他资金运用取得的收入(参见政策链接之九)。

13. 第13行"8.中国保险保障基金有限责任公司取得的保险保障基金等收入":填报中国保险保障基金有限责任公司根据相关税收政策规定的,根据《保险保障基金管理办法》取得的境内保险公司依法缴纳的保险保障基金;依法从撤销或破产保险公司清算财产中获得的受偿收入和向有关责任方追偿所得,以及依法从保险公司风险处置中获得的财产转让所得;捐赠所得;银行存款利息收入;购买政府债券、中央银行、中央企业和中央级金融机构发行债券的利息收入;国务院批准的其他资金运用取得的收入(参见政策链接之十)。

14. 第14行"9.其他":填报纳税人享受的其他免税收入金额。

15. 第15行"二、减计收入":填报第16行(综合利用资源生产产品取得的收入)+第17行(其他专项优惠)的金额。

16. 第16行"(一)综合利用资源生产产品取得的收入":填报《综合利用资源生产产品取得的收入优惠明细表》(A107012)第10行(合计)第10列(综合利用资源减计收入)的金额。

17. 第17行"(二)其他专项优惠":填报第18行(金融、保险等机构取得的涉农利息、保费收入)+第19行(取得的中国铁路建设债券利息收入)+第20行(其他)的金额。

18. 第18行"1.金融、保险等机构取得的涉农利息、保费收入":填报《金融、保险等机构取得的涉农利息、保费收入优惠明细表》(A107013)第13行(合计)的金额。

19. 第19行"2.取得的中国铁路建设债券利息收入":填报纳税人根据相关税收政策规定,对企业持有发行的中国铁路建设债券取得的利息收入,减半征收企业所得税。本行填报政策规定减计50%收入的金额(参见政策链接之十一)。

20. 第20行"3.其他":填报纳税人享受的其他减计收入金额。

21. 第21行"三、加计扣除":填报第22行(开发新技术、新产品、新工艺发生的研究开发费用加计扣除)+第23行(安置残疾人员及国家鼓励安置的其他就业人员所支付的工资加计扣除)+第26行(其他专项优惠)的金额。

22. 第22行"(一)开发新技术、新产品、新工艺发生的研究开发费用加计扣除":填报《研发费用加计扣除优惠明细表》(A107014)第10行(合计)第19列(本年研发费用加计扣除额合计)的金额。

23. 第23行"(二)安置残疾人员及国家鼓励安置的其他就业人员所支付的工资加计扣除":填报第24行(支付残疾人员工资加计扣除)+第25行(国家鼓励的其他就业人员工资加计扣除)的金额。

24. 第24行"1.支付残疾人员工资加计扣除":填报纳税人根据相关税收政策规定的,安置残疾人员的,在支付给残疾职工工资据实扣除的基础上,按照支付给残疾职工工资的100%加计扣除的金额(参见政策链接之十二)。

25. 第25行"2.国家鼓励的其他就业人员工资加计扣除"：填报享受企业向其他就业人员支付工资加计扣除金额。

26. 第26行"(三)其他专项优惠"：填报纳税人享受的其他加计扣除的金额。

27. 第27行"合计"：填报第1行(免税收入)＋第15行(减计收入)＋第21行(加计扣除)的金额。

二、表内、表间关系

(一)表内关系

1. 第1行(免税收入)＝第2行(国债利息收入)＋第3行(符合条件的居民企业之间的股息、红利等权益性投资收益)＋第4行(符合条件的非营利组织的收入)＋第5行(其他专项优惠)。

2. 第5行(其他专项优惠)＝第6行(中国清洁发展机制基金取得的收入)＋第7行(证券投资基金从证券市场取得的收入)＋…＋第14行(其他)。

3. 第15行(减计收入)＝第16行(综合利用资源生产产品取得的收入)＋第17行(其他专项优惠)。

4. 第17行(其他专项优惠)＝第18行(金融、保险等机构取得的涉农利息、保费收入)＋第19行(取得的中国铁路建设债券利息收入)＋第20行(其他)。

5. 第21行(加计扣除)＝第22行(开发新技术、新产品、新工艺发生的研究开发费用加计扣除)＋第23行(安置残疾人员及国家鼓励安置的其他就业人员所支付的工资加计扣除)＋第26行(其他专项优惠)。

6. 第23行(安置残疾人员及国家鼓励安置的其他就业人员所支付的工资加计扣除)＝第24行(付残疾人员工资加计扣除)＋第25行(国家鼓励的其他就业人员工资加计扣除)。

7. 第27行(合计)＝第1行(免税收入)＋第15行(减计收入)＋第21行(加计扣除)。

(二)表间关系

1. 第27行(合计)＝表A100000《中华人民共和国企业所得税年度纳税申报表(A类)》第17行(免税、减计收入及加计扣除)。

2. 第3行(符合条件的居民企业之间的股息、红利等权益性投资收益)＝表A107011《符合条件的居民企业之间的股息、红利等权益性投资收益优惠明细表》第10行(合计)第16列(合计)。

3. 第16行(综合利用资源生产产品取得的收入)＝表107012《综合利用资源生产产品取得的收入优惠明细表》第10行(合计)第10列(综合利用资源减计收入)。

4. 第18行(金融、保险等机构取得的涉农利息、保费收入)＝表A107013《金融、保险等机构取得的涉农利息、保费收入优惠明细表》第13行(合计)。

5. 第22行(开发新技术、新产品、新工艺发生的研究开发费用加计扣除)＝表A107014第10行(合计)第19列(本年研发费用加计扣除额合计)。

三、填审要点提示

填写本报表最关键的是必须了解政策，对照填列。请仔细参阅后附政策链接。同时需要关注程序，与企业基本信息表以及登记信息匹配。

四、政策链接

政策链接之一:《中华人民共和国企业所得税法》第二十六条。

企业的下列收入为免税收入:

(一)国债利息收入;

(二)符合条件的居民企业之间的股息、红利等权益性投资收益;

(三)在中国境内设立机构、场所的非居民企业从居民企业取得与该机构、场所有实际联系的股息、红利等权益性投资收益;

(四)符合条件的非营利组织的收入。

政策链接之二(一):《中华人民共和国企业所得税法实施条例》。

第八十二条　企业所得税法第二十六条第(一)项所称国债利息收入,是指企业持有国务院财政部门发行的国债取得的利息收入。

政策链接之二(二):国家税务总局关于《企业国债投资业务企业所得税处理问题》的公告(2011年第36号)。

根据《中华人民共和国企业所得税法》(以下简称企业所得税法)及其实施条例的规定,现对企业国债投资业务企业所得税处理问题,公告如下:

一、关于国债利息收入税务处理问题

(一)国债利息收入时间确认

1. 根据企业所得税法实施条例第十八条的规定,企业投资国债从国务院财政部门(以下简称发行者)取得的国债利息收入,应以国债发行时约定应付利息的日期,确认利息收入的实现。

2. 企业转让国债,应在国债转让收入确认时确认利息收入的实现。

(二)国债利息收入计算

企业到期前转让国债,或者从非发行者投资购买的国债,其持有期间尚未兑付的国债利息收入,按以下公式计算确定:

国债利息收入＝国债金额×(适用年利率÷365)×持有天数

上述公式中的"国债金额",按国债发行面值或发行价格确定;"适用年利率"按国债票面年利率或折合年收益率确定;如企业不同时间多次购买同一品种国债的,"持有天数"可按平均持有天数计算确定。

(三)国债利息收入免税问题

根据企业所得税法第二十六条的规定,企业取得的国债利息收入,免征企业所得税。具体按以下规定执行:

1. 企业从发行者直接投资购买的国债持有至到期,其从发行者取得的国债利息收入,全额免征企业所得税。

2. 企业到期前转让国债,或者从非发行者投资购买的国债,其按本公告第一条第(二)项计算的国债利息收入,免征企业所得税。

二、关于国债转让收入税务处理问题

(一)国债转让收入时间确认

1. 企业转让国债应在转让国债合同、协议生效的日期,或者国债移交时确认转让收入的实现。

2. 企业投资购买国债,到期兑付的,应在国债发行时约定的应付利息的日期,确认国债转让收入的实现。

(二)国债转让收益(损失)计算

企业转让或到期兑付国债取得的价款,减除其购买国债成本,并扣除其持有期间按照本公告第一条计算的国债利息收入以及交易过程中相关税费后的余额,为企业转让国债收益(损失)。

(三)国债转让收益(损失)征税问题

根据企业所得税法实施条例第十六条规定,企业转让国债,应作为转让财产,其取得的收益(损失)应作为企业应纳税所得额计算纳税。

三、关于国债成本确定问题

(一)通过支付现金方式取得的国债,以买入价和支付的相关税费为成本;

(二)通过支付现金以外的方式取得的国债,以该资产的公允价值和支付的相关税费为成本。

四、关于国债成本计算方法问题

企业在不同时间购买同一品种国债的,其转让时的成本计算方法,可在先进先出法、加权平均法、个别计价法中选用一种。计价方法一经选用,不得随意改变。

五、本公告自2011年1月1日起施行。

政策链接之三:《中华人民共和国企业所得税法实施条例》第八十三条企业所得税法,第二十六条第(二)项所称符合条件的居民企业之间的股息、红利等权益性投资收益,是指居民企业直接投资于其他居民企业取得的投资收益。企业所得税法第二十六条第(二)项和第(三)项所称股息、红利等权益性投资收益,不包括连续持有居民企业公开发行并上市流通的股票不足12个月取得的投资收益。

政策链接之四(一):财政部 国家税务总局《关于〈非营利组织企业所得税免税收入问题〉的通知》(财税[2009]122号)。

根据《中华人民共和国企业所得税法》第二十六条及《中华人民共和国企业所得税法实施条例》(国务院令第512号)第八十五条的规定,现将符合条件的非营利组织企业所得税免税收入范围明确如下:

一、非营利组织的下列收入为免税收入:

(一)接受其他单位或者个人捐赠的收入;

(二)除《中华人民共和国企业所得税法》第七条规定的财政拨款以外的其他政府补助收入,但不包括因政府购买服务取得的收入;

(三)按照省级以上民政、财政部门规定收取的会费;

(四)不征税收入和免税收入孳生的银行存款利息收入;

(五)财政部、国家税务总局规定的其他收入。

二、本通知从2008年1月1日起执行。

政策链接之四(二):财政部 国家税务总局《关于〈非营利组织免税资格认定管理有关问题〉的通知》(财税[2014]13号)。

根据《中华人民共和国企业所得税法》(以下简称《企业所得税法》)第二十六条及《中华人民共和国企业所得税法实施条例》(以下简称《实施条例》)第八十四条的规定,现对非营利组织免税资格认定管理有关问题明确如下:

一、依据本通知认定的符合条件的非营利组织,必须同时满足以下条件:

(一)依照国家有关法律法规设立或登记的事业单位、社会团体、基金会、民办非企业单位、宗教活动场所以及财政部、国家税务总局认定的其他组织;

(二)从事公益性或者非营利性活动;

(三)取得的收入除用于与该组织有关的、合理的支出外,全部用于登记核定或者章程规定的公益性或者非营利性事业;

(四)财产及其孳息不用于分配,但不包括合理的工资薪金支出;

(五)按照登记核定或者章程规定,该组织注销后的剩余财产用于公益性或者非营利性目的,或者由登记管理机关转赠给与该组织性质、宗旨相同的组织,并向社会公告;

(六)投入人对投入该组织的财产不保留或者享有任何财产权利,本款所称投入人是指除各级人民政府及其部门外的法人、自然人和其他组织;

(七)工作人员工资福利开支控制在规定的比例内,不变相分配该组织的财产,其中:工作人员平均工资薪金水平不得超过上年度税务登记所在地人均工资水平的两倍,工作人员福利按照国家有关规定执行;

(八)除当年新设立或登记的事业单位、社会团体、基金会及民办非企业单位外,事业单位、社会团体、基金会及民办非企业单位申请前年度的检查结论为"合格";

(九)对取得的应纳税收入及其有关的成本、费用、损失应与免税收入及其有关的成本、费用、损失分别核算。

二、经省级(含省级)以上登记管理机关批准设立或登记的非营利组织,凡符合规定条件的,应向其所在地省级税务主管机关提出免税资格申请,并提供本通知规定的相关材料;经市(地)级或县级登记管理机关批准设立或登记的非营利组织,凡符合规定条件的,分别向其所在地市(地)级或县级税务主管机关提出免税资格申请,并提供本通知规定的相关材料。

财政、税务部门按照上述管理权限,对非营利组织享受免税的资格联合进行审核确认,并定期予以公布。

三、申请享受免税资格的非营利组织,需报送以下材料:

(一)申请报告;

(二)事业单位、社会团体、基金会、民办非企业单位的组织章程或宗教活动场所的管理制度;

(三)税务登记证复印件;

(四)非营利组织登记证复印件;

(五)申请前年度的资金来源及使用情况、公益活动和非营利活动的明细情况;

(六)具有资质的中介机构鉴证的申请前会计年度的财务报表和审计报告;

(七)登记管理机关出具的事业单位、社会团体、基金会、民办非企业单位申请前年度的年度检查结论;

(八)财政、税务部门要求提供的其他材料。

四、非营利组织免税优惠资格的有效期为五年。非营利组织应在期满前三个月内提出复审申请,不提出复审申请或复审不合格的,其享受免税优惠的资格到期自动失效。

非营利组织免税资格复审,按照初次申请免税优惠资格的规定办理。

五、非营利组织必须按照《中华人民共和国税收征收管理法》(以下简称《税收征管法》)及《中华人民共和国税收征收管理法实施细则》(以下简称《实施细则》)等有关规定,办理税务登记,按期进行纳税申报。取得免税资格的非营利组织应按照规定向主管税务机关办理免税手续,免税条件发生变化的,应当自发生变化之日起十五日内向主管税务机关报告;不再符合免税条件的,应当依法履行纳税义务;未依法纳税的,主管税务机关应当予以追缴。取得免税资格的非营利组织注销时,剩余财产处置违反本通知第一条第五项规定的,主管税务机关应追缴其应纳企业所得税款。

主管税务机关应根据非营利组织报送的纳税申报表及有关资料进行审查,当年符合《企业所得税法》及其《实施条例》和有关规定免税条件的收入,免予征收企业所得税;当年不符合免税条件的收入,照章征收企业所得税。主管税务机关在执行税收优惠政策过程中,发现非营利组织不再具备本通知规定的免税条件的,应及时报告核准该非营利组织免税资格的财政、税务部门,由其进行复核。

核准非营利组织免税资格的财政、税务部门根据本通知规定的管理权限,对非营利组织的免税优惠资格进行复核,复核不合格的,取消其享受免税优惠的资格。

六、已认定的享受免税优惠政策的非营利组织有下述情况之一的,应取消其资格:

(一)事业单位、社会团体、基金会及民办非企业单位逾期未参加年检或年度检查结论为"不合格"的;

(二)在申请认定过程中提供虚假信息的;

(三)有逃避缴纳税款或帮助他人逃避缴纳税款行为的;

(四)通过关联交易或非关联交易和服务活动,变相转移、隐匿、分配该组织财产的;

(五)因违反《税收征管法》及其《实施细则》而受到税务机关处罚的;

(六)受到登记管理机关处罚的。

因上述第(一)项规定的情形被取消免税优惠资格的非营利组织,财政、税务部门在一年内不再受理该组织的认定申请;因上述规定的除第(一)项以外的其他情形被取消免税优惠资格的非营利组织,财政、税务部门在五年内不再受理该组织的认定申请。

七、本通知自2013年1月1日起执行。《财政部 国家税务总局关于非营利组织免税资格认定管理有关问题的通知》(财税[2009]123号)同时废止。

政策链接之五: 财政部 国家税务总局关于《中国清洁发展机制基金及清洁发展机制项目实施企业有关企业所得税政策问题》的通知(财税[2009]30号)。

经国务院批准,现就中国清洁发展机制基金(以下简称清洁基金)和清洁发展机制项目(以下简称CDM项目)实施企业的有关企业所得税政策明确如下:

一、关于清洁基金的企业所得税政策

对清洁基金取得的下列收入,免征企业所得税:

(一)CDM项目温室气体减排量转让收入上缴国家的部分;

(二)国际金融组织赠款收入;

(三)基金资金的存款利息收入、购买国债的利息收入;

(四)国内外机构、组织和个人的捐赠收入。

二、关于CDM项目实施企业的企业所得税政策

(一)CDM项目实施企业按《清洁发展机制项目运行管理办法》(国家发改委、科技部、外交部、财政部令第37号)的规定,将温室气体减排量的转让收入,按照以下比例上缴给国家的部分,准予在计算应纳税所得额时扣除:

1. 氢氟碳化物(HFC)和全氟碳化物(PFC)类项目,为温室气体减排量转让收入的65%;

2. 氧化亚氮(N2O)类项目,为温室气体减排量转让收入的30%;

3.《清洁发展机制项目运行管理办法》第四条规定的重点领域以及植树造林项目等类清洁发展机制项目,为温室气体减排量转让收入的2%。

(二)对企业实施的将温室气体减排量转让收入的65%上缴给国家的HFC和PFC类CDM项目,以及将温室气体减排量转让收入的30%上缴给国家的N2O类CDM项目,其实施该类CDM项目的所得,自项目取得第一笔减排量转让收入所属纳税年度起,第一年至第三年免征企业所得税,第四年至第六年减半征收企业所得税。

企业实施CDM项目的所得,是指企业实施CDM项目取得的温室气体减排量转让收入扣除上缴国家的部分,再扣除企业实施CDM项目发生的相关成本、费用后的净所得。

企业应单独核算其享受优惠的CDM项目的所得,并合理分摊有关期间费用,没有单独核算的,不得享受上述企业所得税优惠政策。

三、本通知自2007年1月1日起执行。

政策链接之六: 财政部 国家税务总局《关于〈企业所得税若干优惠政策〉的通知》(财税[2008]1号)第二条第一款。

二、关于鼓励证券投资基金发展的优惠政策

(一)对证券投资基金从证券市场中取得的收入,包括买卖股票、债券的差价收入,股权的股息、红利收入,债券的利息收入及其他收入,暂不征收企业所得税。

(二)对投资者从证券投资基金分配中取得的收入,暂不征收企业所得税。

(三)对证券投资基金管理人运用基金买卖股票、债券的差价收入,暂不征收企业所得税。

政策链接之七(一): 财政部 国家税务总局《关于〈地方政府债券利息所得免征所得税问题〉的通知》(财税[2011]76号)。

经国务院批准,现就地方政府债券利息所得有关所得税政策通知如下:

一、对企业和个人取得的2009年、2010年和2011年发行的地方政府债券利息所得,免征企业所得税和个人所得税。

二、地方政府债券是指经国务院批准,以省、自治区、直辖市和计划单列市政府为发行和偿还主体的债券。

政策链接之七(二): 财政部 国家税务总局《关于〈地方政府债券利息免征所得税问题〉的通知》(财税[2013]5号)。

经国务院批准,现就地方政府债券利息有关所得税政策通知如下:

一、对企业和个人取得的2012年及以后年度发行的地方政府债券利息收入,免征企业所得税和个人所得税。

二、地方政府债券是指经国务院批准同意,以省、自治区、直辖市和计划单列市政府为发行和偿还主体的债券。

政策链接之八: 财政部 海关总署 国家税务总局《关于〈支持芦山地震灾后恢复重建有关税收政策问题〉的通知》(财税[2013]58号)。

为支持和帮助芦山地震受灾地区积极开展生产自救,重建家园,鼓励和引导社会各方面力量参与灾后恢复重建工作,使地震灾区基本生产生活条件和经济社会发展全面恢复并超过灾前水平,根据《国务院关于支持芦山地震灾后恢复重建政策措施的意见》(国发[2013]28号)的有关规定,现就支持芦山地震灾后恢复重建有关税收政策问题通知如下:

一、关于减轻企业税收负担的税收政策

1. 对受灾地区损失严重的企业,免征企业所得税。

2. 自2013年4月20日起,对受灾地区企业通过公益性社会团体、县级以上人民政府及其部门取得的抗震救灾和灾后恢复重建款项和物资,以及税收法律、法规规定和国务院批准的减免税金及附加收入,免征企业所得税。

3. 自2013年4月20日至2017年12月31日,对受灾地区农村信用社免征企业所得税。

五、关于促进就业的税收政策

1. 受灾地区的商贸企业、服务型企业(除广告业、房屋中介、典当、桑拿、按摩、氧吧外)、劳动就业服务企业中的加工型企业和街道社区具有加工性质的小型企业实体在新增加的就业岗位中,招用当地因地震灾害失去工作的人员,与其签订1年以上期限劳动合同并依法缴纳社会保险费的,经县级人力资源和社会保障部门认定,按实际招用人数和实际工作时间予以定额依次扣减增值税、营业税、城市维护建设税、教育费附加和企业所得税。

定额标准为每人每年4 000元,可上下浮动20%,由四川省人民政府根据当地实际情况具体确定。

按上述标准计算的税收抵扣额应在企业当年实际应缴纳的增值税、营业税、城市维护建设税、教育费附加和企业所得税税额中扣减,当年扣减不足的,不得结转下年使用。

六、关于税收政策的适用范围

本通知所称"受灾地区"是指《四川芦山"4·20"强烈地震灾害评估报告》明确的极重灾区、重灾区和一般灾区。具体受灾地区范围见附件。

七、关于税收政策的执行期限

以上税收政策,凡未注明具体期限的,一律执行至2015年12月31日。

各地财政、税务部门和各直属海关要加强领导、周密部署,把大力支持灾后恢复重建工作作为当前的一项重要任务,贯彻落实好相关税收优惠政策。同时,要密切关注税收政策的执行情况,对发现的问题及时逐级向财政部、海关总署、国家税务总局反映。

附件:

芦山地震受灾地区范围

灾区类别	地市	县(区、市)、乡镇
极重灾区	雅安市	芦山县
重灾区	雅安市	雨城区、天全县、名山区、荥经县、宝兴县
	成都市	邛崃市高何镇、天台山镇、道佐乡、火井镇、南宝乡、夹关镇
一般灾区	雅安市	汉源县、石棉县
	成都市	邛崃市(其他乡镇)、浦江县、大邑县
	眉山市	丹棱县、洪雅县、东坡区
	乐山市	金口河区、夹江县、峨眉山市、峨边彝族自治县
	甘孜州	泸定县、康定县
	凉山州	甘洛县

政策链接之九:财政部 国家税务总局《关于〈期货投资者保障基金有关税收政策继续执行〉的通知》(财税[2013]80号)。

经国务院批准,对期货投资者保障基金(以下简称期货保障基金)继续予以税收优惠政策。现将有关事项明确如下:

一、对中国期货保证金监控中心有限责任公司(以下简称期货保障基金公司)根据《期货投资者保障基金管理暂行办法》(证监会令第38号,以下简称《暂行办法》)取得的下列收入,不计入其应征企业所得税收入:

1. 期货交易所按风险准备金账户总额的15%和交易手续费的3%上缴的期货保障基金收入;

2. 期货公司按代理交易额的千万分之五至十上缴的期货保障基金收入;

3. 依法向有关责任方追偿所得;

4. 期货公司破产清算所得;

5. 捐赠所得。

二、对期货保障基金公司取得的银行存款利息收入、购买国债、中央银行和中央级金融机构发行债券的利息收入,以及证监会和财政部批准的其他资金运用取得的收入,暂免征收企业所得税。

六、本通知自2013年1月1日起至2014年12月31日止执行。《财政部 国家税务总局关于期货投资者保障基金有关税收问题的通知》(财税[2009]68号)和《财政部 国家税务总局关于期货投资者保障基金有关税收优惠政策继续执行的通知》(财税[2011]69号)同时废止。

政策链接之十:财政部 国家税务总局《关于〈保险保障基金有关税收政策继续执行〉的通知》财税[2013]81号)。

经国务院批准,对保险保障基金继续予以税收优惠政策。现将有关事项明确如下:

一、对中国保险保障基金有限责任公司(以下简称保险保障基金公司)根据《保险保障基金管理办法》(以下简称《管理办法》)取得的下列收入,免征企业所得税:

1. 境内保险公司依法缴纳的保险保障基金;

2. 依法从撤销或破产保险公司清算财产中获得的受偿收入和向有关责任方追偿所得,以及依法从保险公司风险处置中获得的财产转让所得;

3. 捐赠所得;

4. 银行存款利息收入;

5. 购买政府债券、中央银行、中央企业和中央级金融机构发行债券的利息收入;

6. 国务院批准的其他资金运用取得的收入。

四、本通知自2012年1月1日起至2014年12月31日止执行。
《财政部 国家税务总局关于保险保障基金有关税收问题的通知》(财税[2010]77号)同时废止。

政策链接之十一(一):财政部 国家税务总局《关于〈铁路建设债券利息收入企业所得税政策〉的通知》(财税[2011]99号)。

经国务院批准,现就企业取得中国铁路建设债券利息收入有关企业所得税政策通知如下:

一、对企业持有2011~2013年发行的中国铁路建设债券取得的利息收入,减半征收企业所得税。

二、中国铁路建设债券是指经国家发改委核准,以铁道部为发行和偿还主体的债券。

政策链接之十一(二):财政部 国家税务总局《关于〈2014~2015年铁路建设债券利息收入企业所得税政策〉的通知》(财税[2014]2号)。

根据《研究"十二五"后三年铁路建设总体安排有关问题的会议纪要》（国阅[2012]80号）和《国务院关于组建中国铁路总公司有关问题的批复》（国函[2013]47号），现就企业取得中国铁路建设债券利息收入有关企业所得税政策通知如下：

一、对企业持有2014年和2015年发行的中国铁路建设债券取得的利息收入，减半征收企业所得税。

二、中国铁路建设债券是指经国家发改委核准，以中国铁路总公司为发行和偿还主体的债券。

政策链接之十二：财政部 国家税务总局《关于〈安置残疾人员就业有关企业所得税优惠政策问题〉的通知》（财税[2009]70号）。

根据《中华人民共和国企业所得税法》和《中华人民共和国企业所得税法实施条例》（国务院令第512号）的有关规定，现就企业安置残疾人员就业有关企业所得税优惠政策问题，通知如下：

一、企业安置残疾人员的，在按照支付给残疾职工工资据实扣除的基础上，可以在计算应纳税所得额时按照支付给残疾职工工资的100%加计扣除。

企业就支付给残疾职工的工资，在进行企业所得税预缴申报时，允许据实计算扣除；在年度终了进行企业所得税年度申报和汇算清缴时，再依照本条第一款的规定计算加计扣除。

二、残疾人员的范围适用《中华人民共和国残疾人保障法》的有关规定。

三、企业享受安置残疾职工工资100%加计扣除应同时具备如下条件：

（一）依法与安置的每位残疾人签订了1年以上(含1年)的劳动合同或服务协议，并且安置的每位残疾人在企业实际上岗工作。

（二）为安置的每位残疾人按月足额缴纳了企业所在区县人民政府根据国家政策规定的基本养老保险、基本医疗保险、失业保险和工伤保险等社会保险。

（三）定期通过银行等金融机构向安置的每位残疾人实际支付了不低于企业所在区县适用的经省级人民政府批准的最低工资标准的工资。

（四）具备安置残疾人上岗工作的基本设施。

四、企业应在年度终了进行企业所得税年度申报和汇算清缴时，向主管税务机关报送本通知第四条规定的相关资料、已安置残疾职工名单及其《中华人民共和国残疾人证》或《中华人民共和国残疾军人证(1至8级)》复印件和主管税务机关要求提供的其他资料，办理享受企业所得税加计扣除优惠的备案手续。

五、在企业汇算清缴结束后，主管税务机关在对企业进行日常管理、纳税评估和纳税检查时，应对安置残疾人员企业所得税加计扣除优惠的情况进行核实。

六、本通知自2008年1月1日起执行。

第二节 《符合条件的居民企业之间的股息、红利等权益性投资收益优惠明细表》的填制与审核

一、表样及有关项目填报说明

（一）表样

A107011

符合条件的居民企业之间的股息、红利等权益性投资收益优惠明细表

行次	被投资企业	投资性质	投资成本	投资比例	被投资企业利润分配确认金额		被投资企业清算确认金额		撤回或减少投资确认金额					合计
					被投资企业做出利润分配或转股决定时间	依决定归属于本公司的股息、红利等权益性投资收益金额	分得的被投资企业清算剩余资产	被清算企业累计未分配利润和累计盈余公积应享有部分	应确认的股息所得	从被投资企业撤回或减少投资取得的资产	减少投资比例	收回初始投资成本	取得资产中超过收回初始投资成本部分	撤回或减少投资应享有被投资企业累计未分配利润和累计盈余公积	应确认的股息所得	
	1	2	3	4	5	6	7	8	9(7与8孰小)	10	11	12(3×11)	13(10−12)	14	15(13与14孰小)	16(6+9+15)
1																
2																
3																
4																
5																
6																
7																
8																
9																
10	合计	*	*	*	*			*	*	*	*	*		*		

（二）填报说明

本表适用于享受符合条件的居民企业之间的股息、红利等权益性投资收益优惠的纳税人填报。

1. 行次按不同的被投资企业分别填报。
2. 第1列"被投资企业"：填报被投资企业名称。
3. 第2列"投资性质"：填报直接投资或股票投资。
4. 第3列"投资成本"：填报纳税人投资被投资企业的计税成本。
5. 第4列"投资比例"：填报纳税人投资于被投资企业的股权比例；若购买公开发行股票的，此列可不填报。
6. 第5列"被投资企业做出利润分配或转股决定时间"：填报被投资企业做出利润分配或转股决定的时间。
7. 第6列"依决定归属于本公司的股息、红利等权益性投资收益金额"：填报纳税人按照

投资比例计算的归属于本公司的股息、红利等权益性投资收益金额。若被投资企业将股权（票）溢价所形成的资本公积转为股本的，不作为投资方企业的股息、红利收入，投资方企业也不得增加该项长期投资的计税基础。

8. 第7列"分得的被投资企业清算剩余资产"：填报纳税人分得的被投资企业清算后的剩余资产。

9. 第8列"被清算企业累计未分配利润和累计盈余公积应享有部分"：填报被清算企业累计未分配利润和累计盈余公积中本企业应享有的金额。

10. 第9列"应确认的股息所得"：填报第7列（分得的被投资企业清算剩余资产）与第8列（被清算企业累计未分配利润和累计盈余公积应享有部分）孰小数。

11. 第10列"从被投资企业撤回或减少投资取得的资产"：填报纳税人从被投资企业撤回或减少投资时取得的资产。

12. 第11列"减少投资比例"：填报纳税人撤回或减少的投资额占被投资企业的股权比例。

13. 第12列"收回初始投资成本"：填报第3列（投资成本）×第11列（减少投资比例）的金额。

14. 第13列"取得资产中超过收回初始投资成本部分"：填报第10列（从被投资企业撤回或减少投资取得的资产）－第12列（收回初始投资成本）的金额。

15. 第14列"撤回或减少投资应享有被投资企业累计未分配利润和累计盈余公积"：填报被投资企业累计未分配利润和累计盈余公积按减少实收资本比例计算的部分。

16. 第15列"应确认的股息所得"：填报第13列（取得资产中超过收回初始投资成本部分）与第14列（撤回或减少投资应享有被投资企业累计未分配利润和累计盈余公积）孰小数。

17. 第16列"合计"：填报第6列（依决定归属于本公司的股息、红利等权益性投资收益金额）＋第9列（应确认的股息所得）＋第15列（应确认的股息所得）的金额。

18. 第10行"合计"：填报1＋2＋…＋9行的金额。

二、表内、表间关系

（一）表内关系

1. 第12列（收回初始投资成本）＝第3列（投资成本）×第11列（减少投资比例）。

2. 第13列（取得资产中超过收回初始投资成本部分）＝第10列（从被投资企业撤回或减少投资取得的资产）－第12列（收回初始投资成本）。

3. 第16列（合计）＝第6列（依决定归属于本公司的股息、红利等权益性投资收益金额）＋第9列（应确认的股息所得）＋第15列（应确认的股息所得）。

4. 第9列（应确认的股息所得）：第7列（分得的被投资企业清算剩余资产）与第8列（被清算企业累计未分配利润和累计盈余公积应享有部分）孰小数。

5. 第15列（应确认的股息所得）：第13列（取得资产中超过收回初始投资成本部分）与第14列（撤回或减少投资应享有被投资企业累计未分配利润和累计盈余公积）孰小数。

6. 第10行（合计）＝第1＋2＋…＋9行。

（二）表间关系

1. 第10行（合计）第16列（合计）＝表A107010《免税、减计收入及加计扣除优惠明细表》第3行（符合条件的居民企业之间的股息、红利等权益性投资收益）。

三、填审要点提示

本表适用于享受符合条件的居民企业之间的股息、红利等权益性投资收益优惠的纳税人填报,仅填报本年发生的符合条件的权益性投资收益优惠情况,不包括连续持有居民企业公开发行并上市流通的股票不足12个月取得的投资收益。关于投资业务涉及多张明细表分别填列,A105030《投资收益调整明细表》填列的是纳税人发生投资收益纳税调整项目,投资收益会计处理、税法规定以及纳税调整情况。发生持有期间投资收益并按税法规定为减免税收入的A105030表不作调整,有关权益性投资收益优惠情况填列本表;同时注意处置投资项目按税法规定确认为损失的,A105030表也不作调整,在A105090《资产损失税前扣除及纳税调整明细表》进行调整。

本表分"被投资企业利润分配确认金额"、"被投资企业清算确认金额"以及"撤回或减少投资确认金额"三种情况分别填列,关注"撤回或减少投资确认金额"第11列"减少投资比例"。

四、政策链接

政策链接之一:《中华人民共和国企业所得税法》。

第二十六条　企业的下列收入为免税收入:

(二)符合条件的居民企业之间的股息、红利等权益性投资收益;

政策链接之二:《中华人民共和国企业所得税法》实施条例。

第八十三条　企业所得税法第二十六条第(二)项所称符合条件的居民企业之间的股息、红利等权益性投资收益,是指居民企业直接投资于其他居民企业取得的投资收益。企业所得税法第二十六条第(二)项和第(三)项所称股息、红利等权益性投资收益,不包括连续持有居民企业公开发行并上市流通的股票不足12个月取得的投资收益。

政策链接之三:财政部　国家税务总局关于《企业清算业务企业所得税处理若干问题》的通知(财税[2009]60号)。

根据《中华人民共和国企业所得税法》第五十三条、第五十五条和《中华人民共和国企业所得税法实施条例》(国务院令第512号)第十一条规定,现就企业清算有关所得税处理问题通知如下:

一、企业清算的所得税处理,是指企业在不再持续经营,发生结束自身业务、处置资产、偿还债务以及向所有者分配剩余财产等经济行为时,对清算所得、清算所得税、股息分配等事项的处理。

二、下列企业应进行清算的所得税处理:

(一)按《公司法》、《企业破产法》等规定需要进行清算的企业;

(二)企业重组中需要按清算处理的企业。

三、企业清算的所得税处理包括以下内容:

(一)全部资产均应按可变现价值或交易价格,确认资产转让所得或损失;

(二)确认债权清理、债务清偿的所得或损失;

(三)改变持续经营核算原则,对预提或待摊性质的费用进行处理;

(四)依法弥补亏损,确定清算所得;

(五)计算并缴纳清算所得税;

(六)确定可向股东分配的剩余财产、应付股息等。

四、企业的全部资产可变现价值或交易价格,减除资产的计税基础、清算费用、相关税费,加上债务清偿损益等后的余额,为清算所得。

企业应将整个清算期作为一个独立的纳税年度计算清算所得。

五、企业全部资产的可变现价值或交易价格减除清算费用,职工的工资、社会保险费用和法定补偿金,结清清算所得税、以前年度欠税等税款,清偿企业债务,按规定计算可以向所有者分配的剩余资产。

被清算企业的股东分得的剩余资产的金额,其中相当于被清算企业累计未分配利润和累计盈余公积中按该股东所占股份比例计算的部分,应确认为股息所得;剩余资产减除股息所得后的余额,超过或低于股东投资成本的部分,应确认为股东的投资转让所得或损失。

被清算企业的股东从被清算企业分得的资产应按可变现价值或实际交易价格确定计税基础。

六、本通知自2008年1月1日起执行。

政策链接之四:财政部 国家税务总局关于《执行企业所得税优惠政策若干问题》的通知(财税[2009]69号)。

根据《中华人民共和国企业所得税法》(以下简称企业所得税法)及《中华人民共和国企业所得税法实施条例》(国务院令第512号,以下简称实施条例)的有关规定,现就企业所得税优惠政策执行中有关问题通知如下:

三、企业在享受过渡税收优惠过程中发生合并、分立、重组等情形的,按照《财政部 国家税务总局〈关于企业重组业务企业所得税处理若干问题〉的通知》(财税[2009]59号)的统一规定执行。

四、2008年1月1日以后,居民企业之间分配属于2007年度及以前年度的累积未分配利润而形成的股息、红利等权益性投资收益,均应按照企业所得税法第二十六条及实施条例第十七条、第八十三条的规定处理。

政策链接之五:国家税务总局《关于〈贯彻落实企业所得税法若干税收问题〉的通知》(国税函[2010]79号)。

四、关于股息、红利等权益性投资收益收入确认问题

企业权益性投资取得股息、红利等收入,应以被投资企业股东会或股东大会作出利润分配或转股决定的日期,确定收入的实现。

被投资企业将股权(票)溢价所形成的资本公积转为股本的,不作为投资方企业的股息、红利收入,投资方企业也不得增加该项长期投资的计税基础。

政策链接之六:国家税务总局《关于〈企业所得税若干问题〉的公告》(国家税务总局公告2011年第34号)。

根据《中华人民共和国企业所得税法》(以下简称税法)以及《中华人民共和国企业所得税法实施条例》(以下简称《实施条例》)的有关规定,现就企业所得税若干问题公告如下:

五、投资企业撤回或减少投资的税务处理

投资企业从被投资企业撤回或减少投资,其取得的资产中,相当于初始出资的部分,应确认为投资收回;相当于被投资企业累计未分配利润和累计盈余公积按减少实收资本比例计算的部分,应确认为股息所得;其余部分确认为投资资产转让所得。

被投资企业发生的经营亏损,由被投资企业按规定结转弥补;投资企业不得调整减低其投资成本,也不得将其确认为投资损失。

五、案例

资料:美达公司2014年度取得股息、红利等权益性投资收益的情况如下:

1. 2014年3月31日,全资子公司美达利作出分配方案,现金分红20万元,投资成本为100万元。

2. 参股海州达利公司15%,投资成本为300万元,2014年海州达利公司清算,美达公司分得海州达利公司清算剩余资产75万元,海州达利公司清算前累计未分配利润和累计盈余公积为2 650万元。

A107011

符合条件的居民企业之间的股息、红利等权益性投资收益优惠明细表

行次	被投资企业	投资性质	投资成本	投资比例	被投资企业做出利润分配或转股决定时间	依决定归属于本公司的股息、红利等权益性投资收益金额	分得的被投资企业清算剩余资产	被清算企业累计未分配利润和累计盈余公积应享有部分	应确认的股息所得	从被投资企业撤回或减少投资取得的资产	减少投资比例	收回初始投资成本	取得资产中超过收回初始投资成本部分	撤回或减少投资应享有被投资企业累计未分配利润和累计盈余公积	应确认的股息所得	合计
									9(7与8孰小)				13(10－12)		15(13与14孰小)	16(6＋9＋15)
	1	2	3	4	5	6	7	8	9	10	11	12(3×11)	13	14	15	16
1	美达利	直接投资	1 000 000	100%	3月31日	200 000										
2	海州达利	直接投资	3 000 000	15%			750 000	3 975 000	750 000							
3																
4																
5																
6																
7																
8																
9																
10	合计	*	*	*	*	200 000	*	*	750 000	*	*	*	*	*		950 000

第三节 《综合利用资源生产产品取得的收入优惠明细表》的填制与审核

一、表样及有关项目填报说明

（一）表样

A107012

综合利用资源生产产品取得的收入优惠明细表

行次	生产的产品名称	资源综合利用认定证书基本情况			属于《资源综合利用企业所得税优惠目录》类别	综合利用的资源	综合利用的资源占生产产品材料的比例	《资源综合利用企业所得税优惠目录》规定的标准	符合条件的综合利用资源生产产品取得的收入总额	综合利用资源减计收入
		《资源综合利用认定证书》取得时间	《资源综合利用认定证书》有效期	《资源综合利用认定证书》编号						
	1	2	3	4	5	6	7	8	9	10(9×10%)
1										
2										
3										
4										
5										
6										
7										
8										
9										
10	合计	*	*	*	*	*	*	*	*	

（二）填报说明

本表适用于享受综合利用资源生产产品取得的收入优惠的纳税人填报。

1. 行次按纳税人综合利用资源生产的不同产品名称分别填报。
2. 第1列"生产的产品名称"：填报纳税人综合利用资源生产的产品名称。
3. 第2列"《资源综合利用认定证书》取得时间"：填报纳税人取得《资源综合利用认定证书》的时间。
4. 第3列"《资源综合利用认定证书》有效期"：填报证书有效期。
5. 第4列"《资源综合利用认定证书》编号"：填报纳税人取得的《资源综合利用认定证书》编号。
6. 第5列"属于《资源综合利用企业所得税优惠目录》类别"：填报纳税人生产产品综合利用的资源属于《资源综合利用企业所得税优惠目录》的类别，如共生、伴生矿产资源，废水（液）、废气、废渣或再生资源。
7. 第6列"综合利用的资源"：填报纳税人生产产品综合利用的资源名称，根据《资源综合利用企业所得税优惠目录》中综合利用的资源名称填报。
8. 第7列"综合利用的资源占生产产品材料的比例"：填报纳税人实际综合利用的资源占生产产品材料的比例。
9. 第8列"《资源综合利用企业所得税优惠目录》规定的标准"：填报纳税人综合利用资

生产产品在《资源综合利用企业所得税优惠目录》中规定的技术标准。

10. 第9列"符合条件的综合利用资源生产产品取得的收入总额":填报纳税人综合利用资源生产产品取得的收入总额。

11. 第10列"综合利用资源减计收入":填报第9列(符合条件的综合利用资源生产产品取得的收入总额)×10%的金额。

12. 第10行第10列"合计":填报第10列第1+2+…+9行的金额。

二、表内、表间关系

(一)表内关系

1. 第10列(综合利用资源减计收入)=第9列(符合条件的综合利用资源生产产品取得的收入总额)×10%。

2. 第10行(合计)第10列(综合利用资源减计收入)=第10列(综合利用资源减计收入)第1+2+…+9行。

(二)表间关系

第10行(合计)第10列(综合利用资源减计收入)=表A107010《免税、减计收入及加计扣除优惠明细表》第16行(综合利用资源生产产品取得的收入)。

三、填审要点提示

填写本表关键在于了解政策,关注优惠范围。本表为A107010《免税、减计收入及加计扣除优惠明细表》的下级明细表,应将第10行第10列结果归入表A107010第16行(综合利用资源生产产品取得的收入)。

四、政策链接

政策链接之一:国家发改委 财政部 国家税务总局《关于印发〈国家鼓励的资源综合利用认定管理办法〉的通知》(发改环资[2006]1864号)。

国家鼓励的资源综合利用认定管理办法
第一章 总 则

第一条 为贯彻落实国家资源综合利用的鼓励和扶持政策,加强资源综合利用管理,鼓励企业开展资源综合利用,促进经济社会可持续发展,根据《国务院办公厅关于保留部分非行政许可审批项目的通知》(国办发[2004]62号)和国家有关政策法规精神,制定本办法。

第二条 本办法所指国家鼓励的资源综合利用认定,是指对符合国家资源综合利用鼓励和扶持政策的资源综合利用工艺、技术或产品进行认定(以下简称资源综合利用认定)。

第三条 国家发改委负责资源综合利用认定的组织协调和监督管理。

各省、自治区、直辖市及计划单列市资源综合利用行政主管部门(以下简称省级资源综合利用主管部门)负责本辖区内的资源综合利用认定与监督管理工作;财政行政主管机关要加强对认定企业财政方面的监督管理;税务行政主管机关要加强税收监督管理,认真落实国家资源综合利用税收优惠政策。

第四条 经认定的生产资源综合利用产品或采用资源综合利用工艺和技术的企业,按国家有关规定申请享受税收、运行等优惠政策。

第二章　申报条件和认定内容

第五条　申报资源综合利用认定的企业,必须具备以下条件:

(一)生产工艺、技术或产品符合国家产业政策和相关标准;

(二)资源综合利用产品能独立计算盈亏;

(三)所用原(燃)料来源稳定、可靠,数量及品质满足相关要求,以及水、电等配套条件的落实;

(四)符合环保要求,不产生二次污染。

第六条　申报资源综合利用认定的综合利用发电单位,还应具备以下条件:

(一)按照国家审批或核准权限规定,经政府主管部门核准(审批)建设的电站。

(二)利用煤矸石(石煤、油母页岩)、煤泥发电的,必须以燃用煤矸石(石煤、油母页岩)、煤泥为主,其使用量不低于入炉燃料的60%(重量比);利用煤矸石(石煤、油母页岩)发电的入炉燃料应用基低位发热量不大于12 550千焦/千克;必须配备原煤、煤矸石、煤泥自动给料显示、记录装置。

(三)城市生活垃圾(含污泥)发电应当符合以下条件:垃圾焚烧炉建设及其运行符合国家或行业有关标准或规范;使用的垃圾数量及品质需有地(市)级环卫主管部门出具的证明材料;每月垃圾的实际使用量不低于设计额定值的90%;垃圾焚烧发电采用流化床锅炉掺烧原煤的,垃圾使用量应不低于入炉燃料的80%(重量比),必须配备垃圾与原煤自动给料显示、记录装置。

(四)以工业生产过程中产生的可利用的热能及压差发电的企业(分厂、车间),应根据产生余热、余压的品质和余热量或生产工艺耗气量和可利用的工质参数确定工业余热、余压电厂的装机容量。

(五)回收利用煤层气(煤矿瓦斯)、沼气(城市生活垃圾填埋气)、转炉煤气、高炉煤气和生物质能等作为燃料发电的,必须有充足、稳定的资源,并依据资源量合理配置装机容量。

第七条　认定内容

(一)审定申报综合利用认定的企业或单位是否执行政府审批或核准程序,项目建设是否符合审批或核准要求,资源综合利用产品、工艺是否符合国家产业政策、技术规范和认定申报条件;

(二)审定申报资源综合利用产品是否在《资源综合利用目录》范围之内,以及综合利用资源来源和可靠性;

(三)审定是否符合国家资源综合利用优惠政策所规定的条件。

第三章　申报及认定程序

第八条　资源综合利用认定实行由企业申报,所在地市(地)级人民政府资源综合利用管理部门(以下简称市级资源综合利用主管部门)初审,省级资源综合利用主管部门会同有关部门集中审定的制度。省级资源综合利用主管部门应提前一个月向社会公布每年年度资源综合利用认定的具体时间安排。

第九条　凡申请享受资源综合利用优惠政策的企业,应向市级资源综合利用主管部门提出书面申请,并提供规定的相关材料。市级资源综合利用主管部门在征求同级财政等有关部门意见后,自规定受理之日起在30日内完成初审,提出初审意见报省级资源综合利用主管部门。

第十条　市级资源综合利用主管部门对申请单位提出的资源综合利用认定申请,应当根据下列情况分别做出处理：

（一）属于资源综合利用认定范围、申请材料齐全，应当受理并提出初审意见。

（二）不属于资源综合利用认定范围的，应当即时将不予受理的意见告知申请单位，并说明理由。

（三）申请材料不齐全或者不符合规定要求的，应当场或者在五日内一次告知申请单位需要补充的全部内容。

第十一条　省级资源综合利用主管部门会同同级财政等相关管理部门及行业专家，组成资源综合利用认定委员会（以下简称综合利用认定委员会），按照第二章规定的认定条件和内容，在45日内完成认定审查。

第十二条　属于以下情况之一的，由省级资源综合利用主管部门提出初审意见，报国家发改委审核。

（一）单机容量在25MW以上的资源综合利用发电机组工艺；

（二）煤矸石（煤泥、石煤、油母页岩）综合利用发电工艺；

（三）垃圾（含污泥）发电工艺。

以上情况的审核，每年受理一次，受理时间为每年7月底前，审核工作在受理截止之日起60日内完成。

第十三条　省级资源综合利用主管部门根据综合利用认定委员会的认定结论或国家发改委的审核意见，对审定合格的资源综合利用企业予以公告，自发布公告之日起10日内无异议的，由省级资源综合利用主管部门颁发《资源综合利用认定证书》，报国家发改委备案，同时将相关信息通报同级财政、税务部门。未通过认定的企业，由省级资源综合利用主管部门书面通知，并说明理由。

第十四条　企业对综合利用认定委员会的认定结论有异议的，可向原作出认定结论的综合利用认定委员会提出重新审议，综合利用认定委员会应予受理。企业对重新审议结论仍有异议的，可直接向上一级资源综合利用主管部门提出申诉；上一级资源综合利用主管部门根据调查核实的情况，会同有关部门组织提出论证意见，并有权变更下一级的认定结论。

第十五条　《资源综合利用认定证书》由国家发改委统一制定样式，各省级资源综合利用主管部门印制。认定证书有效期为两年。

第十六条　获得《资源综合利用认定证书》的单位，因故变更企业名称或者产品、工艺等内容的，应向市级资源综合利用主管部门提出申请，并提供相关证明材料。市级资源综合利用主管部门提出意见，报省级资源综合利用主管部门认定审查后，将相关信息及时通报同级财政、税务部门。

第四章　监督管理

第十七条　国家发改委、财政部、国家税务总局要加强对资源综合利用认定管理工作和优惠政策实施情况的监督检查，并根据资源综合利用发展状况、国家产业政策调整、技术进步水平等，适时修改资源综合利用认定条件。

第十八条　各级资源综合利用主管部门应采取切实措施加强对认定企业的监督管理，尤其要加强大宗综合利用资源来源的动态监管，对综合利用资源无法稳定供应的，要及时清理。在不妨碍企业正常生产经营活动的情况下，每年应对认定企业和关联单位进行监督检查和了解。

各级财政、税务行政主管部门要加强与同级资源综合利用主管部门的信息沟通，尤其对在监督检查过程中发现的问题要及时交换意见,协调解决。

第十九条 省级资源综合利用主管部门应于每年5月底前将上一年度的资源综合利用认定的基本情况报告国家发改委、财政部和国家税务总局。主要包括:

(一)认定工作情况(包括资源综合利用企业(电厂)认定数量、认定发电机组的装机容量等情况)。

(二)获认定企业综合利用大宗资源情况及来源情况(包括资源品种、综合利用量、供应等情况)。

(三)资源综合利用认定企业的监管情况(包括年检、抽查及处罚情况等)。

(四)资源综合利用优惠政策落实情况。

第二十条 获得资源综合利用产品或工艺认定的企业(电厂),应当严格按照资源综合利用认定条件的要求,组织生产,健全管理制度,完善统计报表,按期上报统计资料和经审计的财务报表。

第二十一条 获得资源综合利用产品或工艺认定的企业,因综合利用资源原料来源等原因,不能达到认定所要求的资源综合利用条件的,应主动向市级资源综合利用主管部门报告,由省级认定、审批部门终止其认定证书,并予以公告。

第二十二条 《资源综合利用认定证书》是各级主管税务机关审批资源综合利用减免税的必要条件,凡未取得认定证书的企业,一律不得办理税收减免手续。

第二十三条 参与认定的工作人员要严守资源综合利用认定企业的商业和技术秘密。

第二十四条 任何单位和个人,有权检举揭发通过弄虚作假等手段骗取资源综合利用认定资格和优惠政策的行为。

第五章 罚 则

第二十五条 对弄虚作假,骗取资源综合利用优惠政策的企业,或违反本办法第二十一条未及时申报终止认定证书的,一经发现,取消享受优惠政策的资格,省级资源综合利用主管部门收回认定证书,三年内不得再申报认定,对已享受税收优惠政策的企业,主管税务机关应当依照《中华人民共和国税收征收管理法》及有关规定追缴税款并给予处罚。

第二十六条 有下列情形之一的,由省级资源综合利用主管部门撤销资源综合利用认定资格并抄报同级财政和税务部门:

(一)行政机关工作人员滥用职权、玩忽职守做出不符合条件的资源综合利用认定的;

(二)超越法定职权或者违反法定程序做出资源综合利用认定的;

(三)对不具备申请资格或者不符合法定条件的申请企业予以资源综合利用认定的;

(四)隐瞒有关情况、提供虚假材料或者拒绝提供反映其活动情况真实材料的,以欺骗、贿赂等不正当手段取得资源综合利用认定的;

(五)年检、抽查达不到资源综合利用认定条件,在规定期限不整改或者整改后仍达不到认定条件的。

第二十七条 行政机关工作人员在办理资源综合利用认定、实施监督检查过程中有滥用职权、玩忽职守、弄虚作假行为的,由其所在部门给予行政处分;构成犯罪的,依法追究刑事责任。

第二十八条 对伪造资源综合利用认定证书者,依据国家有关法律法规追究其责任。

第六章 附 则

第二十九条 本办法所称资源综合利用优惠政策是指:经认定具备资源综合利用产品或

工艺、技术的企业按规定可享受的国家资源综合利用优惠政策。

第三十条　申请享受资源综合利用税收优惠政策的企业(单位)须持认定证书向主管税务机关提出减免税申请。主管税务机关根据有关税收政策规定,办理减免税手续。

申请享受其他优惠政策的企业,须持认定证书到有关部门办理相关优惠政策手续。

第三十一条　本办法涉及的有关规定及资源综合利用优惠政策如有修订,按修订后的执行。

第三十二条　各地可根据本办法,结合地方具体情况制定实施细则,并报国家发改委、财政部和国家税务总局备案。

第三十三条　本办法由国家发改委会同财政部、国家税务总局负责解释。

第三十四条　本办法自2006年10月1日起施行。原国家经贸委、国家税务总局发布的《资源综合利用认定管理办法》(国经贸资源[1998]716号)和《资源综合利用电厂(机组)认定管理办法》(国经贸资源[2000]660号)同时废止。

政策链接之二:《关于执行资源综合利用企业所得税优惠目录有关问题的通知》(财税[2008]47号)。

根据《中华人民共和国企业所得税法》和《中华人民共和国企业所得税法实施条例》(国务院令第512号,以下简称实施条例)有关规定,经国务院批准,财政部、税务总局、发改委公布了《资源综合利用企业所得税优惠目录》(以下简称《目录》)。现将执行《目录》的有关问题通知如下：

一、企业自2008年1月1日起以《目录》中所列资源为主要原材料,生产《目录》内符合国家或行业相关标准的产品取得的收入,在计算应纳税所得额时,减按90%计入当年收入总额。享受上述税收优惠时,《目录》内所列资源占产品原料的比例应符合《目录》规定的技术标准。

二、企业同时从事其他项目而取得的非资源综合利用收入,应与资源综合利用收入分开核算,没有分开核算的,不得享受优惠政策。

三、企业从事不符合实施条例和《目录》规定范围、条件和技术标准的项目,不得享受资源综合利用企业所得税优惠政策。

四、根据经济社会发展需要及企业所得税优惠政策实施情况,国务院财政、税务主管部门会同国家发改委等有关部门适时对《目录》内的项目进行调整和修订,并在报国务院批准后对《目录》进行更新。

政策链接之三:财政部　国家税务总局　国家发改委《关于〈公布资源综合利用企业所得税优惠目录〉(2008年版)的通知》(财税[2008]117号)。

附件：

资源综合利用企业所得税优惠目录（2008年版）

类别	序号	综合利用的资源	生产的产品	技术标准
一、共生、伴生矿产资源	1	煤系共生、伴生矿产资源、瓦斯	高岭岩、铝钒土、膨润土、电力、热力及燃气	1. 产品原料100%来自所列资源 2. 煤炭开发中的废弃物 3. 产品符合国家和行业标准
二、废水（液）、废气、废渣	2	煤矸石、石煤、粉煤灰、冶炼废渣、工业炉渣、脱硫石膏、磷石膏、江河（渠）道的清淤（淤沙）、风积沙、建筑垃圾、生活垃圾焚烧余渣、化工废渣、工业废渣	砖（瓦）、砌块、墙板类产品、石膏类制品以及商品粉煤灰	产品原料70%以上来自所列资源
	3	转炉渣、电炉渣、铁合金渣、氧化铝赤泥、化工废渣、工业废渣	铁、铁合金料、精矿粉、稀土	产品原料100%来自所列资源
	4	化工、纺织、造纸工业废液及废渣	银、盐、锌、纤维、碱、羊毛脂、聚乙烯醇、硫化钠、亚硫酸钠、硫氰酸钠、硝酸、铁盐、铬盐、木素磺酸盐、乙酸、乙二酸、乙酸钠、盐酸、粘合剂、酒精、香兰素、饲料酵母、肥料、甘油、乙氰	产品原料70%以上来自所列资源
	5	制盐液（苦卤）及硼酸液	氯化钾、硝酸钾、溴素、氯化镁、氢氧化镁、无水硝、石膏、硫酸镁、硫酸钾、肥料	产品原料70%以上来自所列资源
	6	工矿废水、城市污水	再生水	1. 达到国家有关标准 2. 产品原料100%来自所列资源
	7	废生物质油、废弃润滑油	生物柴油及工业油料	产品原料100%来自所列资源
	8	焦炉煤气、化工、石油（炼油）化工废气、发酵废气、火炬气、炭黑尾气	硫磺、硫酸、磷铵、硫铵、脱硫石膏、可燃气、轻烃、氢气、硫酸亚铁、有色金属、二氧化碳、干冰、甲醇、合成氨	产品原料100%来自所列资源

类别	序号	综合利用的资源	生产的产品	技术标准
	9	转炉煤气、高炉煤气、火炬气以及除焦余热、余压	电力、热力	
	10	炉煤气以外的工业炉气、工业过程中的废旧电池、电子电器产品	金属（包括稀贵金属）、非金属	产品原料100%来自所列资源
	11	废感光材料、废灯泡（管）	有色（稀贵）金属及其产品	产品原料100%来自所列资源
	12	锯末、树皮、枝丫材	人造板及其制品	1. 符合产品标准 2. 产品原料100%来自所列资源
	13	废塑料	塑料制品	产品原料100%来自所列资源
三、再生资源	14	废、旧轮胎	翻新轮胎、胶粉	1. 产品符合 GB9037 和 GB14646 标准 2. 产品原料100%来自所列资源； 3. 符合 GB/T19208 等标准规定的性能指标。
	15	废弃天然纤维、化学纤维及其制品	造纸原料、纤维纱及织物、无纺布、毡、粘合剂、再生聚酯	产品原料100%来自所列资源
	16	农作物秸秆及壳皮（包括粮食作物秸秆、农业经济作物秸秆、粮食壳皮、玉米芯）	代木产品、电力、热力及燃气	产品原料70%以上来自所列资源

政策链接之四：国家税务总局《关于〈资源综合利用企业所得税优惠管理问题〉的通知》(国税函[2009]185号)。

一、本通知所称资源综合利用企业所得税优惠,是指企业自2008年1月1日起以《资源综合利用企业所得税优惠目录(2008年版)》(以下简称《目录》)规定的资源作为主要原材料,生产国家非限制和非禁止并符合国家及行业相关标准的产品取得的收入,减按90%计入企业当年收入总额。

二、经资源综合利用主管部门按《目录》规定认定的生产资源综合利用产品的企业(不包括仅对资源综合利用工艺和技术进行认定的企业)取得《资源综合利用认定证书》,可按本通知规定申请享受资源综合利用企业所得税优惠。

三、企业资源综合利用产品的认定程序,按《国家发改委 财政部 国家税务总局关于印发〈国家鼓励的资源综合利用认定管理办法〉的通知》(发改环资[2006]1864号)的规定执行。

四、2008年1月1日之前经资源综合利用主管部门认定取得《资源综合利用认定证书》的企业,应按本通知第二条、第三条的规定,重新办理认定并取得《资源综合利用认定证书》,方可申请享受资源综合利用企业所得税优惠。

五、企业从事非资源综合利用项目取得的收入与生产资源综合利用产品取得的收入没有分开核算的,不得享受资源综合利用企业所得税优惠。

六、税务机关对资源综合利用企业所得税优惠实行备案管理。备案管理的具体程序,按照国家税务总局的相关规定执行。

七、享受资源综合利用企业所得税优惠的企业因经营状况发生变化而不符合《目录》规定的条件的,应自发生变化之日起15个工作日内向主管税务机关报告,并停止享受资源综合利用企业所得税优惠。

八、企业实际经营情况不符合《目录》规定条件,采用欺骗等手段获取企业所得税优惠,或者因经营状况发生变化而不符合享受优惠条件,但未及时向主管税务机关报告的,按照税收征管法及其实施细则的有关规定进行处理。

九、税务机关应对企业的实际经营情况进行监督检查。税务机关发现资源综合利用主管部门认定有误的,应停止企业享受资源综合利用企业所得税优惠,并及时与有关认定部门协调沟通,提请纠正,已经享受的优惠税额应予追缴。

十、各省、自治区、直辖市和计划单列市国家税务局、地方税务局可根据本通知制定具体管理办法。

十一、本通知自2008年1月1日起执行。

第四节 《金融、保险等机构取得的涉农利息、保费收入优惠明细表》的填制与审核

一、表样及有关项目填报说明

(一)表样

A107013

金融、保险等机构取得的涉农利息、保费收入优惠明细表　　　　单位:元

行次	项　　目	金　　额
1	一、金融机构农户小额贷款的利息收入	*
2	（一）金融机构取得农户小额贷款利息收入总额	
3	（二）金融机构取得农户小额贷款利息减计收入(2×10％)	
4	二、保险公司为种植业、养殖业提供保险业务取得的保费收入	*
5	（一）保险公司为种植业、养殖业提供保险业务取得的保费收入总额(6+7-8)	
6	1.原保费收入	
7	2.分保费收入	
8	3.分出保费收入	
9	（二）保险公司为种植业、养殖业提供保险业务取得的保费减计收入(5×10％)	
10	三、其他符合条件的机构农户小额贷款的利息收入	*
11	（一）其他符合条件的机构取得农户小额贷款利息收入总额	
12	（二）其他符合条件的机构取得农户小额贷款利息减计收入(11×10％)	
13	合计(3+9+12)	

（二）填报说明

本表适用于享受金融、保险等机构取得的涉农利息、保费收入优惠的纳税人填报。

1. 第2行"（一）金融机构取得农户小额贷款利息收入总额"：填报纳税人取得农户小额贷款利息收入总额。

2. 第3行"（二）金融机构取得农户小额贷款利息减计收入"：填报第2行(金融机构取得农户小额贷款利息收入总额)×10％的金额。

3. 第5行"（一）保险公司为种植业、养殖业提供保险业务取得的保费收入总额"：填报第6行(原保费收入)+第7行(分保费收入)-第8行(分出保费收入)的金额。

4. 第6行"1.原保费收入"：填报纳税人为种植业、养殖业提供保险业务取得的原保费收入。

5. 第7行"2.分保费收入"：填报纳税人为种植业、养殖业提供保险业务取得的分保费收入。

6. 第8行"3.分出保费收入"：填报纳税人为种植业、养殖业提供保险业务分出的保费收入。

7. 第9行"（二）保险公司为种植业、养殖业提供保险业务取得的保费减计收入"：填报第5行(分保费收入)×10％的金额。

8. 第11行"（一）其他符合条件的机构取得农户小额贷款利息收入总额"：填报中和农信项目管理有限公司和中国扶贫基金会举办的农户自立服务社(中心)、小额贷款公司从事农户小额贷款取得的利息收入总额。

9. 第12行"（二）其他符合条件的机构取得农户小额贷款利息减计收入"：填报第11行(其他符合条件的机构取得农户小额贷款利息收入总额)×10％的金额。

10. 第13行"合计"：填报第3行(金融机构取得农户小额贷款利息减计收入)+第9行(保险公司为种植业、养殖业提供保险业务取得的保费减计收入)+第12行(其他符合条件的机构取得农户小额贷款利息减计收入)的金额。

二、表内、表间关系

(一)表内关系

1. 第3行(金融机构取得农户小额贷款利息减计收入)＝第2行(金融机构取得农户小额贷款利息收入总额)×10%。

2. 第5行(保险公司为种植业、养殖业提供保险业务取得的保费收入总额)＝第6行(原保费收入)＋第7行(分保费收入)－第8行(分出保费收入)。

3. 第9行(保险公司为种植业、养殖业提供保险业务取得的保费减计收入)＝第5行(保险公司为种植业、养殖业提供保险业务取得的保费收入总额)×10%。

4. 第12行(其他符合条件的机构取得农户小额贷款利息减计收入)＝第11行(其他符合条件的机构取得农户小额贷款利息收入总额)×10%。

5. 第13行(合计)＝第3行(金融机构取得农户小额贷款利息减计收入)＋第9行(保险公司为种植业、养殖业提供保险业务取得的保费减计收入)＋第12行(其他符合条件的机构取得农户小额贷款利息减计收入)。

(二)表间关系

第13行(合计)＝表A107010《免税、减计收入及加计扣除优惠明细表》第18行(金融、保险等机构取得的涉农利息、保费收入)。

三、填审要点提示

本表专门填列金融、保险等机构取得的涉农利息、保费收入优惠,填表时一定要对照政策,关注优惠的范围。本表也是A107010的下级明细表,应将第13行合计归入A107010《免税、减计收入及加计扣除优惠明细表》第18行(金融、保险等机构取得的涉农利息、保费收入)。

四、政策链接

政策链接之一: 财政部 国家税务总局《关于〈农村金融有关税收政策〉的通知》(财税[2010]4号)。

关注:此文件执行期限至2013年12月31日,待明确是否延期,若无延期则停止执行。

为支持农村金融发展,解决农民贷款难问题,经国务院批准,现就农村金融有关税收政策通知如下:

一、自2009年1月1日至2013年12月31日,对金融机构农户小额贷款的利息收入,免征营业税。

二、自2009年1月1日至2013年12月31日,对金融机构农户小额贷款的利息收入在计算应纳税所得额时,按90%计入收入总额。

三、自2009年1月1日至2011年12月31日,对农村信用社、村镇银行、农村资金互助社、由银行业机构全资发起设立的贷款公司、法人机构所在地在县(含县级市、区、旗)及县以下地区的农村合作银行和农村商业银行的金融保险业收入减按3%的税率征收营业税。

四、自2009年1月1日至2013年12月31日,对保险公司为种植业、养殖业提供保险业务取得的保费收入,在计算应纳税所得额时,按90%比例减计收入。

五、本通知所称农户,是指长期(一年以上)居住在乡镇(不包括城关镇)行政管理区域内的住户,还包括长期居住在城关镇所辖行政村范围内的住户和户口不在本地而在本地居住一年以上的住户,国有农场的职工和农村个体工商户。位于乡镇(不包括城关镇)行政管理区域内和在城关镇所辖行政村范围内的国有经济的机关、团体、学校、企事业单位的集体户;有本地户口,但举家外出谋生一年以上的住户,无论是否保留承包耕地均不属于农户。农户以户为统计单位,既可以从事农业生产经营,也可以从事非农业生产经营。农户贷款的判定应以贷款发放时的承贷主体是否属于农户为准。

本通知所称小额贷款,是指单笔且该户贷款余额总额在5万元以下(含5万元)的贷款。

本通知所称村镇银行,是指经中国银行监督管理委员会依据有关法律、法规批准,由境内外金融机构、境内非金融机构企业法人、境内自然人出资,在农村地区设立的主要为当地农民、农业和农村经济发展提供金融服务的银行业金融机构。

本通知所称农村资金互助社,是指经银行业监督管理机构批准,由乡(镇)、行政村民和农村小企业自愿入股组成,为社员提供存款、贷款、结算等业务的社区互助性银行业金融机构。

本通知所称由银行业机构全资发起设立的贷款公司,是指经中国银行业监督管理委员会依据有关法律、法规批准,由境内商业银行或农村合作银行在农村地区设立的专门为县域农民、农业和农村经济发展提供贷款服务的非银行业金融机构。

本通知所称县(县级市、区、旗),不包括市(含直辖市、地级市)所辖城区。

本通知所称保费收入,是指原保险保费收入加上分保费收入减去分出保费后的余额。

六、金融机构应对符合条件的农户小额贷款利息收入进行单独核算,不能单独核算的不得适用本通知第一条、第二条规定的优惠政策。

七、适用暂免或减半征收企业所得税优惠政策至2009年底的农村信用社执行现有政策到期后,再执行本通知第二条规定的企业所得税优惠政策。

八、适用本通知第一条、第三条规定的营业税优惠政策的金融机构,自2009年1月1日至发文之日应予免征或者减征的营业税税款,在以后的应纳营业税税额中抵减或者予以退税。

九、《财政部 国家税务总局〈关于试点地区农村信用社税收政策的通知〉》(财税[2004]35号)第二条、《财政部 国家税务总局〈关于进一步扩大试点地区农村信用社有关税收政策问题的通知〉》(财税[2004]177号)第二条规定自2009年1月1日起停止执行。

政策链接之二:财政部 国家税务总局关于《中国扶贫基金会小额信贷试点项目税收政策》的通知(财税[2010]35号)。

为支持农村金融发展,根据国务院的批复精神,现就中国扶贫基金会小额信贷试点项目有关税收政策通知如下:

一、中和农信项目管理有限公司和中国扶贫基金会举办的农户自立服务社(中心)从事农户小额贷款取得的利息收入,按照《财政部 国家税务总局〈关于农村金融有关税收政策的通知〉》(财税[2010]4号)第一条、第二条规定执行营业税和企业所得税优惠政策。

二、中和农信项目管理有限公司和中国扶贫基金会举办的农户自立服务社(中心)应对符合条件的农户小额贷款利息收入进行单独核算,不能单独核算的不得适用本通知规定的优惠政策。

三、已征的应予免征的营业税税款,在以后的应纳营业税税额中抵减或者予以退税。

政策链接之三:财政部 国家税务总局《关于〈中国扶贫基金会所属小额贷款公司享受有关税收优惠政策〉的通知》(财税[2012]33号)。

鉴于中国扶贫基金会为规范小额信贷的管理,逐步将下属的农户自立服务社(中心)转型为由中和农信项目管理有限公司独资成立的小额贷款公司。经研究,同意中和农信项目管理有限公司独资成立的小额贷款公司按照《财政部 国家税务总局〈关于中国扶贫基金会小额信贷试点项目税收政策〉的通知》(财税[2010]35号)的规定,享受有关税收优惠政策。

第五节 《研发费用加计扣除优惠明细表》的填制与审核

一、表样及有关项目的填报说明

(一)表样

A107014

研发费用加计扣除优惠明细表

行次	本年研发费用明细									减:作为不征税收入处理的财政性资金用于研发的部分	可加计扣除的研发费用合计	费用化部分		资本化部分			本年研发费用加计扣除额合计
^	研发项目	研发活动直接消耗的材料、燃料和动力费用	直接从事研发活动的本企业在职人员费用	专门用于研发活动的有关折旧费、租赁费、运行维护费	专门用于研发活动的有关无形资产摊销费	中间试验和产品试制的有关费用,样品、样机、一般测试手段购置费	研发成果论证、评审、验收、鉴定费用	勘探开发技术的现场试验费、新药研制的临床试验费	设计、制定、资料和翻译费用	年度研发费用合计	^	^	计入本年发用加计扣除额	计入本年损益的金额	本年形成无形资产的金额	本年形成无形资产本年加计摊销额	以前年度形成无形资产本年加计摊销额	无形资产本年加计扣除额	^
^	1	2	3	4	5	6	7	8	9	10 (2+3+4+5+6+7+8+9)	11	12 (10-11)	13	14 (13×50%)	15	16	17	18 (16+17)	19 (14+18)
1																			
2																			
3																			
4																			
5																			
6																			
7																			
8																			
9																			
10	合计																		

(二)填报说明

本表适用于享受研发费用加计扣除优惠的纳税人填报。

1. 第1列"研发项目":填报纳税人研发项目名称。

2. 第2列"研发活动直接消耗的材料、燃料和动力费用":填报纳税人从事研发活动直接消耗的材料、燃料和动力费用。

3. 第3列"直接从事研发活动的本企业在职人员费用":填报纳税人在职直接从事研发活动人员的工资、薪金、奖金、津贴、补贴,及纳税人依照国务院有关主管部门或者省级人民政府规定的范围和标准为在职直接从事研发活动人员缴纳的基本养老保险费、基本医疗保险费、失业保险费、工伤保险费、生育保险费和住房公积金。

4. 第4列"专门用于研发活动的有关折旧费、租赁费、运行维护费":填报纳税人专门用于研发活动的仪器、设备的折旧费,或租赁费及运行维护、调整、检验、维修等费用。

5. 第 5 列"专门用于研发活动的有关无形资产摊销费"：填报纳税人专门用于研发活动的软件、专利权、非专利技术等无形资产的摊销费用。

6. 第 6 列"中间试验和产品试制的有关费用，样品、样机及一般测试手段购置费"：填报纳税人专门用于中间试验和产品试制的模具、工艺装备开发及制造费，不构成固定资产的样品、样机及一般测试手段购置费。

7. 第 7 列"研发成果论证、评审、验收、鉴定费用"：填报纳税人研发成果的论证、评审、验收、鉴定费用。

8. 第 8 列"勘探开发技术的现场试验费，新药研制的临床试验费"：填报纳税人勘探开发技术的现场试验费，及新药研制的临床试验费。

9. 第 9 列"设计、制定、资料和翻译费用"：填报纳税人新产品设计费、新工艺规程制定费以及与研发活动直接相关的技术图书资料费、资料翻译费。

10. 第 10 列"年度研发费用合计"：填报第 2 列（研发活动直接消耗的材料、燃料和动力费用）＋第 3 列（直接从事研发活动的本企业在职人员费用）＋…＋第 9 列（设计、制定、资料和翻译费用）的金额。

11. 第 11 列"减：作为不征税收入处理的财政性资金用于研发的部分"：填报纳税人研究开发费用中作为不征税收入处理的财政性资金用于研发的部分。

12. 第 12 列"可加计扣除的研发费用合计"：填报第 10 列（年度研发费用合计）－第 11 列（作为不征税收入处理的财政性资金用于研发的部分）的金额。

13. 第 13 列"计入本年损益的金额"：填报纳税人未形成无形资产计入本年损益的研发费用金额，本列金额≤第 12 列（可加计扣除的研发费用合计）。

14. 第 14 列"计入本年研发费用加计扣除额"：填报第 13 列（计入本年损益的金额）×50％的金额。

15. 第 15 列"本年形成无形资产的金额"：填报纳税人本年按照国家统一会计制度核算的形成无形资产的金额，包括以前年度研发费用资本化本年结转无形资产金额和本年研发费用资本化本年结转无形资产金额。

16. 第 16 列"本年形成无形资产加计摊销额"：填报纳税人本年形成的无形资产计算的本年加计摊销额。

17. 第 17 列"以前年度形成无形资产本年加计摊销额"：填报纳税人以前年度形成的无形资产计算的本年加计摊销额。

18. 第 18 列"无形资产本年加计摊销额"：填报第 16 列（本年形成无形资产加计摊销额）＋第 17 列（以前年度形成无形资产本年加计摊销额）的金额。

19. 第 19 列"本年研发费用加计扣除额合计"：填报第 14 列（计入本年研发费用加计扣除额）＋第 18 列（无形资产本年加计摊销额）的金额。

20. 第 10 行"合计"：填报第 1＋2＋…＋9 行的金额。

二、表内、表间关系

（一）表内关系

1. 第 10 列（年度研发费用合计）＝第 2 列（研发活动直接消耗的材料、燃料和动力费用）＋第 3 列（直接从事研发活动的本企业在职人员费用）＋第 4 列（专门用于研发活动的有关折旧费、租赁费、运行维护费）＋第 5 列（专门用于研发活动的有关无形资产摊销费）＋第 6 列（中间试验和产品试制的有关费用,样品、样机及一般测试手段购置费)+第7列(研发成果论证、评审、验收、鉴定费用)+第8列(勘探开发技术的现场试验费,新药研制的临床试验费)+第9列(设计、制定、资料和翻译费用)。

2. 第12列(可加计扣除的研发费用合计)=第10列(年度研发费用合计)-第11列(作为不征税收入处理的财政性资金用于研发的部分)。

3. 第13列(计入本年损益的金额)≤第12列(可加计扣除的研发费用合计)。

4. 第14列(计入本年研发费用加计扣除额)=第13列(计入本年损益的金额)×50%。

5. 第18列(无形资产本年加计摊销额)=第16列(本年形成无形资产加计摊销额)+第17列(以前年度形成无形资产本年加计摊销额)。

6. 第19列(本年研发费用加计扣除额合计)=第14列(计入本年研发费用加计扣除额)+第18列(无形资产本年加计摊销额)。

7. 第10行(合计)=第1+2+…+9行。

(二)表间关系

1. 第10行(合计)第19列(本年研发费用加计扣除额合计)=表A107010第22行(开发新技术、新产品、新工艺发生的研究开发费用加计扣除)。

三、填审要点提示

加计扣除明细表填列的基础信息是企业的会计核算资料,平时的费用归集一定要规范。要严格对照116号和70号文件对研发费用进行账务处理。

特别关注:(一)消耗的材料、燃料和动力费用必须是纳税人从事研发活动直接消耗的,若有生产经营共同领用,必须分摊剔除。(二)研究开发费用中作为不征税收入处理的财政性资金用于研发的部分不得税前扣除,也不得加计扣除。(三)形成无形资产的按150%摊销其价值。

四、政策链接

政策链接之一:《中华人民共和国企业所得税法》。

第三十条 企业的下列支出,可以在计算应纳税所得额时加计扣除:

(一)开发新技术、新产品、新工艺发生的研究开发费用;

第九十五条 企业所得税法第三十条第(一)项所称研究开发费用的加计扣除,是指企业为开发新技术、新产品、新工艺发生的研究开发费用,未形成无形资产计入当期损益的,在按照规定据实扣除的基础上,按照研究开发费用的50%加计扣除;形成无形资产的,按照无形资产成本的150%摊销。

政策链接之二:国家税务总局《关于印发〈企业研究开发费用税前扣除管理办法(试行)〉的通知》(国税发[2008]116号)。

企业研究开发费用税前扣除管理办法(试行)

第一条 为鼓励企业开展研究开发活动,规范企业研究开发费用的税前扣除及有关税收优惠政策的执行,根据《中华人民共和国企业所得税法》及其实施条例、《中华人民共和国税收征收管理法》及其实施细则和《国务院关于印发实施〈国家中长期科学和技术发展规划纲要(2006—2020)〉若干配套政策的通知》(国发[2006]6号)的有关规定,制定本办法。

第二条 本办法适用于财务核算健全并能准确归集研究开发费用的居民企业(以下简称

企业)。

第三条 本办法所称研究开发活动是指企业为获得科学与技术(不包括人文、社会科学)新知识,创造性运用科学技术新知识,或实质性改进技术、工艺、产品(服务)而持续进行的具有明确目标的研究开发活动。

创造性运用科学技术新知识,或实质性改进技术、工艺、产品(服务),是指企业通过研究开发活动在技术、工艺、产品(服务)方面的创新取得了有价值的成果,对本地区(省、自治区、直辖市或计划单列市)相关行业的技术、工艺领先具有推动作用,不包括企业产品(服务)的常规性升级或对公开的科研成果直接应用等活动(如直接采用公开的新工艺、材料、装置、产品、服务或知识等)。

第四条 企业从事《国家重点支持的高新技术领域》和国家发改委等部门公布的《当前优先发展的高技术产业化重点领域指南(2007年度)》规定项目的研究开发活动,其在一个纳税年度中实际发生的下列费用支出,允许在计算应纳税所得额时按照规定实行加计扣除。

(一)新产品设计费、新工艺规程制定费以及与研发活动直接相关的技术图书资料费、资料翻译费。

(二)从事研发活动直接消耗的材料、燃料和动力费用。

(三)在职直接从事研发活动人员的工资、薪金、奖金、津贴、补贴。

(四)专门用于研发活动的仪器、设备的折旧费或租赁费。

(五)专门用于研发活动的软件、专利权、非专利技术等无形资产的摊销费用。

(六)专门用于中间试验和产品试制的模具、工艺装备开发及制造费。

(七)勘探开发技术的现场试验费。

(八)研发成果的论证、评审、验收费用。

第五条 对企业共同合作开发的项目,凡符合上述条件的,由合作各方就自身承担的研发费用分别按照规定计算加计扣除。

第六条 对企业委托给外单位进行开发的研发费用,凡符合上述条件的,由委托方按照规定计算加计扣除,受托方不得再进行加计扣除。

对委托开发的项目,受托方应向委托方提供该研发项目的费用支出明细情况,否则,该委托开发项目的费用支出不得实行加计扣除。

第七条 企业根据财务会计核算和研发项目的实际情况,对发生的研发费用进行收益化或资本化处理的,可按下述规定计算加计扣除:

(一)研发费用计入当期损益未形成无形资产的,允许再按其当年研发费用实际发生额的50%,直接抵扣当年的应纳税所得额。

(二)研发费用形成无形资产的,按照该无形资产成本的150%在税前摊销。除法律另有规定外,摊销年限不得低于10年。

第八条 法律、行政法规和国家税务总局规定不允许企业所得税前扣除的费用和支出项目,均不允许计入研究开发费用。

第九条 企业未设立专门的研究机构或企业研发机构同时承担生产经营任务的,应对研发费用和生产经营费用分开进行核算,准确、合理的计算各项研究开发费用支出,对划分不清的,不得实行加计扣除。

第十条 企业必须对研究开发费用实行专账管理,同时必须按照本办法附表的规定项目,准确归集填写年度可加计扣除的各项研究开发费用实际发生金额。企业应于年度汇算清缴所得税申报时向主管税务机关报送本办法规定的相应资料。申报的研究开发费用不真实或者资料不齐全的,不得享受研究开发费用加计扣除,主管税务机关有权对企业申报的结果进行合理调整。

企业在一个纳税年度内进行多个研究开发活动的,应按照不同开发项目分别归集可加计扣除的研究开发费用额。

第十一条 企业申请研究开发费加计扣除时,应向主管税务机关报送如下资料:

(一)自主、委托、合作研究开发项目计划书和研究开发费预算。

(二)自主、委托、合作研究开发专门机构或项目组的编制情况和专业人员名单。

(三)自主、委托、合作研究开发项目当年研究开发费用发生情况归集表。

(四)企业总经理办公会或董事会关于自主、委托、合作研究开发项目立项的决议文件。

(五)委托、合作研究开发项目的合同或协议。

(六)研究开发项目的效用情况说明、研究成果报告等资料。

第十二条 企业实际发生的研究开发费,在年度中间预缴所得税时,允许据实计算扣除,在年度终了进行所得税年度申报和汇算清缴时,再依照本办法的规定计算加计扣除。

第十三条 主管税务机关对企业申报的研究开发项目有异议的,可要求企业提供政府科技部门的鉴定意见书。

第十四条 企业研究开发费各项目的实际发生额归集不准确、汇总额计算不准确的,主管税务机关有权调整其税前扣除额或加计扣除额。

第十五条 企业集团根据生产经营和科技开发的实际情况,对技术要求高、投资数额大,需要由集团公司进行集中开发的研究开发项目,其实际发生的研究开发费,可以按照合理的分摊方法在受益集团成员公司间进行分摊。

第十六条 企业集团采取合理分摊研究开发费的,企业集团应提供集中研究开发项目的协议或合同,该协议或合同应明确规定参与各方在该研究开发项目中的权利和义务、费用分摊方法等内容。如不提供协议或合同,研究开发费不得加计扣除。

第十七条 企业集团采取合理分摊研究开发费的,企业集团集中研究开发项目实际发生的研究开发费,应当按照权利和义务、费用支出和收益分享一致的原则,合理确定研究开发费用的分摊方法。

第十八条 企业集团采取合理分摊研究开发费的,企业集团母公司负责编制集中研究开发项目的立项书、研究开发费用预算表、决算表和决算分摊表。

第十九条 税企双方对企业集团集中研究开发费的分摊方法和金额有争议的,如企业集团成员公司设在不同省、自治区、直辖市和计划单列市的,企业按照国家税务总局的裁决意见扣除实际分摊的研究开发费;企业集团成员公司在同一省、自治区、直辖市和计划单列市的,企业按照省税务机关的裁决意见扣除实际分摊的研究开发费。

第二十条 本办法从2008年1月1日起执行。

政策链接之三:财政部 海关总署 国家税务总局《关于〈支持文化企业发展若干税收政策问题〉的通知》(财税[2009]31号)。

根据《国务院办公厅关于印发文化体制改革中经营性文化事业单位转制为企业和支持文化企业发展两个规定的通知》(国办发[2008]114号)有关精神,现就文化企业的税收政策问题通知如下:

五、在文化产业支撑技术等领域内,依据《关于印发〈高新技术企业认定管理办法〉的通知》

(国科发火[2008]172号)和《关于印发〈高新技术企业认定管理工作指引〉的通知》(国科发火[2008]362号)的规定认定的高新技术企业,减按15％的税率征收企业所得税;文化企业开发新技术、新产品、新工艺发生的研究开发费用,允许按国家税法规定在计算应纳税所得额时加计扣除。文化产业支撑技术等领域的具体范围由科技部、财政部、国家税务总局和中宣部另行发文明确。

政策链接之四：财政部 国家税务总局《关于〈研究开发费用税前加计扣除有关政策问题〉的通知》(财税[2013]70号)。

根据《中华人民共和国企业所得税法》、《中华人民共和国企业所得税法实施条例》(国务院令第512号)和《中共中央 国务院关于深化科技体制改革加快国家创新体系建设的意见》等有关规定,经商科技部同意,现就研究开发费用税前加计扣除有关政策问题通知如下：

一、企业从事研发活动发生的下列费用支出,可纳入税前加计扣除的研究开发费用范围：

(一)企业依照国务院有关主管部门或者省级人民政府规定的范围和标准为在职直接从事研发活动人员缴纳的基本养老保险费、基本医疗保险费、失业保险费、工伤保险费、生育保险费和住房公积金。

(二)专门用于研发活动的仪器、设备的运行维护、调整、检验、维修等费用。

(三)不构成固定资产的样品、样机及一般测试手段购置费。

(四)新药研制的临床试验费。

(五)研发成果的鉴定费用。

二、企业可以聘请具有资质的会计师事务所或税务师事务所,出具当年可加计扣除研究费用专项审计报告或鉴证报告。

三、主管税务机关对企业申报的研究开发项目有异议的,可要求企业提供地市级(含)以上政府科技部门出具的研究开发项目鉴定意见书。

四、企业享受研究开发费用税前扣除政策的其他相关问题,按照《国家税务总局关于印发〈企业研究开发费用税前扣除管理办法(试行)〉的通知》(国税发[2008]116号)的规定执行。

五、本通知自2013年1月1日起执行。

第六节 《所得减免优惠明细表》的填制与审核

一、表样及有关项目的填报说明

(一)表样

A107020

所得减免优惠明细表

行次	项　目	项目收入	项目成本	相关税费	应分摊期间费用	纳税调整额	项目所得额	减免所得额
		1	2	3	4	5	6(1-2-3-4+5)	7
1	一、农、林、牧、渔业项目(2+13)							
2	（一）免税项目(3+4+5+6+7+8+9+11+12)							
3	1. 蔬菜、谷物、薯类、油料、豆类、棉花、麻类、糖料、水果、坚果的种植							

续表

行次	项 目	项目收入 1	项目成本 2	相关税费 3	应分摊期间费用 4	纳税调整额 5	项目所得额 6(1-2-3-4+5)	减免所得额 7
4	2.农作物新品种的选育							
5	3.中药材的种植							
6	4.林木的培育和种植							
7	5.牲畜、家禽的饲养							
8	6.林产品的采集							
9	7.灌溉、农产品初加工、兽医、农技推广、农机作业和维修等农、林、牧、渔服务业项目							
10	其中:农产品初加工							
11	8.远洋捕捞							
12	9.其他							
13	(二)减半征税项目(14+15+16)							
14	1.花卉、茶以及其他饮料作物和香料作物的种植							
15	2.海水养殖、内陆养殖							
16	3.其他							
17	二、国家重点扶持的公共基础设施项目(18+19+20+21+22+23+24+25)							
18	(一)港口码头项目							
19	(二)机场项目							
20	(三)铁路项目							
21	(四)公路项目							
22	(五)城市公共交通项目							
23	(六)电力项目							
24	(七)水利项目							
25	(八)其他项目							
26	三、符合条件的环境保护、节能节水项目(27+28+29+30+31+32)							
27	(一)公共污水处理项目							
28	(二)公共垃圾处理项目							
29	(三)沼气综合开发利用项目							
30	(四)节能减排技术改造项目							
31	(五)海水淡化项目							
32	(六)其他项目							
33	四、符合条件的技术转让项目(34+35)					*		
34	(一)技术转让所得不超过500万元部分	*	*	*	*	*		*
35	(二)技术转让所得超过500万元部分	*	*	*	*	*		*
36	五、其他专项优惠项目(37+38+39)							
37	(一)实施清洁发展机制项目							
38	(二)符合条件的节能服务公司实施合同能源管理项目							
39	(三)其他							
40	合计(1+17+26+33+36)							

(二)填报说明

本表适用于享受所得减免优惠的纳税人填报。纳税人根据税法及相关税收政策规定,填报本年发生的减免所得额优惠情况。

1. 第1行"一、农、林、牧、渔业项目":填报纳税人根据相关税收政策规定的,本纳税年度发生的减征、免征企业所得税项目的所得额。本行填报第2行(免税项目)+第13行(减半征税项目)的金额。参见政策链接之二。

2. 第2行"(一)免税项目":填报第3行(蔬菜、谷物、薯类、油料、豆类、棉花、麻类、糖料、水果、坚果的种植)+第4行(农作物新品种的选育)+…+第9行(灌溉、农产品初加工、兽医、农技推广、农机作业和维修等农、林、牧、渔服务业项目)+第11行(远洋捕捞)+第12行(其他)的金额。

3. 第3行"1. 蔬菜、谷物、薯类、油料、豆类、棉花、麻类、糖料、水果、坚果的种植":填报纳税人种植蔬菜、谷物、薯类、油料、豆类、棉花、麻类、糖料、水果、坚果取得的免征企业所得税项目的所得额。

4. 第4行"2. 农作物新品种的选育":填报纳税人从事农作物新品种的选育免征企业所得税项目的所得额。

5. 第5行"3. 中药材的种植":填报纳税人从事中药材的种植免征企业所得税项目的所得额。

6. 第6行"4. 林木的培育和种植":填报纳税人从事林木的培育和种植免征企业所得税项目的所得额。

7. 第7行"5. 牲畜、家禽的饲养":填报纳税人从事牲畜、家禽的饲养免征企业所得税项目的所得额。

8. 第8行"6. 林产品的采集":填报纳税人从事采集林产品免征企业所得税项目的所得额。

9. 第9行"7. 灌溉、农产品初加工、兽医、农技推广、农机作业和维修等农、林、牧、渔服务业项目":填报纳税人从事灌溉、农产品初加工、兽医、农技推广、农机作业和维修等农、林、牧、渔服务业免征企业所得税项目的所得额。

10. 第10行"其中:农产品初加工":填报纳税人从事农产品初加工免征企业所得税项目的所得额。

11. 第11行"8. 远洋捕捞":填报纳税人从事远洋捕捞免征企业所得税的所得额。

12. 第12行"9. 其他":填报纳税人享受的其他免税所得优惠政策。

13. 第13行"(二)减半征税项目":填报第14行(花卉、茶以及其他饮料作物和香料作物的种植)+第15行(海水养殖、内陆养殖)+第16行(其他)的金额。

14. 第14行"1. 花卉、茶以及其他饮料作物和香料作物的种植":填报纳税人从事花卉、茶以及其他饮料作物和香料作物种植减半征收企业所得税项目的所得额。

15. 第15行"2. 海水养殖、内陆养殖":填报纳税人从事海水养殖、内陆养殖减半征收企业所得税项目的所得额。

16. 第16行"3. 其他":填报国务院根据税法授权制定的其他减税所得税收优惠政策。

17. 第17行"二、国家重点扶持的公共基础设施项目":填报纳税人根据相关税收政策规定,从事《公共基础设施项目企业所得税优惠目录》规定的港口码头、机场、铁路、公路、城市公共交通、电力、水利等项目的投资经营的所得,自项目取得第一笔生产经营收入所属纳税年度起,第一年至第三年免征企业所得税,第四年至第六年减半征收企业所得税。不包括企业承包经营、承包建设和内部自建自用该项目的所得。本行填报第18行(港口码头项目)+第19行(机场项目)+…+第25行(其他项目)的金额(参见政策链接之三)。

18. 第18行"(一)港口码头项目":填报纳税人从事《公共基础设施项目企业所得税优惠目录》规定的港口码头项目的投资经营的减免所得额。

19. 第19行"(二)机场项目":填报纳税人从事《公共基础设施项目企业所得税优惠目录》规定的机场项目的投资经营的减免所得额。

20. 第20行"(三)铁路项目":填报纳税人从事《公共基础设施项目企业所得税优惠目录》规定的铁路项目的投资经营的减免所得额。

21. 第21行"(四)公路项目":填报纳税人从事《公共基础设施项目企业所得税优惠目录》规定的公路项目的投资经营的减免所得额。

22. 第22行"(五)城市公共交通项目":填报纳税人从事《公共基础设施项目企业所得税优惠目录》规定的城市公共交通项目的投资经营的减免所得额。

23. 第23行"(六)电力项目":填报纳税人从事《公共基础设施项目企业所得税优惠目录》规定的电力项目的投资经营的减免所得额。

24. 第24行"(七)水利项目":填报纳税人从事《公共基础设施项目企业所得税优惠目录》规定的水利项目的投资经营的减免所得额。

25. 第25行"(八)其他项目":填报纳税人从事《公共基础设施项目企业所得税优惠目录》规定的其他项目的投资经营的减免所得额。

26. 第26行"三、符合条件的环境保护、节能节水项目":填报纳税人根据《财政部 国家税务总局 国家发改委关于公布环境保护节能节水项目企业所得税优惠目录(试行)的通知》(财税[2009]166号)、《财政部 国家税务总局关于公共基础设施项目和环境保护节能节水项目企业所得税优惠政策问题的通知》(财税[2012]10号)等相关税收政策规定的,从事符合条件的公共污水处理、公共垃圾处理、沼气综合开发利用、节能减排技术改造、海水淡化等环境保护、节能节水项目的所得,自项目取得第一笔生产经营收入所属纳税年度起,第一年至第三年免征企业所得税,第四年至第六年减半征收企业所得税。本行填报第27行(公共污水处理项目)+第28行(公共垃圾处理项目)+…+第32行(其他项目)的金额(参见政策链接四)。

27. 第27行"(一)公共污水处理项目":填报纳税人从事符合条件的公共污水处理项目的减免所得额。

28. 第28行"(二)公共垃圾处理项目":填报纳税人从事符合条件的公共垃圾处理项目的减免所得额。

29. 第29行"(三)沼气综合开发利用项目":填报纳税人从事符合条件的沼气综合开发利用项目的减免所得额。

30. 第30行"(四)节能减排技术改造项目":填报纳税人从事符合条件的节能减排技术改造项目的减免所得额。

31. 第31行"(五)海水淡化项目":填报纳税人从事符合条件的海水淡化项目的减免所得额。

32. 第32行"(六)其他项目":填报纳税人从事符合条件的其他项目的减免所得额。

33. 第33行"四、符合条件的技术转让项目":填报纳税人根据《国家税务总局关于技术转让所得减免企业所得税有关问题的通知》(国税函[2009]212号)、《财政部 国家税务总局关于居民企业技术转让有关企业所得税政策问题的通知》(财税[2010]111号)、《国家税务总局关于技术转让所得减免企业所得税有关问题的公告》(国家税务总局公告 2013 年第 62 号)等相关税收政策规定的,一个纳税年度内,居民企业将其拥有的专利技术、计算机软件著作权、集成电路布图设计权、植物新品种、生物医药新品种,以及财政部和国家税务总局确定的其他技术的所有权或 5 年以上(含 5 年)全球独占许可使用权转让取得的所得,不超过 500 万元的部分,免征企业所得税;超过 500 万元的部分,减半征收企业所得税。居民企业从直接或间接持有股权之和达到 100%的关联方取得的技术转让所得,不享受技术转让减免企业所得税优惠政策。本行第 1 至 6 列分别填报,第 7 列填报第 34 行(技术转让所得不超过 500 万元部分)+第 35 行(技术转让所得超过 500 万元部分)的金额。(参见政策链接之五)

34. 第 34 行"(一)技术转让所得不超过 500 万元部分":填报纳税人符合条件的技术转让所得不超过 500 万元的部分,免征企业所得税。

35. 第 35 行"(二)技术转让所得超过 500 万元部分":填报纳税人符合条件的技术转让所得超过 500 万元的部分,减半征收企业所得税。

36. 第 36 行"五、其他专项优惠项目":填报第 37 行(实施清洁发展机制项目)+第 38 行(符合条件的节能服务公司实施合同能源管理项目)+第 39 行(其他)的金额。

37. 第 37 行"(一)实施清洁发展机制项目":填报纳税人根据《财政部 国家税务总局关于中国清洁发展机制基金及清洁发展机制项目实施企业有关企业所得税政策问题的通知》(财税[2009]30 号)等相关税收政策规定的,对企业实施的将温室气体减排量转让收入的 65%上缴给国家的 HFC 和 PFC 类 CDM 项目,以及将温室气体减排量转让收入的 30%上缴给国家的 N2O 类 CDM 项目,其实施该类 CDM 项目的所得,自项目取得第一笔减排量转让收入所属纳税年度起,第一年至第三年免征企业所得税,第四年至第六年减半征收企业所得税。

38. 第 38 行"(二)符合条件的节能服务公司实施合同能源管理项目":填报纳税人根据《财政部 国家税务总局关于促进节能服务产业发展增值税营业税和企业所得税政策问题的通知》(财税[2010]110 号)、《国家税务总局 国家发改委关于落实节能服务企业合同能源管理项目企业所得税优惠政策有关征收管理问题的公告》(国家税务总局 国家发改委公告 2013 年第 77 号)等相关税收政策规定的,对符合条件的节能服务公司实施合同能源管理项目,符合企业所得税税法有关规定的,自项目取得第一笔生产经营收入所属纳税年度起,第一年至第三年免征企业所得税,第四年至第六年按照 25%的法定税率减半征收企业所得税。

39. 第 39 行"(三)其他":填报纳税人享受的其他专项减免应纳税所得额。

40. 第 40 行"合计":填报第 1 行(农、林、牧、渔业项目)+第 17 行(国家重点扶植的公共基础设施项目)+第 26 行(符合条件的环境保护)+第 33 行(符合条件的技术转让项目)+第 36 行(其他专项优惠项目)的金额。

41. 第 1 列"项目收入":填报享受所得减免企业所得税优惠的企业,该项目取得的收入总额。

42. 第 2 列"项目成本":填报享受所得减免企业所得税优惠的企业,该项目发生的成本总额。

43. 第 3 列"相关税费":填报享受所得减免企业所得税优惠的企业,该项目实际发生的有关税费,包括除企业所得税和允许抵扣的增值税以外的各项税金及其附加、合同签订费用、律师费等相关费用及其他支出。

44. 第 4 列"应分摊期间费用":填报享受所得减免企业所得税优惠的企业,该项目合理分摊的期间费用。合理分摊比例可以按照投资额、销售收入、资产额、人员工资等参数确定。上述比例一经确定,不得随意变更。

45. 第 5 列"纳税调整额":填报纳税人按照税法规定需要调整减免税项目收入、成本、费用的金额,调整减少的金额以负数填报。

46. 第 6 列"项目所得额":填报第 1 列(项目收入)－第 2 列(项目成本)－第 3 列(相关税费)－第 4 列(应分摊期间费用)＋第 5 列(纳税调整额)的金额。

47. 第 7 列"减免所得额":填报享受所得减免企业所得税优惠的企业,该项目按照税法规定实际可以享受免征、减征的所得额。本行＜0 的,填写负数。

二、表内、表间关系

(一)表内关系

1. 第 1 行(农、林、牧、渔业项目)＝第 2 行(免税项目)＋第 13 行(减半征税项目)。

2. 第 2 行(免税项目)＝第 3 行(蔬菜、谷物、薯类、油料、豆类、棉花、麻类、糖料、水果、坚果的种植)＋第 4 行(农作物新品种的选育)＋…＋第 9 行(灌溉、农产品初加工、兽医、农技推广、农机作业和维修等农、林、牧、渔服务业项目)＋第 11 行(远洋捕捞)＋第 12 行(其他)。

3. 第 13 行(减半征税项目)＝第 14 行(花卉、茶以及其他饮料作物和香料作物的种植)＋第 15 行(海水养殖、内陆养殖)＋第 16 行(其他)。

4. 第 17 行(国家重点扶持的公共基础设施项目)＝第 18 行(港口码头项目)＋第 19 行(机场项目)＋…＋第 25 行(其他项目)。

5. 第 26 行(符合条件的环境保护、节能节水项目)＝第 27 行(公共污水处理项目)＋第 28 行(公共垃圾处理项目)＋…＋第 32 行(其他项目)。

6. 第 33 行(符合条件的技术转让项目)第 7 列(减免所得额)＝第 34 行(技术转让所得不超过 500 万元部分)第 7 列(减免所得额)＋第 35 行(技术转让所得超过 500 万元部分)第 7 列(减免所得额)。

7. 第 36 行(其他专项优惠项目)＝第 37 行(实施清洁发展机制项目)＋第 38 行(符合条件的节能服务公司实施合同能源管理项目)＋第 39 行(其他)。

8. 第 40 行(合计)＝第 1 行(农、林、牧、渔业项目)＋第 17 行(国家重点扶持的公共基础设施项目)＋第 26 行(符合条件的环境保护、节能节水项目)＋第 33 行(符合条件的技术转让项目)＋第 36 行(其他专项优惠项目)。

9. 第 6 列(项目所得额)＝第 1 列(项目收入)－第 2 列(项目成本)－第 3 列(相关税费)－第 4 列(应分摊期间费用)＋第 5 列(纳税调整额)。

(二)表间关系

第 40 行(合计)第 7 列(减免所得额)＝表 A100000 第 20 行(所得减免)。

三、填审要点提示

所得减免优惠包括农、林、牧、渔业项目,国家重点扶持的公共基础设施项目。符合条件的环境保护、节能节水项目,符合条件的技术转让项目,其他专项优惠项目,填写本表应对照政策,把握优惠范围。

四、政策链接

政策链接之一:《中华人民共和国企业所得税法》第二十七条 企业的下列所得,可以免征、减征企业所得税：

（一）从事农、林、牧、渔业项目的所得；

（二）从事国家重点扶持的公共基础设施项目投资经营的所得；

（三）从事符合条件的环境保护、节能节水项目的所得；

（四）符合条件的技术转让所得；

（五）本法第三条第三款规定的所得。

政策链接之二(一)：《中华人民共和国企业所得税法实施条例》第八十六条　企业所得税法第二十七条第（一）项规定的企业从事农、林、牧、渔业项目的所得，可以免征、减征企业所得税，是指：

（一）企业从事下列项目的所得，免征企业所得税：

1. 蔬菜、谷物、薯类、油料、豆类、棉花、麻类、糖料、水果、坚果的种植；

2. 农作物新品种的选育；

3. 中药材的种植；

4. 林木的培育和种植；

5. 牲畜、家禽的饲养；

6. 林产品的采集；

7. 灌溉、农产品初加工、兽医、农技推广、农机作业和维修等农、林、牧、渔服务业项目；

8. 远洋捕捞。

（二）企业从事下列项目的所得，减半征收企业所得税：

1. 花卉、茶以及其他饮料作物和香料作物的种植；

2. 海水养殖、内陆养殖。

企业从事国家限制和禁止发展的项目，不得享受本条规定的企业所得税优惠。

政策链接之二(二)：财政部 国家税务总局《关于〈发布享受企业所得税优惠政策的农产品初加工范围〉（试行）的通知》（财税[2008]149号）。

根据《中华人民共和国企业所得税法》及其实施条例的规定，为贯彻落实农、林、牧、渔业项目企业所得税优惠政策，现将《享受企业所得税优惠政策的农产品初加工范围（试行）》印发给你们，自2008年1月1日起执行。

各地财政、税务机关对《享受企业所得税优惠政策的农产品初加工范围（试行）》执行中发现的新情况、新问题应及时向国务院财政、税务主管部门反馈，国务院财政、税务主管部门会同有关部门将根据经济社会发展需要，适时对《享受企业所得税优惠政策的农产品初加工范围（试行）》内的项目进行调整和修订。

附件：

享受企业所得税优惠政策的农产品初加工范围（试行）（2008年版）

一、种植业类

（一）粮食初加工

1. 小麦初加工。通过对小麦进行清理、配麦、磨粉、筛理、分级、包装等简单加工处理，制成的小麦面粉及各种专用粉。

2. 稻米初加工。通过对稻谷进行清理、脱壳、碾米（或不碾米）、烘干、分级、包装等简单加工处理,制成的成品粮及其初制品,具体包括大米、蒸谷米。

3. 玉米初加工。通过对玉米籽粒进行清理、浸泡、粉碎、分离、脱水、干燥、分级、包装等简单加工处理,生产的玉米粉、玉米碴、玉米片等;鲜嫩玉米经筛选、脱皮、洗涤、速冻、分级、包装等简单加工处理,生产的鲜食玉米(速冻粘玉米、甜玉米、花色玉米、玉米籽粒)。

4. 薯类初加工。通过对马铃薯、甘薯等薯类进行清洗、去皮、磋磨、切制、干燥、冷冻、分级、包装等简单加工处理,制成薯类初级制品。具体包括薯粉、薯片、薯条。

5. 食用豆类初加工。通过对大豆、绿豆、红小豆等食用豆类进行清理去杂、浸洗、晾晒、分级、包装等简单加工处理,制成的豆面粉、黄豆芽、绿豆芽。

6. 其他类粮食初加工。通过对燕麦、荞麦、高粱、谷子等杂粮进行清理去杂、脱壳、烘干、磨粉、轧片、冷却、包装等简单加工处理,制成的燕麦米、燕麦粉、燕麦麸皮、燕麦片、荞麦米、荞麦面、小米、小米面、高粱米、高粱面。

(二)林木产品初加工

通过将伐倒的乔木、竹(含活立木、竹)去枝、去梢、去皮、去叶、锯段等简单加工处理,制成的原木、原竹、锯材。

(三)园艺植物初加工

1. 蔬菜初加工

(1)将新鲜蔬菜通过清洗、挑选、切割、预冷、分级、包装等简单加工处理,制成净菜、切割蔬菜。

(2)利用冷藏设施,将新鲜蔬菜通过低温贮藏,以备淡季供应的速冻蔬菜,如速冻茄果类、叶类、豆类、瓜类、葱蒜类、柿子椒、蒜苔。

(3)将植物的根、茎、叶、花、果、种子和食用菌通过干制等简单加工处理,制成的初制干菜,如黄花菜、玉兰片、萝卜干、冬菜、梅干菜、木耳、香菇、平菇。

* 以蔬菜为原料制作的各类蔬菜罐头(罐头是指以金属罐、玻璃瓶、经排气密封的各种食品。下同)及碾磨后的园艺植物(如胡椒粉、花椒粉等)不属于初加工范围。

2. 水果初加工。通过对新鲜水果(含各类山野果)清洗、脱壳、切块(片)、分类、储藏保鲜、速冻、干燥、分级、包装等简单加工处理,制成的各类水果、果干、原浆果汁、果仁、坚果。

3. 花卉及观赏植物初加工。通过对观赏用、绿化及其他各种用途的花卉及植物进行保鲜、储藏、烘干、分级、包装等简单加工处理,制成的各类鲜、干花。

(四)油料植物初加工

通过对菜籽、花生、大豆、葵花籽、蓖麻籽、芝麻、胡麻籽、茶子、桐子、棉籽、红花籽及米糠等粮食的副产品等,进行清理、热炒、磨坯、榨油(搅油、墩油)、浸出等简单加工处理,制成的植物毛油和饼粕等副产品。具体包括菜籽油、花生油、豆油、葵花油、蓖麻籽油、芝麻油、胡麻籽油、茶子油、桐子油、棉籽油、红花油、米糠油以及油料饼粕、豆饼、棉籽饼。

* 精炼植物油不属于初加工范围。

(五)糖料植物初加工

通过对各种糖料植物,如甘蔗、甜菜、甜菊等,进行清洗、切割、压榨等简单加工处理,制成的制糖初级原料产品。

(六)茶叶初加工

通过对茶树上采摘下来的鲜叶和嫩芽进行杀青(萎凋、摇青)、揉捻、发酵、烘干、分级、包装等简单加工处理,制成的初制毛茶。

＊精制茶、边销茶、紧压茶和掺兑各种药物的茶及茶饮料不属于初加工范围。

（七）药用植物初加工

通过对各种药用植物的根、茎、皮、叶、花、果实、种子等，进行挑选、整理、捆扎、清洗、凉晒、切碎、蒸煮、炒制等简单加工处理，制成的片、丝、块、段等中药材。

＊加工的各类中成药不属于初加工范围。

（八）纤维植物初加工

1. 棉花初加工。通过轧花、剥绒等脱绒工序简单加工处理，制成的皮棉、短绒、棉籽。

2. 麻类初加工。通过对各种麻类作物（大麻、黄麻、槿麻、苎麻、苘麻、亚麻、罗布麻、蕉麻、剑麻等）进行脱胶、抽丝等简单加工处理，制成的干（洗）麻、纱条、丝、绳。

3. 蚕茧初加工。通过烘干、杀蛹、缫丝、煮剥、拉丝等简单加工处理，制成的蚕、蛹、生丝、丝棉。

（九）热带、南亚热带作物初加工

通过对热带、南亚热带作物去除杂质、脱水、干燥、分级、包装等简单加工处理，制成的工业初级原料。具体包括：天然橡胶生胶和天然浓缩胶乳、生咖啡豆、胡椒籽、肉桂油、桉油、香茅油、木薯淀粉、木薯干片、坚果。

二、畜牧业类

（一）畜禽类初加工

1. 肉类初加工。通过对畜禽类动物（包括各类牲畜、家禽和人工驯养、繁殖的野生动物以及其他经济动物）宰杀、去头、去蹄、去皮、去内脏、分割、切块或切片、冷藏或冷冻、分级、包装等简单加工处理，制成的分割肉、保鲜肉、冷藏肉、冷冻肉、绞肉、肉块、肉片、肉丁。

2. 蛋类初加工。通过对鲜蛋进行清洗、干燥、分级、包装、冷藏等简单加工处理，制成的各种分级、包装的鲜蛋、冷藏蛋。

3. 奶类初加工。通过对鲜奶进行净化、均质、杀菌或灭菌、灌装等简单加工处理，制成的巴氏杀菌奶、超高温灭菌奶。

4. 皮类初加工。通过对畜禽类动物皮张剥取、浸泡、刮里、晾干或熏干等简单加工处理，制成的生皮、生皮张。

5. 毛类初加工。通过对畜禽类动物毛、绒或羽绒分级、去杂、清洗等简单加工处理，制成的洗净毛、洗净绒或羽绒。

6. 蜂产品初加工。通过去杂、过滤、浓缩、熔化、磨碎、冷冻简单加工处理，制成的蜂蜜、蜂蜡、蜂胶、蜂花粉。

＊肉类罐头、肉类熟制品、蛋类罐头、各类酸奶、奶酪、奶油、王浆粉、各种蜂产品口服液、胶囊不属于初加工范围。

（二）饲料类初加工

1. 植物类饲料初加工。通过碾磨、破碎、压榨、干燥、酿制、发酵等简单加工处理，制成的糠麸、饼粕、糟渣、树叶粉。

2. 动物类饲料初加工。通过破碎、烘干、制粉等简单加工处理，制成的鱼粉、虾粉、骨粉、肉粉、血粉、羽毛粉、乳清粉。

3. 添加剂类初加工。通过粉碎、发酵、干燥等简单加工处理，制成的矿石粉、饲用酵母。

(三)牧草类初加工

通过对牧草、牧草种籽、农作物秸秆等,进行收割、打捆、粉碎、压块、成粒、分选、青贮、氨化、微化等简单加工处理,制成的干草、草捆、草粉、草块或草饼、草颗粒、牧草种籽以及草皮、秸秆粉(块、粒)。

三、渔业类

(一)水生动物初加工

将水产动物(鱼、虾、蟹、鳖、贝、棘皮类、软体类、腔肠类、两栖类、海兽类动物等)整体或去头、去鳞(皮、壳)、去内脏、去骨(刺)、擂溃或切块、切片,经冰鲜、冷冻、冷藏等保鲜防腐处理、包装等简单加工处理,制成的水产动物初制品。

＊熟制的水产品和各类水产品的罐头以及调味烤制的水产食品不属于初加工范围。

(二)水生植物初加工

将水生植物(海带、裙带菜、紫菜、龙须菜、麒麟菜、江蓠、浒苔、羊栖菜、莼菜等)整体或去根、去边梢、切段,经热烫、冷冻、冷藏等保鲜防腐处理、包装等简单加工处理的初制品,以及整体或去根、去边梢、切段,经晾晒、干燥(脱水)、包装、粉碎等简单加工处理的初制品。

＊罐装(包括软罐)产品不属于初加工范围。

政策链接之二(三):财政部 国家税务总局《关于〈享受企业所得税优惠的农产品初加工有关范围〉的补充通知》(财税[2011]26号)。

为进一步规范农产品初加工企业所得税优惠政策,现就《财政部、国家税务总局关于发布享受企业所得税优惠政策的农产品初加工范围(试行)的通知》(财税[2008]149号,以下简称《范围》)涉及的有关事项细化如下(以下序数对应《范围》中的序数):

一、种植业类

(一)粮食初加工。

1. 小麦初加工。

《范围》规定的小麦初加工产品还包括麸皮、麦糠、麦仁。

2. 稻米初加工。

《范围》规定的稻米初加工产品还包括稻糠(砻糠、米糠和统糠)。

4. 薯类初加工。

《范围》规定的薯类初加工产品还包括变性淀粉以外的薯类淀粉。

＊薯类淀粉生产企业需达到国家环保标准,且年产量在1万吨以上。

6. 其他类粮食初加工。

《范围》规定的杂粮还包括大麦、糯米、青稞、芝麻、核桃;相应的初加工产品还包括大麦芽、糯米粉、青稞粉、芝麻粉、核桃粉。

(三)园艺植物初加工。

2. 水果初加工。

《范围》规定的新鲜水果包括番茄。

(四)油料植物初加工。

《范围》规定的粮食副产品还包括玉米胚芽、小麦胚芽。

(五)糖料植物初加工。

《范围》规定的甜菊又名甜叶菊。

(八)纤维植物初加工。

2. 麻类初加工。

《范围》规定的麻类作物还包括芦苇。

3. 蚕茧初加工。

《范围》规定的蚕包括蚕茧,生丝包括厂丝。

二、畜牧业类

(一)畜禽类初加工。

1. 肉类初加工。

《范围》规定的肉类初加工产品还包括火腿等风干肉、猪牛羊杂骨。

三、本通知自 2010 年 1 月 1 日起执行。

政策链接之二(四):国家税务总局《关于〈实施农林牧渔业项目企业所得税优惠问题〉的公告》(国家税务总局公告[2011]48 号)。

根据《中华人民共和国企业所得税法》(以下简称企业所得税法)及《中华人民共和国企业所得税法实施条例》(以下简称实施条例)的规定,现对企业(含企业性质的农民专业合作社,下同)从事农、林、牧、渔业项目的所得,实施企业所得税优惠政策和征收管理中的有关事项公告如下:

一、企业从事实施条例第八十六条规定的享受税收优惠的农、林、牧、渔业项目,除另有规定外,参照《国民经济行业分类》(GB/T4754—2002)的规定标准执行。

企业从事农、林、牧、渔业项目,凡属于《产业结构调整指导目录(2011 年版)》(国家发改委令第 9 号)中限制和淘汰类的项目,不得享受实施条例第八十六条规定的优惠政策。

二、企业从事农作物新品种选育的免税所得,是指企业对农作物进行品种和育种材料选育形成的成果,以及由这些成果形成的种子(苗)等繁殖材料的生产、初加工、销售一体化取得的所得。

三、企业从事林木的培育和种植的免税所得,是指企业对树木、竹子的育种和育苗、抚育和管理以及规模造林活动取得的所得,包括企业通过拍卖或收购方式取得林木所有权并经过一定的生长周期,对林木进行再培育取得的所得。

四、企业从事下列项目所得的税务处理。

(一)猪、兔的饲养,按"牲畜、家禽的饲养"项目处理;

(二)饲养牲畜、家禽产生的分泌物、排泄物,按"牲畜、家禽的饲养"项目处理;

(三)观赏性作物的种植,按"花卉、茶及其他饮料作物和香料作物的种植"项目处理;

(四)"牲畜、家禽的饲养"以外的生物养殖项目,按"海水养殖、内陆养殖"项目处理。

五、农产品初加工相关事项的税务处理

(一)企业根据委托合同,受托对符合《财政部 国家税务总局关于发布享受企业所得税优惠政策的农产品初加工范围(试行)的通知》(财税[2008]149 号)和《财政部 国家税务总局关于享受企业所得税优惠的农产品初加工有关范围的补充通知》(财税[2011]26 号)规定的农产品进行初加工服务,其所收取的加工费,可以按照农产品初加工的免税项目处理。

(二)财税[2008]149 号文件规定的"油料植物初加工"工序包括"冷却、过滤"等;"糖料植物初加工"工序包括"过滤、吸附、解析、碳脱、浓缩、干燥"等,其适用时间按照财税[2011]26 号文件规定执行。

(三)企业从事实施条例第八十六条第二项适用企业所得税减半优惠的种植、养殖项目,并直接进行初加工且符合农产品初加工目录范围的,企业应合理划分不同项目的各项成本、费用支出，分别核算种植、养殖项目和初加工项目的所得，并各按适用的政策享受税收优惠。

（四）企业对外购茶叶进行筛选、分装、包装后进行销售的所得，不享受农产品初加工的优惠政策。

六、对取得农业部颁发的"远洋渔业企业资格证书"并在有效期内的远洋渔业企业，从事远洋捕捞业务取得的所得免征企业所得税。

七、购入农产品进行再种植、养殖的税务处理。

企业将购入的农、林、牧、渔产品，在自有或租用的场地进行育肥、育秧等再种植、养殖，经过一定的生长周期，使其生物形态发生变化，且并非由于本环节对农产品进行加工而明显增加了产品的使用价值的，可视为农产品的种植、养殖项目享受相应的税收优惠。

主管税务机关对企业进行农产品的再种植、养殖是否符合上述条件难以确定的，可要求企业提供县级以上农、林、牧、渔业政府主管部门的确认意见。

八、企业同时从事适用不同企业所得税政策规定项目的，应分别核算，单独计算优惠项目的计税依据及优惠数额；分别核算不清的，可由主管税务机关按照比例分摊法或其他合理方法进行核定。

九、企业委托其他企业或个人从事实施条例第八十六条规定农、林、牧、渔业项目取得的所得，可享受相应的税收优惠政策。

企业受托从事实施条例第八十六条规定农、林、牧、渔业项目取得的收入，比照委托方享受相应的税收优惠政策。

十、企业购买农产品后直接进行销售的贸易活动产生的所得，不能享受农、林、牧、渔业项目的税收优惠政策。

十一、除本公告第五条第二项的特别规定外，公告自2011年1月1日起执行。

政策链接之二（五）：国家税务总局《关于〈黑龙江垦区国有农场土地承包费缴纳企业所得税问题〉的批复》（国税函[2009]779号）。

黑龙江省国家税务局：

你局《关于黑龙江垦区国有农场土地承包费缴纳企业所得税问题的请示》（黑国税发[2009]186号）收悉。经研究，批复如下：

黑龙江垦区国有农场实行以家庭承包经营为基础、统分结合的双层经营体制。国有农场作为法人单位，将所拥有的土地发包给农场职工经营，农场职工以家庭为单位成为家庭承包户，属于农场内部非法人组织。农场对家庭承包户实施农业生产经营和企业行政的统一管理，统一为农场职工上交养老、医疗、失业、工伤、生育五项社会保险和农业保险费；家庭承包户按内部合同规定承包，就其农、林、牧、渔业生产取得的收入，以土地承包费名义向农场上缴。

上述承包形式属于农场内部承包经营的形式，黑龙江垦区国有农场从家庭农场承包户以"土地承包费"形式取得的从事农、林、牧、渔业生产的收入，属于农场"从事农、林、牧、渔业项目"的所得，可以适用《中华人民共和国企业所得税法》第二十七条及《中华人民共和国企业所得税法实施细则》第八十六条规定的企业所得税优惠政策。

政策链接之二（六）：国家税务总局《关于〈"公司＋农户"经营模式企业所得税优惠问题〉的公告》（国家税务总局公告[2010]第2号）。

现就有关"公司＋农户"模式企业所得税优惠问题通知如下：

目前，一些企业采取"公司＋农户"经营模式从事牲畜、家禽的饲养，即公司与农户签订委托养殖合同，向农户提供畜禽苗、饲料、兽药及疫苗等（所有权〈产权〉仍属于公司），农户将畜禽养大成为成品后交付公司回收。鉴于采取"公司＋农户"经营模式的企业,虽不直接从事畜禽的养殖,但系委托农户饲养,并承担诸如市场、管理、采购、销售等经营职责及绝大部分经营管理风险,公司和农户是劳务外包关系。为此,对此类以"公司＋农户"经营模式从事农、林、牧、渔业项目生产的企业,可以按照《中华人民共和国企业所得税法实施条例》第八十六条的有关规定,享受减免企业所得税优惠政策。

本公告自 2010 年 1 月 1 日起施行。

政策链接之三(一):《中华人民共和国企业所得税法实施条例》。

第八十七条　企业所得税法第二十七条第(二)项所称国家重点扶持的公共基础设施项目,是指《公共基础设施项目企业所得税优惠目录》规定的港口码头、机场、铁路、公路、城市公共交通、电力、水利等项目。

企业从事前款规定的国家重点扶持的公共基础设施项目的投资经营的所得,自项目取得第一笔生产经营收入所属纳税年度起,第一年至第三年免征企业所得税,第四年至第六年减半征收企业所得税。

企业承包经营、承包建设和内部自建自用本条规定的项目,不得享受本条规定的企业所得税优惠。

第八十八条　企业所得税法第二十七条第(三)项所称符合条件的环境保护、节能节水项目,包括公共污水处理、公共垃圾处理、沼气综合开发利用、节能减排技术改造、海水淡化等。项目的具体条件和范围由国务院财政、税务主管部门会商国务院有关部门制定,报国务院批准后公布施行。

企业从事前款规定的符合条件的环境保护、节能节水项目的所得,自项目取得第一笔生产经营收入所属纳税年度起,第一年至第三年免征企业所得税,第四年至第六年减半征收企业所得税。

第八十九条　依照本条例第八十七条和第八十八条规定享受减免税优惠的项目,在减免税期限内转让的,受让方自受让之日起,可以在剩余期限内享受规定的减免税优惠;减免税期限届满后转让的,受让方不得就该项目重复享受减免税优惠。

政策链接之三(二):财政部 国家税务总局《关于〈执行公共基础设施项目企业所得税优惠目录有关问题〉的通知》(财税[2008]46 号)。

根据《中华人民共和国企业所得税法》(以下简称企业所得税法)和《中华人民共和国企业所得税法实施条例》(国务院令第 512 号)的有关规定,经国务院批准,财政部税务总局发改委公布了《公共基础设施项目企业所得税优惠目录》(以下简称《目录》)。现将执行《目录》的有关问题通知如下:

一、企业从事《目录》内符合相关条件和技术标准及国家投资管理相关规定、于 2008 年 1 月 1 日后经批准的公共基础设施项目,其投资经营的所得,自该项目取得第一笔生产经营收入所属纳税年度起,第一年至第三年免征企业所得税,第四年至第六年减半征收企业所得税。

第一笔生产经营收入,是指公共基础设施项目已建成并投入运营后所取得的第一笔收入。

二、企业同时从事不在《目录》范围内的项目取得的所得,应与享受优惠的公共基础设施项目所得分开核算,并合理分摊期间费用,没有分开核算的,不得享受上述企业所得税优惠政策。

三、企业承包经营、承包建设和内部自建自用公共基础设施项目,不得享受上述企业所得税优惠。

四、根据经济社会发展需要及企业所得税优惠政策实施情况,国务院财政、税务主管部门会同国家发改委等有关部门适时对《目录》内的项目进行调整和修订,并在报国务院批准后对《目录》进行更新。

政策链接之三(三):财政部 国家税务总局 国家发改委《关于〈公布公共基础设施项目企业所得税优惠目录〉(2008年版)的通知》(财税[2008]116号)。

政策链接之三(四):国家税务总局《关于〈实施国家重点扶持的公共基础设施项目企业所得税优惠问题〉的通知》(国税发[2009]80号)。

为贯彻落实《中华人民共和国企业所得税法》及其实施条例关于国家重点扶持的公共基础设施项目企业所得税优惠政策,促进国家重点扶持的公共基础设施项目建设,现将实施该项优惠政策的有关问题通知如下:

一、对居民企业(以下简称企业)经有关部门批准,从事符合《公共基础设施项目企业所得税优惠目录》(以下简称《目录》)规定范围、条件和标准的公共基础设施项目的投资经营所得,自该项目取得第一笔生产经营收入所属纳税年度起,第一年至第三年免征企业所得税,第四年至第六年减半征收企业所得税。

企业从事承包经营、承包建设和内部自建自用《目录》规定项目的所得,不得享受前款规定的企业所得税优惠。

二、本通知所称第一笔生产经营收入,是指公共基础设施项目建成并投入运营(包括试运营)后所取得的第一笔主营业务收入。

三、本通知所称承包经营,是指与从事该项目经营的法人主体相独立的另一法人经营主体,通过承包该项目的经营管理而取得劳务性收益的经营活动。

四、本通知所称承包建设,是指与从事该项目经营的法人主体相独立的另一法人经营主体,通过承包该项目的工程建设而取得建筑劳务收益的经营活动。

五、本通知所称内部自建自用,是指项目的建设仅作为本企业主体经营业务的设施,满足本企业自身的生产经营活动需要,而不属于向他人提供公共服务业务的公共基础设施建设项目。

六、企业同时从事不在《目录》范围的生产经营项目取得的所得,应与享受优惠的公共基础设施项目经营所得分开核算,并合理分摊企业的期间共同费用;没有单独核算的,不得享受上述企业所得税优惠。

期间共同费用的合理分摊比例可以按照投资额、销售收入、资产额、人员工资等参数确定。上述比例一经确定,不得随意变更。凡特殊情况需要改变的,需报主管税务机关核准。

七、从事《目录》范围项目投资的居民企业应于从该项目取得的第一笔生产经营收入后15日内向主管税务机关备案并报送如下材料后,方可享受有关企业所得税优惠:

(一)有关部门批准该项目文件复印件;

(二)该项目完工验收报告复印件;

(三)该项目投资额验资报告复印件;

(四)税务机关要求提供的其他资料。

八、企业因生产经营发生变化或因《目录》调整,不再符合本办法规定减免税条件的,企业应当自发生变化15日内向主管税务机关提交书面报告并停止享受优惠,依法缴纳企业所得税。

九、企业在减免税期限内转让所享受减免税优惠的项目,受让方承续经营该项目的,可自受让之日起,在剩余优惠期限内享受规定的减免税优惠;减免税期限届满后转让的,受让方不得就该项目重复享受减免税优惠。

十、税务机关应结合纳税检查、执法检查或其他专项检查,每年定期对企业享受公共基础

设施项目企业所得税减免税款事项进行核查,核查的主要内容包括:

(一)企业是否继续符合减免所得税的资格条件,所提供的有关情况证明材料是否真实。

(二)企业享受减免企业所得税的条件发生变化时,是否及时将变化情况报送税务机关,并根据本办法规定对适用优惠进行了调整。

十一、企业实际经营情况不符合企业所得税减免税规定条件的或采取虚假申报等手段获取减免税的、享受减免税条件发生变化未及时向税务机关报告的,以及未按本办法规定程序报送备案资料而自行减免税的,企业主管税务机关应按照税收征管法有关规定进行处理。

十二、本通知自 2008 年 1 月 1 日起执行。

政策链接之三(五):财政部 国家税务总局《关于〈公共基础设施项目和环境保护节能节水项目企业所得税优惠政策问题〉的通知》(财税[2012]10 号)。

根据《中华人民共和国企业所得税法》(以下简称新税法)和《中华人民共和国企业所得税法实施条例》(国务院令第 512 号)的有关规定,现就企业享受公共基础设施项目和环境保护、节能节水项目企业所得税优惠政策问题通知如下:

一、企业从事符合《公共基础设施项目企业所得税优惠目录》规定,于 2007 年 12 月 31 日前已经批准的公共基础设施项目投资经营的所得,以及从事符合《环境保护、节能节水项目企业所得税优惠目录》规定,于 2007 年 12 月 31 日前已经批准的环境保护、节能节水项目的所得,可在该项目取得第一笔生产经营收入所属纳税年度起,按新税法规定计算的企业所得税"三免三减半"优惠期间内,自 2008 年 1 月 1 日起享受其剩余年限的减免企业所得税优惠。

二、如企业既符合享受上述税收优惠政策的条件,又符合享受《国务院关于实施企业所得税过渡优惠政策的通知》(国发[2007]39 号)第一条规定的企业所得税过渡优惠政策的条件,由企业选择最优惠的政策执行,不得叠加享受。

政策链接之三(六):财政部 国家税务总局《关于〈支持农村饮水安全工程建设运营税收政策〉的通知》(财税[2012]30 号)。

为贯彻落实《中共中央 国务院关于加快水利改革发展的决定》(中发[2011]1 号)精神,改善农村人居环境,提高农村生活质量,支持农村饮水安全工程(以下简称饮水工程)的建设、运营,经国务院批准,现将有关税收政策通知如下:

一、对饮水工程运营管理单位为建设饮水工程而承受土地使用权,免征契税。

二、对饮水工程运营管理单位为建设饮水工程取得土地使用权而签订的产权转移书据,以及与施工单位签订的建设工程承包合同免征印花税。

三、对饮水工程运营管理单位自用的生产、办公用房产、土地,免征房产税、城镇土地使用税。

四、对饮水工程运营管理单位向农村居民提供生活用水取得的自来水销售收入,免征增值税。

五、对饮水工程运营管理单位从事《公共基础设施项目企业所得税优惠目录》规定的饮水工程新建项目投资经营的所得,自项目取得第一笔生产经营收入所属纳税年度起,第一年至第三年免征企业所得税,第四年至第六年减半征收企业所得税。

本文所称饮水工程,是指为农村居民提供生活用水而建设的供水工程设施。本文所称饮水工程运营管理单位,是指负责农村饮水安全工程运营管理的自来水公司、供水公司、供水(总)站(厂、中心)、村集体、在民政部门注册登记的用水户协会等单位。对于既向城镇居民供水,又向农村居民供水的饮水工程运营管理单位,依据向农村居民供水收入占总供水收入的比例免征增值税;依据向农村居民供水量占总供水量的比例免征契税、印花税、房产税和城镇土地使用税。无法提供具体比例或所提供数据不实的,不得享受上述税收优惠政策。

上述政策(第五条除外)的执行期限暂定为2011年1月1日至2015年12月31日。自2011年1月1日至本文发布之日期间应予免征的税款(不包括印花税),可在以后应纳的相应税款中抵减或予以退税。

政策链接之三(七):国家税务总局《关于〈电网企业电网新建项目享受所得税优惠政策问题〉的公告》(国家税务总局公告2013年第26号)。

经研究,现将居民企业电网新建项目享受企业所得税优惠政策的有关问题公告如下:

一、根据《中华人民共和国企业所得税法》及其实施条例的有关规定,居民企业从事符合《公共基础设施项目企业所得税优惠目录(2008年版)》规定条件和标准的电网(输变电设施)的新建项目,可依法享受"三免三减半"的企业所得税优惠政策。基于企业电网新建项目的核算特点,暂以资产比例法,即以企业新增输变电固定资产原值占企业总输变电固定资产原值的比例,合理计算电网新建项目的应纳税所得额,并据此享受"三免三减半"的企业所得税优惠政策。电网企业新建项目享受优惠的具体计算方法如下:

(一)对于企业能独立核算收入的330KV以上跨省及长度超过200KM的交流输变电新建项目和500KV以上直流输变电新建项目,应在项目投运后,按该项目营业收入、营业成本等单独计算其应纳税所得额;该项目应分摊的期间费用,可按照企业期间费用与分摊比例计算确定,计算公式为:

应分摊的期间费用=企业期间费用×分摊比例

第一年分摊比例=该项目输变电资产原值/[(当年企业期初总输变电资产原值+当年企业期末总输变电资产原值)/2]×(当年取得第一笔生产经营收入至当年底的月份数/12)

第二年及以后年度分摊比例=该项目输变电资产原值/[(当年企业期初总输变电资产原值+当年企业期末总输变电资产原值)/2]

(二)对于企业符合优惠条件但不能独立核算收入的其他新建输变电项目,可先依照企业所得税法及相关规定计算出企业的应纳税所得额,再按照项目投运后的新增输变电固定资产原值占企业总输变电固定资产原值的比例,计算得出该新建项目减免的应纳税所得额。享受减免的应纳税所得额计算公式为:

当年减免的应纳税所得额=当年企业应纳税所得额×减免比例

减免比例=[当年新增输变电资产原值/(当年企业期初总输变电资产原值+当年企业期末总输变电资产原值)/2]×1/2+(符合税法规定、享受到第二年和第三年输变电资产原值之和)/[(当年企业期初总输变电资产原值+当年企业期末总输变电资产原值)/2]+[(符合税法规定、享受到第四年至第六年输变电资产原值之和)/(当年企业期初总输变电资产原值+当年企业期末总输变电资产原值)/2]×1/2

二、依照本公告规定享受有关企业所得税优惠的电网企业,应对其符合税法规定的电网新增输变电资产按年建立台账,并将相关资产的竣工决算报告和相关项目政府核准文件的复印件于次年3月31日前报当地主管税务机关备案。

三、本公告自2013年1月1日起施行。居民企业符合条件的2013年1月1日前的电网新建项目,已经享受企业所得税优惠的不再调整;未享受企业所得税优惠的可依照本公告的规定享受剩余年限的企业所得税优惠政策。

政策链接之四(一):《关于公布环境保护节能节水项目企业所得税优惠目录(试行)的通知》(财税[2009]166号)。

《环境保护、节能节水项目企业所得税优惠目录(试行)》,已经国务院批准,现予以公布,自 2008 年 1 月 1 日起施行。

附件:

环境保护、节能节水项目企业所得税优惠目录(试行)

序号	类别	项　　目	条　　件
1	公共污水处理	城镇污水处理项目	1. 根据全国城镇污水处理设施建设规划等全国性规划设立; 2. 专门从事城镇污水的收集、贮存、运输、处置以及污泥处置(含符合国家产业政策和准入条件的水泥窑协同处置); 3. 根据国家规定获得污水处理特许经营权,或符合环境保护行政主管部门规定的生活污水类污染治理设施运营资质条件; 4. 项目设计、施工和运行管理人员具备国家相应职业资格; 5. 项目按照国家法律法规要求,通过相关验收; 6. 项目经设区的市或者市级以上环境保护行政主管部门总量核查; 7. 排放水符合国家及地方规定的水污染物排放标准和重点水污染物排放总量控制指标; 8. 国务院财政、税务主管部门规定的其他条件。
		工业废水处理项目	1. 根据全国重点流域水污染防治规划等全国性规划设立,但按照国家规定作为企业必备配套设施的自用的污水处理项目除外; 2. 专门从事工业污水的收集、贮存、运输、处置以及污泥处置(含符合国家产业政策和准入条件的水泥窑协同处置); 3. 符合环境保护行政主管部门规定的工业废水类污染治理设施运营资质条件; 4. 项目设计、施工和运行管理人员具备国家相应职业资格; 5. 项目按照国家法律法规要求,通过相关验收; 6. 项目经设区的市或者市级以上环境保护行政主管部门总量核查; 7. 排放水符合国家及地方规定的水污染物排放标准和重点水污染物排放总量控制指标; 8. 国务院财政、税务主管部门规定的其他条件。
2	公共垃圾处理	生活垃圾处理项目	1. 根据全国城镇垃圾处理设施建设规划等全国性规划设立; 2. 专门从事生活垃圾的收集、贮存、运输、处置; 3. 采用符合国家规定标准的卫生填埋、焚烧、热解、堆肥、水泥窑协同处置等工艺,其中:水泥窑协同处置要符合国家产业政策和准入条件; 4. 根据国家规定获得垃圾处理特许经营权,或符合环境保护行政主管部门规定的生活垃圾类污染治理设施运营资质条件; 5. 项目设计、施工和运行管理人员具备国家相应职业资格; 6. 按照国家法律法规要求,通过相关验收; 7. 项目经设区的市或者市级以上环境保护行政主管部门总量核查; 8. 国务院财政、税务主管部门规定的其他条件。
		工业固体废物处理项目	1. 根据全国危险废物处置设施建设规划等全国性规划设立,但按照国家规定作为企业必备配套设施的自用的废弃物处理项目除外; 2. 专门从事工业固体废物或危险废物的收集、贮存、运输、处置; 3. 采用符合国家规定标准的卫生填埋、焚烧、热解、堆肥、水泥窑协同处置等工艺,其中:水泥窑协同处置要符合国家产业政策和准入条件; 4. 工业固体废物处理项目符合环境保护行政主管部门规定的工业固体废物类污染治理设施运营资质条件,危险废物处理项目取得县级以上人民政府环境保护行政主管部门颁发的危险废物经营许可证; 5. 项目设计、施工和运行管理人员具备国家相应职业资格; 6. 按照国家法律法规要求,通过相关验收; 7. 项目经设区的市或者市级以上环境保护行政主管部门总量核查; 8. 国务院财政、税务主管部门规定的其他条件。

续表

序号	类别	项目	条件
3	沼气综合开发利用	畜禽养殖场和养殖小区沼气工程项目	1. 单体装置容积不小于300立方米，年平均日产沼气量不低于300立方米/天，且符合国家有关沼气工程技术规范的项目； 2. 废水排放、废渣处置、沼气利用符合国家和地方有关标准，不产生二次污染； 3. 项目包括完整的发酵原料的预处理设施、沼渣和沼液的综合利用或进一步处理系统，沼气净化、储存、输配和利用系统； 4. 项目设计、施工和运行管理人员具备国家相应职业资格； 5. 项目按照国家法律法规要求，通过相关验收； 6. 国务院财政、税务主管部门规定的其他条件。
4	节能减排技术改造	1. 既有高能耗建筑节能改造项目 2. 既有建筑太阳能光热、光电建筑一体化技术或浅层地能热泵技术改造项目 3. 既有居住建筑供热计量及节能改造项目 4. 工业锅炉、工业窑炉节能技术改造项目 5. 电机系统节能、能量系统优化技术改造项目 6. 煤炭工业复合式干法选煤技术改造项目 7. 钢铁行业干式除尘技术改造项目 8. 有色金属行业干式除尘净化技术改造项目	1. 具有独立法人资质，且注册资金不低于100万元的节能减排技术服务公司以合同能源管理的形式，通过以节省能源费用或节能量来支付项目成本的节能减排技术改造项目； 2. 项目应符合国家产业政策，并达到国家有关节能和环境标准； 3. 经建筑能效测评机构检测，既有高能耗建筑节能改造和北方既有居住建筑供热计量及节能改造达到现行节能强制性标准要求，既有建筑太阳能光热、光电建筑一体化技术或浅层地能热泵技术改造后达到现行国家有关标准要求； 4. 经省级节能节水主管部门验收，工业锅炉、工业窑炉技术改造和电机系统节能、能量系统优化技术改造项目年节能量折算后不小于1 000吨标准煤，煤炭工业复合式干法选煤技术改造、钢铁行业干式除尘技术改造和有色金属行业干式除尘净化技术改造项目年节水量不小于200万立方米； 5. 项目应纳税所得额的计算应符合独立交易原则； 6. 国务院财政、税务主管部门规定的其他条件。
		9. 燃煤电厂烟气脱硫技术改造项目	1. 按照国家有关法律法规设立的，具有独立法人资质，且注册资金不低于500万元的专门从事脱硫服务的公司从事的符合规定的脱硫技术改造项目； 2. 改造后，采用干法或半干法脱硫的项目脱硫效率应高于85%，采用湿法或其他方法脱硫的项目脱硫效率应高于98%； 3. 项目改造后经国家有关部门评估，综合效益良好； 4. 设施能够稳定运行，达到环境保护行政主管部门对二氧化硫的排放总量及浓度控制要求； 5. 项目应纳税所得额的计算应符合独立交易原则； 6. 国务院财政、税务主管部门规定的其他条件。
5	海水淡化	用作工业、生活用水的海水淡化项目	1. 符合《海水利用专项规划》中规定的发展重点以及区域布局等要求； 2. 规模不小于淡水产量10 000吨/日； 3. 热法海水淡化项目的物能消耗指标为吨水耗电量小于1.8千瓦时/吨、造水比大于8，膜法海水淡化项目的能耗指标为吨水耗电量小于4.0千瓦时/吨； 4. 国务院财政、税务主管部门规定的其他条件。
		用作海岛军民饮用水的海水淡化项目	1. 符合《海水利用专项规划》中规定的发展重点以及区域布局等要求； 2. 热法海水淡化项目的物能消耗指标为吨水耗电量小于1.8千瓦时/吨、造水比大于8，膜法海水淡化项目的能耗指标为吨水耗电量小于4.0千瓦时/吨； 3. 国务院财政、税务主管部门规定的其他条件。

政策链接之四(二):财政部 国家税务总局《关于〈公共基础设施项目和环境保护节能节水项目企业所得税优惠政策问题〉的通知》(财税[2012]10号)。

各省、自治区、直辖市、计划单列市财政厅(局)、国家税务局、地方税务局,新疆生产建设兵团财务局:

根据《中华人民共和国企业所得税法》和《中华人民共和国企业所得税法实施条例》的有关规定,现就企业享受公共基础设施项目和环境保护、节能节水项目企业所得税优惠政策问题通知如下:

一、企业从事符合《公共基础设施项目企业所得税优惠目录》规定,于2007年12月31日前已经批准的公共基础设施项目投资经营的所得,以及从事符合《环境保护、节能节水项目企业所得税优惠目录》规定,于2007年12月31日前已经批准的环境保护、节能节水项目的所得,可在该项目取得第一笔生产经营收入所属纳税年度起,按新税法规定计算的企业所得税"三免三减半"优惠期间内,自2008年1月1日起享受其剩余年限的减免企业所得税优惠。

二、如企业既符合享受上述税收优惠政策的条件,又符合享受《国务院关于实施企业所得税过渡优惠政策的通知》(国发[2007]39号)第一条规定的企业所得税过渡优惠政策的条件,由企业选择最优惠的政策执行,不得叠加享受。

政策链接之五(一):《中华人民共和国企业所得税法》实施条例。

第九十条 企业所得税法第二十七条第(四)项所称符合条件的技术转让所得免征、减征企业所得税,是指一个纳税年度内,居民企业技术转让所得不超过500万元的部分,免征企业所得税;超过500万元的部分,减半征收企业所得税。

政策链接之五(二):国家税务总局《关于〈技术转让所得减免企业所得税有关问题〉的通知》(国税函[2009]212号)。

根据《中华人民共和国企业所得税法》(以下简称企业所得税法)及其实施条例和相关规定,现就符合条件的技术转让所得减免企业所得税有关问题通知如下:

一、根据企业所得税法第二十七条第(四)项规定,享受减免企业所得税优惠的技术转让应符合以下条件:

(一)享受优惠的技术转让主体是企业所得税法规定的居民企业;

(二)技术转让属于财政部、国家税务总局规定的范围;

(三)境内技术转让经省级以上科技部门认定;

(四)向境外转让技术经省级以上商务部门认定;

(五)国务院税务主管部门规定的其他条件。

二、符合条件的技术转让所得应按以下方法计算:

技术转让所得=技术转让收入-技术转让成本-相关税费

技术转让收入是指当事人履行技术转让合同后获得的价款,不包括销售或转让设备、仪器、零部件、原材料等非技术性收入。不属于与技术转让项目密不可分的技术咨询、技术服务、技术培训等收入,不得计入技术转让收入。

技术转让成本是指转让的无形资产的净值,即该无形资产的计税基础减除在资产使用期间按照规定计算的摊销扣除额后的余额。

相关税费是指技术转让过程中实际发生的有关税费,包括除企业所得税和允许抵扣的增值税以外的各项税金及其附加、合同签订费用、律师费等相关费用及其他支出。

三、享受技术转让所得减免企业所得税优惠的企业,应单独计算技术转让所得,并合理分摊企业的期间费用;没有单独计算的,不得享受技术转让所得企业所得税优惠。

四、企业发生技术转让,应在纳税年度终了后至报送年度纳税申报表以前,向主管税务机关办理减免税备案手续。

(一)企业发生境内技术转让,向主管税务机关备案时应报送以下资料:

1.技术转让合同(副本);

2.省级以上科技部门出具的技术合同登记证明;

3.技术转让所得归集、分摊、计算的相关资料;

4.实际缴纳相关税费的证明资料;

5.主管税务机关要求提供的其他资料。

(二)企业向境外转让技术,向主管税务机关备案时应报送以下资料:

1.技术出口合同(副本);

2.省级以上商务部门出具的技术出口合同登记证书或技术出口许可证;

3.技术出口合同数据表;

4.技术转让所得归集、分摊、计算的相关资料;

5.实际缴纳相关税费的证明资料;

6.主管税务机关要求提供的其他资料。

五、本通知自2008年1月1日起执行。

政策链接之五(三):财政部 国家税务总局《关于〈居民企业技术转让有关企业所得税政策问题〉的通知》(财税[2010]111号)。

根据《中华人民共和国企业所得税法》(以下简称企业所得税法)及《中华人民共和国企业所得税法实施条例》(国务院令第512号,以下简称实施条例)的有关规定,现就符合条件的技术转让所得减免企业所得税有关问题通知如下:

一、技术转让的范围,包括居民企业转让专利技术、计算机软件著作权、集成电路布图设计权、植物新品种、生物医药新品种,以及财政部和国家税务总局确定的其他技术。

其中:专利技术,是指法律授予独占权的发明、实用新型和非简单改变产品图案的外观设计。

二、本通知所称技术转让,是指居民企业转让其拥有符合本通知第一条规定技术的所有权或5年以上(含5年)全球独占许可使用权的行为。

三、技术转让应签订技术转让合同。其中,境内的技术转让须经省级以上(含省级)科技部门认定登记,跨境的技术转让须经省级以上(含省级)商务部门认定登记,涉及财政经费支持产生技术的转让,需省级以上(含省级)科技部门审批。

居民企业技术出口应由有关部门按照商务部、科技部发布的《中国禁止出口限制出口技术目录》(商务部、科技部令2008年第12号)进行审查。居民企业取得禁止出口和限制出口技术转让所得,不享受技术转让减免企业所得税优惠政策。

四、居民企业从直接或间接持有股权之和达到100%的关联方取得的技术转让所得,不享受技术转让减免企业所得税优惠政策。

五、本通知自2008年1月1日起执行。

政策链接之五(四):《关于技术转让所得减免企业所得税有关问题的公告》(国家税务总局公告2013年第62号)。

为加强技术转让所得减免企业所得税的征收管理,现将《国家税务总局关于技术转让所得

减免企业所得税有关问题的通知》(国税函〔2009〕212号)中技术转让收入计算的有关问题,公告如下:

一、可以计入技术转让收入的技术咨询、技术服务、技术培训收入,是指转让方为使受让方掌握所转让的技术投入使用、实现产业化而提供的必要的技术咨询、技术服务、技术培训所产生的收入,并应同时符合以下条件:

(一)在技术转让合同中约定的与该技术转让相关的技术咨询、技术服务、技术培训;

(二)技术咨询、技术服务、技术培训收入与该技术转让项目收入一并收取价款。

二、本公告自2013年11月1日起施行。此前已进行企业所得税处理的相关业务,不作纳税调整。

政策链接之六:财政部 国家税务总局《关于〈中国清洁发展机制基金及清洁发展机制项目实施企业有关企业所得税政策问题〉的通知》(财税〔2009〕30号)。

经国务院批准,现就中国清洁发展机制基金(以下简称清洁基金)和清洁发展机制项目(以下简称CDM项目)实施企业的有关企业所得税政策明确如下:

一、关于清洁基金的企业所得税政策

对清洁基金取得的下列收入,免征企业所得税:

(一)CDM项目温室气体减排量转让收入上缴国家的部分;

(二)国际金融组织赠款收入;

(三)基金资金的存款利息收入、购买国债的利息收入;

(四)国内外机构、组织和个人的捐赠收入。

二、关于CDM项目实施企业的企业所得税政策

(一)CDM项目实施企业按照《清洁发展机制项目运行管理办法》(发展改革委、科技部、外交部、财政部令第37号)的规定,将温室气体减排量的转让收入,按照以下比例上缴给国家的部分,准予在计算应纳税所得额时扣除:

1.氢氟碳化物(HFC)和全氟碳化物(PFC)类项目,为温室气体减排量转让收入的65%;

2.氧化亚氮(N_2O)类项目,为温室气体减排量转让收入的30%;

3.《清洁发展机制项目运行管理办法》第四条规定的重点领域以及植树造林项目等类清洁发展机制项目,为温室气体减排量转让收入的2%。

(二)对企业实施的将温室气体减排量转让收入的65%上缴给国家的HFC和PFC类CDM项目,以及将温室气体减排量转让收入的30%上缴给国家的N_2O类CDM项目,其实施该类CDM项目的所得,自项目取得第一笔减排量转让收入所属纳税年度起,第一年至第三年免征企业所得税,第四年至第六年减半征收企业所得税。

企业实施CDM项目的所得,是指企业实施CDM项目取得的温室气体减排量转让收入扣除上缴国家的部分,再扣除企业实施CDM项目发生的相关成本、费用后的净所得。

企业应单独核算其享受优惠的CDM项目的所得,并合理分摊有关期间费用,没有单独核算的,不得享受上述企业所得税优惠政策。

三、本通知自2007年1月1日起执行。

政策链接之七(一):财政部 国家税务总局《关于〈促进节能服务产业发展增值税、营业税和企业所得税政策问题〉的通知》(财税〔2010〕110号)。

为鼓励企业运用合同能源管理机制,加大节能减排技术改造工作力度,根据税收法律法规有关规定和《国务院办公厅转发发改委等部门关于加快推进合同能源管理促进节能服务产业

发展意见的通知》(国办发[2010]25号)精神,现将节能服务公司实施合同能源管理项目涉及的增值税、营业税和企业所得税政策问题通知如下:

一、关于增值税、营业税政策问题

(一)对符合条件的节能服务公司实施合同能源管理项目,取得的营业税应税收入,暂免征收营业税。

(二)节能服务公司实施符合条件的合同能源管理项目,将项目中的增值税应税货物转让给用能企业,暂免征收增值税。

(三)本条所称"符合条件"是指同时满足以下条件:

1. 节能服务公司实施合同能源管理项目相关技术应符合国家质量监督检验检疫总局和国家标准化管理委员会发布的《合同能源管理技术通则》(GB/T24915—2010)规定的技术要求;

2. 节能服务公司与用能企业签订《节能效益分享型》合同,其合同格式和内容,符合《合同法》和国家质量监督检验检疫总局和国家标准化管理委员会发布的《合同能源管理技术通则》(GB/T24915—2010)等规定。

二、关于企业所得税政策问题

(一)对符合条件的节能服务公司实施合同能源管理项目,符合企业所得税税法有关规定的,自项目取得第一笔生产经营收入所属纳税年度起,第一年至第三年免征企业所得税,第四年至第六年按照25%的法定税率减半征收企业所得税。

(二)对符合条件的节能服务公司,以及与其签订节能效益分享型合同的用能企业,实施合同能源管理项目有关资产的企业所得税税务处理按以下规定执行:

1. 用能企业按照能源管理合同实际支付给节能服务公司的合理支出,均可以在计算当期应纳税所得额时扣除,不再区分服务费用和资产价款进行税务处理;

2. 能源管理合同期满后,节能服务公司转让给用能企业的因实施合同能源管理项目形成的资产,按折旧或摊销期满的资产进行税务处理,用能企业从节能服务公司接受有关资产的计税基础也应按折旧或摊销期满的资产进行税务处理;

3. 能源管理合同期满后,节能服务公司与用能企业办理有关资产的权属转移时,用能企业已支付的资产价款,不再另行计入节能服务公司的收入。

(三)本条所称"符合条件"是指同时满足以下条件:

1. 具有独立法人资格,注册资金不低于100万元,且能够单独提供用能状况诊断、节能项目设计、融资、改造(包括施工、设备安装、调试、验收等)、运行管理、人员培训等服务的专业化节能服务公司;

2. 节能服务公司实施合同能源管理项目相关技术应符合国家质量监督检验检疫总局和国家标准化管理委员会发布的《合同能源管理技术通则》(GB/T24915—2010)规定的技术要求;

3. 节能服务公司与用能企业签订《节能效益分享型》合同,其合同格式和内容,符合《合同法》和国家质量监督检验检疫总局和国家标准化管理委员会发布的《合同能源管理技术通则》(GB/T24915—2010)等规定;

4. 节能服务公司实施合同能源管理的项目符合《财政部 国家税务总局国家发改委关于公布环境保护节能节水项目企业所得税优惠目录(试行)的通知》(财税[2009]166号)"4、节能减排技术改造"类中第一项至第八项规定的项目和条件;

5. 节能服务公司投资额不低于实施合同能源管理项目投资总额的70%;

6.节能服务公司拥有匹配的专职技术人员和合同能源管理人才,具有保障项目顺利实施和稳定运行的能力。

(四)节能服务公司与用能企业之间的业务往来,应当按照独立企业之间的业务往来收取或者支付价款、费用。不按照独立企业之间的业务往来收取或者支付价款、费用,而减少其应纳税所得额的,税务机关有权进行合理调整。

(五)用能企业对从节能服务公司取得的与实施合同能源管理项目有关的资产,应与企业其他资产分开核算,并建立辅助账或明细账。

(六)节能服务公司同时从事适用不同税收政策待遇项目的,其享受税收优惠项目应当单独计算收入、扣除,并合理分摊企业的期间费用;没有单独计算的,不得享受税收优惠政策。

三、本通知自2011年1月1日起执行。

政策链接之七(二):国家税务总局 国家发改委《关于落实节能服务企业合同能源管理项目企业所得税优惠政策有关征收管理问题的公告》(国家税务总局 国家发改委公告2013年第77号)

为鼓励企业采用合同能源管理模式开展节能服务,规范合同能源管理项目企业所得税管理,根据《中华人民共和国企业所得税法》及其实施条例(以下简称企业所得税法)、《国务院办公厅转发发改委等部门关于加快推行合同能源管理促进节能服务产业发展意见的通知》(国办发〔2010〕25号)、《财政部 国家税务总局关于促进节能服务产业发展增值税、营业税和企业所得税政策问题的通知》(财税〔2010〕110号)和《国家税务总局关于进一步做好税收促进节能减排工作的通知》(国税函〔2010〕180号)的有关规定,现就落实合同能源管理项目企业所得税优惠政策有关征收管理问题公告如下:

一、对实施节能效益分享型合同能源管理项目(以下简称项目)的节能服务企业,凡实行查账征收所得税的居民企业并符合企业所得税法和本公告有关规定的,该项目可享受财税〔2010〕110号规定的企业所得税"三免三减半"优惠政策。如节能服务企业的分享型合同约定的效益分享期短于6年的,按实际分享期享受优惠。

二、节能服务企业享受"三免三减半"项目的优惠期限,应连续计算。对在优惠期限内转让所享受优惠的项目给其他符合条件的节能服务企业,受让企业承续经营该项目的,可自项目受让之日起,在剩余期限内享受规定的优惠;优惠期限届满后转让的,受让企业不得就该项目重复享受优惠。

三、节能服务企业投资项目所发生的支出,应按税法规定作资本化或费用化处理。形成的固定资产或无形资产,应按合同约定的效益分享期计提折旧或摊销。

节能服务企业应分别核算各项目的成本费用支出额。对在合同约定的效益分享期内发生的期间费用划分不清的,应合理进行分摊,期间费用的分摊应按照项目投资额和销售(营业)收入额两个因素计算分摊比例,两个因素的权重各为50%。

四、节能服务企业、节能效益分享型能源管理合同和合同能源管理项目应符合财税〔2010〕110号第二条第(三)项所规定的条件。

五、享受企业所得税优惠政策的项目应属于《财政部 国家税务总局 国家发改委关于公布环境保护节能节水项目企业所得税优惠目录(试行)的通知》(财税〔2009〕166号)规定的节能减排技术改造项目,包括余热余压利用、绿色照明等节能效益分享型合同能源管理项目。

六、合同能源管理项目优惠实行事前备案管理。节能服务企业享受合同能源管理项目企业所得税优惠的,应向主管税务机关备案。涉及多个项目优惠的,应按各项目分别进行备案。

节能服务企业应在项目取得第一笔收入的次年4个月内,完成项目享受优惠备案。办理备案手续时需提供以下资料:

(一)减免税备案申请;

(二)能源管理合同复印件;

(三)国家发改委、财政部公布的第三方机构出具的《合同能源管理项目情况确认表》(附件1),或者政府节能主管部门出具的合同能源管理项目确认意见;

(四)《合同能源管理项目应纳税所得额计算表》(附件2);

(五)项目第一笔收入的发票复印件;

(六)合同能源管理项目发生转让的,受让节能服务企业除提供上述材料外,还需提供项目转让合同、项目原享受优惠的备案文件。

七、企业享受优惠条件发生变化的,应当自发生变化之日起15日内向主管税务机关书面报告。如不再符合享受优惠条件的,应停止享受优惠,并依法缴纳企业所得税。对节能服务企业采取虚假手段获取税收优惠的、享受优惠条件发生变化而未及时向主管税务机关报告的以及未按本公告规定报送备案资料而自行减免税的,主管税务机关应按照税收征管法等有关规定进行处理。税务部门应设立节能服务企业项目管理台账和统计制度,并会同节能主管部门建立监管机制。

八、合同能源管理项目确认由国家发改委、财政部公布的第三方节能量审核机构负责,并出具《合同能源管理项目情况确认表》,或者由政府节能主管部门出具合同能源管理项目确认意见。第三方机构在合同能源管理项目确认过程中应严格按照国家有关要求认真审核把关,确保审核结果客观、真实。对在审核过程中把关不严、弄虚作假的第三方机构,一经查实,将取消其审核资质,并按相关法律规定追究责任。

九、本公告自2013年1月1日起施行。本公告发布前,已按有关规定享受税收优惠政策的,仍按原规定继续执行;尚未享受的,按本公告规定执行。

第七节 《抵扣应纳税所得额明细表》的填制与审核

一、表样及有关项目填报说明

(一)表样

A107030

抵扣应纳税所得额明细表

行次	项　　目	金　额
1	本年新增的符合条件的股权投资额	
2	税收规定的抵扣率	70%
3	本年新增的可抵扣的股权投资额(1×2)	
4	以前年度结转的尚未抵扣的股权投资余额	
5	本年可抵扣的股权投资额(3+4)	
6	本年可用于抵扣的应纳税所得额	
7	本年实际抵扣应纳税所得额(5≤6,本行=5行;5>6,本行=6行)	
8	结转以后年度抵扣的股权投资余额(5>6,本行=5−7行;5≤6,本行=0)	

(二)填报说明

本表适用于享受创业投资企业抵扣应纳税所得额优惠的纳税人填报。

1. 第1行"本年新增的符合条件的股权投资额":填报创业投资企业采取股权投资方式投资于未上市的中小高新技术企业2年以上的,本年新增的符合条件的股权投资额。

2. 第3行"本年新增的可抵扣的股权投资额":本行填报第1行(本年新增的符合条件的股权投资额)×第2行(税收规定的抵扣率)的金额。

3. 第4行"以前年度结转的尚未抵扣的股权投资余额":填报以前年度符合条件的尚未抵扣的股权投资余额。

4. 第5行"本年可抵扣的股权投资额":本行填报第3行(本年新增的可抵扣的股权投资额)+第4行(以前年度结转的尚未抵扣的股权投资余额)的金额。

5. 第6行"本年可用于抵扣的应纳税所得额":本行填报表A100000第19行(纳税调整后所得)-第20行(所得减免)-第22行(弥补以前年度亏损)的金额,若金额小于0,则填报0。

6. 第7行"本年实际抵扣应纳税所得额":若第5行(本年可抵扣的股权投资额)≤第6行(本年可用于抵扣的应纳税所得额),则本行=第5行(本年可抵扣的股权投资额);第5行(本年可抵扣的股权投资额)>第6行(本年可用于抵扣的应纳税所得额),则本行=第6行(本年可用于抵扣的应纳税所得额)。

7. 第8行"结转以后年度抵扣的股权投资余额":第5行(本年可抵扣的股权投资额)>第6行(本年可用于抵扣的应纳税所得额),则本行=第5行(本年可抵扣的股权投资额)-第7行(本年实际抵扣应纳税所得额);第5行(本年可抵扣的股权投资额)≤第6行(本年可用于抵扣的应纳税所得额),则本行=0。

二、表内、表间关系

(一)表内关系

1. 第3行(本年新增的可抵扣的股权投资额)=第1行(本年新增的符合条件的股权投资额)×第2行(70%)。

2. 第5行(本年可抵扣的股权投资额)=第3行(本年新增的可抵扣的股权投资额)+第4行(以前年度结转的尚未抵扣的股权投资余额)。

3. 第7行(本年实际抵扣应纳税所得额):若第5行(本年可抵扣的股权投资额)≤第6行(本年可用于抵扣的应纳税所得额),则本行=第5行(本年可抵扣的股权投资额);第5行(本年可抵扣的股权投资额)>第6行(本年可用于抵扣的应纳税所得额),则本行=第6行(本年可用于抵扣的应纳税所得额)。

4. 第8行(结转以后年度抵扣的股权投资余额):第5行(本年可抵扣的股权投资额)>第6行(本年可用于抵扣的应纳税所得额),则本行=第5行(本年可抵扣的股权投资额)-第7行(本年实际抵扣应纳税所得额);第5行(本年可抵扣的股权投资额)≤第6行(本年可用于抵扣的应纳税所得额),则本行=0。

(二)表间关系

第6行(本年可用于抵扣的应纳税所得额)=表A100000《中华人民共和国企业所得税年度纳税申报表(A类)》第19行(纳税调整后所得)-第20行(所得减免)-第22行(弥补以前年度亏损),若小于0,则填报0。

第7行(本年实际抵扣应纳税所得额)=表A100000《中华人民共和国企业所得税年度纳税申报表(A类)》第21行(抵扣应纳税所得额)。

三、填审要点提示

本表适用于享受创业投资企业抵扣应纳税所得额优惠的纳税人填报,填写时要关注结转年份以及与主表的勾稽关系。

四、政策链接

政策链接之一:《中华人民共和国企业所得税法》。

第三十一条　创业投资企业从事国家需要重点扶持和鼓励的创业投资,可以按投资额的一定比例抵扣应纳税所得额。

政策链接之二:《中华人民共和国企业所得税法实施条例》第九十七条　企业所得税法第三十一条所称抵扣应纳税所得额,是指创业投资企业采取股权投资方式投资于未上市的中小高新技术企业2年以上的,可以按照其投资额的70%在股权持有满2年的当年抵扣该创业投资企业的应纳税所得额;当年不足抵扣的,可以在以后纳税年度结转抵扣。

政策链接之三:国家税务总局《关于〈实施创业投资企业所得税优惠问题〉的通知》(国税发[2009]87号)。

为落实创业投资企业所得税优惠政策,促进创业投资企业的发展,根据《中华人民共和国企业所得税法》及其实施条例等有关规定,现就创业投资企业所得税优惠的有关问题通知如下:

一、创业投资企业是指依照《创业投资企业管理暂行办法》(国家发改委等10部委令2005年第39号,以下简称《暂行办法》)和《外商投资创业投资企业管理规定》(商务部等5部委令2003年第2号)在中华人民共和国境内设立的专门从事创业投资活动的企业或其他经济组织。

二、创业投资企业采取股权投资方式投资于未上市的中小高新技术企业2年(24个月)以上,凡符合以下条件的,可以按照其对中小高新技术企业投资额的70%,在股权持有满2年的当年抵扣该创业投资企业的应纳税所得额;当年不足抵扣的,可以在以后纳税年度结转抵扣。

(一)经营范围符合《暂行办法》规定,且工商登记为"创业投资有限责任公司"、"创业投资股份有限公司"等专业性法人创业投资企业。

(二)按照《暂行办法》规定的条件和程序完成备案,经备案管理部门年度检查核实,投资运作符合《暂行办法》的有关规定。

(三)创业投资企业投资的中小高新技术企业,除应按照科技部、财政部、国家税务总局《关于印发〈高新技术企业认定管理办法〉的通知》(国科发火[2008]172号)和《关于印发〈高新技术企业认定管理工作指引〉的通知》(国科发火[2008]362号)的规定,通过高新技术企业认定以外,还应符合职工人数不超过500人,年销售(营业)额不超过2亿元,资产总额不超过2亿元的条件。

2007年底前按原有规定取得高新技术企业资格的中小高新技术企业,且在2008年继续符合新的高新技术企业标准的,向其投资满24个月的计算,可自创业投资企业实际向其投资的时间起计算。

(四)财政部、国家税务总局规定的其他条件。

三、中小企业接受创业投资之后,经认定符合高新技术企业标准的,应自其被认定为高新技术企业的年度起,计算创业投资企业的投资期限。该期限内中小企业接受创业投资后,企业规模超过中小企业标准,但仍符合高新技术企业标准的,不影响创业投资企业享受有关税收优惠。

四、创业投资企业申请享受投资抵扣应纳税所得额,应在其报送申请投资抵扣应纳税所得额年度纳税申报表以前,向主管税务机关报送以下资料备案:

(一)经备案管理部门核实后出具的年检合格通知书(副本);

(二)关于创业投资企业投资运作情况的说明;

(三)中小高新技术企业投资合同或章程的复印件、实际所投资金验资报告等相关材料;

(四)中小高新技术企业基本情况(包括企业职工人数、年销售(营业)额、资产总额等)说明;

(五)由省、自治区、直辖市和计划单列市高新技术企业认定管理机构出具的中小高新技术企业有效的高新技术企业证书(复印件)。

五、本通知自2008年1月1日起执行。

政策链接之四:财政部 国家税务总局《关于〈执行企业所得税优惠政策若干问题〉的通知》(财税[2009]69号)。

根据《中华人民共和国企业所得税法》(以下简称企业所得税法)及《中华人民共和国企业所得税法实施条例》(国务院令第512号,以下简称实施条例)的有关规定,现就企业所得税优惠政策执行中的有关问题通知如下:

十一、实施条例第九十七条所称投资于未上市的中小高新技术企业2年以上的,包括发生在2008年1月1日以前满2年的投资;所称中小高新技术企业是指按照《高新技术企业认定管理办法》(国科发火[2008]172号)和《高新技术企业认定管理工作指引》(国科发火[2008]362号)取得高新技术企业资格,且年销售额和资产总额均不超过2亿元,从业人数不超过500人的企业,其中2007年底前已取得高新技术企业资格的,在其规定有效期内不需重新认定。

十二、本通知自2008年1月1日起执行。

政策链接之五:财政部 国家税务总局《关于〈苏州工业园区有限合伙制创业投资企业法人合伙人企业所得税试点政策〉的通知》(财税[2012]67号)。

为进一步促进创业投资企业的发展,根据国务院有关文件精神,现就苏州工业园区有限合伙制创业投资企业法人合伙人有关企业所得税试点政策通知如下:

一、注册在苏州工业园区内的有限合伙制创业投资企业采取股权投资方式投资于未上市的中小高新技术企业2年(24个月)以上,该有限合伙制创业投资企业的法人合伙人,可在有限合伙制创业投资企业持有未上市中小高新技术企业股权满2年的当年,按照该法人合伙人对该未上市中小高新技术企业投资额的70%,抵扣该法人合伙人从该有限合伙制创业投资企业分得的应纳税所得额,当年不足抵扣的,可以在以后纳税年度结转抵扣。

二、有限合伙制创业投资企业的法人合伙人对未上市中小高新技术企业的投资额,按照有限合伙制创业投资企业对中小高新技术企业的投资额和合伙协议约定的法人合伙人占有限合伙制创业投资企业的出资比例计算确定。

三、本通知所称有限合伙制创业投资企业是指依照《中华人民共和国合伙企业法》和《创业投资企业管理暂行办法》(国家发改委令第39号),在苏州工业园区设立的专门从事创业投资活动的有限合伙企业。

四、有限合伙制创业投资企业法人合伙人享受本通知规定的税收优惠政策的其他相关问题，参照《国家税务总局关于实施创业投资企业所得税优惠问题的通知》（国税发[2009]87号）的规定执行。

政策链接之六：国家税务总局《关于〈苏州工业园区有限合伙制创业投资企业法人合伙人企业所得税政策试点有关征收管理问题〉的公告》（国家税务总局公告2013年第25号）。

为进一步贯彻落实国家鼓励科技创新的税收优惠政策，加强征收管理工作，根据《财政部 国家税务总局关于苏州工业园区有限合伙制创业投资企业法人合伙人企业所得税试点政策的通知》（财税[2012]67号）以及相关规定，制定本公告。

一、注册在苏州工业园区内的有限合伙制创业投资企业的法人合伙人（以下简称法人合伙人），是指依照《中华人民共和国企业所得税法》及其实施条例以及相关规定，实行查账征收企业所得税的法人居民企业。

二、符合财税[2012]67号文件第三条规定条件的有限合伙制创业投资企业（以下简称创业投资企业）以股权投资方式投资于未上市中小高新技术企业，在试点期间内满2年（24个月）的，其法人合伙人可按规定享受优惠政策。

三、法人合伙人按照财税[2012]67号文件第二条规定计算其投资额的70%抵扣从该创业投资企业分得的应纳税所得额。如果法人合伙人在苏州工业园区内投资于多个符合条件的创业投资企业，可合并计算其可抵扣的投资额和分得的应纳税所得额。当年不足抵扣的，可结转以后纳税年度继续抵扣；当年抵扣后有结余的，应按照企业所得税法的规定计算缴纳企业所得税。

四、创业投资企业应纳税所得额的确定及分配，按照《财政部 国家税务总局关于合伙企业合伙人所得税问题的通知》（财税[2008]159号）相关规定执行。

五、创业投资企业应在年度终了后3个月内（2012年度可在年度终了后5个月内），按有关规定向苏州工业园区主管税务机关报送有关纳税申报的资料。

凡其法人合伙人符合享受优惠条件的创业投资企业，须同时报送《国家税务总局关于实施创业投资企业所得税优惠问题的通知》（国税发[2009]87号）第四条规定的备案资料、《有限合伙制创业投资企业法人合伙人应纳税所得额抵扣情况明细表》和创业投资企业的验资报告。

苏州工业园区主管税务机关受理后，负责审核该年度创业投资企业的应纳税所得额、法人合伙人的分配比例、法人合伙人分得的应纳税所得额、法人合伙人可抵扣的投资额等项目，并在《有限合伙制创业投资企业法人合伙人应纳税所得额抵扣情况明细表》盖章确认后，一份交还创业投资企业，两份由创业投资企业转交法人合伙人（其中一份由法人合伙人转交当地主管税务机关，一份由苏州工业园区主管税务机关留存）。

六、法人合伙人向其所在地主管税务机关申请享受投资抵扣应纳税所得额时，除需按照国税发[2009]87号文件第四条的规定报送备案资料外，还需提交苏州工业园区主管税务机关受理盖章后的《有限合伙制创业投资企业法人合伙人应纳税所得额抵扣情况明细表》以及该创业投资企业的验资报告。

法人合伙人所在地主管税务机关对相关备案资料有疑义的，可向苏州工业园区主管税务机关函证或在苏州工业园区税务机关网站查询，苏州工业园区税务机关应及时回复法人合伙人所在地主管税务机关的函询。

七、苏州工业园区税务机关在执行政策过程中，须做好政策效应评估工作。各地税务机关在执行中发现问题，应及时向国家税务总局（所得税司）反馈。

八、本公告自 2012 年 1 月 1 日起施行。

政策链接之七：财政部 国家税务总局《关于〈中关村国家自主创新示范区有限合伙制创业投资企业法人合伙人企业所得税试点政策〉的通知》(财税[2013]71号)。

经国务院同意，现将中关村国家自主创新示范区(以下简称示范区)有限合伙制创业投资企业法人合伙人有关企业所得税试点政策通知如下：

一、注册在示范区内的有限合伙制创业投资企业采取股权投资方式投资于未上市的中小高新技术企业 2 年(24 个月)以上，该有限合伙制创业投资企业的法人合伙人，可在有限合伙制创业投资企业持有未上市中小高新技术企业股权满 2 年的当年，按照该法人合伙人对该未上市中小高新技术企业投资额的 70%，抵扣该法人合伙人从该有限合伙制创业投资企业分得的应纳税所得额，当年不足抵扣的，可以在以后纳税年度结转抵扣。

二、有限合伙制创业投资企业的法人合伙人对未上市中小高新技术企业的投资额，按照有限合伙制创业投资企业对中小高新技术企业的投资额和合伙协议约定的法人合伙人占有限合伙制创业投资企业的出资比例计算确定。

三、本通知所称有限合伙制创业投资企业是指依照《中华人民共和国合伙企业法》和《创业投资企业管理暂行办法》(国家发改委令第 39 号)，在示范区内设立的专门从事创业投资活动的有限合伙企业。

四、有限合伙制创业投资企业法人合伙人享受本通知规定的税收优惠政策的其他相关问题，参照《国家税务总局关于实施创业投资企业所得税优惠问题的通知》(国税发[2009]87号)的规定执行。

五、本通知自 2013 年 1 月 1 日至 2015 年 12 月 31 日执行。

五、案例

资料：某创业投资企业 2014 年新增的符合条件的股权投资额 1 500 万元，以前年度结转的尚未抵扣的股权投资余额 300 万元。该企业 2014 年主表第 19 行(纳税调整后所得)金额为 848 万元，第 20 行(所得减免)金额为 35 万元，第 22 行(弥补以前年度亏损)金额为 25 万元。

要求：请填审《抵扣应纳税所得额明细表》。

A107030

抵扣应纳税所得额明细表

行次	项 目	金 额
1	本年新增的符合条件的股权投资额	15 000 000
2	税收规定的抵扣率	70%
3	本年新增的可抵扣的股权投资额(1×2)	10 500 000
4	以前年度结转的尚未抵扣的股权投资余额	3 000 000
5	本年可抵扣的股权投资额(3+4)	13 500 000
6	本年可用于抵扣的应纳税所得额	7 880 000
7	本年实际抵扣应纳税所得额(5≤6,本行=5行;5>6,本行=6行)	7 880 000
8	结转以后年度抵扣的股权投资余额(5>6,本行=5-7行;5≤6,本行=0)	5 620 000

第八节 《减免所得税优惠明细表》的填制与审核

一、表样及有关项目的填报说明

(一)表样

A107040

减免所得税优惠明细表

行次	项　目	金　额
1	一、符合条件的小型微利企业	
2	二、国家需要重点扶持的高新技术企业(填写 A107041)	
3	三、减免地方分享所得税的民族自治地方企业	
4	四、(5＋6＋7＋8＋9＋10＋11＋12＋13＋14＋15＋16＋17＋18＋19＋20＋21＋22＋23＋24＋25＋26＋27)	
5	(一)经济特区和上海浦东新区新设立的高新技术企业	
6	(二)经营性文化事业单位转制企业	
7	(三)动漫企业	
8	(四)受灾地区损失严重的企业	
9	(五)受灾地区农村信用社	
10	(六)受灾地区的促进就业企业	
11	(七)技术先进型服务企业	
12	(八)新疆困难地区新办企业	
13	(九)新疆喀什、霍尔果斯特殊经济开发区新办企业	
14	(十)支持和促进重点群体创业就业企业	
15	(十一)集成电路线宽小于 0.8 微米(含)的集成电路生产企业	
16	(十二)集成电路线宽小于 0.25 微米的集成电路生产企业	
17	(十三)投资额超过 80 亿元人民币的集成电路生产企业	
18	(十四)新办集成电路设计企业(填写 A107042)	
19	(十五)国家规划布局内重点集成电路设计企业	
20	(十六)符合条件的软件企业(填写 A107042)	
21	(十七)国家规划布局内重点软件企业	
22	(十八)设在西部地区的鼓励类产业企业	
23	(十九)符合条件的生产和装配伤残人员专门用品企业	
24	(二十)中关村国家自主创新示范区从事文化产业支撑技术等领域的高新技术企业	
25	(二十一)享受过渡期税收优惠企业	
26	(二十二)横琴新区、平潭综合实验区和前海深港现代化服务业合作区企业	

续表

行次	项　目	金　额
27	（二十三）其他	
28	五、减:项目所得额按法定税率减半征收企业所得税叠加享受减免税优惠	
29	合计(1+2+3+4-28)	

（二）填报说明

本表适用于享受减免所得税优惠的纳税人填报。纳税人根据税法及相关税收政策规定，填报本年发生的减免所得税优惠情况。

1. 第1行"一、符合条件的小型微利企业"：填报纳税人根据相关税收政策规定，从事国家非限制和禁止行业的企业，并符合工业企业，年度应纳税所得额不超过30万元，从业人数不超过100人，资产总额不超过3 000万元；其他企业，年度应纳税所得额不超过30万元，从业人数不超过80人，资产总额不超过1 000万元条件的，减按20%的税率征收企业所得税。本行填报根据《中华人民共和国企业所得税年度纳税申报表(A类)》(A100000)第23行应纳税所得额计算的减征5%企业所得税金额。其中对年应纳税所得额低于10万元(含10万元)的小型微利企业，其所得减按50%计入应纳税所得额，按20%的税率缴纳企业所得税，其减按50%部分换算税款填入本行，即本行填报根据表A100000《中华人民共和国企业所得税年度纳税申报表(A类)》第23行应纳税所得额计算的减征15%(5%+10%)企业所得税金额(参见政策链接之一)。

2. 第2行"二、国家需要重点扶持的高新技术企业"：填报《高新技术企业优惠情况及明细表》(A107041)第29行(减免税金额)的金额。

3. 第3行"三、减免地方分享所得税的民族自治地方企业"：填报纳税人经民族自治地方所在省、自治区、直辖市人民政府批准，减征或者免征民族自治地方的企业缴纳的企业所得税中属于地方分享的企业所得税金额(参见政策链接之二)。

4. 第4行"四、其他专项优惠"：填报第5行(经济特区和上海浦东新区新设立的高新技术企业)+第6行(经营性文化事业单位转制企业)+…第27行(其他)的金额。

5. 第5行"(一)经济特区和上海浦东新区新设立的高新技术企业"：填报纳税人根据相关税收政策规定的，经济特区和上海浦东新区内，在2008年1月1日(含)之后完成登记注册的国家需要重点扶持的高新技术企业，在经济特区和上海浦东新区内取得的所得，自取得第一笔生产经营收入所属纳税年度起，第一年至第二年免征企业所得税，第三年至第五年按照25%的法定税率减半征收企业所得税。本行填报根据表A100000《中华人民共和国企业所得税年度纳税申报表(A类)》(A100000)第23行(应纳税所得额)应纳税所得额计算的免征、减征企业所得税金额(参见政策链接之三)。

6. 第6行"(二)经营性文化事业单位转制企业"：填报纳税人根据《财政部 国家税务总局关于文化体制改革中经营性文化事业单位转制为企业的若干税收优惠政策的通知》(财税[2009]34号)、《财政部 国家税务总局 中宣部关于转制文化企业名单及认定问题的通知》(财税[2009]105号)等相关税收政策规定的，从事新闻出版、广播影视和文化艺术的经营性文化事业单位转制为企业，转制注册之日起免征企业所得税。本行填报根据表A100000《中华人民共和国企业所得税年度纳税申报表(A类)》第23行应纳税所得额计算的免征企业所得税金额(财税[2009]34号、财税[2009]105号政策执行期限至2013年12月31日，若无延期停止执行)(参见政策链接之四)。

7. 第7行"(三)动漫企业":填报纳税人根据《文化部 财政部 国家税务总局关于印发〈动漫企业认定管理办法(试行)〉的通知》(文市发[2008]51号)、《文化部 财政部 国家税务总局关于实施〈动漫企业认定管理办法(试行)〉有关问题的通知》(文产发[2009]18号)、《财政部 国家税务总局关于扶持动漫产业发展有关税收政策问题的通知》(财税[2009]65号)等相关税收政策规定的,经认定的动漫企业自主开发、生产动漫产品,可申请享受国家现行鼓励软件产业发展的所得税优惠政策。即在2017年12月31日前自获利年度起,第一年至第二年免征企业所得税,第三年至第五年按照25%的法定税率减半征收企业所得税,并享受至期满为止。本行填报根据表A100000《中华人民共和国企业所得税年度纳税申报表(A类)》第23行(应纳税所得额)应纳税所得额计算的免征、减征企业所得税金额(参见政策链接之五)。

8. 第8行"(四)受灾地区损失严重的企业":填报纳税人根据《财政部 海关总署 国家税务总局关于支持芦山地震灾后恢复重建有关税收政策问题的通知》(财税[2013]58号)第一条第一款等相关税收政策规定的,对芦山受灾地区损失严重的企业,免征企业所得税。本行填报根据表A100000《中华人民共和国企业所得税年度纳税申报表(A类)》第23行(应纳税所得额)应纳税所得额计算的免征企业所得税金额(参见政策链接之六)。

9. 第9行"(五)受灾地区农村信用社":填报纳税人根据《财政部 国家税务总局关于汶川地震灾区农村信用社企业所得税有关问题的通知》(财税[2010]3号)、《财政部 海关总署 国家税务总局关于支持玉树地震灾后恢复重建有关税收政策问题的通知》(财税[2010]59号)第一条第三款、《财政部 海关总署 国家税务总局关于支持舟曲灾后恢复重建有关税收政策问题的通知》(财税[2010]107号)第一条第三款、《财政部 海关总署 国家税务总局关于支持芦山地震灾后恢复重建有关税收政策问题的通知》(财税[2013]58号)第一条第三款等相关税收政策规定的,对汶川地震灾区、玉树受灾地区、舟曲灾区、芦山受灾地区农村信用社免征企业所得税。本行填报根据表A100000《中华人民共和国企业所得税年度纳税申报表(A类)》第23行(应纳税所得额)应纳税所得额计算的免征企业所得税金额(参见政策链接之七)。

10. 第10行"(六)受灾地区的促进就业企业":填报纳税人根据《财政部 海关总署 国家税务总局关于支持芦山地震灾后恢复重建有关税收政策问题的通知》(财税[2013]58号)第五条第一款等相关税收政策规定的,芦山受灾地区的商贸企业、服务型企业(除广告业、房屋中介、典当、桑拿、按摩、氧吧外)、劳动就业服务企业中的加工型企业和街道社区具有加工性质的小型企业实体在新增加的就业岗位中,招用当地因地震灾害失去工作的人员,与其签订1年以上期限劳动合同并依法缴纳社会保险费的,经县级人力资源和社会保障部门认定,按实际招用人数和实际工作时间予以定额依次扣减增值税、营业税、城市维护建设税、教育费附加和企业所得税。定额标准为每人每年4 000元,可上下浮动20%,由四川省人民政府根据当地实际情况具体确定。按上述标准计算的税收抵扣额应在企业当年实际应缴纳的增值税、营业税、城市维护建设税、教育费附加和企业所得税税额中扣减,当年扣减不足的,不得结转下年使用。本行填报根据表A100000《中华人民共和国企业所得税年度纳税申报表(A类)》第23行(应纳税所得额)应纳税所得额计算的减征企业所得税金额(参见政策链接之八)。

11. 第11行"(七)技术先进型服务企业":填报纳税人根据《财政部 国家税务总局 商务部 科技部 国家发改委关于技术先进型服务企业有关企业所得税政策问题的通知》(财税[2010]65号)《财政部 国家税务总局 商务部 科技部 国家发改委关于完善技术先进型服务企业有关企业所得税政策问题的通知》财税[2014]59号等相关税收政策规定,对经认定的技术先进型服务企业,减按15%的税率征收企业所得税。本行填报根据表A100000《中华人民共和国企业所得税年度纳税申报表(A类)》第23行(应纳税所得额)应纳税所得额计算的减征10%企业所得税金额(财税[2010]65号政策执行期限至2013年12月31日,若无延期停止执行)(参见政策链接之九)。

12. 第12行"(八)新疆困难地区新办企业":填报纳税人根据《财政部 国家税务总局关于新疆困难地区新办企业所得税优惠政策的通知》(财税[2011]53号)、《财政部 国家税务总局 国家发改委 工业和信息化部关于公布新疆困难地区重点鼓励发展产业企业所得税优惠目录(试行)的通知》(财税[2011]60号)等相关税收政策规定的,对在新疆困难地区新办的属于《新疆困难地区重点鼓励发展产业企业所得税优惠目录》范围内的企业,自取得第一笔生产经营收入所属纳税年度起,第一年至第二年免征企业所得税,第三年至第五年减半征收企业所得税。本行填报根据表A100000《中华人民共和国企业所得税年度纳税申报表(A类)》第23行(应纳税所得额)应纳税所得额计算的免征、减征企业所得税金额(参见政策链接之十)。

13. 第13行"(九)新疆喀什、霍尔果斯特殊经济开发区新办企业":填报纳税人根据《财政部 国家税务总局 国家发改委 工业和信息化部关于公布新疆困难地区重点鼓励发展产业企业所得税优惠目录(试行)的通知》(财税[2011]60号)、《财政部 国家税务总局关于新疆喀什霍尔果斯两个特殊经济开发区企业所得税优惠政策的通知》(财税[2011]112号)等相关税收政策规定的,对在新疆喀什、霍尔果斯两个特殊经济开发区内新办的属于《新疆困难地区重点鼓励发展产业企业所得税优惠目录》范围内的企业,自取得第一笔生产经营收入所属纳税年度起,五年内免征企业所得税。本行填报根据表A100000《中华人民共和国企业所得税年度纳税申报表(A类)》第23行(应纳税所得额)应纳税所得额计算的免征企业所得税金额(参见政策链接之十一)。

14. 第14行"(十)支持和促进重点群体创业就业企业":填报纳税人根据《财政部 国家税务总局关于支持和促进就业有关税收政策的通知》(财税[2010]84号)、《财政部 国家税务总局 人力资源社会保障部关于继续实施支持和促进重点群体就业有关税收政策的通知》(财税(2014)39号)、《财政部 国家税务总局 民政部关于调整完善扶持自主就业退役士兵创业就业有关税收政策的通知》(财税(2014)42号)等相关税收政策规定的,可在当年扣减的企业所得税税额。本行填报政策规定减征企业所得税金额。

15. 第15行"(十一)集成电路线宽小于0.8微米(含)的集成电路生产企业":填报纳税人根据《财政部 国家税务总局关于企业所得税若干优惠政策的通知》(财税[2008]1号)、《财政部 国家税务总局关于进一步鼓励软件产业和集成电路产业发展企业所得税政策的通知》(财税[2012]27号)、《国家税务总局关于软件和集成电路企业认定管理有关问题的公告》(国家税务总局公告2012年第19号)、《国家税务总局关于执行软件企业所得税优惠政策有关问题的公告》(国家税务总局公告2013年第43号)等相关税收政策规定的,集成电路线宽小于0.8微米(含)的集成电路生产企业,经认定后,在2017年12月31日前自获利年度起计算优惠期,第一年至第二年免征企业所得税,第三年至第五年按照25%的法定税率减半征收企业所得税,并享受至期满为止。本行填报根据表A100000《中华人民共和国企业所得税年度纳税申报表(A类)》第23行(应纳税所得额)应纳税所得额计算的免征、减征企业所得税金额(参见政策链接之十三)。

16. 第16行"(十二)集成电路线宽小于0.25微米的集成电路生产企业":填报纳税人根据《财政部 国家税务总局关于企业所得税若干优惠政策的通知》(财税[2008]1号)、《财政部国家税务总局关于进一步鼓励软件产业和集成电路产业发展企业所得税政策的通知》(财税[2012]27号)、《国家税务总局关于软件和集成电路企业认定管理有关问题的公告》(国家税务总局公告2012年第19号)、《国家税务总局关于执行软件企业所得税优惠政策有关问题的公告》(国家税务总局公告2013年第43号)等相关税收政策规定的,集成电路线宽小于0.25微米的集成电路生产企业,经认定后,减按15%的税率征收企业所得税,其中经营期在15年以上的,在2017年12月31日前自获利年度起计算优惠期,第一年至第五年免征企业所得税,第六年至第十年按照25%的法定税率减半征收企业所得税,并享受至期满为止。本行填报根据表A100000《中华人民共和国企业所得税年度纳税申报表(A类)》第23行(应纳税所得额)应纳税所得额计算的免征、减征企业所得税部分(参见政策链接之十三)。

17. 第17行"(十三)投资额超过80亿元人民币的集成电路生产企业":填报纳税人根据《财政部 国家税务总局关于企业所得税若干优惠政策的通知》(财税[2008]1号)、《财政部 国家税务总局关于进一步鼓励软件产业和集成电路产业发展企业所得税政策的通知》(财税[2012]27号)、《国家税务总局关于软件和集成电路企业认定管理有关问题的公告》(国家税务总局公告2012年第19号)、《国家税务总局关于执行软件企业所得税优惠政策有关问题的公告》(国家税务总局公告2013年第43号)等相关税收政策规定的,投资额超过80亿元的集成电路生产企业,经认定后,减按15%的税率征收企业所得税,其中经营期在15年以上的,在2017年12月31日前自获利年度起计算优惠期,第一年至第五年免征企业所得税,第六年至第十年按照25%的法定税率减半征收企业所得税,并享受至期满为止。本行填报根据表A100000《中华人民共和国企业所得税年度纳税申报表(A类)》第23(应纳税所得额)行应纳税所得额计算的免征、减征企业所得税金额(参见政策链接之十三)。

18. 第18行"(十四)新办集成电路设计企业":填报《软件、集成电路企业优惠情况及明细表》(A107042)第41行(减免税)的金额。

19. 第19行"(十五)国家规划布局内重点集成电路设计企业":填报纳税人根据《财政部 国家税务总局关于进一步鼓励软件产业和集成电路产业发展企业所得税政策的通知》(财税[2012]27号)、《国家税务总局关于软件和集成电路企业认定管理有关问题的公告》(国家税务总局公告2012年第19号)、《国家发改委 工业和信息化部 财政部 商务部 国家税务总局关于印发〈国家规划布局内重点软件企业和集成电路设计企业认定管理试行办法〉的通知》(发改高技[2012]2413号)、《国家税务总局关于执行软件企业所得税优惠政策有关问题的公告》(国家税务总局公告2013年第43号)、《工业和信息化部 国家发改委 财政部 国家税务总局关于印发〈软件企业认定管理办法〉的通知》(工信部联软[2013]64号)、《工业和信息化部 国家发改委 财政部 国家税务总局关于印发〈集成电路设计企业认定管理办法〉的通知》(工信部联电子[2013]487号)等相关税收政策规定的,国家规划布局内的重点集成电路设计企业,如当年未享受免税优惠的,可减按10%的税率征收企业所得税。本行填报根据表A100000《中华人民共和国企业所得税年度纳税申报表(A类)》第23行应纳税所得额计算的减征15%企业所得税金额(参见政策链接之十四)。

20. 第20行"(十六)符合条件的软件生产企业":填报《软件、集成电路企业优惠情况及明细表》(A107042)第41行(减免税)的金额。

21. 第21行"(十七)国家规划布局内重点软件企业":填报纳税人根据《财政部 国家税务总局关于进一步鼓励软件产业和集成电路产业发展企业所得税政策的通知》(财税[2012]27号)、《国家税务总局关于软件和集成电路企业认定管理有关问题的公告》(国家税务总局公告

2012年第19号)、《国家发改委 工业和信息化部 财政部 商务部 国家税务总局关于印发〈国家规划布局内重点软件企业和集成电路设计企业认定管理试行办法〉的通知》(发改高技[2012]2413号)、《国家税务总局关于执行软件企业所得税优惠政策有关问题的公告》(国家税务总局公告2013年第43号)、《工业和信息化部 国家发改委 财政部 国家税务总局关于印发〈软件企业认定管理办法〉的通知》(工信部联软[2013]64号)、《工业和信息化部 国家发改委 财政部 国家税务总局关于印发〈集成电路设计企业认定管理办法〉的通知》(工信部联电子[2013]487号)等相关税收政策规定的,国家规划布局内的重点软件企业,如当年未享受免税优惠的,可减按10%的税率征收企业所得税。本行填报根据表A100000《中华人民共和国企业所得税年度纳税申报表(A类)》第23行(应纳税所得额)计算的减征15%企业所得税金额(参见政策链接之十四)。

22. 第22行"(十八)设在西部地区的鼓励类产业企业":填报纳税人根据《财政部 海关总署 国家税务总局关于深入实施西部大开发战略有关税收政策问题的通知》(财税[2011]58号)、《国家税务总局关于深入实施西部大开发战略有关企业所得税问题的公告》(国家税务总局公告2012年第12号)、《财政部 海关总署 国家税务总局关于赣州市执行西部大开发税收政策问题的通知》(财税[2013]4号)等相关税收政策规定的,对设在西部地区的鼓励类产业企业减按15%的税率征收企业所得税;对设在赣州市的鼓励类产业的内资企业和外商投资企业减按15%的税率征收企业所得税。本行填报根据表A100000《中华人民共和国企业所得税年度纳税申报表(A类)》第23行(应纳税所得额)应纳税所得额计算的减征10%企业所得税金额(参见政策链接之十五)。

23. 第23行"(十九)符合条件的生产和装配伤残人员专门用品企业":填报纳税人根据《财政部 国家税务总局 民政部关于生产和装配伤残人员专门用品企业免征企业所得税的通知》(财税[2011]81号)等相关税收政策规定的,符合条件的生产和装配伤残人员专门用品的企业免征企业所得税。本行填报根据表A100000《中华人民共和国企业所得税年度纳税申报表(A类)》第23行(应纳税所得额)应纳税所得额计算的免征企业所得税金额(参见政策链接之十六)。

24. 第24行"(二十)中关村国家自主创新示范区从事文化产业支撑技术等领域的高新技术企业":填报纳税人根据《科技部 财政部 国家税务总局关于印发〈高新技术企业认定管理办法〉的通知》(国科发火[2008]172号)、《科学技术部 财政部 国家税务总局关于印发〈高新技术企业认定管理工作指引〉的通知》(国科发火[2008]362号)、《财政部 海关总署 国家税务总局关于支持文化企业发展若干税收政策问题的通知》(财税[2009]31号)、《科技部 财政部 税务总局关于在中关村国家自主创新示范区开展高新技术企业认定中文化产业支撑技术等领域范围试点的通知》(国科发高[2013]595号)、《科技部 财政部 国家税务总局关于在中关村国家自主创新示范区完善高新技术企业认定中文化产业支撑技术等领域范围的通知》(国科发火[2014]20号)等相关税收政策规定的,中关村国家自主创新示范区从事文化产业支撑技术等领域的企业,按规定认定为高新技术企业的,减按15%税率征收企业所得税。本行填报根据表A100000《中华人民共和国企业所得税年度纳税申报表(A类)》第23行(应纳税所得额)应纳税所得额计算的减征10%企业所得税金额(参见政策链接之十七)。

25. 第25行"(二十一)享受过渡期税收优惠企业":填报纳税人符合国务院规定以及经国务院批准给予过渡期税收优惠政策。本行填报根据表A100000《中华人民共和国企业所得税年度纳税申报表(A类)》第23行(应纳税所得额)应纳税所得额计算的免征、减征企业所得税金额(参见政策链接之十八)。

26. 第 26 行"(二十二)横琴新区、平潭综合实验区和前海深港现代化服务业合作区企业":填报纳税人根据《财政部 国家税务总局关于广东横琴新区、福建平潭综合实验区、深圳前海深港现代化服务业合作区企业所得税优惠政策及优惠目录的通知》(财税[2014]26号)等相关税收政策规定的,设在横琴新区、平潭综合实验区和前海深港现代化服务业合作区的鼓励类产业企业减按15%的税率征收企业所得税。本行填报根据表A100000第23行(应纳税所得额)应纳税所得额计算的减征10%企业所得税金额(参见政策链接之十九)。

27. 第 27 行"(二十三)其他":填报国务院根据税法授权制定的其他税收优惠政策。

28. 第 28 行"五、减:项目所得额按法定税率减半征收企业所得税叠加享受减免税优惠":填报纳税人从事农林牧渔业项目、国家重点扶持的公共基础设施项目、符合条件的环境保护、节能节水项目、符合条件的技术转让、其他专项优惠等所得额应按法定税率25%减半征收,且同时为符合条件的小型微利企业、国家需要重点扶持的高新技术企业、技术先进型服务企业、集成电路线宽小于0.25微米或投资额超过80亿元人民币的集成电路生产企业、国家规划布局内重点软件企业和集成电路设计企业、设在西部地区的鼓励类产业企业、中关村国家自主创新示范区从事文化产业支撑技术等领域的高新技术企业等可享受税率优惠的企业,由于申报表填报顺序,按优惠税率15%减半叠加享受减免税优惠部分,应在本行对该部分金额进行调整。

29. 第 29 行"合计":金额等于第1行(符合条件的小型微利企业)+第2行(国家需要重点扶持的高新技术企业)+第3行(减免地方分享所得税的民族自治地方企业)+第4行(其他专项优惠)-第28行(项目所得额按法定税率减半征收企业所得税叠加享受减免税优惠)。

二、表内、表间关系

(一)表内关系

1. 第 4 行(其他专项优惠)=第5行(经济特区和上海浦东新区新设立的高新技术企业)+第6行(经营性文化事业单位转制企业)+…+第27行(其他)。

2. 第 29 行(合计)=第1行(符合条件的小型微利企业)+第2行(国家需要重点扶持的高新技术企业)+第3行(减免地方分享所得税的民族自治地方企业)+第4行(其他专项优惠)-第28行(项目所得额按法定税率减半征收企业所得税叠加享受减免税优惠)。

(二)表间关系

1. 第 2 行(国家需要重点扶持的高新技术企业)=表A107041《高新技术企业优惠情况及明细表》第29(减免税金额)。

2. 第 18 行(新办集成电路设计企业)=表A107042《软件、集成电路企业优惠情况及明细表》第41行(减免税金额)。

3. 第 20 行(符合条件的软件生产企业)=表A107042《软件、集成电路企业优惠情况及明细表》第41行(减免税金额)。

4. 第 29 行(合计)=表A100000《中华人民共和国企业所得税年度纳税申报表(A类)》第26行(减免所得税额)。

三、填审要点提示

减率优惠的范围主要应该关注小微企业和高新企业,尤其是小微企业近年优惠政策很多,需关注。其他专项优惠,适用不同范围,需对照政策填列,其中西部大开发优惠政策应予以重点关注。本表第28行也值得重点关注,项目所得按法定税率减半征收企业所得税叠加享受减免税优惠应剔除。由于申报表填报顺序,按优惠税率15%减半叠加享受的减免税收优惠部分,应通过本行对该部分金额进行调整。

四、政策链接

政策链接之一(一):《中华人民共和国企业所得税法》

第二十八条　符合条件的小型微利企业,减按20%的税率征收企业所得税。

国家需要重点扶持的高新技术企业,减按15%的税率征收企业所得税。

政策链接之一(二):《中华人民共和国企业所得税法实施条例》

第九十二条　企业所得税法第二十八条第一款所称符合条件的小型微利企业,是指从事国家非限制和禁止行业,并符合下列条件的企业:

(一)工业企业,年度应纳税所得额不超过30万元,从业人数不超过100人,资产总额不超过3 000万元;

(二)其他企业,年度应纳税所得额不超过30万元,从业人数不超过80人,资产总额不超过1 000万元。

第九十三条　企业所得税法第二十八条第二款所称国家需要重点扶持的高新技术企业,是指拥有核心自主知识产权,并同时符合下列条件的企业:

(一)产品(服务)属于《国家重点支持的高新技术领域》规定的范围;

(二)研究开发费用占销售收入的比例不低于规定比例;

(三)高新技术产品(服务)收入占企业总收入的比例不低于规定比例;

(四)科技人员占企业职工总数的比例不低于规定比例;

(五)高新技术企业认定管理办法规定的其他条件。

《国家重点支持的高新技术领域》和高新技术企业认定管理办法由国务院科技、财政、税务主管部门会商国务院有关部门制定,报国务院批准后公布施行。

政策链接之一(三):财政部 国家税务总局《关于〈执行企业所得税优惠政策若干问题〉的通知》(财税[2009]69号)。

根据《中华人民共和国企业所得税法》(以下简称企业所得税法)及《中华人民共和国企业所得税法实施条例》(国务院令第512号,以下简称实施条例)的有关规定,现就企业所得税优惠政策执行中有关问题通知如下:

……

七、实施条例第九十二条第(一)项和第(二)项所称从业人数,是指与企业建立劳动关系的职工人数和企业接受的劳务派遣用工人数之和;从业人数和资产总额指标,按企业全年月平均值确定,具体计算公式如下:

月平均值=(月初值+月末值)÷2

全年月平均值=全年各月平均值之和÷12

年度中间开业或者终止经营活动的,以其实际经营期作为一个纳税年度确定上述相关指标。

八、企业所得税法第二十八条规定的小型微利企业待遇,应适用于具备建账核算自身应纳税所得额条件的企业,按照《企业所得税核定征收办法》(国税发[2008]30号)缴纳企业所得税的企业,在不具备准确核算应纳税所得额条件前,暂不适用小型微利企业适用税率。

政策链接之一(四):财政部 国家税务总局《关于〈小型微利企业所得税优惠政策有关问题〉的通知》(财税[2011]117号)。

为了进一步支持小型微利企业发展,经国务院批准,现就小型微利企业所得税政策通知如下:

一、自2012年1月1日至2015年12月31日,对年应纳税所得额低于6万元(含6万元)的小型微利企业,其所得减按50%计入应纳税所得额,按20%的税率缴纳企业所得税。

二、本通知所称小型微利企业,是指符合《中华人民共和国企业所得税法》及其实施条例,以及相关税收政策规定的小型微利企业。

政策链接之一(五):国家税务总局《关于〈小型微利企业预缴企业所得税有关问题〉的公告》(国家税务总局公告2012年第14号)

为贯彻落实财政部国家税务总局《关于〈小型微利企业所得税优惠政策有关问题〉的通知》(财税[2011]117号)有关规定,现就小型微利企业预缴企业所得税有关问题公告如下:

一、上一纳税年度年应纳税所得额低于6万元(含6万元),同时符合《中华人民共和国企业所得税法实施条例》第九十二条规定的资产和从业人数标准,实行按实际利润额预缴企业所得税的小型微利企业(以下简称符合条件的小型微利企业),在预缴申报企业所得税时,将《国家税务总局关于发布〈中华人民共和国企业所得税月(季)度预缴纳税申报表〉等报表的公告》(国家税务总局公告2011年第64号)中华人民共和国企业所得税月(季)度预缴纳税申报表(A类)第9行"实际利润总额"与15%的乘积,暂填入第12行"减免所得税额"内。

二、符合条件的小型微利企业"从业人数"、"资产总额"的计算标准按照《国家税务总局关于小型微利企业所得税预缴问题的通知》(国税函[2008]251号)第二条规定执行。

三、符合条件的小型微利企业在预缴申报企业所得税时,须向主管税务机关提供上一纳税年度符合小型微利企业条件的相关证明材料。主管税务机关对企业提供的相关证明材料核实后,认定企业上一纳税年度不符合规定条件的,不得按本公告第一条规定填报纳税申报表。

四、纳税年度终了后,主管税务机关应核实企业纳税年度是否符合上述小型微利企业规定条件。不符合规定条件、已按本公告第一条规定计算减免企业所得税预缴的,在年度汇算清缴时要按照规定补缴企业所得税。

本公告自2012年1月1日起施行。

政策链接之一(六):财政部 国家税务总局《关于〈小型微利企业所得税优惠政策有关问题〉的通知》(财税[2014]34号)。

为了进一步支持小型微利企业发展,经国务院批准,现就小型微利企业所得税政策通知如下:

一、自2014年1月1日至2016年12月31日,对年应纳税所得额低于10万元(含10万元)的小型微利企业,其所得减按50%计入应纳税所得额,按20%的税率缴纳企业所得税。

二、本通知所称小型微利企业,是指符合《中华人民共和国企业所得税法》及其实施条例以及相关税收政策规定的小型微利企业。

政策链接之二(一):《中华人民共和国企业所得税法》。

第二十九条 民族自治地方的自治机关对本民族自治地方的企业应缴纳的企业所得税中属于地方分享的部分,可以决定减征或者免征。自治州、自治县决定减征或者免征的,须报省、自治区、直辖市人民政府批准。

政策链接之二(二):《中华人民共和国企业所得税法实施条例》第九十四条 企业所得税法第二十九条所称民族自治地方,是指依照《中华人民共和国民族区域自治法》的规定,实行民族区域自治的自治区、自治州、自治县。

对民族自治地方内国家限制和禁止行业的企业,不得减征或者免征企业所得税。

政策链接之三(一):国务院《关于〈经济特区和上海浦东新区新设立高新技术企业实行过渡性税收优惠〉的通知》(国发[2007]40号)。

根据《中华人民共和国企业所得税法》第五十七条的有关规定,国务院决定对法律设置的发展对外经济合作和技术交流的特定地区内,以及国务院已规定执行上述地区特殊政策的地区内新设立的国家需要重点扶持的高新技术企业,实行过渡性税收优惠。现就有关问题通知如下:

一、法律设置的发展对外经济合作和技术交流的特定地区,是指深圳、珠海、汕头、厦门和海南经济特区;国务院已规定执行上述地区特殊政策的地区,是指上海浦东新区。

二、对经济特区和上海浦东新区内在2008年1月1日(含)之后完成登记注册的国家需要重点扶持的高新技术企业(以下简称新设高新技术企业),在经济特区和上海浦东新区内取得的所得,自取得第一笔生产经营收入所属纳税年度起,第一年至第二年免征企业所得税,第三年至第五年按照25%的法定税率减半征收企业所得税。

国家需要重点扶持的高新技术企业,是指拥有核心自主知识产权,同时符合《中华人民共和国企业所得税法实施条例》第九十三条规定的条件,并按照《高新技术企业认定管理办法》认定的高新技术企业。

三、经济特区和上海浦东新区内新设高新技术企业同时在经济特区和上海浦东新区以外的地区从事生产经营的,应当单独计算其在经济特区和上海浦东新区内取得的所得,并合理分摊企业的期间费用;没有单独计算的,不得享受企业所得税优惠。

四、经济特区和上海浦东新区内新设高新技术企业在按照本通知的规定享受过渡性税收优惠期间,由于复审或抽查不合格而不再具有高新技术企业资格的,从其不再具有高新技术企业资格年度起,停止享受过渡性税收优惠;以后再次被认定为高新技术企业的,不得继续享受或者重新享受过渡性税收优惠。

五、本通知自2008年1月1日起执行。

政策链接之三(二):财政部 国家税务总局《关于〈贯彻落实国务院关于实施企业所得税过渡优惠政策有关问题〉的通知》(财税[2008]21号)。

为贯彻落实《国务院关于实施企业所得税过渡优惠政策的通知》(国发[2007]39号)和《国务院关于经济特区和上海浦东新区新设立高新技术企业实行过渡性税收优惠的通知》(国发[2007]40号)(以下简称过渡优惠政策通知),现将有关事项通知如下:

……

二、对按照国发[2007]39号文件有关规定适用15%企业所得税率并享受企业所得税定期减半优惠过渡的企业,应一律按照国发[2007]39号文件第一条第二款规定的过渡税率计算的应纳税额实行减半征税,即2008年按18%税率计算的应纳税额实行减半征税,2009年按20%税率计算的应纳税额实行减半征税,2010年按22%税率计算的应纳税额实行减半征税,2011年按24%税率计算的应纳税额实行减半征税,2012年及以后年度按25%税率计算的应纳税额实行减半征税。

对原适用24%或33%企业所得税率并享受国发[2007]39号文件规定企业所得税定期减

半优惠过渡的企业,2008年及以后年度一律按25%税率计算的应纳税额实行减半征税。

政策链接之三(三):国家税务总局《关于〈实施高新技术企业所得税优惠有关问题〉的通知》(国税函[2009]203号)。

为贯彻落实高新技术企业所得税优惠及其过渡性优惠政策,根据《中华人民共和国企业所得税法》(以下简称企业所得税法)及《中华人民共和国企业所得税法实施条例》(以下简称实施条例)以及相关税收规定,现对有关问题通知如下:

一、当年可减按15%的税率征收企业所得税或按照《国务院关于经济特区和上海浦东新区新设立高新技术企业实行过渡性税收优惠的通知》(国发[2007]40号)享受过渡性税收优惠的高新技术企业,在实际实施有关税收优惠的当年,减免税条件发生变化的,应按《科技部 财政部 国家税务总局关于印发〈高新技术企业认定管理办法〉的通知》(国科发火[2008]172号)第九条第二款的规定处理。

二、原依法享受企业所得税定期减免税优惠尚未期满同时符合本通知第一条规定条件的高新技术企业,根据《高新技术企业认定管理办法》以及《科技部 财政部 国家税务总局关于印发〈高新技术企业认定管理工作指引〉的通知》(国科发火[2008]362号)的相关规定,在按照新标准取得认定机构颁发的高新技术企业资格证书之后,可以在2008年1月1日后,享受对尚未到期的定期减免税优惠执行到期满的过渡政策。

三、2006年1月1日至2007年3月16日期间成立,截止到2007年底仍未获利(弥补完以前年度亏损后应纳税所得额为零)的高新技术企业,根据《高新技术企业认定管理办法》以及《高新技术企业认定管理工作指引》的相关规定,按照新标准取得认定机构颁发的高新技术企业证书后,可依据企业所得税法第五十七条的规定,免税期限自2008年1月1日起计算。

四、认定(复审)合格的高新技术企业,自认定(复审)批准的有效期当年开始,可申请享受企业所得税优惠。企业取得省、自治区、直辖市、计划单列市高新技术企业认定管理机构颁发的高新技术企业证书后,可持"高新技术企业证书"及其复印件和有关资料,向主管税务机关申请办理减免税手续。手续办理完毕后,高新技术企业可按15%的税率进行所得税预缴申报或享受过渡性税收优惠。

五、纳税年度终了后至报送年度纳税申报表以前,已办理减免税手续的企业应向主管税务机关备案以下资料:

(一)产品(服务)属于《国家重点支持的高新技术领域》规定的范围的说明;

(二)企业年度研究开发费用结构明细表(见附件);

(三)企业当年高新技术产品(服务)收入占企业总收入的比例说明;

(四)企业具有大学专科以上学历的科技人员占企业当年职工总数的比例说明、研发人员占企业当年职工总数的比例说明。

以上资料的计算、填报口径参照《高新技术企业认定管理工作指引》的有关规定执行。

六、未取得高新技术企业资格或虽取得高新技术企业资格但不符合企业所得税法及实施条例以及本通知有关规定条件的企业,不得享受高新技术企业的优惠;已享受优惠的,应追缴其已减免的企业所得税税款。

七、本通知自2008年1月1日起执行。

政策链接之四(一):财政部 国家税务总局《关于〈文化体制改革中经营性文化事业单位转制为企业的若干税收优惠政策〉的通知》(财税[2009]34号)。

为了贯彻落实《国务院办公厅关于印发文化体制改革中经营性文化事业单位转制为企业

和支持文化企业发展两个规定的通知》(国办发[2008]114号),进一步推动文化体制改革,促进文化企业发展,现就经营性文化事业单位转制为企业的税收政策问题通知如下:

一、经营性文化事业单位转制为企业,自转制注册之日起免征企业所得税。

二、由财政部门拨付事业经费的文化单位转制为企业,自转制注册之日起对其自用房产免征房产税。

三、党报、党刊将其发行、印刷业务及相应的经营性资产剥离组建的文化企业,自注册之日起所取得的党报、党刊发行收入和印刷收入免征增值税。

四、对经营性文化事业单位转制中资产评估增值涉及的企业所得税,以及资产划转或转让涉及的增值税、营业税、城建税等给予适当的优惠政策,具体优惠政策由财政部、国家税务总局根据转制方案确定。

五、本通知所称经营性文化事业单位,是指从事新闻出版、广播影视和文化艺术的事业单位;转制包括文化事业单位整体转为企业和文化事业单位中经营部分剥离转为企业。

六、本通知适用于文化体制改革地区的所有转制文化单位和不在文化体制改革地区的转制企业。有关名单由中央文化体制改革工作领导小组办公室提供,财政部、国家税务总局发布。

本通知执行期限为2009年1月1日至2013年12月31日。

政策链接之四(二):财政部 国家税务总局 中宣部《关于〈转制文化企业名单及认定问题〉的通知》(财税[2009]105号)。

关于转制文化企业名单及认定问题的通知

根据《国务院 办公厅关于印发文化体制改革中经营性文化事业单位转制为企业和支持文化企业发展两个规定的通知》(国办发[2008]114号)精神,以及《财政部 国家税务总局关于文化体制改革中经营性文化事业单位转制为企业的若干税收政策问题的通知》(财税[2009]34号)的规定,现就转制文化企业名单及认定问题通知如下:

一、2008年12月31日之前已经审核批准执行《财政部、海关总署、国家税务总局关于文化体制改革中经营性文化事业单位转制后企业的若干税收政策问题的通知》(财税[2005]1号)的转制文化企业,2009年1月1日至2013年12月31日期间,相关税收政策按照财税[2009]34号文件的规定执行。本条所称转制文化企业包括:

(一)根据《财政部海关总署国家税务总局关于发布第一批不在文化体制改革试点地区的文化体制改革试点单位名单的通知》(财税[2005]163号)、《财政部 海关总署 国家税务总局关于公布第二批不在试点地区的文化体制改革试点单位名单和新增试点地区名单的通知》(财税[2007]36号)和《财政部 海关总署 国家税务总局关于发布第三批不在试点地区的文化体制改革试点单位名单的通知》(财税[2008]25号),由财政部、海关总署、国家税务总局分批发布的不在试点地区的试点单位。

(二)由北京市、上海市、重庆市、浙江省、广东省及深圳市、沈阳市、西安市、丽江市审核发布的试点单位,包括由中央文化体制改革工作领导小组办公室提供名单,由北京市发布的中央在京转制试点单位。

(三)财税[2007]36号规定的新增试点地区审核发布的试点单位。

上述转制文化企业名称发生变更的,如果主营业务未发生变化,持原认定的文化体制改革工作领导小组办公室出具的同意更名函,到主管税务机关履行更名手续;如果主营业务发生变化,依照本通知第二条规定的条件重新认定。

二、从2009年1月1日起,需认定享受财税[2009]34号规定的相关税收优惠政策的转制文化企业应同时符合以下条件:

(一)根据相关部门的批复进行转制。中央各部门各单位出版社转制方案,由中央各部门各单位出版社体制改革工作领导小组办公室批复;中央部委所属的高校出版社和非时政类报刊社的转制方案,由新闻出版总署批复;文化部、广电总局、新闻出版总署所属文化事业单位的转制方案,由上述三个部门批复;地方所属文化事业单位的转制方案,按照登记管理权限由各级文化体制改革工作领导小组办公室批复。

(二)转制文化企业已进行企业工商注册登记。

(三)整体转制前已进行事业单位法人登记的,转制后已核销事业编制、注销事业单位法人。

(四)已同在职职工全部签订劳动合同,按企业办法参加社会保险。

(五)文化企业具体范围符合《财政部 海关总署 国家税务总局关于支持文化企业发展若干税收政策问题的通知》(财税[2009]31号)附件规定。

(六)转制文化企业引入非公有资本和境外资本的,须符合国家法律法规和政策规定;变更资本结构的,需经行业主管部门和国有文化资产监管部门批准。

三、中央所属转制文化企业的认定,由中宣部会同财政部、国家税务总局确定并发布名单;地方所属转制文化企业的认定,按照登记管理权限,由各级宣传部门会同同级财政厅(局)、国家税务局和地方税务局确定和发布名单,并逐级备案。

四、经认定的转制文化企业,可向主管税务机关申请办理减免税手续,并向主管税务机关备案以下材料:

(一)转制方案批复函;

(二)企业工商营业执照;

(三)整体转制前已进行事业单位法人登记的,需提供同级机构编制管理机关核销事业编制、注销事业单位法人的证明;

(四)同在职职工签订劳动合同、按企业办法参加社会保险制度的证明;

(五)引入非公有资本和境外资本、变更资本结构的,需出具相关部门的批准函。

五、未经认定的转制文化企业或转制文化企业不符合本通知规定的,不得享受相关税收优惠政策。已享受优惠的,主管税务机关应追缴其已减免的税款。

六、本通知适用于经营性文化事业单位整体转制和剥离转制两种类型。

(一)整体转制包括:(图书、音像、电子)出版社、非时政类报刊社、新华书店、艺术院团、电影制片厂、电影(发行放映)公司、影剧院等整体转制为企业。

(二)剥离转制包括:新闻媒体中的广告、印刷、发行、传输网络部分,以及影视剧等节目制作与销售机构,从事业体制中剥离出来转制为企业。

政策链接之五(一):文化部 财政部 国家税务总局《关于〈印发动漫企业认定管理办法(试行)〉的通知》(文市发[2008]51号)

动漫企业认定管理办法(试行)
第一章 总 则

第一条 为扶持我国动漫产业发展,落实国家对动漫企业的财税优惠政策,根据《国务院办公厅转发财政部等部门关于推动我国动漫产业发展的若干意见的通知》(国办发(2006)32号,以下简称《通知》)规定,制定本办法。

第二条　按照本办法认定的动漫企业,方可申请享受《通知》规定的有关优惠和扶持政策。

第三条　动漫企业认定管理工作坚持为动漫企业服务、促进动漫产业发展的宗旨,遵循公开、公平、公正的原则。

第四条　本办法所称动漫企业包括:

(一)漫画创作企业;

(二)动画创作、制作企业;

(三)网络动漫(含手机动漫)创作、制作企业;

(四)动漫舞台剧(节)目制作、演出企业;

(五)动漫软件开发企业;

(六)动漫衍生产品研发、设计企业。

第五条　本办法所称动漫产品包括:

(一)漫画:单幅和多格漫画、插画、漫画图书、动画抓帧图书、漫画报刊、漫画原画等;

(二)动画:动画电影、动画电视剧、动画短片、动画音像制品,影视特效中的动画片段,科教、军事、气象、医疗等影视节目中的动画片段等;

(三)网络动漫(含手机动漫):以计算机互联网和移动通信网等信息网络为主要传播平台,以电脑、手机及各种手持电子设备为接受终端的动画、漫画作品,包括FLASH动画、网络表情、手机动漫等;

(四)动漫舞台剧(节)目:改编自动漫平面与影视等形式作品的舞台演出剧(节)目、采用动漫造型或含有动漫形象的舞台演出剧(节)目等;

(五)动漫软件:漫画平面设计软件、动画制作专用软件、动画后期音视频制作工具软件等;

(六)动漫衍生产品:与动漫形象有关的服装、玩具、文具、电子游戏等。

第二章　认定管理

第六条　文化部、财政部、国家税务总局共同确定全国动漫企业认定管理工作方向,负责指导、管理和监督全国动漫企业及其动漫产品的认定工作,并定期公布通过认定的动漫企业名单。

第七条　全国动漫企业认定管理工作办公室(以下简称办公室)设在文化部,主要职责为:

(一)具体组织实施动漫企业认定管理工作;

(二)协调、解决认定及相关政策落实中的重大问题;

(三)组织建设和管理"动漫企业认定管理工作平台";

(四)负责对已认定的重点动漫企业进行监督检查和年审,根据情况变化和产业发展需要对重点动漫产品、重点动漫企业的具体认定标准进行动态调整;

(五)受理、核实并处理有关举报。

第八条　各省、自治区、直辖市文化行政部门与同级财政、税务部门组成本行政区域动漫企业认定管理机构(以下简称省级认定机构),根据本办法开展下列工作:

(一)负责本行政区域内动漫企业及其动漫产品的认定初审工作;

(二)负责向本行政区域内通过认定的动漫企业颁发"动漫企业证书";

(三)负责对本行政区域内已认定的动漫企业进行监督检查和年审;

(四)受理、核实并处理本行政区域内有关举报,必要时向办公室报告;

(五)办公室委托的其他工作。

第九条　各级认定机构应制订本辖区内的动漫企业认定工作规程,定期召开认定工作会议。推进认定工作电子政务建设,建立高效、便捷的认定工作机制。

动漫企业认定管理工作所需经费由各级认定机构的同级财政部门拨付。

第三章 认定标准

第十条 申请认定为动漫企业的应同时符合以下标准:

(一)在我国境内依法设立的企业;

(二)动漫企业经营动漫产品的主营收入占企业当年总收入的60%以上;

(三)自主开发生产的动漫产品收入占主营收入的50%以上;

(四)具有大学专科以上学历的或通过国家动漫人才专业认证的、从事动漫产品开发或技术服务的专业人员占企业当年职工总数的30%以上,其中研发人员占企业当年职工总数的10%以上;

(五)具有从事动漫产品开发或相应服务等业务所需的技术装备和工作场所;

(六)动漫产品的研究开发经费占企业当年营业收入的8%以上;

(七)动漫产品内容积极健康,无法律法规禁止的内容;

(八)企业产权明晰,管理规范,守法经营。

第十一条 自主开发、生产的动漫产品,是指动漫企业自主创作、研发、设计、生产、制作、表演的符合本办法第五条规定的动漫产品(不含动漫衍生产品);仅对国外动漫创意进行简单外包、简单模仿或简单离岸制造,既无自主知识产权,也无核心竞争力的除外。

第十二条 申请认定为重点动漫产品的应符合以下标准之一:

(一)漫画产品销售年收入在100万元(报刊300万元)人民币以上或年销售10万册(报纸1 000万份、期刊100万册)以上的,动画产品销售年收入在1 000万元人民币以上的,网络动漫(含手机动漫)产品销售年收入在100万元人民币以上的,动漫舞台剧(节)目演出年收入在100万元人民币以上或年演出场次50场以上的;

(二)动漫产品版权出口年收入100万元人民币以上的;

(三)获得国际、国家级专业奖项的;

(四)经省级认定机构、全国性动漫行业协会、国家动漫产业基地等推荐的在思想内涵、艺术风格、技术应用、市场营销、社会影响等方面具有示范意义的动漫产品。

第十三条 符合本办法第十条规定标准的动漫企业申请认定为重点动漫企业的,应在申报前开发生产出1部以上重点动漫产品,并符合以下标准之一:

(一)注册资本1 000万元人民币以上的;

(二)动漫企业年营业收入500万元人民币以上,且连续2年不亏损的;

(三)动漫企业的动漫产品版权出口和对外贸易年收入200万元人民币以上,且自主知识产权动漫产品出口收入占总收入30%以上的;

(四)经省级认定机构、全国性动漫行业协会、国家动漫产业基地等推荐的在资金、人员规模、艺术创意、技术应用、市场营销、品牌价值、社会影响等方面具有示范意义的动漫企业。

第四章 认定程序

第十四条 动漫企业认定的程序如下:

(一)企业自我评价及申请

企业认为符合认定标准的,可向省级认定机构提出认定申请。

(二)提交下列申请材料

1.动漫企业认定申请书;

2. 企业营业执照副本复印件、税务登记证复印件；

3. 法定代表人或者主要负责人的身份证明材料；

4. 企业职工人数、学历结构以及研发人员占企业职工的比例说明；

5. 营业场所产权证明或者租赁意向书（含出租方的产权证明）；

6. 开发、生产、创作、经营的动漫产品列表、销售合同及销售合同约定的款项银行入账证明；

7. 自主开发、生产和拥有自主知识产权的动漫产品的情况说明及有关证明材料（包括版权登记证书或专利证书等知识产权证书的复印件）；

8. 由有关行政机关颁发的从事相关业务所涉及的行政许可证件复印件；

9. 经具有资质的中介机构鉴证的企业财务年度报表（含资产负债表、损益表、现金流量表）等企业经营情况，以及企业年度研究开发费用情况表，并附研究开发活动说明材料；

10. 认定机构要求出具的其他材料。

（三）材料审查、认定与公布

省级认定机构根据本办法，对申请材料进行初审，提出初审意见，将通过初审的动漫企业申请材料报送办公室。

文化部会同财政部、国家税务总局依据本办法第十条规定标准进行审核，审核合格的，由文化部、财政部、国家税务总局联合公布通过认定的动漫企业名单。

省级认定机构根据通过认定的动漫企业名单，向企业颁发"动漫企业证书"并附其本年度动漫产品列表；并根据本办法第五条、第十一条的规定，在动漫产品列表中，对动漫产品属性分类以及是否属于自主开发生产的动漫产品等情况予以标注。

动漫企业设有分支机构的，在企业法人注册地进行申报。

第十五条 已取得"动漫企业证书"的动漫企业生产的动漫产品符合本办法第十二条规定标准的，可向办公室提出申请认定为重点动漫产品，并提交下列材料：

1. 重点动漫产品认定申请书；

2. 企业营业执照副本复印件、税务登记证复印件，"动漫企业证书"复印件；

3. 符合本办法第十二条规定标准的相关证明材料：经具有资质的中介机构鉴证的企业财务年度报表（含资产负债表、损益表、现金流量表）等企业经营情况，并附每项产品销售收入的情况说明；获奖证明复印件或版权出口贸易合同复印件等版权出口收入证明，有关机构的推荐证明；

4. 认定机构要求出具的其他材料。

办公室收到申报材料后，参照本办法第十四条第三款规定的程序予以审核。符合标准的，由办公室颁发"重点动漫产品文书"。

第十六条 已取得"动漫企业证书"的动漫企业符合本办法第十三条规定标准的，可向办公室提出申请认定为重点动漫企业，并提交下列材料：

1. 重点动漫企业认定申请书；

2. 企业营业执照副本复印件、税务登记证复印件，"动漫企业证书"复印件，"重点动漫产品文书"复印件；

3. 符合本办法第十三条规定标准的相关证明材料：经具有资质的中介机构鉴证的企业近两个会计年度财务报表（含资产负债表、损益表、现金流量表）等企业经营情况或版权出口贸易合同复印件等版权出口收入证明；有关机构的推荐证明；

4. 认定机构要求出具的其他材料。

办公室收到申报材料后,参照本办法第十四条第三款规定的程序予以审核。符合标准的,由文化部会同财政部、国家税务总局联合公布通过认定的重点动漫企业名单,并由办公室颁发"重点动漫企业证书"。

第十七条 动漫企业认定实行年审制度。各级认定机构应按本办法第十条、第十三条规定的标准对已认定并发证的动漫企业、重点动漫企业进行年审。对年度认定合格的企业在证书和年度自主开发生产的动漫产品列表上加盖年审专用章。

不提出年审申请或年度认定不合格的企业,其动漫企业、重点动漫企业资格到期自动失效。

省级认定机构应将对动漫企业的年审情况、年度认定合格及不合格企业名单报办公室备案,并由办公室对外公布。

重点动漫企业通过办公室年审后,不再由省级认定机构进行年审。

第十八条 动漫企业对年审结果有异议的,可在公布后20个工作日内,向办公室提出复核申请。

提请复核的企业应当提交复核申请书及有关证明材料。办公室收到复核申请后,对复核申请调查核实,由文化部、财政部、国家税务总局作出复核决定,通知省级认定机构并公布。

第十九条 经认定的动漫企业经营活动发生变化(如更名、调整、分立、合并、重组等)的,应在15个工作日内,向原发证单位办理变更手续,变化后不符合本办法规定标准的,省级认定机构应报办公室审核同意后,撤销其"动漫企业证书",终止其资格。不符合本办法规定标准的重点动漫企业,由办公室直接撤销其"重点动漫企业证书",终止其资格。

动漫企业更名的,原认定机构为其办理变更手续后,重新核发证书,编号不变。

第二十条 经认定的动漫企业、重点动漫企业,凭本年度有效的"动漫企业证书"、"重点动漫企业证书",以及本年度自主开发生产的动漫产品列表、"重点动漫产品文书",向主管税务机关申请享受《通知》规定的有关税收优惠政策。

第二十一条 重点动漫产品、重点动漫企业优先享受国家及地方各项财政资金、信贷等方面的扶持政策。

第五章 罚 则

第二十二条 申请认定和已认定的动漫企业有下述情况之一的,一经查实,认定机构停止受理其认定申请,或撤销其证(文)书,终止其资格并予以公布:

(一)在申请认定过程中提供虚假信息的;

(二)有偷税、骗税、抗税等税收违法行为的;

(三)从事制作、生产、销售、传播存在违法内容或盗版侵权动漫产品的,或者使用未经授权许可的动漫产品的;

(四)有其他违法经营行为,受到有关部门处罚的。

被撤销证书的企业,认定机构在3年内不再受理该企业的认定申请。

第二十三条 对被撤销证书和年度认定不合格的动漫企业,同时停止其享受《通知》规定的各项财税优惠政策。

第二十四条 参与动漫企业认定工作的机构和人员对所承担的认定工作负有诚信以及合规义务,并对申报认定企业的有关资料信息负有保密义务。违反动漫企业认定工作相关要求和纪律的,依法追究责任。

第二十五条 对违反本办法规定的省级认定机构,由办公室责令整改。

第六章 附 则

第二十六条 "动漫企业证书"、"重点动漫产品文书"、"重点动漫企业证书"等证书、文书,由办公室统一监制。

第二十七条 按照本办法认定的动漫企业及其自主开发生产的动漫产品享受的财税优惠政策的具体范围、具体内容由财政部、国家税务总局另行发布。

第二十八条 本办法中涉及数字的规定,表述为"以上"的,均含本数字在内。

第二十九条 本办法由文化部、财政部、国家税务总局负责解释。

第三十条 本办法自2009年1月1日起实施。

政策链接之五(二):文化部 财政部 国家税务总局《关于〈实施〈动漫企业认定管理办法(试行)〉有关问题〉的通知》(文产发[2009]18号)

为贯彻落实《动漫企业认定管理办法(试行)》(文市发[2008]51号,以下简称《办法》),做好动漫企业认定管理工作,确保动漫企业认定工作顺利推进,推动我国动漫产业的健康快速发展,现就有关事项通知如下:

一、尽快建立健全工作机制,加快认定进程。

各省、自治区、直辖市文化行政部门与同级财政、税务部门要抓紧成立省级认定机构,健全工作机制,在严格执行认定工作原则和规范的情况下,对符合条件的企业尽快开展认定初审和材料上报工作。省级认定机构办公室设在各省、自治区、直辖市文化行政部门。认定工作中遇到问题请及时研究解决和上报全国动漫企业认定管理工作办公室。文化部、财政部和国家税务总局将对动漫产业税收政策执行情况进行监督检查。

二、严格把握认定标准。

《办法》所称动漫企业,不包括漫画出版、发行,动画播出、放映,网络动漫传播以及动漫衍生产品生产、销售等为主营业务的企业。

企业拥有的自主知识产权是指企业近3年内(至申报日前)获得的自主知识产权。

企业营业场所产权证明或者租赁意向书(含出租方的产权证明),营业场所为企业自有产权的,提供房产证复印件加盖企业公章;营业场所为企业租赁的,提供产权方房产证复印件加盖公章或房主签字,并提供房屋租赁合同加盖企业公章。

企业申请动漫企业资格,应提供具有资质的中介机构鉴证的企业财务年度报表(含资产负债表、损益表、现金流量表)等企业经营情况,以及企业年度研究开发费用情况表,并附研究开发活动说明材料,并加盖具有资质的中介机构的公章。各地认定机构应认真核验申请材料。

三、动漫企业认定年审受理申请时间为每年的5月1日—7月31日。

四、计划单列市所在省文化厅本着方便、快捷原则,可根据本地实际情况制定计划单列市动漫企业认定工作的具体办法。

五、《办法》第十四条规定的动漫企业认定申请材料格式见本通知附件1,申请认定的企业应填写动漫企业认定申请书,格式见本通知附件2。

特此通知。

附件:
1. 动漫企业认定申请材料
2. 动漫企业认定申请书

政策链接之五(三):财政部 国家税务总局《关于〈扶持动漫产业发展有关税收政策问题〉

的通知》(财税[2009]65号)。

根据《国务院办公厅转发财政部等部门关于推动我国动漫产业发展若干意见的通知》(国办发[2006]32号)的精神,文化部会同有关部门于2008年12月下发了《动漫企业认定管理办法(试行)》(文市发[2008]51号)。为促进我国动漫产业健康快速发展,增强动漫产业的自主创新能力,现就扶持动漫产业发展的有关税收政策问题通知如下:

一、关于增值税

在2010年12月31日前,对属于增值税一般纳税人的动漫企业销售其自主开发生产的动漫软件,按17%的税率征收增值税后,对其增值税实际税负超过3%的部分,实行即征即退政策。退税数额的计算公式为:应退税额=享受税收优惠的动漫软件当期已征税款—享受税收优惠的动漫软件当期不含税销售额×3%。动漫软件出口免征增值税。上述动漫软件的范围,按照《文化部 财政部 国家税务总局关于印发〈动漫企业认定管理办法(试行)〉的通知》(文市发[2008]51号)的规定执行。

二、关于企业所得税

经认定的动漫企业自主开发、生产动漫产品,可申请享受国家现行鼓励软件产业发展的所得税优惠政策。

三、关于营业税

对动漫企业为开发动漫产品提供的动漫脚本编撰、形象设计、背景设计、动画设计、分镜、动画制作、摄制、描线、上色、画面合成、配音、配乐、音效合成、剪辑、字幕制作、压缩转码(面向网络动漫、手机动漫格式适配)劳务,在2010年12月31日前暂减按3%税率征收营业税。

四、关于进口关税和进口环节增值税

经国务院有关部门认定的动漫企业自主开发、生产动漫直接产品,确需进口的商品可享受免征进口关税和进口环节增值税的优惠政策。具体免税商品范围及管理办法由财政部会同有关部门另行制定。

五、本通知所称动漫企业和自主开发、生产动漫产品的认定标准和认定程序,按照《文化部 财政部 国家税务总局关于印发〈动漫企业认定管理办法(试行)〉的通知》(文市发[2008]51号)的规定执行。

六、本通知从2009年1月1日起执行。

政策链接之六:财政部 海关总署 国家税务总局《关于〈支持芦山地震灾后恢复重建有关税收政策问题〉的通知》(财税[2013]58号)。

为支持和帮助芦山地震受灾地区积极开展生产自救,重建家园,鼓励和引导社会各方面力量参与灾后恢复重建工作,使地震灾区基本生产生活条件和经济社会发展全面恢复并超过灾前水平,根据《国务院关于支持芦山地震灾后恢复重建政策措施的意见》(国发[2013]28号)的有关规定,现就支持芦山地震灾后恢复重建有关税收政策问题通知如下:

一、关于减轻企业税收负担的税收政策

1. 对受灾地区损失严重的企业,免征企业所得税。

政策链接之七(一):财政部 国家税务总局《关于〈汶川地震灾区农村信用社企业所得税有关问题〉的通知》(财税[2010]3号)。

经国务院批准,现将汶川地震灾区农村信用社企业所得税有关政策问题通知如下:

一、从2009年1月1日至2013年12月31日,对四川、甘肃、陕西、重庆、云南、宁夏等6省(自治区、直辖市)汶川地震灾区农村信用社继续免征企业所得税。

二、本通知所称汶川地震灾区是指《民政部 发改委 财政部 国土资源部 地震局关于印发汶川地震灾害范围评估结果的通知》(民发[2008]105号)所规定的极重灾区10个县(市)、重灾区41个县(市、区)和一般灾区186个县(市、区)。

政策链接之七(二)：财政部 海关总署 国家税务总局《关于〈支持玉树地震灾后恢复重建有关税收政策问题〉的通知》(财税[2010]59号)。

为支持和帮助玉树地震灾区恢复重建,统筹和引导社会各方面力量,又好又快重建家园,保证用三年时间基本完成恢复重建主要任务,使灾区基本生产生活条件和经济社会发展全面恢复并超过灾前水平,根据《国务院关于支持玉树地震灾后恢复重建政策措施的意见》(国发[2010]16号)的有关规定,现就支持玉树地震灾后恢复重建有关税收政策问题通知如下：

一、关于减轻企业税收负担的税收政策

3. 自2010年1月1日至2014年12月31日,对受灾地区农村信用社继续免征企业所得税。

政策链接之七(三)：财政部、海关总署、国家税务总局《关于〈支持舟曲灾后恢复重建有关税收政策问题〉的通知》(财税[2010]107号)。

为统筹引导各方面力量,支持和帮助遭受特大山洪泥石流灾害的舟曲灾后恢复重建,使灾区基本生产生活条件和经济社会发展全面恢复并超过灾前水平,根据《国务院关于支持舟曲灾后恢复重建政策措施的意见》(国发[2010]34号)的有关规定,现就支持舟曲灾后恢复重建有关税收政策问题通知如下：

一、关于减轻企业税收负担的税收政策

3. 自2010年1月1日至2014年12月31日,对灾区农村信用社免征企业所得税。

政策链接之七(四)：财政部 海关总署 国家税务总局《关于〈支持芦山地震灾后恢复重建有关税收政策问题〉的通知》(财税[2013]58号)。

为支持和帮助芦山地震受灾地区积极开展生产自救,重建家园,鼓励和引导社会各方面力量参与灾后恢复重建工作,使地震灾区基本生产生活条件和经济社会发展全面恢复并超过灾前水平,根据《国务院关于支持芦山地震灾后恢复重建政策措施的意见》(国发[2013]28号)的有关规定,财政部 海关总署 国家税务总局三部门发布关于支持芦山地震灾后恢复重建有关税收政策问题的通知,税收优惠政策基本涵盖各个税种,按受灾严重程度给予不同程度的优惠。

主要内容如下：

一、关于减轻企业税收负担的税收政策

3. 自2013年4月20日至2017年12月31日,对受灾地区农村信用社免征企业所得税。

政策链接之八：财政部 海关总署 国家税务总局《关于〈支持芦山地震灾后恢复重建有关税收政策问题〉的通知》(财税[2013]58号)。

五、关于促进就业的税收政策

1. 受灾地区的商贸企业、服务型企业(除广告业、房屋中介、典当、桑拿、按摩、氧吧外)、劳动就业服务企业中的加工型企业和街道社区具有加工性质的小型企业实体在新增加的就业岗位中,招用当地因地震灾害失去工作的人员,与其签订1年以上期限劳动合同并依法缴纳社会保险费的,经县级人力资源和社会保障部门认定,按实际招用人数和实际工作时间予以定额依次扣减增值税、营业税、城市维护建设税、教育费附加和企业所得税。

定额标准为每人每年4 000元,可上下浮动20%,由四川省人民政府根据当地实际情况具体确定。

按上述标准计算的税收抵扣额应在企业当年实际应缴纳的增值税、营业税、城市维护建设税、教育费附加和企业所得税税额中扣减,当年扣减不足的,不得结转下年使用。

政策链接之九:财政部 国家税务总局 商务部 科技部 国家发改委《关于〈完善技术先进型服务企业有关企业所得税政策问题〉的通知》(财税[2014]59号)。

为进一步推动技术先进型服务企业的发展,促进企业技术创新和技术服务能力的提升,增强我国服务业的综合竞争力,经国务院批准,现就技术先进型服务企业有关企业所得税政策问题通知如下:

一、自2014年1月1日起至2018年12月31日止,在北京、天津、上海、重庆、大连、深圳、广州、武汉、哈尔滨、成都、南京、西安、济南、杭州、合肥、南昌、长沙、大庆、苏州、无锡、厦门21个中国服务外包示范城市(以下简称示范城市)继续实行以下企业所得税优惠政策:

1. 对经认定的技术先进型服务企业,减按15%的税率征收企业所得税。

2. 经认定的技术先进型服务企业发生的职工教育经费支出,不超过工资薪金总额8%的部分,准予在计算应纳税所得额时扣除;超过部分,准予在以后纳税年度结转扣除。

二、享受本通知第一条规定的企业所得税优惠政策的技术先进型服务企业必须同时符合以下条件:

1. 从事《技术先进型服务业务认定范围(试行)》(详见附件)中的一种或多种技术先进型服务业务,采用先进技术或具备较强的研发能力;

2. 企业的注册地及生产经营地在示范城市(含所辖区、县、县级市等全部行政区划)内;

3. 企业具有法人资格;

4. 具有大专以上学历的员工占企业职工总数的50%以上;

5. 从事《技术先进型服务业务认定范围(试行)》中的技术先进型服务业务取得的收入占企业当年总收入的50%以上;

6. 从事离岸服务外包业务取得的收入不低于企业当年总收入的35%。

从事离岸服务外包业务取得的收入,是指企业根据境外单位与其签订的委托合同,由本企业或其直接转包的企业为境外单位提供《技术先进型服务业务认定范围(试行)》中所规定的信息技术外包服务(ITO)、技术性业务流程外包服务(BPO)和技术性知识流程外包服务(KPO),而从上述境外单位取得的收入。

三、技术先进型服务企业的认定管理

1. 示范城市人民政府科技部门会同本级商务、财政、税务和发改委根据本通知规定制定具体管理办法,并报科技部、商务部、财政部、国家税务总局和国家发改委及所在省(直辖市、计划单列市)科技、商务、财政、税务和发改委部门备案。

示范城市所在省(直辖市、计划单列市)科技部门会同本级商务、财政、税务和发改委部门负责指导所辖示范城市的技术先进型服务企业认定管理工作。

2. 符合条件的技术先进型服务企业应向所在示范城市人民政府科技部门提出申请,由示范城市人民政府科技部门会同本级商务、财政、税务和发改委部门联合评审并发文认定。认定企业名单应及时报科技部、商务部、财政部、国家税务总局和国家发改委及所在省(直辖市、计划单列市)科技、商务、财政、税务和发改委部门备案。

3. 经认定的技术先进型服务企业,持相关认定文件向当地主管税务机关办理享受本通知第一条规定的企业所得税优惠政策事宜。享受企业所得税优惠的技术先进型服务企业条件发生变化的,应当自发生变化之日起15日内向主管税务机关报告;不再符合享受税收优惠条件的,应当依法履行纳税义务。主管税务机关在执行税收优惠政策过程中,发现企业不具备技术先进型服务企业资格的,应暂停企业享受税收优惠,并提请认定机构复核。

4. 示范城市人民政府科技、商务、财政、税务和发改委部门及所在省(直辖市、计划单列市)科技、商务、财政、税务和发改委部门对经认定并享受税收优惠政策的技术先进型服务企业应做好跟踪管理,对变更经营范围、合并、分立、转业、迁移的企业,如不符合认定条件的,应及时取消其享受税收优惠政策的资格。

四、示范城市人民政府财政、税务、商务、科技和发改委部门要认真贯彻落实本通知的各项规定,切实搞好沟通与协作。在政策实施过程中发现的问题,要及时逐级反映上报财政部、国家税务总局、商务部、科技部和国家发改委。

五、《财政部 国家税务总局 商务部 科技部 国家发改委关于技术先进型服务企业有关企业所得税政策问题的通知》(财税[2010]65号)自2014年1月1日起废止。

政策链接之十(一):财政部 国家税务总局《关于〈新疆困难地区新办企业所得税优惠政策〉的通知》(财税[2011]53号)。

为推进新疆跨越式发展和长治久安,根据中共中央、国务院关于支持新疆经济社会发展的指示精神,现就新疆困难地区有关企业所得税优惠政策通知如下:

一、2010年1月1日至2020年12月31日,对在新疆困难地区新办的属于《新疆困难地区重点鼓励发展产业企业所得税优惠目录》(以下简称《目录》)范围内的企业,自取得第一笔生产经营收入所属纳税年度起,第一年至第二年免征企业所得税,第三年至第五年减半征收企业所得税。

二、新疆困难地区包括南疆三地州、其他国家扶贫开发重点县和边境县市。

三、属于《目录》范围内的企业是指以《目录》中规定的产业项目为主营业务,其主营业务收入占企业收入总额70%以上的企业。

四、第一笔生产经营收入,是指新疆困难地区重点鼓励发展产业项目已建成并投入运营后所取得的第一笔收入。

五、按照本通知规定享受企业所得税定期减免税政策的企业,在减半期内,按照企业所得税25%的法定税率计算的应纳税额减半征税。

六、财政部、国家税务总局会同有关部门研究制订《目录》,经国务院批准后公布实施,并根据新疆经济社会发展需要及企业所得税优惠政策实施情况适时调整。

七、对难以界定是否属于《目录》范围的项目,税务机关应当要求企业提供省级以上(含省级)有关行业主管部门出具的证明文件,并结合其他相关材料进行认定。

政策链接之十(二):财政部 国家税务总局 国家发改委 工业和信息化部《关于〈公布新疆困难地区重点鼓励发展产业企业所得税优惠目录〉(试行)的通知》(财税[2011]60号)。

《新疆困难地区重点鼓励发展产业企业所得税优惠目录(试行)》(以下简称《目录》)已经国务院批准,现予以公布,并将有关事项通知如下:

一、申请享受新疆困难地区重点鼓励发展产业企业所得税优惠政策的企业,涉及外商投资的,应符合现行外商投资产业政策。

二、新疆困难地区各级财政、税务机关应根据《财政部国家税务总局关于新疆困难地区新办企业所得税优惠政策的通知》(财税[2011]53号)和《目录》的规定,认真落实相关企业所得税优惠政策,对执行中发现的新情况、新问题要及时向上级财政、税务主管部门反映。

三、本通知自 2010 年 1 月 1 日起施行。

附件:
新疆困难地区重点鼓励发展产业企业所得税优惠目录(试行)

一、农林业

1. 中低产田综合治理与稳产高产基本农田建设。
2. 农产品基地建设。
3. 蔬菜、瓜果、花卉设施栽培(含无土栽培)先进技术开发与应用。
4. 优质、高产、高效标准化栽培技术开发与应用。
5. 畜禽标准化规模养殖技术开发与应用。
6. 重大病虫害及动物疫病防治。
7. 农作物、家畜、家禽及水生动植物、野生动植物遗传工程及基因库建设。
8. 动植物(含野生)优良品种选育、繁育、保种和开发;生物育种;种子生产、加工、贮藏及鉴定。
9. 种(苗)脱毒技术开发与应用。
10. 旱作节水农业、保护性耕作、生态农业建设、耕地质量建设及新开耕地快速培肥技术开发与应用。
11. 生态种(养)技术开发与应用。
12. 农用薄膜无污染降解技术及农田土壤重金属降解技术开发与应用。
13. 绿色无公害饲料及添加剂开发。
14. 内陆流域性大湖资源增殖保护工程。
15. 牛羊胚胎(体内)及精液工厂化生产。
16. 农业生物技术开发与应用。
17. 耕地保养管理与土、肥、水速测技术开发与应用。
18. 农、林作物和渔业种质资源保护地、保护区建设;动植物种质资源收集、保存、鉴定、开发与应用。
19. 农作物秸秆还田与综合利用(青贮饲料,秸秆氨化养牛、还田,秸秆沼气及热解、气化,培育食用菌,固化成型燃料,秸秆人造板,秸秆纤维素燃料乙醇、非粮饲料资源开发利用等)。
20. 农村可再生资源综合利用开发工程(沼气工程、"三沼"综合利用、沼气灌装提纯等)。
21. 食(药)用菌菌种培育。
22. 草原、森林灾害综合治理工程。
23. 利用非耕地的退耕(牧)还林(草)及天然草原植被恢复工程。
24. 动物疫病新型诊断试剂、疫苗及低毒低残留兽药(含兽用生物制品)新工艺、新技术开发与应用。
25. 优质高产牧草人工种植与加工。
26. 无公害农产品及其产地环境的有害元素监测技术开发与应用。
27. 有机废弃物无害化处理及有机肥料产业化技术开发与应用。
28. 农牧渔产品无公害、绿色生产技术开发与应用。
29. 农林牧渔产品储运、保鲜、加工与综合利用。
30. 天然林等自然资源保护工程。

31. 碳汇林建设、植树种草工程及林木种苗工程。
32. 水土流失综合治理技术开发与应用。
33. 生态系统恢复与重建工程。
34. 海洋、森林、野生动植物、湿地、荒漠、草原等自然保护区建设及生态示范工程。
35. 防护林工程。
36. 固沙、保水、改土新材料生产。
37. 抗盐与耐旱植物培植。
38. 速生丰产林工程、工业原料林工程、珍贵树种培育及名特优新经济林建设。
39. 森林抚育、低产林改造工程。
40. 野生经济林树种保护、改良及开发利用。
41. 珍稀濒危野生动植物保护工程。
42. 林业基因资源保护工程。
43. 次小薪材、沙生灌木及三剩物深加工与产品开发。
44. 野生动植物培植、驯养繁育基地及疫源疫病监测预警体系建设。
45. 道地中药材及优质、丰产、濒危或紧缺动植物药材的种植（养殖）。
46. 香料、野生花卉等林下资源人工培育与开发。
47. 木基复合材料及结构用人造板技术开发。
48. 木质复合材料、竹质工程材料生产及综合利用。
49. 松脂林建设、林产化学品深加工。
50. 数字（信息）农业技术开发与应用。
51. 农业环境与治理保护技术开发与应用。
52. 生态清洁型小流域建设及面源污染防治。
53. 农田主要机耕道（桥）建设。
54. 生物质能源林定向培育与产业化。
55. 粮油干燥节能设备、农户绿色储粮生物技术、驱鼠技术、农户新型储粮仓（彩钢板组合仓、钢骨架矩形仓、钢网式干燥仓、热浸镀锌钢板仓等）推广应用。
56. 农作物、林木害虫密度自动监测技术开发与应用。
57. 森林、草原火灾自动监测报警技术开发与应用。
58. 气象卫星工程（卫星研制、生产及配套软件系统、地面接收处理设备等）和气象信息服务。
59. 荒漠化和沙化监测体系及能力建设。
60. 盐渍羊肠衣及制品开发与生产。
61. 防沙治沙工程。
62. 退耕还林还草、天然林保护等国家重点生态工程后续产业开发。
63. 优质番茄、特色香梨、葡萄、甜瓜、红枣、核桃和枸杞的种植及深加工。
64. 优质酿酒葡萄基地。
65. 天然香料的种植、加工。
66. 甜菜糖加工及副产品综合利用。
67. 亚麻种植及其制品生产。
68. 高档棉毛产品升级改造。

69. 丝绸产品深加工。

70. 畜禽骨深加工新技术。

二、水利

1. 江河堤防建设及河道、水库治理工程。

2. 跨流域调水工程。

3. 城乡供水水源工程。

4. 农村饮水安全工程。

5. 蓄滞洪区建设。

6. 病险水库、水闸除险加固工程。

7. 城市积涝预警和防洪工程。

8. 综合利用水利枢纽工程。

9. 牧区水利工程。

10. 灌区改造及配套设施建设。

11. 防洪抗旱应急设施建设。

12. 高效输配水、节水灌溉技术推广应用。

13. 水文应急测报、旱情监测基础设施建设。

14. 灌溉排水泵站更新改造工程。

15. 农田水利设施建设工程(灌排渠道、涵闸、泵站建设等)。

16. 防汛抗旱新技术新产品开发与应用。

17. 山洪地质灾害防治工程(山洪地质灾害防治区监测预报预警体系建设及山洪沟、泥石流沟和滑坡治理等)。

18. 水生态系统及地下水保护与修复工程。

19. 水源地保护工程(水源地保护区划分、隔离防护、水土保持、水资源保护、水生态环境修复及有关技术开发推广)。

20. 水文站网基础设施建设及其仪器设备开发与应用。

三、煤炭

1. 煤田地质及地球物理勘探。

2. 120 万吨/年及以上高产高效煤矿(含矿井、露天)、高效选煤厂建设。

3. 矿井灾害(瓦斯、煤尘、矿井水、火、围岩、地温、冲击地压等)防治。

4. 型煤及水煤浆技术开发与应用。

5. 煤炭共伴生资源加工与综合利用。

6. 煤层气勘探、开发、利用和煤矿瓦斯抽采、利用。

7. 煤矸石、煤泥、洗中煤等低热值燃料综合利用。

8. 管道输煤。

9. 煤炭高效洗选脱硫技术开发与应用。

10. 选煤工程技术开发与应用。

11. 地面沉陷区治理、矿井水资源保护与利用。

12. 煤电一体化建设。

13. 提高资源回收率的采煤方法、工艺开发与应用。

14. 矿井采空区矸石回填技术开发与应用。

15. 井下救援技术及特种装备开发与应用。
16. 煤炭生产过程综合监控技术、装备开发与应用。
17. 大型煤炭储运中心、煤炭交易市场建设。
18. 新型矿工避险自救器材开发与应用。
19. 建筑物下、铁路等基础设施下、水体下采用煤矸石等物质充填采煤技术开发与应用。
20. 煤炭加工应用技术开发和产品生产。

四、电力

1. 水力发电。
2. 缺水地区单机60万千瓦及以上大型空冷机组电站建设。
3. 重要用电负荷中心且天然气充足地区天然气调峰发电项目。
4. 30万千瓦及以上循环流化床、增压流化床、整体煤气化联合循环发电等洁净煤发电。
5. 单机30万千瓦及以上采用流化床锅炉并利用煤矸石、中煤、煤泥等发电。
6. 在役发电机组脱硫、脱硝改造。
7. 跨区电网互联工程技术开发与应用。
8. 输变电节能、环保技术推广应用。
9. 降低输、变、配电损耗技术开发与应用。
10. 分布式供电及并网技术推广应用。
11. 燃煤发电机组脱硫、脱硝及复合污染物治理。
12. 火力发电脱硝催化剂开发生产。
13. 水力发电中低温水恢复措施工程。
14. 大容量电能储存技术开发与应用。
15. 电动汽车充电设施。
16. 乏风瓦斯发电技术及开发利用。
17. 利用余热余压、煤层气、高炉气、焦炉气、垃圾发电。
18. 采用单机30万千瓦及以上集中供热机组的热电联产,背压式热电联产,以及热、电、冷多联产。
19. 南疆喀什、和田应急燃机电站。

五、新能源

1. 生物质纤维素乙醇、生物柴油等非粮生物质燃料生产技术开发与应用。
2. 太阳能热发电集热系统、太阳能光伏发电系统集成技术开发应用、逆变控制系统开发制造。
3. 风电与光伏发电互补系统技术开发与应用。

六、石油、天然气

1. 油气伴生资源综合利用。
2. 放空天然气回收利用及装置制造。

政策链接之十一(一):财政部 国家税务总局 国家发改委 工业和信息化部《关于〈公布新疆困难地区重点鼓励发展产业企业所得税优惠目录〉(试行)的通知》(财税[2011]60号)。

政策链接之十一(二):财政部 国家税务总局《关于〈新疆喀什 霍尔果斯两个特殊经济开发区企业所得税优惠政策〉的通知》(财税[2011]112号)。

为推进新疆跨越式发展和长治久安,贯彻落实《中共中央国务院关于推进新疆跨越式发展和长治久安的意见》(中发[2010]9号)和《国务院关于支持喀什霍尔果斯经济开发区建设的若干意见》(国发[2011]33号)精神,现就新疆喀什、霍尔果斯两个特殊经济开发区有关企业所得税优惠政策通知如下:

一、2010年1月1日至2020年12月31日,对在新疆喀什、霍尔果斯两个特殊经济开发区内新办的属于《新疆困难地区重点鼓励发展产业企业所得税优惠目录》(以下简称《目录》)范围内的企业,自取得第一笔生产经营收入所属纳税年度起,五年内免征企业所得税。

第一笔生产经营收入,是指产业项目已建成并投入运营后所取得的第一笔收入。

二、属于《目录》范围内的企业是指以《目录》中规定的产业项目为主营业务,其主营业务收入占企业收入总额70%以上的企业。

三、对难以界定是否属于《目录》范围的项目,税务机关应当要求企业提供省级以上(含省级)有关行业主管部门出具的证明文件,并结合其他相关材料进行认定。

政策链接之十二:财政部 国家税务总局关于《支持和促进就业有关税收政策》的通知(财税[2010]84号)。

为扩大就业,鼓励以创业带动就业,经国务院批准,现将支持和促进就业有关税收政策通知如下:

一、对持《就业失业登记证》(注明"自主创业税收政策"或附着《高校毕业生自主创业证》)人员从事个体经营(除建筑业、娱乐业以及销售不动产、转让土地使用权、广告业、房屋中介、桑拿、按摩、网吧、氧吧外)的,在3年内按每户每年8 000元为限额依次扣减其当年实际应缴纳的营业税、城市维护建设税、教育费附加和个人所得税。

纳税人年度应缴纳税款小于上述扣减限额的,以其实际缴纳的税款为限;大于上述扣减限额的,应以上述扣减限额为限。

本条所称持《就业失业登记证》(注明"自主创业税收政策"或附着《高校毕业生自主创业证》)人员是指:1. 在人力资源和社会保障部门公共就业服务机构登记失业半年以上的人员;2. 零就业家庭、享受城市居民最低生活保障家庭劳动年龄内的登记失业人员;3. 毕业年度内高校毕业生。高校毕业生是指实施高等学历教育的普通高等学校、成人高等学校毕业的学生;毕业年度是指毕业所在自然年,即1月1日至12月31日。

二、对商贸企业、服务型企业(除广告业、房屋中介、典当、桑拿、按摩、氧吧外)、劳动就业服务企业中的加工型企业和街道社区具有加工性质的小型企业实体,在新增加的岗位中,当年新招用持《就业失业登记证》(注明"企业吸纳税收政策")人员,与其签订1年以上期限劳动合同并依法缴纳社会保险费的,在3年内按实际招用人数予以定额依次扣减营业税、城市维护建设税、教育费附加和企业所得税优惠。定额标准为每人每年4 000元,可上下浮动20%,由各省、自治区、直辖市人民政府根据本地区实际情况在此幅度内确定具体定额标准,并报财政部和国家税务总局备案。

按上述标准计算的税收扣减额应在企业当年实际应缴纳的营业税、城市维护建设税、教育费附加和企业所得税税额中扣减,当年扣减不足的,不得结转下年使用。

本条所称持《就业失业登记证》(注明"企业吸纳税收政策")人员是指:1. 国有企业下岗失业人员;2. 国有企业关闭破产需要安置的人员;3. 国有企业所办集体企业(即厂办大集体企业)下岗职工;4. 享受最低生活保障且失业1年以上的城镇其他登记失业人员。以上所称的国有企业所办集体企业(即厂办大集体企业)是指20世纪七八十年代,由国有企业批准或资助兴办的,以安置回城知识青年和国有企业职工子女就业为目的,主要向主办国有企业提供配套产品或劳务服务,在工商行政机关登记注册为集体所有制的企业。厂办大集体企业下岗职工包括在国有企业混岗工作的集体企业下岗职工。

本条所称服务型企业是指从事现行营业税"服务业"税目规定经营活动的企业。

三、享受本通知第一条、第二条优惠政策的人员按以下规定申领《就业失业登记证》、《高校毕业生自主创业证》等凭证:

(一)按照《就业服务与就业管理规定》(中华人民共和国劳动和社会保障部令第28号)第六十三条的规定,在法定劳动年龄内,有劳动能力,有就业要求,处于无业状态的城镇常住人员,在公共就业服务机构进行失业登记,申领《就业失业登记证》。其中,农村进城务工人员和其他非本地户籍人员在常住地稳定就业满6个月的,失业后可以在常住地登记。

(二)零就业家庭凭社区出具的证明,城镇低保家庭凭低保证明,在公共就业服务机构登记失业,申领《就业失业登记证》。

(三)毕业年度内高校毕业生在校期间凭学校出具的相关证明,经学校所在地省级教育行政部门核实认定,取得《高校毕业生自主创业证》(仅在毕业年度适用),并向创业地公共就业服务机构申请取得《就业失业登记证》;高校毕业生离校后直接向创业地公共就业服务机构申领《就业失业登记证》。

(四)本通知第二条规定的人员,在公共就业服务机构申领《就业失业登记证》。

(五)《再就业优惠证》不再发放,原持证人员应到公共就业服务机构换发《就业失业登记证》。正在享受下岗失业人员再就业税收优惠政策的原持证人员,继续享受原税收优惠政策至期满为止;未享受税收优惠政策的原持证人员,申请享受下岗失业人员再就业税收优惠政策的期限截至2010年12月31日。

(六)上述人员申领相关凭证后,由就业和创业地人力资源和社会保障部门对人员范围、就业失业状态、已享受政策情况审核认定,在《就业失业登记证》上注明"自主创业税收政策"或"企业吸纳税收政策"字样,同时符合自主创业和企业吸纳税收政策条件的,可同时加注;主管税务机关在《就业失业登记证》上加盖戳记,注明减免税所属时间。

四、本通知规定的税收优惠政策的审批期限为2011年1月1日至2013年12月31日,以纳税人到税务机关办理减免税手续之日起作为优惠政策起始时间。税收优惠政策在2013年12月31日未执行到期的,可继续享受至3年期满为止。下岗失业人员再就业税收优惠政策在2010年12月31日未执行到期的,可继续享受至3年期满为止。

五、本通知第三条第(五)项、第四条所称下岗失业人员再就业税收优惠政策是指《财政部国家税务总局关于下岗失业人员再就业有关税收政策问题的通知》(财税[2005]186号)、《财政部国家税务总局关于延长下岗失业人员再就业有关税收政策的通知》(财税[2009]23号)和《财政部国家税务总局关于延长下岗失业人员再就业有关税收政策审批期限的通知》(财税[2010]10号)所规定的税收优惠政策。

本通知所述人员不得重复享受税收优惠政策,以前年度已享受各项就业再就业税收优惠政策的人员不得再享受本通知规定的税收优惠政策。如果企业的就业人员既适用本通知规定的税收优惠政策,又适用其他扶持就业的税收优惠政策,企业可选择适用最优惠的政策,但不能重复享受。

六、上述税收政策的具体实施办法由国家税务总局会同财政部、人力资源和社会保障部、教育部另行制定。

各地财政、税务部门要加强领导、周密部署,把大力支持和促进就业工作作为一项重要任务,贯彻落实好相关税收优惠政策。同时,要密切关注税收政策的执行情况,对发现的问题及时逐级向财政部、国家税务总局反映。

政策链接之十三(一):财政部 国家税务总局《关于〈企业所得税若干优惠政策〉的通知》(财税[2008]1号)。

根据《中华人民共和国企业所得税法》第三十六条的规定,经国务院批准,现将有关企业所得税优惠政策问题通知如下:

一、关于鼓励软件产业和集成电路产业发展的优惠政策

(一)软件生产企业实行增值税即征即退政策所退还的税款,由企业用于研究开发软件产品和扩大再生产,不作为企业所得税应税收入,不予征收企业所得税。

(二)我国境内新办软件生产企业经认定后,自获利年度起,第一年和第二年免征企业所得税,第三年至第五年减半征收企业所得税。

(三)国家规划布局内的重点软件生产企业,如当年未享受免税优惠的,减按10%的税率征收企业所得税。

(四)软件生产企业的职工培训费用,可按实际发生额在计算应纳税所得额时扣除。

(五)企事业单位购进软件,凡符合固定资产或无形资产确认条件的,可以按照固定资产或无形资产进行核算,经主管税务机关核准,其折旧或摊销年限可以适当缩短,最短可为2年。

(六)集成电路设计企业视同软件企业,享受上述软件企业的有关企业所得税政策。

(七)集成电路生产企业的生产性设备,经主管税务机关核准,其折旧年限可以适当缩短,最短可为3年。

(八)投资额超过80亿元人民币或集成电路线宽小于0.25微米的集成电路生产企业,可以减按15%的税率缴纳企业所得税,其中,经营期在15年以上的,从开始获利的年度起,第一年至第五年免征企业所得税,第六年至第十年减半征收企业所得税。

(九)对生产线宽小于0.8微米(含)集成电路产品的生产企业,经认定后,自获利年度起,第一年和第二年免征企业所得税,第三年至第五年减半征收企业所得税。

已经享受自获利年度起企业所得税"两免三减半"政策的企业,不再重复执行本条规定。

(十)自2008年1月1日起至2010年底,对集成电路生产企业、封装企业的投资者,以其取得的缴纳企业所得税后的利润,直接投资于本企业增加注册资本,或作为资本投资开办其他集成电路生产企业、封装企业,经营期不少于5年的,按40%的比例退还其再投资部分已缴纳的企业所得税税款。再投资不满5年撤出该项投资的,追缴已退的企业所得税税款。

自2008年1月1日起至2010年底,对国内外经济组织作为投资者,以其在境内取得的缴纳企业所得税后的利润,作为资本投资于西部地区开办集成电路生产企业、封装企业或软件产品生产企业,经营期不少于5年的,按80%的比例退还其再投资部分已缴纳的企业所得税税款。再投资不满5年撤出该项投资的,追缴已退的企业所得税税款。

政策链接之十三(二):财政部国家税务总局《关于〈进一步鼓励软件产业和集成电路产业发展企业所得税政策〉的通知》(财税[2012]27号)。

根据《中华人民共和国企业所得税法》及其实施条例和《国务院关于印发进一步鼓励软件产业和集成电路产业发展若干政策的通知》(国发[2011]4号)精神,为进一步推动科技创新和产业结构升级,促进信息技术产业发展,现将鼓励软件产业和集成电路产业发展的企业所得税政策通知如下:

一、集成电路线宽小于0.8微米(含)的集成电路生产企业,经认定后,在2017年12月31

日前自获利年度起计算优惠期,第一年至第二年免征企业所得税,第三年至第五年按照25%的法定税率减半征收企业所得税,并享受至期满为止。

二、集成电路线宽小于0.25微米或投资额超过80亿元的集成电路生产企业,经认定后,减按15%的税率征收企业所得税,其中经营期在15年以上的,在2017年12月31日前自获利年度起计算优惠期,第一年至第五年免征企业所得税,第六年至第十年按照25%的法定税率减半征收企业所得税,并享受至期满为止。

三、我国境内新办的集成电路设计企业和符合条件的软件企业,经认定后,在2017年12月31日前自获利年度起计算优惠期,第一年至第二年免征企业所得税,第三年至第五年按照25%的法定税率减半征收企业所得税,并享受至期满为止。

四、国家规划布局内的重点软件企业和集成电路设计企业,如当年未享受免税优惠的,可减按10%的税率征收企业所得税。

五、符合条件的软件企业按照《财政部 国家税务总局关于软件产品增值税政策的通知》(财税[2011]100号)规定取得的即征即退增值税款,由企业专项用于软件产品研发和扩大再生产并单独进行核算,可以作为不征税收入,在计算应纳税所得额时从收入总额中减除。

六、集成电路设计企业和符合条件软件企业的职工培训费用,应单独进行核算并按实际发生额在计算应纳税所得额时扣除。

七、企业外购的软件,凡符合固定资产或无形资产确认条件的,可以按照固定资产或无形资产进行核算,其折旧或摊销年限可以适当缩短,最短可为2年(含)。

八、集成电路生产企业的生产设备,其折旧年限可以适当缩短,最短可为3年(含)。

九、本通知所称集成电路生产企业,是指以单片集成电路、多芯片集成电路、混合集成电路制造为主营业务并同时符合下列条件的企业:

(一)依法在中国境内成立并经认定取得集成电路生产企业资质的法人企业。

(二)签订劳动合同关系且具有大学专科以上学历的职工人数占企业当年月平均职工总人数的比例不低于40%,其中研究开发人员占企业当年月平均职工总数的比例不低于20%。

(三)拥有核心关键技术,并以此为基础开展经营活动,且当年度的研究开发费用总额占企业销售(营业)收入(主营业务收入与其他业务收入之和,下同)总额的比例不低于5%;其中,企业在中国境内发生的研究开发费用金额占研究开发费用总额的比例不低于60%。

(四)集成电路制造销售(营业)收入占企业收入总额的比例不低于60%。

(五)具有保证产品生产的手段和能力,并获得有关资质认证(包括ISO质量体系认证、人力资源能力认证等)。

(六)具有与集成电路生产相适应的经营场所、软硬件设施等基本条件。

《集成电路生产企业认定管理办法》由发改委、工业和信息化部、财政部、税务总局会同有关部门另行制定。

十、本通知所称集成电路设计企业或符合条件的软件企业,是指以集成电路设计或软件产品开发为主营业务并同时符合下列条件的企业:

(一)2011年1月1日后依法在中国境内成立并经认定取得集成电路设计企业资质或软件企业资质的法人企业。

(二)签订劳动合同关系且具有大学专科以上学历的职工人数占企业当年月平均职工总人数的比例不低于40%,其中研究开发人员占企业当年月平均职工总数的比例不低于20%。

(三)拥有核心关键技术,并以此为基础开展经营活动,且当年度的研究开发费用总额占企业销售(营业)收入总额的比例不低于6%;其中,企业在中国境内发生的研究开发费用金额占研究开发费用总额的比例不低于60%。

(四)集成电路设计企业的集成电路设计销售(营业)收入占企业收入总额的比例不低于60%,其中集成电路自主设计销售(营业)收入占企业收入总额的比例不低于50%;软件企业的软件产品开发销售(营业)收入占企业收入总额的比例一般不低于50%(嵌入式软件产品和信息系统集成产品开发销售(营业)收入占企业收入总额的比例不低于40%),其中软件产品自主开发销售(营业)收入占企业收入总额的比例一般不低于40%(嵌入式软件产品和信息系统集成产品开发销售(营业)收入占企业收入总额的比例不低于30%)。

(五)主营业务拥有自主知识产权,其中软件产品拥有省级软件产业主管部门认可的软件检测机构出具的检测证明材料和软件产业主管部门颁发的"软件产品登记证书"。

(六)具有保证设计产品质量的手段和能力,并建立符合集成电路或软件工程要求的质量管理体系并提供有效运行的过程文档记录。

(七)具有与集成电路设计或者软件开发相适应的生产经营场所、软硬件设施等开发环境(如EDA工具、合法的开发工具等),以及与所提供服务相关的技术支撑环境。

《集成电路设计企业认定管理办法》、《软件企业认定管理办法》由工业和信息化部、发改委、财政部、税务总局会同有关部门另行制定。

十一、国家规划布局内重点软件企业和集成电路设计企业在满足本通知第十条规定条件的基础上,由发改委、工业和信息化部、财政部、税务总局等部门根据国家规划布局支持领域的要求,结合企业年度集成电路设计销售(营业)收入或软件产品开发销售(营业)收入、盈利等情况进行综合评比,实行总量控制、择优认定。

《国家规划布局内重点软件企业和集成电路设计企业认定管理办法》由发改委、工业和信息化部、财政部、税务总局会同有关部门另行制定。

十二、本通知所称新办企业认定标准按照《财政部 国家税务总局关于享受企业所得税优惠政策的新办企业认定标准的通知》(财税[2006]1号)规定执行。

十三、本通知所称研究开发费用政策口径按照《国家税务总局关于印发〈企业研究开发费用税前扣除管理办法(试行)〉的通知》(国税发[2008]116号)规定执行。

十四、本通知所称获利年度,是指该企业当年应纳税所得额大于零的纳税年度。

十五、本通知所称集成电路设计销售(营业)收入,是指集成电路企业从事集成电路(IC)功能研发、设计并销售的收入。

十六、本通知所称软件产品开发销售(营业)收入,是指软件企业从事计算机软件、信息系统或嵌入式软件等软件产品开发并销售的收入,以及信息系统集成服务、信息技术咨询服务、数据处理和存储服务等技术服务收入。

十七、符合本通知规定须经认定后享受税收优惠的企业,应在获利年度当年或次年的企业所得税汇算清缴之前取得相关认定资质。如果在获利年度次年的企业所得税汇算清缴之前取得相关认定资质,该企业可从获利年度起享受相应的定期减免税优惠;如果在获利年度次年的企业所得税汇算清缴之后取得相关认定资质,该企业应在取得相关认定资质起,就其从获利年度起计算的优惠期的剩余年限享受相应的定期减免优惠。

十八、符合本通知规定条件的企业,应在年度终了之日起4个月内,按照本通知及《国家税务总局关于企业所得税减免税管理问题的通知》(国税发[2008]111号)的规定,向主管税务机关办理减免税手续。在办理减免税手续时,企业应提供具有法律效力的证明材料。

十九、享受上述税收优惠的企业有下述情况之一的,应取消其享受税收优惠的资格,并补缴已减免的企业所得税税款:

(一)在申请认定过程中提供虚假信息的;

(二)有偷、骗税等行为的;

(三)发生重大安全、质量事故的;

(四)有环境等违法、违规行为,受到有关部门处罚的。

二十、享受税收优惠的企业,其税收优惠条件发生变化的,应当自发生变化之日起15日内向主管税务机关报告;不再符合税收优惠条件的,应当依法履行纳税义务;未依法纳税的,主管税务机关应当予以追缴。同时,主管税务机关在执行税收优惠政策过程中,发现企业不符合享受税收优惠条件的,可暂停企业享受的相关税收优惠。

二十一、在2010年12月31日前,依照《财政部 国家税务总局关于企业所得税若干优惠政策的通知》(财税[2008]1号)第一条规定,经认定并可享受原定期减免税优惠的企业,可在本通知施行后继续享受到期满为止。

二十二、集成电路生产企业、集成电路设计企业、软件企业等依照本通知规定可以享受的企业所得税优惠政策与企业所得税其他相同方式优惠政策存在交叉的,由企业选择一项最优惠政策执行,不叠加享受。

二十三、本通知自2011年1月1日起执行。《财政部 国家税务总局关于企业所得税若干优惠政策的通知》(财税[2008]1号)第一条第(一)项至第(九)项自2011年1月1日起停止执行。

政策链接之十三(三):国家税务总局《关于〈软件和集成电路企业认定管理有关问题〉的公告》(国家税务总局公告2012年第19号)。

为贯彻落实《财政部 国家税务总局关于进一步鼓励软件产业和集成电路产业发展企业所得税政策的通知》(财税[2012]27号)的有关规定,现将软件和集成电路企业认定管理的有关问题公告如下:

对2011年1月1日后按照原认定管理办法认定的软件和集成电路企业,在财税[2012]27号文件所称的《集成电路生产企业认定管理办法》、《集成电路设计企业认定管理办法》及《软件企业认定管理办法》公布前,凡符合财税[2012]27号文件规定的优惠政策适用条件的,可依照原认定管理办法申请享受财税[2012]27号文件规定的减免税优惠。在《集成电路生产企业认定管理办法》、《集成电路设计企业认定管理办法》及《软件企业认定管理办法》公布后,按新认定管理办法执行。对已按原认定管理办法享受优惠并进行企业所得税汇算清缴的企业,若不符合新认定管理办法条件的,应在履行相关程序后,重新按照税法规定计算申报纳税。

政策链接之十三(四):国家税务总局《关于〈执行软件企业所得税优惠政策有关问题〉的公告》(国家税务总局公告2013年第43号)。

根据《中华人民共和国企业所得税法》及其实施条例、《国务院关于印发进一步鼓励软件产业和集成电路产业发展若干政策的通知》(国发[2011]4号)、《财政部 国家税务总局关于进一步鼓励软件产业和集成电路产业发展企业所得税政策的通知》(财税[2012]27号)、《国家税务总局关于软件和集成电路企业认定管理有关问题的公告》(国家税务总局公告2012年第19号)以及《软件企业认定管理办法》(工信部联软[2013]64号)的规定,经会商财政部,现将贯彻落实软件企业所得税优惠政策有关问题公告如下:

一、软件企业所得税优惠政策适用于经认定并实行查账征收方式的软件企业。所称经认定,是指经国家规定的软件企业认定机构按照软件企业认定管理的有关规定进行认定并取得软件企业认定证书。

二、软件企业的收入总额,是指《企业所得税法》第六条规定的收入总额。

三、软件企业的获利年度,是指软件企业开始生产经营后,第一个应纳税所得额大于零的纳税年度,包括对企业所得税实行核定征收方式的纳税年度。

软件企业享受定期减免税优惠的期限应当连续计算,不得因中间发生亏损或其他原因而间断。

四、除国家另有政策规定(包括对国家自主创新示范区的规定)外,软件企业研发费用的计算口径按照《国家税务总局关于印发〈企业研究开发费用税前扣除管理办法(试行)〉的通知》(国税发[2008]116号)规定执行。

五、2010年12月31日以前依法在中国境内成立但尚未认定的软件企业,仍按照《财政部 国家税务总局关于企业所得税若干优惠政策的通知》(财税[2008]1号)第一条的规定以及《软件企业认定标准及管理办法(试行)》(信部联产[2000]968号)的认定条件,办理相关手续,并继续享受到期满为止。优惠期间内,亦按照信部联产[2000]968号的认定条件进行年审。

六、本公告自2011年1月1日起执行。其中,2011年1月1日以后依法在中国境内成立的软件企业认定管理的衔接问题仍按照国家税务总局公告2012年第19号的规定执行;2010年12月31日以前依法在中国境内成立的软件企业的政策及认定管理衔接问题按本公告第五条的规定执行。集成电路生产企业、集成电路设计企业认定和优惠管理涉及的上述事项按本公告执行。

政策链接之十四(一):财政部 国家税务总局《关于〈进一步鼓励软件产业和集成电路产业发展企业所得税政策〉的通知》(财税[2012]27号)。

政策链接之十四(二):国家税务总局《关于〈软件和集成电路企业认定管理有关问题〉的公告》(国家税务总局公告2012年第19号)。

政策链接之十四(三):国家发改委 工业和信息化部 财政部 商务部 国家税务总局《关于印发〈国家规划布局内重点软件企业和集成电路设计企业认定管理试行办法〉的通知》(发改高技[2012]2413号)。

国家规划布局内重点软件企业和集成电路设计企业认定管理试行办法
第一章 总 则

第一条 根据《国务院关于印发进一步鼓励软件产业和集成电路产业发展若干政策的通知》(国发[2011]4号)及《财政部 国家税务总局关于进一步鼓励软件产业和集成电路产业发展企业所得税政策的通知》(财税[2012]27号)的规定,为合理确定国家规划布局内重点软件企业和集成电路设计企业(以下简称"规划布局企业"),特制定本办法。

第二条 国家发改委、工业和信息化部、财政部、商务部、国家税务总局(以下简称"认定主管部门")负责规划布局企业认定工作。

第三条 规划布局企业每两年认定一次,认定资格有效期为两年。

第二章 申报条件

第四条 规划布局企业须同时符合财税[2012]27号文件和本办法规定的条件。

第五条 规划布局企业须符合战略性新兴产业发展规划、信息产业发展规划等国家规划部署,在全国软件和集成电路行业中具有相对比较优势。

第六条 符合下列条件之一的软件企业可进行申报:

（一）年度软件产品开发销售（营业）收入总额超过（含）1.5亿元人民币且当年不亏损；

（二）年度软件产品开发销售（营业）收入总额低于1.5亿元人民币，在认定主管部门发布的支持领域内综合评分位居申报企业前五位；

（三）年度软件出口收入总额超过（含）500万美元，且年度软件出口收入总额占本企业年度收入总额比例超过（含）50%。

第七条　符合下列条件之一的集成电路设计企业可进行申报：

（一）年度集成电路设计销售（营业）收入总额超过（含）1.5亿元人民币且当年不亏损；

（二）年度集成电路设计销售（营业）收入总额低于1.5亿元人民币，在认定主管部门发布的支持领域内综合评分位居申报企业前三位。

第八条　认定主管部门可根据产业发展情况对本办法第六条、第七条所规定的申报条件进行必要调整。

第三章　申报材料

第九条　申报国家规划布局内重点软件企业须提交下列材料：

（一）《国家规划布局内重点软件企业申请书》（可从国家发改委、工业和信息化部网站下载）；

（二）企业营业执照副本、税务登记证以及按照《软件企业认定管理办法》取得的软件企业认定证书（以上均为复印件）；

（三）经具有国家法定资质的中介机构鉴证的企业认定年度（企业申请享受优惠政策的起始年度，下同）前两个会计年度（实际年限不足两年的按实际经营年限）财务报表（含资产负债表、损益表、现金流量表）以及企业软件产品开发销售（营业）收入、企业软件产品自主开发销售（营业）收入、研究开发费用、境内研究开发费用等情况表并附研究开发活动说明材料；

（四）企业职工人数、学历结构以及研发人员占企业职工比例的说明；

（五）企业主管税务机关受理签章的企业认定年度前两年所得税汇算清缴年度申报表；

（六）按本办法第六条第三类条件申报的，应提供商务主管部门核发的软件出口合同登记证书，以及有效出口合同和结汇证明等材料；

（七）认定主管部门要求提供的其他材料。

第十条　申报国家规划布局内集成电路设计企业须提交下列材料：

（一）《国家规划布局内集成电路设计企业申请书》（可从国家发改委、工业和信息化部网站下载）；

（二）企业营业执照副本、税务登记证以及按照《集成电路设计企业认定管理办法》取得的集成电路设计企业认定证书（以上均为复印件）；

（三）经具有国家法定资质的中介机构鉴证的企业认定年度前两个会计年度（实际年限不足两年的按实际经营年限）财务报表（含资产负债表、损益表、现金流量表）以及集成电路设计销售（营业）收入、集成电路自主设计销售（营业）收入、研究开发费用、境内研究开发费用等情况表并附研究开发活动说明材料；

（四）企业职工人数、学历结构以及研发人员占企业职工比例的说明；

（五）企业主管税务机关受理签章的企业认定年度前两年所得税汇算清缴年度申报表；

（六）认定主管部门要求提供的其他材料。

第四章　认定程序

第十一条　认定主管部门根据相关国家规划研究确定支持领域和认定工作要求，并在申报年度(企业提出规划布局企业资格申请的年度,下同)4月底前发布公告。

第十二条　企业对照公告、财税[2012]27号文件和本办法的要求,进行自我评价。认为符合认定条件的,企业可提出认定申请。

第十三条　各省、自治区、直辖市和计划单列市发改委、工业和信息化、财政、商务、税务主管部门(以下简称"地方主管部门")统一受理企业申请,并对企业申请材料进行汇总、核实。对申报材料不全的企业,地方主管部门应于申报年度7月1日前予以告之,并于申报年度8月底前将本地区所有申报企业情况联合报送认定主管部门。

第十四条　认定主管部门建立评审专家库,依据企业申请材料,随机抽取专家库内专家,在申报年度9月底前对申报企业研发水平、经营水平、支撑带动作用等指标进行综合评比(评价指标详见附表)。组织专家评审应符合以下规定:

(一)对国家规划布局内重点软件企业和国家规划布局内集成电路设计企业分别组织专家评审,两个专家组人数分别为11人以上和7人以上单数。

(二)专家组由技术和管理(财务)两方面专家组成,各占约50％比重。技术专家应具有高级职称,管理(财务)专家应具有高级职称或从事相关领域工作15年以上。

(三)与申报企业有直接利害关系的人员不得进入专家组。

(四)专家组成员名单应严格保密。

第十五条　认定主管部门依据国家规划和产业政策、专家评审意见,按部门职责进行综合审查研究后,以总量控制原则择优确定规划布局企业。对符合国家规划布局内重点软件企业条件的重点动漫企业,认定工作会商文化部。

第十六条　认定主管部门对获认定的规划布局企业核发证书。

第十七条　获认定的规划布局企业应依照《中华人民共和国企业所得税法》及其实施条例、《中华人民共和国税收征收管理法》及其实施细则等有关规定,到主管税务机关办理减税手续。

第十八条　获认定的规划布局企业发生更名、分立、合并、重组以及经营业务重大变化等事项,应当自发生变化之日起15日内书面提请地方主管部门报认定主管部门。地方主管部门和企业主管税务机关在执行政策过程中,发现获认定的规划布局企业不符合申报要求的,应报认定主管部门复核。复核期间,可暂停企业享受规划布局企业税收优惠政策。认定主管部门适时作出保留认定资格、撤销认定资格等决定。

第十九条　中国软件行业协会、中国半导体行业协会及地方相应机构(以下简称"有关机构")配合开展政策实施情况评估等工作,并将有关情况及时报送认定主管部门。

第五章　工作要求

第二十条　地方主管部门不得限制企业申报。

第二十一条　认定主管部门和地方主管部门工作人员不得作为专家参与评审。

第二十二条　认定主管部门、地方主管部门、有关机构工作人员和专家对所承担工作负有诚信以及合规义务,对申请认定企业的有关信息负有保密义务。

第二十三条　除国家法律法规规定的收费项目外,不得因认定工作以手续费、评审费等名目收取企业费用。

第六章　罚　则

第二十四条　获认定的规划布局企业如有下述情况之一的,取消其认定资格,并在4年内不再受理其认定申请。未依法纳税的,主管税务机关应当予以追缴。

（一）在申请认定过程中提供虚假信息；

（二）有逃避缴纳税款或帮助他人逃避缴纳税款等行为，或因违反《中华人民共和国税收征收管理法》及其实施细则受到税务机关处罚；

（三）在安全、质量、市场竞争行为、公司管理等方面有重大违法违规行为，受到有关部门处罚；

（四）未及时报告使企业减税条件发生变化的更名、分立、合并、重组以及经营业务重大变化等情况。

第二十五条　认定主管部门须加强对地方主管部门和有关机构工作的监督。对违反本办法规定的地方给予通报批评。对违反认定工作规定的有关机构，视情节轻重给予通报批评、取消工作资格等处罚。

第二十六条　参与认定工作的认定主管部门、地方主管部门、有关机构工作人员和专家如有下列行为之一的，对有关责任人员给予处分；构成犯罪的，由司法机关依法追究刑事责任。

（一）违反认定工作程序和工作原则；

（二）滥用职权、玩忽职守、徇私舞弊、索贿受贿；

（三）违反企业信息保密、认定工作保密等要求；

（四）其他违反本办法规定的行为。

第七章　附　则

第二十七条　原《国家规划布局内重点软件企业认定管理办法》（发改高技〔2005〕2669号），自本办法实施之日起停止执行。

第二十八条　本办法由国家发改委、工业和信息化部、财政部、商务部、国家税务总局负责解释。

第二十九条　本办法自发布之日起施行。

政策链接之十四（四）：国家税务总局《关于〈执行软件企业所得税优惠政策有关问题〉的公告》（国家税务总局公告2013年第43号）。

政策链接之十四（五）：工业和信息化部　国家发改委　财政部　国家税务总局《关于印发〈软件企业认定管理办法〉的通知》（工信部联软〔2013〕64号）。

软件企业认定管理办法
第一章　总　则

第一条　根据《国务院关于印发〈鼓励软件产业和集成电路产业发展若干政策〉的通知》（国发〔2000〕18号）、《国务院关于印发〈进一步鼓励软件产业和集成电路产业发展若干政策〉的通知》（国发〔2011〕4号）以及《财政部 国家税务总局关于〈进一步鼓励软件产业和集成电路产业发展企业所得税政策〉的通知》（财税〔2012〕27号），特制定本办法。

第二条　本办法所称软件企业是指在中国境内依法设立的从事软件产品开发销售（营业）及相关服务，并符合财税〔2012〕27号文件有关规定的企业。

第三条　工业和信息化部、国家发展和改革委员会、财政部、国家税务总局根据部门职责做好相关工作。

第四条　工业和信息化部履行全国软件产业管理职责，指导软件产业发展，组织管理全国软件企业认定工作，主要职责是：

（一）指导、监督和检查全国软件企业认定工作；

（二）对软件企业认定名单和年审名单进行公示和备案；

（三）受理和处理对软件企业认定结果和年审结果的复审申请；

（四）受理和处理对软件企业认定和年审的相关投诉和举报；

（五）指导和管理"中国双软认定网"，提供公共服务。

第五条　各省、自治区、直辖市及计划单列市、新疆生产建设兵团、工业和信息化主管部门（以下统称省级主管部门）负责管理本行政区域内的软件企业认定工作。主要职责是：

（一）制定本行政区域内软件企业认定工作细则和管理制度，报工业和信息化部备案；

（二）管理本行政区域内软件企业的认定和年审，将认定名单和年审名单报工业和信息化部备案；

（三）公布本行政区域内软件企业认定名单，并颁发软件企业认定证书；

（四）受理和处理本行政区域内对软件企业认定结果和年审结果的异议申请；

（五）向工业和信息化部报送本行政区域内软件企业认定年度总结报告及相关数据信息。

第六条　中国软件行业协会及地方相应机构配合开展政策实施情况评估等工作，并由中国软件行业协会将有关情况汇总后及时报送工业和信息化部、国家发改委、财政部和国家税务总局。

第二章　认定条件和程序

第七条　软件企业认定须符合财税〔2012〕27号文件的有关规定和条件。

第八条　企业向省级主管部门提出软件企业认定申请，并提交下列材料：

（一）《软件企业认定申请书》（可从"中国双软认定网"下载填写）；

（二）企业法人营业执照副本、税务登记证复印件（复印件须加盖企业公章）；

（三）企业开发及经营的软件产品列表（包括本企业开发和代理销售的软件产品），以及企业主营业务中拥有软件著作权或专利等自主知识产权的有效证明材料；

（四）企业拥有的《软件产品登记证书》或《计算机信息系统集成企业资质证书》、与用户签订的信息技术服务合同（协议）等信息技术服务相关证明材料；

（五）企业职工人数、学历结构、研究开发人员数及其占企业职工总数的比例说明，以及企业职工劳动合同和社会保险缴纳证明等相关证明材料；

（六）经具有国家法定资质的中介机构鉴证的企业上一年度和当年度（实际年限不足一年的按实际月份）财务报表（含资产负债表、损益表、现金流量表）以及企业软件产品开发销售（营业）收入、企业软件产品自主开发销售（营业）收入、企业研究开发费用、境内研究开发费用等情况表并附研究开发活动说明材料（研究开发费用、软件产品开发销售（营业）收入政策口径分别按照财税〔2012〕27号文件第十三条、第十六条的规定归集）；

（七）企业生产经营场所、开发环境及技术支撑环境的相关证明材料，包括经营场所购买或租赁合同，软硬件设施清单等；

（八）保证产品质量的相关证明材料，包括建立符合软件工程要求的质量管理体系的说明以及有效运行的过程文档记录等；

（九）工业和信息化部要求出具的其他材料。

第九条　省级主管部门自受理软件企业认定申请之日起20个工作日内按照本办法第七条规定，对软件产品开发销售（营业）情况、技术研发能力情况（包括研发环境、研发团队、以及场所购买或租赁情况等）、质量保障能力情况（包括质量保障体系、测试实验环境与工具等）、知识产权情况（包括核心技术知识产权情况、知识产权保护情况等）、企业管理情况（包括管理团队、经营管理制度等）等进行审查，必要时可组织产业、财务等专家围绕上述方面对申请企业进行评审。

第十条 省级主管部门根据审查情况做出认定,并将认定的软件企业名单(纸质文件和电子版)报送工业和信息化部。

第十一条 工业和信息化部在部门户网站和"中国双软认定网"上对省级主管部门报送的经认定的软件企业名单公示7个工作日,没有异议的,予以备案。有异议的,工业和信息化部不予备案,发回报送的省级主管部门重新审核。

第十二条 省级主管部门依据工业和信息化部备案情况,公布本行政区域内软件企业认定名单,颁发软件企业认定证书,并将获证软件企业名单抄送同级发改委、财政、税务部门。

第十三条 软件企业认定实行年审制度。软件企业按照本办法第八条等有关规定向省级主管部门提交年审材料(软件企业年审申请书可从"中国双软认定网"下载填写)。省级主管部门依据本办法第七条规定对其认定的软件企业进行年审,将年审结果报工业和信息化部。工业和信息化部在部门户网站和"中国双软认定网"上对省级主管部门报送的年审结果公示7个工作日,没有异议的,予以备案。有异议的,工业和信息化部不予备案,发回报送的省级主管部门重新审核。

省级主管部门根据工业和信息化部备案情况,确定、公布年审结果,并抄送同级发改委、财政、税务部门。

未年审或年审不合格的企业,即取消其软件企业的资格,软件企业认定证书自动失效,不再享受有关鼓励政策。按照财税[2012]27号文件规定享受软件企业定期减免税优惠的企业,如在优惠期限内未年审或年审不合格,则在软件企业认定证书失效年度停止享受财税[2012]27号文件规定的软件企业定期减免税优惠政策。

第十四条 企业对认定结果或年审结果有异议时,可在公布后20个工作日内,向所在地的省级主管部门提出申请,提交异议申请书及有关证明材料。省级主管部门受理申请后,应当进行调查核实,并在受理后45个工作日内作出处理。

企业对处理意见仍有异议的,可向工业和信息化部提出复审申请。工业和信息化部应当在45个工作日内作出处理决定。

第十五条 软件企业发生更名、分立、合并、重组以及经营业务重大变化等事项,应当自发生变化之日起15个工作日内向所在地省级主管部门进行书面报备。变化后仍符合软件企业认定条件的,办理相应的变更手续;变化后不符合软件企业认定条件的,终止软件企业认定资格。省级主管部门应及时将软件企业变更报备情况抄送同级发改委、财政、税务部门。

认定年度次年2月份前,省级主管部门应将本行政区域内软件企业认定年度总结报告及相关数据信息报送工业和信息化部,并抄送同级发改委、财政、税务部门。同级发改委、财政、税务部门可将上述报告及相关数据信息分别报送国家发改委、财政部、国家税务总局。

第三章 行业规范

第十六条 软件企业、中国软件行业协会及地方相应机构应当加强信用评价等诚信体系建设工作,推动软件行业自律,自觉维护行业秩序,促进软件产业健康发展。

第十七条 软件企业开发销售的软件产品和提供的信息技术服务应当符合我国相关标准和规范。

第十八条 软件企业应当增强创新发展能力,优化人才结构,提升国际化发展水平。

(一)发挥企业技术创新主体作用,深化产学研用结合;

(二)加大研究开发投入,提高软件产品自主开发销售(营业)收入的比例,加强知识产权创造、运用、保护和管理；

（三）加强软件开发环境和信息技术服务支撑环境建设，改进软件开发过程，开发软件测试和评价技术，提升软件产品测试、验证水平，建立健全质量管理体系；

（四）加强人才培养和引进、品牌建设、国际交流与合作，加快建立国际化营销网络和研发中心，提高软件和信息技术服务出口能力和国际市场占有率。

第十九条　软件企业应当按照国家统计法规的有关要求向工业和信息化部及时报送相关经济运行数据和信息。

第四章　监督管理

第二十条　工业和信息化部加强对省级主管部门、中国软件行业协会及地方相应机构的监督，对违反本办法规定的省级主管部门、中国软件行业协会，可给予通报、限期改正；对违反本办法规定的地方相应机构，可责令省级主管部门给予通报、限期改正。

第二十一条　参与软件企业认定工作的人员如有下列行为之一的，由其所属部门或机构责令限期改正，并依法给予行政处分；构成犯罪的，依法追究刑事责任。

（一）违反认定工作程序和工作原则；

（二）滥用职权、玩忽职守、徇私舞弊、索贿受贿；

（三）违反认定工作保密规定等要求；

（四）其他违反本办法规定的行为。

第二十二条　经认定的软件企业有以下情形之一的，由所在地省级主管部门视情节轻重，给予通报、取消软件企业认定资格，并报工业和信息化部备案，同时通报同级发改委、财政和税务部门。

（一）在申请认定或年审过程中提供虚假信息；

（二）有逃避缴纳税款或帮助他人逃避缴纳税款等行为，或因违反《中华人民共和国税收征收管理法》及其实施细则受到税务机关处罚；

（三）在安全、质量、统计、知识产权、市场竞争、企业管理等方面有重大违法行为，受到有关部门处罚；

（四）未及时报告使企业认定条件发生变化的更名、分立、合并、重组以及经营业务重大变化等情况。

对被取消软件企业认定资格且当年已享受税收优惠政策的，由有关部门予以追缴，情节严重的三年内不予受理其软件企业认定申请。

第五章　附　则

第二十三条　取得软件企业认定证书的软件企业，可向有关部门申请办理相应手续并按相关规定享受鼓励政策。

2011年1月1日前完成认定的软件企业，在享受企业所得税优惠政策期满前，仍按照《软件企业认定标准及管理办法（试行）》（信部联产[2000]968号）的认定条件进行年审，优惠期满后按照本办法重新认定，但不得享受财税[2012]27号文件第三条规定的优惠政策。

第二十四条　软件企业认定证书由工业和信息化部统一印制，正本和副本各一份。

第二十五条　本办法由工业和信息化部会同国家发改委、财政部、国家税务总局负责解释。

第二十六条　本办法自2013年4月1日起实施。原有规定与本办法规定不一致的，按照本办法执行。

政策链接之十四(六):工业和信息化部 国家发改委 财政部 国家税务总局《关于印发〈集成电路设计企业认定管理办法〉的通知》(工信部联电子[2013]487号)。

集成电路设计企业认定管理办法

第一章 总 则

第一条 根据《国务院关于印发〈鼓励软件产业和集成电路产业发展若干政策〉的通知》(国发[2000]18号)、《国务院关于印发〈进一步鼓励软件产业和集成电路产业发展若干政策〉的通知》(国发[2011]4号)以及《财政部 国家税务总局关于〈进一步鼓励软件产业和集成电路产业发展企业所得税政策〉的通知》(财税[2012]27号),为进一步加快我国集成电路设计产业发展,合理确定集成电路设计企业,特制定本办法。

第二条 本办法所称集成电路设计企业,是指在中国境内依法设立的从事集成电路功能研发、设计及相关服务,并符合财税[2012]27号文件有关规定的企业。

第三条 工业和信息化部、国家发改委、财政部、国家税务总局根据部门职责做好相关工作。

第四条 工业和信息化部负责全国集成电路设计企业的认定管理工作,主要职责是:

(一)组织开展全国集成电路设计企业认定和年度审查(以下简称年审)工作;

(二)对集成电路设计企业拟认定名单和年审合格企业名单进行公示;

(三)公布集成电路设计企业认定和年审合格企业名单,并颁发"集成电路设计企业认定证书";

(四)受理和处理对认定结果、年审结果的异议申诉。

第五条 各省、自治区、直辖市和计划单列市工业和信息化主管部门(以下简称地方工业和信息化主管部门)负责本地区集成电路设计企业申请认定或年审的受理,以及申报材料的真实性审核工作。

第二章 认定条件和程序

第六条 申请认定的集成电路设计企业须符合财税[2012]27号文件的有关规定和条件。

第七条 初次进行年审的集成电路设计企业,须符合财税[2012]27号文件规定的条件;第二次及以上进行年审的集成电路设计企业,除符合财税[2012]27号文件规定的条件外,企业上一会计年度销售(营业)收入原则上不低于(含)200万元。

第八条 企业申请集成电路设计企业认定和年审须提交下列材料:

(一)集成电路设计企业认定申请表(可从工业和信息化部门户网站下载);

(二)企业法人营业执照副本、税务登记证以及企业取得的其他相关资质证书等(以上均为复印件,需加盖企业公章);

(三)企业职工人数、学历结构、研究开发人员情况及其占企业职工总数的比例说明,以及企业职工劳动合同和社会保险缴纳证明等相关证明材料;

(四)经具有国家法定资质的中介机构鉴证的企业上一会计年度财务报表(含资产负债表、损益表、现金流量表)以及集成电路设计销售(营业)收入、集成电路自主设计销售(营业)收入、研究开发费用、境内研究开发费用等情况表;

(五)企业自主开发或拥有知识产权(如专利、布图设计登记、软件著作权等)的证明材料;

(六)企业生产经营场所、开发环境及技术支撑环境等相关证明材料;

(七)保证产品质量的相关证明材料(如质量管理认证证书、用户使用证明等);

(八)其他需要出具的有关材料。

第九条　集成电路设计企业认定和年审按照下列流程办理：

（一）每年5月底前申请企业对照财税[2012]27号文件和本办法的要求，进行自我评价，符合认定或年审条件的，可向地方工业和信息化主管部门提出认定或年审申请。

（二）地方工业和信息化主管部门统一受理本地区企业申请，对企业申请材料进行汇总、真实性审核，并于申报年度6月底前将本地区所有申报企业情况报送工业和信息化部。地方工业和信息化主管部门不得限制企业申报。

（三）工业和信息化部组织技术、管理、财务等方面专家，按照财税[2012]27号文件和本办法第六条、第七条规定，对申报企业的相关情况等进行合规性审查。

（四）工业和信息化部根据审查情况做出认定，并在工业和信息化部门户网站上对拟认定和通过年审的集成电路设计企业名单公示30天。公示期间，对认定或年审结果有异议，可向工业和信息化部提交异议申请书及有关证明材料。公示结束后10个工作日内，工业和信息化部对异议申请作出处理决定。

（五）依据公示情况，工业和信息化部于申报年度9月底前公布集成电路设计企业认定和年审合格企业名单。企业认定和年审合格企业名单及相关材料抄送国家发改委、财政部、国家税务总局。

第十条　工业和信息化部对集成电路设计企业核发证书。

第十一条　经认定和年审合格的集成电路设计企业凭本年度有效的集成电路设计企业证书，可按财税[2012]27号文件规定向有关部门申请享受相关税收优惠政策。

第十二条　集成电路设计企业认定实行年审制度。逾期未报或年审不合格的企业，即取消其集成电路设计企业的资格，集成电路设计企业认定证书自动失效，并在工业和信息化部门户网站上公示。按照财税[2012]27号文件规定享受定期减免税优惠的集成电路设计企业，如在优惠期限内未年审或年审不合格，则在认定证书失效年度停止享受财税[2012]27号文件规定的相关税收优惠政策。

第十三条　经认定的集成电路设计企业发生更名、分立、合并、重组以及经营业务发生重大变化等事项时，应当自发生变化之日起15个工作日内，向工业和信息化部进行书面报备。变化后仍符合集成电路设计企业认定条件的，办理相应的变更手续；变化后不符合集成电路设计企业认定条件的，终止其认定资格。

第十四条　中国半导体行业协会及地方相应机构配合开展政策实施情况评估等工作，并由中国半导体行业协会将有关情况汇总后及时报送工业和信息化部、国家发改委、财政部和国家税务总局。

第十五条　工业和信息化部、地方工业和信息化主管部门及相关机构在认定工作中应遵循公平、公正、科学、高效的原则，并为申请企业保守商业秘密。

第三章　监督管理

第十六条　经认定和年审合格的集成电路设计企业有以下情形之一的，由工业和信息化部取消其认定和年审资格，三年内不予受理企业认定申请，同时在工业和信息化部门户网站上公示。

（一）在申请过程中提供虚假信息；

（二）有偷、骗税等行为的；

（三）在安全、质量、公司管理等方面有重大违法行为，受到有关部门处罚；

（四）未及时报告使企业认定条件发生变化的更名、分立、合并、重组以及经营业务重大变化等情况。

对被取消集成电路设计企业认定资格且当年已享受税收优惠政策的,由有关部门予以追缴。

第十七条 参与集成电路设计企业认定工作的人员如有下列行为之一的,由其所属部门或机构责令限期改正,并依法给予行政处分;构成犯罪的,依法追究刑事责任。

(一)违反认定工作程序和工作原则;

(二)滥用职权、玩忽职守、徇私舞弊、索贿受贿;

(三)违反认定工作保密规定等要求;

(四)其他违反本办法规定的行为。

第四章 附 则

第十八条 2011年1月1日前完成认定的集成电路设计企业,在享受企业所得税优惠政策期满前,仍按照《集成电路设计企业及产品认定管理办法》(信部联产[2002]86号)的认定条件进行年审,优惠期满后按照本办法重新认定,但不得享受财税[2012]27号文件第三条规定的优惠政策。

第十九条 本办法由工业和信息化部会同国家发改委、财政部、国家税务总局负责解释。

第二十条 本办法自2014年1月1日起实施,《集成电路设计企业及产品认定管理办法》(信部联产[2002]86号)同时废止。

政策链接之十五(一):财政部 海关总署 国家税务总局《关于〈深入实施西部大开发战略有关税收政策问题〉的通知》(财税[2011]58号)。

为贯彻落实党中央、国务院关于深入实施西部大开发战略的精神,进一步支持西部大开发,现将有关税收政策问题通知如下:

一、对西部地区内资鼓励类产业、外商投资鼓励类产业及优势产业的项目在投资总额内进口的自用设备,在政策规定范围内免征关税。

二、自2011年1月1日至2020年12月31日,对设在西部地区的鼓励类产业企业减按15%的税率征收企业所得税。

上述鼓励类产业企业是指以《西部地区鼓励类产业目录》中规定的产业项目为主营业务,且其主营业务收入占企业收入总额70%以上的企业。《西部地区鼓励类产业目录》另行发布。

三、对西部地区2010年12月31日前新办的,根据《财政部 国家税务总局 海关总署关于西部大开发税收优惠政策问题的通知》(财税[2001]202号)第二条第三款规定可以享受企业所得税"两免三减半"优惠的交通、电力、水利、邮政、广播电视企业,其享受的企业所得税"两免三减半"优惠可以继续享受到期满为止。

四、本通知所称西部地区包括重庆市、四川省、贵州省、云南省、西藏自治区、陕西省、甘肃省、宁夏回族自治区、青海省、新疆维吾尔自治区、新疆生产建设兵团、内蒙古自治区和广西壮族自治区。湖南省湘西土家族苗族自治州、湖北省恩施土家族苗族自治州、吉林省延边朝鲜族自治州,可以比照西部地区的税收政策执行。

五、本通知自2011年1月1日起执行。

《财政部 国家税务总局 海关总署关于西部大开发税收优惠政策问题的通知》(财税[2001]202号)、《国家税务总局关于落实西部大开发有关税收政策具体实施意见的通知》(国税发[2002]47号)、《财政部 国家税务总局关于西部大开发税收优惠政策适用目录变更问题的通知》(财税[2006]165号)、《财政部 国家税务总局关于将西部地区旅游景点和景区经营纳入西部大开发税收优惠政策范围的通知》(财税[2007]65号)自2011年1月1日起停止执行。

政策链接之十五(二)：国家税务总局《关于〈深入实施西部大开发战略有关企业所得税问题〉的公告》(国家税务总局公告2012第12号)。

根据《中华人民共和国企业所得税法》(以下简称《企业所得税法》)及其实施条例和《财政部 国家税务总局 海关总署关于深入实施西部大开发战略有关税收政策问题的通知》(财税[2011]58号)的规定，现将深入实施西部大开发战略有关企业所得税问题公告如下：

一、自2011年1月1日至2020年12月31日，对设在西部地区以《西部地区鼓励类产业目录》中规定的产业项目为主营业务，且其当年度主营业务收入占企业收入总额70%以上的企业，经企业申请，主管税务机关审核确认后，可减按15%税率缴纳企业所得税。

上述所称收入总额，是指《企业所得税法》第六条规定的收入总额。

二、企业应当在年度汇算清缴前向主管税务机关提出书面申请并附送相关资料。第一年须报主管税务机关审核确认，第二年及以后年度实行备案管理。各省、自治区、直辖市和计划单列市税务机关可结合本地实际制定具体审核、备案管理办法，并报国家税务总局(所得税司)备案。

凡对企业主营业务是否属于《西部地区鼓励类产业目录》难以界定的，税务机关应要求企业提供省级(含副省级)政府有关行政主管部门或其授权的下一级行政主管部门出具的证明文件。

企业主营业务属于《西部地区鼓励类产业目录》范围的，经主管税务机关确认，可按照15%税率预缴企业所得税。年度汇算清缴时，其当年度主营业务收入占企业总收入的比例达不到规定标准的，应按税法规定的税率计算申报并进行汇算清缴。

三、在《西部地区鼓励类产业目录》公布前，企业符合《产业结构调整指导目录(2005年版)》、《产业结构调整指导目录(2011年版)》、《外商投资产业指导目录(2007年修订)》和《中西部地区优势产业目录(2008年修订)》范围的，经税务机关确认后，其企业所得税可按照15%税率缴纳。《西部地区鼓励类产业目录》公布后，已按15%税率进行企业所得税汇算清缴的企业，若不符合本公告第一条规定的条件，可在履行相关程序后，按税法规定的适用税率重新计算申报。

四、2010年12月31日前新办的交通、电力、水利、邮政、广播电视企业，凡已经按照《国家税务总局关于落实西部大开发有关税收政策具体实施意见的通知》(国税发[2002]47号)第二条第二款规定，取得税务机关审核批准的，其享受的企业所得税"两免三减半"优惠可以继续享受到期满为止；凡符合享受原西部大开发税收优惠规定条件，但由于尚未取得收入或尚未进入获利年度等原因，2010年12月31日前尚未按照国税发[2002]47号第二条规定完成税务机关审核确认手续的，可按照本公告的规定，履行相关手续后享受原税收优惠。

五、根据《财政部 国家税务总局关于执行企业所得税优惠政策若干问题的通知》(财税[2009]69号)第一条及第二条的规定，企业既符合西部大开发15%优惠税率条件，又符合《企业所得税法》及其实施条例和国务院规定的各项税收优惠条件的，可以同时享受。在涉及定期减免税的减半期内，可以按照企业适用税率计算的应纳税额减半征税。

六、在优惠地区内外分别设有机构的企业享受西部大开发优惠税率问题

(一)总机构设在西部大开发税收优惠地区的企业，仅就设在优惠地区的总机构和分支机构(不含优惠地区外设立的二级分支机构在优惠地区内设立的三级以下分支机构)的所得确定适用15%优惠税率。在确定该企业是否符合优惠条件时，以该企业设在优惠地区的总机构和

分支机构的主营业务是否符合《西部地区鼓励类产业目录》及其主营业务收入占其收入总额的比重加以确定,不考虑该企业设在优惠地区以外分支机构的因素。该企业应纳所得税额的计算和所得税缴纳,按照《国家税务总局关于印发〈跨地区经营汇总纳税企业所得税征收管理暂行办法〉的通知》(国税发[2008]28号)第十六条和《国家税务总局关于跨地区经营汇总纳税企业所得税征收管理若干问题的通知》(国税函[2009]221号)第二条的规定执行。有关审核、备案手续向总机构主管税务机关申请办理。

(二)总机构设在西部大开发税收优惠地区外的企业,其在优惠地区内设立的分支机构(不含仅在优惠地区内设立的三级以下分支机构),仅就该分支机构所得确定适用15%优惠税率。在确定该分支机构是否符合优惠条件时,仅以该分支机构的主营业务是否符合《西部地区鼓励类产业目录》及其主营业务收入占其收入总额的比重加以确定。该企业应纳所得税额的计算和所得税缴纳,按照国税发[2008]28号第十六条和国税函[2009]221号第二条的规定执行。有关审核、备案手续向分支机构主管税务机关申请办理,分支机构主管税务机关需将该分支机构享受西部大开发税收优惠情况及时函告总机构所在地主管税务机关。

七、本公告自2011年1月1日起施行。

特此公告。

政策链接之十五(三):财政部 海关总署 国家税务总局《关于〈赣州市执行西部大开发税收政策问题〉的通知》(财税[2013]4号)。

为贯彻落实《国务院关于支持赣南等原中央苏区振兴发展的若干意见》(国发[2012]21号)关于赣州市执行西部大开发政策的规定,现将赣州市执行西部大开发税收政策问题通知如下:

一、对赣州市内资鼓励类产业、外商投资鼓励类产业及优势产业的项目在投资总额内进口的自用设备,在政策规定范围内免征关税。

二、自2012年1月1日至2020年12月31日,对设在赣州市的鼓励类产业的内资企业和外商投资企业减按15%税率征收企业所得税。

鼓励类产业的内资企业是指以《产业结构调整指导目录》中规定的鼓励类产业项目为主营业务,且其主营业务收入占企业收入总额70%以上的企业。

鼓励类产业的外商投资企业是指以《外商投资产业指导目录》中规定的鼓励类项目和《中西部地区外商投资优势产业目录》中规定的江西省产业项目为主营业务,且其主营业务收入占企业收入总额70%以上的企业。

三、本通知自2012年1月1日起执行。

政策链接之十六:财政部 国家税务总局 民政部《关于〈生产和装配伤残人员专门用品企业免征企业所得税〉的通知》(财税[2011]81号)。

为了帮助伤残人员康复或者恢复残疾肢体功能,保证伤残人员人身安全、劳动就业以及平等参与社会生活,保障和提高伤残人员的权益,经请示国务院同意,现对生产和装配伤残人员专门用品的企业征免企业所得税问题明确如下:

一、符合下列条件的居民企业,可在2015年底以前免征企业所得税:

(一)生产和装配伤残人员专门用品,且在民政部发布的《中国伤残人员专门用品目录》范围之内;

(二)以销售本企业生产或者装配的伤残人员专门用品为主,且所取得的年度伤残人员专门用品销售收入(不含出口取得的收入)占企业全部收入60%以上;

(三)企业账证健全,能够准确、完整地向主管税务机关提供纳税资料,且本企业生产或者装配的伤残人员专门用品所取得的收入能够单独、准确核算;

(四)企业拥有取得注册登记的假肢、矫形器(辅助器具)制作师执业资格证书的专业技术人员不得少于1人;其企业生产人员如超过20人,则其拥有取得注册登记的假肢、矫形器(辅助器具)制作师执业资格证书的专业技术人员不得少于全部生产人员的1/6;

(五)企业取得注册登记的假肢、矫形器(辅助器具)制作师执业资格证书的专业技术人员每年须接受继续教育,制作师《执业资格证书》须通过年检;

(六)具有测量取型、石膏加工、抽真空成型、打磨修饰、钳工装配、对线调整、热塑成型、假肢功能训练等专用设备和工具;

(七)具有独立的接待室、假肢或者矫形器(辅助器具)制作室和假肢功能训练室,使用面积不少于115平方米。

二、符合前条规定的企业,可在年度终了4个月内向当地税务机关办理免税手续。办理免税手续时,企业应向主管税务机关提供下列资料:

(一)免税申请报告;

(二)伤残人员专门用品制作师名册、《执业资格证书》(复印件),以及申请前年度制作师《执业资格证书》检查合格证明;

(三)收入明细资料;

(四)税务机关要求的其他材料。

三、税务机关收到企业的免税申请后,应严格按照本通知规定的免税条件及《国家税务总局关于企业所得税减免税管理问题的通知》(国税发[2008]111号)的有关规定,对申请免税的企业进行认真审核,符合条件的应及时办理相关免税手续。企业在未办理免税手续前,必须按统一规定报送纳税申报表、相关的纳税资料以及财务会计报表,并按规定预缴企业所得税;企业办理免税手续后,税务机关应依法及时退回已经预缴的税款。

四、企业以隐瞒、欺骗等手段骗取免税的,按照《中华人民共和国税收征收管理法》的有关规定进行处理。

五、本通知自2011年1月1日起至2015年12月31日止执行。

政策链接之十七(一):科技部 财政部 国家税务总局《关于印发〈高新技术企业认定管理办法〉的通知》(国科发火[2008]172号)。

政策链接之十七(二):科学技术部 财政部 国家税务总局《关于印发〈高新技术企业认定管理工作指引〉的通知》(国科发火[2008]362号)。

政策链接之十七(三):财政部 海关总署 国家税务总局《关于〈支持文化企业发展若干税收政策问题〉的通知》(财税[2009]31号)。

政策链接之十七(四):科技部 财政部 税务总局《关于〈在中关村国家自主创新示范区开展高新技术企业认定中文化产业支撑技术等领域范围试点〉的通知》(国科发高[2013]595号)。

经国务院同意,现将在中关村国家自主创新示范区开展高新技术企业认定关于文化产业支撑技术等领域范围试点的有关事项通知如下:

对中关村国家自主创新示范区从事文化产业支撑技术等领域的企业,按规定认定为高新技术企业的,减按15%税率征收企业所得税。

文化产业支撑技术等领域的具体范围,由科技部会同有关部门研究制定,另行发文。

政策链接之十七(五):科技部 财政部 国家税务总局《关于〈在中关村国家自主创新示范区完善高新技术企业认定中文化产业支撑技术等领域范围〉的通知》(国科发火[2014]20号)。

根据《科技部 财政部 税务总局关于在中关村国家自主创新示范区开展高新技术企业认定中文化产业支撑技术等领域范围试点的通知》(国科发高[2013]595号)文件精神,科技部 财政部 国家税务总局发布国科发火[2014]20号《科技部 财政部 国家税务总局关于在中关村国家自主创新示范区完善高新技术企业认定中文化产业支撑技术等领域范围的通知》,对《关于完善中关村国家自主创新示范区高新技术企业认定管理试点工作的通知》(国科发火[2011]90号)的附件《国家重点支持的高新技术领域(中关村示范区试行)》内涉及文化产业支撑技术等领域范围内容予以补充,详见附件。

特此通知。

附件:

文化产业支撑技术等领域范围补充内容

序号	增加位置	增加内容
1	一、电子信息技术(一)软件 6.中文及多语种处理软件技术	字体设计与生成技术;字库管理技术;支撑古文字、少数民族文字研究的相关技术;支撑书法及绘画研究的相关技术;语言、音乐和电声信号的处理技术;支撑文物器物、文物建筑研究的相关技术;支撑文物基础资源的信息采集、转换、记录、保存的相关技术。
2	一、电子信息技术(一)软件 7.图形和图像软件技术	静态图像、动态图像、视频图像及影视画面的处理技术。
3	一、电子信息技术(七)信息安全技术 5.安全保密技术	文化、文物及文物衍生产品防伪技术,包括介质的生产、压印、压膜、标记技术,介质的标签唯一标识技术等。
4	一、电子信息技术 (五)广播电视技术 3.广播电视测量、监测与监控技术	新媒体视听节目的监测、监控技术。
5	四、新材料技术	(六)文化艺术新材料 1.文化载体和介质新材料制备技术 文化艺术用可再生环保纸(不含木纸料、新型非涂布纸和轻涂纸、轻质瓦楞纸板)、特种纸(包括艺术专用纸张)、电子纸等新型纸的生产技术;仿古纸(包括传统工艺制作的古代书画修复用纸、纸质文物修复用纸等)的生产技术;光盘及原辅材料(包括光盘基片材料、光盘记录材料、甩涂与粘合材料、清洗与保护材料等)的生产技术。 2.艺术专用新材料制备技术 针对艺术专用品及改进其工艺生产的材料生产技术,包括专用器件、文化资源数字化存储材料等的制备技术;针对艺术需要的声学材料的设计、加工、制作、生产等技术。 3.影视场景和舞台专用新材料的加工生产技术 用于与文化艺术有关的制景、舞台、影视照明的新型专用灯具器材的新材料、新工艺开发及应用技术。 4.文化产品印刷新材料制备技术 数字直接制版材料,数字印刷用油墨、墨水、特殊印刷材料等开发和应用技术。 5.文物保护新材料制备技术 文物提取、清洗、固色、粘结、软化、缓蚀、封护等材料的制造技术及文物存放环境的保护技术。

续表

序号	增加位置	增加内容
6	五、高技术服务业（5. 文化创意产业支撑技术）	数字电影、数字动漫等的生产制作技术；3D、4D、超高清（4K以上分辨率）、穹（球）幕、巨幕等制作传输和显示放映技术；移动多媒体广播（CMMB）技术；下一代广播电视网（NGB）技术；有线数字电视网络整合技术；数字电影与动漫制作基地支撑技术；文化信息资源共享支撑技术；出版物物流技术；数字版权保护技术；网络视听新媒体发展创新及衍生产品开发支撑技术；3D打印、人机交互、大数据智能处理等能支撑体现交互式、虚拟化、数字化、网络化特征的文化科技融合技术；艺术品鉴证技术；集成化舞台制作技术，舞台美术、灯光、音响、道具等加工生产制作技术；移动互联多媒体票务技术；文物保护、展览、展示、鉴定新技术。
7	八、高新技术改造传统产业	（七）传统文化产业改造技术 1. 数字电影、电视、广播、出版技术 2. 乐器制造技术 乐器及其器材加工和调试新技术；MIDI系统生产调试技术。 3. 印刷技术 传统印刷改造的高新技术；绿色印刷工艺技术；特种印刷工艺技术（包括喷墨印刷、防伪印刷、标签印刷、金属制品印刷、纸包装印刷等）。

政策链接之十八（一）：国务院《关于〈实施企业所得税过渡优惠政策〉的通知》（国发[2007]39号）。

《中华人民共和国企业所得税法》（以下简称新税法）和《中华人民共和国企业所得税法实施条例》（以下简称实施条例）将于2008年1月1日起施行。根据新税法第五十七条规定，现对企业所得税优惠政策过渡问题通知如下：

一、新税法公布前批准设立的企业税收优惠过渡办法

企业按照原税收法律、行政法规和具有行政法规效力文件规定享受的企业所得税优惠政策，按以下办法实施过渡：

自2008年1月1日起，原享受低税率优惠政策的企业，在新税法施行后5年内逐步过渡到法定税率。其中：享受企业所得税15%税率的企业，2008年按18%税率执行，2009年按20%税率执行，2010年按22%税率执行，2011年按24%税率执行，2012年按25%税率执行；原执行24%税率的企业，2008年起按25%税率执行。

自2008年1月1日起，原享受企业所得税"两免三减半"、"五免五减半"等定期减免税优惠的企业，新税法施行后继续按原税收法律、行政法规及相关文件规定的优惠办法及年限享受至期满为止，但因未获利而尚未享受税收优惠的，其优惠期限从2008年度起计算。

享受上述过渡优惠政策的企业，是指2007年3月16日以前经工商等登记管理机关登记设立的企业；实施过渡优惠政策的项目和范围按《实施企业所得税过渡优惠政策表》（见附表）执行。

二、继续执行西部大开发税收优惠政策

根据国务院实施西部大开发有关文件精神，财政部、税务总局和海关总署联合下发的《财政部 国家税务总局 海关总署关于西部大开发税收优惠政策问题的通知》（财税[2001]202号）中规定的西部大开发企业所得税优惠政策继续执行。

三、实施企业税收过渡优惠政策的其他规定

享受企业所得税过渡优惠政策的企业，应按照新税法和实施条例中有关收入和扣除的规定计算应纳税所得额，并按本通知第一部分规定计算享受税收优惠。

企业所得税过渡优惠政策与新税法及实施条例规定的优惠政策存在交叉的,由企业选择最优惠的政策执行,不得叠加享受,且一经选择,不得改变。

附表:实施企业所得税过渡优惠政策表

政策链接之十八(二):《关于经济特区和上海浦东新区新设立高新技术企业实行过渡性税收优惠的通知》(国发[2007]40号)。

根据《中华人民共和国企业所得税法》第五十七条的有关规定,国务院决定对法律设置的发展对外经济合作和技术交流的特定地区内,以及国务院已规定执行上述地区特殊政策的地区内新设立的国家需要重点扶持的高新技术企业,实行过渡性税收优惠。现就有关问题通知如下:

一、法律设置的发展对外经济合作和技术交流的特定地区,是指深圳、珠海、汕头、厦门和海南经济特区;国务院已规定执行上述地区特殊政策的地区,是指上海浦东新区。

二、对经济特区和上海浦东新区内在2008年1月1日(含)之后完成登记注册的国家需要重点扶持的高新技术企业(以下简称新设高新技术企业),在经济特区和上海浦东新区内取得的所得,自取得第一笔生产经营收入所属纳税年度起,第一年至第二年免征企业所得税,第三年至第五年按照25%的法定税率减半征收企业所得税。

国家需要重点扶持的高新技术企业,是指拥有核心自主知识产权,同时符合《中华人民共和国企业所得税法实施条例》第九十三条规定的条件,并按照《高新技术企业认定管理办法》认定的高新技术企业。

三、经济特区和上海浦东新区内新设高新技术企业同时在经济特区和上海浦东新区以外的地区从事生产经营的,应当单独计算其在经济特区和上海浦东新区内取得的所得,并合理分摊企业的期间费用;没有单独计算的,不得享受企业所得税优惠。

四、经济特区和上海浦东新区内新设高新技术企业在按照本通知的规定享受过渡性税收优惠期间,由于复审或抽查不合格而不再具有高新技术企业资格的,从其不再具有高新技术企业资格年度起,停止享受过渡性税收优惠;以后再次被认定为高新技术企业的,不得继续享受或者重新享受过渡性税收优惠。

五、本通知自2008年1月1日起执行。

政策链接之十八(三):《关于贯彻落实国务院关于实施企业所得税过渡优惠政策有关问题的通知》(财税[2008]21号)。

为贯彻落实《国务院关于实施企业所得税过渡优惠政策的通知》(国发[2007]39号)和《国务院关于经济特区和上海浦东新区新设立高新技术企业实行过渡性税收优惠的通知》(国发[2007]40号),现将有关事项通知如下:

一、各级财政、税务部门要密切配合,严格按照国务院过渡优惠政策通知的有关规定,抓紧做好新旧企业所得税优惠政策的过渡衔接工作。对过渡优惠政策要加强规范管理,不得超越权限擅自扩大过渡优惠政策执行范围。同时,要及时跟踪、了解过渡优惠政策的执行情况,对发现的新问题及时反映,确保国务院过渡优惠政策通知落实到位。

二、对按照国发[2007]39号文件有关规定适用15%企业所得税率并享受企业所得税定期减半优惠过渡的企业,应一律按照国发[2007]39号文件第一条第二款规定的过渡税率计算的应纳税额实行减半征税,即2008年按18%税率计算的应纳税额实行减半征税,2009年按20%税率计算的应纳税额实行减半征税,2010年按22%税率计算的应纳税额实行减半征税,2011年按24%税率计算的应纳税额实行减半征税,2012年及以后年度按25%税率计算的应纳税额实行减半征税。

对原适用24%或33%企业所得税率并享受国发[2007]39号文件规定企业所得税定期减半优惠过渡的企业,2008年及以后年度一律按25%税率计算的应纳税额实行减半征税。

三、根据《中华人民共和国企业所得税法》(以下简称新税法)第二十九条有关"民族自治地方的自治机关对本民族自治地方的企业应缴纳的企业所得税中属于地方分享的部分,可以决定减征或者免征"的规定,对2008年1月1日后民族自治地方批准享受减免税的企业,一律按新税法第二十九条的规定执行,即对民族自治地方的企业减免企业所得税,仅限于减免企业所得税中属于地方分享的部分,不得减免属于中央分享的部分。民族自治地方在新税法实施前已经按照《财政部 国家税务总局 海关总署关于西部大开发税收优惠政策问题的通知》(财税[2001]202号)第二条第二款有关减免税规定批准享受减免企业所得税(包括减免中央分享企业所得税的部分)的,自2008年1月1日起计算,对减免税期限在5年以内(含5年)的,继续执行至期满后停止;对减免税期限超过5年的,从第六年起按新税法第二十九条规定执行。

政策链接之十八(四):《关于外商投资企业和外国企业原有若干税收优惠政策取消后有关事项处理的通知》(国税发[2008]23号)。

根据《中华人民共和国企业所得税法》及其实施条例、《中华人民共和国税收征收管理法》及其实施细则和《国务院关于实施企业所得税过渡优惠政策的通知》(国发[2007]39号)的有关规定,现就外商投资企业和外国企业原执行的若干税收优惠政策取消后的税务处理问题通知如下。

一、关于原外商投资企业的外国投资者再投资退税政策的处理

外国投资者从外商投资企业取得的税后利润直接再投资本企业增加注册资本,或者作为资本投资开办其他外商投资企业,凡在2007年底以前完成再投资事项,并在国家工商管理部门完成变更或注册登记的,可以按照《中华人民共和国外商投资企业和外国企业所得税法》及其有关规定,给予办理再投资退税。对在2007年底以前用2007年度预分配利润进行再投资的,不给予退税。

二、关于外国企业从我国取得的利息、特许权使用费等所得免征企业所得税的处理

外国企业向我国转让专有技术或提供贷款等取得所得,凡上述事项所涉及的合同是在2007年底以前签订,且符合《中华人民共和国外商投资企业和外国企业所得税法》规定免税条件,经税务机关批准给予免税的,在合同有效期内可继续给予免税,但不包括延期、补充合同或扩大的条款。各主管税务机关应做好合同执行跟踪管理工作,及时开具完税证明。

三、关于享受定期减免税优惠的外商投资企业在2008年后条件发生变化的处理

外商投资企业按照《中华人民共和国外商投资企业和外国企业所得税法》规定享受定期减免优惠,2008年后,企业生产经营业务性质或经营期发生变化,导致其不符合《中华人民共和国外商投资企业和外国企业所得税法》规定条件的,仍应依据《中华人民共和国外商投资企业和外国企业所得税法》规定补缴其此前(包括在优惠过渡期内)已经享受的定期减免税税款。各主管税务机关在每年对这类企业进行汇算清缴时,应对其经营业务内容和经营期限等变化情况进行审核。

政策链接之十九:财政部 国家税务总局《关于〈广东横琴新区、福建平潭综合实验区、深圳前海深港现代化服务业合作区企业所得税优惠政策及优惠目录〉的通知》(财税[2014]26号)。

根据国务院有关批复精神,现将广东横琴新区、福建平潭综合实验区和深圳前海深港现代服务业合作区企业所得税优惠目录予以公布,并就有关企业所得税政策通知如下:

一、对设在横琴新区、平潭综合实验区和前海深港现代服务业合作区的鼓励类产业企业减按15%税率征收企业所得税。

上述鼓励类产业企业是指以所在区域《企业所得税优惠目录》（见附件）中规定的产业项目为主营业务，且其主营业务收入占企业收入总额70%以上的企业。

上述所称收入总额，是指《中华人民共和国企业所得税法》第六条规定的收入总额。

二、企业在优惠区域内、外分别设有机构的，仅就其设在优惠区域内的机构的所得确定适用15%企业所得税优惠税率。在确定区域内机构是否符合优惠条件时，根据设在优惠区域内机构本身的有关指标是否符合本通知第一条规定的条件加以确定，不考虑设在优惠区域外机构的因素。

三、企业既符合本通知规定的减按15%税率征收企业所得税优惠条件，又符合《中华人民共和国企业所得税法》及其实施条例和国务院规定的其他各项税收优惠条件的，可以同时享受；其中符合其他税率优惠条件的，可以选择最优惠的税率执行；涉及定期减免税的减半优惠的，应按照25%法定税率计算的应纳税额减半征收企业所得税。

四、本通知第一条所称横琴新区，是指国务院2009年8月批复的《横琴总体发展规划》规划的横琴岛范围；所称平潭综合实验区，是指国务院2011年11月批复的《平潭综合实验区总体发展规划》规划的平潭综合实验区范围；所称前海深港现代服务业合作区，是指国务院2010年8月批复的《前海深港现代服务业合作区总体发展规划》规划的前海深港现代服务业合作区范围。

五、税务机关对企业主营业务是否属于《企业所得税优惠目录》难以界定的，可要求企业提供省级（含副省级）政府有关行政主管部门或其授权的下一级行政主管部门出具的证明文件。

六、本通知自2014年1月1日起至2020年12月31日止执行。

附件：

附1　横琴新区企业所得税优惠目录

一、高新技术

1. 数字化多功能雷达整机、专用配套设备及部件研发及制造
2. 安全饮水设备、先进型净水器研发及制造
3. 海洋医药与生化制品技术开发与服务
4. 系统软件、中间软件、嵌入式软件、支撑软件技术开发
5. 计算机辅助工程管理软件、中文及多语种处理软件、图形和图像软件技术开发
6. 企业管理软件、电子商务软件、电子政务软件、金融信息化软件等技术开发
7. 基于IPv6的下一代互联网系统设备、终端设备、检测设备、软件、芯片开发与制造
8. 网络关键设备的构建技术；面向行业及企业信息化的应用系统；传感器网络节点、软件和系统技术、大数据库技术开发
9. 第三代及后续移动通信系统手机、基站、核心网设备以及网络检测设备开发与制造
10. 高端路由器、千兆比以上网络交换机开发与制造
11. 基于电信、广播电视和计算机网络融合的增值业务应用系统开发
12. 搜索引擎、移动互联网等新兴网络信息服务技术研发
13. 光传输技术、小型接入设备技术、无线接入技术、移动通信、量子通信技术、光通信技术开发

14. 软交换和 VoIP 系统、业务运营支撑管理系统、电信网络增值业务应用系统开发

15. 在线数据与交易处理、IT 设施管理和数据中心服务、移动互联网服务、互联网会议电视及图像等电信增值服务应用系统开发

16. 数字音视频技术、数字广播电视传输技术、广播电视网络综合管理系统技术、网络运营综合管理系统、IPTV 技术、高端个人媒体信息服务平台技术开发

17. 智能产品整体方案、人机工程、系统仿真设计服务与技术开发

18. 智能电网及微电网技术、分布式供能技术开发及产品生产

19. 先进的交通管理和控制技术；交通基础信息采集、处理设备及相关软件技术；公共交通工具事故预警技术开发与应用；城市交通管制系统；出租汽车服务调度信息系统、运营车辆安全监管系统开发

20. 空中管制系统、新一代民用航空运行保障系统、卫星通信应用系统、卫星导航应用服务系统研发

21. 环境安全监测预警和应急处置的光学监测等技术开发

22. 食品安全技术；生物催化、反应及分离技术开发

23. 珍稀动植物的养殖、培育、良种选育技术开发

24. 新能源汽车配套电网和充电站技术研发

25. 电力安全技术、新型防雷过电压保护材料与技术开发及生产

26. 新型高分子功能材料的研发与应用，生物基材料制造，生物基合成高分子材料，天然生物高分子材料、生物基平台化合物研发与生产

27. 太阳能光伏发电技术，重点支持系统集成设备本土化率达 90％以上的光伏并网技术开发；太阳能热发电技术开发

28. 1.5MW 级以上风电机组设计技术、风电场配套技术开发

29. 海洋生物质能、海洋能（包括潮汐能、潮流能、波浪能等）技术开发

30. 能量系统管理、优化及控制技术：重点支持用于城市建筑供热平衡与节能、绿色建筑、城市智能照明、绿色照明系统的应用技术开发

31. 城市污水处理与资源化技术：重点支持安全饮水和先进型净水设备技术开发

32. 城市生态系统关键技术开发与生产

33. 用于城市生态系统的生态监测、评估与修复重建技术；持久性有机污染物（POPs）替代技术；污染土壤修复技术开发

34. 环境安全监测预警、应急处置的光学监测等技术开发

35. 城市节水技术开发与设备制造；雨水、海水、苦咸水利用技术；再生水收集与利用技术与工程

36. 产业集聚区配套公共服务平台技术开发

37. 多维立体打印技术、海洋工程装备研发与应用技术开发

二、医药卫生

1. 拥有自主知识产权的新药开发和生产，天然药物开发和生产，新型计划生育药物（包括第三代孕激素的避孕药）开发和生产，满足我国重大、多发性疾病防治需求的通用名药物首次开发和生产，药物新剂型、新辅料的开发和生产，药物生产过程中的膜分离、超临界萃取、新型结晶、手性合成、酶促合成、生物转化、自控等技术开发与应用，原料药生产节能降耗减排技术、新型药物制剂技术开发与应用

2. 现代生物技术药物、重大传染病防治疫苗和药物、新型诊断试剂的开发和生产,大规模细胞培养和纯化技术、大规模药用多肽和核酸合成、发酵、纯化技术开发和应用,采用现代生物技术改造传统生产工艺

3. 新型药用包装材料及其技术开发和生产(一级耐水药用玻璃,可降解材料,具有避光、高阻隔性、高透过性的功能性材料,新型给药方式的包装;药包材无苯油墨印刷工艺等)

4. 濒危稀缺药用动植物人工繁育技术及代用品开发和生产,先进农业技术在中药材规范化种植、养殖中的应用,中药有效成份的提取、纯化、质量控制新技术开发和应用,中药现代剂型的工艺技术、生产过程控制技术和装备的开发与应用,中药饮片创新技术开发和应用,中成药二次开发和生产

5. 新型医用诊断医疗仪器设备、微创外科和介入治疗装备及器械、医疗急救及移动式医疗装备、康复工程技术装置、家用医疗器械、新型计划生育器具(第三代宫内节育器)、新型医用材料、人工器官及关键元器件的开发和生产,数字化医学影像产品及医疗信息技术的开发与应用

6. 中医药、养生保健产品及技术的研发

7. 中医药研究室、实验室及名老中医工作室

8. 符合中医药特点及规律的中成药研发及制造

9. 中成药开发、检测、认证及市场化推广

10. 制药新工艺新品种研发与生产

11. 替代、修复、改善或再生人体组织器官等再生医学产业技术、产品研发与生产

12. 医疗设备及关键部件、医疗器械开发及生产

13. 医药研发中心

三、科教研发

1. 国内外科研机构分支机构

2. 微电子、计算机、信息、生物、新材料、环保、机械装备、汽车、造船等先进制造业研发中心

3. 工业设计、生物、新材料、新能源、测绘等专业科技服务,商品质量认证和质量检测服务

4. 在线数据与交易技术研发、IT设施管理和数据中心技术研发,移动互联网技术研发,互联网会议电视及图像等电信增值业务应用系统开发

5. 行业(企业)管理和信息化解决方案开发

6. 基于网络的软件开发

7. 数字化技术、高速计算技术、文化信息资源共享技术开发

8. 数据恢复和灾备服务,信息安全防护、网络安全应急支援服务,云计算安全服务、信息安全风险评估与咨询服务,信息装备和软件安全评测服务,密码技术产品测试服务,信息系统等级保护安全方案设计服务

9. 信息技术外包、业务流程外包、知识流程外包等技术先进型服务

10. 云计算、互联网、物联网、新媒体技术研发及服务

四、文化创意

1. 动漫、游戏创作及衍生产品研发

2. 文化创意设计服务

3. 民俗文化产品及工艺美术研发设计

4. 工业设计平台、辅助设计中心、快速成型中心、精密复杂模具制造技术开发及设计服务

5. 数字音乐、手机媒体、数字游戏、数字学习、数字影视、数字出版与典藏、内容软件等数字产品研发

五、商贸服务

1. 物流公共信息平台

2. 第三方物流管理

3. 以承接服务外包方式从事系统应用管理和维护、信息技术支持管理、银行后台服务、财务结算、人力资源服务、软件开发、呼叫中心、数据处理等信息技术和业务流程外包服务

4. 供应链管理及咨询业务

5. 基于云计算的供应链一体化信息服务业务

6. 跨境数据库服务

7. 宽带通信基础设施建设和服务

附2 平潭综合实验区企业所得税优惠目录

一、高技术产业

（一）电子信息产业

1. 薄膜场效应晶体管 LCD（TFT—LCD）、等离子显示屏（PDP）、有机发光二极管（OLED）、激光显示、3D显示等新型平板显示器件和各种终端应用产品的生产、及其专用设备研发与制造

2. 数字音、视频编解码设备，数字广播电视演播室设备，数字有线电视系统设备，数字音频广播发射设备，数字电视上下变换器，数字电视地面广播单频网（SFN）设备，卫星数字电视上行站设备，卫星公共接收电视（sMATV）前端设备研发与制造

3. 高清数字摄录机、数字放声设备、数字多功能电话机、数字电视机研发与制造

4. 网络视听节目技术开发与服务

5. 移动多媒体广播电视、广播影视数字化、数字电影服务监管技术研发

6. 集成电路设计、制造、封装与测试

7. 大中型电子计算机、百万亿次高性能计算机、便携式微型计算机、每秒一万亿次及以上高档服务器、大型模拟仿真系统、大型工业控制机及控制器研发与制造

8. 图形图像识别和处理系统研发与制造

9. 计算机辅助设计、辅助测试（CAT）、辅助制造（以M）、辅助工程（CAE）系统、各种应用软件产品的设计和开发

10. 新型电子元器件（片式元器件、频率元器件、混合集成电路、电力电子器件、光电子器件、敏感元器件、新型机电元件、高档接插件、高密度印刷电路板和柔性电路板等）研发与制造

11. 卫星通信系统、地球站设备研发与制造

12. 卫星导航定位接收设备及关键部件研发与制造

13. 2.5GB/S及以上光同步传输系统研发与制造

14. 155MB/S及以上数字微波同步传输设备研发与制造

15. 32波及以上光纤波分复用传输系统设备研发与制造

16. 10GB/S及以上数字同步系列光纤通信系统设备研发与制造

17. 数字移动通信、接入网系统、数字集群通信系统及路由器、网关等网络设备研发与制

造

18. 集成电路装备研发与制造

19. 半导体、光电子器件、新型电子元器件等电子产品用材料开发与生产

20. 航空航天仪器仪表电子产品研发与制造

21. 量子通信设备研发与制造

22. 数据处理及数据库技术研发

23. 电子商务和电子政务技术及系统开发

24. 防伪技术及设备的开发与制造

25. 用于物联网产业的电子标签、传感器、智能识读机、智能卡、核心芯片等开发与制造

26. 数字化、智能化、网络化工业自动检测仪表与传感器,原位在线成份分析仪器,具有无线通信功能的低功耗智能传感器,电磁兼容检测设备研发与制造

(二)装备制造业

1. 汽车电子控制系统、电动空调、电制动、电动转向;急速起停系统研发与制造

2. 汽车电子产品开发、试验、检测设备及设施研发与制

3. 汽车车载充电机、非车载充电设备研发与制造

4. 新型医用诊断医疗仪器设备、微创外科和介入治疗装备及器械、医疗急救及移动式医疗装备、康复工程技术装置、家用医疗器械、新型计划生育器具(第三代宫内节育器)、人工器官及关键元器件的开发和生产,数字化医学影像产品及医疗信息技术的开发与制造

5. 化学合成药物、中成药、中药饮片、兽用医药、生物化学药品等医药产品研发与生产

6. 大型远洋捕捞加工渔船、海洋工程作业船与辅助船等特种船舶及其专用设备,智能环保型关键船用配套设备研发与制造

7. 海洋工程装备的研发与制造

8. 豪华游艇、游轮、客滚船等高技术附加值船舶开发与制造

9. 安全饮水设备、先进型净水器研发与制造

10. 智能电网调度监测、智能配电、智能用电等技术和设备研发与制造

11. 精密模具、非金属制品模具设计与制造

12. 新型高技术纺织机械及关键零部件研发与制造

(三)新材料产业

1. 磁存储和光盘存储为主的数据存储材料研发与制造

2. 单晶硅半导体微电子材料研发与制造

3. 光电子材料、光功能高分子材料、光导材料、光记录材料、光加工材料、光学用塑料、光显示用材料、光转换系统材料研发与制造

4. 光纤通信材料研发与制造

5. 纳米粉末、纳米纤维、纳米膜、纳米催化剂研发与制造

6. 轿车及中高档轻型车动力传动、减振、制动系统用密封材料研发与制造

7. 复合防弹板材和高强度缆绳等系列产品研发与制造

8. 交通运输、水利、环保等产业用纺织品的纤维材料、新溶剂法纤维、复合超细短纤维及其系列产品和差别化、功能化纤维研发与制造

9. 高强、耐磨尼龙专用料及工业管材、农用塑料大棚骨架管材及连接材料、环境降解塑料研发与制造

10. 反光膜和反光织物等高分子反光材料研发与制造
11. 电子专用铜带、多层敷铜板、印刷线路板和集成电路引线研发与制造
12. 导电玻璃、高性能软磁铁氧体材料及所需的高纯度原材料、大功率压电陶瓷和热释电陶瓷材料、液晶材料、高纯化学试剂、砷化甲抛光片等研发与制造
13. 锂离子嵌入材料绿色电池材料研发与制造
14. 高性能、高品质PCB基板和材料研发与制造
15. 树脂基复合材料、炭/炭复合材料、陶瓷基复合材料、金属基复合材料、炭纤维、芳纶、超高分子量聚乙烯纤维等高性能增强纤维及复合材料研发与制造
16. 屏蔽电磁波玻璃、微电子用玻璃基板、透红外线无铅玻璃、电子级大规格石英玻璃扩散管、超二代和三代微通道板、光学纤维面板和倒像器及玻璃光锥研发与制造
17. 连续玻璃纤维原丝毡、玻璃纤维表面毡、微电子用玻璃纤维布及薄毡研发与制造
18. 汽车催化装置用陶瓷载体、氮化铝（AlN）陶瓷基片、多孔陶瓷研发与制造
19. 采用新技术、新工艺生产的橡胶、塑料、纤维、涂料、胶黏剂和高分子基复合材料等有机高分子材料及制品研发与制造
20. 生物高分子材料、填料、试剂、芯片、干扰素、传感器、纤维素酶、碱性蛋白酶、诊断用酶等酶制剂、纤维素生化产品，新型医用材料研发与制造
21. 高纯、专用级催化剂、吸附剂、活性剂研发与制造
22. 农膜新技术及新产品（光解膜、多功能膜及原料等）研发与制造
23. 塑料软包装新技术、新产品（高阻隔、多功能膜及原料）研发与制造
24. 生物降解材料研发与制造
25. 特种陶瓷技术研发与制造
26. 高性能膜材料、高分子分离膜、水处理膜、太阳能电池膜、平板显示薄膜、半导体及微电子用薄膜研发与制造
27. 高品质人工晶体材料、制品和器件，高纯石英原料、石英玻璃材料及其制品，特种玻璃研发与制造
28. 汽车轻量化及环保型新材料研发与制造
29. 新型墙体和屋面材料、绝热隔音材料、建筑防水和密封材料、建筑与海洋防护用环保涂料的开发与生产

（四）新能源产业
1. 地热能、海洋能（潮汐能、潮流能、波浪能）开发利用
2. 风电与光伏发电互补系统技术开发与服务
3. 太阳能建筑一体化组件设计与制造
4. 无齿轮箱、多级低速发电机、变速恒频等新型风力发电机组研发与制造
5. 高效太阳能热水器及热水工程，太阳能中高温利用技术开发与服务
6. 太阳能热发电集热系统、太阳能光伏发电系统集成技术开发应用、逆变控制系统开发制造
7. 沼气发电机组、低成本沼气净化设备、沼气管道供气、沼气智能流量表、装罐成套设备研发与制造

二、服务业
（一）现代物流业

1. 物流营运中心及物流公共信息平台

2. 对台海上运输业务

3. 物流标准化技术研发

(二)商贸服务业

1. 台湾特色农渔业产品物流集散中心

(三)文化创意产业

1. 动漫、游戏创作、动漫技术开发与服务

2. 民俗文化产品及工艺美术研究设计

3. 体育用品研发

(四)技术及商务服务业

1. 中文信息处理软件的开发

2. 网络支撑平台和中间件开发

3. 嵌入式软件系统(嵌入式操作系统、核心支撑软件)开发

4. 信息传输网络及网络增值业务应用系统开发

5. 以承接服务外包方式从事系统应用管理和维护、信息技术支持管理、银行后台服务、财务结算、人力资源服务、软件开发、离岸呼出中心、数据处理等信息技术、业务流程和知识流程外包服务

6. 工业设计、生物、新材料、新能源、节能、环保、测绘、海洋等专业科技服务,认证和质量检测服务

7. 在线数据与交易技术研发、IT设施管理和数据中心技术研发、移动互联网技术研发、互联网会议电视及图像等电信增值业务应用系统开发

8. 智能产品整体方案、人机工程设计、系统仿真等设计服务

9. 信息安全风险评估与咨询服务,信息装备和软件安全评测服务

10. 综合利用海水淡化后的浓海水制盐,提取钾、溴、镁、锂及其深加工等海水化学资源高附加值利用技术开发

11. 各类创业中心、大学科技园、留学生创业园、软件创业园以及其他专门人才、专业技术企业等专业孵化器

三、农业及海洋产业

1. 良种、花卉引进和推广服务

2. 名特优海产养殖、深水抗风浪大型网箱养殖、工厂化养殖、生态型养殖

3. 数字(信息)农业技术开发

4. 农林牧渔业现代装备与信息化技术开发

5. 海产品冷冻保鲜技术的研发与设备制造

6. 海洋生物提取技术研究开发与生产

7. 海洋资源综合利用技术研发

8. 海洋药物、海洋保健食品开发

9. 生物医药研发,工业催化、生物改性、生物转化等酶产品研发与生产

10. 海洋生物质能源技术研究及开发

四、生态环保业

1. 海岛、湿地等自然保护区建设,海岛整治修复及生态示范工程

2. 水土流失综合治理技术开发与服务
3. 海洋环境保护及科学开发
4. 微咸水、苦咸水、劣质水、海水的开发利用和海水淡化工程及设备的研发及制造
5. 海漂垃圾污染治理技术的开发与服务
6. 绿色建筑开发建造
7. 餐厨垃圾及城市污泥综合利用产业化
8. 提升废旧装备高技术修复、制造、改造的资源节约型的再制造技术开发及设备制造
9. 危险废物处置中心

五、公共设施管理业
1. 城市交通管制系统技术开发与设备制造
2. 地震、海啸、地质灾害监测预警和评估技术开发与服务
3. 堤坝安全自动监测报警技术开发与服务
4. 突发事件现场信息探测与快速获取技术及产品
5. 生物灾害、动植物疫情监测预警技术开发与服务
6. 公共交通工具事故预警技术开发与服务
7. 食品药品安全快速检测技术开发与服务
8. 城市基础空间信息数据生产及关键技术开发
9. 依托基础地理信息资源的城市立体管理信息系统开发
10. 城市照明智能化、绿色照明系统技术开发与生产
11. 城市积涝预警技术开发与服务
12. 水资源管理信息系统(以水源、取水、输水、供水、用水、耗水和排水等水资源开发利用为主要环节的监测)技术开发
13. 邮件、快件运输与交通运输网络融合技术开发
14. 海运电子数据交换系统和水运行业信息系统技术开发
15. 出租汽车服务调度信息系统、运营车辆安全监控记录开发
16. 城市再生水利用技术和工程、城市雨水收集利用

附3 前海深港现代服务业合作区企业所得税优惠目录

一、现代物流业
1. 供应链解决方案设计、订单管理与执行、虚拟生产、信息管理、资金管理、咨询服务等供应链管理服务
2. 在岸、离岸的物流外包服务
3. 现代物流技术与物流公共服务系统的开发及运营
4. 第三方物流的结算和管理

二、信息服务业
1. 电信增值业务应用系统开发
2. 电子认证、电子商务、电子政务技术研发
3. 信息安全技术研发服务
4. 数据挖掘、数据分析、数据服务及数字化资源开发
5. 新一代移动通信网,基于IPv6的下一代互联网技术研发

6. 卫星通信技术研发

7. 通用软件、行业应用软件、嵌入式软件的研发与服务

8. 云计算、物联网、高可信计算、智能网络、大数据等技术研发与服务

三、科技服务业

1. 新能源、新材料、生物医药、低碳环保等各行业专业科技服务

2. 基因测序、干细胞、功能蛋白、生命健康等新兴科学技术研发与服务

3. 新能源电池、三维立体显示和打印技术研发与服务

4. 信息技术外包、业务流程外包、知识流程外包等技术先进型服务

四、文化创意产业

1. 平面设计、包装设计、广告设计、室内设计、景观设计、工业设计、服装设计等创意设计服务

2. 文化信息资源开发

3. 网络视听节目技术研发与服务

4. 动漫及网络游戏研发与创作

5. 新媒体技术的研发与服务

第九节 《高新技术企业优惠情况及明细表》的填制与审核

一、表样及有关项目的填报说明

(一)表样

A107041

高新技术企业优惠情况及明细表

行次	基本信息			
1	高新技术企业证书编号		高新技术企业证书取得时间	
2	产品(服务)属于《国家重点支持的高新技术领域》规定的范围(填写具体范围名称)		是否发生重大安全、质量事故	是□ 否□
3	是否有环境等违法、违规行为,受到有关部门处罚	是□ 否□	是否发生偷骗税行为	是□ 否□
4	关键指标情况			
5	收入指标	一、本年高新技术产品(服务)收入(6+7)		
6		其中:产品(服务)收入		
7		技术性收入		
8		二、本年企业总收入		
9		三、本年高新技术产品(服务)收入占企业总收入的比例(5÷8)		
10	人员指标	四、本年具有大学专科以上学历的科技人员数		
11		五、本年研发人员数		
12		六、本年职工总数		
13		七、本年具有大学专科以上学历的科技人员占企业当年职工总数的比例(10÷12)		
14		八、本年研发人员占企业当年职工总数的比例(11÷12)		

续表

行次	基本信息	
15		九、本年归集的高新研发费用金额(16+25)
16	研究开发费用指标	(一)内部研究开发投入(17+18+19+20+21+22+24)
17		1. 人员人工
18		2. 直接投入
19		3. 折旧费用与长期费用摊销
20		4. 设计费用
21		5. 装备调试费
22		6. 无形资产摊销
23		7. 其他费用
24		其中:可计入研发费用的其他费用
25		(二)委托外部研究开发费用(26+27)
26		1. 境内的外部研发费
27		2. 境外的外部研发费
28	十、本年研发费用占销售(营业)收入比例	
29	减免税金额	

(二)填报说明

本表适用于享受高新技术企业优惠的纳税人填报。纳税人根据税法规定,填报本年发生的高新技术企业优惠情况。

1. 第1行"《高新技术企业证书》编号":填报纳税人高新技术企业证书上的编号;"《高新技术企业证书》取得时间";填报纳税人高新技术企业证书上的取得时间。

2. 第2行"产品(服务)属于《国家重点支持的高新技术领域》规定的范围":填报纳税人产品(服务)属于《国家重点支持的高新技术领域》中的具体范围名称,填报至三级明细,"是否发生重大安全、质量事故":纳税人按实际情况选择"是"或者"否"。

3. 第3行"是否有环境等违法、违规行为,受到有关部门处罚的,是否发生偷骗税行为":纳税人按实际情况选择"是"或者"否"。

4. 第5行"一、本年高新技术产品(服务)收入":填报第6+7行的金额。

5. 第6行"其中:产品(服务)收入":填报纳税人本年符合《国家重点支持的高新技术领域》要求的产品(服务)收入。

6. 第7行"技术性收入":填报纳税人本年符合《国家重点支持的高新技术领域》要求的技术性收入的总和。

7. 第8行"二、本年企业总收入":填报纳税人本年以货币形式和非货币形式从各种来源取得的收入,为收入总额。包括:销售货物收入,提供劳务收入,转让财产收入,股息、红利等权益性投资收益,利息收入,租金收入,特许权使用费收入,接受捐赠收入,其他收入。

8. 第9行"三、本年高新技术产品(服务)收入占企业总收入的比例":填报第5÷8行的比例。

9. 第10行"四、本年具有大学专科以上学历的科技人员数":填报纳税人具有大学专科以上学历的,且在企业从事研发活动和其他技术活动的,本年累计实际工作时间在183天以上的人员数。包括:直接科技人员及科技辅助人员。

10. 第11行"五、本年研发人员数":填报纳税人本年研究人员、技术人员和辅助人员三类人员合计数,具体包括企业内主要从事研究开发项目的专业人员;具有工程技术、自然科学和生命科学中一个或一个以上领域的技术知识和经验,在研究人员指导下参与部分工作(包括关键资料的收集整理、编制计算机程序、进行实验、测试和分析,为实验、测试和分析准备材料和设备、记录测量数据、进行计算和编制图表、从事统计调查等)的人员;参与研究开发活动的熟练技工。

11. 第12行"六、本年职工总数":填报纳税人本年职工总数。

12. 第13行"七、本年具有大学专科以上学历的科技人员占企业当年职工总数的比例":填报第10行(本年具有大学专科以上学历的科技人员数)÷第12行(本年职工总数)的比例。

13. 第14行"八、本年研发人员占企业当年职工总数的比例":填报第11行(本年研发人员数)÷第12行(本年职工总数)的比例。

14. 第15行"九、本年归集的高新研发费用金额":填报第16行(内部研究开发投入)+第25行(委托外部研究开发费用)的金额。

15. 第16行"(一)内部研究开发投入":填报第17行(人员人工)+第18行(直接投入)+第19行(折旧费用与长期待摊费用)+第20行(设计费用)+第21行(装备调试费)+第22行(无形资产摊销)+第24行(可计入研发费用的其他费用)的金额。

16. 第17行"1. 人员人工":填报纳税人从事研究开发活动人员(也称研发人员)全年工资薪金,包括基本工资、奖金、津贴、补贴、年终加薪、加班工资以及与其任职或者受雇有关的其他支出。

17. 第18行"2. 直接投入":填报纳税人为实施研究开发项目而购买的原材料等相关支出。如:水和燃料(包括煤气和电)使用费等;用于中间试验和产品试制达不到固定资产标准的模具、样品、样机及一般测试手段购置费、试制产品的检验费等;用于研究开发活动的仪器设备的简单维护费;以经营租赁方式租入的固定资产发生的租赁费等。

18. 第19行"3. 折旧费用与长期待摊费用":填报纳税人为执行研究开发活动而购置的仪器和设备以及研究开发项目在用建筑物的折旧费用,包括研发设施改建、改装、装修和修理过程中发生的长期待摊费用。

19. 第20行"4. 设计费用":填报纳税人为新产品和新工艺的构思、开发和制造,进行工序、技术规范、操作特性方面的设计等发生的费用。

20. 第21行"5. 装备调试费":填报纳税人工装准备过程中研究开发活动所发生的费用(如研制生产机器、模具和工具,改变生产和质量控制程序,或制定新方法及标准等)。需特别注意的是:为大规模批量化和商业化生产所进行的常规性工装准备和工业工程发生的费用不能计入。

21. 第22行"6. 无形资产摊销":填报纳税人因研究开发活动需要购入的专有技术(包括专利、非专利发明、许可证、专有技术、设计和计算方法等)所发生的费用摊销。

22. 第23行"7. 其他费用":填报纳税人为研究开发活动所发生的其他费用,如办公费、通讯费、专利申请维护费、高新科技研发保险费等。

23. 第24行"其中:可计入研发费用的其他费用":填报纳税人为研究开发活动所发生的其他费用中不超过研究开发总费用10%的金额。

24. 第25行"(二)委托外部研究开发费用":填报第26行(境内的外部研发费)+第27行(境外的外部研发费)的金额。

25. 第26行"1. 境内的外部研发费":填报纳税人委托境内的企业、大学、转制院所、研究机构、技术专业服务机构等进行的研究开发活动所支出的费用,按照委托外部研究开发费用发生额的80%计入研发费用总额。其中,企业在中国境内发生的研究开发费用总额占全部研究开发费用总额的比例不低于60%。

26. 第27行"2. 境外的外部研发费":填报纳税人委托境外机构完成的研究开发活动所发生的费用,按照委托外部研究开发费用发生额的80%计入研发费用总额。

27. 第28行"十、本年研发费用占销售(营业)收入比例":填报纳税人本年研发费用占销售(营业)收入的比例。

28. 第29行"减免税金额":填报按照表A100000《中华人民共和国企业所得税年度纳税申报表(A类)》第23行(应纳税所得额)应纳税所得额计算的减征10%企业所得税金额。

二、表内、表间关系

(一)表内关系

1. 第5行(本年高新技术产品(服务)收入)=第6行(产品(服务)收入)+第7行(技术性收入)。

2. 第9行(本年高新技术产品(服务)收入占企业总收入的比例)=第5行(本年高新技术产品(服务)收入)÷第8行(本年企业总收入)。

3. 第13行(本年具有大学专科以上学历的科技人员占企业当年职工总数的比例)=第10行(本年具有大学专科以上学历的科技人员数)÷第12行(本年职工总数)。

4. 第14行(本年研发人员占企业当年职工总数的比例)=第11行(本年研发人员数)÷第12行(本年职工总数)。

5. 第15行(本年归集的高新研发费用金额)=第16行(内部研究开发投入)+第25行(委托外部研究开发费用)。

6. 第16行(内部研究开发投入)=第17行(人员人工)+第18行(直接投入)+第19行(折旧费用与长期待摊费用)+第20行(设计费用)+第21行(装备调试费)+第22行(无形资产摊销)+第24行(可计入研发费用的其他费用)。

7. 第25行(委托外部研究开发费用)=第26行(境内的外部研发费)+第27行(境外的外部研发费)。

(二)表间关系

第29行(减免税金额)=表A107040《减免所得税优惠明细表》第2行(国家需重点扶持的高新技术企业)。

三、填审要点提示

享受高新技术企业优惠,相关政策程序很重要,本表填写的很多内容也在于对照是否符合条件范围,同时关注收入与研发费用归集。

四、政策链接

政策链接之一:《中华人民共和国企业所得税法》第二十八条……
国家需要重点扶持的高新技术企业,减按15%税率征收企业所得税。

政策链接之二:第九十三条 企业所得税法第二十八条第二款所称国家需要重点扶持的高新技术企业,是指拥有核心自主知识产权,并同时符合下列条件的企业:

(一)产品(服务)属于《国家重点支持的高新技术领域》规定的范围;
(二)研究开发费用占销售收入的比例不低于规定比例;
(三)高新技术产品(服务)收入占企业总收入的比例不低于规定比例;
(四)科技人员占企业职工总数的比例不低于规定比例;
(五)高新技术企业认定管理办法规定的其他条件。

《国家重点支持的高新技术领域》和高新技术企业认定管理办法由国务院科技、财政、税务主管部门商国务院有关部门制订,报国务院批准后公布施行。

政策链接之三:科技部 财政部 国家税务总局《关于印发〈高新技术企业认定管理办法〉的通知》(国科发火[2008]172号)。

根据《中华人民共和国企业所得税法》、《中华人民共和国企业所得税法实施条例》的有关规定,经国务院批准,现将《高新技术企业认定管理办法》及其附件《国家重点支持的高新技术领域》印发给你们,请遵照执行。

高新技术企业认定管理办法
第一章 总 则

第一条 为扶持和鼓励高新技术企业的发展,根据《中华人民共和国企业所得税法》(以下简称《企业所得税法》)、《中华人民共和国企业所得税法实施条例》(以下简称《实施条例》)有关规定,特制定本办法。

第二条 本办法所称的高新技术企业是指:在《国家重点支持的高新技术领域》(见附件)内,持续进行研究开发与技术成果转化,形成企业核心自主知识产权,并以此为基础开展经营活动,在中国境内(不包括港、澳、台地区)注册一年以上的居民企业。

第三条 高新技术企业认定管理工作应遵循突出企业主体、鼓励技术创新、实施动态管理、坚持公平公正的原则。

第四条 依据本办法认定的高新技术企业,可依照《企业所得税法》及其《实施条例》、《中华人民共和国税收征收管理法》(以下称《税收征管法》)及《中华人民共和国税收征收管理法实施细则》(以下称《实施细则》)等有关规定,申请享受税收优惠政策。

第五条 科技部、财政部、税务总局负责指导、管理和监督全国高新技术企业认定工作。

第二章 组织与实施

第六条 科技部、财政部、税务总局组成全国高新技术企业认定管理工作领导小组(以下称"领导小组"),其主要职责为:
(一)确定全国高新技术企业认定管理工作方向,审议高新技术企业认定管理工作报告;
(二)协调、解决认定及相关政策落实中的重大问题;
(三)裁决高新技术企业认定事项中的重大争议,监督、检查各地区认定工作;
(四)对高新技术企业认定工作出现重大问题的地区,提出整改意见。

第七条 领导小组下设办公室。办公室设在科技部,其主要职责为:
(一)提交高新技术企业认定管理工作报告;
(二)组织实施对高新技术企业认定管理工作的检查;
(三)负责高新技术企业认定工作的专家资格的备案管理;
(四)建立并管理"高新技术企业认定管理工作网";
(五)领导小组交办的其他工作。

第八条 各省、自治区、直辖市、计划单列市科技行政管理部门同本级财政、税务部门组成

本地区高新技术企业认定管理机构(以下称"认定机构"),根据本办法开展下列工作:

(一)负责本行政区域内的高新技术企业认定工作;

(二)接受企业提出的高新技术企业资格复审;

(三)负责对已认定企业进行监督检查,受理、核实并处理有关举报;

(四)选择参与高新技术企业认定工作的专家并报领导小组办公室备案。

第九条 企业取得高新技术企业资格后,应依照本办法第四条的规定到主管税务机关办理减税、免税手续。

享受减税、免税优惠的高新技术企业,减税、免税条件发生变化的,应当自发生变化之日起15日内向主管税务机关报告;不再符合减税、免税条件的,应当依法履行纳税义务;未依法纳税的,主管税务机关应当予以追缴。同时,主管税务机关在执行税收优惠政策过程中,发现企业不具备高新技术企业资格的,应提请认定机构复核。复核期间,可暂停企业享受减免税优惠。

第三章 条件与程序

第十条 高新技术企业认定须同时满足以下条件:

(一)在中国境内(不含港、澳、台地区)注册的企业,近三年内通过自主研发、受让、受赠、并购等方式,或通过5年以上的独占许可方式,对其主要产品(服务)的核心技术拥有自主知识产权;

(二)产品(服务)属于《国家重点支持的高新技术领域》规定的范围;

(三)具有大学专科以上学历的科技人员占企业当年职工总数的30%以上,其中研发人员占企业当年职工总数的10%以上;

(四)企业为获得科学技术(不包括人文、社会科学)新知识,创造性运用科学技术新知识,或实质性改进技术、产品(服务)而持续进行了研究开发活动,且近三个会计年度的研究开发费用总额占销售收入总额的比例符合如下要求:

1. 最近一年销售收入小于5 000万元的企业,比例不低于6%;

2. 最近一年销售收入在5 000万元至20 000万元的企业,比例不低于4%;

3. 最近一年销售收入在20 000万元以上的企业,比例不低于3%。

其中,企业在中国境内发生的研究开发费用总额占全部研究开发费用总额的比例不低于60%。企业注册成立时间不足三年的,按实际经营年限计算;

(五)高新技术产品(服务)收入占企业当年总收入的60%以上;

(六)企业研究开发组织管理水平、科技成果转化能力、自主知识产权数量、销售与总资产成长性等指标符合《高新技术企业认定管理工作指引》(另行制定)的要求。

第十一条 高新技术企业认定的程序如下:

(一)企业自我评价及申请

企业登录"高新技术企业认定管理工作网",对照本办法第十条规定条件,进行自我评价。认为符合认定条件的,企业可向认定机构提出认定申请。

(二)提交下列申请材料

1. 高新技术企业认定申请书;

2. 企业营业执照副本、税务登记证(复印件);

3. 知识产权证书(独占许可合同)、生产批文,新产品或新技术证明(查新)材料、产品质量检验报告、省级以上科技计划立项证明,以及其他相关证明材料;

4. 企业职工人数、学历结构以及研发人员占企业职工的比例说明；

5. 经具有资质的中介机构鉴证的企业近三个会计年度研究开发费用情况表（实际年限不足三年的按实际经营年限），并附研究开发活动说明材料；

6. 经具有资质的中介机构鉴证的企业近三个会计年度的财务报表（含资产负债表、损益表、现金流量表，实际年限不足三年的按实际经营年限）以及技术性收入的情况表。

（三）合规性审查

认定机构应建立高新技术企业认定评审专家库；依据企业的申请材料，抽取专家库内专家对申报企业进行审查，提出认定意见。

（四）认定、公示与备案

认定机构对企业进行认定。经认定的高新技术企业在"高新技术企业认定管理工作网"上公示15个工作日，没有异议的，报送领导小组办公室备案，在"高新技术企业认定管理工作网"上公告认定结果，并向企业颁发统一印制的"高新技术企业证书"。

第十二条　高新技术企业资格自颁发证书之日起有效期为三年。企业应在期满前三个月内提出复审申请，不提出复审申请或复审不合格的，其高新技术企业资格到期自动失效。

第十三条　高新技术企业复审须提交近三年开展研究开发等技术创新活动的报告。

复审时应重点审查第十条（四）款，对符合条件的，按照第十一条（四）款进行公示与备案。

通过复审的高新技术企业资格有效期为三年。期满后，企业再次提出认定申请的，按本办法第十一条的规定办理。

第十四条　高新技术企业经营业务、生产技术活动等发生重大变化（如并购、重组、转业等）的，应在十五日内向认定管理机构报告；变化后不符合本办法规定条件的，应自当年起终止其高新技术企业资格；需要申请高新技术企业认定的，按本办法第十一条的规定办理。

高新技术企业更名的，由认定机构确认并经公示、备案后重新核发认定证书，编号与有效期不变。

第四章　罚　则

第十五条　已认定的高新技术企业有下述情况之一的，应取消其资格：

（一）在申请认定过程中提供虚假信息的；

（二）有偷、骗税等行为的；

（三）发生重大安全、质量事故的；

（四）有环境等违法、违规行为，受到有关部门处罚的。

被取消高新技术企业资格的企业，认定机构在5年内不再受理该企业的认定申请。

第十六条　参与高新技术企业认定工作的各类机构和人员对所承担认定工作负有诚信以及合规义务，并对申报认定企业的有关资料信息负有保密义务。违反高新技术企业认定工作相关要求和纪律的，给予相应处理。

第五章　附　则

第十七条　原《国家高新技术产业开发区外高新技术企业认定条件和办法》（国科发火字[1996]018号）、原《国家高新技术产业开发区高新技术企业认定条件和办法》（国科发火字[2000]324号），自本办法实施之日起停止执行。

第十八条　本办法由科技部、财政部、税务总局负责解释。

第十九条　科技部、财政部、税务总局另行制定《高新技术企业认定管理工作指引》。

第二十条　本办法自2008年1月1日起实施。

政策链接之四：科学技术部 财政部 国家税务总局《关于印发〈高新技术企业认定管理工作指引〉的通知》(国科发火[2008]362号)。

《高新技术企业认定管理办法》(国科发火[2008]172号,以下称《认定办法》)及《国家重点支持的高新技术领域》已经印发给你们。为确保认定管理工作高效、规范,根据《认定办法》第十九条的规定,现将《高新技术企业认定管理工作指引》(以下称《工作指引》)印发给你们,并就有关事项通知如下：

一、各省、自治区、直辖市及计划单列市的科技、财政、税务部门应充分认识高新技术企业认定管理工作的重要性,密切配合,及时成立认定管理机构,共同做好本地区高新技术企业认定和税收优惠政策的落实工作。

二、2007年底前国家高新技术产业开发区(包括北京市新技术产业开发试验区)内、外已按原认定办法认定的仍在有效期内的高新技术企业资格依然有效,但在按《认定办法》和《工作指引》重新认定合格后方可依照《企业所得税法》及其实施条例等有关规定享受企业所得税优惠政策。企业可提前按《认定办法》和《工作指引》申请重新认定,亦可在资格到期后申请重新认定。

三、对原依法享受企业所得税定期减免税优惠未期满的高新技术企业,可依照《国务院关于实施企业所得税过渡优惠政策的通知》(国发[2007]39号)的有关规定执行。

四、对经济特区和上海浦东新区内新设立并按《认定办法》和《工作指引》认定的高新技术企业,按《国务院关于经济特区和上海浦东新区新设立高新技术企业实行过渡性税收优惠的通知》(国发[2007]40号)的有关规定执行。

五、高新技术企业认定管理工作政策性强、专业要求高,各地应配备骨干人员,保障认定工作所需经费,及时对本地区在认定工作中出现的新情况、新问题提出切实可行的政策建议。

附件：

高新技术企业认定管理工作指引

根据《高新技术企业认定管理办法》(以下称《认定办法》)和《国家重点支持的高新技术领域》(以下称《重点领域》)的规定,为明确高新技术企业认定管理工作中各相关单位的职责,确定企业研究开发活动及费用归集标准,明晰各指标内涵及其测度方法,确保认定管理工作规范、高效地开展,特制定《高新技术企业认定管理工作指引》(以下称《工作指引》)。各相关单位应依据《认定办法》、《重点领域》,结合本《工作指引》,开展高新技术企业认定管理工作。

依照《认定办法》、《重点领域》,结合本《工作指引》所认定的高新技术企业即为《中华人民共和国企业所得税法》(以下称《企业所得税法》)第二十八条所称国家需要重点扶持的高新技术企业。

一、领导小组和认定机构

科技部、财政部、税务总局组成全国高新技术企业认定管理工作领导小组(以下称"领导小组"),领导小组下设办公室(设在科技部火炬高技术产业开发中心),负责处理日常工作。

省、自治区、直辖市、计划单列市科技行政管理部门同本级财政部门、税务部门组成本地区高新技术企业认定管理机构(以下称"认定机构"),认定机构下设办公室(设在省级、计划单列市科技行政主管部门),由科技、财政、税务部门相关人员组成,负责处理日常工作。

领导小组和办公室及认定机构的主要职责见《认定办法》。

二、认定与申请享受税收政策的有关程序

(一)认定

1. 自我评价。企业应对照《认定办法》第十条进行自我评价。认为符合条件的在"高新技术企业认定管理工作网"(网址:www.innocom.gov.cn)进行注册登记。

2. 注册登记。企业登录"高新技术企业认定管理工作网",按要求填写《企业注册登记表》(附1),并通过网络系统上传至认定机构。

认定机构应及时完成企业身份确认并将用户名和密码告知企业。

3. 准备并提交材料。企业根据获得的用户名和密码进入网上认定管理系统,按要求将下列材料提交认定机构:

(1)《高新技术企业认定申请书》(附2);

(2)企业营业执照副本、税务登记证书(复印件);

(3)经具有资质并符合本《工作指引》相关条件的中介机构鉴证的企业近三个会计年度研究开发费用(实际年限不足三年的按实际经营年限)、近一个会计年度高新技术产品(服务)收入专项审计报告;

(4)经具有资质的中介机构鉴证的企业近三个会计年度的财务报表(含资产负债表、利润及利润分配表、现金流量表,实际年限不足三年的按实际经营年限);

(5)技术创新活动证明材料,包括知识产权证书、独占许可协议、生产批文,新产品或新技术证明(查新)材料、产品质量检验报告,省级(含计划单列市)以上科技计划立项证明,以及其他相关证明材料。

4. 组织审查与认定

(1)认定机构收到企业申请材料后,按技术领域从专家库中随机抽取不少于5名相关专家,并将电子材料(隐去企业身份信息)通过网络工作系统分发给所选专家。

(2)认定机构收到专家的评价意见和中介机构的专项审计报告后,对申请企业提出认定意见,并确定高新技术企业认定名单。

上述工作应在收到企业申请材料后60个工作日内完成。

5. 公示及颁发证书

经认定的高新技术企业,在"高新技术企业认定管理工作网"上公示15个工作日。公示有异议的,由认定机构对有关问题进行查实处理,属实的应取消高新技术企业资格;公示无异议的,填写高新技术企业认定机构审批备案汇总表,报领导小组办公室备案后,在"高新技术企业认定管理工作网"上公告认定结果,并由认定机构颁发"高新技术企业证书"(加盖科技、财政、税务部门公章)。

具体认定流程如下图所示:

6. 高新技术企业资格自颁发证书之日起生效,有效期为三年。

(二)复审

1. 高新技术企业资格期满前三个月内企业应提出复审申请(复审申请书同附2),不提出复审申请或复审不合格的,其高新技术企业资格到期自动失效。

2. 高新技术企业复审须提交近三个会计年度开展研究开发等技术创新活动的报告,经具有资质并符合本《工作指引》相关条件的中介机构出具的近三个会计年度企业研究与开发费用、近一个会计年度高新技术产品(服务)收入专项审计报告。

复审时应对照《认定办法》第十条进行审查,重点审查第(四)款。对符合条件的企业,按照第十一条(四)款进行公示与备案,并由认定机构重新颁发"高新技术企业证书"(加盖科技、财

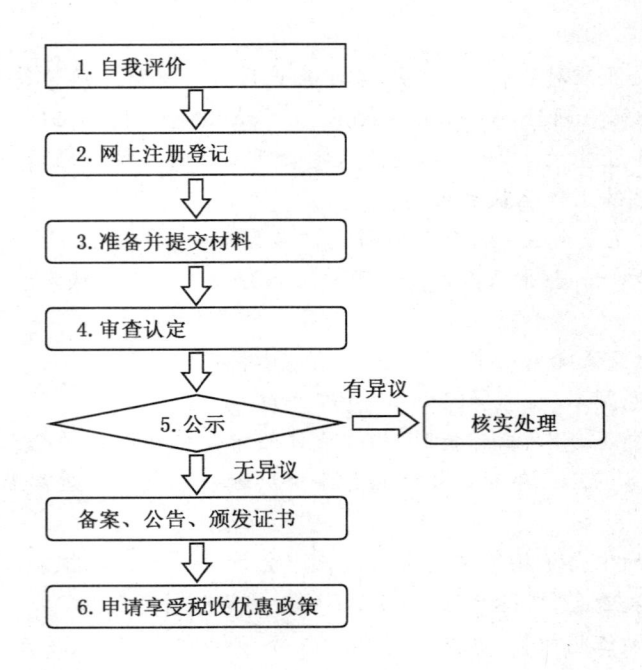

```
┌─────────────┐
│ 1. 自我评价  │
└──────┬──────┘
       ▽
┌─────────────┐
│ 2. 网上注册登记 │
└──────┬──────┘
       ▽
┌─────────────┐
│ 3. 准备并提交材料 │
└──────┬──────┘
       ▽
┌─────────────┐
│ 4. 审查认定  │
└──────┬──────┘
       ▽         有异议    ┌─────────┐
    ◇ 5.公示 ◇ ━━━━━━▷  │ 核实处理 │
       │                 └─────────┘
     无异议
       ▽
┌──────────────────┐
│ 备案、公告、颁发证书 │
└────────┬─────────┘
         ▽
┌──────────────────────┐
│ 6. 申请享受税收优惠政策 │
└──────────────────────┘
```

政、税务部门公章)。

通过复审的高新技术企业资格自颁发"高新技术企业证书"之日起有效期为三年。有效期满后,企业再次提出认定申请的,按初次申请办理。

(三)申请享受税收政策

1. 认定(复审)合格的高新技术企业,自认定(复审)当年起可依照《企业所得税法》及《中华人民共和国企业所得税法实施条例》(以下称《实施条例》)、《中华人民共和国税收征收管理法》(以下称《税收征管法》)、《中华人民共和国税收征收管理法实施细则》(以下称《实施细则》)和《认定办法》等有关规定,申请享受税收优惠政策。

2. 未取得高新技术企业资格或不符合《企业所得税法》及其《实施条例》、《税收征管法》及其《实施细则》,以及《认定办法》等有关规定条件的企业,不得享受税收优惠。

(四)复核

对高新技术企业资格及其相关税收政策落实产生争议的,凡属于《认定办法》第十四条、第十五条情况的企业,按《认定办法》规定办理;属于对是否符合第十条(四)款产生争议的,应组织复核,即采用企业自认定前三个会计年度(企业实际经营不满三年的,按实际经营时间)至争议发生之日的研究开发费用总额与同期销售收入总额之比是否符合《认定办法》第十条(四)款规定,判别企业是否应继续保留高新技术企业资格和享受税收优惠政策。

三、中介机构和专家

(一)中介机构

1. 中介机构的条件

(1)具备独立执业资格,成立3年以上,近3年内无不良记录;

(2)承担认定工作当年的注册会计师人数占职工全年月平均人数的比例不低于20%,全年月平均职工人数在20人以上;

(3)熟悉高新技术企业认定工作的相关政策。

2. 中介机构的职责

(1)接受企业委托,依据《认定办法》和《工作指引》客观公正地对企业的研究开发费用和高新技术产品(服务)收入进行专项审计,出具审计报告。

(2)中介机构应据实出具专项审计报告,发现有弄虚作假等行为的,取消其参与认定工作资格,并在"高新技术企业认定管理工作网"上公告。

(二)专家

1. 专家条件

(1)具有中华人民共和国公民资格,在中国大陆境内居住和工作。

(2)具有高级技术职称,并具有《重点领域》内相关专业背景和实践经验,对该技术领域的发展及市场状况有较全面的了解。

(3)具有良好的职业道德,坚持原则,办事公正。

(4)了解国家科技、经济及产业政策,熟悉高新技术企业认定工作有关要求。

2. 专家库及专家选取办法

(1)专家库内的专家应具备《重点领域》内相关技术专长。应结合当地实际情况,在相关技术领域内熟悉子领域技术的专家数量不少于评审所需专家的5倍。

(2)建立专家聘任制度,专家库内的专家实行动态管理,并由认定机构将专家备案表(附3)统一报领导小组办公室备案。

(3)认定机构根据企业主营产品(服务)所属技术领域,随机抽取该领域专家开展认定工作。

3. 专家职责

(1)审查企业申报的研究开发项目是否符合《认定办法》及《工作指引》的要求。

(2)按照独立公正的原则对企业的研究开发活动情况、核心自主知识产权及主营业务等进行评价,并填写《高新技术企业认定专家评价表》(附4),按要求上传给认定机构。

(3)填写《高新技术企业认定专家组综合评价表》(附5),按要求上传给认定机构,为认定机构提供咨询意见。

4. 专家纪律

(1)应按照《认定办法》、《工作指引》的要求,独立、客观、公正地对企业进行评价。

(2)不得压制不同观点和其他专家意见,不得做出与客观事实不符的评价。

(3)不得披露、使用申请企业的技术经济信息和商业秘密,不得复制保留或向他人扩散评审材料,不得泄露评审结果。

(4)不得利用其特殊身份和影响,采取非正常手段为申请企业认定提供便利。

(5)未经认定机构许可不得擅自进入企业调查。

(6)不得收受申请企业给予的任何好处和利益。

四、研究开发活动确认及研究开发费用归集

测度企业研究开发费用强度是高新技术企业认定中的重要环节之一。企业须按规定如实填报研究开发活动(项目)情况表;同时企业应正确归集研发经费,由具有资质并符合本《工作指引》相关条件的中介机构进行专项审计。

(一)研究开发活动的确认

1. 研究开发活动定义

为获得科学与技术(不包括人文、社会科学)新知识,创造性运用科学技术新知识,或实质性改进技术、产品(服务)而持续进行的具有明确目标的活动。

创造性运用科学技术新知识,或实质性改进技术、产品(服务),是指企业在技术、产品(服务)方面的创新取得了有价值的进步,对本地区(省、自治区、直辖市或计划单列市)相关行业的技术进步具有推动作用,不包括企业从事的常规性升级或对某项科研成果直接应用等活动(如直接采用新的工艺、材料、装置、产品、服务或知识等)。

企业按照上述定义判断是否进行了研究开发活动(项目),并填写附2《高新技术企业认定申请书》中的"二、企业研究开发项目情况表"。

2. 判断依据和方法

认定机构在组织专家评价过程中,可参考如下方法对企业申报的研发活动(项目)进行判断:

(1)行业标准判断法。若国家有关部门、全国(世界)性行业协会等具备相应资质的机构提供了测定科技"新知识"、"创造性运用科学技术新知识"或"具有实质性改进的技术、产品(服务)"等技术参数(标准),则优先按此参数(标准)来判断企业所进行项目是否为研究开发活动。

(2)专家判断法。如果企业所在行业中没有发布公认的研发活动测度标准,则通过本行业专家进行判断。判断的原则是:获得新知识、创造性运用新知识以及技术的实质改进应当是企业所在技术(行业)领域内可被同行业专家公认的、有价值的进步。

(3)目标或结果判定法(辅助标准)。检查研发活动(项目)的立项及预算报告,重点了解进行研发活动的目的(创新性)、计划投入资源(预算);研发活动是否形成了最终成果或中间性成果,如专利等知识产权或其他形式的科技成果。

在采用行业标准判断法和专家判断法不易判断企业是否发生了研发活动时,以本方法作为辅助。

3. 高技术服务业的企业研究开发活动

企业为支持其在高新技术服务业领域内开发新产品(服务)、采用新工艺等,而在自然科学和工程技术方面取得新知识或实质性改进的活动;或从事国家级科技计划列入的服务业关键技术项目的开发活动。对其判断标准与四、(一)、1及2款定义的一般性研究开发活动(项目)标准相同。

4. 研究开发项目的确定

研究开发项目是指"不重复的,具有独立时间、财务安排和人员配置的研究开发活动"。企业的研究开发费用是以各个研发项目为基本单位分别进行测度并加总计算的。

(二)研究开发费用的归集

企业应对包括直接研究开发活动和可以计入的间接研究开发活动所发生的费用进行归集,并填写附2《高新技术企业认定申请书》中的"五、企业年度研究开发费用结构明细表"。

1. 企业研究开发费用的核算

企业应按照下列样表设置高新技术企业认定专用研究开发费用辅助核算账目,提供相关凭证及明细表,并按本《工作指引》要求进行核算。

企业研究开发费用结构归集(样表)

科目＼研发项目＼累计发生额	A	B	C	D	E	F	G	…	n	各科目小计
研发投入额										
・内部研究开发投入	A1	B1	C1	D1	E1	F1	G1	…	n1	A1+…+n1
・人员人工	A2	B2	C2	D2	E2	F2	G2	…	n2	A1+…+n2
・直接投入	A3	B3	C3	D3	E3	F3	G3	…	n3	A1+…+n3
・折旧费用与长期费用摊销	A4	B4	C4	D4	E4	F4	G4	…	n4	A1+…+n4
・设计费	A5	B5	C5	D5	E5	F5	G5	…	n5	A1+…+n5
・装备调试费	A6	B6	C6	D6	E6	F6	G6	…	n6	A1+…+n6
・无形资产摊销	A7	B7	C7	D7	E7	F7	G7	…	n7	A1+…+n7
・其他费用	A8	B8	C8	D8	E8	F8	G8	…	n8	A1+…+n8
内部研究开发各项目费用小计：	ΣA	ΣB	ΣC	ΣD	ΣE	ΣF	ΣG	…	Σn	
内部研究开发费用总计	ΣA+ΣB+ΣC+ΣD+ΣE+ΣF+ΣG+…+Σn									
委托外部研究开发项目	A	B	C	D	E	F	G	…	n	合计:A+…+n
・委托外部研究开发投入额										
・其中,境内的外部研发投入额										
研究开发投入额合计	＝内部研究开发费用总计＋委托外部研究开发费用									

注：A、B、C、D等代表企业所申报的不同研究开发项目。

2. 各项费用科目的归集范围

(1)人员人工。从事研究开发活动人员(也称研发人员)全年工资薪金,包括基本工资、奖金、津贴、补贴、年终加薪、加班工资以及与其任职或者受雇有关的其他支出。

(2)直接投入。企业为实施研究开发项目而购买的原材料等相关支出。如：水和燃料(包括煤气和电)使用费等；用于中间试验和产品试制达不到固定资产标准的模具、样品、样机及一般测试手段购置费、试制产品的检验费等；用于研究开发活动的仪器设备的简单维护费；以经营租赁方式租入的固定资产发生的租赁费等。

(3)折旧费用与长期待摊费用。包括为执行研究开发活动而购置的仪器和设备以及研究开发项目在用建筑物的折旧费用,包括研发设施改建、改装、装修和修理过程中发生的长期待摊费用。

(4)设计费用。为新产品和新工艺的构思、开发和制造,进行工序、技术规范、操作特性方面的设计等发生的费用。

(5)装备调试费。主要包括工装准备过程中研究开发活动所发生的费用(如研制生产机器、模具和工具,改变生产和质量控制程序,或制定新方法及标准等)。

为大规模批量化和商业化生产所进行的常规性工装准备和工业工程发生的费用不能计入。

(6)无形资产摊销。因研究开发活动需要购入的专有技术(包括专利、非专利发明、许可证、专有技术、设计和计算方法等)所发生的费用摊销。

(7)委托外部研究开发费用。是指企业委托境内其他企业、大学、研究机构、转制院所、技术专业服务机构和境外机构进行研究开发活动所发生的费用(项目成果为企业拥有,且与企业的主要经营业务紧密相关)。委托外部研究开发费用的发生金额应按照独立交易原则确定。

认定过程中,按照委托外部研究开发费用发生额的80%计入研发费用总额。

(8)其他费用。为研究开发活动所发生的其他费用,如办公费、通讯费、专利申请维护费、高新科技研发保险费等。此项费用一般不得超过研究开发总费用的10%,另有规定的除外。

3. 企业在中国境内发生的研究开发费用

是指企业内部研究开发活动实际支出的全部费用与委托境内的企业、大学、转制院所、研究机构、技术专业服务机构等进行的研究开发活动所支出的费用之和,不包括委托境外机构完成的研究开发活动所发生的费用。

五、其他重要指标

(一)核心自主知识产权

《认定办法》规定的核心自主知识产权包括:发明、实用新型,以及非简单改变产品图案和形状的外观设计(主要是指:运用科学和工程技术的方法,经过研究与开发过程得到的外观设计)、软件著作权、集成电路布图设计专有权、植物新品种。

发明、实用新型、外观设计专利可以到国家知识产权局网站(http://www.sipo.gov.cn)查询专利标记和专利号来检验专利的真实性。

对于软件著作权,可以到国家版权局中国版权保护中心的网站(http://www.ccopyright.com.cn)查询软件著作权标记(亦称版权标记),表明作品受著作权保护的记号,检验其真伪。

本《工作指引》所称的独占许可,是指在全球范围内技术接受方对协议约定的知识产权(专利、软件著作权、集成电路布图设计专有权、植物新品种等)享有五年以上排他的使用权,在此期间内技术供应方和任何第三方都不得使用该项技术。

高新技术企业认定所指的核心自主知识产权须在中国境内注册,或享有五年以上的全球范围内独占许可权利(高新技术企业的有效期应在五年以上的独占许可期内),并在中国法律的有效保护期内。

(二)企业科技人员和研究开发人员

1. 企业科技人员

是指在企业从事研发活动和其他技术活动的,累计实际工作时间在183天以上的人员。包括:直接科技人员及科技辅助人员。

2. 企业研究开发人员

企业研究开发人员主要包括研究人员、技术人员和辅助人员三类。

(1)研究人员。是指企业内主要从事研究开发项目的专业人员。

(2)技术人员。具有工程技术、自然科学和生命科学中一个或一个以上领域的技术知识和经验,在研究人员指导下参与下述工作的人员:

——关键资料的收集整理;

——编制计算机程序;

——进行实验、测试和分析;

——为实验、测试和分析准备材料和设备;

——记录测量数据、进行计算和编制图表;从事统计调查等。

(3)辅助人员。是指参与研究开发活动的熟练技工。

3. 研究开发人数的统计

主要统计企业的全时工作人员,可以通过企业是否签订了劳动合同来鉴别。对于兼职或临时聘用人员,全年须在企业累计工作183天以上。

（三）高新技术产品（服务）收入

企业通过技术创新、开展研发活动，形成符合《重点领域》要求的产品（服务）收入与技术性收入的总和。

技术性收入主要包括以下几个部分：

1. 技术转让收入：指企业技术创新成果通过技术贸易、技术转让所获得的收入；
2. 技术承包收入：包括技术项目设计、技术工程实施所获得的收入；
3. 技术服务收入：指企业利用自己的人力、物力和数据系统等为社会和本企业外的用户提供技术方案、数据处理、测试分析及其他类型的服务所获得的收入；
4. 接受委托科研收入：指企业承担社会各方面委托研究开发、中间试验及新产品开发所获得的收入。

六、自主知识产权、研究开发组织管理水平、科技成果转化能力以及资产与销售额成长性的具体评价方法

知识产权、科技成果转化能力、研究开发的组织管理水平、成长性指标四项指标，用于评价企业利用科技资源进行创新、经营创新和取得创新成果等方面的情况。该四项指标采取加权记分方式，须达到70分以上（不含70分）。四项指标权重结构详见下表：

序号	指　　标	赋　值
1	核心自主知识产权	30
2	科技成果转化能力	30
3	研究开发的组织管理水平	20
4	成长性指标	20
合计		100

（一）指标计算与赋值说明

1. 四项指标赋予不同的数值（简称"赋值"）；企业不拥有核心自主知识产权的赋值为零。
2. 每项指标分数比例分为六个档次（A，B，C，D，E，F），分别是：0.80－1.0、0.60－0.79、0.40－0.59、0.20－0.39、0.01－0.19、0。
3. 各项指标实际得分＝本指标赋值分数比例。

［例］某指标赋值20，指标评价档次为"B"，分数比例评为0.7，

则：实际得分＝20分×0.7＝14分。

4. 评价指标以申报之日前3个年度的数据为准。如企业创办期不足3年，以实际经营年限为准。
5. 各项指标的选择均为单选。

（二）各单项指标的测算依据

1. 核心自主知识产权（30）

企业拥有的专利、软件著作权、集成电路布图设计专有权、植物新品种等核心自主知识产权的数量（不含商标）。

☐A. 6项，或1项发明专利　　☐B. 5项　　☐C. 4项
☐D. 3项　　☐E. 1～2项　　☐F. 0项

[说明]
1. 由专家对企业申报的核心自主知识产权是否符合《工作指引》要求进行评判。
2. 同一知识产权在国内外的申请、登记只记为一项。
3. 若知识产权的创造人与知识产权权属人分离,在计算知识产权数量时可分别计算。
4. 专利以获得授权证书为准。
5. 企业不具备核心自主知识产权的不能认定为高新技术企业。

2. 科技成果转化能力(30)

最近3年内科技成果转化的年平均数。

□A. 4项以上　　　　　　　　　　□B. 3～4项(不含3项)
□C. 2～3项(不含2项)　　　　　　□D. 1～2项(不含1项)
□E. 1项　　　　　　　　　　　　□F. 0项

1. 同一科学技术成果(专利、版权、技术使用许可证、注册的软件版权、集成电路布图设计)在国内外的申请只记为一项。
2. 购入或出售技术成果以正式技术合同为准。
3. 此项评价可计入技术诀窍,但价值较小的不算在内。从产品或工艺的改进表现来评价技术诀窍等的价值大小(企业可以不披露具体内容)。
4. 技术成果转化的判断依据是:企业以技术成果形成产品、服务、样品、样机等。

3. 研究开发的组织管理水平(20)

(1)制定了研究开发项目立项报告;(2)建立了研发投入核算体系;(3)开展了产学研合作的研发活动;(4)设有研发机构并具备相应的设施和设备;(5)建立了研发人员的绩效考核奖励制度。

□A. 5项都符合要求　　□B. 4项符合要求　　□C. 3项符合要求　　□D. 2项符合要求
□E. 1项符合要求　　　□F. 均不符合要求

4. 总资产和销售额成长性指标(20)

此项指标是对反映企业经营绩效的总资产增长率和销售增长率的评价(各占10分),具体计算方法如下:

总资产增长率=1/2×(第二年总资产额÷第一年总资产额+第三年总资产额÷第二年总资产额)-1

销售增长率=1/2×(第二年销售额÷第一年销售额+第三年销售额÷第二年销售额)-1

用计算所得的总资产增长率和销售增长率分别对照下表指标评价档次(ABCDE)评出分数比例,用分数比例乘以赋值计算出每项得分,两项得分相加计算出总资产和销售额成长性指标实际得分。

成长性指标 (20分)	得分	指标赋值	≥0.35 A	≥0.25 B	≥0.15 C	≥0.05 D	<0.05 E
		总资产增长率 赋值(10分)					
		销售增长率 赋值(10分)					

说明:1. 在计算会计年度内企业未产生销售收入或成长性指标为负的按0计算;第一年销售收入为0

的,按两年计算;第二年销售收入为 0 的,都按 0 计算。

2. 此项指标计算所依据的数据应以具有资质的中介机构鉴证的企业财务报表为准。

附 1： <center>**企业注册登记表**</center>

企业名称					注册时间	
主营产品(服务)所属技术领域					注册类型	
法人代码					税务登记号	
通信地址					邮政编码	
企业法定代表人	姓 名		手机		身份证号	
	电话		传真		E-mail	
联系人	姓 名		手机			
	电话		传真		E-mail	
企业是否上市	□是 □否		企业上市代码			
股权结构（本表可续加）	中国公民	姓 名		身份证(护照)号		投资额(万元)
	外籍公民					
	中国企业法人	名 称		法人代码		投资额(万元)
	外国企业法人					
是否引入风险投资	□是 □否				投资额(万元)	

附 2： <center>**高新技术企业认定申请书**</center>

企业名称(盖章)：_____

企业所在地区：_____省_____市(区)

认定机构办公室：_____

填报日期：_____年_____月_____日

科技部、财政部、国家税务总局编制
二〇〇八年七月

填报说明：

企业应参照《高新技术企业认定管理办法》、《国家重点支持的高新技术领域》(国科发火[2008]172 号)和《高新技术企业认定管理工作指引》(国科发火[2008]362 号)的要求填报。

本表内的所有财务数据须出自具有资质的中介机构的专项审计报告。

1. 企业应如实填报所附各表。要求文字简洁,数据准确、详实。
2. 表内栏目不得空缺,无内容时填写"0";数据有小数时,按四舍五入取整数填写。
3. "研发项目":详见《工作指引》四、(一)、1 中"研究开发活动定义"。
4. "技术领域"是指:《国家重点支持的高新技术领域》中规定的内容。
   "其他领域"是指:《国家重点支持的高新技术领域》以外的内容。
5. "近 3 年"是指:申报当年以前的连续 3 年(不含申报当年)。
6. "企业近 1 年财务状况"是指:企业申报当年前 1 个财政年度的财务数据。
   "销售收入"是指:产品收入和技术服务收入之和。
   "总资产"是指:流动资金、长期投资、固定资产、无形资产、递延资产和其他资产等的总和,等于企业负债与所有者权益之和。
7. "技术来源"是指:企业自有技术、其他企业技术、中央属科研院所、地方属科研院所、大专院校、引进技术本企业消化创新、国外技术。
8. "知识产权类别"是指:已授权的专利(发明、实用新型、外观设计)、软件著作权、集成电路布图设计专有权、植物新品种。
9. "知识产权获得方式"是指:自主研发、受让、受赠、并购,或拥有 5 年以上的独占许可。
10. "高新技术产品(服务)收入"是指:企业符合《重点领域》要求的产品(服务)的销售收入与技术性收入的总和。
11. RD 代表研究开发项目编号;PS 代表高新技术产品(服务)编号。RD 和 PS 后取两位数(01、02、…)。

一、企业基本信息表

主营产品(服务)所属技术领域	□电子信息技术 □新材料技术 □资源与环境技术	□生物与新医药技术 □高技术服务业 □高新技术改造传统产业	□航空航天技术 □新能源及节能技术 □其他领域	
近3年内获得的自主知识产权数(件)	发明专利		实用新型		外观设计	
	软件著作权		集成电路布图设计专有权		
	植物新品种		其 他		
人力资源情况	职工总数(人)		大专以上学历科技人员数(人)		
	从事研究开发人员数(人)		留学归国人员数(人)		
近3年每年销售收入(万元)	第1年		近3年每年总资产(万元)	第1年	
	第2年			第2年	
	第3年			第3年	
近1年高新技术产品(服务)收入(万元)					
近3年研究开发费用总额(万元)		其中:在中国境内研发费用总额(万元)		

续表

管理与研究开发人员情况（限400字）	
科技成果转化及研究开发管理情况（限400字）	

二、企业研究开发项目情况表（近3年执行的项目，按单一项目填报）

项目编号：RD…

项目名称				起止时间		
技术领域				本项目研发人员数		
技术来源						
研发经费总预算（万元）		研发经费近3年总支出（万元）		其中：	第1年	
					第2年	
					第3年	
立项目的及组织实施方式（限400字）						
核心技术及创新点（限400字）						
取得的阶段性成果（限400字）						

三、上年度高新技术产品（服务）情况（按单一产品（服务）填报）

编号：PS…

产品（服务）名称				
技术领域		技术来源		上年度销售收入（万元）	

续表

关键技术及主要技术指标（限400字）	
与同类产品（服务）的竞争优势（限400字）	
产品（服务）获得知识产权情况（限400字）	

四、近3年内获得的自主知识产权汇总表

序号	授权项目名称	类别	授权日期	授权号	获得方式	所属项目编号 PS…（RD…）

五、企业年度研究开发费用结构明细表（按近3年每年分别填报）

＿＿＿＿＿＿年度　　　　　　　　　　　　　　　　　　　　　　　　单位：万元

科目 \ 累计发生额 \ 研发项目编号	RD01	RD02	RD03	…	RD…	合计
内部研究开发投入额						
其中：人员人工						
直接投入						

续表

科目 \ 研发项目编号 累计发生额	RD01	RD02	RD03	…	RD…	合计
折旧费用与长期费用摊销						
设计费						
设备调试费						
无形资产摊销						
其他费用						
委托外部研究开发投入额						
其中:境内的外部研发投入额						
研究开发投入额(内、外部)小计						

企业填报人签字:　　　　　　　　　　　　　　　中介机构签字(公章):
日　期:　　　　　　　　　　　　　　　　　　　日　期:

附3:

高新技术企业认定专家库
专家备案表

工作单位(盖章):_____

姓　　名:_____

职务/职称:_____

认定机构办公室:_____

填报日期:_____年_____月_____日

科技部、财政部、国家税务总局编制
二〇〇八年七月

	姓名		性别		出生日期	
基本情况	职务		职称		身份证号	
	工作单位、处(室)					
	单位类别	□科研院所　□行业管理部门　□大专院校　□企业　□其他_____					
	通讯地址	_____省_____市_____			邮编	
	办公电话				传真	
	家庭电话				手机	
	E-mail					

续表

技术专长	参考《国家重点支持的高新技术领域》，选择所熟悉的技术领域 （例如：所熟悉的技术领域是"一、电子信息技术（一）、软件1. 系统软件"中的内容，则可填写为："一、（一）、1. 系统软件"。			
	1			
	2			
	3			

最终学历		起止时间	学校及院系	专　业	学位（含访问学者）
	国内				
	国外				

专业研究及获奖情况	项目名称	项目来源	完成、获奖情况
	注：项目来源指下达或委托任务单位，如国家、部门、地方、企业、单位自有等。奖励情况以获国家、省（部）级为主。		

社会兼职情况	起止时间	兼职单位	兼职身份
	注：如学会、协会、标准化技术委员会以及政府部门的各类专家委员会等。		

附4： **高新技术企业认定专家评价表**

申请企业受理号		主营业务所属技术领域	
职工总数（人）		大专以上学历科技人员数（人）		研发人员数（人）	
研发项目核定数		研发项目经费核定总额（万元）	
在中国境内研发费用总额核定数（万元）			
高新技术产品（服务）核定数		近一年高新技术产品（服务）销售收入核定额（万元）	
对企业研究开发项目及高新技术产品（服务）的评价	（依照《工作指引》的要求，简要进行综合评价）		

1. 核心自主知识产权（30分）	得分：

续表

☐A.6项,或1发明专利　☐B.5项　☐C.4项 ☐D.3项　☐E.1～2项　☐F.0项			
2. 科技成果转化能力(30分)		得分：	
☐A.4项以上　☐B.3～4项　☐C.2～3项 ☐D.1～2项　☐E.1项　☐F.0项			
3. 研究开发组织管理水平(20分)		得分：	
☐A.5项均符合要求　☐B.4项符合要求　☐C.3项符合要求 ☐D.2项符合要求　☐E.1项符合要求　☐F.均不符合要求			
4. 总资产和销售额成长性指标(20分)		得分：	
总资产增长率：		销售增长率：	
对企业整体情况的综合评价	(依照《认定办法》规定的各项认定指标,简要进行综合评价)		
合计得分		专家签名：　　　　年　月　日	

附5： 　　　　　　　　　　　**高新技术企业认定专家组综合评价表**

企业名称		主营产品(服务)所属技术领域	
职工总数(人)		大专以上学历科技人员数(人)		研发人员数(人)	
研发项目核定数		高新技术产品(服务)核定数	
研发项目经费核定总额(万元)		近一年高新技术产品(服务)销售收入核定额(万元)	
在中国境内研发费用总额核定数(万元)			
大专以上学历科技人员占企业职工总数的比例(%)			
研发人员占企业职工总数的比例(%)			
近3年研究开发费用总额占总销售收入比例(%)			
近3年在中国境内研发费用总额占全部研发费用总额比例(%)			
近1年高新技术产品(服务)收入占当年总收入比例(%)			
综合得分		其中：	知识产权得分	
			转化能力得分	
			管理水平得分	
			成长指标得分	
对企业整体情况的综合评价(对照《认定办法》规定的各项认定指标,简要进行综合评价)：			
专家组长签字：		日期：	

政策链接之五：国家税务总局《关于〈实施高新技术企业所得税优惠有关问题〉的通知》（国税函[2009]203号）。

为贯彻落实高新技术企业所得税优惠及其过渡性优惠政策，根据《中华人民共和国企业所得税法》（以下简称企业所得税法）及《中华人民共和国企业所得税法实施条例》（以下简称实施条例）以及相关税收规定，现对有关问题通知如下：

一、当年可减按15%税率征收企业所得税或按照《国务院关于经济特区和上海浦东新区新设立高新技术企业实行过渡性税收优惠的通知》（国发[2007]40号）享受过渡性税收优惠的高新技术企业，在实际实施有关税收优惠的当年，减免税条件发生变化的，应按《科学技术部 财政部 国家税务总局关于印发〈高新技术企业认定管理办法〉的通知》（国科发火[2008]172号）第九条第二款的规定处理。

二、原依法享受企业所得税定期减免税优惠尚未期满同时符合本通知第一条规定条件的高新技术企业，根据《高新技术企业认定管理办法》以及《科学技术部 财政部 国家税务总局关于印发〈高新技术企业认定管理工作指引〉的通知》（国科发火[2008]362号）的相关规定，在按照新标准取得认定机构颁发的高新技术企业资格证书之后，可以在2008年1月1日后，享受对尚未到期的定期减免税优惠执行到期满的过渡政策。

三、2006年1月1日至2007年3月16日期间成立，截止到2007年底仍未获利（弥补完以前年度亏损后应纳税所得额为零）的高新技术企业，根据《高新技术企业认定管理办法》以及《高新技术企业认定管理工作指引》的相关规定，按照新标准取得认定机构颁发的高新技术企业证书后，可依据企业所得税法第五十七条的规定，免税期限自2008年1月1日起计算。

四、认定（复审）合格的高新技术企业，自认定（复审）批准的有效期当年开始，可申请享受企业所得税优惠。企业取得省、自治区、直辖市、计划单列市高新技术企业认定管理机构颁发的高新技术企业证书后，可持"高新技术企业证书"及其复印件和有关资料，向主管税务机关申请办理减免税手续。手续办理完毕后，高新技术企业可按15%税率进行所得税预缴申报或享受过渡性税收优惠。

五、纳税年度终了后至报送年度纳税申报表以前，已办理减免税手续的企业应向主管税务机关备案以下资料：

（一）产品（服务）属于《国家重点支持的高新技术领域》规定范围的说明；

（二）企业年度研究开发费用结构明细表（见附件）；

（三）企业当年高新技术产品（服务）收入占企业总收入的比例说明；

（四）企业具有大学专科以上学历的科技人员占企业当年职工总数的比例说明、研发人员占企业当年职工总数的比例说明。

以上资料的计算、填报口径参照《高新技术企业认定管理工作指引》的有关规定执行。

六、未取得高新技术企业资格，或虽取得高新技术企业资格但不符合企业所得税法及实施条例以及本通知有关规定条件的企业，不得享受高新技术企业的优惠；已享受优惠的，应追缴其已减免的企业所得税税款。

七、本通知自2008年1月1日起执行。

附件：
企业年度研究开发费用结构明细表

_____年度 单位：万元

科目 \ 研发项目编号 累计发生额	RD01	RD02	RD03	…	RD…	合计
内部研究开发投入额						
其中：人员人工						
直接投入						
折旧费用与长期费用摊销						
设计费						
设备调试费						
无形资产摊销						
其他费用						
委托外部研究开发投入额						
其中：境内的外部研发投入额						
研究开发投入额（内、外部）小计						

企业填报人签字（签章）：　　　　　　　　　　　　　　中介机构签字（签章）：

日　期：　　　　　　　　　　　　　　　　　　　　　　日　期：

　　　　　　　　　　　　　　　　　　　　　　　　　　企业公章：

第十节 《软件、集成电路企业优惠情况及明细表》的填制与审核

一、表样及有关项目的填报说明

（一）表样

A107042

软件、集成电路企业优惠情况及明细表

行次	基本信息		
1	企业成立日期		软件企业证书取得日期
2	软件企业认定证书编号		软件产品登记证书编号
3	计算机信息系统集成资质等级认定证书编号		集成电路生产企业认定文号
4	集成电路设计企业认定证书编号		
5	关键指标情况（2011年1月1日以后成立企业填报）		
6	人员指标	一、企业本年月平均职工总人数	
7		其中：签订劳动合同关系且具有大学专科以上学历的职工人数	
8		二、研究开发人员人数	
9		三、签订劳动合同关系且具有大学专科以上学历的职工人数占企业当年月平均职工总人数的比例（7÷6）	
10		四、研究开发人员占企业本年月平均职工总数的比例（8÷6）	

续表

行次		基本信息	
11	收入指标	五、企业收入总额	
12		六、集成电路制造销售（营业）收入	
13		七、集成电路制造销售（营业）收入占企业收入总额的比例(12÷11)	
14		八、集成电路设计销售（营业）收入	
15		其中:集成电路自主设计销售（营业）收入	
16		九、集成电路设计企业的集成电路设计销售（营业）收入占企业收入总额的比例(14÷11)	
17		十、集成电路自主设计销售（营业）收入占企业收入总额的比例(15÷11)	
18		十一、软件产品开发销售（营业）收入	
19		其中:嵌入式软件产品和信息系统集成产品开发销售（营业）收入	
20		十二、软件产品自主开发销售（营业）收入	
21		其中:嵌入式软件产品和信息系统集成产品自主开发销售（营业）收入	
22		十三、软件企业的软件产品开发销售（营业）收入占企业收入总额的比例(18÷11)	
23		十四、嵌入式软件产品和信息系统集成产品开发销售（营业）收入占企业收入总额的比例(19÷11)	
24		十五、软件产品自主开发销售（营业）收入占企业收入总额的比例(20÷11)	
25		十六、嵌入式软件产品和信息系统集成产品自主开发销售（营业）收入占企业收入总额的比例(21÷11)	
26	研究开发费用指标	十七、研究开发费用总额	
27		其中:企业在中国境内发生的研究开发费用金额	
28		十八、研究开发费用总额占企业销售（营业）收入总额的比例	
29		十九、企业在中国境内发生的研究开发费用金额占研究开发费用总额的比例(27÷26)	
30		关键指标情况(2011年1月1日以前成立企业填报)	
31	人员指标	二十、企业职工总数	
32		二十一、从事软件产品开发和技术服务的技术人员	
33		二十二、从事软件产品开发和技术服务的技术人员占企业职工总数的比例(32÷31)	
34	收入指标	二十三、企业年总收入	
35		其中:企业年软件销售收入	
36		其中:自产软件销售收入	
37		二十四、软件销售收入占企业年总收入比例(35÷34)	
38		二十五、自产软件收入占软件销售收入比例(36÷34)	
39	研究开发经费指标	二十六、软件技术及产品的研究开发经费	
40		二十七、软件技术及产品的研究开发经费占企业年软件收入比例(39÷35)	
41	减免税金额		

（二）填报说明

本表适用于享受软件、集成电路企业优惠的纳税人填报。纳税人根据税法相关规定，填报本年发生的软件、集成电路企业优惠情况。

1. 本表"关键指标情况"第6至29行由2011年1月1日以后成立企业填报，第31至40行由2011年1月1日以前成立企业填报，其余行次均需填报。

2. 第1行"企业成立日期":填报纳税人办理工商登记日期;"软件企业证书取得日期":填报纳税人软件企业证书上的取得日期。

3. 第 2 行"软件企业认定证书编号":填报纳税人软件企业证书上的软件企业认定编号;"软件产品登记证书编号":填报纳税人软件产品登记证书上的产品登记证号。

4. 第 3 行"计算机信息系统集成资质等级认定证编号":填报纳税人的计算机信息系统集成资质等级认定证号;"集成电路生产企业认定的文号":填报纳税人集成电路生产企业认定的文号。

5. 第 4 行"集成电路设计企业认定证书编号":填报纳税人集成电路设计企业认定证书编号。

6. 第 6 行"一、企业本年月平均职工总人数":填报《企业基础信息表》(A000000)"104 从业人数"。

7. 第 7 行"其中:签订劳动合同关系且具有大学专科以上学历的职工人数":填报纳税人本年签订劳动合同关系且具有大学专科以上学历的职工人数。

8. 第 8 行"二、研究开发人员人数":填报纳税人本年研究开发人员人数。

9. 第 9 行"三、签订劳动合同关系且具有大学专科以上学历的职工人数占企业本年月平均职工总人数的比例":填报第 7 行(签订劳动合同关系且具有大学专科以上学历的职工人数)÷第 6 行(企业本年月平均职工总人数)的比例。

10. 第 10 行"四、研究开发人员占企业本年月平均职工总数的比例":填报第 8 行(研究开发人员人数)÷第 6 行(企业本年月平均职工总人数)的比例。

11. 第 11 行"五、企业收入总额":填报纳税人本年以货币形式和非货币形式从各种来源取得的收入,为税法第六条规定的收入总额。包括:销售货物收入,提供劳务收入,转让财产收入,股息、红利等权益性投资收益,利息收入,租金收入,特许权使用费收入,接受捐赠收入,其他收入。

12. 第 12 行"六、集成电路制造销售(营业)收入":填报纳税人本年集成电路企业制造销售(营业)收入。

13. 第 13 行"七、集成电路制造销售(营业)收入占企业收入总额的比例":填报第 12 行(集成电路制造销售(营业)收入)÷第 11 行(企业收入总额)的比例。

14. 第 14 行"八、集成电路设计销售(营业)收入":填报纳税人本年集成电路设计销售(营业)收入。

15. 第 15 行"其中:集成电路自主设计销售(营业)收入":填报纳税人本年集成电路自主设计销售(营业)收入。

16. 第 16 行"九、集成电路设计企业的集成电路设计销售(营业)收入占企业收入总额的比例":填报第 14 行(集成电路设计销售(营业)收入)÷第 11 行(企业收入总额)的比例。

17. 第 17 行"十、集成电路自主设计销售(营业)收入占企业收入总额的比例":填报第 15 行(集成电路自主设计销售(营业)收入)÷第 11 行(企业收入总额)的比例。

18. 第 18 行"十一、软件产品开发销售(营业)收入":填报纳税人本年软件产品开发销售(营业)收入。

19. 第 19 行"其中:嵌入式软件产品和信息系统集成产品开发销售(营业)收入":填报纳税人本年嵌入式软件产品和信息系统集成产品开发销售(营业)收入。

20. 第 20 行"十二、软件产品自主开发销售(营业)收入":填报纳税人本年软件产品自主开发销售(营业)收入。

21. 第 21 行"其中:嵌入式软件产品和信息系统集成产品自主开发销售(营业)收入":填

报纳税人本年嵌入式软件产品和信息系统集成产品自主开发销售（营业）收入。

22. 第22行"十三、软件企业的软件产品开发销售（营业）收入占企业收入总额的比例"：填报第18行（软件产品开发销售（营业）收入）÷第11行（企业收入总额）的比例。

23. 第23行"十四、嵌入式软件产品和信息系统集成产品开发销售（营业）收入占企业收入总额的比例"：填报第19行（嵌入式软件产品和信息系统集成产品开发销售（营业）收入）÷第11行（企业收入总额）的比例。

24. 第24行"十五、软件产品自主开发销售（营业）收入占企业收入总额的比例"：填报第20行（软件产品自主开发销售（营业）收入）÷第11行（企业收入总额）的比例。

25. 第25行"十六、嵌入式软件产品和信息系统集成产品自主开发销售（营业）收入占企业收入总额的比例"：填报第21行（嵌入式软件产品和信息系统集成产品自主开发销售（营业）收入）÷第11行（企业收入总额）的比例。

26. 第26行"十七、研究开发费用总额"：填报纳税人本年按照《国家税务总局关于印发〈企业研究开发费用税前扣除管理办法（试行）〉的通知》（国税发[2008]116号）等归集的研究开发费用总额。

27. 第27行"其中：企业在中国境内发生的研究开发费用金额"：填报纳税人本年在中国境内发生的研究开发费用金额。

28. 第28行"十八、研究开发费用总额占企业销售（营业）收入总额的比例"：填报纳税人本年研究开发费用总额占企业销售（营业）收入总额的比例。

29. 第29行"十九、企业在中国境内发生的研究开发费用金额占研究开发费用总额的比例"：填报第27行（企业在中国境内发生的研究开发费用金额）÷第26行（研究开发费用总额）的比例

30. 第31行"二十、企业职工总数"：填报纳税人本年职工总数。

31. 第32行"二十一、从事软件产品开发和技术服务的技术人员"：填报纳税人本年从事软件产品开发和技术服务的技术人员人数。

32. 第33行"二十二、从事软件产品开发和技术服务的技术人员占企业职工总数的比例"：填报第32行（从事软件产品开发和技术服务的技术人员）÷第31行（企业职工总数）的比例。

33. 第34行"二十三、企业年总收入"：填报纳税人本年以货币形式和非货币形式从各种来源取得的收入，为税法第六条规定的收入总额。包括：销售货物收入，提供劳务收入，转让财产收入，股息、红利等权益性投资收益，利息收入，租金收入，特许权使用费收入，接受捐赠收入，其他收入。

34. 第35行"其中：企业年软件销售收入"：填报纳税人本年软件销售收入。

35. 第36行"其中：自产软件销售收入"：填报纳税人本年销售自主开发软件取得的收入。

36. 第37行"二十四、软件销售收入占企业年总收入比例"：填报第35行（企业年软件销售收入）÷第34行（企业年总收入）的比例。

37. 第38行"二十五、自产软件收入占软件销售收入比例"：填报第36行（软件销售收入占企业年总收入比例）÷第35行（企业年软件销售收入）的比例。

38. 第39行"二十六、软件技术及产品的研究开发经费"：填报纳税人本年用于软件技术及产品的研究开发经费。

39. 第40行"二十七、软件技术及产品的研究开发经费占企业年软件收入比例"：填报第

39 行(软件技术及产品的研究开发经费)÷第 35 行(企业年软件销售收入)的金额。

40. 第 41 行"减免税金额":填报按照表 A100000 第 23 行(应纳税所得额)应纳税所得额计算的免征、减征企业所得税金额。

二、表内、表间关系

(一)表内关系

1. 第 9 行(签订劳动合同关系且具有大学专科以上学历的职工人数占企业本年月平均职工总人数的比例)=第 7 行(签订劳动合同关系且具有大学专科以上学历的职工人数)÷第 6 行(企业本年月平均职工总人数)。

2. 第 10 行(研究开发人员占企业本年月平均职工总数的比例)=第 8 行(研究开发人员人数)÷第 6 行(企业本年月平均职工总人数)。

3. 第 13 行(集成电路制造销售(营业)收入占企业收入总额的比例)=第 12 行(集成电路制造销售(营业)收入)÷第 11 行(企业收入总额)。

4. 第 16 行(集成电路设计企业的集成电路设计销售(营业)收入占企业收入总额的比例)=第 14 行(集成电路设计销售(营业)收入)÷第 11 行(企业收入总额)。

5. 第 17 行(集成电路自主设计销售(营业)收入占企业收入总额的比例)=第 15 行(集成电路自主设计销售(营业)收入)÷第 11 行(企业收入总额)。

6. 第 22 行(软件企业的软件产品开发销售(营业)收入占企业收入总额的比例)=第 18 行(软件产品开发销售(营业)收入)÷第 11 行(企业收入总额)。

7. 第 23 行(嵌入式软件产品和信息系统集成产品开发销售(营业)收入占企业收入总额的比例)=第 19 行(嵌入式软件产品和信息系统集成产品开发销售(营业)收入)÷第 11 行(企业收入总额)。

8. 第 24 行(软件产品自主开发销售(营业)收入占企业收入总额的比例)=第 20 行(软件产品自主开发销售(营业)收入)÷第 11 行(企业收入总额)。

9. 第 25 行(嵌入式软件产品和信息系统集成产品自主开发销售(营业)收入占企业收入总额的比例)=第 21 行(嵌入式软件产品和信息系统集成产品自主开发销售(营业)收入)÷第 11 行(企业收入总额)。

10. 第 29 行(企业在中国境内发生的研究开发费用金额占研究开发费用总额的比例)=第 27 行(企业在中国境内发生的研究开发费用金额)÷第 26 行(研究开发费用总额)。

11. 第 33 行(从事软件产品开发和技术服务的技术人员占企业职工总数的比例)=第 32 行(从事软件产品开发和技术服务的技术人员)÷第 31 行(企业职工总数)。

12. 第 37 行(软件销售收入占企业年总收入比例)=第 35 行(企业年软件销售收入)÷第 34 行(企业年总收入)。

13. 第 38 行(自产软件收入占软件销售收入比例)=第 36 行(自产软件销售收入)÷第 35 行(企业年软件销售收入)。

14. 第 40 行(软件技术及产品的研究开发经费占企业年软件收入比例)=第 39 行(软件技术及产品的研究开发经费)÷第 35 行(企业年软件销售收入)。

(二)表间关系

第 41 行(减免税金额)=表 A107040《减免所得税优惠明细表》第 18 行(新办集成电路设计企业)或第 20 行(符合条件的软件企业)。

三、填审要点提示

填写本表的关键在于了解和熟悉政策,对照政策适用范围,据实填入。

四、政策链接

政策链接之一： 财政部 国家税务总局《关于〈进一步鼓励软件产业和集成电路产业发展企业所得税政策〉的通知》(财税[2012]27号)。

根据《中华人民共和国企业所得税法》及其实施条例和《国务院关于印发进一步鼓励软件产业和集成电路产业发展若干政策的通知》(国发[2011]4号)精神,为进一步推动科技创新和产业结构升级,促进信息技术产业发展,现将鼓励软件产业和集成电路产业发展的企业所得税政策通知如下:

一、集成电路线宽小于0.8微米(含)的集成电路生产企业,经认定后,在2017年12月31日前自获利年度起计算优惠期,第一年至第二年免征企业所得税,第三年至第五年按照25%的法定税率减半征收企业所得税,并享受至期满为止。

二、集成电路线宽小于0.25微米或投资额超过80亿元的集成电路生产企业,经认定后,减按15%的税率征收企业所得税,其中经营期在15年以上的,在2017年12月31日前自获利年度起计算优惠期,第一年至第五年免征企业所得税,第六年至第十年按照25%的法定税率减半征收企业所得税,并享受至期满为止。

三、我国境内新办的集成电路设计企业和符合条件的软件企业,经认定后,在2017年12月31日前自获利年度起计算优惠期,第一年至第二年免征企业所得税,第三年至第五年按照25%的法定税率减半征收企业所得税,并享受至期满为止。

四、国家规划布局内的重点软件企业和集成电路设计企业,如当年未享受免税优惠的,可减按10%的税率征收企业所得税。

五、符合条件的软件企业按照《财政部 国家税务总局关于软件产品增值税政策的通知》(财税[2011]100号)规定取得的即征即退增值税款,由企业专项用于软件产品研发和扩大再生产并单独进行核算,可以作为不征税收入,在计算应纳税所得额时从收入总额中减除。

六、集成电路设计企业和符合条件软件企业的职工培训费用,应单独进行核算并按实际发生额在计算应纳税所得额时扣除。

七、企业外购的软件,凡符合固定资产或无形资产确认条件的,可以按照固定资产或无形资产进行核算,其折旧或摊销年限可以适当缩短,最短可为2年(含)。

八、集成电路生产企业的生产设备,其折旧年限可以适当缩短,最短可为3年(含)。

九、本通知所称集成电路生产企业,是指以单片集成电路、多芯片集成电路、混合集成电路制造为主营业务并同时符合下列条件的企业:

(一)依法在中国境内成立并经认定取得集成电路生产企业资质的法人企业;

(二)签订劳动合同关系且具有大学专科以上学历的职工人数占企业当年月平均职工总人数的比例不低于40%,其中研究开发人员占企业当年月平均职工总数的比例不低于20%;

(三)拥有核心关键技术,并以此为基础开展经营活动,且当年度的研究开发费用总额占企业销售(营业)收入(主营业务收入与其他业务收入之和,下同)总额的比例不低于5%,其中,企业在中国境内发生的研究开发费用金额占研究开发费用总额的比例不低于60%;

(四)集成电路制造销售(营业)收入占企业收入总额的比例不低于60%;

(五)具有保证产品生产的手段和能力,并获得有关资质认证(包括 ISO 质量体系认证、人力资源能力认证等);

(六)具有与集成电路生产相适应的经营场所、软硬件设施等基本条件。

《集成电路生产企业认定管理办法》由发改委、工业和信息化部、财政部、税务总局会同有关部门另行制定。

十、本通知所称集成电路设计企业或符合条件的软件企业,是指以集成电路设计或软件产品开发为主营业务并同时符合下列条件的企业:

(一)2011 年 1 月 1 日后依法在中国境内成立并经认定取得集成电路设计企业资质或软件企业资质的法人企业。

(二)签订劳动合同关系且具有大学专科以上学历的职工人数占企业当年月平均职工总人数的比例不低于 40%,其中研究开发人员占企业当年月平均职工总数的比例不低于 20%。

(三)拥有核心关键技术,并以此为基础开展经营活动,且当年度的研究开发费用总额占企业销售(营业)收入总额的比例不低于 6%;其中,企业在中国境内发生的研究开发费用金额占研究开发费用总额的比例不低于 60%。

(四)集成电路设计企业的集成电路设计销售(营业)收入占企业收入总额的比例不低于60%,其中集成电路自主设计销售(营业)收入占企业收入总额的比例不低于 50%;软件企业的软件产品开发销售(营业)收入占企业收入总额的比例一般不低于 50%(嵌入式软件产品和信息系统集成产品开发销售(营业)收入占企业收入总额的比例不低于 40%),其中软件产品自主开发销售(营业)收入占企业收入总额的比例一般不低于 40%(嵌入式软件产品和信息系统集成产品开发销售(营业)收入占企业收入总额的比例不低于 30%)。

(五)主营业务拥有自主知识产权,其中软件产品拥有省级软件产业主管部门认可的软件检测机构出具的检测证明材料和软件产业主管部门颁发的《软件产品登记证书》。

(六)具有保证设计产品质量的手段和能力,并建立符合集成电路或软件工程要求的质量管理体系并提供有效运行的过程文档记录。

(七)具有与集成电路设计或者软件开发相适应的生产经营场所、软硬件设施等开发环境(如 EDA 工具、合法的开发工具等),以及与所提供服务相关的技术支撑环境。

《集成电路设计企业认定管理办法》、《软件企业认定管理办法》由工业和信息化部、发改委、财政部、税务总局会同有关部门另行制定。

十一、国家规划布局内重点软件企业和集成电路设计企业在满足本通知第十条规定条件的基础上,由发改委、工业和信息化部、财政部、税务总局等部门根据国家规划布局支持领域的要求,结合企业年度集成电路设计销售(营业)收入或软件产品开发销售(营业)收入、盈利等情况进行综合评比,实行总量控制、择优认定。

《国家规划布局内重点软件企业和集成电路设计企业认定管理办法》由发改委、工业和信息化部、财政部、税务总局会同有关部门另行制定。

十二、本通知所称新办企业认定标准按照《财政部 国家税务总局关于享受企业所得税优惠政策的新办企业认定标准的通知》(财税[2006]1 号)规定执行。

十三、本通知所称研究开发费用政策口径按照《国家税务总局关于印发〈企业研究开发费用税前扣除管理办法(试行)〉的通知》(国税发[2008]116 号)规定执行。

十四、本通知所称获利年度,是指该企业当年应纳税所得额大于零的纳税年度。

十五、本通知所称集成电路设计销售(营业)收入,是指集成电路企业从事集成电路(IC)功能研发、设计并销售的收入。

十六、本通知所称软件产品开发销售(营业)收入,是指软件企业从事计算机软件、信息系统或嵌入式软件等软件产品开发并销售的收入,以及信息系统集成服务、信息技术咨询服务、数据处理和存储服务等技术服务收入。

十七、符合本通知规定须经认定后享受税收优惠的企业,应在获利年度当年或次年的企业所得税汇算清缴之前取得相关认定资质。如果在获利年度次年的企业所得税汇算清缴之前取得相关认定资质,该企业可从获利年度起享受相应的定期减免税优惠;如果在获利年度次年的企业所得税汇算清缴之后取得相关认定资质,该企业应在取得相关认定资质起,就其从获利年度起计算的优惠期的剩余年限享受相应的定期减免优惠。

十八、符合本通知规定条件的企业,应在年度终了之日起4个月内,按照本通知及《国家税务总局关于企业所得税减免税管理问题的通知》(国税发[2008]111号)的规定,向主管税务机关办理减免税手续。在办理减免税手续时,企业应提供具有法律效力的证明材料。

十九、享受上述税收优惠的企业有下述情况之一的,应取消其享受税收优惠的资格,并补缴已减免的企业所得税税款:

(一)在申请认定过程中提供虚假信息的;

(二)有偷、骗税等行为的;

(三)发生重大安全、质量事故的;

(四)有环境等违法、违规行为,受到有关部门处罚的。

二十、享受税收优惠的企业,其税收优惠条件发生变化的,应当自发生变化之日起15日内向主管税务机关报告;不再符合税收优惠条件的,应当依法履行纳税义务;未依法纳税的,主管税务机关应当予以追缴。同时,主管税务机关在执行税收优惠政策过程中,发现企业不符合享受税收优惠条件的,可暂停企业享受的相关税收优惠。

二十一、在2010年12月31日前,依照《财政部 国家税务总局关于企业所得税若干优惠政策的通知》(财税[2008]1号)第一条规定,经认定并可享受原定期减免税优惠的企业,可在本通知施行后继续享受到期满为止。

二十二、集成电路生产企业、集成电路设计企业、软件企业等依照本通知规定可以享受的企业所得税优惠政策与企业所得税其他相同方式优惠政策存在交叉的,由企业选择一项最优惠政策执行,不叠加享受。

二十三、本通知自2011年1月1日起执行。《财政部 国家税务总局关于企业所得税若干优惠政策的通知》(财税[2008]1号)第一条第(一)项至第(九)项自2011年1月1日起停止执行。

政策链接之二:国家税务总局《关于〈软件和集成电路企业认定管理有关问题〉的公告》(国家税务总局公告2012年第19号)。

为贯彻落实《财政部 国家税务总局关于进一步鼓励软件产业和集成电路产业发展企业所得税政策的通知》(财税[2012]27号)的有关规定,现将软件和集成电路企业认定管理的有关问题公告如下:

对2011年1月1日后按照原认定管理办法认定的软件和集成电路企业,在财税[2012]27号文件所称的《集成电路生产企业认定管理办法》、《集成电路设计企业认定管理办法》及《软件企业认定管理办法》公布前,凡符合财税[2012]27号文件规定的优惠政策适用条件的,可依照原认定管理办法申请享受财税[2012]27号文件规定的减免税优惠。在《集成电路生产企业认定管理办法》、《集成电路设计企业认定管理办法》及《软件企业认定管理办法》公布后，按新认定管理办法执行。对已按原认定管理办法享受优惠并进行企业所得税汇算清缴的企业，若不符合新认定管理办法条件的，应在履行相关程序后，重新按照税法规定计算申报纳税。

政策链接之三：工业和信息化部 国家发改委 财政部 国家税务总局《关于印发〈软件企业认定管理办法〉的通知》（工信部联软〔2013〕64号）。

为贯彻落实《国务院关于印发〈进一步鼓励软件产业和集成电路产业发展若干政策〉的通知》（国发〔2011〕4号），加强软件企业认定工作，促进我国软件产业发展，特制定《软件企业认定管理办法》，现印发给你们，请贯彻执行。

政策链接之四：工业和信息化部 国家发改委 财政部 国家税务总局《关于印发〈集成电路设计企业认定管理办法〉的通知》（工信部联电子〔2013〕487号）。

为贯彻落实《国务院关于印发〈进一步鼓励软件产业和集成电路产业发展若干政策〉的通知》（国发〔2011〕4号），加强集成电路设计企业认定工作，促进我国集成电路产业发展，特制定《集成电路设计企业认定管理办法》。现印发你们，请贯彻执行。《集成电路设计企业及产品认定管理办法》（信部联产〔2002〕86号）同时废止。

集成电路设计企业认定管理办法
第一章 总 则

第一条 根据《国务院关于印发〈鼓励软件产业和集成电路产业发展若干政策〉的通知》（国发〔2000〕18号）、《国务院关于印发〈进一步鼓励软件产业和集成电路产业发展若干政策〉的通知》（国发〔2011〕4号）以及《财政部 国家税务总局关于进一步鼓励软件产业和集成电路产业发展企业所得税政策的通知》（财税〔2012〕27号），为进一步加快我国集成电路设计产业发展，合理确定集成电路设计企业，特制定本办法。

第二条 本办法所称集成电路设计企业，是指在中国境内依法设立的从事集成电路功能研发、设计及相关服务，并符合财税〔2012〕27号文件有关规定的企业。

第三条 工业和信息化部、国家发改委、财政部、国家税务总局根据部门职责做好相关工作。

第四条 工业和信息化部负责全国集成电路设计企业的认定管理工作，主要职责是：

（一）组织开展全国集成电路设计企业认定和年度审查（以下简称年审）工作；

（二）对集成电路设计企业拟认定名单和年审合格企业名单进行公示；

（三）公布集成电路设计企业认定和年审合格企业名单，并颁发集成电路设计企业认定证书；

（四）受理和处理对认定结果、年审结果的异议申诉。

第五条 各省、自治区、直辖市和计划单列市工业和信息化主管部门（以下简称地方工业和信息化主管部门）负责本地区集成电路设计企业申请认定或年审的受理，以及申报材料的真实性审核工作。

第二章 认定条件和程序

第六条 申请认定的集成电路设计企业须符合财税〔2012〕27号文件的有关规定和条件。

第七条 初次进行年审的集成电路设计企业，须符合财税〔2012〕27号文件规定的条件；第二次及以上进行年审的集成电路设计企业，除符合财税〔2012〕27号文件规定的条件外，企业上一会计年度销售（营业）收入原则上不低于（含）200万元。

第八条 企业申请集成电路设计企业认定和年审须提交下列材料：

（一）集成电路设计企业认定申请表（可从工业和信息化部门户网站下载）；

（二）企业法人营业执照副本、税务登记证以及企业取得的其他相关资质证书等（以上均为复印件，需加盖企业公章）；

（三）企业职工人数、学历结构、研究开发人员情况及其占企业职工总数的比例说明，以及企业职工劳动合同和社会保险缴纳证明等相关证明材料；

（四）经具有国家法定资质的中介机构鉴证的企业上一会计年度财务报表（含资产负债表、损益表、现金流量表）以及集成电路设计销售（营业）收入、集成电路自主设计销售（营业）收入、研究开发费用、境内研究开发费用等情况表；

（五）企业自主开发或拥有知识产权（如专利、布图设计登记、软件著作权等）的证明材料；

（六）企业生产经营场所、开发环境及技术支撑环境等相关证明材料；

（七）保证产品质量的相关证明材料（如质量管理认证证书、用户使用证明等）；

（八）其他需要出具的有关材料。

第九条　集成电路设计企业认定和年审按照下列流程办理：

（一）每年5月底前申请企业对照财税[2012]27号文件和本办法的要求，进行自我评价，符合认定或年审条件的，可向地方工业和信息化主管部门提出认定或年审申请。

（二）地方工业和信息化主管部门统一受理本地区企业申请，对企业申请材料进行汇总、真实性审核，并于申报年度6月底前将本地区所有申报企业情况报送工业和信息化部。地方工业和信息化主管部门不得限制企业申报。

（三）工业和信息化部组织技术、管理、财务等方面专家，按照财税[2012]27号文件和本办法第六条、第七条规定，对申报企业的相关情况等进行合规性审查。

（四）工业和信息化部根据审查情况做出认定，并在工业和信息化部门户网站上对拟认定和通过年审的集成电路设计企业名单公示30天。公示期间，对认定或年审结果有异议，可向工业和信息化部提交异议申请书及有关证明材料。公示结束后10个工作日内，工业和信息化部对异议申请作出处理决定。

（五）依据公示情况，工业和信息化部于申报年度9月底前公布集成电路设计企业认定和年审合格企业名单。企业认定和年审合格企业名单及相关材料抄送国家发改委、财政部、国家税务总局。

第十条　工业和信息化部对集成电路设计企业核发证书。

第十一条　经认定和年审合格的集成电路设计企业凭本年度有效的集成电路设计企业证书，可按财税[2012]27号文件规定向有关部门申请享受相关税收优惠政策。

第十二条　集成电路设计企业认定实行年审制度。逾期未报或年审不合格的企业，即取消其集成电路设计企业的资格，集成电路设计企业认定证书自动失效，并在工业和信息化部门户网站上公示。按照财税[2012]27号文件规定享受定期减免税优惠的集成电路设计企业，如在优惠期限内未年审或年审不合格，则在认定证书失效年度停止享受财税[2012]27号文件规定的相关税收优惠政策。

第十三条　经认定的集成电路设计企业发生更名、分立、合并、重组以及经营业务发生重大变化等事项时，应当自发生变化之日起15个工作日内，向工业和信息化部进行书面报备。变化后仍符合集成电路设计企业认定条件的，办理相应的变更手续；变化后不符合集成电路设计企业认定条件的，终止认定资格。

第十四条　中国半导体行业协会及地方相应机构配合开展政策实施情况评估等工作，并由中国半导体行业协会将有关情况汇总后及时报送工业和信息化部、国家发改委、财政部和国家税务总局。

第十五条 工业和信息化部、地方工业和信息化主管部门及相关机构在认定工作中应遵循公平、公正、科学、高效的原则,并为申请企业保守商业秘密。

第三章 监督管理

第十六条 经认定和年审合格的集成电路设计企业有以下情形之一的,由工业和信息化部取消其认定和年审资格,三年内不予受理企业认定申请,同时在工业和信息化部门户网站上公示。

(一)在申请过程中提供虚假信息;

(二)有偷、骗税等行为的;

(三)在安全、质量、公司管理等方面有重大违法行为,受到有关部门处罚;

(四)未及时报告使企业认定条件发生变化的更名、分立、合并、重组以及经营业务重大变化等情况。

对被取消集成电路设计企业认定资格且当年已享受税收优惠政策的,由有关部门予以追缴。

第十七条 参与集成电路设计企业认定工作的人员如有下列行为之一的,由其所属部门或机构责令限期改正,并依法给予行政处分;构成犯罪的,依法追究刑事责任。

(一)违反认定工作程序和工作原则;

(二)滥用职权、玩忽职守、徇私舞弊、索贿受贿;

(三)违反认定工作保密规定等要求;

(四)其他违反本办法规定的行为。

第四章 附 则

第十八条 2011年1月1日前完成认定的集成电路设计企业,在享受企业所得税优惠政策期满前,仍按照《集成电路设计企业及产品认定管理办法》(信部联产[2002]86号)的认定条件进行年审,优惠期满后按照本办法重新认定,但不得享受财税[2012]27号文件第三条规定的优惠政策。

第十九条 本办法由工业和信息化部会同国家发改委、财政部、国家税务总局负责解释。

第二十条 本办法自2014年1月1日起实施,《集成电路设计企业及产品认定管理办法》(信部联产[2002]86号)同时废止。

政策链接之五:国家税务总局《关于〈执行软件企业所得税优惠政策有关问题〉的公告》(国家税务总局公告2013年第43号)。

根据《中华人民共和国企业所得税法》及其实施条例、《国务院关于印发〈进一步鼓励软件产业和集成电路产业发展若干政策〉的通知》(国发[2011]4号)、《财政部 国家税务总局关于进一步鼓励软件产业和集成电路产业发展企业所得税政策的通知》(财税[2012]27号)、《国家税务总局关于软件和集成电路企业认定管理有关问题的公告》(国家税务总局公告2012年第19号)以及《软件企业认定管理办法》(工信部联软[2013]64号)的规定,经商财政部,现将贯彻落实软件企业所得税优惠政策有关问题公告如下:

一、软件企业所得税优惠政策适用于经认定并实行查账征收方式的软件企业。所称经认定,是指经国家规定的软件企业认定机构按照软件企业认定管理的有关规定进行认定并取得软件企业认定证书。

二、软件企业的收入总额,是指《企业所得税法》第六条规定的收入总额。

三、软件企业的获利年度,是指软件企业开始生产经营后,第一个应纳税所得额大于零的纳税年度,包括对企业所得税实行核定征收方式的纳税年度。

软件企业享受定期减免税优惠的期限应当连续计算,不得因中间发生亏损或其他原因而间断。

四、除国家另有政策规定(包括对国家自主创新示范区的规定)外,软件企业研发费用的计算口径按照《国家税务总局关于印发〈企业研究开发费用税前扣除管理办法(试行)〉的通知》(国税发[2008]116号)规定执行。

五、2010年12月31日以前依法在中国境内成立但尚未认定的软件企业,仍按照《财政部 国家税务总局关于企业所得税若干优惠政策的通知》(财税[2008]1号)第一条的规定以及《软件企业认定标准及管理办法(试行)》(信部联产[2000]968号)的认定条件,办理相关手续,并继续享受到期满为止。优惠期间内,亦按照信部联产[2000]968号的认定条件进行年审。

六、本公告自2011年1月1日起执行。其中,2011年1月1日以后依法在中国境内成立的软件企业认定管理的衔接问题仍按照国家税务总局公告2012年第19号的规定执行;2010年12月31日以前依法在中国境内成立的软件企业的政策及认定管理衔接问题按本公告第五条的规定执行。集成电路生产企业、集成电路设计企业认定和优惠管理涉及的上述事项按本公告执行。

第十一节 《税额抵免优惠明细表》的填制与审核

一、表样及有关项目的填报说明

(一)表样

A107050

税额抵免优惠明细表

行次	项目		年度	本年抵免前应纳税额	本年允许抵免的专用设备投资额	本年可抵免税额	以前年度已抵免额					本年实际抵免的各年度税额	可结转以后年度抵免的税额
							前五年度	前四年度	前三年度	前二年度	前一年度	小计		
			1	2	3	4=3×10%	5	6	7	8	9	10(5+6+7+8+9)	11	12(4−10−11)
1	前五年度													*
2	前四年度						*							
3	前三年度						*	*						
4	前二年度						*	*	*					
5	前一年度						*	*	*	*				
6	本年度						*	*	*	*	*			
7	本年实际抵免税额合计													*
8	可结转以后年度抵免的税额合计													
9	专用设备投资情况	本年允许抵免的环境保护专用设备投资额												
10		本年允许抵免节能节水的专用设备投资额												
11		本年允许抵免的安全生产专用设备投资额												

（二）填报说明

本表适用于享受专用设备投资额抵免优惠的纳税人填报。纳税人根据税法相关税收政策规定，填报本年发生的专用设备投资额抵免优惠情况。

1. 第 1 列"年度"：填报公历年份。第 6 行为本年，第 5 至第 1 行依次填报。

2. 第 2 列"本年抵免前应纳税额"：填报纳税人《中华人民共和国企业所得税年度纳税申报表（A 类）》（A100000）第 25 行"应纳所得税额"减第 26 行"减免所得税额"后的金额。2009—2013 年度"当本年抵免前应纳税额"：填报原《企业所得税年度纳税申报表（A 类）》第 27 行"应纳所得税额"减第 28 行"减免所得税额"后的金额。

3. 第 3 列"本年允许抵免的专用设备投资额"：填报纳税人本年购置并实际使用《环境保护专用设备企业所得税优惠目录》、《节能节水专用设备企业所得税优惠目录》和《安全生产专用设备企业所得税优惠目录》规定的环境保护、节能节水、安全生产等专用设备的发票价税合计金额，但不包括允许抵扣的增值税进项税额、按有关规定退还的增值税税款以及设备运输、安装和调试等费用。

4. 第 4 列"本年可抵免税额"：填报第 3 列（本年允许抵免的专用设备投资额）×10% 的金额。

5. 第 5 至 9 列"以前年度已抵免额"：填报纳税人以前年度已抵免税额，其中前五年度、前四年度、前三年度、前二年度、前一年度与"项目"列中的前五年度、前四年度、前三年度、前二年度、前一年度相对应。

6. 第 10 列"以前年度已抵免额—小计"：填报第 5 列（前五年度）＋第 6 列（前四年度）＋第 7 列（前三年度）＋第 8 列（前二年度）＋第 9 列（前一年度）的金额。

7. 第 11 列"本年实际抵免的各年度税额"：第 1 行（前五年度）至第 6 行（本年度）填报纳税人用于依次抵免前 5 年度及本年尚未抵免的税额，第 11 列（本年实际抵免的各年度税额）小于等于第 4 列（本年可抵免税额）－第 10 列（小计），且第 11 列（本年实际抵免的各年度税额）第 1 行（前五年度）至第 6 行（本年度）合计数不得大于第 6 行（本年度）第 2 列（本年抵免前应纳税额）的金额。

8. 第 12 列"可结转以后年度抵免的税额"：填报第 4 列（本年可抵免税额）－第 10 列（以前年度已抵免额—小计）－第 11 列（本年实际抵免的各年度税额）的金额。

9. 第 7 行第 11 列"本年实际抵免税额合计"：填报第 11 列（本年实际抵免的各年度税额）第 1 行（前五年度）＋第 2 行（前四年度）＋…＋第 6 行（本年度）的金额。

10. 第 8 行第 12 列"可结转以后年度抵免的税额合计"：填报第 12 列（可结转以后年度抵免的税额）第 2 行（前四年度）＋第 3 行（前三年度）＋…＋第 6 行（本年度）的金额。

11. 第 9 行"本年允许抵免的环境保护专用设备投资额"：填报纳税人本年购置并实际使用《环境保护专用设备企业所得税优惠目录》规定的环境保护专用设备的发票价税合计价格，但不包括允许抵扣的增值税进项税额、按有关规定退还的增值税税款以及设备运输、安装和调试等费用。

12. 第 10 行"本年允许抵免的节能节水专用设备投资额"：填报纳税人本年购置并实际使用《节能节水专用设备企业所得税优惠目录》规定的节能节水等专用设备的发票价税合计价格，但不包括允许抵扣的增值税进项税额、按有关规定退还的增值税税款以及设备运输、安装和调试等费用。

13. 第 11 行"本年允许抵免的安全生产专用设备投资额"：填报纳税人本年购置并实际使

用《安全生产专用设备企业所得税优惠目录》规定的安全生产等专用设备的发票价税合计价格,但不包括允许抵扣的增值税进项税额、按有关规定退还的增值税税款以及设备运输、安装和调试等费用。

二、表内、表间关系

(一)表内关系

1. 第4列(本年可抵免税额)＝第3列(本年允许抵免的专用设备投资额)×10%。

2. 第10列(以前年度已抵免额—小计)＝第5列(前五年度)＋第6列(前四年度)＋…＋第9列(前一年度)。

3. 第11列(本年实际抵免的各年度税额)≤第4列(本年可抵免税额)－第10列(以前年度已抵免额—小计)。

4. 第12列(可结转以后年度抵免的税额)＝第4列(本年可抵免税额)－第10列(以前年度已抵免额—小计)－第11列(本年实际抵免的各年度税额)。

5. 第7行(本年实际抵免税额合计)第11列(本年实际抵免税额合计)＝第11列(本年实际抵免税额合计)第1行(前五年)＋第2行(前四年)＋…＋第6行(本年度)。

6. 第8行(可结转以后年度抵免的税额合计)第12列(可结转以后年度抵免的税额合计)＝第12列(可结转以后年度抵免的税额合计)第2行(前四年)＋第3行(前三年)＋…＋第6行(本年度)。

(二)表间关系

1. 第7行(本年实际抵免税额合计)第11列(本年实际抵免税额合计)≤表A100000《中华人民共和国企业所得税年度纳税申报表(A类)》第25行(应纳所得税额)－第26行(减免所得税额)。

2. 第7行(本年实际抵免税额合计)第11列(本年实际抵免税额合计)＝表A100000《中华人民共和国企业所得税年度纳税申报表(A类)》第27行(抵免所得税额)。

3. 第2列(本年抵免前应纳税额)＝表A100000《中华人民共和国企业所得税年度纳税申报表(A类)》第25行(应纳所得税额)－表A100000《中华人民共和国企业所得税年度纳税申报表(A类)》第26行(减免所得税额)。

2009～2013年度:第2列(本年抵免前应纳税额)＝原《企业所得税年度纳税申报表(A类)》第27行(抵免所得税额)－第28行(应纳税额)。

三、填审要点提示

允许抵免的专用设备投资额包括环境保护专用设备投资额、节能节水专用设备投资额以及安全生产专用设备投资额,投资额的10%可以从企业当年的应纳税额中抵免;当年不足抵免的,可以在以后5个纳税年度结转抵免。本表的设计明细反映了投资抵免的情况。

四、政策链接

政策链接之一:《中华人民共和国企业所得税法》。

第三十四条　企业购置用于环境保护、节能节水、安全生产等专用设备的投资额,可以按一定比例实行税额抵免。

政策链接之二:《中华人民共和国企业所得税法》实施条例。

第一百条　企业所得税法第三十四条所称税额抵免,是指企业购置并实际使用《环境保护专用设备企业所得税优惠目录》、《节能节水专用设备企业所得税优惠目录》和《安全生产专用设备企业所得税优惠目录》规定的环境保护、节能节水、安全生产等专用设备的,该专用设备的投资额的10%可以从企业当年的应纳税额中抵免;当年不足抵免的,可以在以后5个纳税年度结转抵免。

享受前款规定的企业所得税优惠的企业,应当实际购置并自身实际投入使用前款规定的专用设备;企业购置上述专用设备在5年内转让、出租的,应当停止享受企业所得税优惠,并补缴已经抵免的企业所得税税款。

政策链接之三:《关于执行环境保护专用设备企业所得税优惠目录节能节水专用设备企业所得税优惠目录和安全生产专用设备企业所得税优惠目录有关问题的通知》(财税[2008]48号)。

根据《中华人民共和国企业所得税法》(以下简称企业所得税法)和《中华人民共和国企业所得税法实施条例》(国务院令第512号)有关规定,经国务院批准,财政部、税务总局、发改委公布了《环境保护专用设备企业所得税优惠目录》、《节能节水专用设备企业所得税优惠目录》,财政部、税务总局、安监总局公布了《安全生产专用设备企业所得税优惠目录》(以下统称《目录》)。现将执行《目录》的有关问题通知如下:

一、企业自2008年1月1日起购置并实际使用列入《目录》范围内的环境保护、节能节水和安全生产专用设备,可以按专用设备投资额的10%抵免当年企业所得税应纳税额;企业当年应纳税额不足抵免的,可以向以后年度结转,但结转期不得超过5个纳税年度。

二、专用设备投资额,是指购买专用设备发票价税合计价格,但不包括按有关规定退还的增值税税款以及设备运输、安装和调试等费用。

三、当年应纳税额,是指企业当年的应纳税所得额乘以适用税率,扣除依照企业所得税法和国务院有关税收优惠规定以及税收过渡优惠规定减征、免征税额后的余额。

四、企业利用自筹资金和银行贷款购置专用设备的投资额,可以按企业所得税法的规定抵免企业应纳所得税额;企业利用财政拨款购置专用设备的投资额,不得抵免企业应纳所得税额。

五、企业购置并实际投入适用、已开始享受税收优惠的专用设备,如从购置之日起5个纳税年度内转让、出租的,应在该专用设备停止使用当月停止享受企业所得税优惠,并补缴已经抵免的企业所得税税款。转让的受让方可以按照该专用设备投资额的10%抵免当年企业所得税应纳税额;当年应纳税额不足抵免的,可以在以后5个纳税年度结转抵免。

六、根据经济社会发展需要及企业所得税优惠政策实施情况,国务院财政、税务主管部门会同国家发改委、安监总局等有关部门适时对《目录》内的项目进行调整和修订,并在报国务院批准后对《目录》进行更新。

政策链接之四:财政部　国家税务总局　国家发改委《关于〈公布节能节水专用设备企业所得税优惠目录(2008年版)和环境保护专用设备企业所得税优惠目录(2008年版)〉的通知》(财税[2008]115号)。参见附件1。

《节能节水专用设备企业所得税优惠目录(2008年版)》和《环境保护专用设备企业所得税优惠目录(2008年版)》,已经国务院批准,现予以公布,自2008年1月1日起施行。参见附件2。

政策链接之五:财政部　国家税务总局　安全监管总局《关于公布〈安全生产专用设备企业所得税优惠目录(2008年版)〉的通知》(财税[2008]118号)。

《安全生产专用设备企业所得税优惠目录(2008年版)》已经国务院批准,现予以公布,自2008年1月1日起施行。参见附件3。

附件1：

节能节水专用设备企业所得税优惠目录（2008年版）

一、节能设备

序号	设备类别	设备名称	性能参数	应用领域	能效标准
1	中小型三相电动机	节能中小型三相异步电动机	电压660V及以下，额定功率0.55kW～315kW范围内，单速封闭扇冷式，N设计的一般用途、防爆电动机。效率指标不小于节能评价值	工业生产电力拖动	GB 18613—2002
2	空气调节设备	能效等级1级的单元式空气调节机	名义制冷量大于7000W，能效比达到能效等级1级要求	工业制冷	GB 19576—2004
		能效等级1级的风管送风式空调（热泵）机组	能效比达到能效等级1级要求	工业制冷	GB 19576—2004
		能效等级1级的屋顶式空调（热泵）机组	制冷量为28～420kW，能效比达到能效等级1级要求	工业制冷	GB 19576—2004
		能效等级1级的冷水机组	能效比达到能效等级1级要求	工业制冷	GB 19577—2004
		能效等级1级的房间空气调节器	名义制冷量小于等于14000W，能效比达到能效等级1级要求	工业制冷	GB 12021.3—2004
3	通风机	节能型离心通风机	效率达到节能评价值要求	工业生产传输	GB 19761—2005
		节能型轴流通风机	效率达到节能评价值要求	工业生产传输	GB 19761—2005
		节能型空调离心通风机	效率达到节能评价值要求	工业生产传输	GB 19761—2005
4	水泵	节能型单级清水离心泵	单级清水离心泵（单级和双吸），效率达到节能评价值要求	工业生产传输	GB 19762—2005
		节能型多级清水离心泵	多级清水离心泵，效率达到节能评价值要求	工业生产传输	GB 19762—2005

第八章 税收优惠表的填制与审核

序号	设备类别	设备名称	性能参数	应用领域	能效标准
5	空气压缩机	高效空气压缩机	输入比功率应不小于节能评价值的103%	工业生产	GB19153-2003
6	变频器	高压大容量变频器	额定电压不超过10kV，额定容量500kVA以上	高压大功率电动机	
6	配电变压器	高效油浸式配电变压器	三相10kV，无励磁调压额定容量30kVA～1600kVA的油浸式，空载损耗和负载损耗应不大于节能评价值的36%	电力输配电	GB 20052-2006
		高效干式配电变压器	三相10kV，无励磁调压，额定容量30kVA～2500kVA干式，空载损耗和负载损耗应不大于节能评价值的36%	电力输配电	
7	高压电动机	节能型三相异步高压电动机	机座号355～560，效率指标不小于节能评价值	工业生产电力拖动	
8	节电器	电机轻载节电器	额定电压不超过10kV，50/60Hz，额定容量500kVA～2500kVA，节电率达到30%以上。	工业生产电力拖动	
9	交流接触器	永磁式交流接触器	1000V及以下的电压；50HZ交流电源供电，额定电流1000A及以下的接触器。功耗小于0.5VA	电力控制	
10	用电过程优化控制器	配电系统节电设备	额定电压不超过10kV，50/60Hz。采用微电脑实时控制。具有电压自动检测控制、时间+电压控制、电压梯度控制模式，可根据不同的输入电压、不同时间段及工艺要求进行过程能量优化控制的功能	工业生产及商用配电系统	
11	工业锅炉	热水锅炉	热效率在GB/T17954-2000表2中一级指标的基础上再提高5%。	工业生产	GB/T17954-2000
		蒸汽锅炉			
12	工业加热装置	钢锭感应加热炉	额定功率1600kW，加热处理每吨钢锭，单耗电量从250kW.h/t降到180kW.h/t	铜加工业	GB59954.3-1988 GB/10067.3-2005
		高阻抗电弧炉	容量40T，将炼每吨钢节能20kW.h/t 电极消耗降低15%～20%	钢铁冶炼	GB59954.2-1998 GB/10067.2-2005
13	节煤、节油、节气关键件	汽车电磁风扇离合器	不少于3级变速；第2级变速是柔性联接	汽车节能	QC/T777-2007

续

序号	设备类别	设备名称	性能参数	应用领域	能效标准
二、节水设备					
14	洗衣机	工业洗衣机	单位洗涤容量用水量≤15L/kg，洗净率≥35%	适用于商业用工业洗衣机（水洗机），不包括干洗机和隧道式洗涤机组。	QB/T 2323—2005工业洗衣机 中6.3.10条、6.3.8 a)条
15	换热器	空冷式换热器	强度和密封性能：经耐压压力试验符合GB/T 15386-1994的要求	适用于设计压力≤35MPa的空冷式换热器。不适用于铝或其他有色金属制受压元件的空冷式换热器。	GB/T 15386-1994 中8.3条
16	冷却塔	冷却塔	冷却能力：实测冷却能力与设计冷却能力的百分比≥95%；飘水率：冷却水量≤1000m³/h 的冷却塔不得有明显飘水现象，冷却水量＞1000m³/h 的冷却塔飘水率＜0.01%	适用于用水冷却的冷却塔。	GB 7190.1-1997 GB 7190.2-1997
17	灌溉机具	喷灌机	铺设长度80m以上，滴水均匀度≥90%，工作压力＞0.1MPa，滴灌带能够承受130N（滴灌管能够承受180N）的拉力不破裂、不渗漏	农业、园林、林业灌溉	机械行业标准
18		滴灌带（管）		适用于棉花、蔬菜、果树等经济作物的滴灌。	

326

附件2：

环境保护专用设备企业所得税优惠目录（2008年版）

序号	类别	设备名称	性能参数	应用领域
1	一、水污染治理设备	高负荷厌氧EGSB反应器	有机负荷≥20kg/m³·d；BOD₅去除率≥90%	工业废水处理和垃圾渗滤液处理
2		膜生物反应器	进水水质：COD＜400mg/l；BOD₅＜200mg/l；PH值：6～9；NH₄-N≤20mg/l；工作通量≥120 l/m²·h；水回收率≥95%；出水达到《城市污水再生利用城市杂用水水质》（GB/T18920）。使用寿命≥5年	生活污水处理和中水回用处理
3		反渗透过滤器	采用聚酰胺复合反渗透膜，净水寿命（膜材料的更换周期）≥2年；对规定分子量物质的截留率应达到设计的额定值	工业废水处理
4		重金属离子去除器	对重金属离子（Cr³⁺、Cu²⁺、Ni²⁺、Pb²⁺、Cd²⁺、Hg²⁺等）去除率≥99.9%，废渣达到无害化处理	工业废水处理
5		紫外消毒灯	杀菌效率≥99.99%；紫外剂量≥16mj/cm²；灯管寿命≥9000h；设备耐压：0.1～0.8Mpa/cm²；使用寿命≥10年	城市污水处理和工业废水处理
6		污泥浓缩脱水一体机	脱水后泥饼含固率≥25%	城市污水处理和工业废水处理
7		污泥干化机	单台蒸发水量1t/h～15t/h；单台污泥日处理能力≥100t；干化后污泥固含量≥80%	污水处理

续

序号	类别	设备名称	性能参数	应用领域
8	二、大气污染防治设备	湿法脱硫专用喷嘴	流量≥40m³/h；雾化浆滴平均直径≤2100μm；流速、额定值±10%；喷雾角、额定值±10%；粒径分布均匀度：0.8~1.2；流量密度变化幅度：±10%	燃煤发电机组脱硫
9		湿法脱硫专用除雾器	在除雾器出口雾滴夹带的浓度≤75mg/Nm³，除雾器阻力≤150Pa；临界分离粒径≤25~35μm。	燃煤发电机组脱硫
10		袋式除尘器	除尘效率≥99.5%；排放浓度≤40mg/m³；出口温度≤120℃；林格曼一级；设备阻力低<1200Pa；漏风率≤3%；耐压强度>5kPa；滤袋寿命≥3年；耐高温、高湿、耐腐蚀	发电机组、工业锅炉、工业窑炉除尘
11		型煤锅炉	热效率>80%，煤渣含炭量≤2%；低热负荷燃烧运行良好；各项污染物排放指标均低于《锅炉大气污染物排放标准》(GB13271)。	用于采暖、洗浴、饮用水、制冷的热水锅炉
12	三、固体废物处置设备	危险废弃物焚烧炉	处理量≥10t/d；焚烧温度：危险废物≥1100℃、医院临床废物≥850℃；烟气停留时间>2s；残渣热灼减率<5%；焚烧炉燃烧效率>65%；烟气排放达到《危险废物焚烧污染控制标准》(GB 18484)	工业、医疗垃圾和危险废弃物焚烧处理
13		医疗废物高温高压灭菌锅	灭菌温度≥1100℃，压力≥200kPa，灭菌效率99.99%，灭菌时间≤15min，灭菌效率99.99%，气体中的微生物被截流的效率99.99%。达到100%灭活，排水排气均达到国家相应的排放标准。	医疗废物处理
14	四、环境监测仪器仪表	在线固定污染源排放烟气连续监测仪	含尘量测量范围：0-200-2000mg/m³；气体污染物测量；范围：SO₂/NOₓ：0-250-2500mg/m³；CO：0-500-5000mg/m³；气体污染物测量精度：±1%满量程；流速测量范围：0-35m/s；温度：0-200℃；精度：±0.2m/s；压力：±3000Pa；精度：±1%；精度：±2%；度：±1℃；湿度：0-20%；精度：±2%满量程。	大气污染源监测

续

序号	类别	设备名称	性能参数	应用领域
15	五、清洁生产设备	化学需氧量水质在线自动监测仪	COD：0~20000mg/l；具有数据远程传输功能；精度：±2%；分辨率：1mg/l；误差：<5%；最短测量周期：5min。	水质污染监测
16		五日生物需氧量水质自动分析仪	BOD₅：0~500mg/l；精度：±2%；分辨率：15ppm；具有数据远程传输功能。	水质污染监测
17		WSA冷凝器（湿式催化转化冷凝器）	用低浓度（1~4%）二氧化硫烟气制硫酸，产出硫酸浓度>96%，二氧化硫转化率>99%，设备使用寿命10至15年	有色金属冶炼和化工生产
18		电热回转器	日处理高砷烟尘物料4~9t，电功率189KW，窑内温度456℃，砷直接回收率92~96%，生产白砷质量为三氧化二砷含量大于95%	有色金属冶炼
19		少空气干燥器	工业用干燥器节能效果50%以上，具备可调控的干燥曲线设置系统，启动程序和干燥过程自动完成。	陶瓷、电瓷、耐火材料生产

附件3:

安全生产专用设备企业所得税优惠目录(2008年版)

序号	设备名称	技术指标	参照标准	功能及作用	适用范围
一、煤矿					
01	瓦斯含量、压力测试设备		国家煤矿安全监察局强制执行安全标志管理检验标准	随时监测煤矿瓦斯含量及涌出量,防止发生瓦斯事故	有有害气体的矿井
02	瓦斯突出预测预报设备		国家煤矿安全监察局强制执行安全标志管理检验标准	预测高瓦斯矿井瓦斯变化情况,防止瓦斯突出	有有害气体的矿井
03	瓦斯抽放监测设备		国家煤矿安全监察局强制执行安全标志管理检验标准	降低煤矿瓦斯含量,保证瓦斯不超标,确保安全生产	有有害气体的矿井
04	煤矿井下瓦斯抽采用钻机		国家煤矿安全监察局强制执行安全标志管理检验标准	抽采煤矿瓦斯,防止瓦斯事故	有瓦斯灾害的矿井
05	瓦斯抽放泵		国家煤矿安全监察局强制执行安全标志管理检验标准	降低煤矿瓦斯含量,保证瓦斯不超标,确保安全生产	有瓦斯灾害的矿井
06	瓦斯抽放封孔泵		国家煤矿安全监察局强制执行安全标志管理检验标准	降低煤矿瓦斯含量,保证瓦斯不超标,确保安全生产	有瓦斯灾害的矿井
07	矿井井下超前探测设备		国家煤矿安全监察局强制执行安全标志管理检验标准	探测断层、含水层等地质构造,防治突出、冲击地压、透水事故	有瓦斯、冲击地压和水害的矿井
08	矿井井下安全监测监控及人员定位监测设备		国家煤矿安全监察局强制执行安全标志管理检验标准	监测煤矿矿井下动态,防止违章作业	用于煤矿安全监测监控
09	一氧化碳检测警报仪器		国家煤矿安全监察局强制执行安全标志管理检验标准	防止一氧化碳超标	用于煤矿安全监测
10	粉尘监测仪表及降尘设备		国家煤矿安全监察局强制执行安全标志管理检验标准	监测煤矿地下煤尘变化情况,防止发生煤尘爆炸事故	有粉尘灾害的矿井
11	煤层火灾预测预报设备		国家煤矿安全监察局强制执行安全标志管理检验标准	预测煤矿火灾事故	有火灾危险的矿井
12	采煤工作面矿压监测装备		国家煤矿安全监察局强制执行安全标志管理检验标准	检测煤矿地下顶板压力,防止发生冒顶事故	易发生顶板事故的矿井

330

续表

序号	设备名称	技术指标	参照标准	功能及作用	适用范围
13	矿井自动化排水监控设备		国家煤矿安全监察局强制执行"安全标志管理检验标准"	监测煤矿地下涌水量,防止发生透水事故	有水患威胁的矿井
14	煤矿井下通讯设备		国家煤矿安全监察局强制执行"安全标志管理检验标准"	确保井下通讯畅通,防止因通讯不畅发生事故	煤矿安全生产调度
15	隔爆型低压检漏设备	GB3836.1-4-2000 爆炸性气体环境用电气设备	国家煤矿安全监察局强制执行"安全标志管理检验标准"	检测煤矿地下电器设备,防止漏电产生电火花	有爆炸性气体环境的矿井
16	隔爆型电气综合保护设备	GB3836.1-4-2000 爆炸性气体环境用电气设备	国家煤矿安全监察局强制执行"安全标志管理检验标准"	检测煤矿地下电器设备,防止漏电产生电火花	有爆炸性气体环境的矿井
17	防爆型功率因数补偿设备	GB3836.1-4-2000 爆炸性气体环境用电气设备	国家煤矿安全监察局强制执行"安全标志管理检验标准"	防止煤矿电气设备电压不足,影响通风、排水	有爆炸性气体环境的矿井
18	矿用隔爆移动变电站	GB3836.1-4-2000 爆炸性气体环境用电气设备	国家煤矿安全监察局强制执行"安全标志管理检验标准"	防止煤矿设备爆炸性气体发生爆炸	有爆炸性气体环境的矿井
19	矿井供电电容电流自动补偿设备	GB3836.1-4-2000 爆炸性气体环境用电气设备	国家煤矿安全监察局强制执行"安全标志管理检验标准"	防止煤矿设备因电压、电流不足,影响设备正常运行	有爆炸性气体环境的矿井
二、非煤矿山					
20	无轨设备自动灭火系统			在无轨设备作业过程中发生火灾时,自动灭火保证人身和设备安全	适用露天矿山作业
21	烟雾传感器			检测坑内烟尘的浓度,并报警	适用于产生烟雾的矿山作业
22	斜井提升用捞车器			当斜井提升钢丝绳断绳时,可以捞住人车,防止坠入井底,造成人身事故	矿山斜井提升
23	70℃防火调节阀			炸药库通风管路调节	矿山企业炸药库监测
24	井下低压不接地系绝缘检漏装置			对井下低压IT系统进行漏电监视,保证井下作业人员人身安全	矿山井下

续表

序号	设备名称	技术指标	参照标准	功能及作用	适用范围
25	带张力自动平衡悬挂装置的多绳提升容器			提升过程中,自动平衡各钢丝绳张力,防止钢丝绳张力过大造成断绳和人身伤亡事故	矿井提升设备保护
26	带BF型钢丝绳罐道罐笼防坠器的罐笼			确保钢丝绳断绳时能够抓住钢丝绳,避免人身伤亡	带BF型钢丝绳罐道罐笼保护
27	带木罐道罐笼防坠器的罐笼			确保钢丝绳断绳时能够抓住钢丝绳,避免人身伤亡	带木罐道罐笼保护
28	带制动器的斜井人车			当钢丝绳断绳时,人车立即在轨道上制动,避免人身伤亡事故	矿山斜井提升
三、危险化学品
29	毒性气体检测报警器	毒性气体浓度超限报警	《作业环境气体检测报警仪通用技术要求》GB12358—1990	测定作业环境毒气含量,防止发生中毒事故	含有毒气体的作业环境
30	地下管道探测器	埋地管道泄漏检测报警		检测埋地管道泄漏情况	探测埋地管道泄漏点专用设备
31	管道防腐检测仪	检测管道防腐涂层厚度的变化		检测管道腐蚀情况	生产装置,井场,长输管线
32	氧气检测报警器	氧气超低,超高浓度报警	《作业环境气体检测报警仪通用技术要求》GB12358—1990	检测密闭作业空间氧气含量,防止含量过低或过高引发事故	密闭空间作业
33	便携式二氧化碳检测报警器	二氧化碳气体超高浓度报警	《作业环境气体检测报警仪通用技术要求》GB12358—1990	检测密闭作业空间二氧化碳含量	密闭空间作业
34	便携式可燃气体检测报警器	可燃气体浓度超限报警	《可燃气体探测器》GB15322—2003	检测作业场所可燃气体含量	可燃气体是指列入《危险化学品名录》2002年版本、国家安全生产监督管理局公告[2003]第1号,如有更新版本以最新版本为准)中的可燃气体

续表

序号	设备名称	技术指标	参照标准	功能及作用	适用范围
35	送风式长管呼吸器	正压送风,防止作业环境气体被劳动者吸入	《长管面具》GB6220-86	有毒有害物质作业和救援场所作业人员防护	有毒有害物质作业和救援场所
四、烟花爆竹行业					
36	静电火花感度仪	火工药品及电火工品静电放电火花敏感度		监测并预防静电火花的产生	烟花爆竹生产
五、公路行业					
37	路况快速检测系统(CiCS)	以车流速度(0-100km/h)快速检测路况指标:路面损坏(裂缝)等数据,道路平整度,路面车辙,路面纹理深度,道路前方图像。自动采集上述5项路面状况指标;对检测数据自动处理识别;路面裂缝等识别准确率达到95%以上	《公路技术状况评定标准》	用于道路缺陷及安全隐患检测	用于道路施工
六、铁路行业					
38	红外线轴温探测智能跟踪设备(THDS)	适应列车运行速度5~160公里/小时;自动计轴计轴误差<3×10-6,计轴误差<3×10-5;热轴故障预报兑现率:区间探测站>60%;系统可维护性:机械部分<10分钟,电气部分<3分钟;适应温度工作条件:室外设备环境温-40℃~+60℃,室内温度0~+40℃,室外相对湿度<95%,室内相对湿度<85%	运装管验[2003]276号	车辆轴温监测,防止轴温过高发生事故	车辆热轴

续表

序号	设备名称	技术指标	参照标准	功能及作用	适用范围
39	货车运行故障动态检测成套设备（TFDS）	适应车速 5～140km/h，自动计轴计辆误差：<3×10−6，计辆信息存储容量≥两车（一个段修期），图像传输速率≤2分钟/百辆，摄像机分辨率≥640×480，抓拍光源开启≥50帧/秒，补偿光源开启关闭响应时间≤1秒，保护门开启关闭时间≤2秒，室外设备适应温度−40℃～70℃	运装管验[2004]141号	货车运行故障动态监测，预防事故发生	货车
40	货车运行状态地面安全监测成套设备（TPDS）	称重范围：最大轴重 25t；计量方式：双向全自动轴，转向架动态计量；通过速度不限；检测精度：列车通过以 45km/h 及以下速度通过时超载检测精度优于 5‰，45～60km/h 速度通过时超载检测精度优于 1‰，60km/h 以上重车超载检测准确度优于 3%；识别车辆轮踏面擦伤；监测速度范围 20～90km/h；车辆运行蛇行运动失稳，允许超载速度不限，为额定载荷的 250%	运装管验[2002]306号	货车最大轴重、转向过速速度等方面监测	货车运行状态

七、民航行业

续表

序号	设备名称	技术指标	参照标准	功能及作用	适用范围
41	发动机火警探测器	10－61096－97/899315－05/473597－5	FAR23	设备校准灭火、火警探测	飞机发动机
42	防冰控制系统温度控制器	2915－5		防水、防冰控制系统温度控制	
	防冰控制系统温度控制面板	233W、233N、69、233A系列		同上	
	防冰面板	233N3204－1019		同上	利用发动机引气给飞机大翼和发动机整流包皮提供防冰防止这些部位结冰使飞机失去控制
	防冰活门	C146009－2/3215618－4/172625－7/810502－3/7612B000/7646B000/326975/38E93－5	FAA TSO－C43,C16	同上	
	防冰控制系统结冰探测器	0871HT3/0871DL6		同上	
	防冰控制系统窗温控制器	S283T007－3/785897－2/785897－3/624066－3/624066－5/83000－05602/83000－05604		同上	
八、应急救援设备类					
43	正压式空气呼吸器	具有耐高温、阻燃、绝缘、防腐、防水、重量轻、气密性好等性能，气瓶工作压力30MPa，背架应为高强度的非金属材料制成，面罩防结雾，一级减压阀输出端应具有其他救援接口，使用时间不得低于45分钟	GA124－2004《正压式消防空气呼吸器》	对人体呼吸管的防护	用于现场作业时，对人体呼吸管的防护装具，供作业人员在浓烟、毒性气体或严重缺氧的环境中使用
44	隔绝式正压氧气呼吸器	防护时间1h以上，氧液度不得低于21%	MT86－2000《隔绝式正压氧气呼吸器》	煤矿井下危险场所救护人员防护	煤矿井下

335

续表

序号	设备名称	技术指标	参照标准	功能及作用	适用范围
45	全防型滤毒罐	对有毒气体和蒸气、有毒颗粒及放射性粒子、细菌具有良好的过滤性能NBC防护标准储存期限不低于5年	GB/T2892-1995《过滤式防毒面具滤毒罐性能试验方法》	对危险作业人员呼吸保护	用于危险场所呼吸保护与防毒面罩配套使用
46	消防报警机		GBJ 116-88	初期火灾报警	用于机库、器材库及厂房内预报初期火灾，提示人员疏散
47	核放射探测仪	可自动声光报警，显示所检测射线的强度持续工作时间不少于70小时	GB10257-1988《核仪器与核辐射探测器质量检验规则》	快速寻找并确定α、β、r射线污染源的位置	用于有α、β、r射线污染源的作业环境
48	可燃气体检测仪	可检测10种以上易燃易爆气体的体积浓度	GB15322-2003《可燃气体探测器》	易燃易爆气体检测	用于检测事故现场易燃易爆气体
49	压缩氧自救器	具有防爆合格证和MA标志；供氧量1.2～1.6L/min，通气阻力196pa，吸气温度45℃，手动补给60L/min，二氧化碳吸收剂用量350g，氧气瓶额定充气压力20Mpa，排气阀开启压力200～400pa	MT711-1997《隔绝式压缩氧自救器》	发生缺氧或在有毒有害气体环境中工作人员佩用自救逃生	用于煤矿井下发生缺氧或有毒有害气体环境中矿工佩用它可以自身逃生
50	矿山救护指挥车	具有高地盘、功率大、起步快、越野性能好；汽车性能应达到；爬坡度在30%以上；最小离地间隙在220mm以上；行车速度在120km/h以上；配有无线通讯系统、卫星定位系统和警灯警报装置	QC/T457-2002《救护车汽车标准》；GA 14-91《用无线电话机技术要求和试验方法》；GB50313-2000《城市通讯指挥系统设计规范》	矿山发生事故救援指挥	用于矿山事故抢险的救援指挥

政策链接之六：财政部 国家税务总局《关于〈执行企业所得税优惠政策若干问题〉的通知》（财税[2009]69号）。

根据《中华人民共和国企业所得税法》（以下简称企业所得税法）及《中华人民共和国企业所得税法实施条例》（国务院令第512号，以下简称实施条例）的有关规定，现就企业所得税优惠政策执行中有关问题通知如下：

十、实施条例第一百条规定的购置并实际使用的环境保护、节能节水和安全生产专用设备，包括承租方企业以融资租赁方式租入的，并在融资租赁合同中约定租赁期届满时租赁设备所有权转移给承租方企业，且符合规定条件的上述专用设备。凡融资租赁期届满后租赁设备所有权未转移至承租方企业的，承租方企业应停止享受抵免企业所得税优惠，并补缴已经抵免的企业所得税税款。

政策链接之七：国家税务总局《关于〈环境保护、节能节水、安全生产等专用设备投资抵免企业所得税有关问题〉的通知》（国税函[2010]256号）。

现就环境保护、节能节水、安全生产等专用设备投资抵免企业所得税的有关问题通知如下：

根据《财政部 国家税务总局关于全国实施增值税转型改革若干问题的通知》（财税[2008]170号）规定，自2009年1月1日起，增值税一般纳税人购进固定资产发生的进项税额可从其销项税额中抵扣，因此，自2009年1月1日起，纳税人购进并实际使用《环境保护专用设备企业所得税优惠目录》、《节能节水专用设备企业所得税优惠目录》和《安全生产专用设备企业所得税优惠目录》范围内的专用设备并取得增值税专用发票的，在按照《财政部 国家税务总局关于执行环境保护专用设备企业所得税优惠目录、节能节水专用设备企业所得税优惠目录和安全生产专用设备企业所得税优惠目录有关问题的通知》（财税[2008]48号）第二条规定进行税额抵免时，如增值税进项税额允许抵扣，其专用设备投资额不再包括增值税进项税额；如增值税进项税额不允许抵扣，其专用设备投资额应为增值税专用发票上注明的价税合计金额。企业购买专用设备取得普通发票的，其专用设备投资额为普通发票上注明的金额。

五、案例

资料：某企业2011年购进允许抵免的环境保护专用设备投资额4 000万元，2012年购进允许抵免节能节水的专用设备投资额3 800万元，2014年8月购进允许抵免的安全生产专用设备投资额为1 500万元，《企业所得税年度纳税申报表（A类）》第27行"应纳所得税额"减第28行"减免所得税额"后的金额：2011年为0，2012年为150万元，2013年为200万元。2014年《中华人民共和国企业所得税年度纳税申报表（A类）》（A100000）第25行"应纳所得税额"减第26行"减免所得税额"后的金额为560万元。

A107050

税额抵免优惠明细表

行次	项目	年度	本年抵免前应纳税额	本年允许抵免的专用设备投资额	本年可抵免税额	以前年度已抵免额					本年实际抵免的各年度税额	可结转以后年度抵免的税额
						前五年度	前四年度	前三年度	前二年度	前一年度	小计		
			1	2	3	4=3×10%	5	6	7	8	9	10(5+6+7+8+9)	11	12(4-10-11)
1	前五年度													*
2	前四年度					*								
3	前三年度	2011	0	40000000	4000000	*	*		1500000	2000000	3500000	500000	
4	前二年度	2012	1500000	38000000	3800000	*	*	*			0	3800000	
5	前一年度	2013	2000000			*	*	*	*			0	
6	本年度	2014	5600000	15000000	1500000	*	*	*	*	*		1300000	200000
7	本年实际抵免税额合计											5600000	*
8	可结转以后年度抵免的税额合计												200000
9	专用设备投资情况	本年允许抵免的环境保护专用设备投资额											
10		本年允许抵免节能节水的专用设备投资额											
11		本年允许抵免的安全生产专用设备投资额									1500000	

第九章 境外所得抵免表的填制与审核

境外所得抵免表包括《境外所得税收抵免明细表》、《境外所得纳税调整后所得明细表》、《境外分支机构弥补亏损明细表》和《跨年度结转抵免境外所得税明细表》,它们反映企业发生境外所得税如何抵免以及抵免具体计算问题。

第一节 《境外所得税收抵免明细表》的填制与审核

一、表样及有关项目的填报说明

(一)表样

A108000

境外所得税收抵免明细表

行次	国家(地区)	境外税前所得	境外所得纳税调整后所得	弥补境外以前年度亏损	境外应纳税所得额	抵减境内亏损	抵减境内亏损后境外应纳税所得额	税率	境外应纳税所得额	境外所得可抵免税额	境外所得抵免限额	本年可抵免境外所得税额	未超过境外所得税抵免限额的余额	本年可抵免以前年度未抵免境外所得税额	按简易办法计算			境外所得抵免所得税额合计
															按低于12.5%的实际税率计算的抵免额	按12.5%计算的抵免额	按25%计算的抵免额	小 计	
	1	2	3	4	5(3-4)	6	7(5-6)	8	9(7×8)	10	11	12	13(11-12)	14	15	16	17	18(15+16+17)	19(12+14+18)
1																			
2																			
3																			
4																			
5																			
6																			
7																			
8																			
9																			
10	合计																		

(二)填报说明

本表适用于取得境外所得的纳税人填报。纳税人应根据税法、《财政部 国家税务总局关于企业境外所得税收抵免有关问题的通知》(财税〔2009〕125号)和《国家税务总局关于发布〈企业境外所得税收抵免操作指南〉的公告》(国家税务总局公告2010年第1号)规定,填报本年来源于或发生于不同国家、地区的所得按照税收规定计算应缴纳和应抵免的企业所得税。

对于我国石油企业在境外从事油(气)资源开采的,其境外应纳税所得额、可抵免境外所得税额和抵免限额按照《财政部 国家税务总局关于我国石油企业从事油(气)资源开采所得税收抵免有关问题的通知》(财税[2011]23号)文件规定计算填报。

1. 第1列"国家(地区)":填报纳税人境外所得来源的国家(地区)名称,来源于同一国家(地区)的境外所得可合并到一行填报。

2. 第2列"境外税前所得":填报(A108010)《境外所得纳税调整后所得明细表》第14列(境外税前所得)的金额。

3. 第3列"境外所得纳税调整后所得":填报表A108010《境外所得纳税调整后所得明细表》第19列(境外所得纳税调整后所得)的金额。

4. 第4列"弥补境外以前年度亏损":填报《境外分支机构弥补亏损明细表》(A108020)第4列(本年弥补的非实际亏损额)和第13列(本年弥补的以前年度实际亏损额)的金额。

5. 第5列"境外应纳税所得额":填报第3列(境外所得纳税调整后所得)－第4列(弥补境外以前年度亏损)的金额。

6. 第6列"抵减境内亏损":填报纳税人境外所得按照税法规定抵减境内的亏损。

7. 第7列"抵减境内亏损后的境外应纳税所得额":填报第5列(境外应纳税所得额)－第6列(抵减境内亏损)的金额。

8. 第8列"税率":填报法定税率25%。符合《财政部 国家税务总局关于高新技术企业境外所得适用税率及税收抵免问题的通知》(财税[2011]47号)第一条规定的高新技术企业填报15%。

9. 第9列"境外所得应纳税额":填报第7列(减境内亏损后的境外应纳税所得额)×第8列(税率)的金额填报。

10. 第10列"境外所得可抵免税额":填报表A108010《境外所得纳税调整后所得明细表》第13列(小计)的金额。

11. 第11列"境外所得抵免限额":抵免限额＝中国境内、境外所得依照企业所得税法和条例的规定计算的应纳税总额×来源于某国(地区)的应纳税所得额÷中国境内、境外应纳税所得总额。

12. 第12列"本年可抵免境外所得税额":填报纳税人本年来源于境外的所得已缴纳所得税在本年度允许抵免的金额。按照第10列(境外所得可抵免税额)、第11列(境外所得抵免限额)孰小填报。

13. 第13列"未超过境外所得税抵免限额的余额":填报纳税人本年在抵免限额内抵免完境外所得税后有余额的、可用于抵免以前年度结转的待抵免的所得税额。本列按照第11列(境外所得抵免限额)－第12列(本年可抵免境外所得税额)的余额填报。

14. 第14列"本年可抵免以前年度未抵免境外所得税额":填报纳税人本年可抵免以前年度未抵免、结转到本年度抵免的境外所得税额。

15. 第15列(按低于12.5%的实际税率计算的抵免额)至第18列(按简易办法计算)由选择简易办法计算抵免额的企业填报。

(1)第15列"按低于12.5%的实际税率计算的抵免额":纳税人从境外取得营业利润所得以及符合境外税额间接抵免条件的股息所得,所得来源国(地区)的实际有效税率低于12.5%的,填报按照实际有效税率计算的抵免额。

(2)第16列"按12.5%计算的抵免额":纳税人从境外取得营业利润所得以及符合境外税

额间接抵免条件的股息所得,除第 15 列(按低于 12.5%的实际税率计算的抵免额)情形外,填报按照 12.5%计算的抵免额。

(3)第 17 列"按 25%计算的抵免额":纳税人从境外取得营业利润所得以及符合境外税额间接抵免条件的股息所得,对于所得来源国(地区)的实际有效税率高于 25%的,填报按照 25%计算的抵免额。

16. 第 19 列"境外所得抵免所得税额合计":填报第 12 列(本年可抵免境外所得税额)+第 14 列(本年可抵免以前年度未抵免境外所得税额)+第 18 列(按简易办法计算)的金额。

二、表内、表间关系

(一)表内关系

1. 第 5 列(境外应纳税所得额)=第 3 列(境外所得纳税调整后所得)-第 4 列(弥补境外以前年度亏损)。

2. 第 7 列(抵减境内亏损后的境外应纳税所得额)=第 5 列(境外应纳税所得额)-第 6 列(抵减境内亏损)。

3. 第 9 列(境外所得应纳税额)=第 7 列(抵减境内亏损后的境外应纳税所得额)×第 8 列(税率)。

4. 第 12 列(本年可抵免境外所得税额)=第 10 列(境外所得可抵免税额)、第 11 列(境外所得抵免限额)孰小。

5. 第 13 列(未超过境外所得税抵免限额的余额)=第 11 列(境外所得抵免限额)-第 12 列(本年可抵免境外所得税额)。

6. 第 14 列(本年可抵免以前年度未抵免境外所得税额)≤第 13 列(未超过境外所得税抵免限额的余额)。

7. 第 18 列(按简易办法计算)=第 15 列(按低于 12.5%的实际税率计算的抵免额)+第 16 列(按 12.5%计算的抵免额)+第 17 列(按 25%计算的抵免额)。

8. 第 19 列(境外所得抵免所得税额合计)=第 12 列(本年可抵免境外所得税额)+第 14 列(本年可抵免以前年度未抵免境外所得税额)+第 18 列(按简易办法计算)。

(二)表间关系

1. 第 2 列(境外税前所得)各行=表 A108010《境外所得纳税调整后所得明细表》第 14 列(境外税前所得)相应行次。

2. 第 2 列(境外税前所得)合计=表 A108010《境外所得纳税调整后所得明细表》第 14 列(境外税前所得)。

3. 第 3 列(境外所得纳税调整后所得)各行=表 A108010《境外所得纳税调整后所得明细表》第 18 列(境外所得纳税调整后所得)相应行次。

4. 第 4 列(弥补境外以前年度亏损)各行=表 A108020《境外分支机构弥补亏损明细表》第 4 列(本年弥补的非实际亏损额)相应行次+表 A108020《境外分支机构弥补亏损明细表》第 13 列(本年弥补的以前年度实际亏损额)相应行次。

5. 第 6 列(抵减境内亏损)合计=表 A100000《中华人民共和国企业所得税年度纳税申报表(A 类)》第 18 行(境外应税所得抵减境内亏损)。

6. 第 9 列(境外所得应纳税额)合计=表 A100000《中华人民共和国企业所得税年度纳税申报表(A 类)》第 29 行(境外所得应纳所得税额)。

7. 第 10 列(境外所得可抵免税额)各行＝表 A108010《境外所得纳税调整后所得明细表》第 13 列(境外所得可抵免所得税额)相应行次。

8. 第 14 列(本年可抵免以前年度未抵免境外所得税额)各行＝表 A108030《跨年度结转抵免境外所得税明细表》第 13 列(小计)相应行次。

9. 第 19 列(境外所得抵免所得税额合计)合计＝表 A100000《中华人民共和国企业所得税年度纳税申报表(A 类)》第 30 行(境外所得抵免所得税额)。

三、填审要点提示

境外所得抵免表反映企业发生境外所得税如何抵免以及抵免具体计算问题。填好《境外所得税收抵免明细表》、《境外所得纳税调整后所得明细表》、《境外分支机构弥补亏损明细表》和《跨年度结转抵免境外所得税明细表》，关键要理解表内和表间关系，运用这四张表与主表的勾稽关系来学习研究政策。本报填列来源于或发生于不同国家、地区的所得按照税收规定计算应缴纳和应抵免的企业所得税。本表第 9 列境外所得应纳税额合计应等于主表第 29 行境外所得应纳所得税额，本表第 6 列抵减境内亏损合计应等于主表第 18 行境外应税所得抵减境内亏损，本表第 19 列境外所得抵免所得税额合计应等于主表第 30 行境外所得抵免所得税额。

第二节 《境外所得纳税调整后所得明细表》的填制与审核

一、表样及有关项目的填报说明

(一)表样

A108010

境外所得纳税调整后所得明细表

行次	国家(地区)	境外税后所得							境外所得可抵免的所得税额				境外税前所得	境外分支机构收入与支出纳税调整	境外分支机构调整分摊扣除的有关成本费用	境外所得对应调整的相关成本费用支出	境外所得纳税调整后所得
		分支机构营业利润所得	股息、红利等权益性投资所得	利息所得	租金所得	特许权使用费所得	财产转让所得	其他所得	小计	直接缴纳的所得税额	间接负担的所得税额	享受税收饶让抵免税额	小计					
	1	2	3	4	5	6	7	8	9(2+3+4+5+6+7+8)	10	11	12	13(10+11+12)	14(9+10+11)	15	16	17	18(14+15-16-17)
1																		
2																		
3																		
4																		
5																		
6																		
7																		

续表

行次	国家(地区)	境外税后所得							境外所得可抵免的所得税额				境外税前所得	境外分支机构收入与支出纳税调整额	境外分支机构调整分摊扣除的有关成本费用	境外所得对应调整的相关成本费用支出	境外所得纳税调整后所得
^	^	分支机构营业利润所得	股息、红利等权益性投资所得	利息所得	租金所得	特许权使用费所得	财产转让所得	其他所得	小计	直接缴纳的所得税额	间接负担的所得税额	享受税收饶让抵免税额	小计	^	^	^	^	^
1	2	3	4	5	6	7	8	9(2+3+4+5+6+7+8)	10	11	12	13(10+11+12)	14(9+10+11)	15	16	17	18(14+15-16-17)
8																		
9																		
10	合计																	

(二)填报说明

本表由取得境外所得的纳税人填报。

1. 第1列"国家(地区)":填报纳税人境外所得来源的国家(地区)名称,来源于同一个国家(地区)的境外所得可合并到一行填报。

2. 第2列至第9列"境外税后所得":填报纳税人取得的来源于境外的税后所得,其中:第2列股息、红利等权益性投资所得包含通过《受控外国企业信息报告表》(国家税务总局公告2014年第38号附件2)计算的视同分配给企业的股息。

3. 第10列"直接缴纳的所得税":填报纳税人来源于境外的营业利润所得在境外所缴纳的企业所得税,以及就来源于或发生于境外的股息、红利等权益性投资所得、利息、租金、特许权使用费、财产转让等所得在境外被源泉扣缴的预提所得税。

4. 第11列"间接负担的所得税":填报纳税人从其直接或者间接控制的外国企业分得的来源于中国境外的股息、红利等权益性投资收益,外国企业在境外实际缴纳的所得税额中属于该项所得负担的部分。

5. 第12列"享受税收饶让抵免的应纳税额":填报纳税人从与我国政府订立税收协定(或安排)的国家(地区)取得的所得,按照该国(地区)税收法律享受了免税或减税待遇,且该免税或减税的数额按照税收协定应视同已缴税额的金额。

6. 第15列"境外分支机构收入与支出纳税调整额":填报纳税人境外分支机构收入、支出按照税法规定计算的纳税调整额。

7. 第16列"境外分支机构调整分摊扣除的有关成本费用":填报纳税人境外分支机构应合理分摊的总部管理费等有关成本费用,同时在《纳税调整项目明细表》(A105000)进行纳税调增。

8. 第17列"境外所得对应调整的相关成本费用支出":填报纳税人实际发生、与取得境外所得有关但未直接计入境外所得应纳税所得的成本费用支出,同时在《纳税调整项目明细表》(A105000)进行纳税调增。

9. 第18列(境外所得纳税调整后所得):填报第14列(境外税前所得)+第15列(境外分支机构收入与支出纳税调整额)-第16列(境外分支机构调整分摊扣除的有关成本费用)-第

17列(境外所得对应调整的相关成本费用支出)的金额。

二、表内、表间关系

(一)表内关系

1. 第9列(境外税后所得)＝第2列(分支机构机构营业利润所得)＋第3列(股息、红利等权益性投资所得)＋…＋第8列(其他所得)。

2. 第13列(境外所得可抵免的所得税额)＝第10列(直接缴纳的所得税)＋第11列(间接负担的所得税)＋第12列(享受税收饶让抵免的应纳税额)。

3. 第14列(境外税前所得)＝第9列(境外税后所得)＋第10列(直接缴纳的所得税)＋第11列(间接负担的所得税)。

4. 第18列(境外所得纳税调整后所得)＝第14列(境外税前所得)＋第15列(境外分支机构收入与支出纳税调整额)－第16列(境外分支机构调整分摊扣除的有关成本费用)－第17列(境外所得对应调整的相关成本费用支出)。

(二)表间关系

1. 第13列(境外所得可抵免的所得税额)各行＝表A108000第10列(境外所得可抵免税额)相应行次。

2. 第14列(境外税前所得)各行＝表A108000第2列(境外税前所得)相应行次。

3. 第14列(境外税前所得)－第11列(间接负担所得税额)＝主表A100000第14行(境外所得)。

4. 第16列(境外分支机构调整分摊扣除的有关成本费用)合计＋第17列(境外所得对应调整的相关成本费用支出)合计＝表A105000第28行(境外所得分摊的共同支出)第3列(境外所得分摊的共同支出调增金额)。

5. 第18列(境外分支机构亏损选择用以后年度所得弥补的亏损额)各行＝表A108000第3列(境外所得纳税调整后所得)相应各行。

三、填审要点提示

本表适用于取得境外所得的纳税人填报。纳税人应根据税法、《财政部 国家税务总局关于企业境外所得税收抵免有关问题的通知》(财税[2009]125号)和《国家税务总局关于发布〈企业境外所得税收抵免操作指南〉的公告》(国家税务总局公告2010年第1号)规定,填报本年来源于或发生于不同国家、地区的所得按照税法规定计算的境外所得纳税调整后所得。

本表第13列境外所得可抵免的所得税额应对应填入表A108000《境外所得税收抵免明细表》相应行次;本表第14列境外税前所得各行应等于表A108000第2列境外税前所得相应行次。第16列境外分支机构调整分摊扣除的有关成本费用合计加上第17列境外所得对应调整的相关成本费用支出合计应归入表A105000第28行境外所得分摊的共同支出第3列境外所得分摊的共同支出调增金额。这样处理说明原利润总额中所包含的境外应分摊费用被剔除了,而这次应由境外机构分摊的费用可以由境外所得税前扣除,因此在计算境外所得时可以减去这次费用金额。

第三节 《境外分支机构弥补亏损明细表》的填制与审核

一、表样及有关项目的填报说明

（一）表样

A108020

境外分支机构弥补亏损明细表

行次	国家（地区）	非实际亏损额的弥补				实际亏损额的弥补												
		以前年度结转尚未弥补的非实际亏损额	本年发生的非实际亏损额	本年弥补的非实际亏损额	结转以后年度弥补的非实际亏损额	以前年度结转尚未弥补的实际亏损额					本年发生的实际亏损额	本年弥补的以前年度实际亏损额	结转以后年度弥补的实际亏损额				
						前五年	前四年	前三年	前二年	前一年	小计			前四年	前三年	前二年	前一年	本年	小计
	1	2	3	4	5(2+3−4)	6	7	8	9	10	11(6+7+8+9+10)	12	13	14	15	16	17	18	19(14+15+16+17+18)
1																			
2																			
3																			
4																			
5																			
6																			
7																			
8																			
9																			
10	合计																		

（二）填报说明

本表由取得境外所得的纳税人填报。

在汇总计算境外应纳税所得额时，企业在境外同一国家（地区）设立不具有独立纳税地位的分支机构，按照企业所得税法及实施条例的有关规定计算的亏损，不得抵减其境内或他国（地区）的应纳税所得额，但可以用同一国家（地区）其他项目或以后年度的所得按规定弥补。在填报本表时，应按照国家税务总局公告2010年第1号第13、14条有关规定，分析填报企业的境外分支机构发生的实际亏损额和非实际亏损额及其弥补、结转的金额。

1. 第2列至第5列"非实际亏损的弥补"：填报境外分支机构非实际亏损额未弥补金额、本年发生的金额、本年弥补的金额、结转以后年度弥补的金额。

2. 第6列至第19列"实际亏损额的弥补"：填报境外分支机构实际亏损额弥补金额。

二、表内、表间关系

（一）表内关系

1. 第5列（结转以后年度弥补的非实际亏损额）＝第2列（以前年度结转尚未弥补的非实

际亏损额)＋第 3 列(本年发生的非实际亏损额)－第 4 列(本年弥补的非实际亏损额)。

2. 第 11 列(以前年度结转尚未弥补的实际亏损额)＝第 6 列(前五年)＋第 7 列(前四年)＋…＋第 10 列(前一年)。

3. 第 19 列(结转以后年度弥补的实际亏损额)＝第 14 列(前四年)＋第 15 列(前三年)＋…＋第 18 列(本年)。

(二)表间关系

第 4 列(本年弥补的非实际亏损额)各行＋第 13 列(本年弥补的以前年度实际亏损额)各行＝表 A108000《境外所得税收抵免明细表》第 4 列(弥补境外以前年度亏损)相应行次。

三、填审要点提示

在境外同一国家(地区)设立不具有独立纳税地位的分支机构,按照企业所得税法及实施条例的有关规定计算的亏损,不得抵减其境内或他国(地区)的应纳税所得额,但可以用同一国家(地区)其他项目或以后年度的所得按规定弥补。

第四节 《跨年度结转抵免境外所得税明细表》的填制与审核

一、表样及有关项目的填报说明

(一)表样

A108030

跨年度结转抵免境外所得税明细表

行次	国家(地区)	前五年境外所得已缴所得税未抵免余额						本年实际抵免以前年度未抵免的境外已缴所得税额						结转以后年度抵免的境外所得已缴所得税额					
		前五年	前四年	前三年	前二年	前一年	小计	前五年	前四年	前三年	前二年	前一年	小计	前四年	前三年	前二年	前一年	本年	小计
	1	2	3	4	5	6	7(2+3+4+5+6)	8	9	10	11	12	13(8+9+10+11+12)	14(3－9)	15(4－10)	16(5－11)	17(6－12)	18	19(14+15+16+17+18)
1																			
2																			
3																			
4																			
5																			
6																			
7																			
8																			
9																			
10	合计																		

(二)填报说明

本表由取得境外所得的纳税人填报。

1. 第 2 至 7 列"前五年境外所得已缴所得税未抵免余额":填报前五年境外所得已缴纳的企业所得税尚未抵免的余额。

2. 第 8 至 13 列"本年实际抵免以前年度未抵免的境外已缴所得税额":填报用本年未超过境外所得税款抵免限额的余额抵免以前年度未抵免的境外已缴所得税额。

3. 第 14 至 19 列"结转以后年度抵免的境外所得已缴所得税额":填报纳税人以前年度和本年未能抵免并结转以后年度抵免的境外所得已缴所得税额。

二、表内、表间关系

（一）表内关系

1. 第 7 列（前五年境外所得已缴所得税未抵免余额）＝第 2 列（前五年）＋第 3 列（前四年）＋…＋第 6 列（前一年）。

2. 第 13 列（本年实际抵免以前年度未抵免的境外已缴所得税额）＝第 8 列（前五年）＋第 9 列（前四年）＋…＋第 12 列（前一年）。

3. 第 19 列（结转以后年度弥补的实际亏损额）＝第 14 列（前四年）＋第 15 列（前三年）＋…＋第 18 列（本年）。

（二）表间关系

1. 第 13 列（本年弥补的以前年度实际亏损额）各行＝表 A108000《境外所得税收抵免明细表》第 14 列（本年可抵免以前年度未抵免境外所得税额）相应行次。

2. 第 18 列各行＝表 A108000《境外所得税收抵免明细表》第 10 列（境外所得可抵免税额）相应行次－表 A108000《境外所得税收抵免明细表》第 12 列（本年可抵免境外所得税）相应行次，当表 A108000《境外所得税收抵免明细表》第 10 列（境外所得可抵免税额）相应行次＞表 A108000《境外所得税收抵免明细表》第 12 列（本年可抵免境外所得税）相应行次时填报。

三、填审要点提示

抵免限额，是指企业来源于中国境外的所得，依照企业所得税法和本条例的规定计算的应纳税额。抵免限额应当分国（地区）不分项计算。企业取得的所得已在境外缴纳的所得税税额，可以从其当期应纳税额中抵免，抵免限额为该项所得依照本法规定计算的应纳税额；超过抵免限额的部分，可以在以后五个年度内，用每年度抵免限额抵免当年应抵税额后的余额进行抵补。填审本表的关键在于理解表间表内勾稽关系。

四、政策链接

政策链接之一:《中华人民共和国企业所得税法》。

第二十三条　企业取得的下列所得已在境外缴纳的所得税税额，可以从其当期应纳税额中抵免，抵免限额为该项所得依照本法规定计算的应纳税额；超过抵免限额的部分，可以在以后五个年度内，用每年度抵免限额抵免当年应抵税额后的余额进行抵补：

（一）居民企业来源于中国境外的应税所得；

（二）非居民企业在中国境内设立机构、场所，取得发生在中国境外但与该机构、场所有实际联系的应税所得。

第二十四条　居民企业从其直接或者间接控制的外国企业分得的来源于中国境外的股息、红利等权益性投资收益，外国企业在境外实际缴纳的所得税税额中属于该项所得负担的部分，可以作为该居民企业的可抵免境外所得税税额，在本法第二十三条规定的抵免限额内抵免。

政策链接之二:《中华人民共和国企业所得税法》实施条例

第七十六条　企业所得税法第二十二条规定的应纳税额的计算公式为：

应纳税额＝应纳税所得额×适用税率－减免税额－抵免税额

公式中的减免税额和抵免税额,是指依照企业所得税法和国务院的税收优惠规定减征、免征和抵免的应纳税额。

第七十七条　企业所得税法第二十三条所称已在境外缴纳的所得税税额,是指企业来源于中国境外的所得依照中国境外税收法律以及相关规定应当缴纳并已经实际缴纳的企业所得税性质的税款。

第七十八条　企业所得税法第二十三条所称抵免限额,是指企业来源于中国境外的所得,依照企业所得税法和本条例的规定计算的应纳税额。除国务院财政、税务主管部门另有规定外,该抵免限额应当分国（地区）不分项计算,计算公式如下：

抵免限额＝中国境内、境外所得依照企业所得税法和本条例的规定计算的应纳税总额×来源于某国（地区）的应纳税所得额÷中国境内、境外应纳税所得总额。

第七十九条　企业所得税法第二十三条所称5个年度,是指从企业取得的来源于中国境外的所得,已经在中国境外缴纳的企业所得税性质的税额超过抵免限额的当年的次年起连续5个纳税年度。

第八十条　企业所得税法第二十四条所称直接控制,是指居民企业直接持有外国企业20％以上股份。

企业所得税法第二十四条所称间接控制,是指居民企业以间接持股方式持有外国企业20％以上股份,具体认定办法由国务院财政、税务主管部门另行制定。

第八十一条　企业依照企业所得税法第二十三条、第二十四条的规定抵免企业所得税税额时,应当提供中国境外税务机关出具的税款所属年度的有关纳税凭证。

政策链接之三:财政部　国家税务总局《关于〈企业境外所得税收抵免有关问题〉的通知》（财税[2009]125号）。

根据《中华人民共和国企业所得税法》（以下简称企业所得税法）及《中华人民共和国企业所得税法实施条例》（以下简称实施条例）的有关规定,现就企业取得境外所得计征企业所得税时抵免境外已纳或负担所得税额的有关问题通知如下：

一、居民企业以及非居民企业在中国境内设立的机构、场所（以下统称企业）依照企业所得税法第二十三条、第二十四条的有关规定,应在其应纳税额中抵免在境外缴纳的所得税额的,适用本通知。

二、企业应按照企业所得税法及其实施条例、税收协定以及本通知的规定,准确计算下列当期与抵免境外所得税有关的项目后,确定当期实际可抵免分国（地区）别的境外所得税税额和抵免限额：

（一）境内所得的应纳税所得额（以下称境内应纳税所得额）和分国（地区）别的境外所得的应纳税所得额（以下称境外应纳税所得额）；

（二）分国（地区）别的可抵免境外所得税税额；

（三）分国（地区）别的境外所得税的抵免限额。

企业不能准确计算上述项目实际可抵免分国（地区）别的境外所得税税额的,在相应国家（地区）缴纳的税收均不得在该企业当期应纳税额中抵免,也不得结转以后年度抵免。

三、企业应就其按照实施条例第七条规定确定的中国境外所得（境外税前所得）,按以下规

定计算实施条例第七十八条规定的境外应纳税所得额:

(一)居民企业在境外投资设立不具有独立纳税地位的分支机构,其来源于境外的所得,以境外收入总额扣除与取得境外收入有关的各项合理支出后的余额为应纳税所得额。各项收入、支出按企业所得税法及实施条例的有关规定确定。

居民企业在境外设立不具有独立纳税地位的分支机构取得的各项境外所得,无论是否汇回中国境内,均应计入该企业所属纳税年度的境外应纳税所得额。

(二)居民企业应就其来源于境外的股息、红利等权益性投资收益,以及利息、租金、特许权使用费、转让财产等收入,扣除按照企业所得税法及实施条例等规定计算的与取得该项收入有关的各项合理支出后的余额为应纳税所得额。来源于境外的股息、红利等权益性投资收益,应按被投资方作出利润分配决定的日期确认收入实现;来源于境外的利息、租金、特许权使用费、转让财产等收入,应按有关合同约定应付交易对价款的日期确认收入实现。

(三)非居民企业在境内设立机构、场所的,应就其发生在境外但与境内所设机构、场所有实际联系的各项应税所得,比照上述第(二)项的规定计算相应的应纳税所得额。

(四)在计算境外应纳税所得额时,企业为取得境内、外所得而在境内、境外发生的共同支出,与取得境外应税所得有关的、合理的部分,应在境内、境外(分国(地区)别,下同)应税所得之间,按照合理比例进行分摊后扣除。

(五)在汇总计算境外应纳税所得额时,企业在境外同一国家(地区)设立不具有独立纳税地位的分支机构,按照企业所得税法及实施条例的有关规定计算的亏损,不得抵减其境内或他国(地区)的应纳税所得额,但可以用同一国家(地区)其他项目或以后年度的所得按规定弥补。

四、可抵免境外所得税税额,是指企业来源于中国境外的所得依照中国境外税收法律以及相关规定应当缴纳并已实际缴纳的企业所得税性质的税款。但不包括:

(一)按照境外所得税法律及相关规定属于错缴或错征的境外所得税税款;

(二)按照税收协定规定不应征收的境外所得税税款;

(三)因少缴或迟缴境外所得税而追加的利息、滞纳金或罚款;

(四)境外所得税纳税人或者其利害关系人从境外征税主体得到实际返还或补偿的境外所得税税款;

(五)按照我国企业所得税法及其实施条例规定,已经免征我国企业所得税的境外所得负担的境外所得税税款;

(六)按照国务院财政、税务主管部门有关规定已经从企业境外应纳税所得额中扣除的境外所得税税款。

五、居民企业在按照企业所得税法第二十四条规定用境外所得间接负担的税额进行税收抵免时,其取得的境外投资收益实际间接负担的税额,是指根据直接或者间接持股方式合计持股20%以上(含20%,下同)的规定层级的外国企业股份,由此应分得的股息、红利等权益性投资收益中,从最低一层外国企业起逐层计算的属于由上一层企业负担的税额,其计算公式如下:

本层企业所纳税额属于由一家上一层企业负担的税额=(本层企业就利润和投资收益所实际缴纳的税额+符合本通知规定的由本层企业间接负担的税额)×本层企业向一家上一层企业分配的股息(红利)÷本层企业所得税后利润额

六、除国务院财政、税务主管部门另有规定外,按照实施条例第八十条规定由居民企业直接或者间接持有20%以上股份的外国企业,限于符合以下持股方式的三层外国企业:

第一层：单一居民企业直接持有20%以上股份的外国企业；

第二层：单一第一层外国企业直接持有20%以上股份，且由单一居民企业直接持有或通过一个或多个符合本条规定持股条件的外国企业间接持有总和达到20%以上股份的外国企业；

第三层：单一第二层外国企业直接持有20%以上股份，且由单一居民企业直接持有或通过一个或多个符合本条规定持股条件的外国企业间接持有总和达到20%以上股份的外国企业。

七、居民企业从与我国政府订立税收协定（或安排）的国家（地区）取得的所得，按照该国（地区）税收法律享受了免税或减税待遇，且该免税或减税的数额按照税收协定规定应视同已缴税额在中国的应纳税额中抵免的，该免税或减税数额可作为企业实际缴纳的境外所得税额用于办理税收抵免。

八、企业应按照企业所得税法及其实施条例和本通知的有关规定分国（地区）别计算境外税额的抵免限额。

某国（地区）所得税抵免限额＝中国境内、境外所得依照企业所得税法及实施条例的规定计算的应纳税总额×来源于某国（地区）的应纳税所得额÷中国境内、境外应纳税所得总额

据以计算上述公式中"中国境内、境外所得依照企业所得税法及实施条例的规定计算的应纳税总额"的税率，除国务院财政、税务主管部门另有规定外，应为企业所得税法第四条第一款规定的税率。

企业按照企业所得税法及其实施条例和本通知的有关规定计算的当期境内、境外应纳税所得总额小于零的，应以零计算当期境内、境外应纳税所得总额，其当期境外所得税的抵免限额也为零。

九、在计算实际应抵免的境外已缴纳和间接负担的所得税税额时，企业在境外一国（地区）当年缴纳和间接负担的符合规定的所得税税额低于所计算的该国（地区）抵免限额的，应以该项税额作为境外所得税抵免额从企业应纳税总额中据实抵免；超过抵免限额的，当年应以抵免限额作为境外所得税抵免额进行抵免，超过抵免限额的余额允许从次年起在连续五个纳税年度内，用每年度抵免限额抵免当年应抵税额后的余额进行抵补。

十、属于下列情形的，经企业申请，主管税务机关核准，可以采取简易办法对境外所得已纳税额计算抵免：

（一）企业从境外取得营业利润所得以及符合境外税额间接抵免条件的股息所得，虽有所得来源国（地区）政府机关核发的具有纳税性质的凭证或证明，但因客观原因无法真实、准确地确认应当缴纳并已经实际缴纳的境外所得税税额的，除就该所得直接缴纳及间接负担的税额在所得来源国（地区）的实际有效税率低于我国企业所得税法第四条第一款规定税率50%以上的外，可按境外应纳税所得额的12.5%作为抵免限额，企业按该国（地区）税务机关或政府机关核发具有纳税性质凭证或证明的金额，其不超过抵免限额的部分，准予抵免；超过的部分不得抵免。

属于本款规定以外的股息、利息、租金、特许权使用费、转让财产等投资性所得，均应按本通知的其他规定计算境外税额抵免。

（二）企业从境外取得营业利润所得以及符合境外税额间接抵免条件的股息所得，凡就该所得缴纳及间接负担的税额在所得来源国（地区）的法定税率且其实际有效税率明显高于我国的，可直接以按本通知规定计算的境外应纳税所得额和我国企业所得税法规定的税率计算的

抵免限额作为可抵免的已在境外实际缴纳的企业所得税税额。具体国家(地区)名单见附件。财政部、国家税务总局可根据实际情况适时对名单进行调整。

属于本款规定以外的股息、利息、租金、特许权使用费、转让财产等投资性所得,均应按本通知的其他规定计算境外税额抵免。

十一、企业在境外投资设立不具有独立纳税地位的分支机构,其计算生产、经营所得的纳税年度与我国规定的纳税年度不一致的,与我国纳税年度当年度相对应的境外纳税年度,应为在我国有关纳税年度中任何一日结束的境外纳税年度。

企业取得上款以外的境外所得实际缴纳或间接负担的境外所得税,应在该项境外所得实现日所在的我国对应纳税年度的应纳税额中计算抵免。

十二、企业抵免境外所得税额后实际应纳所得税额的计算公式为:

企业实际应纳所得税额＝企业境内外所得应纳税总额－企业所得税减免、抵免优惠税额－境外所得税抵免额

十三、本通知所称不具有独立纳税地位,是指根据企业设立地法律不具有独立法人地位或者按照税收协定规定不认定为对方国家(地区)的税收居民。

十四、企业取得来源于中国香港、澳门、台湾地区的应税所得,参照本通知执行。

十五、中华人民共和国政府同外国政府订立的有关税收的协定与本通知有不同规定的,依照协定的规定办理。

十六、本通知自 2008 年 1 月 1 日起执行。

附件:

法定税率明显高于我国的境外所得来源国(地区)名单

美国、阿根廷、布隆迪、喀麦隆、古巴、法国、日本、摩洛哥、巴基斯坦、赞比亚、科威特、孟加拉国、叙利亚、约旦、老挝。

政策链接之四:国家税务总局《关于发布〈企业境外所得税收抵免操作指南〉的公告》(国家税务总局公告 2010 年第 1 号)。

根据《中华人民共和国企业所得税法》(以下简称企业所得税法)、《中华人民共和国企业所得税法实施条例》(以下简称实施条例)及《财政部 国家税务总局关于企业境外所得税收抵免有关问题的通知》(财税[2009]125 号,以下简称《通知》)的有关规定,现将《企业境外所得税收抵免操作指南》予以发布,于 2010 年 1 月 1 日起施行。

2008、2009 年度尚未进行境外税收抵免处理的,可按本公告计算抵免。

特此公告。

附件:

企业境外所得税收抵免操作指南

目录

第一条　关于适用范围

第二条　关于境外所得税额抵免计算的基本项目

第三条　关于境外应纳税所得额的计算

第四条　关于可予抵免境外所得税额的确认

第五条　关于境外所得间接负担税额的计算

第六条　关于适用间接抵免的外国企业持股比例的计算
第七条　关于税收饶让抵免的应纳税额的确定
第八条　关于抵免限额的计算
第九条　关于实际抵免境外税额的计算
第十条　关于简易办法计算抵免
第十一条　关于境外分支机构与我国对应纳税年度的确定
第十二条　关于境外所得税抵免时应纳所得税额的计算
第十三条　关于不具有独立纳税地位的定义
第十四条　关于来源于港、澳、台地区的所得
第十五条　关于税收协定优先原则的适用
第十六条　关于执行日期
附件
附示例

《通知》第一条　关于适用范围

居民企业以及非居民企业在中国境内设立的机构、场所(以下统称企业)依照企业所得税法第二十三条、第二十四条的有关规定,应在其应纳税额中抵免在境外缴纳的所得税额的,适用本通知。

1．可以适用境外(包括港澳台地区,以下同)所得税收抵免的纳税人包括两类:

(1)根据企业所得税法第二十三条关于境外税额直接抵免和第二十四条关于境外税额间接抵免的规定,居民企业(包括按境外法律设立但实际管理机构在中国,被判定为中国税收居民的企业)可以就其取得的境外所得直接缴纳和间接负担的境外企业所得税性质的税额进行抵免。

(2)根据企业所得税法第二十三条的规定,非居民企业(外国企业)在中国境内设立的机构(场所)可以就其取得的发生在境外、但与其有实际联系的所得直接缴纳的境外企业所得税性质的税额进行抵免。

为缓解由于国家间对所得来源地判定标准的重叠而产生的国际重复征税,我国税法对非居民企业在中国境内分支机构取得的发生于境外的所得所缴纳的境外税额,给予了与居民企业类似的税额抵免待遇。对此类非居民给予的境外税额抵免仅涉及直接抵免。

所谓实际联系,是指据以取得所得的权利、财产或服务活动由非居民企业在中国境内的分支机构拥有、控制或实施,如外国银行在中国境内分行以其可支配的资金向中国境外贷款,境外借款人就该笔贷款向其支付的利息,即属于发生在境外与该分行有实际联系的所得。

2．境外税额抵免分为直接抵免和间接抵免。

直接抵免是指,企业直接作为纳税人就其境外所得在境外缴纳的所得税额在我国应纳税额中抵免。直接抵免主要适用于企业就来源于境外的营业利润所得在境外所缴纳的企业所得税,以及就来源于或发生于境外的股息、红利等权益性投资所得、利息、租金、特许权使用费、财产转让等所得在境外被源泉扣缴的预提所得税。

间接抵免是指,境外企业就分配股息前的利润缴纳的外国所得税额中由我国居民企业就该项分得的股息性质的所得间接负担的部分,在我国的应纳税额中抵免。例如我国居民企业(母公司)的境外子公司在所在国(地区)缴纳企业所得税后,将税后利润的一部分作为股息、红

利分配给该母公司,子公司在境外就其应税所得实际缴纳的企业所得税税额中按母公司所得股息占全部税后利润之比的部分即属于该母公司间接负担的境外企业所得税额。间接抵免的适用范围为居民企业从其符合《通知》第五、六条规定的境外子公司取得的股息、红利等权益性投资收益所得。

《通知》第二条　关于境外所得税额抵免计算的基本项目

企业应按照企业所得税法及其实施条例、税收协定以及通知的规定,准确计算下列当期与抵免境外所得税有关的项目后,确定当期实际可抵免分国(地区)别的境外所得税税额和抵免限额:

(一)境内所得的应纳税所得额(以下称境内应纳税所得额)和分国(地区)别的境外所得的应纳税所得额(以下称境外应纳税所得额);

(二)分国(地区)别的可抵免境外所得税税额;

(三)分国(地区)别的境外所得税的抵免限额。

企业不能准确计算上述项目实际可抵免分国(地区)别的境外所得税税额的,在相应国家(地区)缴纳的税收均不得在该企业当期应纳税额中抵免,也不得结转以后年度抵免。

3. 企业取得境外所得,其在中国境外已经实际直接缴纳和间接负担的企业所得税性质的税额,进行境外税额抵免计算的基本项目包括:境内、境外所得分国别(地区)的应纳税所得额、可抵免税额、抵免限额和实际抵免税额。不能按照有关税收法律法规准确计算实际可抵免的境外分国别(地区)的所得税税额的,不应给予税收抵免。

《通知》第三条　关于境外应纳税所得额的计算

第三条　第一款

企业应就其按照实施条例第七条规定确定的中国境外所得(境外税前所得),按以下规定计算实施条例第七十八条规定的境外应纳税所得额。

4. 根据实施条例第七条规定确定的境外所得,在计算适用境外税额直接抵免的应纳税所得额时,应为将该项境外所得直接缴纳的境外所得税额还原计算后的境外税前所得;上述直接缴纳税额还原后的所得中属于股息、红利所得的,在计算适用境外税额间接抵免的境外所得时,应再将该项境外所得间接负担的税额还原计算,即该境外股息、红利所得应为境外股息、红利税后净所得与就该项所得直接缴纳和间接负担的税额之和(参见示例七)。

对上述税额还原后的境外税前所得,应再就计算企业应纳税所得总额时已按税法规定扣除的有关成本费用中与境外所得有关的部分进行对应调整扣除后,计算为境外应纳税所得额。

第三条　第一款　第(一)项

(一)居民企业在境外投资设立不具有独立纳税地位的分支机构,其来源于境外的所得,以境外收入总额扣除与取得境外收入有关的各项合理支出后的余额为应纳税所得额。各项收入、支出按企业所得税法及其实施条例的有关规定确定。

居民企业在境外设立不具有独立纳税地位的分支机构取得的各项境外所得,无论是否汇回中国境内,均应计入该企业所属纳税年度的境外应纳税所得额。

5. 本项规定了境外分支机构应纳税所得额的计算。以上所称不具有独立纳税地位含义参见《通知》第十三条规定。

6. 由于分支机构不具有分配利润职能,因此,境外分支机构取得的各项所得,不论是否汇回境内,均应当计入所属年度的企业应纳税所得额。

7. 境外分支机构确认应纳税所得额时的各项收入与支出标准,须符合我国企业所得税法相关规定。

8. 根据实施条例第二十七条规定,确定与取得境外收入有关的合理的支出,应主要考察发生支出的确认和分摊方法是否符合一般经营常规和我国税收法律规定的基本原则。企业已在计算应纳税所得总额时扣除的,但属于应由各分支机构合理分摊的总部管理费等有关成本费用应做出合理的对应调整分摊。

境外分支机构合理支出范围通常包括境外分支机构发生的人员工资、资产折旧、利息、相关税费和应分摊的总机构用于管理分支机构的管理费用等。

第三条 第一款 第(二)项

(二)居民企业应就其来源于境外的股息、红利等权益性投资收益,以及利息、租金、特许权使用费、转让财产等收入,扣除按照企业所得税法及实施条例等规定计算的与取得该项收入有关的各项合理支出后的余额为应纳税所得额。来源于境外的股息、红利等权益性投资收益,应按被投资方作出利润分配决定的日期确认收入实现;来源于境外的利息、租金、特许权使用费、转让财产等收入,应按有关合同约定应付交易对价款的日期确认收入实现。

9. 从境外收到的股息、红利、利息等境外投资性所得一般表现为毛所得,应对在计算企业总所得额时已做统一扣除的成本费用中与境外所得有关的部分,在该境外所得中对应调整扣除后,才能作为计算境外税额抵免限额的境外应纳税所得额(参见示例一)。在就境外所得计算应对应调整扣除的有关成本费用时,应对如下成本费用(但不限于)予以特别注意:

(1)股息、红利,应对应调整扣除与境外投资业务有关的项目研究、融资成本和管理费用;

(2)利息,应对应调整扣除为取得该项利息而发生的相应的融资成本和相关费用;

(3)租金,属于融资租赁业务的,应对应调整扣除其融资成本;属于经营租赁业务的,应对应调整扣除租赁物相应的折旧或折耗;

(4)特许权使用费,应对应调整扣除提供特许使用的资产的研发、摊销等费用;

(5)财产转让,应对应调整扣除被转让财产的成本净值和相关费用。

涉及上述所得应纳税所得额中应包含的已间接负担税额的具体还原计算将在《通知》第五条、第六条项下说明。

10. 企业应根据实施条例第二章第二节中关于收入确认时间的规定确认境外所得的实现年度及其税额抵免年度。

(1)企业来源于境外的股息、红利等权益性投资收益所得,若实际收到所得的日期与境外被投资方作出利润分配决定的日期不在同一纳税年度的,应按被投资方作出利润分配日所在的纳税年度确认境外所得。

企业来源于境外的利息、租金、特许权使用费、转让财产等收入,若未能在合同约定的付款日期当年收到上述所得,仍应按合同约定付款日期所属的纳税年度确认境外所得。

(2)属于企业所得税法第四十五条以及实施条例第一百一十七条和第一百一十八条规定情形的,应按照有关法律法规的规定确定境外所得的实现年度。

(3)企业收到某一纳税年度的境外所得已纳税凭证时,凡是迟于次年5月31日汇算清缴终止日的,可以对该所得境外税额抵免追溯计算。

第三条 第一款 第(三)项

(三)非居民企业在境内设立机构、场所的,应就其发生在境外但与境内所设机构、场所有实际联系的各项应税所得,比照上述第(二)项的规定计算相应的应纳税所得额。

11. 非居民企业在中国境内设立机构、场所,在享受境外税额抵免时,也应就其发生在境外但与境内所设机构、场所有实际联系的各项应税所得,按企业所得税法和实施条例及《通知》、《指南》等相关税收法规规定计算境外所得的应纳税所得额。

第三条 第一款 第(四)项

(四)在计算境外应纳税所得额时,企业为取得境内、外所得而在境内、境外发生的共同支出,与取得境外应税所得有关的、合理的部分,应在境内、境外(分国(地区)别,下同)应税所得之间,按照合理比例进行分摊后扣除。

12. 本项所称共同支出,是指与取得境外所得有关但未直接计入境外所得应纳税所得额的成本费用支出,通常包括未直接计入境外所得的营业费用、管理费用和财务费用等支出。

企业应对在计算总所得额时已统一归集并扣除的共同费用,按境外每一国(地区)别数额占企业全部数额的下列一种比例或几种比例的综合比例,在每一国别的境外所得中对应调整扣除,计算来自每一国别的应纳税所得额。(1)资产比例;(2)收入比例;(3)员工工资支出比例;(4)其他合理比例。

上述分摊比例确定后应报送主管税务机关备案;无合理原因不得改变。

第三条 第一款 第(五)项

(五)在汇总计算境外应纳税所得额时,企业在境外同一国家(地区)设立不具有独立纳税地位的分支机构,按照企业所得税法及实施条例的有关规定计算的亏损,不得抵减其境内或他国(地区)的应纳税所得额,但可以用同一国家(地区)其他项目或以后年度的所得按规定弥补。

13. 本项基于分国不分项计算抵免的原则及其要求,对在不同国家的分支机构发生的亏损不得相互弥补做出了规定,以避免出现同一笔亏损重复弥补或须进行繁复的还原弥补、还原抵免的现象。

14. 企业在同一纳税年度的境内外所得加总为正数的,其境外分支机构发生的亏损,由于上述结转弥补的限制而发生的未予弥补的部分(以下称非实际亏损额),今后在该分支机构的结转弥补期限不受5年期限制(参见示例二)。即:

(1)如果企业当期境内外所得盈利额与亏损额加总后和为零或正数,则其当年度境外分支机构的非实际亏损额可无限期向后结转弥补;

(2)如果企业当期境内外所得盈利额与亏损额加总后和为负数,则以境外分支机构的亏损额超过企业盈利额部分的实际亏损额,按企业所得税法第十八条规定的期限进行亏损弥补,未超过企业盈利额部分的非实际亏损额仍可无限期向后结转弥补。

企业应对境外分支机构的实际亏损额与非实际亏损额不同的结转弥补情况做好记录。

《通知》第四条 关于可予抵免境外所得税额的确认

可抵免境外所得税税额,是指企业来源于中国境外的所得依照中国境外税收法律以及相关规定应当缴纳并已实际缴纳的企业所得税性质的税款。但不包括:

(一)按照境外所得税法律及相关规定属于错缴或错征的境外所得税税款;

(二)按照税收协定规定不应征收的境外所得税税款;

(三)因少缴或迟缴境外所得税而追加的利息、滞纳金或罚款;

(四)境外所得税纳税人或者其利害关系人从境外征税主体得到实际返还或补偿的境外所得税税款;

(五)按照我国企业所得税法及其实施条例规定,已经免征我国企业所得税的境外所得负担的境外所得税税款;

(六)按照国务院财政、税务主管部门有关规定已经从企业境外应纳税所得额中扣除的境外所得税税款。

15. 可抵免的境外所得税税额的基本条件为：

(1)企业来源于中国境外的所得依照中国境外税收法律以及相关规定计算而缴纳的税额。

(2)缴纳的属于企业所得税性质的税额，而不拘泥于名称。在不同的国家，对于企业所得税的称呼有着不同的表述，如法人所得税、公司所得税等。判定是否属于企业所得税性质的税额，主要看其是否是针对企业净所得征收的税额。

(3)限于企业应当缴纳且已实际缴纳的税额。税收抵免旨在解决重复征税问题，仅限于企业应当缴纳且已实际缴纳的税额(除另有饶让抵免或其他规定外)。

(4)可抵免的企业所得税税额，若是税收协定非适用所得税项目，或来自非协定国家的所得，无法判定是否属于对企业征收的所得税税额的，应层报国家税务总局裁定。

16. 不应作为可抵免境外所得税税额的情形分析：

(1)本条第一项规定是指，属于境外所得税法律及相关规定适用错误而且企业不应缴纳而错缴的税额，企业应向境外税务机关申请予以退还，而不应作为境外已交税额向中国申请抵免企业所得税。

(2)本条第二项规定是指，根据中国政府与其他国家(地区)政府签订的税收协定(或安排)的规定不属于对方国家的应税项目，却被对方国家(地区)就其征收的企业所得税，对此，企业应向征税国家申请退还不应征收的税额；该项税额还应包括，企业就境外所得在来源国纳税时适用税率高于税收协定限定税率所多缴纳的所得税税额。

(3)本条第四项规定是指，如果有关国家为了实现特定目标而规定不同形式和程度的税收优惠，并采取征收后由政府予以返还或补偿方式退还的已缴税额，对此，企业应从其境外所得可抵免税额中剔除该相应部分。

(4)本条第五项规定是指，如果我国税收法律法规做出对某项境外所得给予免税优惠规定，企业取得免征我国企业所得税的境外所得的，该项所得的应纳税所得额及其缴纳的境外所得税额均应从计算境外所得税额抵免的境外应纳税所得额和境外已纳税额中减除。

(5)本条第六项规定是指，如果我国税法规定就一项境外所得的已纳所得税额仅作为费用从该项境外所得额中扣除的，就该项所得及其缴纳的境外所得税额不应再纳入境外税额抵免计算。

17. 企业取得的境外所得已直接缴纳和间接负担的税额为人民币以外货币的，在以人民币计算可予抵免的境外税额时，凡企业记账本位币为人民币的，应按企业就该项境外所得记入账内时使用的人民币汇率进行换算；凡企业以人民币以外其他货币作为记账本位币的，应统一按实现该项境外所得对应的我国纳税年度最后一日的人民币汇率中间价进行换算。

《通知》第五条　关于境外所得间接负担税额的计算

居民企业在按照企业所得税法第二十四条规定用境外所得间接负担的税额进行税收抵免时，其取得的境外投资收益实际间接负担的税额，是指根据直接或者间接持股方式合计持股20%以上(含20%，下同)的规定层级的外国企业股份，由此应分得的股息、红利等权益性投资收益中，从最低一层外国企业起逐层计算的属于由上一层企业负担的税额，其计算公式如下：

本层企业所纳税额属于由一家上一层企业负担的税额＝(本层企业就利润和投资收益所实际缴纳的税额＋符合本通知规定的由本层企业间接负担的税额)×本层企业向一家上一层企业分配的股息(红利)÷本层企业所得税后利润额

18. 本条规定了境外所得间接负担的符合《通知》第六条规定条件的下层企业税额的计算

方式及公式(参见示例三),公式中:

(1)本层企业是指实际分配股息(红利)的境外被投资企业;

(2)本层企业就利润和投资收益所实际缴纳的税额是指,本层企业按所在国税法就利润缴纳的企业所得税和在被投资方所在国就分得的股息等权益性投资收益被源泉扣缴的预提所得税;

(3)符合《通知》规定的由本层企业间接负担的税额是指该层企业由于从下一层企业分回股息(红利)而间接负担的由下一层企业就其利润缴纳的企业所得税税额;

(4)本层企业向一家上一层企业分配的股息(红利)是指该层企业向上一层企业实际分配的扣缴预提所得税前的股息(红利)数额;

(5)本层企业所得税后利润额是指该层企业实现的利润总额减去就其利润实际缴纳的企业所得税后的余额。

19. 每一层企业从其持股的下一层企业在一个年度中分得的股息(红利),若是由该下一层企业不同年度的税后未分配利润组成,则应按该股息(红利)对应的每一年度未分配利润,分别计算就该项分配利润所间接负担的税额;按各年度计算的间接负担税额之和,即为取得股息(红利)的企业该一个年度中分得的股息(红利)所得所间接负担的所得税额。

20. 境外第二层及以下层级企业归属不同国家的,在计算居民企业负担境外税额时,均以境外第一层企业所在国(地区)为国别划分进行归集计算,而不论该第一层企业的下层企业归属何国(地区)。

《通知》第六条　关于适用间接抵免的外国企业持股比例的计算

除国务院财政、税务主管部门另有规定外,按照实施条例第八十条规定由居民企业直接或者间接持有20%以上股份的外国企业,限于符合以下持股方式的三层外国企业:

第一层:单一居民企业直接持有20%以上股份的外国企业;

第二层:单一第一层外国企业直接持有20%以上股份,且由单一居民企业直接持有或通过一个或多个符合本条规定持股条件的外国企业间接持有总和达到20%以上股份的外国企业;

第三层:单一第二层外国企业直接持有20%以上股份,且由单一居民企业直接持有或通过一个或多个符合本条规定持股条件的外国企业间接持有总和达到20%以上股份的外国企业。

21. 本条所述符合规定的"持股条件"是指,各层企业直接持股、间接持股以及为计算居民企业间接持股总和比例的每一个单一持股,均应达到20%的持股比例(参见示例四、五)。

《通知》第七条　关于税收饶让抵免的应纳税额的确定

居民企业从与我国政府订立税收协定(或安排)的国家(地区)取得的所得,按照该国(地区)税收法律享受了免税或减税待遇,且该免税或减税的数额按照税收协定规定应视同已缴税额在中国的应纳税额中抵免的,该免税或减税数额可作为企业实际缴纳的境外所得税额用于办理税收抵免。

22. 我国企业所得税法目前尚未单方面规定税收饶让抵免,但我国与有关国家签订的税收协定规定有税收饶让抵免安排,本条对此进行了重申。居民企业从与我国订立税收协定(或安排)的对方国家取得所得,并按该国税收法律享受了免税或减税待遇,且该所得已享受的免税或减税数额按照税收协定(或安排)规定应视同已缴税额在我国应纳税额中抵免的,经企业主管税务机关确认,可在其申报境外所得税额时视为已缴税额(参见示例六)。

23. 税收饶让抵免应区别下列情况进行计算：

（1）税收协定规定定率饶让抵免的，饶让抵免税额为按该定率计算的应纳境外所得税额超过实际缴纳的境外所得税额的数额；

（2）税收协定规定列举一国税收优惠额给予饶让抵免的，饶让抵免税额为按协定国家（地区）税收法律规定税率计算的应纳所得税额超过实际缴纳税额的数额，即实际税收优惠额。

24. 境外所得采用《通知》第十条规定的简易办法计算抵免额的，不适用饶让抵免。

25. 企业取得的境外所得根据来源国税收法律法规不判定为所在国应税所得，而按中国税收法律法规规定属于应税所得的，不属于税收饶让抵免范畴，应全额按中国税收法律法规规定缴纳企业所得税。

《通知》第八条　关于抵免限额的计算

企业应按照企业所得税法及其实施条例和本通知的有关规定分国（地区）别计算境外税额的抵免限额。

某国（地区）所得税抵免限额＝中国境内、境外所得依照企业所得税法及实施条例的规定计算的应纳税总额×来源于某国（地区）的应纳税所得额÷中国境内、境外应纳税所得总额

据以计算上述公式中"中国境内、境外所得依照企业所得税法及实施条例的规定计算的应纳税总额"的税率，除国务院财政、税务主管部门另有规定外，应为企业所得税法第四条第一款规定的税率。

企业按照企业所得税法及其实施条例和本通知的有关规定计算的当期境内、境外应纳税所得总额小于零的，应以零计算当期境内、境外应纳税所得总额，其当期境外所得税的抵免限额也为零。

26. 中国境内外所得依照企业所得税法及实施条例的规定计算的应纳税总额的税率是25%，即使企业境内所得按税收法规规定享受企业所得税优惠的，在进行境外所得税额抵免限额计算中的中国境内、外所得应纳税总额所适用的税率也应为25%。今后若国务院财政、税务主管部门规定境外所得与境内所得享受相同企业所得税优惠政策的，应按有关优惠政策的适用税率或税收负担率计算其应纳税总额和抵免限额；简便计算，也可以按该境外应纳税所得额直接乘以其实际适用的税率或税收负担率得出抵免限额（参见示例七）。

27. 若企业境内所得为亏损，境外所得为盈利，且企业已使用同期境外盈利全部或部分弥补了境内亏损，则境内已用境外盈利弥补的亏损不得再用以后年度境内盈利重复弥补。由此，在计算境外所得抵免限额时，形成当期境内、外应纳税所得总额小于零的，应以零计算当期境内、外应纳税所得总额，其当期境外所得税的抵免限额也为零。上述境外盈利在境外已纳的可予抵免但未能抵免的税额可以在以后5个纳税年度内进行结转抵免（参见示例八）。

28. 如果企业境内为亏损，境外盈利分别来自多个国家，则弥补境内亏损时，企业可以自行选择弥补境内亏损的境外所得来源国家（地区）顺序。

《通知》第九条　关于实际抵免境外税额的计算

在计算实际应抵免的境外已缴纳和间接负担的所得税税额时，企业在境外一国（地区）当年缴纳和间接负担的符合规定的所得税税额低于所计算的该国（地区）抵免限额的，应以该项税额作为境外所得税抵免额从企业应纳税总额中据实抵免；超过抵免限额的，当年应以抵免限额作为境外所得税抵免额进行抵免，超过抵免限额的余额允许从次年起在连续五个纳税年度内，用每年度抵免限额抵免当年应抵税额后的余额进行抵补。

29. 本条规定了企业在境外一国（地区）当年缴纳和间接负担的符合规定的企业所得税税

额的具体抵免方法,即企业每年应分国(地区)别在抵免限额内据实抵免境外所得税额,超过抵免限额的部分可在以后连续5个纳税年度延续抵免;企业当年境外一国(地区)可抵免税额中既有属于当年已直接缴纳或间接负担的境外所得税额,又有以前年度结转的未逾期可抵免税额时,应首先抵免当年已直接缴纳或间接负担的境外所得税额后,抵免限额有余额的,可再抵免以前年度结转的未逾期可抵免税额,仍抵免不足的,继续向以后年度结转(参见示例九)。

30. 企业申报抵免境外所得税收(包括按照《通知》第十条规定的简易办法进行的抵免)时应向其主管税务机关提交如下书面资料:

(1)与境外所得相关的完税证明或纳税凭证(原件或复印件)。

(2)不同类型的境外所得申报税收抵免还需分别提供:

①取得境外分支机构的营业利润所得需提供境外分支机构会计报表;境外分支机构所得依照中国境内企业所得税法及实施条例的规定计算的应纳税额的计算过程及说明资料;具有资质的机构出具的有关分支机构审计报告等。

②取得境外股息、红利所得需提供集团组织架构图;被投资公司章程复印件;境外企业有权决定利润分配的机构作出的决定书等。

③取得境外利息、租金、特许权使用费、转让财产等所得需提供依照中国境内企业所得税法及实施条例规定计算的应纳税额的资料及计算过程;项目合同复印件等。

(3)申请享受税收饶让抵免的还需提供:

①本企业及其直接或间接控制的外国企业在境外所获免税及减税的依据及证明或有关审计报告披露该企业享受的优惠政策的复印件;

②企业在其直接或间接控制的外国企业的参股比例等情况的证明复印件;

③间接抵免税额或者饶让抵免税额的计算过程;

④由本企业直接或间接控制的外国企业的财务会计资料。

(4)采用简易办法计算抵免限额的还需提供:

①取得境外分支机构的营业利润所得需提供企业申请及有关情况说明;来源国(地区)政府机关核发的具有纳税性质的凭证和证明复印件;

②取得符合境外税额间接抵免条件的股息所得需提供企业申请及有关情况说明;符合企业所得税法第二十四条条件的有关股权证明的文件或凭证复印件。

(5)主管税务机关要求提供的其它资料。

以上提交备案资料使用非中文的,企业应同时提交中文译本复印件。

上述资料已向税务机关提供的,可不再提供;上述资料若有变更的,须重新提供;复印件须注明与原件一致,译本须注明与原本无异义,并加盖企业公章。

31. 税务机关、企业在年度企业所得税汇算清缴时,应对结转以后年度抵免的境外所得税额分国别(地区)建立台账管理,准确填写逐年抵免情况。

(1)台账表式:

境外所得税额结转抵免管理台账

企业名称：
所得来源国别(地区)： 金额单位：人民币(列至角分)

行次	本年度未抵免税额		五年期结转抵扣额及余额								
^	税额所属年度	未抵免额	第一年		第二年		第三年		第四年		第五年	
^	^	^	抵免额	余额	抵免额	余额	抵免额	余额	抵免额	余额	抵免额	不得再结转额
1												
2												
3												
4												
5												

(2)管理台账的编制说明：

填报以前年度境外所得已纳税额未抵免部分的结转、抵扣情况。

①按分国不分项填报结转抵扣额的境外所得税在各年的抵扣情况；

②本年度未抵免税额：填报税额所属年度未抵免结转以后年度抵扣的税额；

③五年结转抵扣额：填报按规定用本期税额扣除限额的余额抵扣以前年度结转的税额及抵扣后的余额。

《通知》第十条　关于简易办法计算抵免

(一)企业从境外取得营业利润所得以及符合境外税额间接抵免条件的股息所得，虽有所得来源国(地区)政府机关核发的具有纳税性质的凭证或证明，但因客观原因无法真实、准确地确认应当缴纳并已经实际缴纳的境外所得税税额的，除就该所得直接缴纳及间接负担的税额在所得来源国(地区)的实际有效税率低于我国企业所得税法第四条第一款规定税率50%以上的外，可按境外应纳税所得额的12.5%作为抵免限额，企业按该国(地区)税务机关或政府机关核发具有纳税性质凭证或证明的金额，其不超过抵免限额的部分，准予抵免；超过的部分不得抵免。

属于本款规定以外的股息、利息、租金、特许权使用费、转让财产等投资性所得，均应按本通知的其他规定计算境外税额抵免。

(二)企业从境外取得营业利润所得以及符合境外税额间接抵免条件的股息所得，凡就该所得缴纳及间接负担的税额在所得来源国(地区)的法定税率且其实际有效税率明显高于我国的，可直接以按本通知规定计算的境外应纳税所得额和我国企业所得税法规定的税率计算的抵免限额作为可抵免的已在境外实际缴纳的企业所得税税额。具体国家(地区)名单见附件。财政部、国家税务总局可根据实际情况适时对名单进行调整。

属于本款规定以外的股息、利息、租金、特许权使用费、转让财产等投资性所得，均应按本通知的其他规定计算境外税额抵免。

32.采用简易办法也须遵循"分国不分项"原则。

33.本条第一项中"从所得来源国(地区)政府机关取得具有纳税性质的凭证或证明"，是指向境外所在国家政府实际缴纳了具有综合税额(含企业所得税)性质的款项的有效凭证。

34.本条第二项中"实际有效税率"，是指实际缴纳或负担的企业所得税税额与应纳税所得额的比率。

法定税率且实际有效税率明显高于我国(税率)的国家,由财政部和国家税务总局列名单公布;各地税务机关不能自行作出判定,发现名单所列国家抵免异常的,应立即向国家税务总局报告。

35. 本条第一项和第二项中"属于本款规定以外的股息、利息、租金、特许权使用费、转让财产等投资性所得",是指居民企业从境外未达到直接持股20%条件的境外子公司取得的股息所得,以及取得利息、租金、特许权使用费、转让财产等所得,向所得来源国直接缴纳的预提所得税额,应按《通知》有关直接抵免的规定正常计算抵免。

《通知》第十一条 关于境外分支机构与我国对应纳税年度的确定

企业在境外投资设立不具有独立纳税地位的分支机构,其计算生产、经营所得的纳税年度与我国规定的纳税年度不一致的,与我国纳税年度当年度相对应的境外纳税年度,应为在我国有关纳税年度中任何一日结束的境外纳税年度。

企业取得上款以外的境外所得实际缴纳或间接负担的境外所得税,应在该项境外所得实现日所在的我国对应纳税年度的应纳税额中计算抵免。

36. 企业就其在境外设立的不具有独立纳税地位的分支机构每一纳税年度的营业利润,计入企业当年度应纳税所得总额时,如果分支机构所在国纳税年度的规定与我国规定的纳税年度不一致的,在确定该分支机构境外某一年度的税额如何对应我国纳税年度进行抵免时,境外分支机构按所在国规定计算生产经营所得的纳税年度与其境内总机构纳税年度相对应的纳税年度,应为该境外分支机构所在国纳税年度结束日所在的我国纳税年度(参见示例十)。

37. 企业取得境外股息所得实现日为被投资方做出利润分配决定的日期,不论该利润分配是否包括以前年度未分配利润,均应作为该股息所得实现日所在的我国纳税年度所得计算抵免(参见示例十一)。

《通知》第十二条 关于境外所得税抵免时应纳所得税额的计算

企业抵免境外所得税额后实际应纳所得税额的计算公式为:

企业实际应纳所得税额=企业境内外所得应纳税总额—企业所得税减免、抵免优惠税额—境外所得税抵免额

38. 公式中抵免优惠税额是指按企业所得税法第三十四条规定,企业购置用于环境保护、节能节水、安全生产等专用设备的投资额,可以按一定比例实行税额抵免。

境外所得税抵免额是指按照《通知》和《指南》计算的境外所得税额在抵免限额内实际可以抵免的税额。

《通知》第十三条 关于不具有独立纳税地位的定义

本通知所称不具有独立纳税地位,是指根据企业设立地法律不具有独立法人地位或者按照税收协定规定不认定为对方国家(地区)的税收居民。

39. 企业居民身份的判定,一般以国内法为准。如果一个企业同时被中国和其他国家认定为居民(即双重居民),应按中国与该国之间税收协定(或安排)的规定执行。

40. 不具有独立纳税地位的境外分支机构特别包括企业在境外设立的分公司、代表处、办事处、联络处,以及在境外提供劳务、被劳务发生地国家(地区)认定为负有企业所得税纳税义务的营业机构和场所等。

《通知》第十四条 关于来源于港、澳、台地区的所得

企业取得来源于中国香港、澳门、台湾地区的应税所得,参照本通知执行。

《通知》第十五条　关于税收协定优先原则的适用

中华人民共和国政府同外国政府订立的有关税收的协定与本通知有不同规定的,依照协定的规定办理。

41. 本条所称有关税收的协定包括,内地与中国香港、澳门地区等签订的相关税收安排。

《通知》第十六条　关于执行日期

本通知自2008年1月1日起执行。

42.《通知》虽然于2009年12月发布,但仍属于对执行企业所得税法及实施条例的解释,因此,与企业所得税法及实施条例的执行日期一致。

《通知》附件:法定税率明显高于我国的境外所得来源国(地区)名单

美国、阿根廷、布隆迪、喀麦隆、古巴、法国、日本、摩洛哥、巴基斯坦、赞比亚、科威特、孟加拉国、叙利亚、约旦、老挝。

43. 此类国家(地区)名单,由财政部和国家税务总局适时调整。

附示例

示例一:来源于境外利息收入的应纳税所得额的计算

中国A银行向甲国某企业贷出500万元,合同约定的利率为5%。2009年A银行收到甲国企业就应付利息25万元扣除已在甲国扣缴的预提所得税2.5万元(预提所得税税率为10%)后的22.5万元税后利息。A银行应纳税所得总额为1000万元,已在应纳税所得总额中扣除的该笔境外贷款的融资成本为本金的4%。分析并计算该银行应纳税所得总额中境外利息收入的应纳税所得额:

来源于境外利息收入的应纳税所得额,应为已缴纳境外预提所得税前的就合同约定的利息收入总额,再对应调整扣除相关筹资成本费用等。

境外利息收入总额＝税后利息22.5＋已扣除税额2.5＝25(万元)

对应调整扣除相关成本费用后的应纳税所得额＝25－500×4%＝5(万元)

该境外利息收入用于计算境外税额抵免限额的应纳税所得额为5万元,应纳税所得总额仍为1000万元不变。

示例二:境外分支机构亏损的弥补

中国居民A企业2008年度境内外净所得为160万元。其中,境内所得的应纳税所得额为300万元;设在甲国的分支机构当年度应纳税所得额为100万元;设在乙国的分支机构当年度应纳税所得额为－300万元;A企业当年度从乙国取得利息所得的应纳税所得额为60万元。调整计算该企业当年度境内、外所得的应纳税所得额如下:

(1)A企业当年度境内外净所得为160万元,但依据境外亏损不得在境内或他国盈利中抵减的规定,其发生在乙国分支机构的当年度亏损额300万元,仅可以用从该国取得的利息60万元弥补,未能弥补的非实际亏损额240万元,不得从当年度企业其他盈利中弥补。因此,相应调整后A企业当年境内、外应纳税所得额为:

境内应纳税所得额＝300(万元);

甲国应纳税所得额＝100(万元);

乙国应纳税所得额＝－240(万元);

A企业当年度应纳税所得总额＝400(万元)。

(2)A企业当年度境外乙国未弥补的非实际亏损共240万元,允许A企业以其来自乙国以后年度的所得无限期结转弥补。

示例三:间接抵免负担税额的计算

以示例五中居民企业A集团公司组织架构(如图1所示)及其对符合间接抵免持股条件的判定结果为例,对A公司于2010年初申报的2009年度符合条件的各层公司生产经营及分配股息情况,计算A公司可进入抵免(参见例五分析)的间接负担的境外所得税额如下:

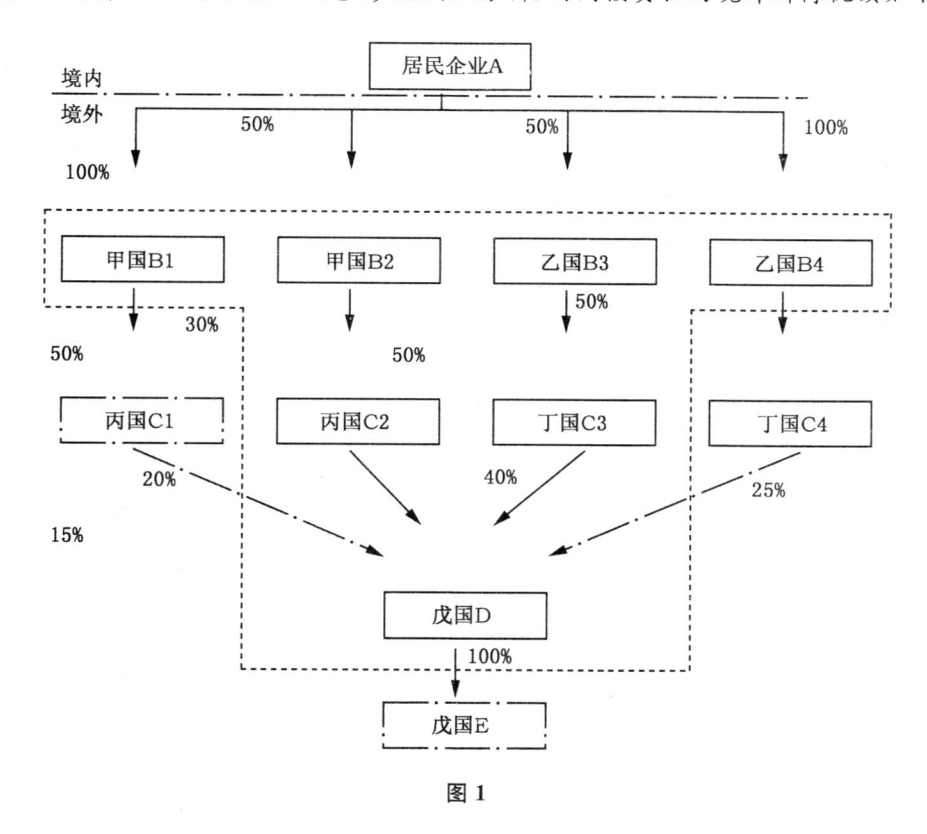

图1

(1)计算甲国B1及其下层各企业已纳税额中属于A公司可予抵免的间接负担税额:

①C1公司及其对D公司20％持股税额的计算

由于C1不符合A公司的间接抵免条件,因此,其就利润所纳税额及其按持有D公司20％股份而分得股息直接缴纳的预提所得税及该股息所包含的D公司税额,均不应计算为由A公司可予抵免的间接负担税额。

②B1公司税额的计算

B1公司符合A公司的间接抵免持股条件。B1公司应纳税所得总额为1000万元(假设该"应纳税所得总额"中在B1公司所在国计算税额抵免时已包含投资收益还原计算的间接税额,下同),其中来自C1公司的投资收益为300万元,按10％缴纳C1公司所在国预提所得税额为30万元(300万×10％),无符合抵免条件的间接税额。

B1公司适用税率为30％,其当年在所在国按该国境外税收抵免规定计算后实际缴纳所在国所得税额为210万元；B1公司当年税前利润为1000万元，则其当年税后利润为760万元（税前利润1000万－实际缴纳所在国税额210万－缴纳预提税额30万），且全部分配。

B1公司向A公司按其持股比例50%分配股息380万元。

将上述数据代入《通知》第五条公式（即：本层企业所纳税额属于由一家上一层企业负担的税额＝本层企业就利润和投资收益所实际缴纳的税额＋符合本通知规定的由本层企业间接负担的税额）×本层企业向一家上一层企业分配的股息（红利）÷本层企业所得税后利润额，下同）计算，A公司就从B1公司分得股息间接负担的可在我国应纳税额中抵免的税额为120万元：

(210＋30＋0)×(380÷760)＝120(万元)

(2)计算甲国B2及其下层各企业已纳税额中属于A公司可予抵免的间接负担税额：

①D公司税额的计算。D公司符合A公司的间接抵免持股条件。D公司应纳税所得总额和税前会计利润均为1250万元，适用税率为20%，无投资收益和缴纳预提所得税项目。当年D公司在所在国缴纳企业所得税为250万元；D公司将当年税后利润1000万元全部分配。

D公司向C2公司按其持股比例40%分配股息400万元。

将上述数据代入《通知》第五条公式计算，D公司已纳税额属于可由C2公司就分得股息间接负担的税额为100万元：

(250＋0＋0)×(400÷1000)＝100(万元)

②C2公司税额的计算。C2公司符合A公司的间接抵免持股条件。C2公司应纳税所得总额为2000万元；其中从D公司分得股息400万元，按10%缴纳D公司所在国预提所得税额为40万元(400万元×10%)，符合条件的间接负担下层公司税额100万元。

C2公司适用税率为25%，假设其当年享受直接和间接抵免后实际缴纳所在国所得税额为360万元；当年税前利润为2000万元，则其税后利润为1600万元(2000万－360万－40万)。

C2公司将当年税后利润的一半用于分配，C2公司向B2公司按其持股比例50%分配股息400万元(1600万×50%×50%)；同时，将该公司2008年未分配税后利润1600万元(实际缴纳所得税额为400万元，且无投资收益和缴纳预提所得税项目)一并分配，向B2公司按其持股比例50%分配股息800万元(1600万×50%)。

C2公司向B2公司按其持股比例分配股息1200万元。

将上述数据代入《通知》第五条公式计算，C2公司已纳税额属于可由B2公司就2009年度分得股息间接负担的税额共计为325万元，其中以2009年度利润分配股息间接负担的税额125万元[(360＋40＋100)×(400÷1600)]；以2008年度利润分配股息间接负担的税额200万元[(400＋0＋0)×(800÷1600)]。

③B2公司税额的计算。B2公司符合A公司的间接抵免持股条件。B2公司应纳税所得总额为5000万元，其中来自C2公司的投资收益为1200万元，按10%缴纳C2公司所在国预提所得税额为120万元(1200万×10%)，符合条件的间接负担下层公司税额325万元。

B2公司适用税率为30%，假设其当年享受直接和间接抵免后实际缴纳所在国所得税额为1140万元；当年税前利润为5000万元，则其税后利润为3740万元(5000万－1140万－120万)，且全部分配。

B2公司向A公司按其持股比例50%分配股息1870万元。

将上述数据代入《通知》第五条公式计算，A公司就从B2公司分得股息间接负担的可在我国应纳税额中抵免的税额为792.5万元：

(1140+120+325)×(1870÷3740)=792.5(万元)

(3)计算乙国B3及其下层各企业已纳税额中属于A公司可予抵免的间接负担税额：

①D公司税额的计算。D公司符合A公司的间接抵免持股条件。D公司应纳税所得总额为1250万元，适用税率为20%，无投资收益和缴纳预提所得税项目。当年D公司在所在国缴纳企业所得税为250万元；D公司将当年税后利润1000万元全部分配。

D公司向C3公司按其持股比例25%分配股息250万元。

将上述数据代入《通知》第五条公式计算，D公司已纳税额属于可由C3公司就分得股息间接负担的税额为62.5万元：

(250+0+0)×(250÷1000)=62.5(万元)

②C3公司税额的计算。C3公司符合A公司的间接抵免持股条件。C3公司应纳税所得总额为1000万元；其中从D公司分得股息250万元，按10%缴纳D公司所在国预提所得税额为25万元(250万×10%)，符合条件的间接负担下层公司税额62.5万元。

C3公司适用税率为30%，假设其当年享受直接和间接抵免后实际缴纳所在国所得税额为245万元；当年税前利润为1000万元，则其税后利润为730万元(1000万－245万－25万)，且全部分配。

C3公司向B3公司按其持股比例50%分配股息365万元。

将上述数据代入《通知》第五条公式计算，C3公司已纳税额属于可由B3公司就分得股息间接负担的税额为166.25万元：

(245+25+62.5)×(365÷730)=166.25(万元)

③B3公司税额的计算。B3公司符合A公司的间接抵免持股条件。B3公司应纳税所得总额为2000万元，其中来自C3公司的投资收益为365万元，按10%缴纳C3公司所在国预提所得税额为36.5万元(365万×10%)，符合条件的间接负担下层公司税额166.25万元。

B3公司适用税率为30%，假设其当年享受直接和间接抵免后实际缴纳所在国所得税额为463.5万元；当年税前利润为2000万元，则其税后利润为1500万元(2000万－463.5万－36.5万)，且全部分配。

B3公司向A公司按其持股比例100%分配股息1500万元。

将上述数据代入《通知》第五条公式计算，A公司就从B3公司分得股息间接负担的可在我国应纳税额中抵免的税额为666.25万元：

(463.5+36.5+166.25)×(1500÷1500)=666.25(万元)

(4)计算乙国B4及其下层各企业已纳税额中属于A公司可予抵免的间接负担税额。

①D公司税额的计算。D公司被C4公司持有的15%股份不符合A公司享受间接抵免的持股比例条件，因此，其所纳税额中属于该15%股息负担的部分不能通过C4等公司计入A公司可予抵免的间接负担税额。

②C4公司税额的计算。C4公司符合A公司的间接抵免持股条件。C4公司应纳税所得总额为1000万元；其中从D公司分得股息150万元，其按10%直接缴纳D公司所在国的预提所得税额15万元(150万×10%)属于可计算A公司间接抵免的税额，无符合条件的间接负担税额。

C4公司适用税率为25%，假设其当年享受直接和间接抵免后实际缴纳所在国所得税额为235万元；当年税前利润为1000万元，则其税后利润为750万元(1000万－235万－15

万),且全部分配。

C4公司向B4公司按其持股比例50%分配股息375万元。

将上述数据代入《通知》第五条公式计算,C4公司已纳税额属于可由B4公司就分得股息间接负担的税额为125万元:

$(235+15+0)×(375÷750)=125(万元)$

③B4公司税额的计算。B4公司符合A公司的间接抵免持股条件。B4公司应纳税所得总额为2000万元,其中来自C4公司的投资收益为375万元,按10%缴纳C4公司所在国预提所得税额为37.5万元(375万×10%),符合条件的间接负担下层公司税额125万元。

B4公司适用税率为30%,假设其当年享受直接和间接抵免后实际缴纳所在国所得税额为462.5万元;当年税前利润为2000万元,则其税后利润为1500万元(2000万-462.5万-37.5万),且全部分配。

B4公司向A公司按其持股比例100%分配股息1500万元。

将上述数据代入《通知》第五条公式计算,A公司就从B4公司分得股息间接负担的可在我国应纳税额中抵免的税额为625万元:

$(462.5+37.5+125)×(1500÷1500)=625(万元)$

(5)上述计算后,A公司可适用间接抵免的境外所得及间接负担的境外已纳税额分国为:

①可适用间接抵免的境外所得(含直接所缴预提所得税但未含间接负担的税额)为5250万元,其中:来自甲国的境外所得为2250万元(B1股息380万+B2股息1870万);来自乙国的境外所得为3000万元(B3股息1500万+B4股息1500万);

②可抵免的间接负担境外已纳税额为2203.75万元,其中:来自甲国的可抵免间接负担境外已纳税额为912.5万元(间接负担B1税额120万+间接负担B2税额792.5万);来自乙国的可抵免间接负担境外已纳税额为1291.25万元(间接负担B3税额666.25万+间接负担B4税额625万)。

(6)计算A公司可适用抵免的全部境外所得税额为:

①假设上项境外所得在来源国均按10%税率直接缴纳境外预提所得税合计为525万元,其中:

缴纳甲国预提所得税为225万元(2250万×10%);

缴纳乙国预提所得税为300万元(3000万×10%)。

②来自甲乙两国所得的全部可抵免税额分别为:

甲国:直接缴纳225万元+间接负担912.5万元=1137.5(万元)

乙国:直接缴纳300万元+间接负担1291.25万元=1591.25(万元)

示例四:二层持股条件的判定

中国居民A企业直接持有甲国B企业20%股份,直接持有乙国C企业16%股份,并且B企业直接持有C企业20%股份,如图2所示。分析:

(1)中国居民A企业直接持有甲国B企业20%股份,满足直接持股20%(含20%)的条件。

(2)中国居民A企业直接持有乙国C企业16%股份,间接持有乙国C企业股份=20%×20%=4%,由于A企业直接持有C企业的股份不足20%,故不能计入A企业对C企业直接持股或间接持股的总和比例之中。因此,C企业未满足居民企业通过一个或多个符合规定持股条件的外国企业间接持有总和达到20%以上股份的外国企业的规定。

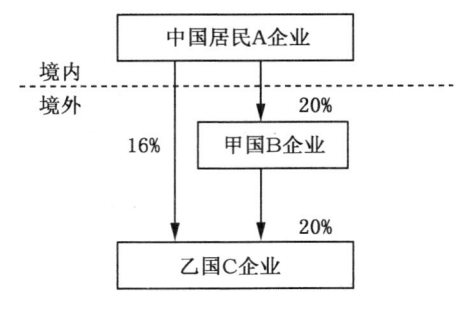

中国居民A企业
境内
境外
16%   20%
甲国B企业
20%
乙国C企业

图 2

示例五：多层持股条件的综合判定

中国居民企业 A 分别控股了四家公司甲国 B1、甲国 B2、乙国 B3、乙国 B4，持股比例分别为 50%、50%、100%、100%；B1 持有丙国 C1 公司 30% 股份，B2 持有丙国 C2 公司 50% 股份，B3 持有丁国 C3 公司 50% 股份，B4 持有丁国 C4 公司 50% 股份；C1、C2、C3、C4 分别持有戊国 D 公司 20%、40%、25%、15% 股份；D 公司持有戊国 E 公司 100% 股份，如图 3 所示。

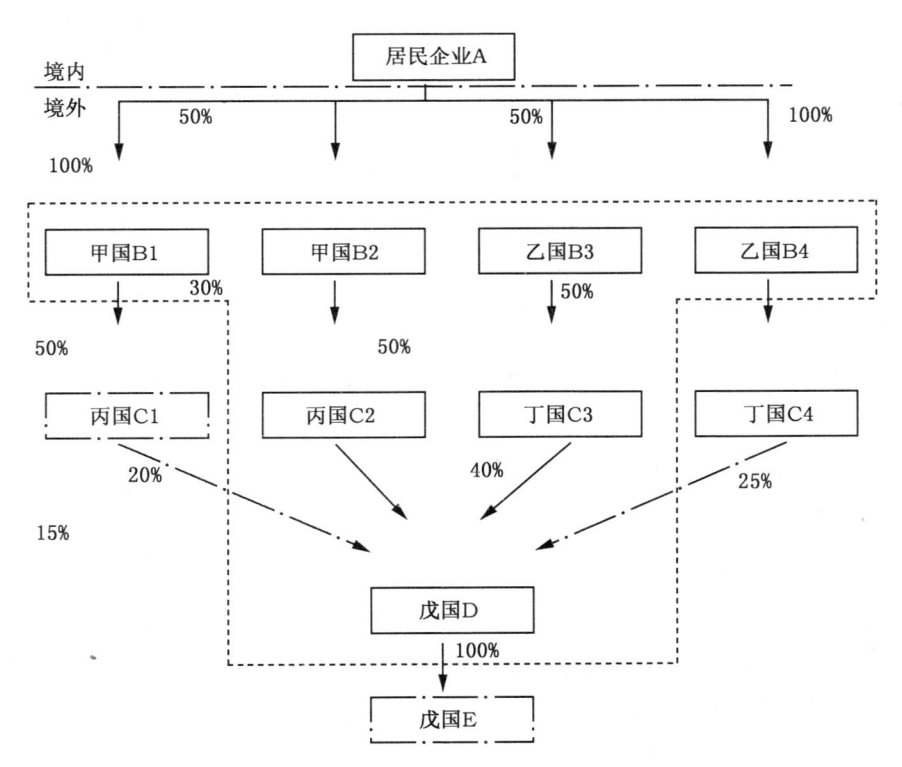

注：虚线内为判定符合间接持股条件的公司及可就分配的股息计算间接抵免税额的所持股份。

图 3

(1) B 层各公司间接抵免持股条件的判定：

B1、B2、B3、B4 公司分别直接被 A 公司控股 50%、50%、100%、100%，均符合间接抵免第一层公司的持股条件。

(2)C层各公司间接抵免持股条件的判定：

①C1公司虽然被符合条件的上一层公司B1控股30%，但仅受居民企业A间接控股15%(50%×30%)，因此，属于不符合间接抵免持股条件的公司(但如果协定的规定为10%，则符合间接抵免条件)；

②C2公司被符合条件的上一层公司B2控股50%，且被居民企业A间接控股达到25%(50%×50%)，因此，属于符合间接抵免持股条件的公司；

③C3公司被符合条件的上一层公司B3控股50%，且被居民企业A间接控股达到50%(100%×50%)，因此，属于符合间接抵免持股条件的公司；

④C4公司情形与C3公司相同，属于符合间接抵免持股条件的公司。

(3)D公司间接抵免持股条件的判定：

①虽然D公司被C1控股达到了20%，但由于C1属于不符合持股条件的公司，所以，C1对D公司的20%持股也不得再计入D公司间接抵免持股条件的范围，来源于D公司20%部分的所得的已纳税额不能进入居民企业A的抵免范畴。

②D公司被C2控股达到40%，但被A通过符合条件的B2、C2间接持股仅10%，未达到20%，因此，还不能由此判定D是否符合间接抵免条件。

③D公司被C3控股达到25%，且由A通过符合条件的B3、C3间接控股达12.5%(100%×50%×25%)，加上A通过B2、C2的间接控股10%，间接控股总和达到22.5%。因此，D公司符合间接抵免条件，其所纳税额中属于向C2和C3公司分配的65%股息所负担的部分，可进入A公司的间接抵免范畴。

④D公司被C4控股15%，虽然C4自身为符合持股条件的公司，但其对D公司的持股不符合直接控股达20%的持股条件。因此，该C4公司对D公司15%的持股，不能计入居民企业A对D公司符合条件的间接持股总和之中；同时，D公司所纳税额中属于向C4公司按其持股15%分配的股息所负担的部分，也不能进入居民企业A的间接抵免范畴。

(4)E公司间接抵免持股条件的判定：

居民企业A通过其他公司对E的间接控制由于超过了三层(居民企业A→B2(B3)→C2(C3)→D→E，E公司处于向下四层)，因此，E公司不能纳入A公司的间接抵免范畴；即使D公司和E公司在戊国实行集团合并(汇总)纳税，D公司就E公司所得所汇总缴纳的税额部分，也须在计算A公司间接负担税额时在D公司合并(汇总)税额中扣除。

示例六：税收饶让抵免的计算

中国居民企业A公司，在甲国投资设立了B公司，甲国政府为鼓励境外投资，对B公司第一个获利年度实施了企业所得税免税。按甲国的税法规定，企业所得税税率为20%。A公司获得了B公司免税年度分得的利润2000万元。根据中国和甲国政府签订税收协定规定，中国居民从甲国取得的所得，按照协定规定在甲国缴纳的税额可以在对居民征收的中国税收中抵免。所缴纳的税额包括假如没有按照该缔约国给予减免税或其他税收优惠而本应缴纳的税额。所缴纳的甲国税收应包括相当于所放弃的甲国税收的数额。计算如下：

A公司在计算缴纳企业所得税时，B公司的免税额=2000×20%=400(万元)，应计算为由A公司抵免的间接负担的境外税额。

示例七：抵免限额的计算

以示例三中对居民企业 A 公司已确定的可予计算间接抵免的境外所得及税额为例，假设 A 公司申报的境内外所得总额为 15796.25 万元，其中取得境外股息所得为 5250 万元（已还原向境外直接缴纳 10% 的预提所得税 525 万元，但未含应还原计算的境外间接负担的税额，见示例三），其中甲国 2250 万元，乙国 3000 万元；同时假设 A 公司用于管理四个 B 子公司的管理费合计为 433.75 万元，其中用于甲国 B1、B2 公司的管理费用为 184.5 万元，用于乙国 B3、B4 公司的管理费用为 249.25 万元。应在计算来自两个国家四个 B 子公司的股息应纳税所得时对应调整扣除（参见《通知》第三条项下释义）。分析：

（1）境外股息所得应为境外股息净所得与境外直接缴纳税额和间接缴纳税额之和 7453.75 万元（5250 万＋2203.75 万），其中：

来源于甲国股息所得 3162.5 万元（2250 万＋912.5 万）；

来源于乙国股息所得 4291.25 万元（3000 万＋1291.25 万）。

（2）境外股息所得对应调整扣除相关管理费后的应纳税所得额为 7020 万元（7453.75 万－433.75 万），其中：

来源于甲国股息所得对应调整后应纳税所得额为 2978 万元（3162.5 万－184.5 万）；

来源于乙国股息所得对应调整后应纳税所得额为 4042 万元（4291.25 万－249.25 万）。

（3）境外间接负担税额还原计算后境内、外应纳税所得总额为：

已还原直接税额的境内外所得总额＋可予计算抵免的间接税额＝15796.25＋2203.75＝18000（万元）

（4）企业应纳税总额为：

应纳税所得总额×适用税率＝18000×25%＝4500（万元）

（5）抵免限额为：

来源于甲国所得的抵免限额：

应纳税总额×甲国的应纳税所得额÷中国境内、境外应纳税所得总额＝4500×2978÷18000＝744.5（万元）

②来源于乙国所得的抵免限额：

应纳税总额×乙国的应纳税所得额÷中国境内、境外应纳税所得总额＝4500×4042÷18000＝1010.5（万元）

示例八：境外盈利弥补境内亏损时，境外已缴税额的处理

表 1   金额单位：万元

项　目	境内企业	境外营业机构	境外已纳税额	抵免限额	结转以后年度抵免余额
税率	25%	30%	—	—	—
第一年利润	－100	100	30	0	30
第二年利润	100	100	30	25	35

分析：

第一年：应纳税所得额＝－100＋100＝0，抵免限额为 0，境外已缴税额结转下一年度抵补余额为 30 万元。

第二年:应纳税所得额=100+100=200(万元)
当年境外所得税税额=30(万元)
抵免限额=200×25%×100÷200=25万元(<30万元)
实际抵免境外所得税额=25(万元)
留待以后结转抵免税额=30-25+30=35(万元)

示例九:实际抵免境外税额的计算

以示例三对A公司计算的可抵免境外负担税额及示例七对其计算的境外所得应纳税总额和境外税额抵免限额为例,计算其当年度可实际抵免的境外税额。

(1)甲国
可抵免境外税额=直接税额225万+间接负担税额912.5万=1137.5(万元)
抵免限额=744.5万元(<1137.5万元)
当年可实际抵免税额=744.5万元
可结转的当年度未抵免税额=1137.5-744.5=393(万元)

(2)乙国
可抵免境外税额=直接税额300万+间接负担税额1291.25万=1591.25(万元)
抵免限额=1010.5万元(<1591.25万元)
当年可实际抵免税额=1010.5万元
可结转的当年度未抵免税额=1591.25-1010.5=580.75(万元)

(3)当年度可实际抵免税额合计=744.5+1010.5=1755(万元)

再以此例按《通知》第十二条所列公式计算A公司2010年抵免境外所得税后应纳所得税额为(假设A公司没有适用税法规定的有关设备投资抵免税额等优惠):

境内外应纳所得税总额-当年可实际抵免境外税额=18000×25%-1755=2745(万元)

示例十:境外分支机构纳税年度的判定

某居民企业在A国的分公司,按A国法律规定,计算当期利润年度为每年10月1日至次年9月30日。

分析:

该分公司按A国规定计算2009年10月1日至次年9月30日期间(即A国2009/2010年度)的营业利润及其已纳税额,应在我国2010年度计算纳税及境外税额抵免。

示例十一:境外股息所得在我国计算抵免的时间

某居民企业的境外子公司于2010年5月1日股东会决定,将分别属于2007年、2008年的未分配利润共计2000万元分配。

分析:

该2000万元均属于该居民企业2010年取得的股息,就该股息被扣缴的预提所得税以及该股息间接负担的由境外子公司就其2008年、2009年度利润缴纳的境外所得税,均应按规定的适用条件在该居民企业2010年应纳我国企业所得税中计算抵免(可参见例三中"C2公司税额的计算")。

第十章 汇总纳税表的填制与审核

汇总纳税表包括《跨地区经营企业年度分摊企业所得税明细表》和《企业所得税汇总纳税分支机构所得税分配表》,反映汇总纳税企业的总分机构如何分配税额问题。

第一节 《跨地区经营企业年度分摊企业所得税明细表》的填制与审核

一、表样及有关项目的填报说明

(一)表样

A109000

跨地区经营汇总纳税企业年度分摊企业所得税明细表

行次	项 目	金 额
1	一、总机构实际应纳所得税额	
2	减:境外所得应纳所得税额	
3	加:境外所得抵免所得税额	
4	二、总机构用于分摊的本年实际应纳所得税(1-2+3)	
5	三、本年累计已预分、已分摊所得税(6+7+8+9)	
6	(一)总机构向其直接管理的建筑项目部所在地预分的所得税额	
7	(二)总机构已分摊所得税额	
8	(三)财政集中已分配所得税额	
9	(四)总机构所属分支机构已分摊所得税额	
10	其中:总机构主体生产经营部门已分摊所得税额	
11	四、总机构本年度应分摊的应补(退)的所得税(4-5)	
12	(一)总机构分摊本年应补(退)的所得税额(11×25%)	
13	(二)财政集中分配本年应补(退)的所得税额(11×25%)	
14	(三)总机构所属分支机构分摊本年应补(退)的所得税额(11×50%)	
15	其中:总机构主体生产经营部门分摊本年应补(退)的所得税额	
16	五、总机构境外所得抵免后的应纳所得税额(2-3)	
17	六、总机构本年应补(退)的所得税额(12+13+15+16)	

(二)填报说明

本表由跨地区经营汇总纳税的纳税人填报。纳税人应根据税法规定计算总分机构每一纳税年度应缴的企业所得税、总分机构应分摊的企业所得税。

1. 第1行"总机构实际应纳所得税额":填报《企业所得税年度纳税申报表》(A100000)第31行(实际应纳所得税额)的金额。

2. 第2行"境外所得应纳所得税额"：填报表A100000《企业所得税年度纳税申报表》第29行(境外所得应纳所得税额)的金额。

3. 第3行"境外所得抵免所得税额"：填报表A100000《企业所得税年度纳税申报表》第30行(境外所得抵免所得税额)的金额。

4. 第4行"总机构用于分摊的本年实际应纳所得税"：填报第1行(总机构实际应纳所得税额)－第2行(境外所得应纳所得税额)＋第3行(境外所得抵免所得税额)的金额。

5. 第5行"本年累计已预分、已分摊所得税"：填报总机构按照税收规定计算的跨地区分支机构本年累计已分摊的所得税额、建筑企业总机构直接管理的跨地区项目部本年累计已预分并就地预缴的所得税额。填报第6行(总机构向其直接管理的建筑项目部所在地预分的所得税额)＋第7行(总机构已分摊所得税额)＋第8行(财政集中已分配所得税额)＋第9行(总机构所属分支机构已分摊所得税额)的金额。

6. 第6行"总机构向其直接管理的建筑项目部所在地预分的所得税额"：填报建筑企业总机构按照规定在预缴纳税申报时，向其直接管理的项目部所在地按照项目收入的0.2%预分的企业所得税。

7. 第7行"总机构已分摊所得税额"：填报总机构在预缴申报时已按照规定比例计算由总机构分摊的所得税额。

8. 第8行"财政集中已分配所得税额"：填报总机构在预缴申报时已按照规定比例计算由财政集中分配的所得税额。

9. 第9行"总机构所属分支机构已分摊所得税额"：填报总机构在预缴申报时已按照规定比例计算由所属分支机构分摊的所得税额。

10. 第10行"总机构主体生产经营部门已分摊所得税额"：填报总机构在预缴申报时已按照规定比例计算由总机构主体生产经营部门分摊的所得税额。

11. 第11行"总机构本年度应分摊的应补(退)的所得税"：填报总机构汇总计算本年度应补(退)的所得税额，不包括境外所得应纳所得税额。填报第4行(总机构用于分摊的本年实际应纳所得税)－第5行(本年累计已预分、已分摊所得税)的金额。

12. 第12行"总机构分摊本年应补(退)的所得税额"：填报第11行(总机构本年度应分摊的应补(退)的所得税)×25%的金额。

13. 第13行"财政集中分配本年应补(退)的所得税额"：填报第11行(总机构本年度应分摊的应补(退)的所得税)×25%的金额。

14. 第14行"总机构所属分支机构分摊本年应补(退)的所得税额"：填报第11行(总机构本年度应分摊的应补(退)的所得税)×50%的金额。

15. 第15行"总机构主体生产经营部门分摊本年应补(退)的所得税额"：填报第11行(总机构主体生产经营部门分摊本年应补(退)的所得税额)×总机构主体生产经营部门分摊比例的金额。

16. 第16行"总机构境外所得抵免后的应纳所得税额"：填报第2行(境外所得应纳所得税额)－第3行(境外所得抵免所得税额)的金额。

17. 第17行"总机构本年应补(退)的所得税额"：填报第12行(总机构分摊本年应补(退)的所得税额)＋第13行(财政集中分配本年应补(退)的所得税额)＋第14行(总机构本年度应分摊的应补(退)的所得税)＋第15行(总机构主体生产经营部门分摊本年应补(退)的所得税额)的金额。

二、表内、表间关系

（一）表内关系

1. 第4行（总机构用于分摊的本年实际应纳所得税）＝第1行（总机构实际应纳所得税额）－第2行（境外所得应纳所得税额）＋第3行（境外所得抵免所得税额）。

2. 第5行（本年累计已预分、已分摊所得税）＝第6行（总机构向其直接管理的建筑项目部所在地预分的所得税额）＋第7行（总机构已分摊所得税额）＋第8行（财政集中已分配所得税额）＋第9行（总机构所属分支机构已分摊所得税额）。

3. 第11行（总机构本年度应分摊的应补（退）的所得税）＝第4行（总机构用于分摊的本年实际应纳所得税）－第5行（本年累计已预分、已分摊所得税）。

4. 第12行（总机构分摊本年应补（退）的所得税额）＝第11行（总机构本年度应分摊的应补（退）的所得税）×25％。

5. 第13行（财政集中分配本年应补（退）的所得税额）＝第11行（总机构本年度应分摊的应补（退）的所得税）×25％。

6. 第14行（总机构所属分支机构分摊本年应补（退）的所得税额）＝第11行（总机构本年度应分摊的应补（退）的所得税）×50％。

7. 第15行（总机构主体生产经营部门分摊本年应补（退）的所得税额）＝第11行（总机构本年度应分摊的应补（退）的所得税）×总机构主体生产经营部门分摊比例。

8. 第16行（总机构境外所得抵免后的应纳所得税额）＝第2行（境外所得应纳所得税额）－第3行（境外所得抵免所得税额）。

9. 第17行（总机构本年应补（退）的所得税额）＝第12行（总机构分摊本年应补（退）的所得税额）＋第13行（财政集中分配本年应补（退）的所得税额）＋第15行（总机构主体生产经营部门分摊本年应补（退）的所得税额）＋第16行（总机构境外所得抵免后的应纳所得税额）。

（二）表间关系

1. 第1行（总机构实际应纳所得税额）＝表A10000《中华人民共和国企业所得税年度纳税申报表（A类）》第31行（实际应纳所得税额）。

2. 第2行（境外所得应纳所得税额）＝表A10000《中华人民共和国企业所得税年度纳税申报表（A类）》第29行（境外所得应纳所得税额）。

3. 第3行（境外所得抵免所得税额）＝表A10000《中华人民共和国企业所得税年度纳税申报表（A类）》第30行（境外所得抵免所得税额）。

4. 第5行（本年累计已预分、已分摊所得税）＝表A10000《中华人民共和国企业所得税年度纳税申报表（A类）》第32行（本年累计实际已预缴的所得税额）。

5. 第12行（总机构分摊本年应补（退）的所得税额）＋第16行（总机构境外所得抵免后的应纳所得税额）＝表A10000《中华人民共和国企业所得税年度纳税申报表（A类）》第34行（总机构分摊本年应补（退）所得税额）。

6. 第13行（财政集中分配本年应补（退）的所得税额）＝表A100000《中华人民共和国企业所得税年度纳税申报表（A类）》第35行（财政集中分配本年应补（退）所得税额）

7. 第15行（总机构主体生产经营部门分摊本年应补（退）的所得税额）＝表A10000《中华人民共和国企业所得税年度纳税申报表（A类）》第36行（总机构主体生产经营部门分摊本年应补（退）的所得税额）。

三、填审要点提示

汇总纳税企业实行"统一计算、分级管理、就地预缴、汇总清算、财政调库"的企业所得税征收管理办法,关注本表与主表,本表与《企业所得税汇总纳税分支机构所得税分配表》的勾稽关系。

第二节 《企业所得税汇总纳税分支机构所得税分配表》的填制与审核

一、表样及有关项目的填报说明

(一)表样

A109010

企业所得税汇总纳税分支机构所得税分配表

税款所属期间: 年 月 日至 年 月 日

总机构名称(盖章): 金额单位:元(列至角分)

总机构纳税人识别号	应纳所得税额	总机构分摊所得税额	总机构财政集中分配所得税额	分支机构分摊所得税额

分支机构情况	分支机构纳税人识别号	分支机构名称	三项因素			分配比例	分配所得税额
			营业收入	职工薪酬	资产总额		
	合计	—					

(二)填报说明

本表由跨地区经营汇总纳税的纳税人填报。

1."税款所属时期":月(季)度申报填报月(季)度起始日期至所属月(季)度的最后一日。年度申报填报公历1月1日至12月31日。

2."总机构名称"、"分支机构名称":填报税务机关核发的税务登记证记载的纳税人全称。

3."总机构纳税人识别号"、"分支机构纳税人识别号":填报税务机关核发的税务登记证件号码(15位)。

4."应纳所得税额":填报本税款所属时期汇总纳税企业全部应纳所得税。汇算清缴时,按照总机构汇总计算的,且不包括境外所得应纳所得税额的本年应补(退)的所得税额。数据来源于《跨地区经营汇总纳税企业年度分摊企业所得税明细表》(A109000)第11行"总机构本年度应分摊的应补(退)的所得税"。

5."总机构分摊所得税额":填报总机构统一计算的本年应补(退)的所得税额的25%。

6."总机构财政集中分配所得税额":填报总机构统一计算的本年应补(退)的所得税额的25%。

7."分支机构分摊所得税额":填报总机构根据税务机关确定的分摊方法计算,由各分支机构进行分摊的本年应补(退)的所得税额。

8."营业收入":填报上一年度各分支机构销售商品、提供劳务、让渡资产使用权等日常经营活动实现的全部收入的合计额。

9."职工薪酬":填报上一年度各分支机构为获得职工提供的服务而给予各种形式的报酬以及其他相关支出的合计额。

10."资产总额":填报上一年度各分支机构在经营活动中实际使用的应归属于该分支机构的资产合计额。

11."分配比例":填报经企业总机构所在地主管税务机关审核确认的各分支机构分配比例,分配比例应保留小数点后四位。

12."分配所得税额":填报分支机构按照分支机构分摊所得税额乘以相应的分配比例的金额。

13."合计":填报上一年度各分支机构的营业收入总额、职工薪酬总额和资产总额三项因素的合计数及当期各分支机构分配比例和分配税额的合计数。

二、表内关系

1. 总机构分摊所得税额＝应纳所得税额×25%。
2. 总机构财政集中分配所得税额＝应纳所得税额×25%。
3. 分支机构分摊所得税额＝应纳所得税额×50%。
4. 分支机构分配比例＝(该分支机构营业收入÷分支机构营业收入合计)×35%＋(该分支机构职工薪酬÷分支机构职工薪酬合计)×35%＋(该分支机构资产总额÷分支机构资产总额)×30%。
5. 分支机构分配所得税额＝该分支机构分配比例×分支机构分摊所得税额。

三、填审要点提示

总机构应按照上年度分支机构的营业收入、职工薪酬和资产总额三个因素计算各分支机构分摊所得税款的比例,因此填审本表的关键在于如实反映分支机构的营业收入、职工薪酬和资产总额。

四、政策链接

政策链接之一:《中华人民共和国企业所得税法》。

第五十条 除税收法律、行政法规另有规定外,居民企业以企业登记注册地为纳税地点;但登记注册地在境外的,以实际管理机构所在地为纳税地点。

居民企业在中国境内设立不具有法人资格的营业机构的,应当汇总计算并缴纳企业所得税。

政策链接之二:《中华人民共和国企业所得税法》实施条例。

第一百二十五条　企业汇总计算并缴纳企业所得税时,应当统一核算应纳税所得额,具体办法由国务院财政、税务主管部门另行制定。

政策链接之三:国家税务总局《关于印发〈跨地区经营汇总纳税企业所得税征收管理办法〉的公告》(国家税务总局公告2012年第57号)。

为加强跨地区经营汇总纳税企业所得税的征收管理,根据《中华人民共和国企业所得税法》及其实施条例、《中华人民共和国税收征收管理法》及其实施细则和《财政部 国家税务总局 中国人民银行《关于印发〈跨省市总分机构企业所得税分配及预算管理办法〉的通知》(财预[2012]40号)等文件的精神,国家税务总局制定了《跨地区经营汇总纳税企业所得税征收管理办法》。现予发布,自2013年1月1日起施行。

跨地区经营汇总纳税企业所得税征收管理办法

第一章　总　则

第一条　为加强跨地区经营汇总纳税企业所得税的征收管理,根据《中华人民共和国企业所得税法》及其实施条例)、《中华人民共和国税收征收管理法》及其实施细则和《财政部 国家税务总局 中国人民银行关于印发〈跨省市总分机构企业所得税分配及预算管理办法〉的通知》(财预[2012]40号)等的有关规定,制定本办法。

第二条　居民企业在中国境内跨地区(指跨省、自治区、直辖市和计划单列市,下同)设立不具有法人资格分支机构的,该居民企业为跨地区经营汇总纳税企业,除另有规定外,其企业所得税征收管理适用本办法。

国有邮政企业(包括中国邮政集团公司及其控股公司和直属单位)、中国工商银行股份有限公司、中国农业银行股份有限公司、中国银行股份有限公司、国家开发银行股份有限公司、中国农业发展银行、中国进出口银行、中国投资有限责任公司、中国建设银行股份有限公司、中国建银投资有限责任公司、中国信达资产管理股份有限公司、中国石油天然气股份有限公司、中国石油化工股份有限公司、海洋石油天然气企业(包括中国海洋石油总公司、中海石油(中国)有限公司、中海油田服务股份有限公司、海洋石油工程股份有限公司)、中国长江电力股份有限公司等企业缴纳的企业所得税(包括滞纳金、罚款)为中央收入,全额上缴中央国库,其企业所得税征收管理不适用本办法。

铁路运输企业所得税征收管理不适用本办法。

第三条　汇总纳税企业实行"统一计算、分级管理、就地预缴、汇总清算、财政调库"的企业所得税征收管理办法:

(一)统一计算,是指总机构统一计算包括汇总纳税企业所属各个不具有法人资格分支机构在内的全部应纳税所得额、应纳税额。

(二)分级管理,是指总机构、分支机构所在地的主管税务机关都有对当地机构进行企业所得税管理的责任,总机构和分支机构应分别接受机构所在地主管税务机关的管理。

(三)就地预缴,是指总机构、分支机构应按本办法的规定,分月或分季分别向所在地主管税务机关申报预缴企业所得税。

(四)汇总清算,是指在年度终了后,总机构统一计算汇总纳税企业的年度应纳税所得额、应纳所得税额,抵减总机构、分支机构当年已就地分期预缴的企业所得税款后,多退少补。

（五）财政调库,是指财政部定期将缴入中央国库的汇总纳税企业所得税待分配收入,按照核定的系数调整至地方国库。

第四条　总机构和具有主体生产经营职能的二级分支机构,就地分摊缴纳企业所得税。

二级分支机构,是指汇总纳税企业依法设立并领取非法人营业执照(登记证书),且总机构对其财务、业务、人员等直接进行统一核算和管理的分支机构。

第五条　以下二级分支机构不就地分摊缴纳企业所得税:

（一）不具有主体生产经营职能,且在当地不缴纳增值税、营业税的产品售后服务、内部研发、仓储等汇总纳税企业内部辅助性的二级分支机构,不就地分摊缴纳企业所得税。

（二）上年度认定为小型微利企业的,其二级分支机构不就地分摊缴纳企业所得税。

（三）新设立的二级分支机构,设立当年不就地分摊缴纳企业所得税。

（四）当年撤销的二级分支机构,自办理注销税务登记之日所属企业所得税预缴期间起,不就地分摊缴纳企业所得税。

（五）汇总纳税企业在中国境外设立的不具有法人资格的二级分支机构,不就地分摊缴纳企业所得税。

第二章　税款预缴和汇算清缴

第六条　汇总纳税企业按照《企业所得税法》规定汇总计算的企业所得税,包括预缴税款和汇算清缴应缴应退税款,50%在各分支机构间分摊,各分支机构根据分摊税款就地办理缴库或退库;50%由总机构分摊缴纳,其中25%就地办理缴库或退库,25%就地全额缴入中央国库或退库。具体的税款缴库或退库程序按照财预[2012]40号文件第五条等相关规定执行。

第七条　企业所得税分月或者分季预缴,由总机构所在地主管税务机关具体核定。

汇总纳税企业应根据当期实际利润额,按照本办法规定的预缴分摊方法计算总机构和分支机构的企业所得税预缴额,分别由总机构和分支机构就地预缴;在规定期限内按实际利润额预缴有困难的,也可以按照上一年度应纳税所得额的1/12或1/4,按照本办法规定的预缴分摊方法计算总机构和分支机构的企业所得税预缴额,分别由总机构和分支机构就地预缴。预缴方法一经确定,当年度不得变更。

第八条　总机构应将本期企业应纳所得税额的50%部分,在每月或季度终了后15日内就地申报预缴。总机构应将本期企业应纳所得税额的另外50%部分,按照各分支机构应分摊的比例,在各分支机构之间进行分摊,并及时通知到各分支机构;各分支机构应在每月或季度终了之日起15日内,就其分摊的所得税额就地申报预缴。

分支机构未按税款分配数额预缴所得税造成少缴税款的,主管税务机关应按照《征收管理法》的有关规定对其处罚,并将处罚结果通知总机构所在地主管税务机关。

第九条　汇总纳税企业预缴申报时,总机构除报送企业所得税预缴申报表和企业当期财务报表外,还应报送汇总纳税企业分支机构所得税分配表和各分支机构上一年度的年度财务报表(或年度财务状况和营业收支情况);分支机构除报送企业所得税预缴申报表(只填列部分项目)外,还应报送经总机构所在地主管税务机关受理的汇总纳税企业分支机构所得税分配表。

在一个纳税年度内,各分支机构上一年度的年度财务报表(或年度财务状况和营业收支情况)原则上只需要报送一次。

第十条　汇总纳税企业应当自年度终了之日起5个月内,由总机构汇总计算企业年度应纳所得税额,扣除总机构和各分支机构已预缴的税款,计算出应缴应退税款,按照本办法规定的税款分摊方法计算总机构和分支机构的企业所得税应缴应退税款,分别由总机构和分支机构就地办理税款缴库或退库。

汇总纳税企业在纳税年度内预缴企业所得税税款少于全年应缴企业所得税税款的,应在汇算清缴期内由总、分机构分别结清应缴的企业所得税税款;预缴税款超过应缴税款的,主管税务机关应及时按有关规定分别办理退税,或者经总、分机构同意后分别抵缴其下一年度应缴企业所得税税款。

第十一条　汇总纳税企业汇算清缴时,总机构除报送企业所得税年度纳税申报表和年度财务报表外,还应报送汇总纳税企业分支机构所得税分配表、各分支机构的年度财务报表和各分支机构参与企业年度纳税调整情况的说明;分支机构除报送企业所得税年度纳税申报表(只填列部分项目)外,还应报送经总机构所在地主管税务机关受理的汇总纳税企业分支机构所得税分配表、分支机构的年度财务报表(或年度财务状况和营业收支情况)和分支机构参与企业年度纳税调整情况的说明。

分支机构参与企业年度纳税调整情况的说明,可参照企业所得税年度纳税申报表附表"纳税调整项目明细表"中列明的项目进行说明,涉及需由总机构统一计算调整的项目不进行说明。

第十二条　分支机构未按规定报送经总机构所在地主管税务机关受理的汇总纳税企业分支机构所得税分配表,分支机构所在地主管税务机关应责成该分支机构在申报期内报送,同时提请总机构所在地主管税务机关督促总机构按照规定提供上述分配表;分支机构在申报期内不提供的,由分支机构所在地主管税务机关对分支机构按照《征收管理法》的有关规定予以处罚;属于总机构未向分支机构提供分配表的,分支机构所在地主管税务机关还应提请总机构所在地主管税务机关对总机构按照《征收管理法》的有关规定予以处罚。

第三章　总分机构分摊税款的计算

第十三条　总机构按以下公式计算分摊税款:

总机构分摊税款＝汇总纳税企业当期应纳所得税额×50%

第十四条　分支机构按以下公式计算分摊税款:

所有分支机构分摊税款总额＝汇总纳税企业当期应纳所得税额×50%

某分支机构分摊税款＝所有分支机构分摊税款总额×该分支机构分摊比例

第十五条　总机构应按照上年度分支机构的营业收入、职工薪酬和资产总额三个因素计算各分支机构分摊所得税款的比例;三级及以下分支机构,其营业收入、职工薪酬和资产总额统一计入二级分支机构;三因素的权重依次为0.35、0.35、0.30。

计算公式如下:

某分支机构分摊比例＝(该分支机构营业收入/各分支机构营业收入之和)×0.35＋(该分支机构职工薪酬/各分支机构职工薪酬之和)×0.35＋(该分支机构资产总额/各分支机构资产总额之和)×0.30

分支机构分摊比例按上述方法一经确定后,除出现本办法第五条第(四)项和第十六条第二、三款情形外,当年不作调整。

第十六条　总机构设立具有主体生产经营职能的部门(非本办法第四条规定的二级分支机构),且该部门的营业收入、职工薪酬和资产总额与管理职能部门分开核算的,可将该部门视同一个二级分支机构,按本办法规定计算分摊并就地缴纳企业所得税;该部门与管理职能部门的营业收入、职工薪酬和资产总额不能分开核算的,该部门不得视同一个二级分支机构,不得按本办法规定计算分摊并就地缴纳企业所得税。

汇总纳税企业当年由于重组等原因从其他企业取得重组当年之前已存在的二级分支机构,并作为本企业二级分支机构管理的,该二级分支机构不视同当年新设立的二级分支机构,按本办法规定计算分摊并就地缴纳企业所得税。

汇总纳税企业内就地分摊缴纳企业所得税的总机构、二级分支机构之间,发生合并、分立、管理层级变更等形成的新设或存续的二级分支机构,不视同当年新设立的二级分支机构,按本办法规定计算分摊并就地缴纳企业所得税。

第十七条　本办法所称分支机构营业收入,是指分支机构销售商品、提供劳务、让渡资产使用权等日常经营活动实现的全部收入。其中,生产经营企业分支机构营业收入是指生产经营企业分支机构销售商品、提供劳务、让渡资产使用权等取得的全部收入。金融企业分支机构营业收入是指金融企业分支机构取得的利息、手续费、佣金等全部收入。保险企业分支机构营业收入是指保险企业分支机构取得的保费等全部收入。

本办法所称分支机构职工薪酬,是指分支机构为获得职工提供的服务而给予各种形式的报酬以及其他相关支出。

本办法所称分支机构资产总额,是指分支机构在经营活动中实际使用的应归属于该分支机构的资产合计额。

本办法所称上年度分支机构的营业收入、职工薪酬和资产总额,是指分支机构上年度全年的营业收入、职工薪酬数据和上年度12月31日的资产总额数据,是依照国家统一会计制度的规定核算的数据。

一个纳税年度内,总机构首次计算分摊税款时采用的分支机构营业收入、职工薪酬和资产总额数据,与此后经过中国注册会计师审计确认的数据不一致的,不作调整。

第十八条　对于按照税收法律、法规和其他规定,总机构和分支机构处于不同税率地区的,先由总机构统一计算全部应纳税所得额,然后按本办法第六条规定的比例和按第十五条计算的分摊比例,计算划分不同税率地区机构的应纳税所得额,再分别按各自的适用税率计算应纳税额后加总计算出汇总纳税企业的应纳所得税总额,最后按本办法第六条规定的比例和按第十五条计算的分摊比例,向总机构和分支机构分摊就地缴纳的企业所得税款。

第十九条　分支机构所在地主管税务机关应根据经总机构所在地主管税务机关受理的汇总纳税企业分支机构所得税分配表、分支机构的年度财务报表(或年度财务状况和营业收支情况)等,对其主管分支机构计算分摊税款比例的三个因素、计算的分摊税款比例和应分摊缴纳的所得税税款进行查验核对;对查验项目有异议的,应于收到汇总纳税企业分支机构所得税分配表后30日内向企业总机构所在地主管税务机关提出书面复核建议,并附送相关数据资料。

总机构所在地主管税务机关必须于收到复核建议后30日内,对分摊税款的比例进行复核,作出调整或维持原比例的决定,并将复核结果函复分支机构所在地主管税务机关。分支机构所在地主管税务机关应执行总机构所在地主管税务机关的复核决定。

总机构所在地主管税务机关未在规定时间内复核并函复复核结果的,上级税务机关应对总机构所在地主管税务机关按照有关规定进行处理。

复核期间,分支机构应先按总机构确定的分摊比例申报缴纳税款。

第二十条　汇总纳税企业未按照规定准确计算分摊税款,造成总机构与分支机构之间同时存在一方(或几方)多缴另一方(或几方)少缴税款的,其总机构或分支机构分摊缴纳的企业所得税低于按本办法规定计算分摊的数额的,应在下一税款缴纳期内,由总机构将按本办法规定计算分摊的税款差额分摊到总机构或分支机构补缴;其总机构或分支机构就地缴纳的企业所得税高于按本办法规定计算分摊的数额的,应在下一税款缴纳期内,由总机构将按本办法规定计算分摊的税款差额从总机构或分支机构的分摊税款中扣减。

第四章 日常管理

第二十一条 汇总纳税企业总机构和分支机构应依法办理税务登记,接受所在地主管税务机关的监督和管理。

第二十二条 总机构应将其所有二级及以下分支机构(包括本办法第五条规定的分支机构)信息报其所在地主管税务机关备案,内容包括分支机构名称、层级、地址、邮编、纳税人识别号及企业所得税主管税务机关名称、地址和邮编。

分支机构(包括本办法第五条规定的分支机构)应将其总机构、上级分支机构和下属分支机构信息报其所在地主管税务机关备案,内容包括总机构、上级机构和下属分支机构名称、层级、地址、邮编、纳税人识别号及企业所得税主管税务机关名称、地址和邮编。

上述备案信息发生变化的,除另有规定外,应在内容变化后30日内报总机构和分支机构所在地主管税务机关备案,并办理变更税务登记。

分支机构注销税务登记后15日内,总机构应将分支机构注销情况报所在地主管税务机关备案,并办理变更税务登记。

第二十三条 以总机构名义进行生产经营的非法人分支机构,无法提供汇总纳税企业分支机构所得税分配表,应在预缴申报期内向其所在地主管税务机关报送非法人营业执照(或登记证书)的复印件、由总机构出具的二级及以下分支机构的有效证明和支持有效证明的相关材料(包括总机构拨款证明、总分机构协议或合同、公司章程、管理制度等),证明其二级及以下分支机构身份。

二级及以下分支机构所在地主管税务机关应对二级及以下分支机构进行审核鉴定,对应按本办法规定就地分摊缴纳企业所得税的二级分支机构,应督促其及时就地缴纳企业所得税。

第二十四条 以总机构名义进行生产经营的非法人分支机构,无法提供汇总纳税企业分支机构所得税分配表,也无法提供本办法第二十三条规定相关证据证明其二级及以下分支机构身份的,应视同独立纳税人计算并就地缴纳企业所得税,不执行本办法的相关规定。

按上款规定视同独立纳税人的分支机构,其独立纳税人身份一个年度内不得变更。

汇总纳税企业以后年度改变组织结构的,该分支机构应按本办法第二十三条规定报送相关证据,分支机构所在地主管税务机关重新进行审核鉴定。

第二十五条 汇总纳税企业发生的资产损失,应按以下规定申报扣除:

(一)总机构及二级分支机构发生的资产损失,除应按专项申报和清单申报的有关规定各自向所在地主管税务机关申报外,二级分支机构还应同时上报总机构;三级及以下分支机构发生的资产损失不需向所在地主管税务机关申报,应并入二级分支机构,由二级分支机构统一申报。

(二)总机构对各分支机构上报的资产损失,除税务机关另有规定外,应以清单申报的形式向所在地主管税务机关申报。

(三)总机构将分支机构所属资产捆绑打包转让所发生的资产损失,由总机构向所在地主管税务机关专项申报。

二级分支机构所在地主管税务机关应对二级分支机构申报扣除的资产损失强化后续管理。

第二十六条　对于按照税收法律、法规和其他规定,由分支机构所在地主管税务机关管理的企业所得税优惠事项,分支机构所在地主管税务机关应加强审批(核)、备案管理,并通过评估、检查和台账管理等手段,加强后续管理。

第二十七条　总机构所在地主管税务机关应加强对汇总纳税企业申报缴纳企业所得税的管理,可以对企业自行实施税务检查,也可以与二级分支机构所在地主管税务机关联合实施税务检查。

总机构所在地主管税务机关应对查实项目按照《企业所得税法》的规定统一计算查增的应纳税所得额和应纳税额。

总机构应将查补所得税款(包括滞纳金、罚款,下同)的50%按照本办法第十五条规定计算的分摊比例,分摊给各分支机构(不包括本办法第五条规定的分支机构)缴纳,各分支机构根据分摊查补税款就地办理缴库;50%分摊给总机构缴纳,其中25%就地办理缴库,25%就地全额缴入中央国库。具体的税款缴库程序按照财预[2012]40号文件第五条等相关规定执行。

汇总纳税企业缴纳查补所得税款时,总机构应向其所在地主管税务机关报送汇总纳税企业分支机构所得税分配表和总机构所在地主管税务机关出具的税务检查结论,各分支机构也应向其所在地主管税务机关报送经总机构所在地主管税务机关受理的汇总纳税企业分支机构所得税分配表和税务检查结论。

第二十八条　二级分支机构所在地主管税务机关应配合总机构所在地主管税务机关对其主管二级分支机构实施税务检查,也可以自行对该二级分支机构实施税务检查。

二级分支机构所在地主管税务机关自行对其主管二级分支机构实施税务检查,可对查实项目按照《企业所得税法》的规定自行计算查增的应纳税所得额和应纳税额。

计算查增的应纳税所得额时,应减除允许弥补的汇总纳税企业以前年度亏损;对于需由总机构统一计算的税前扣除项目,不得由分支机构自行计算调整。

二级分支机构应将查补所得税款的50%分摊给总机构缴纳,其中25%就地办理缴库,25%就地全额缴入中央国库;50%分摊给该二级分支机构就地办理缴库。具体的税款缴库程序按照财预[2012]40号文件第五条等相关规定执行。

汇总纳税企业缴纳查补所得税款时,总机构应向其所在地主管税务机关报送经二级分支机构所在地主管税务机关受理的汇总纳税企业分支机构所得税分配表和二级分支机构所在地主管税务机关出具的税务检查结论,二级分支机构也应向其所在地主管税务机关报送汇总纳税企业分支机构所得税分配表和税务检查结论。

第二十九条　税务机关应将汇总纳税企业总机构、分支机构的税务登记信息、备案信息、总机构出具的分支机构有效证明情况及分支机构审核鉴定情况、企业所得税月(季)度预缴纳税申报表和年度纳税申报表、汇总纳税企业分支机构所得税分配表、财务报表(或年度财务状况和营业收支情况)、企业所得税款入库情况、资产损失情况、税收优惠情况、各分支机构参与企业年度纳税调整情况的说明、税务检查及查补税款分摊和入库情况等信息,定期分省汇总上传至国家税务总局跨地区经营汇总纳税企业管理信息交换平台。

第三十条　2008年底之前已成立的汇总纳税企业,2009年起新设立的分支机构,其企业所得税的征管部门应与总机构企业所得税征管部门一致;2009年起新增汇总纳税企业,其分支机构企业所得税的管理部门也应与总机构企业所得税管理部门一致。

第三十一条　汇总纳税企业不得核定征收企业所得税。

第五章 附 则

第三十二条 居民企业在中国境内没有跨地区设立不具有法人资格分支机构，仅在同一省、自治区、直辖市和计划单列市（以下称同一地区）内设立不具有法人资格分支机构的，其企业所得税征收管理办法，由各省、自治区、直辖市和计划单列市国家税务局、地方税务局参照本办法联合制定。

居民企业在中国境内既跨地区设立不具有法人资格分支机构，又在同一地区内设立不具有法人资格分支机构的，其企业所得税征收管理实行本办法。

第三十三条 本办法自 2013 年 1 月 1 日起施行。

《国家税务总局关于印发〈跨地区经营汇总纳税企业所得税征收管理暂行办法〉的通知》（国税发[2008]28号）、《国家税务总局关于跨地区经营汇总纳税企业所得税征收管理有关问题的通知》（国税函[2008]747号）、《国家税务总局关于跨地区经营外商独资银行汇总纳税问题的通知》（国税函[2008]958号）、《国家税务总局关于华能国际电力股份有限公司汇总计算缴纳企业所得税问题的通知》（国税函[2009]33号）、《国家税务总局关于跨地区经营汇总纳税企业所得税征收管理若干问题的通知》（国税函[2009]221号）和《国家税务总局关于华能国际电力股份有限公司所属分支机构2008年度预缴企业所得税款问题的通知》（国税函[2009]674号）同时废止。

《国家税务总局关于发布〈中华人民共和国企业所得税月（季）度预缴纳税申报表〉等报表的公告》（税务总局公告2011年第64号）和《国家税务总局关于发布〈中华人民共和国企业所得税月（季）度预缴纳税申报表〉等报表的补充公告》（税务总局公告2011年第76号）规定与本办法不一致的，按本办法执行。

政策链接之四：国家税务总局《关于〈跨地区经营建筑企业所得税征收管理问题〉的通知》（国税函[2010]156号）。

为加强对跨地区（指跨省、自治区、直辖市和计划单列市，下同）经营建筑企业所得税的征收管理，根据《中华人民共和国企业所得税法》及其实施条例、《中华人民共和国税收征收管理法》及其实施细则、《国家税务总局关于印发〈跨地区经营汇总纳税企业所得税征收管理暂行办法〉的通知》（国税发[2008]28号）的规定，现对跨地区经营建筑企业所得税征收管理问题通知如下：

一、实行总分机构体制的跨地区经营建筑企业应严格执行国税发[2008]28号文件规定，按照"统一计算，分级管理，就地预缴，汇总清算，财政调库"的办法计算缴纳企业所得税。

二、建筑企业所属二级或二级以下分支机构直接管理的项目部（包括与项目部性质相同的工程指挥部、合同段等，下同）不就地预缴企业所得税，其经营收入、职工工资和资产总额应汇总到二级分支机构统一核算，由二级分支机构按照国税发[2008]28号文件规定的办法预缴企业所得税。

三、建筑企业总机构直接管理的跨地区设立的项目部，应按项目实际经营收入的0.2%按月或按季由总机构向项目所在地预分企业所得税，并由项目部向所在地主管税务机关预缴。

四、建筑企业总机构应汇总计算企业应纳所得税，按照以下方法进行预缴：

（一）总机构只设跨地区项目部的，扣除已由项目部预缴的企业所得税后，按照其余额就地缴纳；

（二）总机构只设二级分支机构的，按照国税发[2008]28号文件规定计算总、分支机构应缴纳的税款；

(三)总机构既有直接管理的跨地区项目部,又有跨地区二级分支机构的,先扣除已由项目部预缴的企业所得税后,再按照国税发[2008]28号文件规定计算总、分支机构应缴纳的税款。

五、建筑企业总机构应按照有关规定办理企业所得税年度汇算清缴,各分支机构和项目部不进行汇算清缴。总机构年终汇算清缴后应纳所得税额小于已预缴的税款时,由总机构主管税务机关办理退税或抵扣以后年度的应缴企业所得税。

六、跨地区经营的项目部(包括二级以下分支机构管理的项目部)应向项目所在地主管税务机关出具总机构所在地主管税务机关开具的《外出经营活动税收管理证明》,未提供上述证明的,项目部所在地主管税务机关应督促其限期补办;不能提供上述证明的,应作为独立纳税人就地缴纳企业所得税。同时,项目部应向所在地主管税务机关提供总机构出具的证明该项目部属于总机构或二级分支机构管理的证明文件。

七、建筑企业总机构在办理企业所得税预缴和汇算清缴时,应附送其所直接管理的跨地区经营项目部就地预缴税款的完税证明。

八、建筑企业在同一省、自治区、直辖市和计划单列市设立的跨地(市、县)项目部,其企业所得税的征收管理办法,由各省、自治区、直辖市和计划单列市国家税务局、地方税务局共同制定,并报国家税务总局备案。

九、本通知自2010年1月1日起施行。

政策链接之五: 财政部 国家税务总局 中国人民银行《关于印发〈跨省市总分机构企业所得税分配及预算管理办法〉的通知》(财预[2012]40号)。

跨省市总分机构企业所得税分配及预算管理办法

为了保证《中华人民共和国企业所得税法》的顺利实施,妥善处理地区间利益分配关系,做好跨省市总分机构企业所得税收入的征缴和分配管理工作,制定本办法。

一、主要内容

(一)基本方法。属于中央与地方共享范围的跨省市总分机构企业缴纳的企业所得税,按照统一规范、兼顾总机构和分支机构所在地利益的原则,实行"统一计算、分级管理、就地预缴、汇总清算、财政调库"的处理办法,总分机构统一计算的当期应纳税额的地方分享部分中,25%由总机构所在地分享,50%由各分支机构所在地分享,25%按一定比例在各地间进行分配。

统一计算,是指居民企业应统一计算包括各个不具有法人资格营业机构在内的企业全部应纳税所得额、应纳税额。总机构和分支机构适用税率不一致的,应分别按适用税率计算应纳所得税额。

分级管理,是指居民企业总机构、分支机构,分别由所在地主管税务机关属地进行监督和管理。

就地预缴,是指居民企业总机构、分支机构,应按本办法规定的比例分别就地按月或者按季向所在地主管税务机关申报、预缴企业所得税。

汇总清算,是指在年度终了后,总分机构企业根据统一计算的年度应纳税所得额、应纳所得税额,抵减总机构、分支机构当年已就地分期预缴的企业所得税款后,多退少补。

财政调库,是指财政部定期将缴入中央总金库的跨省市总分机构企业所得税待分配收入,按照核定的系数调整至地方国库。

(二)适用范围。跨省市总分机构企业是指跨省(自治区、直辖市和计划单列市,下同)设立不具有法人资格分支机构的居民企业。

总机构和具有主体生产经营职能的二级分支机构就地预缴企业所得税。三级及三级以下分支机构,其营业收入、职工薪酬和资产总额等统一并入二级分支机构计算。

按照现行财政体制的规定,国有邮政企业(包括中国邮政集团公司及其控股公司和直属单位)、中国工商银行股份有限公司、中国农业银行股份有限公司、中国银行股份有限公司、国家开发银行股份有限公司、中国农业发展银行、中国进出口银行、中国投资有限责任公司、中国建设银行股份有限公司、中国建银投资有限责任公司、中国信达资产管理股份有限公司、中国石油天然气股份有限公司、中国石油化工股份有限公司、海洋石油天然气企业(包括中国海洋石油总公司、中海石油(中国)有限公司、中海油田服务股份有限公司、海洋石油工程股份有限公司)、中国长江电力股份有限公司等企业总分机构缴纳的企业所得税(包括滞纳金、罚款收入)为中央收入,全额上缴中央国库,不实行本办法。

不具有主体生产经营职能且在当地不缴纳营业税、增值税的产品售后服务、内部研发、仓储等企业内部辅助性的二级分支机构以及上年度符合条件的小型微利企业及其分支机构,不实行本办法。

居民企业在中国境外设立不具有法人资格分支机构的,按本办法计算有关分期预缴企业所得税时,其应纳税所得额、应纳所得税额及分摊因素数额,均不包括其境外分支机构。

二、预算科目

从2013年起,在《政府收支分类科目》中增设1010449项"分支机构汇算清缴所得税"科目,其下设01目"国有企业分支机构汇算清缴所得税"、02目"股份制企业分支机构汇算清缴所得税"、03目"港澳台和外商投资企业分支机构汇算清缴所得税"、99目"其他企业分支机构汇算清缴所得税",有关科目说明及其他修订情况见《2013年政府收支分类科目》。

三、税款预缴

由总机构统一计算企业应纳税所得额和应纳所得税额,并分别由总机构、分支机构按月或按季就地预缴。

(一)分支机构分摊预缴税款。总机构在每月或每季终了之日起十日内,按照上年度各省市分支机构的营业收入、职工薪酬和资产总额三个因素,将统一计算的企业当期应纳税额的50%在各分支机构之间进行分摊(总机构所在省市同时设有分支机构的,同样按三个因素分摊),各分支机构根据分摊税款就地办理缴库,所缴纳税款收入由中央与分支机构所在地按60∶40分享。分摊时三个因素权重依次为0.35、0.35和0.3。当年新设立的分支机构第二年起参与分摊;当年撤销的分支机构自办理注销税务登记之日起不参与分摊。

本办法所称的分支机构营业收入,是指分支机构销售商品、提供劳务、让渡资产使用权等日常经营活动实现的全部收入。其中,生产经营企业分支机构营业收入是指生产经营企业分支机构销售商品、提供劳务、让渡资产使用权等取得的全部收入;金融企业分支机构营业收入是指金融企业分支机构取得的利息、手续费、佣金等全部收入;保险企业分支机构营业收入是指保险企业分支机构取得的保费等全部收入。

本办法所称的分支机构职工薪酬,是指分支机构为获得职工提供的服务而给予职工的各种形式的报酬。

本办法所称的分支机构资产总额,是指分支机构在12月31日拥有或者控制的资产合计额。

各分支机构分摊预缴额按下列公式计算:

各分支机构分摊预缴额=所有分支机构应分摊的预缴总额×该分支机构分摊比例

其中:

所有分支机构应分摊的预缴总额=统一计算的企业当期应纳所得税额×50%

该分支机构分摊比例＝(该分支机构营业收入/各分支机构营业收入之和)×0.35＋(该分支机构职工薪酬/各分支机构职工薪酬之和)×0.35＋(该分支机构资产总额/各分支机构资产总额之和)×0.30

以上公式中,分支机构仅指需要参与就地预缴的分支机构。

(二)总机构就地预缴税款。总机构应将统一计算的企业当期应纳税额的25%,就地办理缴库,所缴纳税款收入由中央与总机构所在地按60∶40分享。

(三)总机构预缴中央国库税款。总机构应将统一计算的企业当期应纳税额的剩余25%,就地全额缴入中央国库,所缴纳税款收入60%为中央收入,40%由财政部按照2004年至2006年各省市三年实际分享企业所得税占地方分享总额的比例定期向各省市分配。

四、汇总清算

企业总机构汇总计算企业年度应纳所得税额,扣除总机构和各境内分支机构已预缴的税款,计算出应补应退税款,分别由总机构和各分支机构(不包括当年已办理注销税务登记的分支机构)就地办理税款缴库或退库。

(一)补缴的税款按照预缴的分配比例,50%由各分支机构就地办理缴库,所缴纳税款收入由中央与分支机构所在地按60∶40分享;25%由总机构就地办理缴库,所缴纳税款收入由中央与总机构所在地按60∶40分享;其余25%部分就地全额缴入中央国库,所缴纳税款收入中60%为中央收入,40%由财政部按照2004年至2006年各省市三年实际分享企业所得税占地方分享总额的比例定期向各省市分配。

(二)多缴的税款按照预缴的分配比例,50%由各分支机构就地办理退库,所退税款由中央与分支机构所在地按60∶40分担;25%由总机构就地办理退库,所退税款由中央与总机构所在地按60∶40分担;其余25%部分就地从中央国库退库,其中60%从中央级1010442项"总机构汇算清缴所得税"下有关科目退付,40%从中央级1010443项"企业所得税待分配收入"下有关科目退付。

五、税款缴库程序

(一)分支机构分摊的预缴税款、汇算补缴税款、查补税款(包括滞纳金和罚款)由分支机构办理就地缴库。分支机构所在地税务机关开具税收缴款书,预算科目栏按企业所有制性质对应填写1010440项"分支机构预缴所得税"、1010449项"分支机构汇算清缴所得税"和1010450项"企业所得税查补税款、滞纳金、罚款收入"下的有关目级科目名称及代码,"级次"栏填写"中央60%、地方40%"。

(二)总机构就地预缴、汇算补缴、查补税款(包括滞纳金和罚款)由总机构合并办理就地缴库。中央与地方分配方式为中央60%,企业所得税待分配收入(暂列中央收入)20%,总机构所在地20%。总机构所在地税务机关开具税收缴款书,预算科目栏按企业所有制性质对应填写1010441项"总机构预缴所得税"、1010442项"总机构汇算清缴所得税"和1010450项"企业所得税查补税款、滞纳金、罚款收入"下的有关目级科目名称及代码,"级次"栏按上述分配比例填写"中央60%、中央20%(待分配)、地方20%"。

国库部门收到税款(包括滞纳金和罚款)后,将其中60%列入中央级1010441项"总机构预缴所得税"、1010442项"总机构汇算清缴所得税"和1010450项"企业所得税查补税款、滞纳金、罚款收入"下有关目级科目,20%列入中央级1010443项"企业所得税待分配收入"下有关目级科目,20%列入地方级1010441项"总机构预缴所得税"、1010442项"总机构汇算清缴所得税"和1010450项"企业所得税查补税款、滞纳金、罚款收入"下有关目级科目。

(三)多缴的税款由分支机构和总机构所在地税务机关开具收入退还书并按规定办理退库。收入退还书预算科目按企业所有制性质对应填写,预算级次按原缴款时的级次填写。

六、财政调库

财政部根据2004年至2006年各省市三年实际分享企业所得税占地方分享总额的比例,定期向中央总金库按目级科目开具分地区调库划款指令,将"企业所得税待分配收入"全额划转至地方国库。地方国库收款后,全额列入地方级1010441项"总机构预缴所得税"下的目级科目办理入库,并通知同级财政部门。

七、其他

(一)跨省市总分机构企业缴纳的所得税查补税款、滞纳金、罚款收入,按中央与地方60:40分成比例就地缴库。需要退还的所得税查补税款、滞纳金和罚款收入仍按现行管理办法办理审批退库手续。

(二)财政部于每年1月初按中央总金库截至上年12月31日的跨省市总分机构企业所得税待分配收入进行分配,并在库款报解整理期(1月1日至1月10日)内划转至地方国库;地方国库收到下划资金后,金额纳入上年度地方预算收入。地方财政列入上年度收入决算。各省市分库在12月31日向中央总金库报解最后一份中央预算收入日报表后,整理期内再收纳的跨省市分机构企业缴纳的所得税,统一作为新年度的缴库收入处理。

(三)税务机关与国库部门在办理总机构缴纳的所得税对账时,需要将1010441项"总机构预缴所得税"、42项"总机构汇算清缴所得税"、43项"企业所得税待分配收入"下设的目级科目按级次核对一致。

(四)本办法自2013年1月1日起执行。《财政部 国家税务总局 中国人民银行关于印发〈跨省市总分机构企业所得税分配及预算管理暂行办法〉的通知》(财预[2008]10号)同时废止。

(五)分配给地方的跨省市总分机构企业所得税收入,以及省区域内跨市县经营企业缴纳的企业所得税收入,可参照本办法制定省以下分配与预算管理办法。

五、案例

资料:某企业相关资料如下:

《企业所得税年度纳税申报表》(A100000)第31行(实际应纳所得税额)的金额为3 755 230元。

直接管理南京分公司的项目部,项目部营业收入53 452 866元

向其直接管理的项目部所在地按照项目收入的0.2%预分=53 452 866×0.2%=106 905.73(元)

总机构已分摊所得税额为684 060.80元,财政集中已分配所得税额684 060.80元,总机构所属分支机构已分摊所得税额1 368 121.61元。

分公司	营业收入	职工薪酬	资产总额
南京分公司	53 452 866	2 347 018	46 728 920
重庆分公司	4 007 150	1 760 263	49 065 366
合　计	57 460 016	4 107 281	95 794 286

要求:根据前述资料,分析填列《跨地区经营汇总纳税企业年度分摊企业所得税明细表》和

《企业所得税汇总纳税分支机构所得税分配表》。

A109000

跨地区经营汇总纳税企业年度分摊企业所得税明细表

行次	项 目	金 额
1	一、总机构实际应纳所得税额	3 755 230
2	减:境外所得应纳所得税额	
3	加:境外所得抵免所得税额	
4	二、总机构用于分摊的本年实际应纳所得税(1－2+3)	3 755 230
5	三、本年累计已预分、已分摊所得税(6+7+8+9)	2 843 148.94
6	(一)总机构向其直接管理的建筑项目部所在地预分的所得税额	106 905.73
7	(二)总机构已分摊所得税额	684 060.80
8	(三)财政集中已分配所得税额	684 060.80
9	(四)总机构所属分支机构已分摊所得税额	1 368 121.61
10	其中:总机构主体生产经营部门已分摊所得税额	
11	四、总机构本年度应分摊的应补(退)的所得税(4－5)	912 081.06
12	(一)总机构分摊本年应补(退)的所得税额(11×25%)	228 020.27
13	(二)财政集中分配本年应补(退)的所得税额(11×25%)	228 020.27
14	(三)总机构所属分支机构分摊本年应补(退)的所得税额(11×50%)	456 040.53
15	其中:总机构主体生产经营部门分摊本年应补(退)的所得税额	
16	五、总机构境外所得抵免后的应纳所得税额(2－3)	
17	六、总机构本年应补(退)的所得税额(12+13+15+16)	912 081.06

A109010

企业所得税汇总纳税分支机构所得税分配表

总机构名称(盖章):　　　　税款所属期间:　　年 月 日至　　年 月 日　　金额单位:元(列至角分)

总机构纳税人识别号	应纳所得税额	总机构分摊所得税额	总机构财政集中分配所得税额	分支机构分摊所得税额
	912081.06	228020.27	228020.27	456040.53

	分支机构纳税人识别号	分支机构名称	三项因素			分配比例	分配所得税额
			营业收入	职工薪酬	资产总额		
分支机构情况		南京分公司	53 452 866	2 347 018	46 728 920	67.19%	306 413.63
		重庆分公司	4 007 150	1 760 263	49 065 366	32.81%	149 626.90
		合计	57 460 016	4 107 281	95 794 286	100%	456 040.53

附 录

综合案例

一、企业基本情况与主要资料

荣石粉煤灰制品有限公司,纳税识别号:140110110232×××,经济类型:集体,注册资本:500 000元;职工人数:538人;主营:粉煤灰制品、保温材料的研制、生产及新技术开发。该公司的增值税、企业所得税(查账征收),均由甲市国税二分局负责征管。增值税市局行业税负率为3.61%。申报及财务报表详见附件。

二、要求

请通过分析税负情况、对比2012年和2013年财务报表有关数据,对2014年度进行企业所得税纳税评估案头分析。

附件1

该公司2012～2014年度纳税申报情况如下:

单位:元

税 种	年 份		
	2012年	2013年	2014年
增值税	171 950	340 691	320 040
企业所得税	280 000	830 000	480 000

2014年该企业所得税年度纳税申报表主表(A类)

单位:元

行次	类别	项 目	金 额
1		一、营业收入(填写A101010\101020\103000)	11 440 000
2		减:营业成本(填写A102010\102020\103000)	9 570 000
3		营业税金及附加	80 000
4		销售费用(填写A104000)	550 000
5	利润总额计算	管理费用(填写A104000)	600 000
6		财务费用(填写A104000)	60 000
7		资产减值损失	
8		加:公允价值变动收益	
9		投资收益	
10		二、营业利润(1-2-3-4-5-6-7+8+9)	580 000
11		加:营业外收入(填写A101010\101020\103000)	840 000
12		减:营业外支出(填写A102010\102020\103000)	40 000
13		三、利润总额(10+11-12)	1 380 000

续表

行次	类别	项　　目	金　　额
14		减:境外所得(填写 A108010)	
15		加:纳税调整增加额(填写 A105000)	540 000
16	应纳税所得额计算	减:纳税调整减少额(填写 A105000)	
17		减:免税、减计收入及加计扣除(填写 A107010)	
18		加:境外应税所得抵减境内亏损(填写 A108000)	
19		四、纳税调整后所得(13—14+15—16—17+18)	1 920 000
20		减:所得减免(填写 A107020)	
21		减:抵扣应纳税所得额(填写 A107030)	
22		减:弥补以前年度亏损(填写 A106000)	
23		五、应纳税所得额(19—20—21—22)	
24		税率(25%)	1 920 000
25		六、应纳所得税额(23×24)	480 000
26		减:减免所得税额(填写 A107040)	
27		减:抵免所得税额(填写 A107050)	
28	应纳税额计算	七、应纳税额(25—26—27)	480 000
29		加:境外所得应纳所得税额(填写 A108000)	
30		减:境外所得抵免所得税额(填写 A108000)	
31		八、实际应纳所得税额(28+29—30)	480 000
32		减:本年累计实际已预缴的所得税额	360 000
33		九、本年应补(退)所得税额(31—32)	120 000
34		其中:总机构分摊本年应补(退)所得税额(填写 A109000)	
35		财政集中分配本年应补(退)所得税额(填写 A109000)	
36		总机构主体生产经营部门分摊本年应补(退)所得税额(填写 A109000)	
37	附列资料	以前年度多缴的所得税额在本年抵减额	
38		以前年度应缴未缴在本年入库所得税额	

附件2

该公司2012～2014年度有关年度会计报表资料如下:

资产负债表

编制单位:荣石粉煤灰制品有限公司　　　　　　　　　　　　　　　　　　　　　　　　单位:万元

资产	2012年期初数	2013年期初数	2014年期初数	2014年期末数	负债和所有者权益	2012年期初数	2013年期初数	2014年期初数	2014年期末数
流动资产	650	422	636	829	流动负债	533	780	894	964
货币资金	407	216	272	283	短期借款	50	70	100	120
应收账款	93	56	202	399	应付账款	75	84	94	153
其他应收款	23	25	23	12	预收账款	24	54	71	197
预付账款	127	56	44	90	应付福利费	26	35	54	29
应收补贴款					应交税金	3		20	9
存货		69	95	45	其他应付款	354	537	530	456
流动资产合计	650	422	636	829	其他未交款	1		25	
固定资产	407	1 203	1 269	1 228	流动负债合计	533	780	894	964

续表

资产	2012年期初数	2013年期初数	2014年期初数	2014年期末数	负债和所有者权益	2012年期初数	2013年期初数	2014年期初数	2014年期末数
固定资产原价	463	1 312	1 506	1 608	负债合计	533	780	894	964
减:累计折旧	73	125	237	380	所有者权益（或股东权益）	537	860	1 021	1 111
固定资产净值	390	1 187	1 269	1 228	实收资本（或股本）	50	320	320	320
在建工程	17	16			资本公积	364	364	364	364
固定资产合计	407	1 203	1 269	1 228	盈余公积		8	32	46
无形资产及其他资产	13	15	10	18	其中:法定公益金		5	21	30
长期待摊费用	13	15	10	18	未分配利润	123	168	305	381
无形资产及其他资产合计	13	15	10	18	所有者权益（或股东权益）合计	537	860	1 021	1 111
资产总计	1 070	1 640	1 915	2 075	负债和所有者权益（或股东权益）总计	1 070	1 640	1 915	2 075

附件3

利润表

编制单位:荣石粉煤灰制品有限公司　　　　　　　　　　　　　　　单位:万元

项　目	行次	2012年度	2013年度	2014年度
一、主营业务收入	1	475	949	1143
减:主营业务成本	2	393	702	957
主营业务税金及附加	3	3	7	8
二、主营业务利润(亏损以"—"号填列)	4	79	240	178
加:其他业务利润(亏损以"—"号填列)	5			1
减:销售费用	6	31	38	55
管理费用	7	21	33	60
财务费用	8	2	3	6
三、加:投资收益(损失以"—"号填列)	9			
四、营业利润(亏损以"—"号填列)	10	25	166	58
加:补贴收入	11	33	62	76
加:营业外收入	12	23	16	8
减:营业外支出	13			4
四、利润总额(亏损总额以"—"号填列)	14	81	244	138
减:所得税	15	28	83	48
五、净利润(净亏损以"—"号填列)	16	53	161	90

参考答案

税负情况评估分析

1. 增值税税负率分析

2012年度增值税税负率=171 950÷4 750 000×100%=3.62%

2013年度增值税税负率=340 691÷9 490 000×100%=3.59%

2014年度增值税税负率=320 040÷11 430 000×100%=2.8%

在收入增长、存货减少的情况下,增值税税负率下降不正常,而且明显低于增值税市局行业税负率3.61%,因此可能存在少计收入、多抵进项的问题。

2. 所得税税负率分析

(1)2012年所得税税负率=28÷81×100%=34.56%

2013年所得税税负率=83÷244×100%=34.02%

2014年所得税税负率=48÷138×100%=34.78%

2014年所得税税负率与2013年、2012年相比,变化不大,需进一步分析。

(2)2012年主营业务利润税负率=28÷79×100%=35.44%

2013年主营业务利润税负率=83÷240×100%=34.58%

2014年主营业务利润税负率=48÷178×100%=26.97%

2014年主营业务利润税负率与2013年、2012年相比,下降明显,企业可能存在销售未计收入、多列成本费用、扩大税前扣除范围等问题。

纳税评估指标分析

1. 收入类评估指标分析

2014年主营业务收入变动率=(1 143－949)÷949×100%=20.44%

2013年主营业务收入变动率=(949－475)÷475×100%=99.79%

2014年主营业务收入变动率低于2013年,相差较大,结合《资产负债表》中"预收账款"科目的期初、期末数额进行分析,2014年"预收账款"期末大幅度增长,绝对额增长126万元,比年初增长177%,因此可以判定存在少计收入问题。可能存在少计收入问题和多列成本等问题。

2. 成本类评估指标分析

2014年主营业务成本变动率=(957－702)÷702×100%=36.32%

2013年主营业务成本变动率=(702－393)÷393×100%=78.63%

2014年主营业务成本变动率低于2013年,相差较大,并且大于同年主营业务收入变动率,大于可能存在少计收入等问题。

3. 费用类评估指标分析

(1)2014年销售费用变动率＝(55－38)÷38×100％＝44.74％

2013年销售费用变动率＝(38－31)÷31×100％＝22.58％

2014年销售费用变动率与2013年相差较大,可能存在税前多列支营业费用问题。

(2)2014年管理费用变动率＝(60－33)÷33×100％＝81.82％

2013年管理费用变动率＝(33－21)÷21×100％＝57.14％

2014年管理费用变动率与2013年相差较大,可能存在税前多列支营业费用问题。

(3)2014年财务费用变动率＝(6－3)÷3×100％＝100％

2013年财务费用变动率＝(3－2)÷2×100％＝50％

2014年比2013年借款增长＝(120－100)÷100×100％＝20％

2014年财务费用变动率与2013年相比,相差较大,并且财务费用增加高于借款增长幅度,可能存在税前多列支营业费用问题。

(4)2014年成本费用率＝(55＋60＋6)÷957×100％＝12.64％

2013年成本费用率＝(38＋33＋3)÷702×100％＝10.54％

2014年成本费用率高于2013年,虽然相差不大,但仍应进一步审核单位成本变动情况,查实是否存在多计成本的现象。

4. 利润类评估指标分析

2014年主营业务利润变动率＝(178－240)÷240×100％＝－25.83％

2013年主营业务利润变动率＝(240－79)÷79×100％＝203.8％

2014年主营业务利润变动率与2013年相比相差较大,且2014年为负数,可能存在多结转成本或不计、少计收入问题。

5. 资产类评估指标分析

(1)2014年净资产收益率＝90÷[(1 111＋1 021)÷2]×100％＝8.44％

2013年净资产收益率＝161÷[(1 021＋860)÷2]×100％＝17.12％

2014年净资产收益率与2013年相差较大,可能存在隐瞒收入或闲置未用资产计提折旧问题。

(2)2014年总资产周转率＝1 143÷[(2 075＋1 915)÷2]×100％＝57.29％

2013年总资产周转率＝949÷[(1 915＋1 640)÷2]×100％＝53.39％

2014年存货周转率＝957÷[(45＋95)÷2]×100％＝1367％

2013年存货周转率＝702÷[(95＋69)÷2]×100％＝856％

2014年总资产周转率、存货周转率加快,而应纳所得税税额比2013年减少35万元,减少42.17％,可能存在隐瞒收入、虚增成本的问题。

(3)2014年固定资产综合折旧率＝(380－237)÷[(1 608＋1 506)÷2]×100％＝9.18％

2013年固定资产综合折旧率＝(237－125)÷[(1 506＋1 312)÷2]×100％＝7.95％

2014年固定资产综合折旧率高于与2009年,可能存在税前多列支固定资产折旧额问题。

评估结论:

综上分析,该公司2014年存在隐匿或不计、少计销售收入;改变成本结转方法,少计存货(含产成品、在产品和材料),多列成本;税前多列支固定资产折旧额;税前多列支营业费用、管理费用、财务费用,扩大当期期间费用等问题。